ISBN 978-0-483-17502-0
PIBN 10661434

FB &c Ltd, Dalton House, 60 Windsor Avenue, London, SW19 2RR.
Company number 08720141. Registered in England and Wales.

Dominique François Jean

(Franz) Arago's
sämmtliche Werke.

Mit einer Einleitung

von

Alexander von Humboldt.

Deutsche Original-Ausgabe.

Herausgegeben

von

Dr. W. G. Hankel

ord. Professor der Physik an der Universität Leipzig.

Achter Band.

Leipzig
Verlag von Otto Wigand.
1860.

Inhaltsverzeichniß

des achten Bandes.

Wissenschaftliche Aufsätze.

Von der Vorhersage des Wetters.

Ist es bei dem gegenwärtigen Zustande unserer Kenntnisse möglich, das Wetter vorher zu sagen, welches zu einer gegebenen Zeit und an einem gegebenen Orte statt finden wird? Kann man überhaupt hoffen, diese Aufgabe je gelöst zu sehen?

Erstes Kapitel.

Vorwort.

Durch Neigung und Beruf zu meteorologischen Studien hingeführt, habe ich mich oft gefragt, ob man auf Grund astronomischer Betrachtungen jemals wird ein Jahr voraus wissen können, wie sich an einem gegebenen Orte die Jahrestemperatur, die Temperatur jedes Monates, die Regenquantitäten, verglichen mit den gewöhnlichen oder mittleren, die herrschenden Winde u. s. w. verhalten werden.

Die Prüfung der Resultate, welche aus den Untersuchungen der Physiker und Astronomen über den Einfluß des Mondes und der Kometen auf die Witterungsveränderungen hervorgehen, hat mir den, wie ich glaube, entscheidenden Beweis geliefert, daß der lunarische und kometarische Einfluß fast unmerklich ist, und daß demnach die Wettervorhersage niemals eine Sache der eigentlich sogenannten Astronomie sein wird; denn unser Satellit und die Kometen haben zu allen Zeiten als die Gestirne von vorwiegendem Einflusse gegolten.

Ich habe die Aufgabe noch unter einem andern Gesichtspunkte aufgefaßt, indem ich untersuchte, ob die Arbeiten der Menschen, ob zufällige Ereignisse, die keiner menschlichen Voraussicht jemals unterliegen werden, nicht geeignet sein möchten, einen erheblichen Einfluß auf die Klimate, namentlich betreffs der Temperatur, zu äußern. Die Thatsachen haben bejahend geantwortet. Ich habe dieses Ergebniß vor der Vollendung meiner Arbeit im Annuaire du bureau des longitudes für 1846 veröffentlicht. Offen gestanden, wollte ich mir damit die Gelegenheit schaffen, laut gegen die Vorhersagen zu protestiren, die man jedes Jahr theils in Frankreich, theils im Auslande auf meine Rechnung geschrieben hat. Niemals konnte ein mir entfallenes Wort, sei es in einem vertrauten Kreise, sei es in den durch einen Zeitraum von mehr als 40 Jahren von mir gehaltenen Vorlesungen, niemals eine mit meiner Zustimmung veröffentlichte Zeile Jemand berechtigen, mir den Gedanken zuzuschreiben, daß es nach dem Zustande unserer Kenntnisse möglich sei, mit irgend welcher Sicherheit die Witterung vorherzusagen, welche nach einem Jahre, einem Monate, einer Woche, ja nach einem einzigen Tage stattfinden wird. Möge der Verdruß, den ich darüber empfand, eine Menge lächerlicher Vorhersagen unter meinem Namen erscheinen zu sehen, mich nicht verleitet haben, in entgegengesetzter Richtung zu weit zu gehen, und den Störungsursachen, die ich aufgezählt habe, eine zu große Wichtigkeit beizulegen! Wie dem auch sei, so glaube ich aus meinen Forschungen nachstehende Hauptfolgerung ableiten zu können. Niemals, wie weit auch die Wissenschaften noch fortschreiten mögen, werden gewissenhafte und für ihren Ruf besorgte Gelehrte sich auf die Wettervorhersage einzulassen wagen.

Eine so entschiedene Erklärung sollte mich zu der Hoffnung berechtigen, daß man mich nicht mehr die Rolle von Nostradamus oder von Matthäus Lansberg spielen lassen wird; aber ich bin weit entfernt, mich in dieser Hinsicht einer Täuschung hinzugeben. Hunderte von Personen, die alle Stufen der Universitätsstudien durchlaufen hatten, haben nicht ermangelt, mich ebenso nach wie vor 1846 mit jenen in unserer Zeit wahrhaft jämmerlichen Fragen zu behelligen: Wird der Winter streng sein? Glauben Sie, daß wir einen heißen

Sommer, einen nassen Herbst haben werden? Das ist eine recht anhaltende verderbliche Trockenheit! wird sie bald aufhören? Man sagt, daß der rauhe Aprilmonat dieses Jahr große Verheerungen mitbringen wird; was halten Sie davon? u. s. w., u. s. w. Trotz meines geringen Zutrauens in Vorhersagungen, lebe ich doch der bestimmten Zuversicht, daß diesmal der Erfolg mich nicht Lügen strafen wird. Uebrigens, habe ich nicht einige Jahre hindurch eine noch härtere Prüfung erfahren? Hat man nicht ein Buch unter dem Titel veröffentlicht: Leçons d'astronomie professées à l'Observatoire par M. Arago; recueillies par un de ses élèves? Ich habe zehnmal gegen dieses Werk protestirt; ich habe auf die unglaublichen Schnitzer hingewiesen, von denen es wimmelt; ich habe gezeigt, daß es unter alle Kritik herabsinkt, so wie der Verfasser den Inhalt seiner Schrift nicht mehr mit der Scheere aus den Aufsätzen des Annuaire herauszuschneiden vermag, sondern einige Zeilen aus sich selbst zu schöpfen genöthigt ist. Alles vergebens. Diese vorgeblichen Vorlesungen über die Astronomie, welche auf dem Observatorium gehalten worden sein sollen, sind nichts desto weniger zur vierten Auflage gelangt. Die Gesetze haben Nichts gegen das, was ich die wissenschaftliche Verleumdung nennen möchte, vorgesehen. Was thun, wenn das Gesetz stumm ist? Resigniren? Das Widerstreben, was ich empfinde, mich auf die einfache Resignation zu beschränken, wird allen denen gerecht erscheinen, welchen das fragliche Buch vor Augen gekommen ist. Da die Stellung, in welche man mich versetzt hat, nicht zu ertragen war, habe ich mich entschlossen, diese so schmählich verunstalteten Vorlesungen nun selbst zu veröffentlichen. Ich habe auf Untersuchungen, die ich noch vorhatte, verzichten und der Redaction eines Werks, welches bestimmt ist, die Astronomie zu popularisiren, eine Zeit widmen müssen, welche ich gedachte zu feinen Versuchen anzuwenden, geeignet, Punkte der Wissenschaft aufzuklären, welche noch in großes Dunkel gehüllt sind. Möge mein Lehrbuch der populären Astronomie einigen Nutzen bringen.

Zweites Kapitel.

Zwischen welchen Grenzen variiren in unsern Klimaten die mittlern Temperaturen der Monate und Jahre?

Der meteorologische Zustand eines gegebenen Ortes ist viel weniger veränderlich, als diejenigen zu glauben geneigt sein möchten, welche nach individuellen Wahrnehmungen, nach unbestimmten Erinnerungen, nach der Beschaffenheit der Ernten ihr Urtheil fällen. So oscilliren die mittleren Jahrestemperaturen in Paris innerhalb ziemlich enger Grenzen.

Die mittlere Jahrestemperatur in Paris von 1806 bis 1826 inclusive betrug + 10°, 8 C. Das größte unter den 21 jährlichen Mitteln hat das allgemeine Mittel nur um 1°,3 überstiegen; das kleinste ist nur um 1°,4 dagegen zurückgeblieben. Bezüglich der mittleren Jahrestemperaturen haben also die systematischen Meteorologen nur ziemlich schwache Störungen vorauszusehen, vorauszusagen. Die störenden Ursachen werden ihr Möglichstes in Abänderung der Erscheinung leisten, wenn sie eine durchschnittliche Aenderung um 1°,5 in Plus oder Minus erzeugen können.

Gleiches gilt nicht von den Monaten. Die Unterschiede zwischen den allgemeinen und den partiellen Mitteln belaufen sich im Januar und December bis auf 4° bis 5° C.

In Betracht dieser Veränderungen wird man finden, wenn man die extremen Temperaturen jedes Monats mit den mittleren oder Normal-Temperaturen aller übrigen vergleicht:

daß der Januar manchmal ebenso gemäßigt ist, als der März im Mittel;

daß der Februar manchmal die Mitteltemperatur der zweiten Hälfte Aprils oder der ersten Hälfte Januars hat;

daß der März manchmal die Mitteltemperatur des Aprils oder der zweiten Hälfte des Januars zeigt;

daß der April niemals die Mitteltemperatur des Mai erreicht;

daß die Mittelwärme des Mai ziemlich oft die mancher Juni-Monate übertrifft;

daß die Mittelwärme des Juni manchmal größer ist, als die gewisser Julimonate;

daß die Mittelwärme des Juli manchmal geringer ist, als die gewisser Augustmonate;

daß die Mittelwärme des August manchmal ein wenig hinter der von gewissen Septembermonaten zurücksteht;

daß die Mittelwärme des September manchmal niedriger ist, als die gewisser Octobermonate;

daß die Mittelwärme des October um 3 Grad geringer sein kann, als die gewisser Novembermonate;

daß der November im Mittel um 5°,5 kälter sein kann, als die wärmsten Decembermonate;

daß die Mitteltemperatur des December 7° weniger als die des Januar betragen kann.

Drittes Kapitel.

Der Voraussicht nicht unterliegende Störungsursachen der irdischen Temperaturen.

Die Atmosphäre, welche an einem gegebenen Tage auf dem Meere ruht, wird nach kurzer Zeit, unter mittleren Breiten, namentlich vermöge des Uebergewichts der Westwinde, zur Atmosphäre der Continente werden. Die Atmosphäre entlehnt ihre Temperatur zu sehr großem Theile der Temperatur der festen oder flüssigen Körper, welche sie umgibt. Alles also, was die Normaltemperatur des Meeres ändert, bringt über kurz oder lang Störungen in die Temperatur der continentalen Atmosphären. Gibt es Ursachen, welche für immer die Grenzen der menschlichen Voraussicht übersteigen, wodurch die Temperatur eines beträchtlichen Theiles des Oceans merklich abgeändert zu werden vermag? Diese Frage hängt eng mit der meteorologischen Frage zusammen, welche ich mir gestellt habe. Versuchen wir die Antwort darauf zu finden.

§ 1. — Dislocation der Eisfelder.

Niemand kann bezweifeln, daß die Eisfelder des Polarmeeres, daß im Frost erstarrte Meere von ungeheurer Ausdehnung einen entschiedenen Einfluß auf die europäischen Klimate äußern. Um die Macht dieses Einflusses in Zahlwerthen schätzen zu können, müßte man zugleich auf die Ausdehnung und Lage dieser Eisfelder Rücksicht nehmen; dies aber sind zwei sehr variable Elemente, welche sich keiner sichern Regel unterordnen lassen.

Die Ostküste Grönlands war vor Zeiten zugänglich und sehr bevölkert. Plötzlich legte sich eine undurchdringliche Barrière von Eis zwischen diese Küste und Europa. Mehrere Jahrhunderte hindurch konnte Grönland nicht besucht werden. Nun aber, um das Jahr 1815, trat ein außerordentlicher Eisgang ein, die Massen brachen sich in ihrem Laufe nach Süden, und ließen die Küste zwischen mehreren Breitegraden frei. Wer wird jemals voraussagen können, daß sich eine ähnliche Dislocation der Eisfelder vielmehr in diesem als irgend einem andern Jahre ereignen wird?

§ 2. — Das Treibeis.

Der beträchtlichste Einfluß auf unsere Klimate ist von demjenigen Treibeis zu erwarten, was bei den Engländern den Namen icebergs (Eisberge) führt. Die Berge dieses Eises rühren von den eigentlich sogenannten Gletschern Spitzbergens oder der Küsten der Baffinsbay her. Sie lösen sich von der Gesammtmasse mit donnerähnlichem Gekrach los, wenn sie durch die Wellen an ihrer Basis unterhöhlt sind, oder wenn das rasche Gefrieren der Regenwasser in den Spalten eine hinreichende Ausdehnung erzeugt, um diese ungeheuren Massen zu erschüttern und vorwärts zu treiben. Derartige Ursachen, derartige Wirkungen werden stets außerhalb der Grenzen der menschlichen Voraussicht bleiben.

Diejenigen, die sich der Warnungen erinnern, welche di Führer nie verfehlen, einzuschärfen, wenn man sich gewissen Eismauern, gewissen Schneemassen auf den geneigten Alpenabhängen nähert; die, welche nicht vergessen haben, daß nach den Behauptungen dieser erfahrenen Leute ein Pistolenschuß und selbst ein einfacher Schrei hinreicht, schreckliche Katastrophen hervorzurufen, werden dem, was eben geäußert worden, gern beitreten.

§ 3. — Die Eisberge.

Die Eisberge (icebergs) kommen oft, ohne zu schmelzen, bis in ziemlich niedrige Breiten herab. Sie bedecken manchmal ungeheure Räume; man kann also annehmen, daß sie die Temperatur gewisser Zonen der oceanischen Atmosphäre, und infolge dessen, auf dem Wege der Mittheilung, die der Inseln und Continente, in bemerklichem Grade stören. Es wird nicht am unrechten Orte sein, hier Einiges in dieser Hinsicht anzuführen.

Am 4. October 1817 begegnete Herr Capitän Beaufort südlich gehenden Eisbergen unter 46° 30′ N. B.

Am 19. Januar 1818 begegnete der Capitän Daymont schwimmenden Eisinseln westlich von Greenspond auf Neufoundland. Tags darauf war das Schiff so im Eise gefangen, daß sich selbst von der Spitze der Masten kein Ausweg zeigte. Das Eis erhob sich im Allgemeinen um 14 englische Fuß (4,27 Meter) über das Wasser. Das Schiff ward solchergestalt 29 Tage lang südwärts fortgeführt. Es ward frei unter 44° 37′ B., 300 engl. Meilen östlich vom Cap Race. Während dieser sonderbaren Gefangenschaft nahm der Capitän Daymont über hundert Eisberge wahr.

Am 28. März 1818, unter 41° 50′ N. B., 53° 13′ W. L. von Paris, fuhr der Capitän Vivian während des ganzen Tages bei einem ausnehmend kalten Nordwinde, der ihn auf die Annäherung von Eis schließen ließ. In der That zeigten sich ihm andern Tags eine Menge schwimmender Eisinseln, welche einen Raum von mehr als 7 Lieues einnahmen. „Mehrere dieser Inseln, sagt der Capitän, hatten 200 bis 250 engl. Fuß (61 bis 76 Meter) Höhe über dem Wasser.“

Die Brick Funchal, von Greenock, begegnete Eisfeldern zu zwei wiederholten Malen auf ihrer Fahrt von St. Johns auf Neufoundland nach Schottland; das erste Mal am 17. Febr. 1818, 15 engl. Meilen von dem eben verlassenen Hafen, das zweite Mal in demselben Monate unter 47° 30′ Breite. Das erste Feld hatte über 8 engl. Meilen Breite; man sah nach Norden keine Grenze desselben. Das zweite, ebenfalls von großer Ausdehnung, zeigte in seiner Mitte einen ungeheuren Eisberg.

Am 30. Mai 1818 fuhr die Kriegssloop Fly zwischen zwei großen schwimmenden Eisinseln unter 42° N. B. hindurch.

Am 2. April 1818 begegnete der Lieutenant Parry Eisbergen unter 42° 20′ N. B.

Im J. 1845 blieb das englische Fahrzeug Rochefort zu Ende Aprils und Anfang Mais 21 Tage hinter einander in einer Masse Treibeis eingeschlossen, welche nach Süden längs der Bank von Neufoundland fortschritt.

§ 4. — Veränderungen der Meeresdurchsichtigkeit.

Das Meer erwärmt sich viel weniger als das Land, und zwar zu großem Theile wegen der Durchsichtigkeit des Wassers. Alles, was diese Durchsichtigkeit erheblich abändert, wird also merkliche Veränderungen in die Temperatur des Meeres, hiernach in die der Meeres-Atmosphäre, und in weiterer Folge in die der continentalen Atmosphäre bringen. Gibt es über die Grenzen der wissenschaftlichen Vorhersage hinaus Ursachen, welche die Durchsichtigkeit des Meeres in einer großen Ausdehnung trüben können? Folgendes meine Antwort:

Scoresby hat constatirt, daß das Meer in den nördlichen Gegenden manchmal eine sehr entschiedene olivengrüne Färbung annimmt, daß diese Färbung von Medusen und andern kleinen Thierchen abhängt; endlich, daß das Wasser überall, wo die grüne Färbung herrscht, eine ausnehmend geringe Durchsichtigkeit hat.

Scoresby hat manchmal grüne Streifen angetroffen, welche auf einer Länge von 2 bis 3 geographischen Breitegraden (60 bis 80 Lieues) 10 bis 15 Lieues Breite hatten. Die Strömungen führen diese Streifen von einer Gegend in die andere. Man muß annehmen, daß sie nicht immer vorhanden sind, denn der Capitän Phipps gedenkt derselben in der Beschreibung seiner Reise nach Spitzbergen nicht.

Wie eben gesagt, muß sich das grüne und undurchsichtige Meer in ganz anderer Weise erwärmen als das durchsichtige. Dies ist eine Temperaturveränderung, die sich der Rechnung nie unterwerfen lassen wird. Niemals wird man zum Voraus wissen, ob diese Milliarden von Milliarden kleiner Thierchen in diesem oder jenem Jahre sich stärker vermehrt haben werden, und welches die Richtung ihrer Wanderung nach Süden sein wird.

§ 5. — Leuchten des Meeres.

Das Meeresleuchten hängt von kleinen Thierchen aus der Gattung der Medusen ab. Es erstreckt sich über große Räume bald unter dieser, bald unter einer andern Breite. Da nun das Wasser der leuchtenden Räume einem Brei (bouillie) gleicht, da seine Durchsichtigkeit fast vollkommen aufgehoben ist, so kann die daraus hervorgehende abnorme Erwärmung zu einer erheblichen Störungsursache für die Temperatur der oceanischen und continentalen Atmosphäre werden. Wer aber wird jemals zum Voraus den Ort, die Stärke dieser Ursache der Wärmeänderung vorhersehen können?

§ 6. — Beweglichkeit der Atmosphäre.

Setzen wir voraus, die Atmosphäre sei unbeweglich und vollkommen klar; setzen wir noch dazu voraus, der Boden besitze überall denselben Grad des Absorptionsvermögens, Ausstrahlungsvermögens für die Wärme, dieselbe Wärmecapacität; so wird man im Laufe des Jahres vermöge der Wirkung der Sonne eine regelmäßige ununterbrochene Reihenfolge wachsender und eine eben solche wieder abnehmender Temperaturen beobachten. Jeder Tag wird seine unveränderliche Temperatur haben. Unter jedem bestimmten Breitengrade werden die Tage des Maximums und Minimums der Temperatur respective dieselben sein.

Die so vorausgesetzte Regelmäßigkeit des Temperaturganges wird aber gestört durch die Beweglichkeit der Atmosphäre, durch mehr oder minder ausgedehnte, mehr oder minder dauernde Bewölkung, durch die Verschiedenheiten des Bodens. Daher Erhöhungen oder Erniedrigungen der Normalwärme der Tage, Monate und Jahre. Da die Störungen nicht allenthalben in derselben Weise wirken, so kann man erwarten, die auf die erste Voraussetzung gegründeten Zahlen in verschiedener Weise abgeändert zu sehen und verhältnißmäßige Ungleichheiten der Temperatur da zu finden, wo nach der strengen Voraussetzung die vollständigste Gleichheit stattfinden müßte.

Nichts ist geeigneter, zu zeigen, wie weit die Wirkung der Vereinigung dieser störenden Ursachen gehen kann, als die Vergleichung der mittleren Zeiten, in welchen die Maxima und Minima der Temperatur an verschiedenen Orten eintreten.

Folgendes einige Resultate in dieser Hinsicht:

	Maximum.	Minimum.	
St. Gotthard (10 Jahre).	11. August.	24. December.	51 und 3 Tage nach dem Solstitium.
Rom (10 Jahre).	6. August.	8. Januar.	46 und 18 Tage nach dem Solstitium.
Jena (18 Jahre).	1. August.	3. Januar.	41 und 14 Tage nach dem Solstitium.
Petersburg (10 Jahre).	22. Juli.	8. Januar.	31 und 18 Tage nach dem Solstitium.
Paris (21 Jahre).	15. Juli.	14. Januar.	25 und 25 Tage nach dem Solstitium.

Diese Verschiedenheiten hängen von den Oertlichkeiten ab. Wenn aber verborgene Localursachen so viel Einfluß haben, hat man nicht Grund vorauszusetzen, daß die Abänderungen, welchen sie durch die Menschenhand unterliegen, binnen wenigen Jahren den meteorologischen Charakter jeder Stadt in Europa erheblich zu ändern vermögen?

§ 7. — Einflüsse der örtlichen Umstände.

Ich habe so eben gezeigt, daß verborgene oder wenigstens nicht sehr charakteristische örtliche Umstände einen erheblichen und constanten Einfluß auf die Weise äußern können, wie sich die Temperatur-Maxima und Minima im Jahre vertheilen. Wenn die Wissenschaft im Besitz einer großen Menge genauer und vergleichbarer, gleichzeitig an verschiedenen Orten angestellter Beobachtungen sein wird, wenn diese Beobachtungen mit Einsicht und Sorgfalt discutirt sein werden, so wird man sehr wahrscheinlich finden, daß örtliche Umstände eine viel größere Rolle in der Meteorologie spielen, als die Physiker anzunehmen geneigt scheinen. Ja es würde mir schon jetzt leicht sein, eng umschriebene Bezirke anzuführen, die den strengen Fröſten, womit die umgebenden Landstriche heimgesucht waren, manchmal ganz entgingen. So bildeten die Sables d'Olonne mit den benachbarten Landstrichen, 6 Lieues in der Runde, während des Winters von 1763 bis 1764 eine Art thermischer Oase. Die Loire war an ihrer Mündung gefroren, ein starker Frost von mehr als —10° C. unterbrach alle landwirthschaftlichen Arbeiten den Lauf des Flusses entlang; in den Sables war das Wetter gelind; dieser kleine Bezirk entging dem Froste.

Noch außerordentlicher erscheint folgende Thatsache, sofern sie alle Jahre wiederkehrt.

In Sibirien gibt es, wie uns Herr Erman berichtet, einen ganzen District, in welchem während des Winters der Himmel stets heiter ist und nicht eine einzige Schneeflocke fällt.

§ 8. — Zufällige Verdunkelungen der Atmosphäre.

Wir wollen die Störungen der irdischen Temperaturen bei Seite lassen, welche etwa von einer mehr oder minder reichlichen Ausstrahlung des Lichtes oder der Wärme aus der Sonne abhängen können, mögen diese Veränderungen der Sonnenstrahlung durch eine wechselnde Zahl der Flecken und Fackeln, womit die Oberfläche des Gestirns zufällig übersät ist, oder durch irgend eine andere uns unbekannte Ursache hervorgerufen werden; hingegen kann ich nicht umhin, die Aufmerksamkeit des Lesers auf die Verdunkelungen zu lenken, welche unsere Atmosphäre von Zeit zu Zeit ohne alle angebbare Regel erfährt. Diese Verdunkelungen müssen dadurch, daß sie das Licht und die Wärme der Sonne verhindern bis zur Erde zu gelangen, den Gang der Witterung beträchtlich stören.

Unsere Atmosphäre ist oft in beträchtlichen Strecken mit stark trübenden Materien erfüllt. Diese Materien rühren manchmal von vulkanischen Ausbrüchen her. Ein Beweis ist z. B. die ungeheure Aschensäule, welche im Jahre 1812, nachdem sie sich aus dem Krater der Insel St. Vincent bis zu großer Höhe erhoben, am vollen Mittage Nacht auf der Insel Barbados zuwege brachte.

Solche Staubwolken haben sich von Zeit zu Zeit auch in Gegenden gezeigt, wo es keine Vulkane gibt. Canada unterliegt namentlich solchen Erscheinungen. Man hat hier für die Erklärung zu Waldbränden seine Zuflucht genommen. Die Thatsachen haben jedoch nicht immer zu dieser Voraussetzung recht zu stimmen geschienen. So deckten am 16. October 1785 in Quebec Wolken von solcher Dunkelheit den Himmel, daß man am Mittage nicht genug sah, um sich zurecht zu finden. Diese Wolken reichten über eine Strecke von 120 Lieues Länge auf 80 Breite. Sie schienen von Labrador zu kommen, einem sehr wenig bewaldeten Lande; hatten auch keineswegs die Charaktere des Rauches.

Am 2. Juli 1814 umgaben Wolken gleich den eben besprochenen auf vollem Meere die nach dem St. Lorenzflusse segelnden Schiffe. Die starke Dunkelheit dauerte vom Abend des 2. bis zum Nachmittage des 3.

Für vorliegenden Zweck kommt wenig darauf an, ob man diese ausnahmsweise sich einstellenden Wolken, welche die Sonnenstrahlen gänzlich abzuhalten vermögen, auf Rechnung von Wald- oder Moorbränden oder auf irdische Ausflüsse schreibt; ihre Entstehung, ihr Erscheinen an einem gegebenen Orte wird in jedem Falle außerhalb der Grenzen der wissenschaftlichen Voraussicht bleiben; die zufälligen Temperaturzustände, die verschiedenartigen Meteore, welche von solchen Wolken abhängen können, werden niemals zum Voraus in den meteorologischen Jahrbüchern verzeichnet werden können.

Im Jahre 1783 erstreckte sich die zufällige Verdunkelung der Luft über einen so großen Raum (von Lappland bis nach Afrika), daß man so weit ging, sie auf Rechnung von Theilchen eines Kometenschweifes zu schreiben, die sich mit unserer Atmosphäre gemischt haben sollten. Unmöglich läßt sich behaupten, daß ein zufälliger Zustand der Atmospäre, welcher fast zwei Monate lang hinderte, die Sonne mit bloßen Augen am vollen Mittage zu sehen, einflußlos auf die irdischen Temperaturen war.

§ 9. — Einfluß der Wälder.

Die Wälder können nicht verfehlen, einen merklichen Einfluß auf die Temperatur der Gegenden in ihrer Umgebung zu äußern; denn der Schnee z. B. erhält sich viel länger darin, als auf freiem Felde. Die Ausrottung der Wälder muß also eine Veränderung in die Klimate bringen.

Wie viel kann in gegebenen Fällen dieser Einfluß in Centesimalgraden betragen? Die Frage ist sehr complicirt und noch nicht beantwortet.

Die Thäler werden in allen sehr gebirgigen Gegenden von täglich wiederkehrenden Luftzügen durchstrichen, welche sich namentlich im Mai, Juni, Juli, August und September bemerklich machen. Sie steigen thalaufwärts von 7 oder 8 Uhr Morgens an bis 3 oder 4 Uhr Nachmittags, wo sie ihre größte Stärke erreichen, und von 4 Uhr an bis 6 oder 7 Uhr Abends. Gewöhnlich haben sie die Stärke eines entschiedenen und manchmal eines heftigen Windes; müssen also einen merklichen Einfluß auf das Klima der Umgegend dieser Thäler äußern.

Worin liegt der Grund dieser Luftströmungen? Nach der Zusammenstimmung aller Umstände in der Weise, wie der Gebirgsstock, von welchem die Thäler auslaufen, durch die Sonnenstrahlen erwärmt wird. Ist dieser Gebirgsstock von Waldungen entblößt, so wird eine gewisse Wirkung eintreten; setzt man dichtbelaubte Wälder an die Stelle der kahlen Felsen, so wird das Phänomen einen andern Charakter annehmen, wenigstens seine Intensität ändern.

Das ist eine von den mancherlei Wirkungen, welche die Abholzung auf unsere Klimate äußert. Ehe der Kalendermacher sich anschickt, seine Vorhersagungen zu stellen, sollte er sich also mit allen Köhlern jedes Landes in Vernehmen setzen.

§ 10. — Einfluß der Seen.

In Nordamerika kommt dem Innern des Continents unter derselben Breite nicht dasselbe Klima zu, als der Küste. Vermöge des Einflusses der Seen verschwindet diese Verschiedenheit in Bezug auf alle Punkte, deren Abstand von diesen großen Wassermassen nicht beträchtlich ist.

Man hat also zu erwarten, daß die Austrocknung eines Sees das Klima der Umgegend ändern, und eine große Ueberschwemmung, als Folge eines unvorhergesehenen Dammbruches, eine momentane Wirkung in entgegengesetztem Sinne äußern wird.

Sollte man dagegen Einspruch erheben, daß ich Ursachen aufzähle, deren keine für sich eine Wirkung von Erheblichkeit scheint äußern zu können, so habe ich darauf zu erwiedern: es gilt einen Einfluß in Betracht zu ziehen, der von der Gesammtheit derselben abhängt, und jedenfalls sind die Störungen, um deren Erklärung es sich handelt, weit entfernt, eine solche Ausdehnung zu haben, als das Publicum ihnen beilegt.

§ 11. — Stadt und Land.

Nach Howard übersteigt die mittlere Temperatur Londons die des benachbarten Landes um ungefähr 1° C.

Der Unterschied zwischen beiden Temperaturen bleibt sich nicht in allen Jahreszeiten gleich.

Viertes Kapitel.

Störungen durch die atmosphärische Elektricität. — Gewitter. — Hagel. — Tromben.

Man kann nicht wohl umhin, die Elektricität mit unter die Ursachen zu rechnen, welche erheblich auf die klimatischen Verhältnisse einzuwirken vermögen. Sehen wir des Weitern zu, ob die Arbeiten der Menschen eine Störung in den elektrischen Zustand einer ganzen Gegend bringen können.

Einen Berg abholzen, heißt, eine Zahl von Blitzableitern, gleich der Zahl der gefällten Bäume, beseitigen; heißt, den elektrischen Zustand eines ganzen Landes abändern; heißt, eins der zur Bildung des Hagels wesentlichen Elemente sich an derselben Stelle häufen lassen; wo es vorher durch die stille und stetig fortgehende Wirkung der Bäume sicher zerstreut werden mußte. Beobachtungen kommen diesen theoretischen Folgerungen zu Hülfe.

Nach einer detaillirten Statistik belaufen sich die Verluste, welche in den continentalen Staaten des Königs von Sardinien von 1820 bis 1828 inclusive durch den Hagel verursacht wurden, auf die Summe von 46 Millionen Francs. Drei Provinzen, die des Val d'Aosta, das Thal von Susa, und la Haute Maurienne kommen nicht in dieser Verlusttabelle vor; sie wurden nicht verhagelt. Diese drei Provinzen haben die best bewaldeten Berge.

Unter den wärmsten Provinzen ist die von Genua, deren Berge gut bewaldet sind, fast niemals vom Hagel heimgesucht.

Die atmosphärische Elektricität verursacht Erscheinungen von ungeheurer Ausdehnung, die doch, wie es scheint, von rein örtlichen Ursachen ihren Ursprung nehmen. Auch erfolgt ihre Fortpflanzung unter Einflüssen, die auf besondere, manchmal ziemlich enge Zonen beschränkt sind.

Am 13. Juli 1788 Morgens begann ein Gewitter mit Hagel im Süden Frankreichs, durchlief binnen wenig Stunden die ganze Länge des Königreichs und erstreckte sich von da nach den Niederlanden und Holland.

Alles Land, das in Frankreich verhagelt wurde, lag auf zwei parallelen, von Südwest nach Nordost gerichteten Streifen. Der eine dieser Streifen hatte 175 Lieues, der andere ungefähr 200 Lieues Länge.

Die mittlere Breite des westlichen der verhagelten Streifen betrug 4 Lieues, die des andern blos 2 Lieues. Im Zwischenraume zwischen diesen beiden Streifen fiel nur Regen; seine mittlere Breite betrug 5 Lieues. Das Gewitter schritt von Süden nach Norden mit einer Geschwindigkeit von 16 Lieues in der Stunde fort.

Die Hagelschäden in den 1039 betroffenen Gemeinden Frankreichs beliefen sich nach einer officiellen Aufnahme auf 25 Millionen.

Dies ist sicherlich ein Ungewitter, eine atmosphärische Störung, ebenso gewaltig in Betracht der Verwüstungen, die dadurch angerichtet wurden, als in Betracht des Einflusses, den die Verdrängung der Luft und die auf der Fläche zweier langer und breiter Streifen Landes abgesetzten Hagelmassen auf die Normaltemperatur vieler Orte ausüben mußten. Hätten aber wohl die Meteorologen, selbst die best unterrichteten, dieses Unwetter vorhersehen können?

Die beiden Streifen nahmen ihren Anfang in der Landschaft l'Aunis und in der Saint Onge. Warum hier und nicht anderwärts? Warum begann das Gewitter nicht an irgend einem andern Punkte des Breitenparallels, welcher durch seine südlichen Enden geht? Darum, wird man antworten, weil in Aunis, weil in Saint Onge am 13. Juli 1788 die Verhältnisse der Elektricität und Temperatur für die Entstehung eines Gewitters mit Hagel, gleichzeitig mit einem von Südsüdwest nach Nordnordost gerichteten Sturme, ausnehmend günstige Bedingungen stellten. Wir wollen es zugeben; aber standen diese, der Entstehung des Gewitters so günstigen thermischen und elektrischen Bedingungen nicht in inniger Beziehung zu den landwirthschaftlichen Arbeiten, zum Vorhandensein dieser oder jener Wäldermasse, dem Zustande der Bewässerungen, lauter Umständen, welche nach Bedürfniß und Laune der Menschen veränderlich sind? Was die Temperatur anlangt, so kann die Antwort für Niemand zweifelhaft sein. Die Elektricität anlangend, so wird die Beziehung dazu nicht minder einleuchtend erscheinen, wenn ich daran erinnere, daß die Verdampfung eine reichliche Quelle von Elektricität ist, und daß verschiedene Physiker sogar die Vegetation unter die Ursachen gerechnet haben, wodurch dieses Fluidum in der Atmosphäre erzeugt wird.

Wenn es wahr ist, wie man zu finden geglaubt hat, daß die Flamme und der Rauch, die aus dem Schlunde eines Hohofens oder dem Rauchfange einer Fabrik aufsteigen, manchmal hinreichend sind, die Atmosphäre auf viele Meilen in der Runde aller ihrer Elektricität zu berauben, so wird den Wetterpropheten eine Verlegenheit mehr dadurch erwachsen; sie werden zum Voraus wissen müssen, was die Werkführer von Hüttenwerken und Besitzer von Fabriken im Schilde führen.

Insoweit wir über die physische Ursache der Tromben überhaupt etwas mit einiger Zuverlässigkeit auszusagen vermögen, nach der Theorie des Herrn Espy, muß der aufsteigende Luftstrom, der durch den Rauchfang einer Fabrik erzeugt wird, manchmal zur Hervorrufung eines dieser furchtbaren Meteore genügen.

Fünftes Kapitel.

Störungsursachen der Regelmäßigkeit des Regens.

§ 1. — Reisfelder.

Man will in Italien bemerkt haben, daß nach Maaßgabe der Vermehrung der Reisfelder die jährliche Regenmenge allmälich zugenommen und die Zahl der Regentage einen entsprechenden Zuwachs erfahren hat.

Glaubt man, daß solche Umstände jemals von den Wetterverkündigern werden in Rechnung zu nehmen sein?

§. 2. — Erderschütterungen.

In den tropischen Gegenden Amerikas sehen die Eingebornen wiederholte Erdbeben als erfreuliche Vorboten fruchtbaren Regens an. Herr v. Humboldt berichtet sogar, daß in der Provinz Quito häufige Erdstöße den plötzlichen Eintritt der Regenzeit, ziemlich lange vor der sonst gewöhnlichen Eintrittszeit, mitführten.

Es ist nicht wahrscheinlich, daß sich der Einfluß der Erdbeben blos auf die Nachbarschaft des Aequators beschränkt. Zur Vorhersage des Regens würde also gehören, daß man die Zahl und Stärke der Erdstöße zum Voraus kennte, welche in der Gegend, für die der Astrolog arbeitet, zu erwarten sind.

§. 3. — Feuersbrünste.

Ich lese in Bacon: „Einige Geschichtschreiber behaupten, daß in der Zeit, wo Guyenne noch unter der Herrschaft der Engländer stand, ein Gesuch seitens der Einwohner von Bordeaux und den benachbarten Cantonen an den König von England erging, dahin gerichtet, er möge seinen Unterthanen in den Grafschaften Sussex und Hampton verbieten, die Haiden zu Ende Aprils nach ihrer Gewohnheit in Brand zu stecken; indem hierdurch ein, ihren Weinanlagen sehr nachtheiliger Wind erzeugt würde.“

Ich weiß nicht, wiefern diese Reclamation begründet war, denn die Entfernung zwischen Bordeaux und der Grafschaft Sussex ist sehr beträchtlich; aber ich muß erklären, daß man heutzutage unter den Physikern anfängt, die Feuersbrünste eine nicht minder außerordentliche Rolle spielen lassen zu wollen; und führe in dieser Hinsicht an, daß in den Vereinigten Staaten ein wohlbekannter Gelehrter, Herr Espy, im Anschluß an Meinungen, welche unter den Eingebornen des neuen Continents von Canada bis nach Paraguay verbreitet sind, neuerdings vorgeschlagen hat, zur Zeit von Dürre künstlich Regen zu erzeugen; und daß sein Mittel darin besteht, große Feuer anzuzünden. Zur Unterstützung seines Vorschlags beruft sich Herr Espy auf:

die Meinung der Indianer von Paraguay, die nach dem Berichte der Missionäre große Savannen in Brand steckten, wenn ihre Ernten von Dürre bedroht waren, und behaupteten, auf diesem Wege selbst Gewitter mit Blitz und Donner erzeugen zu können;

die Meinung der Colonisten in Louisiana und den seit unvordenklichen Zeiten bekannten Erfolg des Prairienbrandes in diesem Staate;

die Meinung der Bevölkerung Neu-Schottlands bezüglich der Folgen des Waldbrandes;

die Meinung und die Gebräuche der Colonisten in den Grafschaften Delaware und Oswego; u. s. w.

Herr Espy sagt, er habe sich auf verschiedenen Wegen versichert, daß das Klima von Manchester nach Maaßgabe der zunehmenden Entwickelung der Manufactur-Industrie allmälich merkliche Veränderungen erfahren habe. Seit diese Stadt sozusagen ein großer Brennofen geworden ist, regnet es daselbst mehr oder weniger alle Tage. Diejenigen, welche eine so beträchtliche Verschlechterung des Klimas nicht zugeben wollen, versichern, daß es in Manchester blos an sechs Tagen unter sieben regnet.

Nehmen wir an, diese Thatsachen seien richtig; so wird die Vorhersage des Regens für einen gegebenen Ort oft durch zufällige Feuersbrünste und durch die Feuer der Fabriken zum Fehlschlagen gebracht werden.

Sechstes Kapitel.

Veränderungen der Winde.

Es würde zu viel Zeit wegnehmen, wollte ich hier die Menge örtlicher Ursachen besprechen, welche einen großen Einfluß auf die Richtung und Stärke des Windes äußern können. Ich will mich auf eine Bemerkung beschränken, welche sehr geeignet ist, diejenigen aufzuklären, die ohne Besitz meteorologischer Instrumente im Zustande der Ernten und der Vegetation einen Anhalt suchen. Sie läßt sich so aussprechen: der Wind äußert auf die Pflanzen eine directe, oft sehr nachtheilige Wirkung, welche wohl von seiner klimatologischen Wirkung zu unterscheiden ist. Diese directe Wirkung ist es, gegen welche der Schutz, den Gehölze gewähren, von besonderm Nutzen ist.

Der directe Einfluß des Windes auf die Vegetationserscheinungen zeigt sich nirgends auffälliger als in Ile de France. Der für Menschen und Thiere sehr gesunde Südostwind ist verderblich für die Bäume. Niemals findet man Früchte auf den Zweigen, welche diesem Winde direct ausgesetzt sind, sondern nur auf der entgegengesetzten Seite. Andere Bäume erleiden selbst in ihrem Laubwerke eine Veränderung; sie haben nur noch die halbe Krone; die andere ist durch die Einwirkung des Windes verschwunden. Die Orangen- und Citronenbäume gedeihen prachtvoll in den Gehölzen. Auf freier Ebene ohne Schutz bleiben sie immer schwach und verkümmert.

Ueber den Einfluß des Mondes auf die irdischen Erscheinungen.

Erstes Kapitel.

Definitionen.

Die Astronomen, die Physiker, die Meteorologen scheinen im Allgemeinen darüber einverstanden, daß der Mond keine bemerkbare Wirkung auf unsere Atmosphäre ausübt; aber man muß gestehen, daß sie diese Ansicht für sich allein haben. Die ungeheure Majorität des Volks glaubt fest an einen mächtigen Einfluß unseres Satelliten. Die Landleute, und vor Allen die Seeleute, wollen z. B. tausendmal bemerkt haben, daß jeder Phasenwechsel des Mondes unausweichlich eine Witterungsveränderung mitführt.

Eine so verwickelte Frage wird sich heutzutage nicht durch bloße theoretische Betrachtungen lösen lassen. Lange Reihen genauer, methodisch gruppirter Beobachtungen können allein einwurfsfreie Resultate hoffen lassen, welche werth sind, in der positiven Meteorologie Platz zu greifen. Leider sind der Arbeiten dieser Art noch sehr wenige und sie umfassen blos kurze Zeiträume. Da aber die Frage seit Kurzem unbestreitbare Fortschritte gemacht hat, so habe ich geglaubt, hier Mittheilung davon machen zu müssen, um vielleicht einige sehr eingewurzelte Vorurtheile dadurch zu beseitigen.

Um nicht viel mit Umschreibungen zu thun zu haben, will ich hier die Bedeutung verschiedener astronomischer Ausdrücke, deren ich mich zu bedienen haben werde, genau angeben.

Der Mond beschreibt im Raume eine Ellipse, von welcher die Erde einen der Brennpunkte einnimmt. Diese Curve ist die Mondbahn.

Das der Erde nächste Ende der großen Axe dieser Ellipse heißt das Perigäum oder die Erdnähe.

Das entgegengesetzte Ende, zugleich der Punkt, in welchem sich der Mond am weitesten von uns findet, führt den Namen des Apogäums oder der Erdferne.

Das Perigäum und Apogäum werden manchmal gemeinsam unter dem Namen der Apsiden begriffen.

Die Zeit, welche der Mond braucht, einen vollständigen Umlauf am Himmel zu machen, d. h. zu demselben Sterne zurückzugelangen, beträgt 27,31 Tage. Diese Zeit heißt die siderische Umlaufszeit.

Die Apsiden haben keine feste Lage unter den Sternen. Ihre Bewegung erfolgt in der Richtung von Westen nach Osten. Die Zeit, welche zwischen zwei auf einander folgenden Durchgängen des Mondes durch das Perigäum verfließt, ist also länger, als die Dauer der siderischen Umlaufszeit. Sie führt den Namen der anomalistischen Umlaufszeit.

Da die Sonne, von der Erde gesehen, mit einer eigenen Bewegung begabt erscheint, welche wie die des Mondes von Westen nach Osten gerichtet ist, so muß die Zeit, welche der Mond braucht, um zur Sonne zurückzukommen, ebenfalls länger sein, als die siderische Umlaufszeit. In der That beträgt dieselbe im Mittel 29,53 Tage. Man nennt sie die synodische Umlaufzeit. Dies ist mit andern Worten die Dauer des Mondmonats.

Während jedes synodischen Umlaufs nimmt der Mond verschiedene Gestalten oder Phasen an.

Wenn dieses Gestirn sich gerade zwischen der Sonne und uns befindet, so ist die ganze von der Erde abgekehrte Halbkugel desselben, die sich wegen der Undurchsichtigkeit des Stoffes, woraus der Mond besteht, nicht erblicken läßt, von der Sonne erleuchtet. Der Mond kann in diesem Falle nicht gesehen werden; man nennt ihn dann Neumond. Der Zeitpunkt, wo dieser Fall eintritt, ist der der Conjunction.

14,76 Tage im Mittel nach dem Zeitpunkte der Conjunction oder des Neumondes fällt die von der Sonne erleuchtete Seite des Mondes mit der uns zugekehrten Seite desselben zusammen, und stellt eine vollkommene leuchtende Kreisscheibe dar. Der Zeitpunkt, wo dies eintritt, heißt der der Opposition. Der Mond ist dann voll.

Unter dem Namen der Syzygien begreift man gemeinsam den Neumond und Vollmond.

Zu der Zeit, welche zwischen Neumond und Vollmond mitten inne liegt, hat dieses Gestirn die Gestalt eines lichten halben Kreises. Sein westlicher Theil ist ein Kreisbogen, sein östlicher gradlinig. Dies ist das erste Viertel. Man sagt dann, daß der Mond sich in der ersten Quadratur befindet, weil seine Winkeldistanz von der Sonne ungefähr 90° oder das Viertel vom ganzen Kreisumfange beträgt.

Die zweite Quadratur, das zweite oder letzte Viertel, tritt 7,4 Tage nach dem Vollmonde ein. Dies ist die zweite Zeit, wo der Mond während eines Umlaufs unter der Gestalt eines lichten halben Kreises erscheint. Diesmal aber ist die Convexität nach Osten und die gradlinige Begrenzung nach Westen gekehrt.

Bei gewissen Untersuchungen hat man nöthig gefunden, im Mondlaufe noch vier andere Punkte zu unterscheiden, welche den Namen Octanten führen. Der erste, der zweite, der dritte und vierte Octant sind, wie es der Name anzeigt, respective gleich weit entfernt vom Neumond und ersten Viertel, vom ersten Viertel und Vollmond, vom Vollmond und zweiten Viertel, vom zweiten Viertel und folgenden Neumond. Außerdem ist jeder Octant durch eine besondere Gestalt des Gestirns charakterisirt, worauf hier näher einzugehen, nicht nöthig ist, da wir uns in der Folge nicht darauf zu beziehen haben werden.

Der Zeitraum, welcher zwischen dem Neumond und Vollmond verfließt, während dessen der erleuchtete Theil des Gestirns, den man von der Erde sehen kann, allmälich an Größe zunimmt, heißt die Periode des zunehmenden Mondes. Hiernach versteht Jeder, ohne weitere Erklärung, warum der übrige Theil des Mondmonats, der zwischen dem Vollmond und nächsten Neumond liegt, die Periode des abnehmenden Mondes genannt wird.

Zweites Kapitel.

Aeußert der Mond einen Einfluß auf den Regen?

Diese Frage ist im Jahre 1830 mit vieler Sorgfalt von Herrn Schübler in einem deutschen Werke untersucht worden, welches verdiente in Frankreich bekannter zu sein. Ich bin für den Vortheil, hier eine Analyse dieses interessanten Werkes geben zu können, der Gefälligkeit verpflichtet, welche der gelehrte Professor in Tübingen gehabt hat, mir direct ein Exemplar davon zuzusenden.

Die Unterlagen, auf welche er sich stützt, sind 28jährige meteorologische Beobachtungen, welche in Deutschland angestellt wurden, nämlich:

In München . . . . . von 1781 bis 1788
In Stuttgart . . . . von 1809 bis 1812
In Augsburg . . . . von 1813 bis 1828

	Zahl der Regentage					
	in 20 Jahren	von 1809 bis 1812	von 1813 bis 1816	von 1817 bis 1820	von 1821 bis 1824	von 1825 bis 1828
Vom Neumond bis zum ersten Viertel	764	132	142	145	179	166
Vom ersten Viertel bis zum Vollmond	845	145	169	173	180	178
Vom Vollmond bis zum letzten Viertel	761	124	145	162	166	164
Vom letzten Viertel bis zum Neumond	696	110	139	135	153	159
Während d. zunehmenden Mondes	1609	277	311	318	359	344
Während d. abnehmenden Mondes	1457	234	284	297	319	323
Ueberschuß während des ersten Zeitraums . . .	152	43	27	21	40	21

Das Maximum der Zahl von Regentagen hat also zwischen dem ersten Viertel und Vollmond, das Minimum zwischen dem letzten Viertel und Neumond statt. Die Anzahl von Regentagen in letzterem Zeitraume verhält sich zur Zahl derselben im ersten wie 696 : 845, oder wie 100 : 121,4, oder endlich in runder Zahl wie 5 : 6. Die Mittel für Zeiträume von 4 Jahren geben ähnliche Resultate.

Es scheint also dargethan, daß häufiger Regen während der Zeit des zunehmenden als des abnehmenden Mondes fällt.

Diese ersten Ergebnisse ermuthigten Herrn Schübler zu einer eingehenderen Untersuchung der Beobachtungen, wobei er den Mondmonat nicht blos in 4 Theile theilte, und die Zeiten der Maxima und Minima genauer als bis auf etwa 6 bis 7 Tage zu bestimmen suchte.

Drittes Kapitel.

Zahl der Regentage je nach den Phasen des Mondes.

Als Regentage wurden alle Tage gezählt, an welchen ein Regen- oder Schneefall in den meteorologischen Journalen verzeichnet war, wofern nur die Höhe des aufgefangenen Wassers $^{2}/_{100}$ Linie überstieg. Bei der Gruppirung der Tage ward der Tag des ersten Viertels in dem Zeitraume vom Neumond zum ersten Viertel mit inbegriffen; der Tag des Vollmondes im Zeitraume vom ersten Viertel zum Vollmond, u. s. f.

Die Tabelle enthält die Ergebnisse, zuerst für die 20 letzten Jahre, dann für die Totalzahl der 28 Jahre, die Herrn Schübler zur Verfügung standen. Um den Einfluß zufälliger Störungen zu vermindern und zu einer etwas regelmäßigeren Reihe von Zahlen zu gelangen, sind für jede Epoche die Mittel zweier auf einander folgender Tage genommen.

	Zahl der Regentage.			
	Während 20 Jahren.		Während 28 Jahren.	
	An diesem Tage.	Mittel zweier Tage.	An diesem Tage.	Mittel zweier Tage.
Am Tage des Neumondes	105	109	148	148,0
Am folgenden Tage . .	113		148	
Am Tage des 1. Octanten	119	117	152	150,0
Am folgenden Tage . .	115		148	
Am Tage des 1. Viertels	111	112	156	153,5
Am folgenden Tage . .	113		151	
Am Tage des 2. Octanten	124	126	164	165,5
Am folgenden Tage . .	128		167	
Am Tage des Vollmondes	116	115	162	161,5
Am folgenden Tage . .	113		161	
Am Tage des 3. Octanten	125	117	161	155,5
Am folgenden Tage . .	109		150	
Am Tage d. letzten Viertels	92	94	130	135,0
Am folgenden Tage . .	96		140	
Am Tage des 4. Octanten	100	94	138	133,5
Am folgenden Tage . .	88		129	

Man wolle hierbei bemerken, daß im Zeitraume von 20 Jahren 249 und im Zeitraume von 28 Jahren 348 synodische Umläufe des Mondes stattgefunden haben, so daß derselbe eben so oft zu jeder der angeführten Lagen zurückgekehrt ist.

Diese Mittel, sei es für 20 oder 28 Jahre, lassen eine ziemlich regelmäßige Zunahme der Regentage vom Neumond bis um den 2. Octanten, dann eine allmäliche Verminderung, endlich ein Minimum zwischen dem letzten Viertel und 4. Octanten finden.

Wenn man im Besitz einer längeren Reihe von Beobachtungen sein wird, werden sich dieselben Rechnungen leicht bezüglich aller Tage des Mondmonats anstellen lassen. Dann wird es zur gänzlichen Elimination der Wirkungen der zufälligen Ursachen genügen, die zahlreichen Beobachtungen insbesondere zusammenzustellen, welche respective am Tage des Neumondes, am folgenden Tage, am Tage nachher u. s. f. angestellt worden sind. In Erwartung einer hinreichenden Vermehrung der meteorologischen Reichthümer, daß ein solcher Gang eingeschlagen werden kann, hat Herr Schübler versucht, sich den dadurch zu erlangenden Resultaten zu nähern, indem er zur Bestimmung der Größen, welche den verschiedenen charakteristischen Epochen der Mondperiode entsprechen, die Specialmittel mehrerer vorangehenden und mehrerer folgenden Tage zuzog. Ich will auf das von ihm befolgte Interpolationsverfahren nicht näher eingehen, denn alle bekannten Methoden würden ziemlich dieselben Zahlen gegeben haben. Im Uebrigen werden zwei Worte hinreichen, die folgende Tabelle ganz verständlich zu machen.

Binnen 28 Jahren hat es in Deutschland 4299 Regentage gegeben. Um eine runde Zahl zu haben, hat Hr. Schübler alle seine Resultate, nach Proportion, auf den hypothetischen Fall von 10000 Regentagen reducirt. Wenn man also in der zweiten Spalte der Tabelle liest 290, so bedeutet dies, daß in einem Zeitraume, während dessen 10000 Regentage statt gehabt haben, 290 auf den 4. Octanten gefallen sind, und so entsprechend bezüglich der andern Zahlangaben.

Zahl der Regentage, welche im südwestlichen Deutschland unter einer Totalzahl von 10000 Regentagen auf die verschiedenen Mondphasen fallen.

Am Tage des Neumondes . . .	306	
„ „ „ 1. Octanten . . .	306	
„ „ „ 1. Viertels . . .	325	
„ „ „ 2. Octanten . . .	341	Maximum
„ „ „ Vollmondes . . .	337	
„ „ „ 3. Octanten . . .	313	
„ „ „ letzten Viertels . .	284	Minimum
„ „ „ 4. Octanten . . .	290	

Pilgram untersuchte schon im J. 1788 zu Wien in Oesterreich, ob nicht die Mondphasen irgend welchen Einfluß auf den Regen äußerten. Folgendes waren seine Resultate:

Unter 100 Beobachtungen bei derselben Phase.

Beim Neumond	26	Regentage.
Im Mittel der beiden Viertel . . .	25	„
Beim Vollmond	29	„

Hier, wie in Augsburg und Stuttgart, zeigt der Vollmond mehr Regentage als der Neumond. Die Vergleichung läßt sich nicht weiter treiben, weil die Viertel in Wien nicht gesondert sind. Uebrigens ist die Gleichheit der Resultate, die ich namhaft machen konnte, um so bemerkenswerther, als Wien, Stuttgart und Augsburg sich bezüglich der Regenmenge, die daselbst fällt, ausnehmend unterscheiden.

In Wien beläuft sich das jährliche Mittel blos auf 433 Millimeter.
In Stuttgart auf . . . . 641 „
In Augsburg auf die enorme Summe von . . 971 „

Poitevin fand im Jahre 1777 durch 10jährige Beobachtungen folgende auf das Klima von Montpellier bezügliche Resultate:

Neumond	1	Regentag unter	4
Erstes Viertel . . .	1	„ „	7
Vollmond	1	„ „	5
Letztes Viertel . . .	1	„ „	4

Diese Zahlen stimmen nicht mit denen von Schübler. In Stuttgart regnet es seltner zur Zeit des Neumondes als zur Zeit des Vollmondes; das Gegentheil findet sich für Montpellier. In Deutschland sind die Regentage häufiger zur Zeit des ersten als zweiten Viertels; im südlichen Frankreich findet sich das Umgekehrte. Müssen wir wegen dieses Mangels an Uebereinstimmung die Zahlen des deutschen Physikers für schlecht begründet halten? Ich glaube es nicht, namentlich in Betracht der Regelmäßigkeit ihres Ganges. Dazu ist zu bemerken, daß Poitevin in Montpellier blos mit zehnjährigen Beobachtungen zu thun hatte, und, vielleicht mit Unrecht, schwache Staubregen, welche oft örtlichen Ursachen beizumessen sind, unter den Regen mit verzeichnet hatte. Uebrigens ist die Frage interessant genug, um eine neue Erörterung zu verdienen. Es wird nützlich sein, andere Data mit zuzuziehen.

Mein College, Herr de Gasparin, hat versucht, die einzelnen Abweichungen auszugleichen, welche das übrigens unbestreitbare Phänomen einer Beziehung zwischen der Zahl der Regentage und den Mondphasen darzubieten scheint, je nachdem man ein südliches oder nördliches Land in Betracht zieht; und zu diesem Zwecke die Zahl von

Regentagen berechnet, welche allen Tagen eines Mondmonats in Paris, in Carlsruhe und in Orange zugehören. Er hat für Paris die Beobachtungen des Observatoriums zu Grunde gelegt, für Carlsruhe die von Hr. Eisenlohr und für Orange die von ihm selbst angestellten. So hat er auf 1000 Beobachtungen an jedem Phasentage erhalten:

	Regentage.		
Bezeichnung der Tage.	Paris.	Carlsruhe.	Orange.
4	406	452	221
3	422	446	220
2	425	418	188
N. M.	402	463	226
2	436	489	252
3	432	471	220
4	414	433	260
4	427	482	209
3	426	460	263
2	404	471	223
1. Viertel	418	460	273
2	469	509	259
3	426	495	282
4	477	515	239
4	467	473	230
3	435	515	224
2	432	517	245
V. M.	439	464	221
2	418	418	233
3	468	493	288
4	422	471	236
4	413	441	204
3	429	479	207
2	435	436	224
Letzt. Viert.	391	426	233
2	418	436	213
3	378	446	232
4	377	465	248

Diese Tabelle zeigt, daß während des Zeitraums zwischen dem 4. Tage nach dem Neumond und dem 4. Tage nach dem Vollmond folgende Zahl von Regen fällt:

In Paris	612
„ Carlsruhe	674
„ Orange	342

und vom 4. Tage vor dem letzten Viertel bis zum 4. Tage vor dem 1. Viertel folgende Zahl:

In Paris	578
„ Carlsruhe	630
„ Orange	315

„Man sieht, sagt Hr. de Gasparin, in den drei Spalten der Tabelle die Zahl der Regentage bis in die Tage hinein, welche dem 1. Viertel folgen, allmälich anwachsen, die Wirkung des Vollmondes durch eine letzte und kurze Wirkung bezeugen, und sich dann nach dem letzten Viertel zu mindern. Es wird einer viel größeren Anzahl Jahre bedürfen, daß der wahre Einfluß der Phasen sich rein von allen secundären Ursachen, welche dahin wirken, ihn zu verstecken, herausstelle, daß alle Termine von den Apsiden und Declinationen gleich betheiligt werden, endlich daß die localen Temperaturveränderungen, die erwärmenden und abkühlenden Einflüsse sich nicht in gewissen Perioden vor andern geltend machen, sondern durch die Vervielfältigung der Beobachtungen ihre Ausgleichung finden.

„Auch begreift man, daß der Einfluß des Mondes auf die Regentage nur sehr schwierig an Orten, wie Paris und Carlsruhe, wahrgenommen werden kann, wo die Wahrscheinlichkeit des Regens für einen Tag im Mittel noch mehr als 40 auf 100 beträgt, und wo das Maximum der Wirkung diese Wahrscheinlichkeit nur um ein Viertel steigert. In Orange, wo die mittlere Wahrscheinlichkeit des Regens nur 25 beträgt, in manchen Monaten aber auf 50 steigen kann, läßt sich dieser Einfluß sehr wohl erkennen, und dasselbe gilt von den südlichen Ländern, wo die Regen selten sind.“

Viertes Kapitel.

Einfluß des Mondes auf die Regenmenge und auf die Heiterkeit der Atmosphäre.

Auf Grund der 16jährigen Beobachtungen in Augsburg, welche 198 synodische Umläufe umfassen, hat Hr. Schübler folgende Tabelle zu bilden vermocht, deren Bedeutung man leicht verstehen wird, wenn ich sage, daß darin als heitere Tage alle diejenigen gerechnet sind, wo bei den drei täglichen, Morgens um 7, Nachmittags um 2 Uhr und Abends um 9 Uhr angestellten Beobachtungen der Himmel als klar oder heiter bezeichnet war; als trübe solche, wo der Himmel während dieser drei Tageszeiten trübe war.

An den Tagen	Zahl der heitern Tage in 16 Jahren.	Zahl der trüben Tage in 16 Jahren.	Menge des Regens in Millimetern in 16 Jahren.
des Neumondes . .	31	61	674
„ ersten Viertels .	38	57	625
„ 2. Octanten . .	25	65	679
„ Vollmondes . .	26	61	625.
„ letzten Viertels .	41	53	496

Diese Resultate stimmen ziemlich gut mit den vorausgehenden. In der That sieht man: 1) daß die heitern Tage bei weitem am häufigsten zur Zeit des letzten Viertels sind, wo die Zahl der Regentage am kleinsten ist, wie die Tabelle S. 28 beweist; 2) daß um den zweiten Octanten die größte Zahl vollkommen trüber Tage, ebenso wie das Maximum der Zahl der Regentage fällt.

Was die Mengen des aufgefangenen Wassers anlangt, so entspricht das Maximum, wie zu erwarten war, dem zweiten Octanten und das Minimum dem letzten Viertel.

Fünftes Kapitel.

Ueber die Abhängigkeit des Regens von der Erdnähe und Erdferne des Mondes.

Nachdem eine gewisse Wirkung des Mondes auf unsere Atmosphäre constatirt war, mußte man natürlich auf den Gedanken kommen, daß, welches auch die Natur dieser Wirkung sein möchte, ein entschiedener Einfluß der Nähe und Ferne dieses Gestirns von der Erde auf die Erscheinungen stattfinden müsse. In der That hat Herr Schübler gefunden, daß es während der 371 anomalistischen Umläufe, die binnen 28 Jahren stattgefunden haben, geregnet hat:

An den 7 Tagen, welche dem Perigäum am nächsten sind, 1169 mal,
" " " " " " Apogäum " " " 1096 mal.

Unter sonst gleichen Umständen ist also die Wahrscheinlichkeit des Regens um so größer, je näher der Mond der Erde ist.

Die Beobachtungen in Wien haben Herrn Pilgram auf eine hundertmalige Wiederkehr derselben Phase gegeben:

Beim Perigäum 36 Regentage,
Beim Apogäum blos 20 "

Herr de Gasparin fand auf 1000 Beobachtungen: *)

	Paris.	Orange.	
Beim Perigäum	435	284	Regentage,
Beim Apogäum	425	255	"

Sechstes Kapitel.

Gesetz des Mondeinflusses auf die Erdatmosphäre.

Halten wir uns an die Hauptresultate des Vorigen, so scheint es schwer, dem Schlusse auszuweichen, daß der Mond einen Einfluß auf unsere Atmosphäre übt; daß der Regen vermöge dieses Einflusses häufiger um den 2. Octanten als zu jeder andern Zeit des Mondmonats fällt; daß endlich die geringste Wahrscheinlichkeit für den Regen zwischen dem letzten Viertel und 4. Octanten statt hat.

*) Zu Obigem läßt sich noch die Angabe Mädler's nach 16jährigen Beobachtungen in Berlin fügen (Mädler, der Mond, S. 163), wonach für die Summe dreier Tage, deren Mitte die Erdnähe und Erdferne bilden, bei der Erdnähe 319, bei der Erdferne 301 nasse Niederschläge erhalten wurden.
Anmerk. d. d. Ausg.

Diese Ergebnisse stimmen freilich wenig mit den Ansichten der gründlichsten Mathematiker, Physiker und Meteorologen; aber was denselben entgegensetzen? Gehen sie nicht aus der Zahlendiscussion der Beobachtungen hervor? Vielleicht wird man sagen, daß kein hinreichender Zeitraum in Rechnung genommen ist; daß die Unterschiede zwischen der Zahl der Regentage bei den verschiedenen Mondphasen rein zufällig sind; daß, wenn Herr Schübler andere Beobachtungen vornähme, er zu Resultaten kommen würde, die den vorigen ganz entgegengesetzt wären; daß er z. B. das Regenminimum beim zweiten Octanten, das Maximum beim vierten finden würde, u. s. f.

Diese Zweifel, welchen einiger Schein zukommen kann, finden ihre Erledigung durch den bloßen Anblick der Tabelle S. 25. Hier nämlich zeigt sich der Einfluß der Mondphasen nicht nur für die ganze Periode von 20 Jahren, sondern auch in derselben Weise, ohne alle Ausnahme, in fünf kurzen Perioden, jede nur zu vier Jahren, welche Herr Schübler aus jener Periode gebildet hat. Eine solche Uebereinstimmung kann nicht die Wirkung des Zufalls sein. Ueberdies werden wir den Einfluß des Mondes auf die Erdatmosphäre sofort in Beobachtungen einer andern Art wiederfinden, welche noch beweisender als die vorigen erscheinen.

Siebentes Kapitel.

Vom Einfluß, welchen der Aufgang und Untergang des Mondes und sein Durchgang durch den Meridian auf den Regen zu haben scheinen.

In der täglichen Bewegung des Mondes um die Erde gibt es vier ausgezeichnete Zeitpunkte: den Durchgang durch den obern Meridian, den Durchgang durch den untern Meridian, den Aufgang und den Untergang. Ich finde in einer Abhandlung von Toaldo, welche im J. 1774 von der königlichen Gesellschaft der Wissenschaften zu Montpellier gekrönt worden ist, folgende sehr merkwürdige Beobachtung in Bezug auf diese vier Zeitpunkte.

Unter 760 Regen, sagt Toaldo, fingen 646 (und zwar etwa bis auf eine halbe Stunde zutreffend) an, wenn unser Satellit im obern oder im untern Meridian, im Aufgehen oder im Untergehen war. Somit wären von einer Gesammtsumme von 760 Regen blos 114 unabhängig vom Mondeinflusse gewesen!

Unstreitig kann Nichts unwahrscheinlicher erscheinen, als ein solches Ergebniß. Von anderer Seite, wie sollte man sich bei einer einfachen Zählung so gröblich getäuscht haben? Ich führe jedenfalls die Thatsache nur an, ohne sie zu verbürgen, als eine solche, die zu neuen Untersuchungen auffordern kann.

Achtes Kapitel.

Einfluß des Mondes auf die Windrichtung.

Die Tabellen, welche Herr Schübler auf die 16jährigen Beobachtungen zu Augsburg gegründet hat, scheinen zu beweisen, daß in Deutschland die Süd- und Westwinde vom Neumonde bis zum 2. Octanten fortgehends zunehmen, und zur Zeit des letzten Viertels am seltensten sind; hingegen die Ost- und Nordwinde dann häufiger als zu irgend einer andern Zeit wehen. Wenn man entdecken kann, durch welcherlei physische Wirkung der Mond solche Veränderungen in der Windrichtung hervorzurufen vermag, so werden die auf den Regen bezüglichen Erscheinungen, mit denen wir uns so eben beschäftigten, und die nicht minder merkwürdigen Erscheinungen, die wir noch in Betracht nehmen werden, hiermit zugleich erklärt sein.

Neuntes Kapitel.

Ueber die mittleren Barometerhöhen bei den verschiedenen Mondstellungen.

Die Beobachtungen, auf welche sich die hier mitzutheilenden Resultate stützen, sind in Viviers (Departement de l'Ardèche) von Herrn Flaugergues angestellt worden. Sie umfassen die 20 Jahre zwischen dem 19. Oct. 1808 und dem 18. Oct. 1828. Herr Flaugergues hat blos Mittagsbeobachtungen in Betracht genommen, damit, bei stets gleichem Stande aller Verhältnisse bezüglich der Sonne, blos die vom Monde abhängigen Wirkungen in den Mitteln zur Geltung kommen. Die Höhen sind auf die Temperatur des schmelzenden Eises reducirt.

Mittlere Barometerhöhen.

Neumond	755,48	Mill.
1. Octant	755,44	„
1. Viertel	755,40	„
2. Octant	754,79	„
Vollmond	755,30	„
3. Octant	755,69	„
Letztes Viertel	756,23	„
4. Octant	755,50	„

Um diese Resultate mit denen von Herrn Schübler zu vergleichen, wird es hinreichen, sich zu erinnern, daß beim Regen in der Regel das Barometer tief steht; so daß die Wahrscheinlichkeit des Regens mit Erniedrigung der Quecksilbersäule wächst, hingegen mit Erhöhung derselben abnimmt. Nach vorstehender Tabelle, will man anders die geringen Variationen, die darin vorkommen, der Rücksicht werth halten, müßte also das Maximum der Anzahl von Regentagen dem 2. Octanten, das Minimum dem letzten Viertel entsprechen. So findet es sich in der That nach den Ergebnissen des stuttgarter Physikers. (Siehe S. 28.)

Die mittlere Barometerhöhe zu Viviers ist:

Am Tage des Perigäums . . .	754,73	Mill.
„ „ „ Apogäums . . .	755,73	„

Nach diesen beiden Höhen muß die Zahl der Regentage größer zur Zeit des Perigäums als des Apogäums sein. Und so haben es Schübler und Pilgram in der That gefunden. (Vergl. S. 33.)

Ungeachtet der Entfernung, welche zwischen Stuttgart und Viviers besteht; ungeachtet der Verschiedenheit der angewandten Methoden sind, wie man sieht, die Herren Flaugergues und Schübler zu ähnlichen Ergebnissen gekommen. Es schiene also heutzutage kaum möglich, abzuläugnen, daß der Mond auf unsere Atmosphäre eine, allerdings nur sehr geringe, aber doch selbst mittelst der gewöhnlich von den Meteorologen angewandten Instrumente erkennbare Wirkung äußert. Untersuchen wir inzwischen, ob dies wichtige Resultat nicht auch aus Beobachtungen, welche an andern Orten angestellt sind, hervorgeht.

Der sehr natürliche Gedanke, daß der Mond genau in derselben Weise auf die Atmosphäre zuvörderst zur Zeit des ersten und letzten Viertels, dann weiter zur Zeit des Neumondes und Vollmondes wirken müsse, hatte bisher die Meteorologen veranlaßt, bei allen Discussionen über den fraglichen Gegenstand diese vier Phasen in Gruppen zu je zwei zu verbinden. Die Untersuchung von Hrn. Flaugergues zeigt, daß man dies in Zukunft anders wird fassen müssen. Für den Augenblick muß ich dabei stehen bleiben.

Durch Berechnung einer langen Reihe von Beobachtungen, welche vom Marquis Poleni zu Padua gerade zur Mittagsstunde angestellt worden, hatte Toaldo vorlängst gefunden, daß die mittlere Höhe des Barometers in den Quadraturen die mittlere Höhe in den Syzygien um 0,46 Mill. übersteigt.

Nehmen wir nun die Beobachtungen von Herrn Flaugergues, so erhalten wir als:

Mittlere Höhe in den Quadraturen	755,81	Mill.
„ „ „ „ Syzygien	755,39	„
Ueberschuß der ersten über die zweite Höhe . .	0,42	„

Kommen wir endlich zu den pariser Beobachtungen, welche Herr Bouvard discutirt hat, so haben wir als:

Mittlere Höhe in den Quadraturen	756,59	Mill.
„ „ „ „ Syzygien	755,99	„
Unterschied, immer in derselben Richtung . .	0,69	„

Also ist kein Zweifel mehr möglich: der Mond übt in unsern Klimaten eine zwar nur sehr geringe Wirkung aus, die aber doch aus der Vereinigung einer großen Anzahl barometrischer Höhen mit Schärfe hervorgeht. Es bleibt zu entscheiden, welcher Natur diese Wirkung sei.

Beobachtungen, welche ein Jahr hindurch um 9 Uhr Morgens zu Santa-Fé de Bogota von den Herren Boussingault und Rivero angestellt worden sind, haben folgende mittlere Resultate ergeben:

Neumond	562,1	Mill.
Erstes Viertel	561,6	„
Vollmond	562,0	„
Letztes Viertel	562,2	„

Diese Beobachtungen, wenn schon in einem andern Continente und in einer Höhe über dem Meere von 2660 Meter, obschon nicht zu Mittag, sondern um 9 Uhr Morgens angestellt, stimmen doch insofern mit den Beobachtungen von Flaugergues überein, als sie das Maximum des Barometerstandes auf das letzte Viertel fallen lassen. Aber sie würden für die Quadraturen eine geringere Mittelhöhe als für die Syzygien geben.*) Uebrigens reicht ein einziges Jahr vielleicht nicht hin, eine Frage dieser Art zu entscheiden. Zudem habe ich einige Gründe anzunehmen, daß der Mondeinfluß, für den wir hier numerische Bestimmungen suchen, in der Nähe des Aequators minder kräftig als in unsern Klimaten ist.

Wenn der Mond auf die Lufthülle des Erdkörpers in derselben Weise wie auf das Meer wirkte, d. h. durch seine Anziehung, wenn er eine tägliche Ebbe und Fluth darin erzeugte, wenn die Stunden der atmosphärischen Fluth jeden Tag wie die Stunden der Meeresfluth mit der Stunde des Durchganges des Mondes durch den Meridian

---

*) In Fechner's Schrift: Prof. Schleiden und der Mond, S. 260, findet sich eine ausführlichere tabellarische Zusammenstellung über den Einfluß der Mondphasen auf den Barometerstand an 9 Beobachtungsorten, wonach obige Exception auch für Prag gelten würde, und nach Eisenlohr's Berechnung selbst für Paris das Uebergewicht der Quadraturen über die Syzygien zweifelhaft erscheint; wogegen sich aus dieser Tabelle manche andere Verhältnisse ableiten lassen, die einen Mondeinfluß auf den Barometerstand andeuten. So hat, mit Ausnahme der blos 10jährigen prager Beobachtungen, an den übrigen 8 Beobachtungsorten das letzte Viertel ein Uebergewicht des Standes über sämmtliche drei vorhergehende Hauptphasen, 3. Oct., Vollmond, 2. Oct.; und auch bei Prag betrifft die Ausnahme blos den Vollmond; überhaupt zeigt sich die Lage des Maximum und Minimum zwar nicht an allen Orten ganz, aber doch meistentheils einstimmig. Für 5 Orte ist auch der Einfluß der Erdnähe und Erdferne bestimmt, und an allen ausnahmslos der Barometerstand zur Zeit der Erdferne höher als zur Zeit der Erdnähe. In der genannten Schrift findet man auch über die übrigen Witterungseinflüsse des Mondes vollständigere Zusammenstellungen. Anmerk. d. d. Ausg.

sich änderten, so müßte man zur Ermittelung des vollen Betrags der Wirkung Tag für Tag die zur Zeit der größten Fluthhöhe und der tiefsten Ebbe, (wenn mir dieser Ausdruck in Anwendung auf die Atmosphäre erlaubt ist), stattgehabten barometrischen Höhen verglei- chen. Vorstehends aber ist nur von Beobachtungen zu einer einzigen Tagesstunde, zur Mittagsstunde, die Rede gewesen.

In den Syzygien geht der Mond zu Mittage durch den obern oder untern Meridian. Wenn aller Orten, wie dies nach der außer- ordentlichen Beweglichkeit der Luft annehmbar erscheint, das Wirkungs- maximum mit dem Stande des Gestirns im Meridian nahe zusammen- fällt, so werden die Mittel der blos zu Mittag an den Tagen der Syzygien angestellten Beobachtungen als Mittel atmosphärischer Fluthhöhen anzusehen sein.

In allen Epochen der Mondperiode scheinen die atmosphärischen größten Fluthhöhen und tiefsten Ebben eben so wie die oceanischen durch Zwischenzeiten von ungefähr 6 Stunden getrennt sein zu müssen. Die Beobachtungen, welche zu Mittag an Tagen angestellt sind, wo der Mond um 6 Uhr Abends oder 6 Uhr Morgens durch den Meri- dian geht, d. h. um das erste und um das zweite Viertel, oder was mit andern Worten dasselbe sagt, um die Zeit der Quadraturen, ent- sprechen also atmosphärischen Ebben.

Die Meridianbeobachtungen bei den Syzygien mit den Meridian- beobachtungen bei den Quadraturen vergleichen, heißt also lunarische Fluthhöhen und Ebben der Atmosphäre mit einander vergleichen.

Man wird unstreitig bemerken, daß ich noch nicht angegeben habe, wie die atmosphärischen Fluthhöhen sich äußern müssen; man wird fragen, ob durch ein Steigen oder Sinken des Barometers. Ich will mich begnügen zu antworten, daß für jetzt auf eine Entscheidung dieser Frage Nichts ankommt. Es reicht hin zu dem Zweck, den ich für jetzt im Auge habe, zu bemerken, daß die beiden Syzygien für den Fall, daß der Einfluß des Mondes auf die Atmosphäre mit dem über- einstimmen sollte, welcher sich auf das Meer äußert, mit einem Worte, wenn er von der Anziehung des Mondes abhängen sollte, gleiche Wirkung haben müssen; und daß dasselbe vom ersten und zweiten Viertel in Vergleich mit einander gelten müßte. Ein Blick auf die

Tabelle S. 36 kann aber Jedermann belehren, daß diese Bedingungen nicht erfüllt sind. Die Ungleichheiten des atmosphärischen Drucks, welche die Beobachtungen haben finden lassen, müssen also von irgend einer andern Ursache als der Attraction abhängen, von irgend einer Ursache noch unbekannter Art, die aber sicher im Monde zu suchen ist.

Eine solche Folgerung wäre von größter Wichtigkeit. Sehen wir zu, ob wir nicht schon jetzt irgend ein Mittel haben, sie zu bekräftigen.

Vermöge einer offenbar von dem Sonnenstande abhängigen Wirkung sinkt das Barometer täglich zwischen 9 Uhr Morgens und Mittags. Diese Bewegung, welche einen Theil der unter dem Namen der täglichen Variation bekannten Oscillation ausmacht, wird in Europa durch zufällige Schwankungen maskirt; findet sich aber constant in den Mitteln wieder, selbst wenn man nur eine kleine Anzahl Tage zuzieht. Sehen wir nun zu, ob sie in den Syzygien denselben Werth haben muß, als in den Quadraturen.

Um die Vorstellungen zu fixiren, will ich für einen Augenblick annehmen, daß die Fluthhöhe der Atmosphäre eine Erhöhung des Barometerstandes mitführt. Sollte es vielmehr eine Erniedrigung sein, so würde doch ganz dasselbe daraus folgen.

Da in den Syzygien das Maximum barometrischer Höhe, in so weit sie von der atmosphärischen Ebbe und Fluth abhängt, zu Mittage statt haben muß, so leuchtet ein, daß diese Höhe zwischen 9 Uhr Morgens und Mittags continuirlich wachsen muß. Während desselben Zeitraums bringt die tägliche Periode eine entgegengesetzte Bewegung des Quecksilbers mit. Der beobachtete Erfolg wird also die Differenz zweier bestimmten Zahlen sein.

In den Quadraturen hat das Minimum des atmosphärischen Drucks, insoweit er von der Fluthbewegung des Luftmeeres abhängt, zu Mittage statt, also wird das Barometer von 9 Uhr bis Mittag sinken. Aber es sinkt schon vermöge der täglichen Periode; also wird der beobachtete Totaleffect die Summe eben jener zwei Zahlen sein, von denen nur eben die Rede war.

Die Summe zweier Zahlen übersteigt die Differenz derselben um das Doppelte der kleinern Zahl. Da die kleinere hier die voraussetzliche atmosphärische Fluthbewegung ist, so wird, wenn man die

Differenz der mittlern Barometerhöhen zwischen 9 Uhr Morgens und Mittags erst in den Quadraturen, dann in den Syzygien nimmt, die erste dieser Differenzen die zweite um das Doppelte der Wirkung übersteigen, welche die Luftfluth binnen 3 Stunden hervorbringt. Diese Wirkung kann als die Hälfte der totalen Luftfluthung angesehen werden; das Doppelte davon wird also die ganze geben; und, kurz die Rechnung, die ich hier anstelle, wird so ziemlich den vollständigen Werth der Luftfluthung kennen lehren. — Kommen wir zur Anwendung.

Mittlere Barometerhöhe in Paris, nach 12jährigen Beobachtungen, in den

Quadraturen	9 Uhr Morgens . . .	757,06 Mill.
	Mittags	756,69 „
	Unterschied .	0,37 „
Syzygien .	9 Uhr Morgens . . .	756,32 Mill.
	Mittags	755,99 „
	Unterschied .	0,33 „

Diese beiden Zahlen unterscheiden sich, wie man sieht, nur um 4 Hundertel Millimeter; eine Größe, die offenbar unterhalb der Grenze der Beobachtungsfehler liegt.

Die atmosphärische Fluthung, insoweit sie von derselben Ursache als die Meeresfluthung abhängt, insoweit sie durch dieselben Gesetze beherrscht wird, hätte hiernach nur einen unmerklichen Werth. Somit finden wir uns abermals darauf zurückgeführt, in den Barometeränderungen, welche den verschiedenen Mondphasen entsprechen, die Wirkung einer, von der Attraction ganz verschiedenen eigenthümlichen Ursache zu sehen, deren Natur und Wirkungsweise erst noch zu entdecken sind.

Zehntes Kapitel.

Vom Einfluß der Mondphasen auf die Witterungsänderungen.

Die Untersuchungen, welchen sich die Herren Schübler und Flaugergues unterzogen haben, und deren Resultate ich so eben mitgetheilt, boten nichts Willkürliches dar. Mittelst derselben Elemente würden zwei beliebige Rechner, ohne wechselseitige Mittheilung, dieselben Resultate gefunden haben. Sollte es sich eben so mit der Frage verhalten, die an die Spitze dieses Kapitels gestellt ist? Was heißt im Grunde eine Witterungsveränderung? Mancher Meteorolog mag sich im Glauben an den Einfluß der Phasen berechtigt halten, jeden Wechsel zwischen Windstille und Wind, zwischen einem schwachen und einem starken Winde, zwischen einem heitern und einem wolkigen Himmel, zwischen einem wolkigen und einem ganz bedeckten Himmel, u. s. w. dazu zu rechnen. Ein Anderer wird hingegen sehr entschiedene Veränderungen im Zustande der Atmosphäre dazu verlangen. Diese Schwierigkeit ist nicht die einzige, welche sich bei der Frage darbietet; sie erklärt aber, weshalb es fast unmöglich ist, über die Frage, wann Witterungswechsel stattgefunden habe, sichere Zahlendocumente zu erhalten. Inzwischen habe ich doch hinreichend viel von positiven Thatsachen zu sammeln vermocht, um mich berechtigt zu halten, die Volksmeinung über den Einfluß der Mondphasen auf die Witterungswechsel als einen Irrthum zu verwerfen; ich habe alle meine Gründe in einem Kapitel der populären Astronomie (Band 13 der Werke, Buch 21, Kap. 39, S. 412—428) zusammengestellt, und will hier nur noch eine Bemerkung beifügen.

In seiner Schrift über die Vorboten von Regen und Wind sagt Theophrast, daß der Neumond im Allgemeinen eine Zeit schlechten Wetters sei. Der Grund, den er davon angibt, ist der, daß uns zu dieser Zeit das Licht des Gestirns mangelt.

Eine andere Stelle belehrt uns, daß die Wetterveränderungen gewöhnlich auf die Syzygien und auf die Quadraturen fallen. Somit ist diese noch jetzt so verbreitete Meinung eine sehr alte. Man kann aus einigen Betrachtungen, welche der griechische Autor anknüpft, schließen, daß sie sich nicht auf eine Benutzung von Beobachtungen, sondern, wie schon Horsley bemerkt hat, auf eine eingebildete Analogie stützt, welche den berühmten Schüler des Aristoteles veranlaßte, in den Syzygien und den Quadraturen der nächtlichen Sonne die jährlichen Wendepunkte und Nachtgleichen der Tagessonne zu sehen.

Damit das Gewicht der Autorität Theophrast's einer vorurtheilslosen Prüfung der von mir zur Bestreitung der Mondeinflüsse geltend gemachten Gründe nicht im Wege stehe, gestatte ich mir, den Leser darauf hinzuweisen, daß die beiden, dem griechischen Autor entlehnten Principe, welche ich eben angeführt habe, sich widersprechen.

In der That, wenn, wie Theophrast will, gewöhnlich schlechtes Wetter beim Neumond ist, so wird die Veränderung, welche nach dem zweiten Princip durch die erste Quadratur herbeigeführt wird, schönes Wetter mitbringen, welche durch die neue Veränderung, die sich an die Syzygie knüpft, wieder in schlechtes Wetter umschlagen wird. Der Neumond würde sich also bezüglich der atmosphärischen Verhältnisse nicht vom Vollmonde unterscheiden.

Elftes Kapitel.

Ueber die 19jährige und 9jährige Periode einer angeblichen Wiederkehr derselben Reihenfolge atmosphärischer Erscheinungen.

Die Größe der Meeres-Ebbe und Fluth hängt von den relativen Winkelstellungen des Mondes und der Sonne, von den Abweichungen dieser beiden Gestirne, von ihren geradlinigen Abständen in Bezug zur Erde ab. So übersteigen die Fluthhöhen der Syzygien, mit andern Worten die der Vollmonde und Neumonde, die Fluthhöhen der Quadraturen, d. i. die des ersten und letzten Viertels; so beobachtet man unter den ungleichen Fluthhöhen der Syzygien das Maximum, wenn der Mond im Perigäum, also der Erde nahe ist; das Minimum, wenn er den entgegengesetzten Punkt seiner Bahn erreicht, sich also im Apogäum befindet. Auch die Declinationen haben, je nachdem sie diesen oder jenen Werth erlangen, je nachdem sie südlich, null oder nördlich sind, diesen oder jenen, so oder so gerichteten Einfluß auf die Erscheinung. Die Folge davon ist, daß die Monate, die Tage gleicher Benennung in den verschiedenen Jahren im Allgemeinen keine gleichen Fluthhöhen zeigen können. Man darf eine solche Gleichheit nur zu finden hoffen, wenn man Monate und Tage mit einander vergleicht, in welchen der Mond, die Sonne und die Erde sich genau in denselben Lagen zu einander befinden.

Die genauesten astronomischen Tafeln zeigen, daß nach einer Periode von 235 Mondmonaten, die sehr nahe 19 Sonnen- oder bürgerlichen Jahren entspricht, die Sonne, der Mond und die Erde sich bezüglich der Phasen fast genau wieder in denselben Lagen zu einander finden. Diese Periode war schon den alten Astronomen bekannt. Sie nannten dieselbe die goldene Zahl oder den Meton'schen Cyclus, und bedienten sich desselben, im Allgemeinen ganz gut, zur Vorherbestimmung der Mondphasen. Es genügte ihnen dazu, wenn wir so sagen dürfen, alle jene Erscheinungen, welche während einer vollen Periode von 19 Jahren beobachtet worden, auf die gleich benannten Tage der folgenden Perioden zu übertragen.

Da Mond und Sonne die offenkundigen Ursachen der doppelten täglichen Oscillation des Meeres sind, so liegt es nahe, auf dieses Steigen und Fallen dasselbe anzuwenden, was wir so eben von den Phasen sagten. Es scheint einleuchtend, daß Jemand, der in irgend einem Hafen 19 Jahre hintereinander die Fluthhöhe täglich genau aufgezeichnet, hiedurch allein sich im Stande finden müßte, ohne alle Rechnung, die Verhältnisse dieser Erscheinung in demselben Hafen zu jeder beliebigen früheren oder späteren Epoche anzugeben. Aber man darf nicht außer Acht lassen, daß die goldene Zahl abgesehen von dem Fehler, keine mathematisch genaue zu sein, sich nur auf die Winkelstellungen bezieht. Wenn es richtig ist, daß zu denselben Daten, in zwei 19jährigen Perioden, Sonne und Mond ziemlich gleiche Winkelstellungen, sei es Conjunction oder Opposition, seien es Quadraturen oder Octanten, haben, so läßt sich nicht dasselbe von dem gradlinigen Abstande dieses Gestirns von der Erde sagen. Dieser Abstand hängt bei jeder Phase von der Stelle ab, welche das Perigäum des Mondes einnimmt, oder, was dasselbe sagt, von der Richtung der großen Axe der Ellipse, welche der Mond durchläuft. Diese große Axe ändert continuirlich ihre Lage. Ihre Enden gehen nach und nach durch alle Zeichen des Thierkreises, indem sie sich in der Richtung von Westen nach Osten bewegen. Da die Zeit, welche sie zu einem vollständigen Umlaufe brauchen, der Dauer des Meton'schen Cyclus, d. i. 19 Jahren, nicht gleich ist, sondern nur 8 Jahr 10 Monate oder ungefähr 9 Jahre beträgt, so ist ganz klar, daß nach einem Ablauf von genau 19 Jahren, wenn Sonne und Mond am Himmel dieselbe Reihe relativer Winkelstellungen zu durchlaufen beginnen, andere gradlinige Abstände von der Erde eingetreten sein werden. Nun erinnert man sich, daß diese Abstände auf die Fluthhöhe von Einfluß sind; also darf man nicht erwarten, aus den Beobachtungen einer Periode den ganzen Gang der Erscheinungen in den folgenden Perioden ableiten zu können, namentlich was den vollen Betrag der Fluthbewegung betrifft.

Diejenigen, welche dem Monde einen mächtigen Einfluß auf unsere Atmosphäre beilegen, machen sich von der Ebbe und Fluth der Luft dieselbe Vorstellung, wie von der Ebbe und Fluth des Meeres. Sie glauben, daß die Fluthbewegungen des Meeres nach einer Periode von 19 Jahren in derselben Reihenfolge und genau mit denselben Werthen wiederkehren; müssen also auch annehmen, daß die atmosphärische Fluthbewegung denselben Gesetzen folgt. Da nun nach ihrer Meinung diese letztere Fluthung die erste, die Hauptursache der zahlreichen Veränderungen ist, welche die uns umgebende Luft erfährt, so finden sie sich unausweichlich zu der Folgerung geführt, daß nach je 19 Jahren die Witterungsverhältnisse in regelmäßiger Folge und mit denselben charakteristischen Zügen wiederkehren müssen.

Man weiß nun, worauf diese Periode, die einen so großen Ruf unter den Meteorologen erlangt hat, und bisher die einzige plausible Grundlage für ihre Witterungsvorhersagen gewesen ist, beruht; man weiß auch, daß sie sich auf ein nicht völlig genaues Datum stützt. Doch haben Gelehrte von anerkanntem Verdienste derselben beigepflichtet, und behaupten, daß sie durch die Beobachtungen bestätigt werde.

So sagen sie:

Die Jahre 1701, 1720, 1739, 1758 und 1777, welche sämmtlich durch 19 Jahre Zwischenzeit getrennt sind, haben gleichmäßig, in den verschiedenen Monaten, überwiegende Trockenheit und Feuchtigkeit dargeboten. Wohlan, nehmen wir unsrerseits die nämlichen Jahre; aber charakterisiren sie statt durch unbestimmte Ausdrücke, durch Zahlen; setzen wir jedem Jahre die Temperaturextreme und die Regenmenge bei, wovon die Ernten vor Allem abhängen. Ich denke, ihre Uebereinstimmung wird dann nicht mehr so groß erscheinen, als man gemeint hat.

Jahr.	Temperatur-Maximum.	Temperatur-Minimum.	Regenmenge des Jahres.
1701	+ 32°,5 C.	— 2°,5 C.	577 Mill.
1720	+ 31 ,9	— 1 ,5	464
1739	+ 33 ,7	— 1 ,9	517
1758	+ 34 ,4	— 13 ,7	—

Uebrigens folgen hier noch andere Resultate, wobei ich die zu vergleichenden Jahre in Gruppen von je zwei zusammengestellt habe.

Jahre, zwischen denen der Zeitraum ein Multiplum von von 19 Jahren ist.	Temperatur-Maximum.	Temperatur-Minimum.	Regenmenge der Jahre.
1725	+ 31°,2 C.	— 4°,1 C.	473 Mill.
1782	+ 32 ,5	— 13 ,8	597
1709	+ 30 ,6	— 21 ,0	589
1728	+ 30 ,6	— 8 ,4	438
1710	+ 28 ,4	— 13 ,7	426
1748	+ 36 ,9	— 12 ,6	467
1711	+ 29 ,6	— 9 ,5	681
1730	+ 31 ,2	— 6 ,9	433
1733	+ 32 ,5	— 2 ,1	243
1771	+ 33 ,7	— 12 ,7	487
1734	+ 31 ,9	— 5 ,0	476
1753	+ 38 ,1	— 11 ,5	480

Es ist unstreitig nicht nöthig, diese Tabelle noch weiter auszudehnen, um für erwiesen ansehen zu können, daß in Jahren, die einmal, zweimal oder dreimal 19 Jahre auseinander liegen, Temperaturextreme wie Regenmengen vorkommen, die sehr von einander abweichen; und ich stehe nicht an, zu versichern, daß man bei nach Zufall ausgehobenen Jahren nicht leicht größere Abweichungen finden wird.

In der Ueberschrift dieses Kapitels habe ich einer Periode von 9 Jahren gedacht, welche nach mehreren Meteorologen immer dieselbe Reihe atmosphärischer Erscheinungen zurückführen soll. Untersuchen wir in Kürze, auf welche theoretische Betrachtungen man sich dabei stützt, und ob auch die Beobachtungen dazu stimmen.

Bei der Ebbe und Fluth des Meeres macht sich der Einfluß des Abstandes des Mondes von der Erde augenfälligst geltend. Man hat also voraussetzen können, daß es sich ebenso mit der Ebbe und Fluth der Atmosphäre verhalten werde.

Die große Axe der Ellipse, welche vom Monde in seinem Umlaufe um die Erde beschrieben wird, bewegt sich beständig. Die beiden Endpunkte dieser großen Axe, d. i. das Perigäum und Apogäum, eben jene Punkte, in denen sich der Mond während der Dauer jeder seiner Umläufe am nächsten und fernsten von uns findet, gehen nach und nach durch die verschiedenen Zeichen des Thierkreises durch. Es bedarf ungefähr 9 Jahre, daß alle diese Zeichen durchlaufen werden. Erst nach 9 Jahren treten die Vollmonde und Neumonde, die ersten und zweiten Viertel bei denselben Abstandsverhältnissen unseres Trabanten zur Erde wieder ein.

Erst nach 9 Jahren also können die Wetterveränderungen, welche von diesen Verhältnissen abhängen, in regelmäßiger Ordnung wiederkehren.

Dieß die Theorie; kommen wir zu den Bestätigungen.

Toaldo versichert, daß, wenn man einen langen Zeitraum in auf einander folgende Perioden, jede zu 9 Jahren eintheilt, die zu Padua in jeder dieser kleinen Perioden gesammelten Regenquantitäten unter einander gleich sind, und fügt hinzu, daß diese Gleichheit verschwindet, wenn man die Abtheilung des totalen Zeitraums nicht nach Gruppen von 9, sondern nach auf einander folgenden Reihen von 6, von 8, von 10 oder von 12 Jahren vollzieht. Nun aber kommen folgende Resultate, wenn schon den eigenen Tabellen des Professors in Padua entnommen, seiner Regel keineswegs in statten.

In den 9 Jahren.		Zu Padua
von	bis incl.	gefallene Regenmenge.
1725	1733	8,255 Meter.
1734	1742	6,655 „
1743	1751	8,128
1752	1760	8,458
1761	1769	8,128 „
		Paris giebt
1699	1707	4,331 Meter.
1708	1716	4,493 „
1717	1725	3,546
1726	1734	3,383
1735	1743	3,763
1744	1752	4,331 „

Wer vermöchte eine Bestätigung der Toaldo'schen Ansicht in einer Reihe von Resultaten zu finden, worunter Werthe wie 4,493 und 3,383 Meter vorkommen, deren Unterschied fast $2^1/_2$ Mal soviel als die jährlich in Paris fallende mittlere Regenmenge beträgt?

Zur Stütze der 9jährigen Periode berufen sich Meteorologen auf eine Stelle des ältern Plinius, dahin lautend: „daß alle 4 und namentlich alle 8 Jahre die Jahreszeiten eine Art Aufbrausen erleiden, vermöge des Umlaufes des hundertsten Mondes."

Nehmen wir an, Plinius Angabe sei richtig. Nehmen wir ferner an, wenn schon dieß keineswegs selbstverständlich ist, daß man unter dem Worte Aufbrausen eine Wiederkehr der Jahreszeiten zu dem 8 Jahre früher bestandenen Witterungszustande zu verstehen habe: was wird man daraus zu schließen haben? Handelt es sich nicht darum, die Wirklichkeit einer 9jährigen Periode festzustellen, indeß der berühmte Naturforscher Roms blos von einer 8jährigen spricht?

Die gewöhnliche Dauer der Pächte von liegenden Gründen ist 9 Jahre. Man hat geglaubt, diese Dauer könne sich auf langjährige Beobachtungen stützen, welche den Landwirthen bewiesen, daß ein Feld binnen 9 Jahren einen constanten mittlern Ertrag gäbe; woraus dann die Folgerung zu fließen schiene, daß es auch eines Zeitraums von 9 Jahren bedürfe, um dieselben meteorologischen Erscheinungen wiederkehren zu sehen.

Ich konnte die Erwähnung dieser, auf die gewöhnliche Dauer der Pachte bezüglichen Bemerkung nicht übergehen, doch würde ein ernsthaftes Eingehen auf dieselbe unstreitig überflüssig sein.

Um die Existenz der in Rede stehenden Periode, welche sich auf die Lagenveränderung der Apsiden der Modbahn gründet, mit Sicherheit constatiren zu können, müßte man meteorologische Beobachtungen unter einander vergleichen können, welche unter Umständen angestellt sind, wo abgesehen von der Lage der Apsiden Alles nach beiden Seiten gleich war. Jedermann aber wird aus den vorigen Erörterungen ersehen haben, daß man in dieser Weise nicht verfahren ist. Ich füge blos noch eine einzige Bemerkung hinzu, um mit der 9jährigen Periode abzuschließen.

Die Umlaufszeit der Mondapsiden beträgt 8 Jahre 10 Monate. Vergleichen wir also unter einander 9jährige Perioden, welche mit dem 1. Januar beginnen, so wird der Januar der zweiten Periode uns schon das Perigäum und Apogäum nicht mehr an den Stellen darbieten, welche sie zuerst einnahmen. Zu Ende October des 9. Jahres der ersten Periode wird der ganze Umlauf vollendet sein; also wird im November des 9. Jahres dieser ersten Periode das Perigäum zu den Sternbildern zurückgekehrt sein, wo es sich zu Anfange befand. Der Januar der zweiten Periode wird mithin betreffs der Lage der Apsiden mit dem März der ersten übereinstimmen. Ebenso wird man finden, daß der Januar der dritten Periode sich nur dem Mai der ersten gleichstellen läßt. Nun frage ich, welchen Einfluß man auch dem Perigäum des Mondes beilegen möge, wie läßt sich annehmen, daß er im kalten Januar dieselben Wirkungen wird zu äußern vermögen, als im warmen Mai? Und ist es nöthig, noch besonders darauf hinzuweisen, daß diese aufeinander folgenden Verspätungen um je 2 Monate bald ein ganzes Jahr betragen müssen, mithin ein Zeitpunkt eintritt, wo es das achte Jahr einer der 9jährigen Perioden ist, welches dem ersten Jahre der Ausgangsperiode gleich zu stellen wäre?

Fassen wir es zusammen: Keine Beobachtung beweist bisher, daß dieselbe Reihe atmosphärischer Erscheinungen alle 9 Jahre wiederkehrt.

Um zu entscheiden, ob die Lage der großen Axe der Mondbahn wirklich einen bemerkbaren Einfluß auf den Lauf der Jahreswitterung ausübt, müßte man entweder den Antheil, den andere Ursachen, wie die Declinationen des Gestirns dabei haben, von dem der Apsiden abzusondern vermögen, oder sich begnügen, Beobachtungen zu vergleichen, bei denen, außer der Lage des Perigäums und Apogäums, Alles nach der einen und der andern Seite gleich gewesen.

Wenn man die meteorologischen Data combinirt, ohne den eben bezeichneten Rücksichten Rechnung zu tragen, so setzt man sich außer Stand, unter allen möglichen Ursachen der Veränderung diejenige zu entdecken, von welcher gegebene Unterschiede abhängig zu machen sind.

Endlich ist nicht minder unerläßlich, die in Rechnung genommenen Gruppen von Beobachtungen mit der genauen Periode, deren Einfluß hervortreten soll, in Uebereinstimmung zu bringen, also nicht z. B. 9 Jahre für 8 Jahre 10 Monate zu substituiren; widrigenfalls man zuletzt Jahre unter einander vergleicht, die selbst nach der theoretischen Voraussetzung Nichts mit einander gemein haben sollen.

Ich weiß wohl, daß solche Rücksichten ins Kleinliche gehen, und das Erforderniß langer und feiner Rechnungen mitführen; aber hier gilt es Resignation. Auf dem Punkte, zu dem die Wissenschaften jetzt gelangt sind, läßt sich kein haltbarer Gewinn als um den Preis vieler Mühe erzielen.

Zwölftes Kapitel.

Ueber die von gewissen Mondaspecten zu entnehmenden Witterungsanzeichen.

Die Alten glaubten, daß der Aufgang und Untergang gewisser Sternbilder, und namentlich der Aufgang und Untergang des Mondes und der Sonne, sichere Anzeichen der kommenden Witterung auf einen Monat voraus gewähren könnten. Diese Ansichten waren sehr verbreitet. Aratus verzeichnete sie schon vor mehr als 2000 Jahren in seinen Phänomenis. Cäsar Germanicus folgte in der Uebersetzung dieser Dichtung Schritt für Schritt seinem Vorbilde. Blos die Wetteranzeichen schienen ihm eine weitere Entwickelung zu verdienen. Plinius widmete fast ein ganzes Buch seines Werks über Naturgeschichte der Beschreibung dieser himmlischen Anzeichen, welche auch Virgil in seinen Georgicis der ernsten Aufmerksamkeit der Landwirthe empfahl. Sehen wir zu, inwieweit die vornehmsten dieser alten Wetteranzeichen mit den Fortschritten der neuern Physik vereinbar sind. Sehen wir ferner zu, ob sie, unter Voraussetzung ihrer Begründung, der besprochenen Theorie vom Einflusse der Phasen zur Stütze gereichen können.

§. 1.

„Wenn am dritten Tage des Mondes die Hörner der Mondsichel recht dünn sind, so wird das Wetter während des Monats, welcher im Beginn ist, heiter sein.“ (Aratus.)

In der That, wenn der Mond Abends aus den Strahlen der Sonne hervortritt, so läuft seine sichelförmige Gestalt immer in zwei sehr dünne Hörner aus; wenn aber die Atmosphäre trübe ist, so scheinen die Hörner sich zu verbreitern. Diese Verbreiterung ist jedoch nur eine Täuschung; sie hängt daran, daß stark erleuchtete Dünste in scheinbarer Berührung mit dem Gestirn einen Theil desselben selbst auszumachen scheinen. Dazu kommt, daß die feinsten Spitzen des zunehmenden Mondes dann in dem parasitischen Lichte, von welchem der Mond umgeben ist, gleichsam ertränkt sind und dem Auge entschwinden. Die Anwendung eines Fernrohrs macht alles dies deutlich.

Die Gestalt des zunehmenden Mondes hängt also bis zu gewissem Grade bei Betrachtung mit bloßem Auge vom gegenwärtigen Zustande der Atmosphäre ab. Die Beobachtung dieser Gestalt ist also eigentlich nur eine einfache meteorologische Beobachtung, welche uns lehrt, ob die Atmosphäre mehr oder weniger neblig ist. Also ließe sich das Wetteranzeichen von Aratus so aussprechen: „Wenn am dritten Tage des Mondes die Atmosphäre gegen Westen nach dem Sonnenuntergange recht heiter ist, so bleibt sie während eines ganzen Monats heiter.“

Jedermann, glaube ich versichern zu dürfen, würde die so ausgedrückte Witterungsregel verwerfen. Doch habe ich Nichts als die Worte geändert; der Sinn ist durchaus derselbe geblieben.

Ich könnte nöthigenfalls noch darauf hinweisen, daß die Mondsichel an demselben Abend und in kurzer Zwischenzeit jetzt stumpf und jetzt fein zugespitzt erscheinen kann. Ich könnte fragen, was dann von der zukünftigen Witterung zu halten ist; aber ich begnüge mich zu bemerken, daß, wenn man den Zustand des Himmels während eines ganzen Monats vom Ansehen des Mondes an seinem dritten Tage abhängig macht, die stillschweigende Anerkenntniß hierin liegt, daß die Viertel, die Syzygien keinen Einfluß haben, daß diese Phasen die Wetterveränderungen nicht herbeiführen werden, von denen sie doch unausweichlich begleitet sein sollten. Die Verse des Aratus, die Verse Virgils und des Besiegers von Arminius, die Autorität von Cicero und von Plinius vermöchten den eben aufgedeckten Widerspruch nicht aufzuheben.

§. 2.

„Wenn das obere Horn des zunehmenden Mondes Abends beim Untergange des Gestirns schwärzlich erscheint, so wird man Regen beim abnehmenden Monde haben; ist es das untere Horn, so wird es vor dem Vollmonde regnen; ist es die Mitte der Mondsichel, so wird es beim Vollmonde selbst regnen.“ (Varro.)

Niemandem ist heutzutage unbekannt, daß der Mond sein Licht von der Sonne entlehnt, und daß zwischen beiden Gestirnen kein Stoff existirt, der in den Vierteln das den Mond erleuchtende Bündel Sonnenlicht merklich abschwächen könnte. Also werden die Veränderungen, die sich in der Lichtintensität der Mondphasen bemerken lassen, nothwendig von der Erdatmosphäre abhängen.

Wenn das obere Horn im Verhältniß zum übrigen Theile der Mondsichel schwärzlich ist, so rührt dies daher, daß in der Richtung nach diesem Horne mehr Dünste vorhanden sind, als längs der übrigen Gesichtslinien. Wenn diese Dünste sich nur ein wenig senken, so werden sie die Helligkeit der Mitte des Gestirns schwächen. Die Senkung wird nur noch etwas tiefer zu gehen brauchen, damit die Verdunkelung das untere Horn betreffe. Der ganze Unterschied zwischen beiden

Extremen der Erscheinung wird also von der mehr oder weniger beträchtlichen Winkelhöhe einer kleinen Ansammlung von atmosphärischen Dünsten abhängen, deren Vorhandensein in einer andern Gegend des Himmels vielleicht nicht wahrnehmbar gewesen wäre. Doch soll diese kleine kaum sichtbare Ansammlung, indeß sie bei einer ersten Lage Regen für eine ziemlich entfernte Epoche (die Zeit des abnehmenden Mondes) vorbedeutete, bei einer Annäherung an den Horizont um nur einige Minuten einen ganz nahen Regen anzeigen!

Wenn man nach dieser Betrachtung das Ergebniß der aufgestellten Regel noch nicht unwahrscheinlich genug finden sollte, so schlage ich vor, zwei Beobachter in einigen Hundert Metern Entfernung von einander aufzustellen, dann wird eine und dieselbe Wolke sich für den einen auf den obern, für den andern auf den untern Rand der Mondsichel projiciren; dann wird das obere Horn dem ersten dunkel erscheinen, während der zweite nur am untern Horne eine Verdunkelung bemerken wird; und hiernach wird in zwei verschiedenen Vierteln derselben Stadt dieselbe Wolke, zur selben Zeit beobachtet, hier einen sehr nahen Regen, dort einen fernen Regen bedeuten!

Die Autorität des gelehrten Varro kann nicht hindern, eine Regel zu verwerfen, welche zu so absurden Folgerungen führt.

§. 3.

„Wenn der Mond, in einem Alter von vier Tagen, keinen Schatten wirft, so hat man schlechtes Wetter zu erwarten." (Theon.)

Die Schatten der irdischen Körper können am vierten Tage des Mondes nur vermöge irgend welcher Veränderungen in den atmosphärischen Verhältnissen bald sichtbar und bald unsichtbar sein. In der That leuchtet ein, daß bei einer gegebenen Stellung des Gestirns seine wirkliche Helligkeit immer dieselbe ist. Der Mond dient also hier gewissermaßen als meteorologisches Instrument, einen ganz eigenthümlichen Zustand der uns umgebenden Atmosphäre zu constatiren. Nichts beweist, daß der Mond durch seine Wirkung das Geringste beigetragen habe, diesen Zustand herbeizuführen.

Aber warum, wird man fragen können, bezieht sich Theon, welchem ich die Witterungsregel entlehne, vielmehr auf den vierten Tag des Mondes als den dritten oder den fünften? Diese Wahl muß einen Grund haben: diese besondere Stellung des Gestirns entspricht unstreitig einem besondern Einflusse, welcher andern Stellungen nicht zukommt.

Die Antwort wird leicht sein. Wir haben gesehen, daß das Fehlen der Schatten von einer gewissen Dicke und vielleicht auch von einer gewissen Disposition der atmosphärischen Dünste abhängt; nun können am dritten Tage des Mondes bei einer sehr schmalen und mithin sehr schwachen, außerdem fast immer in das Dämmerlicht des Abends getauchten Mondsichel die Schatten noch nicht sichtbar sein, ohne daß deshalb die Atmosphäre neblig genug zu sein braucht, um am vierten Tage ihr vollständiges Verschwinden zu veranlassen. Am fünften Tage hingegen wird das mächtige Licht einer breitern Sichel die Abenddünste reichlich durchdringen, so daß das schlechte Wetter, welches durch diese Dünste vorbedeutet wird, durch die Abwesenheit der Schatten auf der Erde nicht angezeigt werden kann.

§. 4.

Ich will diese Erörterungen nicht weiter treiben. Unter den von Aratus, Theophrast, Germanicus u. s. w. emfohlenen Wetteranzeichen ist keine, welche nicht den Text für ähnliche Bemerkungen abgeben könnte. Sie sind von der Natur derer, welche man in manchen Ländern, namentlich in der Nähe von Bergen, auf die Sichtbarkeit dieser oder jener Bergesspitze gründet, um danach Regen einen bis zwei Tage vorauszusagen. Vielleicht wollen sie nicht einmal mehr sagen, als das Knistern des Oels in den gewöhnlichen Lampen, als die kohligen Auswüchse, die sich um den Docht bilden, und welche nach Virgil, Plinius u. s. w. den Landleuten ebenfalls zur Richtschnur dienen sollen.

Ne nocturna quidem carpentes pensa puellae
Nescivere hiemem, testa quum ardente viderant
Scintillae oleum et putris concrescere fungos.

(Georgicon, lib. I. v. 390 — 392.) *)

---

*) Im Original ist hierfür folgende Uebersetzung von Delille gegeben:

Im Uebrigen wird dieser Abschnitt seinen Zweck erfüllt haben, wenn dadurch nachgewiesen ist, daß die Wetteranzeichen der Alten in keiner Beziehung zur Theorie der vorgeblichen Mondeinflüsse stehen; wenn sich namentlich dadurch herausgestellt hat, daß diese Theorie aus einer unaufhörlichen mißverständlichen Verwechselung dessen, was blos als Zeichen gelten sollte, mit Ursächlichem hervorgegangen ist.

Dreizehntes Kapitel.

Ueber die angeblichen Wirkungen des Mondes auf die organische Natur, auf die Krankheiten u. s. w. — Ueber den angenommenen Einfluß dieses Gestirns auf den Erfolg verschiedener industrieller und landwirthschaftlicher Operationen.

Es würde eines dicken Bandes bedürfen, alle Volksmeinungen bezüglich der Einflüsse, welche die Ueberschrift nennt, zu erörtern. Auch ist meine Absicht nur, die hauptsächlichsten hier anzuführen und in Kürze zu untersuchen, inwieweit sie sich mit den wahren Principien der Astronomie und Physik vertragen.

In Betreff des vorgeblichen Einflusses, welchen man, namentlich in der Umgegend von Paris, dem Aprilmonde (lune rousse) auf die Vegetationsphänomene beilegt, verweise ich auf eine ausführliche Untersuchung in meinem Aufsatze über die Wärmestrahlung durch die Atmosphäre; auch habe ich geglaubt, dieses Vorurtheil in einem Kapitel der populären Astronomie (Buch 21, Kap. 32, Th. 3, S. 393) bekämpfen zu müssen.

„Le soir la jeune fille, en tournant son fuseau,
Tire encore de sa lampe un présage nouveau,
Lorsque sa mèche en feu, dont la clarté s'émousse,
Se couvre, en petillant, de noirs flocons de mousse."

Die deutsche Uebersetzung von J. H. Voß lautet so:

„Selbst an nächtlicher Spindel beschäftiget, waren die Mägdlein
Nicht unkundig des Sturms, wann funkelnd in irdener Lampe
Sprühte das Oel, und dem Docht wie Schwamm anwuchsen die Oesel."

Anmerk. d. d. Ausg.

§. 1.

„Die Bäume müssen während des abnehmenden Mondes gefällt werden, wenn das Holz von guter Beschaffenheit sein und sich halten soll.“

Diese Meinung war im letzten Jahrhundert so allgemein verbreitet, daß ausdrückliche Verordnungen seitens der Behörde in Bezug darauf ergingen. So schrieben die Forstordnungen in Frankreich vor, die Bäume erst nach dem Vollmonde zu fällen.

Mein berühmter akademischer College, Hr. August de St. Hilaire, hat mir mitgetheilt, daß er dieselben Ansichten in Brasilien wiedergefunden habe. In der Provinz Espirito-Santo versicherte ihn Herr Francisco Pinto, ein ausgezeichneter Landwirth, daß das Holz, welches nicht während des abnehmenden Mondes gefällt sei, bald von Würmern angegriffen würde und in Kurzem faule

Der deutsche Oberförster Sauer nimmt nicht allein an, daß die Zeit des abnehmenden Mondes jeder andern zum Holzfällen bei weitem vorzuziehen sei; sondern stützt diese Regel auch auf einen physikalischen Grund, der, wenn er richtig wäre, merkwürdig genug sein würde. Nach ihm ist die aufsteigende Kraft des Saftes viel größer während der ersten als der zweiten Hälfte jedes Mondumlaufs. Daher ist das vor dem Vollmond gehauene Holz schwammiger, demnach leichter von Würmern angreifbar, trocknet daher schwerer und spaltet bei geringeren Temperaturveränderungen. Hingegen ist das Holz, während der Saft zurücktritt, dicht, fest; und muß sich daher zu Bauten besser eignen.

Könnte es im weiten Bereiche der Physik etwas Merkwürdigeres geben, als das Vorhandensein einer Verbindung zwischen den Bewegungen des Saftes und den Phasen des Mondes? Aber ist diese von Sauer angenommene Verbindung ein Resultat directer Beobachtung? Ist sie nicht vielmehr von ihm erdacht worden, um der Volksmeinung über die verschiedene Beschaffenheit des Holzes je nach seiner Fällung in der ersten oder zweiten Hälfte des Mondmonats eine Stütze zu geben? Vorausgesetzt, diese Verschiedenheit sei richtig, würde sie nicht, anstatt von der Saftbewegung, einfach von einem Umstande abhängig gemacht werden können, auf den wir schon zu Anfange dieser Abhandlung hingewiesen, nämlich von der größeren Menge Regen, welche den zunehmenden Mond charakterisirt?

Uebrigens ist die Meinung, um die es sich hier handelt, keineswegs sicher festgestellt; denn es lassen sich ihr positive directe Versuche von Duhamel du Monceau entgegensetzen.

Das Holz, welches dieser berühmte Agronom einer großen Menge von Bäumen gleichen Alters, gewachsen auf gleichem Boden in gleicher Himmelslage, entnahm, erschien ihm niemals von besserer Qualität, wenn der Holzschlag während des abnehmenden als wenn er während des zunehmenden Mondes Statt gefunden hatte. Im Allgemeinen fand sich Alles ungefähr gleich. Man muß selbst beifügen, daß vermöge eines unstreitig zufälligen Umstandes die Verschiedenheiten, die sich noch zeigten, der gewöhnlichen Meinung entgegen, vielmehr für einen Vorzug des zunehmenden vor dem abnehmenden Monde sprechen würden.

§. 2.

„Verlangt man Kohl oder Lattich, welcher gut treibt; gefüllte Blumen; Bäume mit frühzeitigen Früchten; so säe, pflanze, schneide man während des abnehmenden Mondes."

„Verlangt man Pflanzen oder Bäume, die kräftig heranwachsen und treiben; so hat man während des zunehmenden Mondes zu säen, zu pflanzen, zu pfropfen und zu schneiden."

Diese Regeln, welche bei allen Gärtnern, bei fast allen Landwirthen in Europa gelten, scheinen nichts desto weniger nur Irrthümer zu sein. Das Zunehmen oder Abnehmen des Mondes ist ohne nachweislichen Einfluß auf alle diese Erscheinungen. Die Versuche von La Quintinie, und namentlich die von Duhamel du Monceau, dem größten Agronomen, dessen Frankreich sich rühmen darf, haben es klärlich dargethan.

Uebrigens verdient die Theorie, auf die man sich stützen zu können meinte, kaum eine Widerlegung. „Während der ganzen Dauer des Tages, sagte Montanari, nimmt die in den Pflanzen circulirende Saftmenge durch die Sonnenwärme zu, weil diese den Durchmesser der Saftröhren erweitert. Die Kälte der Nacht bringt einen entgegengesetzten Erfolg hervor. Nun findet sich der Mond im Augenblicke, wo die Sonne untergeht, falls er noch nicht voll ist, über dem Horizonte; die Wirkung seiner Strahlen vermindert also die plötzliche Abkühlung, welche die Pflanze erleiden muß, wenn die Sonne verschwindet. Während der Abnahme hingegen geht der Mond oft erst mehrere Stunden nach dem Untergange der Sonne auf, d. i. zu einer Zeit, wo die Abkühlung der Pflanzenorgane schon ihre volle Wirkung auf den Saft geäußert hat."

Mathematisch gesprochen, ist diese Betrachtung richtig; aber es wird deshalb nicht minder lächerlich bleiben, bei einem so complicirten Vorgange, als es die Vegetation ist, den Einfluß von Temperaturveränderungen spüren zu wollen, die, wenn man zum Aeußersten geht, noch nicht ein Zwanzigtausendtheil eines Centesimalgrades betragen.

Die Vorschrift, die ich (mindestens was den physischen Grund anlangt, den man dafür gibt), so eben widerlegt habe, wonach man vielmehr zu der als zu jener Phase des Mondes säen, pflanzen, schneiden, pfropfen soll, wird auch in den amerikanischen Kolonien für gültig erachtet. So halten in Brasilien, wie mir Herr August de Saint-Hilaire mitgetheilt hat, die Landleute darauf, alle Pflanzen mit nahrhaften Wurzeln, wie die Yamswurzeln (Dioscorea), die Pataten, die Maniokwurzeln, während des abnehmenden Mondes zu pflanzen, wogegen sie das Zuckerrohr, den Mais, den Reis, die Bohnen während des zunehmenden Mondes pflanzen. Doch berichtet Herr de Chanvalon, daß er bei vergleichenden Versuchen, welche zu Martinique beim Vollmond und Neumond angestellt wurden, keinen bemerklichen Unterschied je nach der einen oder andern Zeit habe finden können.

Vielleicht könnte man streng genommen den in Brasilien herrschenden Gebrauch, wonach die Landwirthe in diesem Lande einen so bestimmten Unterschied zwischen zwei verschiedenen Pflanzenklassen machen, mit irgend einer physischen Ursache, von der sich sprechen ließe, in Beziehung setzen; in Europa aber ist man viel weiter gegangen: so schreibt Plinius vor, die Bohnen beim Vollmonde und die Linsen um die Zeit der Conjunction zu säen! *) Gehört nicht in der That ein starker Glaube dazu, ohne Beweise anzunehmen, daß der 80000 Lieues entfernte Mond in einer seiner Stellungen vortheilhaft auf das Wachsthum der Bohnen wirke, indeß er in der entgegengesetzten das der Linsen begünstige!

§. 3.

„Wenn man das Getreide zum Verkauf einerntet, muß man die Zeit des Vollmondes dazu wählen, denn während der Periode, welche dieser Phase vorhergeht, während der Periode des zunehmenden Mondes, nehmen die Körner beträchtlich an Dicke zu. Um unverdorbenes Getreide zu haben, muß man hingegen die Zeit des Neumondes oder wenigstens des abnehmenden Mondes wählen.“ (Plinius.)

Da jetzt hinreichend festgestellt ist, daß die Periode des zunehmenden und des abnehmenden Mondes keine gleichen Regenmengen haben; da wir wissen, daß in Deutschland die mittlere Zahl der Regentage während der ersten Periode sich zur Zahl derselben während der zweiten wie 6 zu 5 verhält, so kann man bis zu gewissen Grenzen der landwirthschaftlichen Regel, welche Plinius gibt, beipflichten, ohne jedoch damit zuzugestehen, daß dem Monde hierbei eine andere Rolle zukomme, als daß er den Regen ungleich zwischen den verschiedenen Perioden des Mondmonates vertheilt.

§. 4.

Unter allen Gestirnen, mit denen das Firmament besät erscheint, war der Mond keineswegs dasjenige, welchem die Alten den mächtigsten Einfluß beilegten. Sie glaubten z. B., daß ein einfacher Fixstern, ein Stern, der kaum unter den Sternen erster Größe eine Stelle findet, kurz, daß Procyon oder der kleine Hund „ausschließlich das

---

*) In Plinius Hist. nat. l. XVIII. c. 25 heißt die hierher gehörige Stelle so: „Varro in fabae utique satu hanc observationem custodiri praecepit. Alii plena Luna serendam, lentem vero a vigesimo quinto ad trigesimum, viciam quoque iisdem Lunae diebus; ita demum sine limacibus fore.“ Hiernach scheint sich die obige Regel nicht auf das Wachsthum zu beziehen, wie Arago voraussetzt.

Anmerk. d. d. Ausg.

Schicksal des Weinstocks entscheidet; daß seine bösartigen Einflüsse den Brand (le charbon) erzeugen, welcher die Trauben verbrennt.“ (Plinius.) *)

Ohne uns hier die Mühe geben zu wollen, die verborgenen Eigenschaften zu bestreiten, welche Procyon besitzen soll, und welche andere viel glänzendere Sterne, wie die Leier, Arctur, Sirius nicht besitzen sollen, dürfen wir doch fragen, warum sich nicht alle Jahre in Betreff der verderblichen Wirkung jenes Gestirns gleichen sollen; warum sie in einem Jahre so mächtig, in einem andern unmerklich sein soll? Der Unterschied, wird man unstreitig sagen, hängt von atmosphärischen Umständen, von der größeren oder geringeren Heiterkeit der uns umgebenden Luft ab; aber hiermit kommen wir auf den Fall der Wirkung des Aprilmondes zurück; dann haben wir Procyon als Zeichen, nicht als Ursache der beobachteten Phänomene zu betrachten.

Das Alterthum glaubte, wie man anerkennen muß, an einen wirklichen Einfluß der Gestirne. „Eine milde und heitere Luft, sagte man, theilt der Erde eine Art milchigen und fruchtbaren Thau mit, welcher von der Milchstraße herkommt. Der Mond hingegen sendet uns einen kalten Thau, durch dessen herbe Zumischung (amertume) die Milde jenes der Milchstraße entstammenden Thaues verloren geht, und die keimenden Früchte verderben.“ (Plinius, lib. XVIII.) **)

Diejenigen, welche die Einflüsse des Mondes von seiner Helligkeit abhängig machen, werden unstreitig sehr in Verlegenheit sein, eine Erklärung dafür zu finden, daß sich unter dem schwachen Schein der Milchstraße keine Frostwirkung geltend macht, während sich ungeachtet

---

*) „In hoc temporis intervallo res summa vitium agitur, decretorio uvis sidere illo, quod Caniculum appellavimus; unde carbunculare dicuntur, ut quodam uredinis carbone exustae.“ (Plin. hist. nat. l. XVIII. c. 28.)

Anm. d. d. Ausg.

**) „Est praeterea in coelo, qui vocatur lacteus circulus, etiam visu facilis. Hujus defluvio, velut ex ubere aliquo, sata cuncta lactescunt . . . . Si purus atque mitis aër genitalem illum lacteumque succum transmiserit in terras, laeta adolescunt sata. Si luna . . . roscidum frigus asperserit, admixta amaritudo ut in lacte puerperium necat.“ (Hist. nat. l. XVIII. c. 29.)

Anm. d. d. Ausg.

der unvergleichlich stärkern Lichtwirkung des Vollmondes bei Gegenwart dieses Gestirns starke Fröste einstellen. Uebrigens wäre es ziemlich müßig, ausführlich auf die Besprechung einer Regel eingehen zu wollen, für welche keine bestätigende Erfahrung vorliegt, und deren Ursprung offenbar in phantastischen und mythologischen Vorstellungen über die Natur der Milchstraße begründet ist.

§. 5.

„Der Wein, der innerhalb zweier Monde fertig wird, ist niemals von guter Beschaffenheit und bleibt immer trübe."

Toaldo versucht, diese Regel der italienischen Weinbauer zu rechtfertigen. Die Weingährung, sagt er, umfaßt nur in dem Falle Theile von zwei verschiedenen Monden, wenn sie um den Neumond begonnen hat. Weil zu dieser Zeit der an seiner von uns abgekehrten Seite erleuchtete Mond uns kein Licht zusendet, muß die atmosphärische Temperatur sich auf ihrem Minimum finden, und Niemandem ist unbekannt, daß die Gährung mit um so geringerer Kraft erfolgt, je niedriger die Temperatur ist!

Man begreift schwer, wie es dem berühmten italienischen Meteorologen beikommen konnte, Temperaturveränderungen von einem zwanzigtausendtel Grade eine so wichtige Rolle spielen lassen zu wollen. Wer sieht nicht, daß aus bekannten Ursachen von einem Tage zum andern, von einer Woche zur nächsten, von einem Keller zum nachbarlichen, zehntausendmal größere Unterschiede zwischen den Anzeigen des Thermometers, als die, welche vom Licht unseres Satelliten abhängen, vorkommen, ohne daß eine erhebliche Veränderung in der Beschaffenheit des Weins daraus hervorgeht?

§. 6.

„Der Wein darf im Januar wie im März nur während des abnehmenden Mondes umgefüllt werden, soll er nicht verderben."

Toaldo, welcher uns diese Regel der Weinhändler seines Landes mittheilt, hat nicht einmal versucht, einen physischen Grund davon anzugeben.

Plinius inzwischen empfiehlt nach der Autorität von Hyginus gerade das Gegentheil. Er will, daß man die Weine nicht eher umfülle, abziehe, als wenn der Mond sieben Tage alt ist, d. i. in seinem ersten Viertel.

Die Folgerung, die sich aus diesen beiden entgegengesetzten Meinungen ziehen läßt, ist meines Erachtens, daß der Mond hierbei überall keinen merklichen Einfluß hat.

§. 7.

„Man koche den Most bei Nacht, wenn sich der Mond in Conjunction befindet, bei Tage, wenn er voll ist.“ (Plinius.) *)

Diese Regel kommt darauf hinaus, daß man zum Kochen des Mostes den Zeitpunkt zu wählen hat, wo der Mond untergegangen ist. Nun erleuchtet der Mond zur Zeit der Conjunction die Erde nicht, selbst wenn er sich über dem Horizonte befindet. Also könnte im vorliegenden Falle die Wirkung unseres Satelliten nicht von seinem Lichte abhängen. Zudem könnte sie sich, welches immer ihre Natur sein möchte, nicht durch die Substanz unseres Erdkörpers fortpflanzen, da sie mit dem Untergange des Gestirnes aufhören soll! Hiernach kann man sich nicht sehr geneigt finden, der Regel von Plinius, ohne die positivsten Beweise dafür, beizupflichten.

§. 8.

„Das Licht des Mondes schwärzt die Hautfarbe.“

Unter allen bekannten Substanzen ist das Chlorsilber dasjenige, dessen Farbe sich am stärksten und schnellsten durch Einwirkung des Sonnenlichtes ändert. Doch schienen ältere Beobachtungen dargethan zu haben, daß eine Platte aus dieser chemischen Verbindung Nichts von ihrer ursprünglichen Weiße verliert, wenn sie lange Zeit hindurch dem Mondlichte ausgesetzt wird, selbst wenn es nicht blos natürliches,

---

*) „Hoc et poma colligendi tempus et observatio . . . ., hoc et defrutum coquendi silente Luna noctu, aut si interdiu, plena, ceteris diebus aut ante exortum Lunae aut post occasum.“ (Hist. nat. l. XVIII. c. 31.)

Anm. d. d. Ausg.

sondern im Brennpunkt einer ungeheuern Linse verdichtetes Mondlicht ist. Seit der Entdeckung von Niepce und Daguerre aber steht den Photographen eine gute Anzahl sehr empfindlicher chemischer Agentien zu Gebote, die in wenig Augenblicken eine bemerkliche Wirkung von den Mondstrahlen erfahren, und man erhält mit großer Leichtigkeit photographische Bilder von unserm Satelliten, wie ich schon seit 1840 vorausgesehen.*) In Vergleichungen dieser Art vermöchte man also keinen Beweis zu finden, daß die Schwärzung der Haut nicht von einem directen Einflusse des Mondlichtes abhänge. Auch möchte ich nicht wagen, die Richtigkeit der Volksbeobachtung ganz zu läugnen. In folgender Weise aber würde sie sich meines Erachtens erklären lassen, ohne eine chemische Wirkung zu Hülfe zu nehmen, deren Intensität jedenfalls nur sehr schwach ist.

Wenn das Mondlicht auf unser Antlitz scheint, ist der Himmel heiter; wenn der Himmel heiter ist, müssen auf unserer Haut alle Wirkungen der Strahlung gegen den Himmelsraum statt finden, welche ich in dem Aufsatze über die Strahlung der Wärme durch die Atmosphäre beschreibe. Die nothwendige Folge dieser Erscheinungen aber ist ein erhebliches Sinken der Temperatur. Die Haut, welche dem Mondlichte ausgesetzt ist, scheint sich also ebenso wie todte Stoffe unter denselben Umständen, um 6, um 7, um 8 und vielleicht selbst um 9 Grad unter der Lufttemperatur finden zu müssen. Zwar ersetzt die thierische Wärme das, was durch die Strahlung unserm Antlitz entzogen wird, jeden Augenblick wenn nicht ganz, doch theilweis wieder. Zwar ist die Abkühlung im Ganzen fast niemals hinreichend, die Haut bethauen zu lassen. Inzwischen, wer vermöchte zu versichern, daß die physischen Bedingungen, unter welche die Oberhaut durch eine sehr starke örtliche Kälte versetzt wird, auf ihre Textur und Färbung keinen abändernden Einfluß zu äußern im Stande sind? Die Bräumung durch das Bivouac (le hâle du bivouac), welche ausschließlich in heitern Nächten zu Stande kommt, scheint sie sich nicht als Wirkung einer Strahlung der Haut ansehen zu lassen? Wie man

*) Man s. die populäre Astronomie Th. III. S. 370, und Bd. 7, S. 411 der sämmtlichen Werke.

steht, würde der Mond nach dieser Auffassung ganz unbetheiligt bei diesen Erscheinungen sein, und blos die Bedeutung eines Zeichens, daß der Himmel heiter sei, behalten; seine Rolle würde auf dieselbe zurückkommen, die wir dem berüchtigten Aprilmonde beigelegt haben.

Ich würde meinerseits um so mehr geneigt sein, mich an diese Vorstellungsweise zu halten, als in manchen Ländern, z. B. im Süden Frankreichs, der Name des Mondes nicht in dem Sprichworte vorkommt, welches die Mütter niemals verfehlen ihren Töchtern bei Gelegenheit einer Nachtpromenade in Erinnerung zu bringen: denkt daran, sagen sie:

Que lou sol y la sereine
Fan veni la gent mouraine (noirâtre).

§. 9.

„Der Mond verbreitet eine reichliche Feuchtigkeit über alle Körper, welche sein Licht trifft. Dieses Licht beschleunigt die Fäulniß der thierischen Substanzen."

Plinius und Plutarch haben sich zu Advocaten der hier angeführten Meinung gemacht. Selbst heute noch behauptet sie fast allgemeine Geltung unter den Bewohnern Westindiens. Niemand wird unstreitig umhin können, sie sehr lächerlich zu finden; entkleiden wir sie indeß aller Theorie, die darin enthalten ist, so werden wir auf einfache, constante Thatsachen stoßen, die heutzutage kein Physiker bezweifelt.

In der That, wenn sich Plinius und Plutarch hätten begnügen wollen, ihre Erfahrungen mitzutheilen, wenn sie sich nicht auf Theorieen hätten einlassen wollen, wenn sie vorsichtig genug gewesen wären, das Mondlicht nicht als Ursache der beobachteten Erscheinungen darzustellen, so würden sie sich so ausgedrückt haben:

„Die Körper, welche dem Mondlichte ausgesetzt werden, bedecken sich mit Feuchtigkeit; die Körper, welche dem Mondlichte ausgesetzt werden, faulen rasch. Ein Schirm, welcher vor diesen Körpern so aufgestellt wird, daß er das Mondlicht darauf zu fallen hindert, verzögert ihre Fäulniß beträchtlich."

Beeilen wir uns zu zeigen, daß alles dieß richtig ist.

Ein Körper, welcher dem Mondlicht, d. i. einem heitern Himmel ausgesetzt ist, wird durch Strahlung kälter als die Luft. Demnach setzt diese auf der abgekühlten Oberfläche einen Theil ihrer Feuchtigkeit ab; das ist nichts mehr und nichts weniger als das Phänomen des Thaues, so wie es sinnreich von Wells analysirt worden ist, und wie man es mit allen seinen Details in meinem Aufsatze über die Wärmestrahlung erklärt finden wird.

Der Schirm, welcher den Lichtzutritt verhindert, verhindert zugleich den Körper, den er deckt, sich mit dem Raume durch Strahlung in Beziehung zu setzen, und demnach zu erkalten. Daher bildet sich kein Niederschlag mehr von Feuchtigkeit aus der Luft.

Eine feuchte thierische Substanz fault viel schneller, als eine trockene. Der Schirm, welcher die Mondstrahlen hindert, eine der Fäulniß fähige Substanz zu treffen, muß also diesen Vorgang verzögern oder seine Kraft schwächen.

Kurz, die Beobachtung von Plinius und Plutarch war richtig in allen Einzelnheiten. Es galt nur, die Theorie zu reformiren, und den Mond von den bösartigen Wirkungen loszusprechen, die man ihm beilegt, durch den Nachweis, daß er bei diesen Erscheinungen nur Zeuge, nicht Thäter sei.

Nach der ausführlichen Erörterung, in welche ich eingegangen bin, wird Jedermann ohne Schwierigkeit begreifen, wie viel Wahres an jenen Volksmeinungen des spanischen Amerikas sein mag: 1) daß der Fisch, welcher dem Mondlichte ausgesetzt worden ist, der Fisch alunado, wie sie ihn nennen, seinen Geschmack verloren hat und weichlich geworden ist; 2) daß, wenn man einen verwundeten Maulesel eine ganze Nacht diesem Lichte ausgesetzt läßt, die Wunde gereizt und oft unheilbar wird.

§. 10.

Hippokrates hatte einen so lebendigen Glauben an den Einfluß der Gestirne auf die belebten Wesen und ihre Krankheiten, daß er ganz ausdrücklich empfahl, sich nicht Aerzten anzuvertrauen, die Nichts von der Astronomie verständen. Uebrigens spielte nach ihm der Mond blos eine Nebenrolle; und waren die Plejaden, Arktur und Procyon die vorwiegenden Gestirne.

Galen war in dieser Hinsicht ein sehr eifriger Anhänger von Hippokrates; nur war es der Mond, welchem er einen vorwiegenden Einfluß beimaß. So knüpften sich in den Krankheiten die berühmten kritischen Tage, der siebente, der vierzehnte, der ein und zwanzigste, an die Dauer der Hauptphasen unseres Satelliten. So ward der Mondeinfluß der hauptsächlichste Angelpunkt des Systems der Krisen.

Während der Herrschaft der Alchemisten wurde der menschliche Körper als eine Welt im Kleinen angesehen. In diesem Mikrokosmos, wie man ihn nannte, wurde das Herz, das Princip des Lebens, natürlicherweise mit der Sonne verglichen, deren Einflüsse es empfangen sollte; das Gehirn hatte den Mond zum Analogon und zum Regulator; Jupiter übte Einfluß auf die Lungen, Venus auf die Nieren, und Merkur auf die Geschlechtstheile. Diese wunderlichen Vorstellungen sind heutzutage völlig vergessen. Es ist uns blos der Ausdruck lunatiques geblieben, womit im Allgemeinen noch Leute mit krankem Gehirn bezeichnet werden.

Was die Theorie der Mondeinflüsse auf die Krankheiten anlangt, so fehlt es ihr noch keineswegs an Anhängern. Und in der That, ich weiß nicht, ob man sich zu sehr darüber zu wundern hat. Ist es denn für Nichts zu rechnen, wenn man die Autorität der beiden größten Aerzte des Alterthums und unter den Neuern die von Mead, Hoffmann und Sauvages für sich hat? Autoritäten können, ich gebe es zu, in Sachen der Wissenschaft positiven Thatsachen gegenüber nur wenig bedeuten; aber dann müssen solche Thatsachen existiren, müssen der Gegenstand einer strengen Untersuchung geworden sein, müssen mit Geschick und so gruppirt sein, daß die Wahrheiten, die sich dahinter verbergen, daraus hervortreten. Ist dieß aber wohl betreffs der Mondeinflüsse geschehen? Wo findet man sie durch Beweismittel widerlegt, welche die Wissenschaft anerkennen kann? Wer eine Thatsache a priori als absurd zu behandeln wagt, ermangelt der Vorsicht. Er vergißt, wie viele Dementis ihm unsere Tage gebracht haben würden. So frage ich ihn z. B.: gab es etwas Wunderlicheres, Unglaublicheres, mit allen Voraussetzungen Unverträglicheres, als die Entdeckung Jenner's? Und doch, das Wunderliche, das Unglaubliche, das gar nicht Annehmbare ergibt sich als wahr; und das Präservativ gegen die Blattern ist seitdem nach allgemeiner Uebereinstimmung in einer kleinen Pustel des Kuheuters zu suchen! Ich richte diese kurzen Bemerkungen an diejenigen, welche in diesem Paragraphen einen unnützen Aufwand von Mühe finden könnten. Ich habe meinerseits die Frage für wichtig genug angesehen, um sie in einem Kapitel der populären Astronomie (Buch 21, Kap. 34, Thl. 3, S. 412—422) zu erörtern.

§. 11.

„Die Krebse, die Austern und andere Schaalthiere sind während des zunehmenden Mondes größer, als während des abnehmenden.“

Diese Bemerkung ist sehr alt. Man findet sie schon im Dichter Lucilius, im Aulus Gellius u. s. w. Ich weiß nicht, ob die Mitglieder der Akademie del cimento sich experimentell damit beschäftigt hatten. Mindestens scheinen sie geneigt, die Thatsache bezüglich der Krebse und Krabben (crevettes) anzunehmen, da sie eine Erklärung davon geben. Der Mond soll nach ihnen keine andere Rolle hierbei spielen, als diesen Thieren bei ihrer nächtlichen Jagd mehr oder weniger zu leuchten.

Diese Erklärung beruht auf einem falschen Principe, würde aber leicht Anwendung auf die Volksregel finden können, wenn unsere Fischer sich folgende abgeänderte Fassung derselben gefallen ließen: „Die Krebse sind während des Vollmondes größer als während des Neumondes.“ Denn sonst sieht Jeder leicht ein, daß unser Satellit von der Conjunction bis zur Opposition, und von der Opposition bis zur Conjunction auf der Erde gleich viel Licht verbreiten muß. Im Uebrigen versichert Rohault, daß die Thatsache nicht richtig ist, und daß er, bei aufmerksamer Untersuchung der in den verschiedensten Epochen des Mondmonats gefangenen Krebse niemals eine constante Verschiedenheit zu Gunsten irgend einer Phase gefunden habe.

§. 12.

„Man findet mehr oder weniger Mark in den Knochen der Thiere, je nachdem sie in dieser oder jener Phase des Mondes getödtet sind.“

Alle Fleischer hatten ehedem diesen Glauben. Ich weiß nicht, ob er heutzutage noch unter ihnen besteht. Uebrigens haben 20 Jahre hindurch fortgesetzte Beobachtungen von Rohault bewiesen, daß er unbegründet ist.

Mit der vorigen Meinung steht folgende von Sanctorius in Beziehung: Dieser Arzt behauptete, daß der gesunde Mensch zu Anfange des Mondmonats ein bis zwei Pfund an Gewicht gewinnt, und zu Ende desselben verliert. Sanctorius stellte die Versuche an sich selbst an. Vielleicht setzte er sie nicht lange genug fort, um zu einer so allgemeinen und entschiedenen Folgerung daraus berechtigt zu sein, als er gezogen hat.

§. 13.

„Die Menstrualperioden sind nach der Dauer des Mondumlaufes geregelt.“

Diese Uebereinstimmung ist nicht ganz genau; sie findet nur nahehin statt. Wer weiß nicht überdies, daß bei dem einen Individuum der Neumond, bei einem andern das erste Viertel, bei einem dritten der Tag der Opposition den Blutfluß mitführt, und zwar troß gleichen Alters und gleicher physischer Constitution? Wer weiß nicht ferner, daß bei demselben Individuum auf die Länge das Phänomen endlich zu allen Zeiten des Mondmonates eintritt?

§. 14.

„Sind die Geburten häufiger zu Ende des abnehmenden Mondes als zu irgend einer andern Zeit des Mondmonates?“ (Hippokrates glaubte, daß die Empfängniß hauptsächlich während des Vollmondes stattfinde.)

Die Register der Civilbehörden werden in Frankreich mit solcher Regelmäßigkeit gehalten, daß es genügt, diese Frage Personen, welche sich mit Statistik beschäftigen, vorgelegt zu haben, um versichert zu sein, daß sie binnen Kurzem entscheidend beantwortet sein wird. In Erwartung, daß es geschehe, wollen wir nicht die Lächerlichkeit des goldnen Zahnes erneuern.

§. 15.

„Man lege die Eier zum Brüten unter, wenn der Mond neu ist.“

Dies ist eine Regel von Plinius. In Frankreich wird es im

Allgemeinen nicht für gleichgültig angesehen, bei welcher Phase man das Brüten beginnen läßt. Die Wirthschafterinnen behaupten, daß das Ausbrüten um so besser gelingt, je näher dem Vollmonde es erfolgt. Die Versuche von Herrn Girou de Buzareingues kommen dieser Meinung zu Hülfe. Es wäre zu wünschen, daß dieser gelehrte Agronom dieselben noch mehr vervielfältigte, und dabei sorgsam untersuchte, ob nicht, wie er schon vermuthet hat, die beobachteten Verschiedenheiten davon herrühren, daß je nach der mehr oder minder vollständigen Dunkelheit des Himmels die Bruthenne ruhiger oder unruhiger ist. „Man weiß nämlich, sagt Girou, daß unbewegliche Hennen die Jungen durch zu starke Wärme tödten oder ihre Entwickelung hemmen."

Ueber die Wärmestrahlung durch die Atmosphäre.

Erstes Kapitel.

Definitionen.

Wenn man zwei verschieden erwärmte Körper in irgend einem Abstande, selbst im leeren Raume, einander gegenüber stellt, so wird bekanntlich derjenige, dessen Temperatur höher ist, allmälich den kälteren erwärmen. Es findet also eine Ausströmung, eine Strahlung der Wärme von der Oberfläche der Körper bei allen Temperaturen statt, wodurch sie auch aus der Ferne erwärmend zu wirken vermögen. Diese Ausströmung, diese Strahlung ist das, was die Physiker unter Wärmestrahlung verstehen.

Alle Körper besitzen das Vermögen, die Wärme in Form von Strahlen auszusenden, nicht in gleichem Grade: dieses Vermögen, welches man das Wärmestrahlungsvermögen genannt hat, hängt von der besondern Natur des Körpers und dem Zustande seiner Oberfläche ab.

Bei jeder Beschaffenheit des Körpers wächst die Intensität der Strahlung mit der Temperatur.

Bei gleicher Temperatur scheinen die Gasarten zu den am schwächsten strahlenden Körper zu gehören.

Die fasrigen Körper hingegen, wie die Wolle, Baumwolle, der Schwanenflaum u. s. w. haben ein sehr beträchtliches Ausstrahlungsvermögen.

Die polirten Metalle strahlen im Allgemeinen wenig; inzwischen kommt diese Eigenschaft nach Leslie's Versuchen dem Platin, Eisen, Stahl und Zink in stärkerm Grade zu als dem Golde, Kupfer und Zinn.

Da jeder Körper unaufhörlich Wärme durch Strahlung verliert, so wird seine Temperatur nur in sofern constant bleiben können, als er sich in jedem Augenblicke von der Gesammtwärme, welche die umgebenden Körper ihm zustrahlen, einen Antheil aneignet, welcher genau ebenso groß ist als der von seiner eigenen Oberfläche ausgestrahlte. Hingegen wird sich der Körper abkühlen oder erwärmen, wenn dieser fortwährende Austausch keine vollständige Compensation bewirkt.

Dies vorausgeschickt, nehmen wir an, ein kleiner Körper von dessen Oberfläche die Wärme frei ausstrahlt, sei bei heiterm Himmel in der Mitte einer, von allen Seiten offenen großen Ebene aufgestellt. Es läßt sich beweisen, daß er unter diesen Umständen schnell erkalten muß.

In der That wird dieser kleine Körper Wärmestrahlen nach allen Theilen des Himmels senden, welche in der sichtbaren Halbkugel liegen: wir haben also blos zu untersuchen, ob diese Halbkugel ihm alles wiedergeben kann, was er so verliert. Nun wird ihm einerseits der leere Raum, in welchem unsere Erde sich bewegt, nichts Merkliches von Wärme zusenden; andererseits kann die Totalwirkung der Strahlung der Atmosphäre selbst nur unbeträchtlich sein, 1) weil alle Gasarten nur ein schwaches Strahlungsvermögen besitzen; 2) weil die atmosphärischen Schichten schon in geringer Höhe sehr kalt sind, wie der ewige Schnee beweist, womit so viele Berge bedeckt sind.

Somit steht fest, daß ein Körper, der an einer offenen Stelle während einer heitern Nacht ins Freie gesetzt wird, mehr Wärme ausstrahlt, als er wieder empfängt; er wird sich also unzweifelhaft abkühlen, und zwar wird dieß in beträchtlichem Grade geschehen können, wenn eine wenig wärmeleitende Substanz zwischen dem Boden und Körper durch Abhaltung des Zutrittes der Erdwärme den Ersatz des Verlustes verhindert.

Da die Substanzen, aus welchen die Hülle des Erdkörpers besteht, im Allgemeinen nur ein sehr geringes Leitungsvermögen für die Wärme besitzen, so wird sich die Abkühlung, welche die oberflächliche Schicht erfährt, langsam den darunter liegenden Schichten mittheilen: diese übernehmen die Rolle der schlechtleitenden Substanz, welche nach voriger Voraussetzung zwischen dem kleinen Körper und dem Boden eingeschoben sein sollte.

Die unteren Schichten der Atmosphäre sollten dem Anscheine nach eine gleiche Temperaturerniedrigung erfahren; aber da ihr Strahlungsvermögen wie das aller Gasarten sehr gering ist, so wird sich die Erkaltung bei ihnen in viel geringerem Grade äußern, so daß bei reinem Himmel ein Thermometer am Boden und ein anderes darüber in der Luft nicht dieselbe Temperatur anzeigen werden: das erste wird das kältere sein.

Da dieser Temperaturunterschied zwischen der Luft und den an der Oberfläche des Bodens befindlichen festen oder flüssigen Körpern eine Wirkung der Strahlung gegen den Himmelsraum ist, so darf man erwarten, ihn um so größer zu finden, je beträchtlicher das Strahlungsvermögen dieser Körper ist, und in je größerer Ausdehnung der Himmel frei liegt.

Die Zwischenschiebung eines festen Schirmes zwischen den Körper, welcher dem Versuche zu unterwerfen ist, und den Himmel wird seine Abkühlung verhüten; indem der Wärmeverlust, welchen der Körper durch Strahlung nach dem Raume erlitten haben würde, fast genau durch die von der untern Fläche des Schirmes her erfolgende Gegenstrahlung aufgewogen wird, da die Temperatur dieser Oberfläche von der der Luft, welche damit in Berührung ist, wenig abweicht.

Die Wolken werden die Stelle dieses Schirms vertreten können und in gleicher Weise die nächtliche Strahlung verhindern oder schwächen; nur muß man dabei berücksichtigen, daß, da die Wolken ungefähr dieselbe Temperatur haben müssen, als die Luftschicht, in welcher sie sich befinden, der durch ihre eigene Strahlung zu bewirkende Ersatz des Wärmeverlustes, welchen die irdischen Körper erleiden, um so weniger vollständig sein kann, je höher sie sich befinden.

Es scheint nicht unumgänglich nöthig, daß die Sonne untergegangen sein muß, um merkliche Wirkungen auf die Temperatur gewisser Körper durch die Strahlung nach dem Raume hervorgebracht zu sehen. Ueberall, wohin das Licht der Sonne nicht direct gelangt, wird sich selbst am Tage eine höhere Temperatur in der Luft als im Grase beobachten lassen, wofern ein großer Theil des Himmels daselbst offen liegt: Nichts beweist in der That, daß die Strahlung aller irdischen Körper nach dem Raume die Gegenstrahlung einer klaren Atmosphäre nach diesen Körpern niemals übertreffen könne.

Kommen wir jetzt auf diese verschiedenen Resultate der Theorie zurück und sehen zu, wiefern sie durch die Erfahrung bestätigt werden. Das vortreffliche Werk, welches Dr. Wells *) über den Thau veröffentlicht hat, wird uns die Mittel dazu darbieten.

Zweites Kapitel.

Ueber die nächtliche Strahlung.

Wenn man in einer ruhigen und heitern Nacht kleine Massen von Gras, Baumwolle, Flaumfedern oder irgend einer anderen fasrigen Substanz der freien Luft aussetzt, so findet man nach einer gewissen Zeit ihre Temperatur um 6, 7 und selbst 8° C. unter die der umgebenden Luft erniedrigt.

An Orten, wohin das Sonnenlicht nicht dringt und von wo aus ein großer Theil des Himmels frei gesehen werden kann, fängt dieser Unterschied zwischen der Temperatur des Grases, der Baumwolle u. s. w. und der umgebenden Luft um 3 bis 4 Uhr Nachmittags, d. i. von der Zeit der sinkenden Temperatur an, bemerklich zu werden; am Morgen dauert er mehrere Stunden nach dem Sonnenaufgange fort.

Drittes Kapitel.

Ueber die Umstände, welche auf die nächtliche Strahlung von Einfluß sind.

§. 1. — Einfluß der Wolken.

In einer heitern Nacht war das Gras einer Wiese um 6,7° C. kälter als die Luft; es trat Bewölkung ein: sofort stieg die Wärme des Grases um 5,6°, ohne daß sich die Temperatur der Luft geändert hatte.

---

*) W. C. Wells, Versuch über den Thau und einige damit verbundene Erscheinungen (deutsche Uebers. von J. C. Horner, 1821). Anm. d. d. Ausg.

§. 2. — Einfluß künstlicher Schirme.

Ein Thermometer in Berührung mit einem Flocken Wolle, welcher auf einem um 1 Meter über dem Boden erhobenen Bret lag, zeigte bei ruhiger und heiterer Luft 5° weniger, als ein zweites Thermometer, dessen Kugel mit einem ganz gleichen Flocken Wolle in Berührung stand, der sich aber unter der untern Fläche desselben Bretes befand.

§. 3. — Wirkung des Strahlungsvermögens.

Unter denselben atmosphärischen Verhältnissen, unter welchen Pflanzenblätter, Wolle, Flaum u. s w. sich um 7° bis 8° C. unter die Temperatur der Luft abkühlen, beträgt die Abkühlung der Metalle blos 1° bis 2° C. Diese schwache Temperaturerniedrigung ist bemerklicher am Platin, Eisen, Stahl und Zink, als am Golde, Silber, Kupfer und Zinn. Diese vier letzteren Metalle sind, wie schon angeführt, diejenigen, welche das geringste Strahlungsvermögen besitzen.

§. 4. Wirkung des Leitungsvermögens.

Um sich genaue Rechenschaft von sämmtlichen Erscheinungen geben zu können, ist es von äußerster Wichtigkeit, das Leitungsvermögen der Körper von ihrem Strahlungsvermögen wohl zu unterscheiden. Das Wort Leitungsvermögen bezeichnet die mehr oder minder deutlich ausgesprochene Eigenschaft, vermöge deren ein zufällig erwärmter Theil irgend eines Körpers, ohne seine Lage zu ändern, die Wärme andern Theilen derselben Masse mitzutheilen vermag. Die Strahlung ist der Vorgang, vermöge dessen die Wärme von der Oberfläche der Körper entweicht und nach Außen entsendet wird. Die Körper können ein großes Leitungsvermögen bei einem schwachen Strahlungsvermögen und umgekehrt besitzen. Die polirten Metalle und die Kohle bieten die Beispiele zu Beidem dar: in der That weiß Jeder, daß, wenn man eine dünne Metallstange mit einem ihrer Enden in ein Kohlenbecken hält, die Hitze sich ziemlich weit fortpflanzt, wogegen eine glühende Kohle sich kaum merklich über den rothglühenden Theil hinaus erhitzt, so daß sie in 2 bis 3 Centimeter Entfernung von der Flamme ungestraft mit den Fingern gefaßt werden kann. Hingegen lehrt die Erfahrung, daß das Vermögen der Strahlung nur schwach bei den Metallen und sehr stark bei der Kohle ist.

Nach diesen Vordersätzen läßt sich begreifen, wie es kommt, daß ein dünnes Metallblatt von geringem Umfange, z. B. ein Blatt vergoldetes Papier, sich merklich schneller abkühlt, als eine dicke Masse desselben Metalls. Im letztern Falle empfängt die oberflächliche Schicht durch Leitung von den untern Schichten her einen Theil der Wärme immer wieder, deren sie durch Strahlung beraubt worden ist; im erstern dagegen ersetzt Nichts den Verlust.

§. 5. Wirkung des Windes.

Der Wind beschleunigt die Abkühlung eines Körpers, dessen Temperatur die seinige übertrifft; muß also die Erwärmung eines kältern Körpers beschleunigen. Indem der Wind in einer heitern Nacht immer neue Luftschichten gegen die Oberfläche sämmtlicher Körper, welche sich durch Strahlung abzukühlen streben, treibt, hindert er, daß ihre Temperatur so tief sinkt, als es ohnedem der Fall gewesen sein würde. Wenn der Himmel mit Wolken bedeckt ist, ist das Gras selbst niemals kälter als die Luft, wofern der Wind stark ist; bei vollkommen heiterm Himmel vermindert der Wind den Einfluß der Strahlung ohne ihn ganz unmerklich zu machen.

Viertes Kapitel.

Von den Umständen, unter denen der Thau sich bildet.

Eine reichliche Thaubildung erfolgt nur in ruhigen und heitern Nächten. Spuren derselben sind in trüben Nächten zu bemerken, wenn kein Wind geht, oder bei Wind, wenn die Nacht heiter ist; niemals aber erfolgt Thaubildung unter dem vereinigten Einflusse des Windes und eines bedeckten Himmels.

So wie sich der Himmel bedeckt, hört die Thaubildung auf. Man beobachtet dann sogar sehr oft ein Wiederverschwinden oder wenigstens eine starke Verminderung des Thaus, der die Pflanzen schon benetzt hatte.

Eine schwache Bewegung der Luft begünstigt die Thaubildung vielmehr als daß sie solche hemmte.

In zwei gleich ruhigen und heitern Nächten können sich sehr ungleiche Mengen Thau niederschlagen.

Die Bestimmung der niedergeschlagenen Thaumengen ist eine Sache sehr feiner Beobachtung. Bei den Versuchen, wo es darauf ankam, die Feuchtigkeitsmengen zu vergleichen, die sich bei der oder jener Exposition gegen den Himmel, unter den oder jenen atmosphärischen Verhältnissen u. s. w. niederschlagen, bediente sich Dr. Wells, dem man die meisten der in diesem Kapitel angeführten Versuche verdankt, 0,65 Gramme schwerer Flocken Wolle von der Gestalt eines abgeplatteten Sphäroids, dessen größte Axe ungefähr 5 Centimeter betrug. Die Wolle war weiß, von mittelmäßiger Feinheit, und schon mit einer kleinen Menge Wasserdampf geschwängert, da sie in einem ungeheizten Zimmer aufbewahrt worden. Diese Flocken nahmen die Feuchtigkeit, welche sich auf ihrer Oberfläche abgesetzt hatte, leicht zwischen ihre Fasern auf und hielten sie mit Kraft zurück.

Man findet viel Thau nach einer stillen und heitern Nacht, wenn es vor Kurzem geregnet hat; hingegen sehr wenig, wenn eine gewisse Zahl trockner Tage vorausgegangen ist. Die Südwinde und Westwinde, welche bei uns vom Meere herkommen, begünstigen seine Bildung. In Aegypten hingegen, südlich vom mittelländischen Meere bemerkt man kaum irgend welche Spuren desselben, wenn nicht Nordwinde wehen. Im Allgemeinen trägt, wie nicht anders zu erwarten war, Alles, was die Feuchtigkeit der Luft vermehrt und das Hygrometer dem Sättigungspunkte entgegen führt, zu einer reichlichen Thaubildung bei..

Es ist nicht richtig, wenn schon mehrere Physiker es behauptet haben, daß sich nur Abends und Morgens Thau bilde: ein Körper bedeckt sich zu jeder Stunde der Nacht mit Thau, wofern der Himmel heiter ist. Unter sonst gleichen Umständen ist der Thau niemals reichlicher als in hellen Nächten mit nachfolgenden nebligen Morgen. Die Bildung des Nebels am Morgen gibt hierbei den Beweis, daß die Luft zuvor eine große Menge Feuchtigkeit enthielt.

Aller Wahrscheinlichkeit nach beginnt der Thau an den von [illegible]

Sonne geschützten Orten sich niederzuschlagen, so wie die Lufttemperatur sinkt, d. i. von 3 oder 4 Uhr Nachmittags. Mindestens ist gewiß, daß das Gras im Schatten schon lange vor Sonnenuntergang merklich feucht ist; doch bemerkt man selten kleine Tröpfchen, so lange die Sonne über dem Horizonte ist; Morgens nach Sonnenaufgang fahren die während der Nacht niedergeschlagenen Tröpfchen noch eine Zeit lang fort sich zu vergrößern.

Unter sonst gleichen Umständen bildet sich weniger Thau während der ersten als während der zweiten Hälfte der Nacht; wenn schon die Luft in letzterer Zeit einen gewissen Theil ihrer Feuchtigkeit verloren hat.

Die Umstände, welche einem reichlichen Thauniederschlage günstig sind, finden sich im Allgemeinen mehr im Frühjahr und namentlich im Herbst, als im Sommer vereinigt. Dabei muß man sich einer Thatsache erinnern, welche mit der vorigen in Beziehung steht, daß nämlich die Temperaturunterschiede zwischen Tag und Nacht niemals größer sind als im Frühling und Herbst.

Fünftes Kapitel.

Vom Niederschlage des Thaues auf Körpern verschiedener Art.

Die Erscheinungen des Thauniederschlages auf einem dichten und polirten Körper, z. B. einer Glasplatte, kommen ganz mit denen überein, welche man beobachtet, wenn eine Fensterscheibe einem Strome Wasserdampf ausgesetzt wird, welcher wärmer als sie ist: eine schwache und gleichförmige Schicht Feuchtigkeit benimmt der Oberfläche erst die Durchsichtigkeit; darauf bilden sich unregelmäßige und abgeplattete Tröpfchen, die sich vereinigen, nachdem sie ein gewisses Volumen erreicht haben, und dann nach allen Richtungen rieseln.

Die polirten Metalle sind unter allen bekannten Körpern diejenigen, welche den Thau am wenigsten anziehen. Diese Eigenschaft findet sich so entschieden bei den Metallen, daß geschickte Physiker so weit gegangen sind zu versichern, der Thau schlage sich niemals darauf nieder. Doch hat Dr. Wells unter sehr günstigen Umständen eine schwache Schicht Feuchtigkeit auf der Oberfläche einiger Spiegel von Gold, Silber, Kupfer, Zinn, Platin, Eisen, Stahl, Zink und Blei wahrzunehmen vermocht; fast niemals aber bemerkt man darauf auch nur die ganz kleinen Tröpfchen, wie sie auf Gras, auf Glas u. s. w. die ersten Augenblicke der Niederschlagung des Wassers bezeichnen.

Die Metalle widerstehen nicht alle in gleichem Grade der Bildung des Thaues. So sieht man z. B. manchmal Platin, Eisen, Stahl und Zink deutlich mit Feuchtigkeit bedeckt, während Gold, Silber, Kupfer und Zinn, wenn schon in ähnlicher Lage befindlich, vollkommen trocken bleiben.

Ein absichtlich benetzter Metallspiegel trocknet manchmal ab, wo andere Substanzen ganz feucht werden. Diese geringe Fähigkeit der Metalle, sich mit Thau zu bedecken, theilt sich den Körpern mit, welche auf ihrer Oberfläche ruhen; so wird ein Flocken Wolle, welcher auf einem Metallspiegel einem heitern Himmel ausgesetzt ist, sich mit weniger Thau bedecken, als wenn er auf einer Glasplatte läge.

Umgekehrt haben die Körper, auf welchen Metalle ruhen, Einfluß auf die Menge Thaues, welche die letztern netzt. Folgender Versuch beweist es: Ein viereckiges Blatt vergoldetes Papier wurde mit Leim an ein Kreuz aus zwei schwachen Holzstäben von 0,08 Meter Länge, 0,01 Meter Breite und 0,02 Meter Dicke befestigt, und das Ganze, mit der vergoldeten Seite des Papiers nach oben, der Luft in 0,12 Meter Höhe vom Boden ausgesetzt; nach einigen Stunden fand sich der Theil des Papiers, welcher das Kreuz überragte, mit einer Menge kleiner Thautröpfchen bedeckt, während der am Holze haftende ganz trocken geblieben war.

Der Zustand mechanischer Zertheilung der Körper hat auf die Menge Thaues, welche dieselben anziehen, Einfluß. So werden sehr dünne Späne in gegebener Zeit viel feuchter, als ein dickes Stück von derselben Holzart. Ungesponnene Baumwolle scheint auch etwas mehr Thau anzuziehen, als Wolle, deren Fäden im Allgemeinen weniger fein sind.

Sechstes Kapitel.

Einfluß der Expositionsweise gegen die Umgebung und den Himmel auf die Niederschlagung des Thaues.

Die Thaumenge, welche sich auf den Körpern niederschlägt, hängt nicht blos von ihrer mechanischen und chemischen Constitution, sondern auch von der Lage, in welcher sie sich zu den umgebenden Körpern befinden, ab.

Im Allgemeinen wirkt Alles zur Verminderung der Thaumenge, mit der sich ein Körper bedeckt, was dahin geht, die Ausdehnung des Theiles vom Himmel zu verkleinern, welcher von der Stelle sichtbar ist, die der Körper einnimmt.

Um diesen Satz zu beweisen, „setzte ich, sagt Dr. Wells, in einer stillen und heitern Nacht 0,65 Grammen Wolle auf einem getünchten Brete von 1,50 Meter Länge, 0,66 Meter Breite und 0,02 Meter Dicke, welches in mehr als 1 Meter Höhe über dem Grase auf vier sehr dünnen Holzstützen von gleicher Höhe ruhte, der Luft aus; zu gleicher Zeit befestigte ich 0,65 Grammen Wolle, aber ohne sie zu sehr zusammenzudrücken, in der Mitte der untern Fläche. Die beiden Flocken waren also nur um 0,02 Meter von einander entfernt, und der Wirkung der Luft in gleicher Weise ausgesetzt. Doch fand ich am andern Morgen den obern Flocken mit 0,91 Grammen Feuchtigkeit geschwängert, indeß der untere nur 0,26 Grammen angezogen hatte. In einer zweiten Nacht waren diese Mengen Feuchtigkeit respective 1,23 und 0,39 Grammen; in einer dritten 0,71 und 0,13 Grammen; in einer vierten 1,30 und 0,26 Grammen; und immer war es die auf der obern Fläche des Brets befestigte Wolle, welche am meisten an Gewicht zugenommen hatte.“

Kleinere Differenzen wurden beobachtet, wenn der untere Flocken nicht, wie bei dem eben angeführten Versuche, eine Stelle einnahm, von wo aus fast kein Theil des Himmels sichtbar war. So erhielten 0,65 Grammen Wolle, welche auf das vertical unter dem Brete befindliche Gras gelegt waren, in einer ersten Nacht einen Gewichtszuwachs von 0,45 Grammen, in einer zweiten von 0,58 Grammen, in einer dritten von 0,78 Grammen. Unter denselben Umständen nahm das

Gewicht einer gleichen Quantität Wolle, welche ebenfalls auf das Gras, aber ganz ins Freie gelegt war, um 0,65, um 1,04 und um 1,30 zu. Bei dem ersten Versuche verdeckte das Bret fast den ganzen Himmel, weil die Wolle in Berührung mit seiner untern Fläche war, bei dem zweiten, in einem Abstande der Wolle von mehr als 1 Meter vom Brete, war ein beträchtlicher Theil des Himmels von der Stelle aus sichtbar, an welcher sich die Wolle befand.

Man könnte sich vielleicht denken, daß der Thau nach Art des Regens falle, und daß das Bret die Wolle nur mechanisch davor schütze, obwohl es bei dieser Voraussetzung schwer sein würde, zu erklären, wie der inmitten der untern Fläche des Brets befestigte Flocken feucht werden konnte. Um übrigens jeden Zweifel in dieser Hinsicht zu heben, brachte Dr. Wells vertical über dem Grase einen Cylinder von gebranntem Thone an, welcher an beiden Enden offen war und fast 1 Meter Höhe bei 0,33 Meter Durchmesser hatte. Ein Flocken Wolle von 0,65 Grammen Gewicht, welcher die Mitte der untern Basis des Cylinders einnahm, belud sich in einer Nacht nur mit 0,13 Grammen Feuchtigkeit, während für einen ähnlichen aber ganz frei liegenden Flocken die Zunahme 1,04 Grammen betrug. Da aber nicht der geringste Wind während des Versuches stattfand, so hätten sicher beide Flocken Wolle gleich viel Thau aufgenommen, wenn dieser vertical herabfiele, wie einige Physiker vorausgesetzt haben.

Möglicherweise könnte man behaupten, daß ein beträchtlicher Theil der Feuchtigkeit, mit welcher sich die Wolle während der Nacht schwängert, von der hygroskopischen Wirkung ihrer Fasern auf den atmosphärischen Wasserdampf herrührt; aber Dr. Wells hat beobachtet, daß an Orten, von wo aus der Himmel nicht sichtbar ist, 0,65 Grammen Wolle während der Dauer einer Nacht nicht bemerkbar an Gewicht zunehmen. Die Wirkung ist noch geringer bei trübem Wetter, ungeachtet dann wegen des reichlichen Vorhandenseins von Dünsten die hygroskopische Wirkung der Wolle sich in ihrem Maximum finden muß.

Ganz gleiche und gleich gegen den Himmel gestellte Körper können sich inzwischen mit ungleichen Mengen Thaues bedecken; es reicht dazu hin, daß sie nicht gleich gegen den Boden gestellt sind. 0,65 Grammen Wolle, welche auf einem Brete in 1 Meter Höhe von der Erde lagen, nahmen in einer Nacht um 1,30 Grammen an Gewicht zu, während ein eben solcher Flocken, in 1,50 Meter Höhe aufgehangen, nur 0,71 Grammen Feuchtigkeit absorbirte, ungeachtet er der Luft eine größere Oberfläche darbot.

Siebentes Kapitel.

Theorie des Thaues.

Blickt man zurück auf das in den vorigen Kapiteln Vorgetragene, so wird man nicht verfehlen zu bemerken, wie viel Analogie zwischen der allen festen Körpern zukommenden Eigenschaft, sich mit Thau zu bedecken, und ihrer nicht minder merkwürdigen Eigenschaft, in ruhigen und heitern Nächten viel stärker als die Luft zu erkalten, besteht.

Wenn die Abkühlung der Körper der Erscheinung von Thautröpfchen auf ihrer Oberfläche vorausgeht, so wird die Erklärung des Phänomens keine Schwierigkeit darbieten: man wird nur eine ähnliche Niederschlagung von Feuchtigkeit darin sehen können, als diejenige, welche an den Wänden eines Gefäßes stattfindet, das eine Flüssigkeit enthält, welche kälter als die Luft ist.

In der That, wenn ein Körper von irgend einer Temperatur in Luft von merklich höherer Temperatur getaucht ist, so kühlt er die Schicht, welche mit ihm in Berührung ist, schnell ab. Wenn diese Schicht mit viel Feuchtigkeit geschwängert ist, so setzt sie sofort einen Theil derselben auf der Oberfläche des Körpers ab, weil, wie Jedermann weiß, die Menge dampfförmigen Wassers, welche ein Gas zurückzuhalten vermag, um so geringer wird, je niedriger seine Temperatur ist. Ein kleiner Schwereüberschuß, ein schwacher Hauch verdrängen die erste Schicht bald von ihrer Stelle; eine neue Schicht folgt ihr, kühlt sich ebenfalls durch die Berührung mit dem Körper ab und läßt ihrerseits alles Wasser fahren, welches sie bei ihrer neuen Temperatur nicht zurückzuhalten vermag. Derselbe Vorgang erneuert sich sehr oft in sehr kurzer Zeit, und bald ist die Oberfläche des Körpers, welches auch die erste Ursache seiner Erkaltung gewesen sein mag, mit Tröpfchen, oder selbst mit einer zusammenhängenden Wasserlage bedeckt, die sich aus den Luftschichten darauf niedergeschlagen hat.

Es bleibt also folgende Frage zu untersuchen: geht die Kälte, welche in einer ruhigen und heitern Nacht an der Oberfläche fast aller irdischen Körper beobachtet wird, der Erscheinung der kleinen Tröpfchen voraus oder folgt sie ihr?

Erstenfalls wird die Kälte die unmittelbare Ursache des Thaues sein; im Gegenfalle könnte man sich denken, daß wir uns bisher über den Ursprung der nächtlichen Erkaltung getäuscht hätten, daß vielmehr der Niederschlag der Feuchtigkeit ihre Ursache wäre. Der folgende Versuch des Dr. Wells entscheidet die Schwierigkeit.

Bei sehr trocknem Wetter waren 0,39 Grammen Wolle, welche sich auf einem erhöhten Brete befanden, schon um 7,7° C. kälter als die Luft, bevor sie um ebensoviel an Gewicht zugenommen hatten, (was mittelst einer Wage constatirt ward, die durch ein Gewicht von 0,004 Grammen zum Ausschlag kam), während unter andern atmosphärischen Verhältnissen ein viel geringerer Temperaturunterschied an demselben Flocken Wolle einen Zuwachs von beinahe 1,30 Grammen Thau zuwege brachte, so daß sein Gewicht sich verdreisacht (vervierfacht?) fand.

Nachdem solchergestalt sicher festgestellt ist, daß die Kälte der Erscheinung des Thaues vorangeht, kann dieses Phänomen, über das so viel verhandelt worden, nur noch als gleicher Natur mit einer ganz einfachen und alles Dunkels baaren Naturerscheinung angesehen werden, dem Niederschlag von Feuchtigkeit nämlich, der im Innern großer Gebäude stattfindet, wenn die während des Winters allmälich abgekühlten Wände bei eintretendem Thauwetter plötzlich von der warmen Luft der äußern Atmosphäre getroffen werden.

Die Richtigkeit der gegebenen Erklärung vorausgesetzt, begreift man, daß sich in gemäßigten Klimaten niemals Thau auf den entblößten Theilen des menschlichen Körpers absetzen kann, weil ihre Temperatur immer höher als die der Luft ist. In der heißen Zone hingegen, sagt Dr. Wells, würde es möglich sein, daß sich Thau, selbst am vollen Tage, an den Händen, dem Gesicht u. s. w. zeigte.

Aus denselben Principien folgt, daß die Strahlung der Glashülle, welche das Quecksilber in den Thermometern enthält, eine Erniedri gung dieser Instrumente unter die Temperatur der sie umgebenden Luft bewirken kann. Ein Schirm, welcher so gestellt ist, daß er den Himmel für das Thermometer verdeckt, wird Irrthümer dieser Art verhüten.

Achtes Kapitel.

Historische Details über die Theorie des Thaues.

Die nachfolgenden historischen Details sind zum größten Theile aus verschiedenen Kapiteln des interessanten Werkes von Dr. Wells geschöpft; wozu ich angemessen gefunden habe, die kurze Analyse mehrerer Abhandlungen zu fügen, von denen dieser geschickte Physiker keine Kenntniß gehabt.

Schon Aristoteles hatte sehr wohl bemerkt, (man sehe seine Schrift über die Meteore), daß der Thau sich nur in stillen und heitern Nächten niederschlägt. Dieses Ergebniß, welches dem Vorstehenden zufolge sich ganz gut der Theorie des Dr. Wells anschließt, ist inzwischen von mehreren neuern Beobachtern in Zweifel gezogen worden. Muſſchenbroek sagt z. B., daß sich der Thau in Holland selbst dann reichlich zeige, wenn in den untern Luftschichten ein dicker Nebel liegt; aber da er zugleich hinzufügt, daß man unter diesen Umständen die Oberfläche der Metalle eben so gut als die anderer Körper bethaut findet, so folgt, daß diese Art Feuchtigkeit kein eigentlicher Thau ist.

Was die Ruhe der Atmosphäre anlangt, so ist sie von einigen Physikern so wenig für nöthig gehalten worden, daß sie versicherten (man sehe z. B. Journal de l'École Polytechn. Bd. II. S. 409), „ein Wind, der immer von der Sonnenseite herkommt, begleite stets die Thaubildung;" aber diese Meinung ist nicht wohl haltbar, da man gefunden hat, daß sich der Thau ohne Unterbrechung vom Untergange bis zum Aufgange der Sonne niederschlägt.

Man muß auch für Aristoteles die Ehre mehrerer wichtiger Beobachtungen in Anspruch nehmen: er hat zuerst erkannt, daß der Thau auf Bergen minder reichlich als auf Ebenen ist; daß der Reif sich erst in der Form eigentlichen Thaues absetzt, und nur später gefriert; daß ein Wind, der an einer besondern Oertlichkeit eine gewisse Wirkung äußert, an einer andern eine ganz entgegengesetzte haben kann. Dieß sind übrigens die einzigen positiven Erfahrungsdata, welche uns die Alten über die Erscheinung des Thaues hinterlassen haben.

Aristoteles hatte auch die Ursache des Phänomens untersucht. Nach ihm ist der Thau eine besondere Art Regen, welche sich in den untern Schichten der Atmosphäre bildet, so wie die Kälte der Nacht die darin enthaltenen Wasserdünste zu kleinen Tröpfchen verdichtet hat; und das ist ungefähr auch die Erklärung, welche Leslie in seinem Werke On Heat and Moisture davon gibt. Das Vorhandensein von Strömungen, wodurch die obern kalten atmosphärischen Schichten mit den untern unaufhörlich vermischt werden, ist hinreichend dargethan; aus dieser Vermischung kann manchmal eine Verdichtung der Dünste zu Bläschen hervorgehen; wer aber sieht nicht, daß bei einem heitern Himmel die gesammte von dieser Ursache herrührende Feuchtigkeitsmenge binnen einer Nacht immer nur sehr wenig betragen könnte? Und, was entscheidend ist, fiele der gesammte Thau nach Art des Regens, so vermöchte man weder zu erklären, wie ein Flocken Wolle, der sich vertical unter einem Brete befindet, feucht werden kann, noch warum Metalle, welche der freien Luft ausgesetzt sind, es nicht werden.

Die Glasglocken, mit welchen die Gärtner während der Nacht die Pflanzen zudecken, finden sich am Morgen inwendig mit Feuchtigkeit beschlagen. Diese Beobachtung hatte zu der Annahme geführt, daß der Thau aus der Erde aufsteige. *) Man findet die ersten Spuren dieser Meinung in der Histoire de l'Académie für 1687. Gersten veröffentlichte im J. 1733 eine lange Abhandlung, um zu beweisen, daß dieß in der That der einzige Ursprung der Feuchtigkeit ist, die sich bei heiterm Wetter auf der Oberfläche der Körper absetzt. Musschenbroek trat anfangs den Ansichten von Gersten bei; nahm aber nachmals

*) Bei Besprechung dieser Meinung in der Histoire de l'Académie für 1736 sagte Fontenelle: „In der Physik findet sich gewöhnlich, daß, wenn für eine Sache zwei Möglichkeiten existiren, diejenige der Wirklichkeit entspricht, welche dem Anscheine am meisten widerspricht.“ Meines Erachtens würde es sehr gewagt sein, dies Princip wörtlich zu nehmen.

an, daß drei Arten Thau existiren: die eine, welche nach ihm dichter als die andere ist, erhebt sich aus den Seen, Flüssen, Sümpfen; eine zweite kommt aus den Pflanzen und der Erde hervor; eine dritte fällt aus der Höhe. Dufay suchte im J. 1736 dem Systeme des deutschen Physikers wieder Geltung zu verschaffen; mehrere neuere Meteorologen haben es ebenfalls angenommen; es wird also nicht überflüssig sein, Einiges aus der Untersuchung, welcher es der Dr. Wells unterzogen hat, hier mitzutheilen.

Man wird zuvörderst bemerken, daß der Versuch mit der umgestürzten Glocke, falls er anders richtig ist, nur beweist, daß die von der Erde aufsteigenden Dünste einer gewissen Quantität Thau den Ursprung geben können, nicht aber, daß sie die alleinige Ursache desselben sind. Dufay schöpfte sein vornehmstes Argument aus einer von ihm angestellten ganz richtigen Beobachtung, daß nämlich der Thau sich um so schneller an den Körpern zeigt, je näher der Erdoberfläche sie sich befinden; aber das erklärt sich ganz natürlich nach der Wells'schen Theorie; denn in einer stillen und heitern Nacht müssen die untern Luftschichten, welche im Allgemeinen kälter sind, als die höhern, schneller als diese zu dem Temperaturgrade herabkommen, wo sie einen Theil ihrer Feuchtigkeit abgeben. Nöthigenfalls könnte man hinzufügen, daß ein Flocken Wolle, welcher mitten auf einem horizontalen und erhöhten Brete liegt, und mithin vor jedem aufsteigenden Dunststrome geschützt ist, sich doch mit einer größern Menge Feuchtigkeit schwängert, als ein eben solcher Flocken, welcher in gleicher Höhe frei in der Luft aufgehangen ist. Uebrigens, wenn es sehr leicht ist, zu zeigen, daß der Thau nicht ganz von den aus der Erde aufsteigenden Dünsten herrührt, so würde man dagegen einige Mühe haben, zu bestimmen, in wie weit sie zu seiner Bildung mitwirken, wenn schon Alles dafür spricht, daß es im Allgemeinen nur in ziemlich schwachem Grade der Fall sein kann.

Die Untersuchungen, welche Musschenbroek und Dufay bezüglich der Gersten'schen Ansicht unternahmen, waren nicht ganz fruchtlos. Der erste entdeckte, daß die polirten Metalle sich nicht mit Thau bedecken; der zweite bestätigte diese interessante Bemerkung durch abgeänderte Beobachtungen. Ferner bewies er, der gewöhnlichen Meinung entgegen, daß der Abendthau nnd Morgenthau nur eine und dieselbe Erscheinung sind, indem er zeigte, daß sich die Feuchtigkeit in wenig verschiedenen Mengen zu allen Stunden der Nacht niederschlägt.

Man kannte zu Dufay's Zeiten noch nicht die Ungleichheiten im Strahlungsvermögen, welche zwischen den verschiedenartigen Körpern bestehen. Die mit polirten Metallen angestellten Beobachtungen standen also damals vereinzelt da; sie traten mit keiner bekannten Ursache in Beziehung; auch fügt Dufay seinen Versuchen blos zur Zusammenstellung bei, daß die Körper (die Metalle), welche der Thau nicht netzt, gerade dieselben sind, in welchen die Reibung keine Elektricität entwickelt. Um die Untriftigkeit der auf diese Bemerkung gebauten Ansichten darzuthun, führe ich nach Dr. Wells an, daß die Kohle, welche bekanntlich ein sehr guter Elektricitätsleiter ist, doch den Thau reichlich anzuziehen vermag.

Wie mir scheint, hat sich Dr. Wells darin geirrt, daß er Dufay die Meinung zuschrieb, der Thau sei eine elektrische Erscheinung, denn dieser Physiker sagt ausdrücklich, S. 368 seiner Abhandlung: „ohne aus der eben bemerkten Beziehung etwas schließen zu wollen" und erwähnt dabei blos das große Leitungsvermögen der Metalle für die Elektricität. Weiter unten fügt Dufay hinzu, nachdem er erwähnt hat, daß die Metalle die einzigen Körper sind, welche nicht phosphorescirend werden: „Ich gestehe, daß ich weit entfernt bin zu wissen, welche Beziehung zwischen so verschiedenen Eigenschaften bestehen kann, möchte aber auch nicht versichern, daß keine statt habe."

Nach Musschenbroek rührt die Feuchtigkeit, welche man auf den Pflanzenblättern beobachtet, von ihrer eigenen Ausdünstung her. Folgendes ist der Beweis, den er dafür gibt: eine Mohnpflanze, deren Stengel durch eine kleine in einer großen Bleiplatte angebrachte Oeffnung hindurchging, wurde Abends mit einer Glasglocke bedeckt; am andern Morgen waren die Blätter mit Feuchtigkeit bedeckt, obschon vermöge der vorstehenden Anordnung und des Kitts, welcher das Loch verschloß, alle Verbindung derselben mit dem Boden und der äußern Luft abgeschlossen gewesen war.

Untersucht man genauer, was aus diesem Versuche zu schließen, so findet man, es ist nichts weiter, als daß die Säfte, welche durch die aussondernden Gefäße der Pflanzen durchschwitzen, einen Antheil an der Bildung des Thaues haben; aber man kann keinen triftigen Vergleich zwischen der Quantität Flüssigkeit, welche sich in geschlossenen Gefäßen in einer bald mit Feuchtigkeit gesättigten Atmosphäre auf einer vor der nächtlichen Erkaltung geschützten Pflanze absetzt, und derjenigen ziehen, die sich auf jedem Blatte in freier Luft entwickelt und erhalten haben würde. Die zahlreichen Versuche, welche Dr. Wells über die Bethauung todter Substanzen, wie Wolle, Schwanenflaum, Glas u. s. w. angestellt hat, beweisen überdies zur Genüge, daß die Ausdünstung der Pflanzen bei diesen Erscheinungen nur eine sehr untergeordnete Rolle spielen kann.

Die Weise, wie sich die Thautropfen auf den Blättern mancher Pflanzen äußerlich darstellen, ist auch von Musschenbroek und einigen andern Physikern als Beweis geltend gemacht worden, daß diese Flüssigkeit den durch die aussondernden Gefäße ausgeschiedenen Säften ihren Ursprung verdankt. „Daher rührt es, sagt man, daß die Thautropfen in Größe und Menge verschieden sind und verschiedene Stellen einnehmen, nach Maßgabe der Structur, des Durchmessers, der Menge und Lage dieser aussondernden Gefäße: bald sieht man sie in der Nähe des Stengels, wo das Blatt beginnt, angesammelt, wie bei den Kohl- und Mohnpflanzen; andere Male halten sie sich auf dem Umkreise der Blätter und auf allen Erhabenheiten, wie namentlich bei der spanischen Kresse. Auch zeigen sie sich ziemlich oft an der Spitze des Blattes, so bei dem Grase der Wiesen. Man vermöchte nicht zwei Pflanzen verschiedener Art zu finden, auf welchen der Thau sich in derselben Weise darstellte.“ (Musschenbroek, Th. III, §. 2545.) Le Roy in Montpellier hat schon bemerkt, daß, wenn man gewöhnlich eine beträchtliche Menge Thau in den Blattachseln am Stengel des Blumenkohls findet, dies daher rührt, daß sie sich wegen der Neigung der Blätter dort ansammelt; und in der That, wenn man die Blätter ein wenig schüttelt, sieht man alle auf der Oberfläche verbreiteten Tröpfchen sich vereinigen und nach dem Blattursprunge herabfließen. Um so weniger vermöchte man die Erscheinung von besondern aussondernden Gefäßen abhängig zu machen, als, wenn der Blumenkohl im Alter vorgeschritten ist und das Blatt eine andere Gestalt angenommen hat, der Thau, anstatt noch nach den Blattachseln zu gehen, auf die Ränder übertritt und sich daselbst in großen Tropfen um kleine Erhabenheiten, womit dieselben bedeckt sind, ansammelt. Verbindet man Betrachtungen dieser Art mit der Bemerkung, daß die vorspringenden Theile der Körper, als von der geringsten Masse, sich am stärksten abkühlen müssen, so wird man alle diese Vorgänge ganz einfach erklären können, ohne hierbei nöthig zu finden, mit manchen Botanikern, der kleinen Menge von Säften, welche durch die aussondernden Gefäße durchschwitzen, die Hauptrolle beizulegen.

Unter allen Physikern, welche vor Dr. Wells die Ursachen des Thaues zu erforschen gesucht haben, scheint mir Le Roy in Montpellier derjenige, welcher dem Ziele am nächsten gekommen ist. Der Leser mag übrigens selbst urtheilen.

Nachdem Le Roy erklärt hat, worauf er sich mit seiner Ansicht stütze, daß die des Nachts von der Erde aufsteigenden Dünste eine der Ursachen des Thaues seien, fügt er hinzu (Mémoires de l'Académie pour 1751, p. 500): „Die Kräuter oder das Glas, welche diesen Dünsten ausgesetzt sind, kühlen sich während der Nacht ebenso sehr als die Luft und mithin viel mehr als die Erde ab, so daß die von der Erde aufsteigenden Dünste an diesen Körpern haften bleiben können, ohne sich sofort zu zerstreuen.“ Man brauchte heutzutage blos eine einzige Veränderung an diesem Satze anzubringen, so würde nichts mehr an seiner Richtigkeit fehlen; das heißt, man hätte nur hinzuzufügen, daß die Temperatur des Glases nicht allein niedriger als die der Erde wird, sondern auch unter die der Luftschicht sinkt, in welche dasselbe getaucht ist. Was die direct aus der Luft kommende Feuchtigkeit anlangt, so ist die Erklärung, welche Le Roy dafür gibt, minder glücklich, sofern es nach ihm immer die vorgängige Abkühlung der Luft ist, welche die Niederschlagung derselben bewirkt. Die Kritik der Ansichten von Gersten, von Musschenbroek und von Dufay, in welche dieser Physiker eingegangen ist, ist übrigens durchaus verständig und weicht kaum von der ab, welche in dem Werke des Dr. Wells enthalten ist. Dazu bemerke ich, daß man in der Abhandlung von Le Roy noch eine sehr wichtige Beobachtung findet, deren Richtigkeit von dem englischen Autor bewährt worden ist, nämlich, daß die Luft dem Sättigungspunkte manchmal so nahe ist, daß sich bei heiterem Wetter und am vollen Tage Wasser auf den Pflanzen niederschlägt, welche vor den Sonnenstrahlen geschützt sind.

Hier wäre der Ort, einige merkwürdige Erscheinungen anzuführen, welche von Benedict Prevost entdeckt worden sind, und zu deren Erklärung erst vom gelehrten Dr. Young, und nachmals von Pierre Prevost in Genf das Princip der Strahlung zugezogen worden; aber die Ausdehnung, zu der dieses Kapitel schon gediehen ist, wird uns blos eine Erwähnung derselben gestatten.

Die Beobachtungen von B. Prevost beziehen sich auf den Einfluß, welchen metallische Armaturen auf die Thaumenge äußern, die sich an den Zimmerfenstern niederschlägt. Jedermann ist bekannt, daß, wenn die äußere Luft sich während der Nacht abkühlt, die Zimmerfenster inwendig mit Feuchtigkeit beschlagen; indeß das Gegentheil stattfindet, wenn die Luft draußen wärmer als im Zimmer geworden ist. Kleben wir nun auf eine der Fensterscheiben, inwendig oder auswendig, einen polirten Metallstreifen auf: wenn dieser Streifen sich auf der Seite befindet, die sich am meisten abgekühlt hat, wird sich auf der warmen Seite keine Feuchtigkeit an dem Theile des Glases niederschlagen, welcher der metallischen Armatur entspricht, wogegen der übrige Theil damit bedeckt sein wird. Findet sich dagegen die spiegelnde Metallfläche auf der Seite, welche sich warm erhalten hat, so wird sich die Feuchtigkeit nirgends reichlicher zeigen, als auf dem Theile des Glases, dessen Umriß dem der Armatur entspricht. Die Beziehung dieser Erscheinungen zu dem Strahlungsvermögen der Metalle liegt zu sehr am Tage, als daß es nöthig wäre, dabei zu verweilen.

Man hat oben gesehen, wie glücklich Dr. Wells seine thermometrischen Beobachtungen zur Erklärung der Erscheinungen des Thaues benutzt hat; es wird also keine unangemessene Abschweifung sein, wenn ich zum Schluß dieses Kapitels einige Thatsachen derselben Art anführe, welche der Aufmersamkeit der Physiker nicht entgangen waren.

Man hat in sehr früher Zeit, selbst vor Erfindung der Thermometer, beobachtet, daß die trüben Nächte im Allgemeinen minder kalt, als die heitern sind (man sehe z. B. Lord Bacon, Historia naturalis, §. 886); man hat aber erst sehr spät die Wirkung, welche das Erscheinen einiger Wolken hervorrufen kann, numerisch zu schätzen gesucht. Im Jahre 1771 fand A. Wilson, als er den Gang eines Thermometers während einer Winternacht verfolgte, welche mehrmals hinter einander abwechselnd hell und neblig war, daß es jederzeit um ungefähr 0,6° C. in demselben Augenblicke stieg, wo sich die Atmosphäre verdunkelte, und zum Ausgangspunkte zurückkam, wenn sich die Nebel zerstreut hatten. Nach dem Sohne desselben Physikers, Patrick Wilson (s. die Transactions of the Roy. Soc. of Edinburgh für 1788) kann die instantane Wirkung der Wolken auf ein in freier Luft aufgehangenes Thermometer auf 1,7° C. steigen. Dies ist auch sehr nahe das Resultat, welches von Pictet im J. 1777 erhalten und zum ersten Male im J. 1792 in dem Werke von Prevost veröffentlicht wurde, wo sich beiläufig die Strahlung der Wolke schon als die physische Ursache der Erscheinung angegeben findet. Doch hatte man damals noch nicht erkannt, daß sich die Atmosphäre durch diese Strahlung viel weniger abkühlt als ein fester Körper.

Ein merkwürdiger Umstand, dessen Entdeckung von Pictet herrührt, ist, daß in ruhigen und heitern Nächten die Lufttemperatur, anstatt mit der Erhebung über den Boden abzunehmen, im Gegentheil, wenigstens bis zu gewissen Höhen, eine wachsende Progression zeigt. Ein Thermometer in 2,50 Meter Höhe zeigte die ganze Nacht hindurch 2,5° C. weniger als ein ganz gleiches Instrument, welches an der Spitze eines verticalen Mastes von 17 Meter Höhe aufgehangen war. Ungefähr zwei Stunden nach Sonnenaufgang sowie auch zwei Stunden vor Sonnenuntergang standen beide Instrumente gleich; um Mittage zeigte das Thermometer am Boden oft 2,5° mehr als das andere; bei vollkommen bedecktem Himmel war der Gang beider Tags und Nachts derselbe. (Man sehe die Lettres de Deluc à la Reine d'Angleterre, t. V. 1779.)

Diese Ergebnisse von Pictet sind im Jahre 1783 von Six in Canterbury durch ein ganzes Jahr hindurch fortgesetzte Beobachtungen bestätigt worden. Ein in einem Garten in 3 Meter Höhe über dem Boden aufgehangenes Thermometer stand während der Nacht und bei ruhigem und heiterem Wetter um 5° bis 6° C. niedriger als ein Thermometer an der Spitze des Glockenthurmes der Kathedrale von Canterbury in 62 Meter Höhe. (S. Philosophical Transactions für 1788. p. 103 ff.)

Pictet hatte bei seinen Versuchen die an freier Luft beobachtete Temperatur mit derjenigen verglichen, welche ein Thermometer zeigte, dessen Kugel unter die Bodenoberfläche eingegraben war. Die Erde hält während der Nacht einen beträchtlichen Theil der Wärme zurück, die sie während des Tages aufgenommen hat; das eingegrabene Thermometer stand daher stets höher als das andere. Eine wichtige Bemerkung ist dem genfer Physiker entgangen, daß nämlich die Bodenoberfläche und die Pflanzen, womit dieselbe bedeckt ist, unter einem heitern Himmel eine niedrigere Temperatur annehmen, als die umgebende Luft. Ein Thermometer, dessen Kugel in 0,025 Meter Tiefe unter die Bodenoberfläche eingegraben war, zeigte manchmal, nach Dr. Wells, bis 8,9° C. mehr als ein eben solches Instrument auf dem Grase, und 5,6° C. mehr, als ein Thermometer in der Luft. Pictet spricht zwar von einem Thermometer, welches in 4 Linien (0,009 Meter) Höhe über der Bodenoberfläche aufgehangen war, und welches sich auf einer noch niedrigern Temperatur hielt als das Thermometer in 1,60 Meter Höhe; sagt aber nirgends, daß er die Kugel eines dieser Instrumente auf einem festen Körper habe ruhen lassen. Was Six anlangt, so bemerkt er ausdrücklich in seiner Abhandlung (1788), daß ein Thermometer auf dem Boden (upon the ground) in der Mitte einer Wiese sich niedriger hielt, als ein ähnliches Thermometer in 1,82 Meter Höhe. Man findet in einem nachgelassenen Werke desselben Autors, welches zu Canterbury im J. 1794 erschienen ist, eine Menge Bestimmungen dieser Art, welche einen Temperaturunterschied zwischen der Luft und dem Grase einer Wiese bis zu 7,5° C. ergeben. In seiner ersten Abhandlung schrieb Six die Kälte des Grases auf Rechnung: erstens des Thaues, womit es bei heiterm Wetter bedeckt ist, und welcher beim Niederfallen die Temperatur der höhern Luftschichten, aus denen er voraussetzlich herabgekommen, behalten haben soll; zweitens der Verdunstung. In dem nachgelassenen Werke nimmt er an, daß die Kälte die Folge des Thaues ist. Dies war auch

Wilson's Ansicht. (S. die Transactions of the Roy. Soc. of Edinburgh für 1788.)

In einer Abhandlung von Rumford (Philosophical Transactions 1804) findet sich folgende bemerkenswerthe Stelle: „Ist es nicht die Wirkung der (vom Weltraume kommenden) Kältestrahlen, wodurch der Erdkörper beständig abgekühlt wird, und vermöge deren er immerdar dieselbe mittlere Temperatur behält, ungeachtet der ungeheuern Wärmequantität, welche ihm täglich von den Sonnenstrahlen mitgetheilt wird?" Diese Vermuthung stützt sich übrigens auf keine thermometrische Beobachtung, welche geeignet wäre, erkennen zu lassen, wie die Erkaltung von Statten geht.

Das Neue, was Dr. Wells geleistet hat, beruht also in den tausendfach von ihm variirten, höchst wichtigen Beobachtungen, welche mit Evidenz die Folgerung begründen, daß bei heiterem Wetter die der Strahlung nach dem Raume unterworfenen festen Körper eine Temperatur unter der der Luft haben, bevor der Thau ihre Oberfläche genetzt hat. Die Abkühlung dieser Körper ist hiernach die Ursache, nicht die Folge der Thaubildung. Man kann selbst, in Widerspruch mit den Ansichten von Wilson und von Six, hinzufügen, daß die Wärme, welche sich beim Uebergange des atmosphärischen Wasserdampfes aus dem luftförmigen Zustande in den tropfbarflüssigen Zustand entwickelt, wenn sich derselbe an der Oberfläche der Körper niederschlägt, eine der Ursachen ist, wodurch die Wirkungen der nächtlichen Erkaltung am meisten abgeschwächt werden.

Neuntes Kapitel.

Einfluß der Wärmestrahlung auf die Eisbildung.

Die Strahlung der Wärme durch die Atmosphäre, namentlich während der Nacht, spielt eine große Rolle bei der Bildung des Eises auf den Seen und Flüssen und auf Wasserflächen in geeigneter Lage. Es würde also hier der Ort sein, in einige Erörterungen über diesen Gegenstand einzugehen. Da ich aber die mannichfachen Umstände, welche beim Gefrieren des Wassers in Betracht kommen, in einem besondern Aufsatze untersucht habe, so erlaube ich mir, den Leser darauf zu verweisen; er wird daselbst eine vollständige Auseinandersetzung der Erscheinung finden.

Zehntes Kapitel.

Ueber den Nutzen der Matten (Geflechte), womit die Gärtner während der Nacht die Pflanzen bedecken.

Bevor die wichtige Rolle bekannt war, welche die nächtliche Strahlung bei den Temperaturerscheinungen spielt, waren die Physiker nicht geneigt, an den Nutzen jener leichten Decken zu glauben, wodurch die Landwirthe die zartesten Pflanzen vor der Wirkung der Kälte zu schützen hoffen. In der That schien undenkbar, daß z. B. eine vor einer Pflanze aufgehangene dünne Matte dieselbe hindern sollte, die Temperatur der Atmosphäre anzunehmen, theils in Rücksicht, daß diese Matte für die Luft nach allen Richtungen durchdringlich ist, theils daß eine so schwache faserige Masse ausnehmend schnell von der atmosphärischen Temperatur durchdrungen werden muß; aber hier, wie in so vielen andern Fällen, ist die Erfahrung der Theorie vorausgeeilt. Die Matte würde in der That nur einen beschränkten und sehr zweideutigen Nutzen haben, wenn die Kälte der Luft allein zu fürchten wäre; man wird aber sehen, wie ganz anders sich die Sache stellt, wenn man die Wirkungen der Strahlung mit in Rücksicht zieht.

Dr. Wells steckte in den vier Ecken eines Quadrats von 0,60 Meter Seite auf einer Wiesenfläche vier dünne Stäbe ein, die sich jeder um 0,15 Meter senkrecht über die Bodenfläche erhoben, spannte über ihren Gipfeln horizontal ein ganz feines batistenes Taschentuch aus und verglich in heitern Nächten die Temperaturen des kleinen Rasen-Quadrates, das sich vertical unter diesem schwachen Schirme befand, mit denen der benachbarten, ganz unbedeckten Stellen. Der durch das Batisttaschentuch vor der Strahlung geschützte Rasen fand sich manchmal um 6° C. wärmer als der andere. Wenn dieser stark gefroren war, so hielt sich die Temperatur des Rasens, welchem durch das in 0,15 Meter Abstand darüber ausgespannte dünne Gewebe der Anblick des Himmels verloren ging, noch um mehrere Grade über Null. Bei vollkommen bedecktem Himmel bringt ein Schirm aus Batist, aus Strohgeflecht oder von sonst irgend einer Beschaffenheit kaum eine merkliche Wirkung hervor.

Ein gegebener Schirm schützt den Boden gleich gut, in welcher Höhe er sich auch befinde, wenn seine Dimensionen mit der Entfernung vom Boden in der Weise zunehmen, daß er immer gleich viel vom Himmel verdeckt. Nur muß man jede Berührung des Bodens damit vermeiden. Das Gras einer Rasenfläche, auf welcher ein Stück Leinewand auflag, war um 3° C. kälter als dasjenige, bei welchem die Höhe, in der es von einem eben solchen Stücke Leinewand bedeckt war, einige Centimeter betrug.

Ich will dieses Kapitel mit einem wichtigen Versuche schließen, welcher ebenfalls dem so oft angeführten Physiker entlehnt ist.

Nachdem ein Taschentuch mittelst zweier Stäbe vertical über einer Wiese ausgespannt worden, beobachtete man bei heiterem Himmel, daß ein auf dem Grase am Fußende des Taschentuches angebrachtes Thermometer auf der Windseite um 3,5° C. höher stand, als ein benachbartes Thermometer, welches aber das Taschentuch nicht vor sich hatte. Dieser Versuch beweist, daß die Spalierwände nicht blos dadurch schutzbringend für die Pflanzen sind, daß sie ihnen bei Nacht etwas von der Wärme zustrahlen, die sie während des Tages absorbirt hatten, und daß sie mechanisch die kalten Winde abhalten, sondern daß sie auch als Schirme wirken, und den großen Wärmeverlust verringern, welchen die Pflanzen durch Strahlung erlitten haben würden, wenn nicht durch die Wände ein großer Theil des Himmels für sie verdeckt worden wäre.

Elftes Kapitel.

Ueber die Nebel, welche sich nach Untergang der Sonne bei ruhigem und heiterem Wetter am Ufer der Seen und Flüsse bilden.

Die Bildung der Nebel, welche nach Sonnenuntergang bei ruhigem und heiterem Wetter am Ufer der Seen und Flüsse erscheinen, hängt gleich den vorigen Erscheinungen mit den Gesetzen der Wärmestrahlung zusammen.

Wie wir schon gesehen, verliert jedes Stück Landes, so wie es aufhört von der Sonne beschienen zu werden, durch Strahlung nach dem Himmelsraume um so mehr von seiner Temperatur, je heiterer die Atmosphäre ist; hier aber tritt die wichtige Bemerkung hinzu, daß sich die Abkühlung nicht in gleichem Grade auf dem Lande und auf einer etwas großen Wassermasse zu äußern vermag.

So wie die Theilchen an der Oberfläche einer Flüssigkeit eine gewisse Abkühlung erleiden, werden sie, wie Jedermann weiß, schwerer; müssen demgemäß sich in die Masse einsenken und warme Theilchen aus dem Innern unmittelbar an ihre Stelle treten. Ist hingegen der Körper fest, so bleiben die durch Strahlung erkalteten Theilchen an der Oberfläche, weil sie der Beweglichkeit ermangeln und die untern Schichten nehmen nur nach Maaßgabe ihres Leitungsvermögens an der Temperaturerniedrigung Theil. Da nun dies Vermögen bei den meisten Substanzen, aus denen die äußere Erdrinde besteht, ausnehmend gering ist, so ist natürlicherweise vorauszusetzen, daß, sobald die nächtliche Strahlung bei heiterem Himmel ihren Erfolg geäußert hat, jede Wassermasse, die sich am Tage auf der Temperatur der Luft befand, an ihrer äußern Oberfläche merklich wärmer als das benachbarte Land sein wird, wie auch wirklich durch eine Menge Beobachtungen bestätigt wird.

Die Luft nimmt in wenig Augenblicken die Temperatur der Körper an, mit welchen sie in Berührung ist. Während einer stillen und heitern Nacht wird also der auf dem Wasser ruhende Theil der Atmosphäre wärmer sein, als der auf dem Ufer liegende.

Bei stillem Wetter nehmen die untern Schichten der Atmosphäre an Orten, wo es nicht an Wasser fehlt, so viel Feuchtigkeit auf, als sie nach ihrer Temperatur aufnehmen können; man sagt dann von ihnen, daß sie gesättigt seien. Die Menge Feuchtigkeit, welche die Luft im Sättigungszustande enthält, ist wie schon bemerkt, constant für jede Temperatur. Wenn gesättigte Luft durch Berührung mit einem festen Körper erkaltet, so schlägt sich auf der Oberfläche dieses Körpers ein Theil ihrer Feuchtigkeit nieder; wenn aber die Erkaltung inmitten der Gasmasse selbst vor sich geht, so schlägt sich die ausgeschiedene Feuchtigkeit in Form kleiner hohler Bläschen nieder, welche in der Gasmasse schweben bleiben und die Durchsichtigkeit derselben trüben; diese Bläschen sind es, welche die Wolken und Nebel bilden.

Dies vorausgeschickt, nehmen wir an, daß irgend ein Umstand, z. B. eine geringe Abschüssigkeit des Bodens, ein schwacher Windhauch, bei Nacht eine Vermischung der Luft des Ufers mit derjenigen, welche auf dem Flusse oder See ruht, veranlasse, so bewirkt die erstere als die kältere eine Erkaltung der zweiten; diese läßt sogleich einen Theil des in ihr enthaltenen Wasserdampfs fahren, der bis dahin ihre Durchsichtigkeit nicht trübte; aber, wenn er sich in Form von Bläschen niederschlägt, eine Trübung der Luft, und bei sehr großer Anzahl schwebender Bläschen, einen dicken Nebel hervorruft. Hier einige Beobachtungen zur Stütze dieser Theorie.

Am 9, 10 und 11. Juni 1818 beobachtete Sir Humphry Davy bei heiterem Himmel auf einer Fahrt die Donau hinab bei Regensburg, daß sich der Nebel Abends auf dem Flusse zeigte, wenn die Temperatur der Luft auf dem Lande 2° bis 4° C. unter der des Wassers betrug. Am Morgen hingegen zerstreute sich derselbe Nebel, so wie die Temperatur der Luft auf dem Ufer die des Flusses überstieg.

Am 11. Juni, um 6 Uhr Morgens, waren unter der Brücke von Passau die Temperaturen der Donau, des Inn und der Ilz an der Stelle, wo sich diese Flüsse vereinigen, respective 16,7°, 13,6° und 13,3°, während ein Thermometer auf dem Ufer blos eine Temperatur der Luft von 12°,2 anzeigte.

Hierbei lag ein dicker Nebel über der ganzen Breite der Donau, ein nicht sehr starker Nebel bedeckte die Oberfläche des Inn, und der schwache Nebel, welchen man auf der Ilz bemerkte, war das Zeichen des schwachen Feuchtigkeitsniederschlages, welcher die Vermischung der Luft auf dem Flusse mit der kaum kältern Luft, welche vom Ufer herkam, verursachen konnte.

Das Wasser erkaltet, wie man eben gesehen hat, weniger durch Strahlung, als das Land, weil ein Flüssigkeitstheilchen an der Oberfläche, so wie es etwas von seiner ursprünglichen Temperatur eingebüßt hat und dadurch schwerer geworden ist, in die Masse einsinkt. Wenn nicht mit der Temperaturerniedrigung diese Dichtigkeitszunahme in Verbindung stände, so würden die flüssigen und festen Körper ganz gleiche Erfolge darbieten. Nun gibt es eine Temperatur, unterhalb deren das Wasser, anstatt sich durch Erkaltung zu verdichten, im Gegentheil sich ausdehnt: diese Temperatur beträgt ungefähr + 4,1° C. Eine Wassermasse, deren Temperatur + 4,1° C. ist, wird sich also nach Art der festen Körper abkühlen: die Theilchen, welchen die Strahlung einen Theil ihrer Wärme entzogen hat, werden nichts destoweniger an der Oberfläche bleiben und die Kälte nur auf dem Wege der Leitung in die flüssige Masse eindringen. Das Wasser und das Land bieten dann selbst beim reinsten Himmel einen sehr geringen Temperaturunterschied dar, und die Vermischung der Luft von Wasser und Land verursacht keine Nebel mehr. Man sieht, daß diese Ausnahme der vorigen Erklärung vielmehr zur Stütze dient, als widerspricht.

Zwölftes Kapitel.

Wie eine Schneedecke das tiefe Eindringen des Frostes in die Erde hindert.

Der Frost dringt in strengen Wintern um so weniger tief in den Boden ein, je frühzeitiger und reichlicher das Land mit Schnee bedeckt war. Während des harten Winters von 1789 z. B. gefror das Land nach den Versuchen von Teissier bis zur Tiefe von 0,59 Meter an allen Stellen, welche mit Schnee bedeckt geblieben waren, während an ganz benachbarten Stellen, von denen aber der Schnee weggeweht war, der Frost um 0,32 Meter tiefer eindrang.

Die Landwirthe kennen schon seit lange diese Schutzkraft des Schnees, der sie oft die Erhaltung ihrer Saaten verdanken; aber erst seit wenigen Jahren ist man im Besitz der Elemente, welche gestatten, sich eine genaue Rechenschaft von den verschiedenen Wirkungen zu geben, die dabei in Betracht kommen.

Wenn die Schichten der Atmosphäre unveränderlich an derselben Stelle blieben, so würden die irdischen Temperaturen von einer Sonnenwende zur nächsten sich in regelmäßiger Weise ändern, abgesehen von den kleinen Zufälligkeiten, welche von einer größern oder geringern Reinheit des Himmels abhängen. Wenn es sich nicht so verhält, so ist der Grund davon der, daß die Luft durch Winde oftmals von Norden nach Süden und von Süden nach Norden geführt wird; und daß durch verticale Strömungen eine Vermischung der ausnehmend kalten Luftschichten der höhern Regionen mit den im Allgemeinen gemäßigtern an der Erdoberfläche bewirkt wird.

Wenn ein eisiger Wind an einem bestimmten Orte anlangt, so erkältet er schnell die Oberfläche aller Körper, die er trifft, und diese Erkaltung theilt sich durch Leitung mehr oder minder schnell den innern Schichten mit. Wenn die Oberfläche des Bodens unbedeckt ist, so wird sie direct von den Wirkungen des Windes betroffen, und die daraus hervorgehende innere Erkaltung kann beträchtlich werden. Ist sie hingegen bedeckt, so betrifft die Erkaltung unmittelbar nur die Decke, und die Erdschichten werden um so weniger davon betheiligt, je dicker diese Schicht und je geringer ihr Leitungsvermögen ist. Nun gehört der Schnee zu den Substanzen, welche, so viel wir wissen, mit dem geringsten Leitungsvermögen begabt sind; er wird also, wofern er nur in hinreichend dicker Schicht liegt, ein fast unüberwindliches Hinderniß für den Zutritt der atmosphärischen Kälte zu dem von ihm bedeckten Boden darbieten.

Doch ist es nicht allein das verhinderte Eindringen der niedern Lufttemperaturen in eine größere oder geringere Bodentiefe, worauf sich der Nutzen des Schnees beschränkt, er vertritt auch die Stelle eines Schirmes, und verhütet, daß der von ihm geschützte Boden während der Nacht durch Strahlung nach dem Himmel bei heiterm Zustande desselben sich um mehrere Grade unter die Lufttemperatur erniedrige. Diese Erkaltung geht nun an der äußern Oberfläche des Schnees von Statten, und der Boden nimmt wegen des geringen Leitungsvermögens des Schnees kaum daran Theil.

Dreizehntes Kapitel.

Der rauhe Aprilmond. (la Lune rousse.)

Die Landwirthe haben im Allgemeinen den Glauben, daß der Mond in gewissen Monaten einen großen Einfluß auf die Vegetationsphänomene ausübt. Hat man nicht zu vorzeitig diese Meinung den Volksvorurtheilen beigezählt, welche keine Untersuchung verdienen? Der Leser mag nach dem Folgenden urtheilen.

Die französischen Gärtner nennen Lune rousse (was wir hier durch rauhen Aprilmond wiedergeben) den Mond, der im April beginnt und entweder zu Ende dieses Monats oder gewöhnlicher im Laufe des Mai voll wird. Nach ihnen werden die jungen Blätter und Knospen rothgelb, d. h. gefrieren, wenn sie in den Monaten April und Mai dem Mondlichte ausgesetzt werden, obschon das Thermometer in der Luft sich mehrere Grade über Null erhält. Sie fügen noch hinzu, daß die Knospen unter sonst ganz gleichen Temperaturverhältnissen vollkommen unversehrt bleiben, so wie Wolken oder auch nur künstliche Schirme die Strahlen des Gestirns hindern, zu den Pflanzen zu gelangen.

Diese Erscheinungen möchten für den ersten Anblick dahin zu deuten scheinen, daß das Licht unseres Trabanten mit einer erheblichen erkältenden Wirkung begabt ist, und in der That hatte man diese Folgerung daraus gezogen: aber beeilen wir uns hinzuzufügen, daß dieses Licht im Brennraume der größten Brennspiegel oder Linsen auf der Kugel eines Thermometers verdichtet, welches empfindlich genug ist, um Hunderttheile eines Grades anzuzeigen, nicht die geringste Bewegung in der Säule hervorruft. Auch wird von den Physikern der Einfluß des Aprilmondes als ein Volksvorurtheil mit dem vorgeblichen Einflusse der Phasen auf die Witterungswechsel auf gleiche Stufe gestellt, während die Landwirthe ihrerseits immer noch daran festhalten, daß seine Strahlen Alles erkälten, was sie treffen. Der mit den Wirkungen der nächtlichen Strahlung jetzt vertraute Leser wird es nicht schwer finden, diese beiden scheinbar so widersprechenden Ansichten zu vereinigen; er wird sich nur eben daran zu erinnern brauchen, daß die Pflanzen bei heiterem Wetter durch Strahlung gegen den Raum eine Temperatur annehmen können, welche 6, 7 oder selbst 8° C. unter der Temperatur der umgebenden Luft ist, und daß diese Verschiedenheiten verschwinden, so wie starke Bewölkung eintritt.

In den Nächten der Monate April und Mai übersteigt nämlich die Lufttemperatur den Nullpunkt oft nur um 4, 5 bis 6° C. Die dem Mondlichte, d. h. einem heitern Himmel, ausgesetzten Pflanzen können also dann trotz der Anzeige des Thermometers gefrieren, sofern sie durch die Strahlung um 7 bis 8° in der Temperatur sinken. Wenn hingegen der Mond nicht scheint, wenn der Himmel bedeckt ist, so ist die Strahlung fast ganz aufgehoben, die Temperatur der Pflanzen erniedrigt sich kaum unter die der Luft, es friert nur, wenn das Thermometer Null gezeigt hat. Also ist wahr, was die Gärtner behaupten, daß unter ganz gleichen atmosphärischen Verhältnissen eine Pflanze gefrieren oder nicht gefrieren kann, je nachdem der Mond sichtbar oder hinter den Wolken ist. Man hat nur falsche Folgerungen aus dieser Beobachtung gezogen. Das Mondlicht äußert hier keine Wirkung; es ist blos ein Zeichen jener großen Reinheit des Himmels, ohne welche die nächtliche Strahlung nur eine unmerkliche Erkaltung zuwege zu bringen vermöchte. Mag der Mond über oder unter dem Horizonte sein, die Erscheinung findet gleichermaßen statt, wenn die Luft heiter ist. Die Beobachtung der Gärtner war also blos unvollständig; aber die absurde Theorie, an welche man sie geknüpft, hatte nicht wenig beigetragen, sie ohne Untersuchung verwerfen zu lassen.

Die vorgebliche Wirkung des Aprilmondes steht, wie man so eben gesehen, in ganz natürlicher Beziehung zu der beträchtlichen Temperaturverschiedenheit, welche in einer heitern Nacht zwischen den irdischen Körpern und der umgebenden Luft besteht. Diese Verschiedenheit ist, wie man aus den ersten Kapiteln dieses Aufsatzes ersehen, durch zahlreiche Beobachtungen unwidersprechlich constatirt, und blos als auf eine Thatsache der Erfahrung habe ich darauf Bezug genommen. Ich könnte also hierbei stehen bleiben; da sich jedoch ohne zu große Weitläufigkeit die physische Ursache einer so sonderbaren Anomalie angeben läßt, so habe ich geglaubt, daß sich der Leser nicht ungern hier davon unterrichtet finden wird. Was ich im Folgenden darüber sage, ist gewissermaßen das Resumé aller von mir über die nächtliche Strahlung dargelegten Principien.

Zwei verschieden erwärmte Körper nehmen, wenn auch in Entfernung einander gegenüber, selbst im leeren Raume, auf die Länge eine gleiche Temperatur an. Es gibt also Ausströmungen, Strahlen der Wärme, welche von den Körpern nach allen Richtungen ausgehen, und mittelst deren sie in größtmöglicher Entfernung von einander Einfluß auf einander zu gewinnen vermögen. Diese Ausströmungen, diese Strahlen bilden das, was die Physiker strahlende Wärme nennen.

Wie leicht zu begreifen, muß hiernach ein Körper, um Nichts von seiner gegenwärtigen Temperatur zu verlieren, in jedem Augenblicke von den umgebenden Körpern genau eben so viel Wärme empfangen, als im gleichen Augenblicke von seiner eigenen Oberfläche ausstrahlt. Auch wird Jedermann einleuchtend finden, daß ein Körper wärmer oder kälter werden muß, so wie das, was er an Wärme in jedem Augenblicke mit den umgebenden Körpern austauscht, sich nicht vollständig compensirt.

Dies vorausgeschickt, nehmen wir für einen Augenblick an, das Firmament bestehe aus einer Sphäre von Eis (auf dem Nullpunkte) und denken uns dann einen Körper in der Luft aufgehangen, von gleicher Temperatur mit der Luft. Setzen wir, diese Temperatur sei über dem Frostpunkte und unterschiede sich nicht von der der Erdoberfläche. Dies Alles vorausgesetzt, untersuchen wir, was dem aufgehangenen Körper begegnen wird.

Dieser Körper wird Wärme von unten nach oben strahlen. Die sphärische Eishülle (welche eine niedrigere Temperatur hat) wird ihm offenbar weniger Wärme zurückgeben, als er verliert. Bezüglich der Erde wird der Austausch sich compensiren; also wird der Körper im Ganzen erkalten. Die Atmosphäre wird ihrerseits bald Aehnliches erfahren, aber vermöge einer unzweifelhaften Eigenschaft der gasförmigen Substanzen wird die Wirkung auf die Atmosphäre erheblich geringer als auf den festen Körper sein. Nach wenigen Augenblicken muß also die Temperatur dieses Körpers niedriger als die der Luft werden, welche ihn von allen Seiten umgibt.

Wäre die Luft stark bewegt, so würde der fragliche Unterschied bedeutend verringert werden; bei ruhigem Zustande aber läßt sich schwer annehmen, daß die dem Körper sei es durch Leitung, sei es durch ganz schwache Strömungen mitgetheilte Wärme den durch Strahlung erlittenen Verlust compensire.

Ich habe vorausgesetzt, daß das Firmament eine Sphäre von Eis auf dem Nullpunkte sei. Diese Fiction hat nur den einen Fehler: daß sie bezüglich der Wärmestrahlung weit unter der Wahrheit ist. In der That ist dargethan, daß die Himmelsräume sich nicht auf dem Punkte des schmelzenden Eises finden, sondern eine um 40° bis 50° C. niedrigere Temperatur haben. Lassen wir also die Eishülle bei Seite, so haben wir den kleinen Körper in einem Wechselverhältnisse der Strahlung zu einem Raume von 40° bis 50° unter Null zu denken. Sein Wärmeverlust wird also nicht minder nothwendig erfolgen.

Wenn ein Schirm zwischen dem Körper und dem Himmel angebracht ist, so wird die Strahlung nach den eisigen Regionen des Raumes, die Strahlung ohne Wiederersatz, dadurch aufgehoben, und der Körper kann dann auf keine niedrigere Temperatur als die der umgebende Luft herabkommen; eine Folgerung, die, wie man oben gesehen, durch die Beobachtung bestätigt wird.

Vierzehntes Kapitel.

Ueber die Strahlung der Sonnenwärme durch die Erdatmosphäre. — Discussion eines Werkes von Daniell.

Herr Fr. Daniell hat in England zu Ende des Jahres 1823 Meteorological Essays herausgegeben, von welchen in den londoner Journalen und einigen französischen periodischen Zeitschriften viel Rühmens gemacht worden ist. In den Annales de chimie et de physique habe ich das Kapitel dieses Werkes, welches von der Strahlung der Sonnenwärme durch die Erdatmosphäre handelt, einer eingehenden Prüfung unterzogen, die ich in Folgendem wiedergebe.

Jedermann weiß, daß ein Thermometer, dessen Kugel durch

irgend einen Schirm gegen die Sonne geschützt ist, unter sonst gleichen Umständen minder hoch steigt, als ein gleiches Instrument, welches direct von den Strahlen dieses Gestirnes getroffen wird. Mehrere Physiker haben diesen Temperaturunterschied zu bestimmen versucht; ohne jedoch allgemeingültige Resultate zu erhalten: denn da die von ihnen angewandten Instrumente und die Umstände der Beobachtung der Vergleichbarkeit ermangelten, so gelten die numerischen Bestimmungen, welche sie fanden, nur für besondere Fälle.

Die Vorrede des Kapitels, welches ich der Erörterung unterziehe, beweist, daß Herr Daniell alle Schwierigkeiten der Frage gekannt hat. Ich bedaure, nicht mit gleicher Entschiedenheit sagen zu können, daß er sie vermieden hat; und der Leser wird alsbald selbst urtheilen können, ob meine Bedenken nicht einigen Grund haben. Uebrigens habe ich diese Bedenken blos auf die Untersuchung seiner Beobachtungen gegründet, unangesehen der Sonderbarkeit, oder, wenn man will, Unwahrscheinlichkeit des von Herrn Daniell daraus abgeleiteten Resultats, welches dieses ist: „Die erwärmende Kraft der directen Sonnenstrahlen ist nach Maaßgabe geringer, als man sich dem Aequator mehr nähert." Wenden wir uns hiernach zu den Beobachtungen.

London. — Das Thermometer Herrn Daniell's war ein Zeigerthermometer; es war auf der südlichen Seite einer Rabatte von Dammerde in 1 Zoll (0,025 Meter) Höhe angebracht. Schwarze Wolle bedeckte die Kugel. Folgendes sind die mittlern und extremen Resultate, welche für ein ganzes Jahr durch Vergleichung dieses Thermometers mit einem eben solchen der Sonne nicht ausgesetzten Thermometer, das mithin die Temperatur der Luft gab, erhalten worden.

	Mittleres Maximum der Luft.	Mittlere Wirkung der Sonne.	Maximum der Wirkung der Sonne.
Januar	+ 4,2°	2,4°	6,7°
Februar	+ 5,8	5,6	20,0
März	+ 10,0	8,9	27,2
April	+ 14,3	15,6	26,1
Mai	+ 17,2	16,9	31,7
Juni	+ 20,8	22,2	36,1

	Mittleres Maximum der Luft.	Mittlere Wirkung der Sonne.	Maximum der Wirkung d. Sonne.
Juli	+ 20 ,7°	14 ,3°	30 ,6°
August . . .	+ 21 ,2	18 ,4	32 ,8
September . .	+ 18 ,7	18 ,2	30 ,0
October . . .	+ 13 ,2	15 ,3	23 ,9
November . .	+ 8 ,6	3 ,7	13 ,3
December . .	+ 6 ,2	3 ,0	6 ,7

Amerika. (Bahia, Jamaica.) — Der Kapitän Sabine hat auf seiner Reise in die Aequinoctialgegenden den vorigen ähnliche Beobachtungen angestellt. Ich will zuerst die von Bahia in Brasilien anführen.

Die Kugel des der Sonne ausgesetzten Thermometers war geschwärzt und mit schwarzer Wolle umgeben; das Instrument ruhte auf Gras.*)

	Thermometer in der Sonne.	Thermometer im Schatten.	Unterschiede.
24. Juli . .	+ 45,6°	+ 27,8°	17,8°
25. „ . .	+ 50,6	+ 27,8	22,8
26. „ . .	+ 51,1	+ 28,3	22,8
27. „ . .	+ 50,6	+ 28,3	22,3
28. „ . .	+ 35,0	+ 25,6	9,4
29. „ . .	+ 46,1	+ 25,6	20,5
30. „ . .	+ 52,8	+ 26,7	26,1

In Jamaica befand sich die Kugel des Thermometers, welches Kapitän Sabine den Sonnenstrahlen aussetzte, in 0,25 Meter Höhe über dem Boden und in Berührung mit Pflanzen, welche damals in Blüthe standen. Diese Kugel war, wie zu Bahia, geschwärzt und mit schwarzer Wolle bedeckt.

	Thermometer in der Sonne.	Thermometer im Schatten.	Unterschiede.
25. August . .	+ 50,0°	+ 30,0°	20,0°
26. „ . .	+ 50,6	+ 30,6	20,0

*) Wenigstens verstehe ich so folgende Stelle: A mercurial thermometer was fully exposed to the Sun on grass.

27. August . .	+ 50,0°	+ 30,0°	20,0°
28. „ . .	+ 50,0	+ 30,0	20,0
29. „ . .	+ 50,6	+ 30,3	20,3
30. „ . .	+ 50,6	+ 30,3	20,3

In demselben Zeitraume vom 25. zum 30. August stieg ein Quecksilberthermometer mit nackter Kugel, welches an den höchsten Zweigen eines abgestorbenen und umgestürzten Baumstammes, in 1,37 Meter Höhe über dem Boden, aufgehangen war, durch die Wirkung der Sonne niemals über + 33,7° C., was die Maximum-Anzeige des Thermometers im Schatten nur um 3,1° übertrifft.

Auf derselben Insel Jamaica endlich, am 31. October, auf dem Gipfel der Hügel von Port-Royal, in 1219 Meter Höhe, stieg das mit schwarzer Wolle bedeckte und auf dem Rasen ruhende Thermometer bis + 54,4° C., während es im Schatten blos 28,3° zeigte. Der Unterschied 26,1° übersteigt den, welchen dieselben Instrumente im Meeresniveau gegeben hatten.

Afrika (Sierra-Leona). — Zu Sierra-Leona, im März, betrug die größte Differenz zwischen einem Thermometer im Schatten und einem zweiten Thermometer mit geschwärzter Kugel, welches 0,46 Meter hoch über der aus Erde bestehenden Brustwehr des Forts aufgehangen und dadurch um mehrere Decimeter über das allgemeine Niveau des Bodens erhoben war, nur + 10,17° C.

Auf der ersten Reise des Kapitän Parry zeigte am 16. März an der Insel Melville ein auf dem Hintertheile des Schiffes beim Steuerruder (es ist nicht gesagt in welcher Höhe) der Sonne ausgesetztes Thermometer — 1,6°. Im Schatten war die Temperatur — 29,4°. Der Unterschied 27,8° C. ist also das Maaß der Wärmewirkung der Sonnenstrahlen.

Am nächstfolgenden 25. März stieg der größte Unterschied bis auf 30,5° C.

Dies sind die Resultate, nach welchen Herr Daniell es unbestreitbar (incontrovertible) findet, daß die Sonnenstrahlen eine minder große erwärmende Kraft am Aequator als an irgend einem andern Orte der

Erde haben. Sehen wir zu, ob nicht doch einiger Grund zur Bestreitung vorhanden ist.

In London berührte das Thermometer des Herrn Daniell beinahe den Boden, die Kugel war schwarz und mit schwarzer Wolle bedeckt.

In Sierra-Leona war das Thermometer des Käpitäns Sabine blos geschwärzt, aber nicht mit Wolle umgeben; und dazu betrug der Abstand der Kugel von den nächsten Punkten des Bodens 0,46 Meter. Man müßte also die elementarsten Lehren der Physik vergessen haben, um Beobachtungen, die unter so ungleichen Umständen angestellt sind, ohne Weiteres für unter einander vergleichbar zu halten.

Das Instrument in Bahia glich dem in London, viel mehr wenigstens, als das Thermometer in Sierra-Leona; doch finde ich auch die Resultate von Bahia und London nicht sicher unter einander vergleichbar. Ein auf dem Grase ruhendes Thermometer kann meines Erachtens erheblich weniger hoch steigen, als ein Thermometer in Berührung mit schwarzer Dammerde, ohne daß man für die Erklärung nöthig hat, zu den Hypothesen Herrn Daniell's seine Zuflucht zu nehmen.

Schwierigkeiten derselben Art begegnet man, wenn man die Beobachtungen von Jamaica benutzen will. Auf dieser Insel war das Thermometer in Berührung mit Pflanzen in 0,25 Meter Höhe von einem größtentheils gegen die directe Wirkung der Sonnenstrahlen geschützten Boden angebracht. Auf dem Gipfel der Hügel von Port-Royal ruhte es auf Rasen. Diese Versuche sind weder unter einander, noch mit denen zu London vergleichbar.

Aber, wird man vielleicht sagen, reichen nicht die Beobachtungen von Herr Daniell, in Verbindung mit denen des Kapitäns Parry, für sich allein hin, die Ansichten dieses Physikers zu rechtfertigen? Wir haben geglaubt, von den am Aequator erhaltenen Resultaten abstrahiren zu müssen, weil ihre Umstände nicht vergleichbar waren; von anderer Seite möchte ich die in den Polargegenden erhaltenen verwerfen, weil ihre Umstände nicht hinreichend bekannt sind. Wer weiß nicht überdieß, wie beträchtlich die zurückwerfende Kraft des Schnees ist? Man müßte nach Rechnung oder Versuch den Antheil dieser Zurückstrahlung am Resultat erst bestimmen, ehe man die londoner Beobachtungen mit den Parry'schen zu vergleichen vermöchte.

Sollte Herr Daniell glauben, daß ich den Localumständen einen zu großen Einfluß beilege, sollte er behaupten, daß eine größere oder geringere Höhe des Thermometers über dem Boden und die Umhüllung desselben mit Wolle keine merkliche Aenderung in die Resultate bringen könnten, so würde er hiermit den gerechtesten Anspruch auf die Ehre einer Entdeckung erhalten, die dann ganz direct aus seinen Beobachtungen flösse: daß nämlich die Sonne unter gleichen Breiten eine größere erwärmende Kraft in Amerika als in Afrika, eine größere auf dem Continente, als auf den Inseln hat.

Vor der Arbeit, mit der wir uns hier beschäftigen, hatte schon Flaugergues eine lange Reihe von Untersuchungen darauf gerichtet, die Wärmewirkung zu bestimmen, welche die Sonnenstrahlen zu äußern vermögen, wenn sie direct auf die Kugel eines, durch einen Ueberzug von chinesischer Tusche geschwärzten Thermometers fallen. Da alle Vorsichten getroffen waren, das Instrument so viel als möglich den vom Boden und den benachbarten Gegenständen zurückgeworfenen Strahlen zu entziehen, so scheinen die von diesem Beobachter erhaltenen Resultate alles Zutrauen zu verdienen.

Zu Viviers, unter 44° 29′ nördl. Br. betrug der mittlere Unterschied zwischen dem Thermometer im Schatten und dem Thermometer in der Sonne bei vollkommen ruhigem Wetter 9,9° C.

Dieser Unterschied minderte sich sehr beträchtlich, so wie Wind eintrat; es kam selbst vor, daß er nicht über 2° oder 2,5° betrug, wenn der Wind heftig war.

Im Laufe dreijähriger anhaltend hinter einander angestellter Beobachtungen hat das Thermometer in der Sonne zweimal 11,4° C. mehr als das Thermometer im Schatten gezeigt. Niemals stieg der Unterschied auf 12°.

Stellt man die Beobachtungen, welche bei stillem Wetter, zwischen dem 21. November und 21. Januar, d. i. einen Monat vor und einen Monat nach dem Wintersolstitium angestellt worden sind, zusammen, so findet man, daß die Wärme, welche dem Thermometer von den Sonnenstrahlen mitgetheilt ward, im Mittel +10,07° C. betrug.

Addirt man ebenso die Differenzen, welche einen Monat vor und einen Monat nach dem Sommersolstitium beobachtet wurden, so erhält man als mittleres Resultat + 10,12°. Woraus folgt, sagt Flaugergues, daß die Sonnenstrahlen eine gleiche wärmende Kraft im Winter und im Sommer haben; ein Resultat, welches sehr sonderbar erscheinen muß, und vom Verfasser als die Bestätigung einer alten Hypothese von Deluc angesehen wird, wonach das Licht um so mehr Wirkung hervorbringen muß, je länger sein Weg durch die Atmosphäre gewesen ist. Würden aber nicht, namentlich in Rücksicht der unaufhörlichen Veränderungen der atmosphärischen Verhältnisse, mindestens einige Hunderte von Beobachtungen dazu gehören, die von Flaugergues statuirte Gleichheit der erwärmenden Kraft sicher zu stellen? Und doch ist das Resultat blos aus zwei Gruppen, jede zu sechs Beobachtungen, gezogen. Hier folgt übrigens die Gesammtheit der bei vollkommen stillem Wetter angestellten Beobachtungen:

	Unterschiede der beiden Thermometer.		Unterschiede der beiden Thermometer.
20. Febr. 1815.	8,9°	8. Mai	9,6°
3. März	10,1	18. Juli	9,6
28. "	9,7	21. "	10,4
12. April	9,2	25. "	9,6
4. Mai	10,6	4. August	8,7
11. "	10,4	8. "	9,2
18. Juni	9,0	29. "	10,0
5. Juli	10,2	15. Sept.	10,5
15. "	10,6	29. "	10,0
23. August	9,6	10. Oct.	11,4
27. "	9,2	14. "	10,6
3. Sept	9,5	29. Dec.	9,5
10. "	9,0	20. Febr. 1817	10,9
20. "	9,2	13. März	9,7
25. "	10,9	9. Nov.	11,4
15. Jan. 1816	9,6	24. "	11,0
1. Febr.	9,6		

Wenn die Unterschiede zwischen den beiden Thermometern bei stillem Wetter größer sind als bei windigem, so glaubt Flaugergues den Grund davon nicht in einer schnellern Abkühlung des der Sonne ausgesetzten Instrumentes durch die Bewegung der Luft, sondern in einer eigenthümlichen Modification des Lichtes suchen zu müssen, vermöge deren es bei bewegter Luft keine so starke Wärmewirkung hervorbringt; aber da diese sonderbare Meinung durch keinen Versuch, keine Thatsache unterstützt ist, so hat sie die Beistimmung der Physiker nicht erhalten, und es würde überflüssig sein, auf eine Erörterung derselben einzugehen.

Nach Sonnenuntergang verlieren die irdischen Körper bekanntlich durch Strahlung einen großen Theil ihrer Wärme, und sinken dadurch zu einer Temperatur herab, welche niedriger ist, als die der umgebenden Luft. Man hat oben (S. 71 ff.) gesehen, welche glückliche Anwendung Dr. Wells von dieser Bemerkung zur Erklärung des Thaues gemacht hat.

Herr Daniell hat im Laufe dreier Jahre versucht, mittelst eines auf einem Rasenflecke mit kurzem Grase ruhenden Minimumthermometers, dessen Kugel mit schwarzer Wolle bedeckt war, zu bestimmen, auf wie viel sich diese Temperaturerniedrigung in den verschiedenen Jahreszeiten beläuft. Folgendes sind die extremen Resultate:

Januar	5,6°	Juli	7,2°
Februar	5,6	August	6,7
März	5,6	September . . .	7,2
April	7,8	October	6,1
Mai	7,2	November . . .	5,6
Juni	8,9	December	6,1

Der Kapitän Sabine hat ähnliche Beobachtungen zu Bahia angestellt. Das Thermometer ruhte auch auf Rasen, und die Kugel war mit schwarzer Wolle umgeben; seine Erniedrigungen unter die Lufttemperatur verhalten sich wie folgt:

Am 24.	Juli	2,5° C.
25.	„	2,5
26.	„	5,3
27.	„	5,0
28.	„	1,9
29.	„	4,2
30.	„	0,6

In Jamaica fand derselbe Beobachter (mit einem Thermometer, welches auf Pflanzen in 0,25 Meter Höhe über dem Boden ruhte).

Am 25.	October	2,2° C.
26.	„	3,9
27.	„	6,1
28.	„	5,6
29.	„	6,4
30.	„	6,1
3.	November	5,0

Endlich, in 1219 Meter Höhe über dem Meeresniveau, auf derselben Insel, waren die Anzeigen des mit dem Rasen in Berührung befindlichen Thermometers niedriger als die eines gleichen in der Luft aufgehangenen Thermometers:

am 31. October	. . . .	um	7,8°	(um 10 Uhr Abends).
„ 1. November	. . . .	um	10,0	(um 5 Uhr Morgens).
„ „	. . . .	um	7,2	(um 11 Uhr Abends).
„ 2. „	. . . .	um	5,0	(um 5 Uhr Morgens).

„Nimmt man, sagt Herr Daniell, diese Versuche zusammen, so scheint hervorzugehen, daß dieselbe Ursache, welche in der Atmosphäre die von der Sonne kommenden Wärmestrahlen aufhält, sich auch der Rückkehr dieser Wärme von der Erde in den Raum entgegensetzt, und daß bei gegebener Temperatur die Strahlung der irdischen Körper geringer zwischen den Tropen als zu London ist.“

Inzwischen, wenn man die geringe Anzahl Beobachtungen zwischen den Tropen und die starken Veränderungen, welche sie fast von einem Tage zum nächstfolgenden darbieten, in Betracht zieht, und namentlich in Rücksicht nimmt, was aus den schönen Versuchen von Dr. Wells hervorgeht, daß die Klarheit der Luft und die Kraft des Windes auf die Intensität der nächtlichen Erkaltung Einfluß haben (S. 75), so wird man meines Erachtens, und vorbehaltlich weiterer Bewährungen, sich begnügen können, aus den vorstehenden Beobachtungen das Resultat zu ziehen, daß vom 24. zum 30. Juli, während des Aufenthalts des Kapitäns Sabine zu Bahia, die Atmosphäre daselbst minder ruhig und rein war, als an den Tagen desselben Monates, wo Herr Daniell in London eine nächtliche Strahlung von 8° bis 9° C. gefunden hat.

Dies ist der, in den 24. Bd. der Annales de chimie et de physique (Augustheft 1824) eingerückte Aufsatz, durch welchen ich darzuthun gesucht habe, daß die Beobachtungen, auf welche sich der Verfasser der neuen Essays über die Meteorologie bei seiner Angabe, daß die Sonnenstrahlen am Aequator eine minder große erwärmende Kraft haben, als an jedem andern Orte der Erde, stützt, nicht streng beweisend sind. Dieser Aufsatz hat wie natürlich nicht die Zustimmung Herrn Daniell's gefunden. Derselbe hat im Journal der Royal Institution darauf geantwortet, aber in einer Weise, aus welcher nur zu deutlich hervorgeht, wie tief meine Einwürfe ihn verletzt hatten. Die verfehlten Versuche, welche er gemacht hat, scherzhaft zu erscheinen, lassen blos die Spuren einer verletzten Eigenliebe erkennen. Ich gebe hier die Antwort wieder, die ich ihm im J. 1825 im 29. Bande der Annales de chimie et de physique darauf ertheilte.

Es ist so süß, dem Ausdrucke des Lobes zu begegnen! Die englischen Journalisten hatten den gelehrten Arbeiten Herrn Daniells den einstimmigsten Beifall gezollt! Warum ließ ich es mir beikommen, die Harmonie jener Stimmen, welche sein Buch für das wichtigste Werk erklärten, das in neuern Zeiten im Gebiete der praktischen Wissenschaften erschienen ist (the most important work upon practical science wich has appeared in modern times) durch einen so unwillkommenen Mißlaut zu stören? Ich erkenne, aber zu spät, wie unvorsichtig der Schritt war, den die Liebe zur Wahrheit mich hat thun lassen. Wohl darauf gefaßt, einer einfachen wissenschaftlichen Discussion zu begegnen, habe ich mich vielmehr gegen Anklagen mehr als einer Art zu wehren, worunter, ich gestehe, nicht ohne einiges Befremden auch die einer nationalen Parteilichkeit zu finden sind. Glücklicherweise ist mein Gegner, was ich ihm unendlichen Dank weiß, gefällig genug gewesen, mir dießmal die Möglichkeit zu lassen, ihm zu antworten, und ich beeile mich dieselbe zu benutzen.

In der Abhandlung des Herrn Daniell sind zwei Dinge zu unterscheiden: die Beobachtungen und die Folgerungen, die er daraus gezogen hat. Die Beobachtungen rühren größtentheils von einem Physiker (dem Kapitän Sabine) her, dessen seltenes Verdienst anzuerkennen Niemand geneigter als ich sein kann. Ich lasse diese Beobachtungen ohne Einschränkung gelten, als geeignet den Werth der erwärmenden Wirkung der Sonnenstrahlen zwischen den Tropen für die besondern Lagen, in denen sich die Thermometer fanden, zu geben. Die Folgerungen gehören ausschließlich dem Verfasser der Meteorological Essays an. Ich weiß nicht, ob sie richtig oder unrichtig sind; es genügt zu sagen, daß sie in keiner Weise aus den von ihm discutirten Beobachtungen hervorgehen.

In der Antwort, welche dieser Physiker meinem Aufsatze hat zu Theil werden lassen, gesteht er zu, daß die Instrumente, deren man sich an den verschiedenen Orten bedient hat, „nicht hinreichend waren, die Frage (über die Ungleichheit der erwärmenden Wirkung) mit Schärfe zu entscheiden; glaubt aber, daß die Unregelmäßigkeiten größtentheils durch die Menge der Beobachtungen compensirt werden mußten. Es war, fügt er hinzu, der Vergleich der gesammten hier zu Lande angestellten Beobachtungen mit den gesammten zwischen den Tropen angestellten, woraus ich glaubte meinen Schluß ziehen zu können."

Wenn Herr Daniell die Analyse, welcher ich seiner Abhandlung unterworfen, mit größerer Aufmerksamkeit gelesen hätte, so würde er meines Erachtens daraus haben entnehmen können, daß die Vervielfältigung der Beobachtungen, sollte er auch deren tausend haben zusammenbringen können, meine Einwürfe in keiner Weise zu entkräften vermöchte. Uebrigens will ich, da es mir nicht beschieden war, verstanden zu werden, versuchen, mich deutlicher auszudrücken. Ich habe gesagt, daß die Beobachtungen zu London, angestellt mittelst eines Thermometers, welches eine Rabatte von schwarzer Dammerde fast berührte, mit Beobachtungen nicht vergleichbar seien, wo das Instrument auf Gras ruhte, oder in ziemlich großer Höhe über dem Boden aufgehangen war. Noch heute scheint mir selbstverständlich, daß diese ungleichen Lagenverhältnisse des Thermometers einen namhaften Einfluß auf die Resultate äußern mußten. Herr Daniell selbst würde nach vorstehender Stelle seiner Abhandlung nicht abgeneigt sein, es zuzugeben, wenn die Beobachtungen minder zahlreich wären. Die Folgerungen, zu denen er gelangt ist, scheinen ihm nur in sofern unbestreitbar, als er sie aus einem Vergleiche der gesammten zwischen den Tropen angestellten mit den gesammten zu London angestellten Beobachtungen ableitet. Ich würde also nach ihm Recht gehabt haben, zu verlangen, daß eine Schicht schwarzer Erde zu Sierra-Leona, zu Bahia und in Jamaica die Kugel des der Sonne ausgesetzten Thermometers ebenso wie in London berührte, wenn man z. B. blos zehn Beobachtungen daselbst angestellt hätte; aber sofern man deren zwanzig vereinigt hat, wird dieser Umstand gleichgültig, der constante Irrthum verschwindet, der Einwurf hat kein Gewicht mehr. Herr Daniell möge entschuldigen, wenn mich dies zu der Bemerkung veranlaßt, daß er hier wie jener Kaufmann urtheilt, welcher das, was er bei jedem Einzelverkauf einbüßte, durch die Menge des Absatzes wieder zu gewinnen meinte.

Ich finde in der Antwort des Herrn Daniell folgende Stelle: „Man hat eingewandt, daß nicht alle Thermometer (welche bestimmt waren, das Maaß der Sonnenstrahlung zu geben) überall in demselben Abstande vom Boden und vom Pflanzenwuchse angebracht waren, daß sie nicht gleich gut gegen Luftströme geschützt waren, u. s. w." Der Einwurf bezüglich der Luftströme ist sehr gut, gehört aber nicht mir an, wie man sich durch Nachlesen der Erörterung, in welche ich eingegangen bin, überzeugen kann. Diese Stelle, welche der Feder Herrn Daniell's unstreitig aus Unachtsamkeit entschlüpft ist, die u. s. w., welche auch von seiner Erfindung sind, beweisen, daß er seit dem Erscheinen meiner Analyse die verschiedenen Irrthümer, mit welchen seine thermometrischen Beobachtungen behaftet sein können, und an die er anfangs nicht gedacht hatte, einer gründlichen Untersuchung unterworfen hat. Auch würde es Herr Daniell, das bin ich überzeugt, jetzt offen eingestehen, wenn er nicht einsähe, daß hiernach die ungeschickten Lobredner, welche über sein Werk berichtet haben, und worunter vielleicht seine nächsten Freunde zählen, vor dem Publikum in einem lächerlichen Lichte erscheinen müßten. Ich weiß die Schwierigkeiten einer solchen Lage geziemend zu würdigen und beeile mich, zu einem andern Punkte der Discussion überzugehen.

Nach Herrn Daniell sind seine Resultate durch Beobachtungen mit Instrumenten von sehr feiner Construction bestätigt worden, deren ich absichtlich keine Erwähnung gethan. Kapitän Sabine setzte während seines Aufenthalts zu Sierra-Leona und in Jamaica dem Sonnenlichte einen luftleeren Recipienten aus, welcher zwei Thermometer enthielt, das eine mit geschwärzter Kugel, das andere mit einer Kugel, welche in einer doppelten metallischen Hülle, bestimmt die Sonnenstrahlen zurückzuwerfen, eingeschlossen war: die Anzeigen dieser beiden Thermometer wichen niemals um mehr als 6° C. von einander ab. Diese Größe ist unstreitig sehr gering, aber wer kann versichern, daß derselbe Apparat, zu London versucht, eine größere Zahl gegeben haben würde? Welcher Vergleichspunkt kann zwischen einem Instrumente dieser Art und dem Thermometer Herrn Daniell's bestehen, das eine geschwärzte Kugel hatte, mit schwarzer Wolle bedeckt war, und in freier Luft auf schwarzer Dammerde ruhte? Dieselben Bemerkungen finden auf die Beobachtungen des Herrn v. Humboldt Anwendung; sie sind mit einem Thermometer mit nackter Kugel angestellt; und die damit erhaltenen Resultate lassen sich demgemäß nicht mit denen der Herren Sabine und Daniell vergleichen. Allerdings führt man Beobachtungen der pfälzischen meteorologischen Gesellschaft an, welche für die Maximum-Wirkung der Sonnenstrahlen auf die nackte Kugel eines Thermometers bis zu 8,7° C. ergeben haben, während Herr v. Humboldt zwischen den Tropen niemals mehr als 3,7° gefunden hat; aber die Weise, wie das Instrument gefaßt ist, die mehr oder weniger vollständige Isolirung der Kugel, ihre größere oder geringere Dicke, der Durchsichtigkeitsgrad des Glases, aus dem sie besteht, die mehr oder minder beträchtliche Absorption durch die Skalen, können einen so bedeutenden Einfluß äußern, daß auch diese Zusammenstellung mir weit entfernt scheint, beweisend zu sein. Ich finde z. B. in den vortrefflichen meteorologischen Tabellen von Rio-Janeiro, die wir Herrn Bento Sanchez Dorta verdanken (Lissaboner Memoiren Bd. III. S. 74 und 106), daß ein gewöhnliches Thermometer von Nairne und Blunt, welches im Schatten am 16. Dec. 1786 + 28,9° C. zeigte, bis auf + 50,5° C. stieg, als man es der Sonne aussetzte. Wenn Herr Daniell darauf besteht, Beobachtungen mit einander zu vergleichen, die vielleicht Nichts gemein haben, niemals aber dabei die Umstände zu untersuchen, unter denen sie stattgefunden haben, so werden ihn die 21,6°

Unterschied zwischen Schatten und Sonne, welche zu Rio-Janeiro an einem Thermometer mit ungeschwärzter Kugel beobachtet worden sind, gegenüber den 3,1° C., welche Kapitän Sabine an einem ähnlichen Thermometer zu Jamaica beobachtete, beliebig den Schluß ziehen lassen können, daß die Sonne in der südlichen Halbkugel eine sechs- bis siebenmal größere erwärmende Kraft hat, als nördlich vom Aequator.

Ich hatte die numerischen Resultate der langen Arbeit, welche Flaugergues zur Bestimmung der Wärmewirkung der Sonnenstrahlen unternommen, als des Zutrauens vollkommen würdig mitgetheilt. Herr Daniell vermuthet, daß ich sie zu günstig beurtheile, und wirft mir mit Bitterkeit vor, daß ich „die, vom französischen Astronomen angewandten besondern Vorsichten" nicht angeführt habe. So muß ihm also unbekannt sein, daß die Abhandlung von Flaugergues im Jahre 1818 in das Journal de physique, B. LXXXVII, S. 256 eingerückt worden ist, und daß die geringfügigsten Details aller Versuche sich daselbst verzeichnet finden. Oder sollte ihm die Abhandlung bekannt sein, so muß er vergessen haben, daß man eine Arbeit, welche der Oeffentlichkeit übergeben ist, nicht durch Verdachtgründe, sondern nur durch Beweisgründe angreift, und daß jeder Schriftsteller, welcher auf dauernde Erfolge Anspruch macht, seinen Vorgängern redlich ihr Theil zu geben hat.

Herr Daniell versichert, „daß ich nicht blos dahin gearbeitet habe, seine Hypothese zu stürzen, sondern auch eine andere aufgestellt und behauptet habe (brings forward and supports another), welche sicherlich nicht haltbar genug sei, um sie zuzulassen."

Die Hypothese oder vielmehr das Resultat, wovon die Rede ist, gehört Flaugergues an, und lautet so: „die Sonnenstrahlen haben dieselbe erwärmende Kraft im Winter und im Sommer." In meinem Aufsatze war diese Stelle von folgender Bemerkung begleitet: „Würden aber nicht, namentlich in Rücksicht der unaufhörlichen Veränderungen der atmosphärischen Verhältnisse, mindestens einige hundert von Beobachtungen dazu gehören, die von Flaugergues statuirte Gleichheit der erwärmenden Kraft sicher zu stellen? Und doch ist das Resultat blos aus zwei Gruppen, jede zu sechs Beobachtungen gezogen." Da Herr Daniell hierin die Empfehlung einer Hypothese findet, lag es in der That blos an ihm, wenn er mich nicht unter die Lobredner seines Werkes zählte.

Indem ich den numerischen Resultaten der Flaugergues'schen Versuche volle Gerechtigkeit wiederfahren ließ, glaubte ich doch, S. 109 eine meiner Ansicht nach gänzlich irrige Meinung dieses Physikers durch den Zusatz bezeichnen zu müssen: „es würde überflüssig sein, auf eine Erörterung derselben einzugehen, weil Niemand ihr beigepflichtet hat." „Man sehe, ruft Herr Daniell bei dieser Gelegenheit aus, gleichsam um zu zeigen, daß wir mit zweierlei Gewichten und Maaßen messen, ob es nicht eine vortreffliche Sache ist, auf der rechten Seite des Pas de Calais geboren zu sein!" Ueber den Geschmack, sagt man, läßt sich nicht streiten, auch nehme ich Act von der Erklärung Hrn. Daniell's, und wenn es ihm beim Herabsteigen von der Höhe der Speculationen, in welche er sich jetzt über irgend einen wissenschaftlichen Gegenstand eingelassen haben mag, jemals begegnen sollte, was Gott verhüte, etwas ebenso Mittelmäßiges als seine Essays über die Strahlung der Wärme hervorzubringen, so werde ich mich der Phrase, die seinen Neid so sehr erregt zu haben scheint, erinnern, und Herr Daniell wird trotzdem daß er auf der linken Seite des Kanals geboren worden, diesmal wenigstens das Vergnügen haben, zu lesen, „daß es überflüssig sein würde, auf eine Erörterung seiner Resultate einzugehen, da Niemand ihnen beigepflichtet hat."

Unter den Beobachtungen über die nächtliche Strahlung, welche während dreier Jahre in England angestellt worden, findet man einige, welche ein größeres Resultat, als die Gesammtheit derer geben, die vom Kapitän Sabine zu Bahia und in Jamaica in zwei Perioden von sieben und von sechs auf einander folgenden Tagen der Monate Juli und October 1822 angestellt worden sind. Herr Daniell schließt daraus, „daß die Strahlung der irdischen Körper geringer zwischen den Tropen als zu London ist." Da die Intensität dieser Strahlung von der Reinheit der Atmosphäre abhängt, so hatte ich, vorbehaltlich weiterer Bewährung, geglaubt, daß der Unterschied von 2,5° zwischen dem Maximum der Strahlung, welche einerseits durch einen so langen Zeitraum (drei Jahre) zu London, andererseits während eines so kurzen Zeitraums (sechs Tagen) zu Jamaica beobachtet worden, blos daran hängen könne, daß die atmosphärischen Verhältnisse auf dieser Insel minder günstig gewesen wären. Die verächtliche Weise, wie Herr Daniell meine Zweifel behandelt, ließ mich, wie ich gestehe, einen Augenblick besorgen, daß mir hier nichts Anders übrig bliebe, als ihm meine Entschuldigung zu machen. „Diejenigen, sagt er, welche aus Erfahrung die alltägliche Reinheit und die Schönheit des äquinoctialen Himmels kennen; diejenigen insbesondere, welche nicht genug zu schildern gewußt haben, wie der Glanz der Sterne und die Pracht der Sternbilder in der heißen Zone Alles weit übertrifft, was wir gewohnt sind, in unserer nebligen Atmosphäre zu sehen, werden unstreitig dem Kapitän Sabine ihr Compliment wegen der Geduld und Beharrlichkeit machen, mit welcher er Umstände abgewartet hat, die freilich für den Gegenstand, den er im Auge hatte, ganz ungünstig, aber durch ihre Seltenheit merkwürdig waren."

Der Kapitän Sabine, welchen andere Arbeiten nach Bahia riefen, hat unstreitig während der kurzen Zeit seines Aufenthaltes daselbst die günstigsten Umstände für jede der von ihm vorzunehmenden meteorologischen Beobachtungen wahrgenommen. Niemand weniger als ich kann einen Verdacht in dieser Hinsicht erheben wollen, und Herr Daniell gibt sich eine sehr überflüssige Mühe, wenn er den Vertheidiger eines Gelehrten spielen will, den ich nicht angegriffen habe. Was seine Person betrifft, so ist mein Zutrauen nicht ganz das gleiche; auch habe ich, anstatt mich sofort respectell vor seiner letzten Behauptung zu beugen, in Betracht dessen, daß ich nicht den Vortheil habe, den Himmel der heißen Zone aus eigener Erfahrung zu kennen, in den meteorologischen Sammlungen nachgesucht, ob die Nebel dort so selten sind, wie er versichert. Folgende Stellen, welche aus den interessanten Abhandlungen Herrn Dorta's ausgezogen sind, werden meines Erachtens den Gegenstand hinreichend aufklären: „Dieses Jahr (1785) war merkwürdig durch Nebel, welche Tag und Nacht angedauert haben. Ganze Monate durch konnte man weder Firsterne noch Planeten sehen. In den vier letzten Monaten habe ich von 53 Verfinsterungen der Jupiterstrabanten, welche zu Rio-Janeiro sichtbar sein sollten, blos 12 beobachten können." (Lissaboner Memoiren Bd. 2, S. 369).

„Der Nebel fing im J. 1786 zu Rio-Janeiro mit dem Monate April an, und nahm von da während des übrigen Theiles des Jahres zu, was alle astronomischen Beobachtungen, die ich mir vorgenommen hatte, verhinderte, so daß von 83 sichtbaren Verfinsterungen der Jupitersmonde blos 11 beobachtet wurden.“ (Lissaboner Memoiren B. 3, S. 70).

Sollte Herr Daniell behaupten, daß die Nebel sich in dieser Weise blos zu Rio-Janeiro zeigen, daß es ein örtliches Phänomen sei, so würde ich, um ihn zu enttäuschen, folgende Stelle von einem Autor entlehnen, der den Himmel der Tropen auch aus Erfahrung kennt: „Obschon man zu Lima über die Hälfte des Jahres in Nebel gehüllt ist, u. s. w.“ (v. Humboldt, Astronomie, Thl. 2. S. 422).

Wenn es unter dem Aequator oft Nebel gibt, welche die Sterne gänzlich verhüllen, so wird man, denke ich, zugestehen, daß um so mehr mitunter solche vorauszusetzen sind, welche den Glanz der Sterne schwächen, und daß eine gestirnte Nacht unter den Tropen nicht nothwendig heiterer oder der Wärmestrahlung günstiger ist, als eine solche in unsern Klimaten; habe ich aber wohl etwas Anderes behauptet?

Meine Aufgabe würde hier zu Ende sein, wenn das Quarterly Journal sich begnügt hätte, meinen Einwurf zu widerlegen; aber ich kann nicht umhin, einige Bemerkungen bezüglich der mir untergelegten Motive beizufügen. Nach Herrn Daniell habe ich absichtlich einen ungünstigen Eindruck gegen ihn im Publikum hervorbringen wollen; ich habe in seinen Essays blos ein einziges Kapitel gefunden, welches hierzu zweckdienlich schien, und habe dasselbe sofort in Angriff genommen. Dieß Kapitel aber ist in der That, sagt er, weder das erste seiner Stellung noch seiner Wichtigkeit nach.

Sofern man eine Erklärung deßhalb verlangt, will ich offen gestehen, daß die Kapitel, von denen ich nicht gesprochen, mir zum größten Theil bedeutungslos oder unverständlich erschienen sind. Uebrigens würden selbst in den Kapiteln, die zur letztern Klasse gehören, die einzelnen Paragraphen, deren Sinn es mir gelungen ist zu entziffern, keineswegs die vortheilhafte Idee rechtfertigen, in welcher sich Herr Daniell gefällt. In der That, kann es wohl für verzeihlich gelten, wenn der Verfasser des schönsten Werkes der neuern Zeiten im Jahre 1823 bei Besprechung der täglichen Periode des Barometers die

Namen von Godin, von Bouguer, von la Condamine u. s. w. vergißt, und die Entdeckung dieser Erscheinung Lamanon, dem Begleiter von La Perouse beilegt? (S. die Essays, S. 251.) Ohne auf Weiteres einzugehen, hätte ich nicht das Recht gehabt, Herrn Daniell zu fragen, ob die unstreitig sehr interessante Bemerkung, daß die Größe der täglichen atmosphärischen Oscillation um so mehr abnimmt, je mehr man sich von den Tropen entfernt, ihm wirklich angehört, wie er glauben machen will (S. 253 und 254), und durch welchen unglücklichen Zufall ihm die Seiten der Abhandlungen von Ramond, wo sie sich ganz ausdrücklich ausgesprochen findet, entgangen sind? Hätte es eines großen Aufwandes von Mühe bedurft, den Verfasser der kleinen Tabelle, betitelt: Barometrical measurement of Box-hill, with the Moon upon the meridian, lächerlich zu machen, aus welcher derselbe, mittelst acht schlecht zusammenstimmender Resultate ableiten will, daß die Mondstellung einen bemerklichen Einfluß auf die Höhenmessungen durch das Barometer hat, u. s. w.? Endlich, hat wohl Herr Daniell in den ältern Bänden der Annales de chimie et de physique Anzeichen von Parteinahme gegen ihn gefunden, welche seinen heutigen Verdacht zu rechtfertigen vermögen? Ich wage zu behaupten, nein, und vermag leicht den Beweis dafür zu führen: von den sechs Abhandlungen, welche dieser Autor, soviel ich weiß, veröffentlicht hat, sind fünf in die Annales aufgenommen worden; wenn aber der sechsten niemals gedacht worden ist, so war dieß, denke ich, ein großer Beweis des Wohlwollens von unserer Seite. Der Leser mag selbst urtheilen. In dieser vielberufenen Abhandlung, welche den Titel führt: Von der Theorie der sphärischen Atome und der Beziehung derselben zum specifischen Gewicht gewisser Mineralien, fand Herr Daniell durch Schlüsse nach seiner Weise, daß die specifische Schwere der Krystalle an den Ecken und in der Mitte nicht gleich groß sein kann, und so wie sein Zutrauen in theoretische Speculationen keine Grenzen zu kennen scheint, war auch der Versuch sofort zu ihrer Stützung zugetreten. In der That findet man in dieser Abhandlung, daß ein Flußspathwürfel ein spec. Gewicht 3,18 hatte, daß dieses Gewicht durch Abschlagen der 4 Ecken auf 3,242 stieg, daß man durch weitere Abstumpfung bis zur Erzeugung eines Octaeders ein Gewicht 3,261 erhielt und endlich, daß die specifischen Gewichte dreier der abgeschlagenen Ecken des Würfels respectiv 3,115, 3,111 und 3,125 waren.

Herr Daniell hat gewiß die Aufnahme nicht vergessen, welche diese Arbeit bei seinen eigenen Landsleuten gefunden; warum hat er sich nicht auch erinnert, daß die Annales de chimie et de physique unterlassen haben, ein einziges Wort von den Kritiken, fast hätte ich gesagt Sarkasmen, zu wiederholen, denen er ausgesetzt gewesen?

Wenn ich in den Werken Herrn Daniell's blos Beweise eines richtigen Urtheils gefunden hätte, so könnte ich mich sehr durch den Mißgriff geschmeichelt finden, den er darin begangen, daß er Herrn Gay-Lussac den Artikel der Annales zugeschrieben, welcher zu dieser Discussion Anlaß gegeben; aber ich muß mich, wie ich nur zu wohl fühle, begnügen, diesen Irrthum in gleiche Reihe mit allen denen zu stellen, die ich schon zu verzeichnen hatte.

Ueber die Eisbildung.

Erstes Kapitel.

Definitionen.

Die Physiker haben nachgewiesen, daß ein und derselbe Körper ohne Veränderung seiner chemischen Constitution unter drei Zuständen, dem festen, tropfbarflüssigen und gasförmigen vorkommen kann. Die Wärmeverhältnisse, denen die Körper unterliegen, brauchen sich nur mehr oder weniger zu ändern, so treten diese Zustandsveränderungen ein, und zwar immer bei derselben Temperatur, wenn der Druck, unter welchem sich die Körper befinden, derselbe bleibt. So findet man den Schmelzpunkt oder Erstarrungspunkt als den Punkt, wo der Körper aus dem festen in den tropfbaren Zustand oder umgekehrt übergeht, und den Verflüchtigungs- oder Verdichtungspunkt als denjenigen, wo der Körper den tropfbarflüssigen Zustand mit dem gasförmigen vertauscht oder umgekehrt.

Es besteht eine bemerkenswerthe Verschiedenheit zwischen einem Körper, der sich beim Schmelzpunkte noch in festem Zustande findet, und demselben Körper, wenn er schon flüssig geworden ist. Der letztere hat vor dem ersteren eine gewisse Quantität gebundener, für das Thermometer nicht bemerkbarer Wärme, die man daher latent genannt hat, voraus. Wenn ein Körper aus dem tropfbaren Zustande in den festen zurückkehrt, so läßt er diese latente Schmelzwärme, welche sich je nach der innern Natur der Körper ändert, wieder fahren. Die Vergleichung einer tropfbaren Flüssigkeit mit dem daraus entstehenden Gase, bietet ähnliche Resultate dar; d. h der gasförmige Körper hat vor dem tropfbaren Körper bei derselben Temperatur eine Quantität gebundener Wärme voraus, welche man die latente Wärme der Gase nennt, und die wieder frei wird, wenn sich der gasförmige Körper wieder zur tropfbaren Form verdichtet.

Gewöhnlich bezeichnet man die drei verschiedenen Zustände, welche ein auf der Oberfläche unseres Planeten sehr reichlich verbreiteter, aus 1 Gewichtstheil Wasserstoff gegen 8 Gewichtstheile Sauerstoff zusammengesetzter, Körper darbietet, mit den Namen Eis, Wasser und Dampf. Das Eis bildet sich oder schmilzt bei dem Nullpunkte des hunderttheiligen Quecksilberthermometers. Der Dampf entwickelt sich oder verdichtet sich bei dem an der Skale desselben Thermometers mit 100 bezeichneten Temperaturgrade, wenn zugleich der äußere Luftdruck durch eine Quecksilbersäule im Barometer von 760 Millimeter Höhe gemessen wird. Die latente Schmelzwärme des Eises ist hinreichend, ein gleiches Gewicht Wasser von 0° auf 79° zu erheben. Die latente Wärme des Dampfes würde vermögen, ein äquivalentes Gewicht Wasser von 0° auf 535° zu erheben, wenn man dasselbe verhinderte, bei seiner Erhitzung zu verdampfen. Die Verdampfung führt also eine entschiedene abkühlende Wirkung mit; dasselbe gilt von dem Schmelzen eines festen Körpers. Umgekehrt aber sind die Verdichtung eines Gases und das Gefrieren einer Flüssigkeit zwei Wärmequellen.

Das Eis nimmt einen etwas größern Raum ein, als dasselbe Gewicht Wasser bei derselben Temperatur von 0°. Die Folge davon ist, daß das Eis bei seiner Bildung durch seine Expansivkraft die mit Wasser vollgefüllten verschlossenen Gefäße zersprengt. Die Dichtigkeit des Eises ist 0,94, wenn die des Wassers bei 4° als Einheit angenommen wird. Außerdem weiß man, nach den Untersuchungen von Despretz, daß die Dichtigkeit des Wassers bei der Erkaltung von 4° bis 0° abnimmt, so daß sie von einem Werthe gleich 1 auf 0,999873 herabsinkt. Geht man von der Temperatur 0° aus, so findet man, daß die Dichtigkeit des Wassers erst bis 4° zunimmt, dann fortgehends bis 100° abnimmt, wo der Siedepunkt dieses Körpers unter dem barometrischen Drucke von 760 Millimeter stattfindet; bei 8° ist die Dichtigkeit ungefähr dieselbe als bei 0°; bei 100° beträgt sie nur noch 0,958634.

Diese verschiedenen Eigenschaften, welche den Physikern seit lange bekannt sind, werden uns in Verbindung mit den Gesetzen der Wärmestrahlung und Wärmeleitung dienen, die eigenthümlichen Erscheinungen zu erklären, welche das Gefrieren des Wassers darbietet.

Zweites Kapitel.

Ueber die Krystallform des Eises.

Man hat schon seit lange bemerkt, daß die Nadeln, welche an der Oberfläche des Wassers in dem Zeitpunkte erscheinen, wo diese Flüssigkeit vermöge langsamer Abkühlung zu gefrieren beginnt, eine entschiedene Neigung zeigen, sich unter Winkeln von 60° oder 120° zu vereinigen. Diese Neigung findet sich auch beim Schnee; indem derselbe ziemlich oft in Gestalt kleiner sechsstrahliger Sterne fällt, deren Strahlen genau wie die Radien eines regelmäßigen Sechsecks angeordnet sind.

Zur Erklärung dieser eigenthümlichen Neigung nahm Hauy an, daß „die Molecule des Eises regelmäßige Tetraeder sind, welche durch eine ähnliche Zusammenordnung, als beim Flußspath stattfindet, Tetraeder bilden;“ aber da dieser berühmte Gelehrte niemals Gelegenheit gehabt, eigentliche Eiskrystalle zu beobachten, sprach er seine Vermuthung nur mit Mißtrauen aus. (Man s. seinen Traité de physique.)

Im Jahre 1805 fand Herr Héricart de Thury in der Eisgrotte von Fondeurle, in der Dauphiné, ungeheure, ganz hohle Eisstalaktiten, welche Geoden bildeten, die inwendig mit schönen vollkommen krystallisirten Nadeln ausgekleidet waren. Der Boden derselben Grotte ist mit einem Eisteppich (nappe de glace) überzogen. Eine aufmerksame Untersuchung ließ ihn erkennen, daß diese Masse auch aus vollkommen wasserhellen krystallisirten Theilen bestand, welche zum größten Theile die Form heraedrischer Prismen hatten, deren Endfläche Streifen darbot, welche den Flächen des Prisma parallel waren. Was die Krystalle im Innern der Stalaktiten anlangt, so waren es nicht lauter heraedrische Prismen; man bemerkte auch dreiseitige Prismen darunter. An einigen Exemplaren der heraedrischen Prismen, welche bis zu 5mm Durchmesser hatten, waren die Endkanten, an der Verbindung der Basis und der Seitenflächen des Prisma, durch Facetten ersetzt; nirgends aber, trotz der genauesten Nachforschung, entdeckte Herr de Thury eine vollkommene Pyramide (Annales des mines Bd. XXXIII).

In dem Bande der Transactions der Societät von Cambridge, welcher im J. 1822 erschienen ist, findet man über denselben Gegenstand eine Abhandlung von Dr. Clarke, welche interessante Beobachtungen enthält.

Am 3. Januar 1821, während die Lufttemperatur nur 0,5° über Null war, bemerkte Dr. Clarke zu Cambridge unter einer hölzernen Brücke herabhängende Eiszapfen, die sich im steten Bereiche des Nebels fanden, der von einem benachbarten Wasserfalle gebildet wurde, und von welchen ähnliche Lichtreflexe ausgingen, wie Gläser mit den schönsten Facetten gewähren. Anstatt verlängerter Kegelformen mit welligen Oberflächen, wie sich im Allgemeinen solche Eiszapfen darstellen, sahe man hier hervortretende Erhabenheiten, begrenzt von scharfen Kanten und vorspringenden Ecken. Nachdem mehrere dieser Massen abgelöst worden, erkannte Dr. Clarke, daß sie im Allgemeinen aus vollkommen rhomboedrischen Krystallen mit stumpfen Winkeln von 120° und spitzen Winkeln von 60° bestanden. Die Maaße wurden mittelst des Goniometers von Carangeau und in Gegenwart verschiedener Mitglieder der Societät genommen: die Messung bot übrigens keine Schwierigkeit dar, da mehrere der Rhomboeder über 25mm Länge hatten.

Am 6. Januar, als das Thermometer bis 3,9° C. gestiegen war, trat Thauwetter ein; und doch behielten die Krystalle während ihrer Schmelzung immer die rhomboedrische Form, was beweist, daß dieselbe Anordnung der Theile sich durch ihre ganze Masse erstreckte; demgemäß, fügt Dr. Clarke hinzu, ist die Kerngestalt oder Primitivform des Eises ein Rhomboeder mit Winkeln von 120° und 60°, und die heraedrischen Krystallformen von Fondeurle waren nur secundäre.

Dr. Clarke bemerkt, daß man kaum hoffen kann, regelmäßige Eiskrystalle anders zu finden, als wenn sie sich bei einer dem Frostpunkte nahen Temperatur bilden. Nur in diesem Falle und unter dem Einflusse einer so zu sagen im Entstehen begriffenen Aggregationskraft vermögen sich die Molecüle regelmäßig zu gruppiren und demgemäß geometrische Formen anzunehmen.

Drittes Kapitel.

Von den natürlichen Eisgrotten.

Wir haben im vorigen Kapitel die Eisgrotte von Fondeurle erwähnt, welche im Departement de la Drôme, zwei Meilen nördlich von Die liegt. Sie besteht aus einer Höhle von ungefähr 70 Meter Tiefe, welche sich am Rande eines Plateaus findet, das um mehr als 1700 Meter über dem Meeresniveau erhaben ist. Der Boden ist mit einem Eisteppich überzogen, den man manchmal zerbricht, um die Stücke nach den benachbarten Städten zu schaffen, und von der Wölbung hängen Stalaktiten herab, deren mehrere den Boden erreichen. Alles scheint zu beweisen, daß dieselben durch Gefrieren des Wassers gebildet werden, welches tropfenweise durch einige Spalten des Gewölbes durchsikert und gefriert, so wie die innere Luft unter den Nullpunkt sinkt. Da sich diese Luft nur sehr schwer erneuert, so begreift man das Fortbestehen des Eises während des Sommers.

Man kennt mehrere andere Höhlen, welche ähnliche Erscheinungen, als die Grotte von Fondeurle darbieten. Eine der bemerkenswerthesten ist die in der Umgegend von Besançon. Sie findet sich in den Mémoires de l'Académie des sciences für 1712 beschrieben. Im J. 1727 ließ der Duc de Lévis durch eine sehr große Menge täglicher Fuhren das Eis sowohl der Pyramiden als des Bodens fortschaffen, welcher letztere dadurch gänzlich blos gelegt wurde (Mémoires présentés à l'Académie des sciences; 1750, B. I, S. 208). Als aber Herr de Cossigny diese Grotte in den Monaten August und October 1743, nach dem langen Winter von 1740 besuchte, hatten sich ein starker Eisteppich und mehrere Pyramiden wieder gebildet. Der Grund der Grotte liegt 60 Meter unter dem äußern Boden; das Gewölbe 48 Meter; man steigt auf einem rasch abfallenden Wege von 128 Meter Länge in dieselbe hinab. Die Luft darin ist stagnirend. Herr Cossigny fand darin eine Temperatur von ungefähr 0°. Etwas klares Wasser stand über dem Eise, und einige Tropfen Wasser, welche von der Wölbung herabfielen, ließen sich auffangen. Herr de Cossigny constatirte dieselben Thatsachen im April 1745. In der Mitte Augusts 1769 maß der Professor Prevost die Dicke des Eises auf dem Grunde und fand sie 30 Centimeter.

Herr Colladon, Apotheker zu Genf, hat am 4. October 1807 eine andere Eisgrotte, die von St. George, im Jura besucht, welche 850 Meter über dem Genfersee liegt. Eine große Menge Schnee umgab den Eingang der Höhle, welche ungefähr 8 Meter tief ist. Dieselbe Erscheinung wurde von Herrn Pictet beobachtet, der diese Höhle zu Ende Juni 1822 besuchte und darin eine Eisfläche von 25 Meter Länge bei einer mittlern Breite von 13 Meter maß. Die Oertlichkeit ist von Natur so beschaffen, daß die Erneuerung der innern Luft verhindert ist.

Die Herrn Colladon und Pictet haben auch beide, der erste am 21. Juli 1807, der zweite am 17. Juli 1822, eine dritte natürliche Eisgrotte, die von Mont-Vergi, im Faucigny, besucht. Sie fanden die Temperatur der Luft darin ungefähr 1° und die des Eises Null. Es ist eine Höhlung von 40 Meter Länge, in der man auf sanft geneigtem Wege abwärts steigt und unten bei einer Schicht harten Eises von 23 Meter Länge auf 10 Meter Breite anlangt. Die beiden Besucher haben eine kleine Schicht Wasser über dem Eise gefunden und einige Stalaktiten auf dem Grunde, gegenüber den Wänden der Grotte. Auch dieß ist eine Höhle, in der sich die Luft nur mit großer Schwierigkeit erneuern kann.

Wenn infolge eines sehr harten Winters das Eis in solchen Grotten eine namhafte Dicke erreicht hat, so kann es begreiflich nur sehr langsam schmelzen, wegen der großen Menge latenter Wärme, welche vom Eise bei seiner Verwandlung in Wasser absorbirt wird. Da nun die kalte Luft schwerer als die warme ist, so kann sie aus diesen Grotten, die eine Art blinden Sacks bilden, worin Luftströmungen nicht leicht zu Stande kommen, nicht verdrängt werden. Von der andern Seite hat die Erde nur ein sehr geringes Wärmeleitungsvermögen. Auch erhebt sich die innere Temperatur der natürlichen Eisgrotten während der wärmsten Monate des Jahres nicht leicht über + 1°, und es würden mehrere Sommer nöthig sein, das einmal angehäufte Eis zu schmelzen, selbst wenn es sich nicht jeden Winter, so wie die kalte Luft durch ihre größere Schwere in die beschriebenen Höhlen hinabsinkt, von Neuem bildete.

Viertes Kapitel.

Gletscherbruch.

Die Gletscher, welche sich in freier Luft an Orten bilden, die eine so hohe Lage über der Meeresfläche und demgemäß so niedrige Temperatur haben, um mit ewigem Schnee bedeckt zu bleiben, stellen enorme Massen dar, die, selbst in ausnahmsweise warmen Sommern, niemals vollständig schmelzen. Doch ereignet sich manchmal ein Bruch dieser Gletscher von bemerkenswerthen Folgen. Die Katastrophe, welche im Jahre 1818 die Thalsohle des Val de Bagne, in Wallis, verwüstet hat, scheint uns zu den Naturereignissen zu gehören, deren Andenken aufbehalten zu werden verdient.

Das Thal Val de Bagne ist im Ganzen sehr eng und fast senkrecht auf mehrere Ketten der ungeheuren Gebirgsmasse gerichtet, welche Wallis von Piemont trennt. Die Dranse fließt auf dem Grunde des Thales, und ist an mehreren Stellen durch Wände eingeengt, welche auf mehr als 30 Meter Höhe ansteigen, und sich bis auf 10 bis 13 Meter einander nähern. Eismassen, welche seit fünf Jahren vom Getrogletscher in das Bett der Dranse gefallen waren, hatten schon ihren Lauf gehemmt, und gewissermaßen den Kern eines neuen Gletschers gebildet, unter welchem die Wässer abflossen. Seit dem April 1818 aber hatten diese, auf dem Grunde des Thales zurückgehaltenen Wässer daselbst einen See von einer Viertelmeile Länge gebildet. Man machte sich sofort an die Arbeit, einen Ausweg dafür schaffen, und kam am 13. Juni damit zu Stande. Zu dieser Zeit [hat]te der See fast 4000 Meter Länge, eine mittlere Breite von [.]0 Meter und eine Tiefe von 70 Meter, so daß er mindestens 36 Millionen Cubikmeter Wasser enthielt. Der Abflußstollen war schon [seit] zwei Tagen in vortrefflichem Gange, als plötzlich, am 16. Juni um 4 Uhr Nachmittags, das Wasser den Gletscher durchbrach, und in Masse abfloß. Binnen einer halben Stunde war der See gänzlich entleert. Diese ungeheure Wassermasse richtete gewaltige Verwüstungen an; Felsen, Wälder, Wege, Fabriken, Wohnhäuser, Scheunen, Menschen, Thiere u. s. w., Alles, worauf ihr Lauf traf, ward zu Grunde gerichtet und fortgerissen. In einer kleinen Entfernung vom Gletscher schien der Strom mehr Trümmer fremder Körper als Wasser zu enthalten.

Man hat berechnet, daß sich das Wasser zwischen dem Gletscher und le Chable mit einer Geschwindigkeit von 10 Meter in der Secunde bewegte; bekanntlich aber erreichen sehr wenige Flüsse eine Geschwindigkeit von 4 Meter. Bei Martigny war diese Geschwindigkeit schon um die Hälfte vermindert.

Es ist sehr zu fürchten, daß sich eine ähnliche Katastrophe erneuere. Der Canal, durch welchen der See abgeflossen ist, hat sich zu Ende des Jahres 1818 wieder geschlossen, und die Dranse konnte sich seitdem nur mit Schwierigkeit einen Weg bahnen. Man müßte die Eismasse, welcher das Thal verschließt, entfernen; aber ihr Volumen scheint über 2 Millionen Cubikmeter zu betragen; und mit allen Hülfsmitteln, über welche der Mensch zu gebieten hat, ist er der Bewältigung einer solchen Masse nicht gewachsen.

Fünftes Kapitel.

Ueber die künstliche Eisbildung in Bengalen.

In Bengalen gibt es unter Breiten, wo das Thermometer niemals bis auf Null herabsinkt, Fabriken, welche täglich ziemlich große Mengen Eis liefern. Bisher hatte man vorausgesetzt, daß die Verdunstung die Hauptrolle bei dieser künstlichen Eisbildung spiele, aber man braucht nur aufmerksam die dabei wesentlichen Umstände in Betracht zu ziehen, um zu erkennen, daß sie fast ganz auf Rechnung der nächtlichen Strahlung kommt. Folgendes ist die Beschreibung einer von Herrn Williams besuchten Fabrik, die 300 Personen beschäftigt.

Eine ziemlich gut nivellirte Bodenfläche, von ungefähr 1,60 Hektaren ($6^1/_3$ Morgen), ist in Quadrate von 1 bis 1,50 Meter Seite getheilt, welche mit einem kleinen Aufwurf aus Erde von ungefähr 0,1 Meter Höhe umgeben sind. In diese Abtheilungen, die mit gewöhnlichem Stroh oder dürrem Zuckerrohr belegt sind, stellt man so viel mit Wasser gefüllte Schüsseln, als hineingehen. Diese Schüsseln sind nicht glasirt, aber ihre innern Wände werden mit Fett bestrichen; sie sind sehr weit bei sehr geringer Tiefe. Das Eis bildet sich an ihrer Oberfläche.

Es würde um so weniger Grund sein, anzunehmen, daß das Wasser der Schüsseln nicht gleich allen andern irdischen Körpern durch nächtliche Strahlung erkaltet, als das Wasser nach directen Versuchen von Leslie ein sehr beträchtliches Strahlungsvermögen besitzt. Auch will ich erinnern, daß es sich hier nicht darum handelt, zu untersuchen, ob diese Strahlung einen geringen Antheil an dem Erfolge hat, sondern ob sie nicht vielmehr die Hauptursache desselben ist. Daß aber dieß der Fall sei, wird durch folgende Punkte dargethan:

1) Nach den Zeugnissen der Herrn Barker und Williams ist der Wind, welcher die Verdunstung so sehr befördert, ein derartiges Hinderniß für die Eiserzeugung in Bengalen, daß dieselbe ganz stockt, wenn er nur einigermaßen stark ist.

2) Die wirksamste Ursache der Schwächung der nächtlichen Strahlung, d. i. die Gegenwart vieler Wolken, hindert ebenfalls gänzlich die Eisbildung.

3) Ein Thermometer, welches auf dem Stroh zwischen den Schüsseln angebracht ist, sinkt zu der Zeit, wo sich das Eis bildet, nicht auf Null, was beweist, daß die Außenwände dieser Gefäße niemals sehr kalt sind und daß sie nicht nach der Weise der Alcarazas oder porösen Kühlgefäße des Orients wirken; was sich übrigens voraussehen ließ, sofern die Innenwände der Schüsseln gefettet sind.

4) Angenommen, die Verdunstung wäre der Grund des ersten Eishäutchens, womit sich das Wasser bedeckt, so müßte man doch immer noch fragen, wie die Dicke desselben während der Nacht allmälich wachsen kann, nachdem alle Verdunstung aufgehoben ist.

5) Endlich, seitdem sich gefunden hat, daß dieser nächtliche Gefriervorgang nichts Indien eigenthümlich Zukommendes ist, hat der

Dr. Wells nachgewiesen, und dieß ist völlig entscheidend für die Frage, daß das Wasser manchmal in London bei einer Temperatur über Null gefriert, ohne etwas von seinem Gewichte zu verlieren, was doch geschehen müßte, wenn die Verdunstung Antheil an dem Vorgange hätte.

Nach folgender Stelle in Plinius dem Aeltern möchte es scheinen, daß schon die Römer die Mittel kannten, das Wasser in Eis zu verwandeln: „Selbst im Wasser und den Grundstoffen der Natur macht das Geld einen Unterschied. Der Eine trinkt Schnee, der andere Eis und kitzelt seinen Gaumen mit Dingen, die für die Gebirge eine Last sind. Man bewahrt das Eis für die heiße Zeit und hat Mittel ausgedacht, auch in den ungeeignetsten Monaten Schnee frieren zu lassen. Die Einen kochen das Wasser ab; dann aber kühlen sie es wieder, und so gefällt dem Menschen Nichts in dem Zustande, wie die Natur es angeordnet hat.“ (Historia natural. lib. XIX, 19.)*)

Sechstes Kapitel.

Ueber das Gefrieren der Flüsse.

Die nächtliche Strahlung scheint mir geeignet, zur Erklärung einiger Umstände beim Gefrieren der Flüsse zu dienen, welche seit Alters den Beobachtern aufgefallen sind, ohne daß sie doch deren Ursache anzugeben vermochten.

Von vorn herein möchte es scheinen, daß man bei Untersuchung des Vorganges des Gefrierens der Flüsse sein Augenmerk nur auf folgende Punkte zu richten habe: 1) die Intensität der Kälte; 2) ihre Dauer; 3) die größere oder geringere Wasserhöhe; 4) endlich die Geschwindigkeit des Wassers. Wenn man jedoch die Aufzeichnungen über das Wachsthum und das Gefrieren der Seine durchgeht, so findet man bald, daß noch andere Umstände von Einfluß sind.

Im Dec. 1762 war der Fluß infolge eines sechstägigen Frostes gänzlich gefroren, dessen mittlere Temperatur —3,9° C. war, und ohne

---

*) Im Original nach der Uebersetzung von Guéroult, hier nach der von Strack.

daß die größte Kälte über — 9,7° betragen hätte; während im Jahre 1748 der Lauf des Flusses noch nach acht Tagen mit einer Mitteltemperatur von — 4,5° C., während welcher Zeit die stärkste Kälte schon — 12° erreichte, frei war. Doch war die Wasserhöhe über dem Nullpunkte der Brücke de la Tournelle (und in jedem Flusse steht die Geschwindigkeit in constanter Abhängigkeit von der Höhe) dieselbe zu beiden Zeiten. Wie läßt sich diese Anomalie erklären? Vielleicht, wenn die atmosphärischen Verhältnisse im Jahre 1762 und 1748 nicht gleich waren, durch die einfache Betrachtung, daß ein Thermometer in freier Luft nicht immer genau die Temperatur der festen oder flüssigen Körper an der Oberfläche des Erdkörpers anzeigt. Nun finde ich wirklich, daß im Jahre 1762 die sechs Tage, welche dem gänzlichen Gefrieren des Flusses vorangingen, vollkommen heiter waren, während im Jahre 1748 der Himmel wolkig oder ganz bedeckt war. Fügt man nun 10° bis 12° als Wirkung der Strahlung des Wassers gegen den Himmel zu der vom Thermometer im J. 1762 angezeigten Kälte hinzu, so wird man finden, daß das Wasser in diesem Jahre, trotz der Anzeige des Instrumentes, mindestens an seiner Oberfläche einer viel stärkern Kälte unterlegen hat, als im Jahre 1748, womit aller Widerspruch verschwindet.

Im J. 1773 trieb die Seine am 6. Febr. Eis, nachdem fünf Tage Frost mit einer Mitteltemperatur von — 6° C. und einer extremen Temperatur — 10,6° vorausgegangen waren. Im J. 1776 trat der Eisgang erst am 19. Jan. ein, ungeachtet es seit dem 9. fror und vom 15. bis zum 19. (exclusive) die Mitteltemperatur — 8,3° C. und die extreme Temperatur — 13,1° betrug. Die Höhe des Wassers vermöchte diese Erscheinung nicht zu erklären, denn im J. 1776 war sie 1,46 Met., während sie im J. 1773 2,60 Meter betrug. Es bleibt nur übrig, sich an die atmosphärischen Verhältnisse zu halten; nun waren der 3., 4., 5. und 6. Febr. im J. 1773 fast beständig heiter, wogegen sich im J. 1776 vom 9. bis 19. Januar der Himmel nur in wenigen Augenblicken frei zeigte. Die nächtliche Strahlung ist also auch hier die einzige Ursache, welche erklärlich macht, wie ungeachtet einer viel größern Wasserhöhe und einer geringern Lufttemperatur die Seine doch leichter im Jahre 1773 als im Jahre 1776 gefror.

Einer der stärksten Fröste, welche man in Paris erfahren hat, seit die Beobachter sich der Thermometer bedienen, ist der von 1709: doch blieb in diesem Jahre, bei Temperaturen von — 23° C. die Seine in der Mitte immer offen. Sollten nicht vorstehende Beispiele dazu berechtigen, dieses sonderbare Verhalten, welches seiner Zeit zu so vielen Hypothesen Anlaß gab, einestheils auf die Wassermenge des Flusses, anderntheils auf die durch einen bedeckten Himmel bedingte Schwäche der nächtlichen Strahlung zu schreiben? Die zahlreichen Abhandlungen, welche über die Kälte von 1709 erschienen sind, bieten leider keine Data zur Bewährung dieser Vermuthung dar.

Siebentes Kapitel.

Umstände, welche manchmal die Bildung des Eises in ruhigen Wassern begleiten.

Als im Winter 1821 große Eismassen aus den bei New-Haven (Nordamerika) gelegenen Seen herausgeholt wurden, bemerkte man in Blöcken von 0,38 Meter Dicke 21 unterschiedene Lagen, welche so scharf gegen einander abgesetzt waren, wie die Streifen im Achat oder Jaspis oder wie die concentrischen Ringe eines Baumstammes. Nach oben zu variirte die Dicke der Schichten zwischen 0,025 und 0,037 Meter; nach unten, in der Nähe des Wassers betrug sie nur etwa 0,012 bis 0,018 Meter. Die Abnahme in der Dicke war, ohne gleichförmig zu sein, unzweifelhaft. Vergleicht man die extremen Dicken, unter Rücksicht, daß die Kälte, anstatt während dieser successiven Bildung abzunehmen, fortgehends wuchs, so kommt man zu der Ueberzeugung, daß diese Dickenunterschiede einerseits davon abhingen, daß das Leitungsvermögen des Eises für die Wärme nur gering ist, anderseits davon, daß die Eisbildung unter der ersten Schicht nicht continuirlich, sondern blos zu den kältesten Zeiten der Nacht von Statten ging.

Die Schichten waren durchsichtiger nach ihrer Längenrichtung als in verticalem Sinne. An der Verbindungsstelle zweier benachbarter

Schichten fanden sich, was leicht zu erklären, eine Menge Luftblasen. (American Journal und Bibliothèque universelle.)

Achtes Kapitel.

Ueber die auf den Flüssen im Winter treibenden Eisschollen.

§. 1.

Jeder strenge Winter lenkt die Aufmerksamkeit der Physiker von Neuem auf den Vorgang des Gefrierens der fließenden Gewässer. Man fragt, wo und wie sich diese ungeheure Menge schwimmender Schollen bildet, welche von den Flüssen nach dem Meere geführt wird, und welche durch ihre Zertrümmerung unter den Brückenbogen manchmal zu so traurigen Ereignissen Anlaß gibt. Ich gestehe, daß mir aus theoretischem Gesichtspunkte die Frage noch nicht erledigt scheint, finde aber darin einen Grund mehr, hier eine möglichst vollständige Analyse der darauf bezüglichen Beobachtungen darzubieten. Indem die definitive Lösung eines so interessanten Problems erst noch von der Zukunft zu erwarten ist, werden die Meteorologen hier wenigstens die Zusammenstellung aller Data finden, denen diese Lösung wesentlich zu genügen haben wird.

Niemand bezweifelt, daß in einem See, einem Teiche, jeder stehenden Wassermasse das Gefrieren von Außen nach Innen vor sich geht. Die obere Fläche des Wassers ist es, welche zuerst fest wird. Die Dicke des Eises wächst dann von Oben nach Unten fortschreitend.

Verhält es sich ebenso in den fließenden Wassern? Die Physiker glaubten es. Die Müller, die Fischer, die Schiffer hingegen behaupteten, daß die Eisschollen, mit welchen die Flüsse im Winter bedeckt sind, vom Grunde des Wassers stammen, und versicherten, sie hätten solche in die Höhe steigen sehen und oft mit ihren Haken losgerissen. Zur Bekräftigung ihrer Meinung wiesen sie darauf hin, daß die untere Fläche der großen Schollen mit Schlamm durchdrungen, mit Kies incrustirt sei, kurz die unzweideutigsten Spuren des Bodens trage, auf welchem sie aufgelegen; daß in Deutschland sogar ein ganz charakteristischer besonderer Name für das auf dem Flusse treibende Eis existirt, welcher auf den Ursprung vom Grunde weist, nämlich Grundeis. Alle diese Gründe machten wenig Eindruck auf befangene Geister. Nur das Zeugniß mehrerer erfahrener Physiker konnte genügend erscheinen, an die Wirklichkeit einer Erscheinung glauben zu lassen, welche mit den Gesetzen der Wärmefortpflanzung in directem Widerspruch erschien. Nun aber wird man sehen, daß es an solchen Zeugnissen nicht fehlte; daß, wenn die Entstehung des Eises am Boden der Gewässer nicht schon seit lange als eine constatirte Thatsache in den Handbüchern über Physik und Meteorologie aufgeführt wird, dies nur daher rührt, daß gewöhnlich ein Verfasser dem andern nachschreibt; daß Jeder das vernachlässigt, was sein Vorgänger vernachlässigt hat, und die Schriften gelehrter Gesellschaften, worin so viel Schätze vergraben bleiben, sehr selten nachgelesen werden.

§. 2.

Im J. 1730 bei einer Lufttemperatur von —9° C. sahe Hales zu Teddington die Themse in der Nähe des Ufers an ihrer Oberfläche mit einer Eisschicht von 8 Millimeter Dicke bedeckt. Zugleich fand sich eine zweite Schicht von größerer Dicke darunter, welche in der Tiefe des Flusses fortlief, indem sie am Boden haftete. Dieses Eis verband sich an dem Ufer selbst mit dem oberen Eise; entfernte sich aber weiter in den Fluß hinein mehr und mehr davon nach Maaßgabe, als die Tiefe des Wassers zunahm. Dabei stand es dem ersten an Festigkeit nach und war mit Sand und selbst mit Steinen gemengt, welche manchmal von den Schollen bei ihrer aufsteigenden Bewegung mit emporgehoben wurden.

Diese Beobachtung ist darin mangelhaft, daß sie sehr nahe am Ufer angestellt wurde. Personen, welche nicht wissen, wie unvollkommen alle Bodenarten die Wärme fortpflanzen, könnten nämlich glauben, daß die Kälte sich von der trocknen Erde des Ufers zur Erde, aus welcher das Flußbett besteht, fortgepflanzt hätte. Ich habe nicht nöthig, auf eine Erörterung dieser Schwierigkeit einzugehen, weil sie keine Anwendung auf mehrere der im Folgenden zu besprechenden Fälle erleidet.

§. 3.

Zunächst gehe ich auf Beobachtungen über, welche in Frankreich schon in einer frühen Zeit angestellt worden, sehr auffälliger Weise aber von denen, welche sich mit unserm Gegenstande aus historischem Gesichtspunkte beschäftigt haben, ganz unberücksichtigt geblieben sind.

Zu Ende Decembers 1780 gewann die Kälte durch einen ziemlich heftigen Nordwind im südlichen Frankreich plötzlich eine neue Stärke. Das Thermometer sank daselbst bis 8° und 9° C. unter den Nullpunkt. Desmarest, Mitglied der Akademie der Wissenschaften, welcher sich damals zu Annonay befand, sahe das Bett der Déome sich mit einem schwammigen Eise bedecken. Es entstand zuerst an den Uferrändern dieses Flusses, wo die Flüssigkeitsschicht nur 0,65 bis 1 Meter Dicke hatte, ward aber bei andauerndem Froste bald bis zu den tiefsten Stellen beobachtet.

An den Orten, wo das Wasser über nackte Felsen strömte, bemerkte Desmarest niemals eine Spur von Eis. Hingegen bildete es sich überall schnell und reichlich, wo Sand angehäuft war. An einigen Punkten erlangte es eine Dicke von 0,65 Meter.

Nach Desmarest „war es der untere, mit dem Boden in Berührung befindliche Theil, von welchem aus die Eisschollen successive anwuchsen .... Das schon gebildete Eis wurde durch die Expansivkraft des sich bildenden Eises fortgehends gehoben .... Bei Beobachtung dieses Ganges sahe ich, sagt er, daß manche Schollen in einer einzigen Nacht um 5 bis 6 Zoll (0,14 bis 0,16 Meter) gehoben wurden. Einige derselben waren sogar durch täglich und ziemlich gleichförmig erfolgendes Wachsthum von unten zu Inseln, welche über das fließende Wasser emporragten, herangewachsen."

Bisher hat Niemand diese Art des Wachsthums der Eismassen unter dem Wasser bestätigt; und leider hat Desmarest den Beobachtungsweg nicht angegeben, auf dem er zu einem so sonderbaren Resultate gelangt ist. Blieben etwa Gegenstände, die er auf Eisschollen am Grunde gelegt, immer sichtbar, während diese Schollen sich alle vierundzwanzig Stunden der Oberfläche des Wassers erheblich genähert zeigten? Dies hätte wohl die Mühe verdient, auseinandergesetzt zu werden.

Wenn bei stark bedecktem Himmel die Lufttemperatur von Tag zu Nacht sich wenig änderte, so nahm die Dicke des Grundeises nach Desmarest gleichförmig während je 24 Stunden zu. Im Gegenfalle, wenn z. B. die Sonne schien, stockte die Zunahme des Eises am Tage. Die verschiedenen, des Nachts nach Zwischenzeiten der Ruhe von fünf bis sechs Stunden erzeugten Schichten bildeten unterscheidbare Lagen, welche sich leicht von einander trennten. Durch den Anstoß der Strömung löste sich dann jede Eisschicht von der untern, an welcher sie kaum adhärirte, und der Fluß fing an, Eis zu treiben.

§. 4.

Der Amtmann Braun auf Wilhelmsburg in der Elbe veröffentlichte im Jahr 1788 mehrere Abhandlungen, in welchen sich die Existenz des Grundeises theils durch seine eigenen Beobachtungen, theils durch die übereinstimmenden Aussagen der Fischer, die bei genauester Erkundigung von denselben erhalten wurden, festgestellt findet.

Diese Fischer versicherten, daß in den kalten Herbsttagen, lange vor Erscheinen des Eises an der Oberfläche des Flusses, ihre, am Boden des Wassers befindlichen Netze sich mit einer solchen Menge Grundeis überzögen, daß sie dieselben nur sehr schwer herauszuziehen vermöchten; daß die Reußen, deren man sich zum Aalfang bedient, oft, mit Eis äußerlich incrustirt, von selbst an die Oberfläche stiegen; daß Anker, welche im Sommer verloren worden, im folgenden Winter durch die Steigkraft des sie überziehenden Grundeises emporgehoben wurden; daß dieses Eis die großen Steine, an welchen die Signaltonnen durch Ketten befestigt sind, hebe und so die nachtheiligsten Verrückungen dieser nützlichen Signale verursache, u. s. w.

Braun fand diese verschiedenen Angaben selbst bestätigt. Er berichtet, durch Versuche gefunden zu haben, daß der Hanf, die Wolle, die Haare, das gesottene Roßhaar, insbesondere das Moos und die Baumrinde diejenigen Körper sind, welche sich am schnellsten mit Eis bedecken, wenn sie auf den Grund des Wassers gelegt werden, und versichert, daß die verschiedenen Metalle dieselbe Eigenschaft nicht in gleichem Grade besitzen. Das Zinn würde nach ihm die erste, das Eisen die letzte Stelle einnehmen.

§. 5.

Knight, der berühmte Botaniker, hat im 106. Bande der Philosophical Transactions eine Beobachtung mitgetheilt, welche um so schätzbarer ist, als sie, in gewisser Beziehung, das Geheimniß der Bildung des Grundeises aufzuklären scheint.

Die Beobachtung ist im J. 1816, des Morgens nach einer sehr kalten Nacht, auf dem Flusse Teme in Herefordshire angestellt worden. Dieser kleine, durch eine Schleuse gestaute Fluß bildet ein weites Becken stehenden Wassers, welches bestimmt ist, die bewegende Kraft für Mahlmühlen zu liefern. Das Wasser fällt über ein Wehr in einen engen Kanal, in welchem sein Lauf hier und da durch Felsvorsprünge und große Steine gehemmt wird, wodurch sich Wirbelbewegungen, starke Strudel bilden. Der Fluß hat nur geringe Tiefe und fließt über ein felsiges Bett.

An der Oberfläche des stehenden Wassers im oberen Becken entdeckte das Auge Millionen kleiner schwimmender Eisnadeln. Tiefer abwärts, nach dem Fall in den eigentlichen Fluß, waren die Steine auf dem Grunde des Bettes mit einer silberglänzenden Materie bedeckt, welche sich bei näherer Untersuchung aus einem Aggregat von Eisnadeln bestehend fand, die sich, wie im Schnee, unter allen möglichen Winkeln kreuzten. Auf jedem Steine hatte sich diese Materie oder dieses schwammige Eis reichlicher an den dem Strom entgegenstehenden Flächen abgesetzt, und nur ganz nahe an den Uferrändern die Consistenz des gewöhnlichen Eises angenommen. Der Fluß war überdies an seiner Oberfläche nicht gefroren, außer an einigen Stellen in Berührung mit dem Ufer, wo das Wasser keine merkliche Bewegung hatte.

§. 6.

Am 11. Februar 1816 sahen die Brücken- und Wegebauingenieure oberhalb der Brücke von Kehl das Bett des Rheins an vielen Stellen mit Eis bedeckt. Gegen 10 Morgens löste sich dieses Eis los, stieg an die Oberfläche und trieb im Flusse fort.

Das Thermometer, an freier Luft, zeigte —12°. Das Wasser

des Flusses fand sich auf Null Grad in allen Tiefen. Dennoch bildete sich das Eis nur an den Stellen, wo Steine oder eckige Trümmer vorkamen. Dieses Eis war schwammig und aus verworrenen Nadeln gebildet. Die an dem Flusse angestellten Brücken- und Wegebauconducteure behaupteten, daß es an die Oberfläche niemals eher als gegen zehn oder elf Uhr Morgens steige.

§. 7.

Der Kanal von St. Alban leitet die Wasser der Birse durch die Stadt Basel. Diese Wasser sind ganz klar und fließen sehr rasch. Im Winter 1823 untersuchte Professor Merian aufmerksam das Bett des Kanals, welches im Allgemeinen mit Kieselgeröll bedeckt ist, und fand überall, wo der Grund des Wassers einen Vorsprung darbot, ein Stück Eis, das man von weitem für eine Vereinigung von Baumwollenflocken angesehen haben würde. Dieses Eis löste sich von Zeit zu Zeit los und schwamm an der Oberfläche. Es bot alle Charaktere des Grundeises der deutschen Schiffer dar.

§. 8.

Herr Hugi, Präsident der Gesellschaft der Naturgeschichte in Solothurn, ist meines Wissens derjenige Physiker, welcher das Phänomen der Bildung des Grundeises im größten Maaßstabe, in größter Entwickelung beobachtet hat. Seine ersten Beobachtungen datiren von 1827.

Vom 2. zum 5. Februar dieses Jahres hatte die Aar zu Solothurn Eis getrieben. Am 15. war sie vollkommen frei. Am 16. floß sie ruhig und ihre Wasser waren ganz rein. An demselben Tag erhob sich bei einem Ostwinde, 20 Meter unterhalb der Brücke, in einer Ausdehnung von ungefähr 150 Qu.-Meter, ununterbrochen vom Grunde des Flusses eine Menge großer Eistafeln. Ich muß hinzufügen, (da hierdurch bestätigt wird, was Hales von den Themse-Schiffern gehört hatte), daß die meisten Eisschollen vertical bis zu 0,5 bis 1 Meter über die Wasserfläche emporstiegen, und, nachdem sie einige Augenblicke in dieser Lage verblieben waren, sich horizontal legten und fortschwammen. Der Fluß trieb also von dieser Stelle an Eis.

Nach einer gewissen Zeit wurden die Schollen seltener; hatten aber an Größe so zugenommen, daß mehrere derselben, wenn schon fast vertical über das Wasser ansteigend, noch mit einer ihrer Seiten auf dem Flußbett ruhten und sehr lange stationär in dieser Lage verblieben. Der Vorgang währte ungefähr zwei Stunden.

Von der Brücke abwärts fließt die Aar rasch über ein, um 20° bis 30° geneigtes, stellenweise ganz steiniges Bett. Oberhalb der Gegend, wo sich die Schollen erhoben, findet sich das schon ruhigere Wasser immer in einer Art Wirbelbewegung.

Die Temperatur der Luft war	—5°,7 C.
Nahe am Wasser	—4 ,9
An der Oberfläche des Flusses selbst . . .	+2 ,1
Im Wasser, um die Brückenbogen, wo sich kein Eis bildete	+3 ,0
Auf dem Grunde, von wo sich das Eis erhob .	0 ,0

Diese Temperaturbeobachtungen würden wichtiger sein, wenn erwiesen wäre, daß die Grundeismassen des 16. Februar sich auch an diesem Tage gebildet hätten: sie konnten aber das Flußbett schon seit mehreren Tagen bedecken.

Die zweite Reihe der Hugi'schen Beobachtungen gehört dem Februar 1829 an.

Am 11. dieses Monats zeigte die Aar bei Solothurn an keiner Stelle ihres Laufes Eisschollen. Seit mehreren Tagen betrug die Lufttemperatur +4° bis +6° C. In der Nacht vom 11. zum 12. sank sie plötzlich bis — 14° C. Am 12., bei Sonnenaufgang trat ein sehr lebhafter Eisgang auf dem Flusse ein. Dabei ist wichtig zu bemerken, daß das Wasser bisher weder an den Uferrändern, noch selbst an geschützten Stellen, wo es vollkommen ruhig war, die Spur einer Eisdecke an der Oberfläche zeigte. Also ließ sich nicht sagen, daß die Schollen sich vom Ufer abgelöst hätten. Ebenso wenig war irgend Grund vorhanden, sie von irgend einer, aufwärts im Flusse vorhandenen Eisfläche abzuleiten. Denn zu Altreu, drei Viertel Meilen oberhalb Solothurn, trieb der Fluß fast kein Eis. Dazu fingen bald

Eisschollen an, unterhalb der Brücke, an eben der Stelle, wo sie im J. 1827 beobachtet worden waren, aufzusteigen. Gegen Mittag sah man sogar Eisinseln sich mitten im Flusse bilden. Am 13. gab es deren 23. Die größten hatten fast 33 Meter im Durchmesser. Sie waren ringsum frei, widerstanden dem Andrange einer Strömung von fast 70 Meter in der Minute und erstreckten sich über einen Raum von ungefähr 500 Meter. Herr Hugi besuchte dieselben auf einem Kahne. Er landete daran, durchging sie in verschiedenen Richtungen, und fand an ihrer Oberfläche eine compacte Eisschicht von 0,05 bis 0,10 Meter Dicke, ruhend auf einer Masse von der Form eines umgekehrten Kegels von 3 bis 4 Meter Verticalhöhe, welche auf dem Grunde des Flußbettes fest saß. Diese Kegel bestanden aus einem halbgeschmolzenen, gallertartigen, nach Herrn Hugi dem Froschlaich ziemlich ähnlichen Eise. Es war nach unten weicher als nach oben und ließ sich nach allen Richtungen leicht mit Stangen durchbohren. Der freien Luft ausgesetzt verwandelte sich diese Substanz der Kegel schnell in ein körniges Eis, dem ähnlich, welches sich auf dem Grunde des Wassers bildet.

Zur Zeit dieser Beobachtungen wurden folgende Temperaturen verzeichnet:

Temperatur der Luft	in 9 Meter Höhe, oberhalb der Aar	— 11,2° C.
	in 1,3 „ „	— 9,4
Temperatur des Wassers	in 0,05 Meter Tiefe . . .	0,0
	in 1,3 „ „ . . .	+ 1,0
	in 0,5 „ über dem Grunde	+ 1,5
	auf dem Grunde selbst . . .	+ 2,4
	in 1 Meter Tiefe in der Sole des Grundes	+ 8,0

Diese Temperaturbestimmungen des Wassers wurden an einer Stelle des Flusses erhalten, wo kein Eis auf dem Grunde vorhanden war.

§. 9.

Herr Fargeau, Professor der Physik zu Straßburg, ein ausgezeichneter Gelehrter, hat am Rhein Beobachtungen angestellt, welche der Akademie mitgetheilt worden sind. Sie verdienen selbst nach allem Vorigen noch angeführt zu werden.

Am 25. Januar 1829, gegen 7 Uhr Morgens, war die Lufttemperatur an der Brücke bei Kehl —13,71° C. Zu derselben Zeit fand sich das Wasser in dem Theile des Rheins, welcher durch die Lage der Sandbänke auf der französischen Seite eine Art See ohne Strömung bildete, auf dem Nullgrade; in einer Tiefe von ½ Meter aber war die Temperatur +4,4°. Dieser Theil bot nur ganz nahe an den Uferrändern einige Eisschollen dar.

Ueber die Sandbänke hinaus, in einer kleinen Bucht, wo Wasser von geringer Tiefe an einen sehr reißenden Strom grenzte, erschienen alle Kiesel mit einer Art durchsichtigem Moose von 3 bis 4 Centimeter Dicke überzogen, welches sich bei näherer Untersuchung aus nach allen Richtungen verflochtenen Eisnadeln bestehend zeigte. In dieser Bucht zeigte das Wasser ebenso Null an der Oberfläche wie auf dem Grunde des Wassers. Dasselbe war der Fall mit dem Wasser der Strömung da, wo sie am schnellsten war. Hier nahm man auch, sowohl auf dem Bette des Rheins selbst als auf einigen Holzstücken, an der entgegengesetzten Seite des Stroms, in 2 Meter Tiefe, große Massen eines schwammigen Eises wahr, in welche das Ruder des Schiffers ohne Schwierigkeit eindrang. Dieses Eis, an die Oberfläche des Flusses gebracht, fand sich von ganz gleicher Beschaffenheit mit den unzähligen Eisschollen, welche damals auf demselben trieben. Herr Fargeau berichtet, daß er mehrmals mit eigenen Augen auf dem hohen Rheine das Grundeis sich vom Boden lösen und nach der Oberfläche aufsteigen sah.

Mit seinen eigenen Wahrnehmungen hat Herr Fargeau eine wichtige Beobachtung in Verbindung gesetzt, welche ihm mitgetheilt worden ist, und aus welcher die Folgerung hervorgeht, daß die Beschaffenheit des Flußbettes denselben Einfluß auf die Vorgänge des Gefrierens in kleinen und in großen Massen strömenden Wassers hat. Ein Hammermeister in den Vogesen hat ihm mitgetheilt, daß er zur Verhinderung der Bildung von Grundeis in dem Bache, welcher sein Werk speist, jährlich die Steine und andere fremde Körper entfernen müsse, mit denen sich das Bett zufällig bedeckt findet.

§. 10.

Zu Anfange des Jahres 1830 fand Herr Duhamel, nachdem er das Eis, womit die Seine bedeckt war, aufgebrochen, etwas unterhalb des Pont de Grenelle, in 2 bis 3 Meter Entfernung vom Uferrande, auf dem Grunde eine zusammenhängende Eisschicht von 0,04 Meter Dicke. Er verschaffte sich selbst mehrere Bruchstücke davon. Das Wasser hatte an dieser Stelle über 1 Meter Tiefe. Es zeigte Null in jeder Höhe. Die Strömung war ziemlich schnell.

Die Erfahrung von Herrn Duhamel hat wie die oben angeführte von Hales den Mangel, daß sie nahe am Uferrande gemacht worden ist. Doch konnte ich dieselbe nicht übergehen; da seither meines Wissens keine andere directe, von einem wissenschaftlichen Beobachter herrührende, über die Bildung von Grundeis in der Seine vorliegt.

§. 11.

Wie schon gesagt, glaubten die Physiker nicht an die Möglichkeit, daß das auf dem Flusse treibende Eis vom Grunde des Flusses herkommen könnte; man darf also nicht erwarten, in dem hier folgenden Abriß der theoretischen Speculationen, zu welchen diese Erscheinung Anlaß gegeben hat, etwas Haltbares zu finden.

Die Schiffer halten ziemlich allgemein dafür, daß die Eisschollen sich Nachts, am Grunde der Flüsse, durch die Einwirkung des Mondes bilden, und daß es die Sonne ist, welche sie, Morgens darauf, an die Oberfläche emporzieht. Die Volksvorurtheile beruhen gewöhnlich auf irgend einer unvollständigen Beobachtung. Erinnert man sich, was wir vom Aprilmonde gesagt haben, so wird man leicht finden, wie die in Rede stehende sonderbare Annahme sich bilden konnte.

Der theoretischen Auffassung der Schiffer folgte eine andere, die kaum mehr sagen will. Die Wärme, so behauptete man, ist das Resultat einer heftigen Bewegung der Körpertheilchen. Nun ist die Bewegung des fließenden Wassers rascher an der Oberfläche als am Grunde; also wird man stets an der Oberfläche das Maximum der Temperatur finden, und das Gefrieren wird am Grunde, wo die Bewegung am schwächsten ist, beginnen müssen. Zur Vervollständigung dieser Theorie wurde das Aufsteigen der Schollen der Elasticität zugeschrieben, welche die in Wasser aufgelöste Luft wieder annimmt, wenn sie sich während des Gefrierens entbindet, um inmitten der Eismasse ziemlich große Blasen zu bilden.

Im J. 1742, als diese seltsame Theorie erschien (Observations sur les écrits modernes, t. XXXI), war das Thermometer schon in Aller Händen, und ließ sich also leicht erkennen, daß das Wasser der Flüsse bei einem starken Froste im Allgemeinen kälter an der Oberfläche als am Grunde ist. Aber, wie Montaigne sagt, „die Menschen beschäftigen sich lieber damit, von den Thatsachen, die man ihnen vorlegt, den Grund als die Wahrheit aufzusuchen; sie verlassen die Sachen und eilen zu den Gründen."

Um die theoretischen Einwürfe, welche Rollet den Volksmeinungen bezüglich des Grundeises entgegengesetzt hatte, mit den Beobachtungen zu vereinigen, aus welchen unwidersprechlich hervorging, daß die meisten der Schollen, welche beim Eisgang auf dem Flusse treiben, mehr oder minder lange unter Wasser gewesen sind und mit ihrer untern Fläche auf einem schlammigen Boden geruht haben, verfiel man darauf, ihren Ursprung in den kleinen Zuflüssen der großen Flüsse zu suchen. Denn, sagte man, da hier das Wasser nicht sehr tief ist, muß das Eis bald mit dem Boden oder Schlamme, welcher das Bett auskleidet, in Berührung kommen. Was die Schollen anlangt, die man aus dem Wasser heraufsteigen sieht, oder welche von den Schiffern aus einigen Decimetern Tiefe mit ihren Haken herausgezogen werden, so erklärte man das Vorkommen derselben durch den Hinweis, daß nach einer heftigen Kälte, mit darauf folgendem Beginn von Thauwetter, manchmal ein starkes Steigen des Wassers mit nachfolgendem neuen Froste eintritt, vermöge dessen sich dann im Flusse, insbesondere aber an den Uferrändern, zwei Eisschichten in einer gewissen Entfernung über einander finden: die eine in der Höhe des ersten Wasserniveaus, die zweite in der Höhe, welche dies Niveau durch das Steigen erlangt hat.

Diese Theorie, welche sich auf einen nur ganz ausnahmsweise eintretenden Fall bezieht, erklärt in keiner Weise die oben angeführten Beobachtungen, wo die Physiker mit eigenen Augen das Eis an der

Oberfläche der Kiesel auf dem Grunde des Wassers, und dem Bette mancher Flüsse selbst, sich bilden sahen.

Wir kommen jetzt auf M'Keever, der trotz seines Rückganges auf die subtilsten Principien der Wärmetheorie nicht glücklicher ist, als seine Vorgänger.

Nach diesem Physiker haben die Felsen, die Steine, der Kies, womit der Grund der Flüsse gewöhnlich bedeckt ist, ein weit stärkeres Strahlungsvermögen als der Schlamm, vielleicht wegen ihrer eigenthümlichen Beschaffenheit, hauptsächlich aber wegen ihrer rauhen Oberfläche. Also werden die Felsen in großen Massen oder kleinen Fragmenten stärker durch Strahlung erkalten, wenn die Lufttemperatur sehr niedrig ist, und hiermit das Gefrieren des Wassers, das mit ihnen in Berührung kommt, bewirken können.

Es wäre überflüssig, zu untersuchen, ob die Wärme durch eine dicke Wasserschicht durchstrahlt, so wie M'Keever annimmt, da seine Erklärung durch die einfachste Beobachtung umgeworfen wird.

In der That, wem hat sich nicht die Bemerkung aufgedrängt, daß die starke Strahlung, welche vom irländischen Physiker vorausgesetzt wird, sich noch besser, oder doch mindestens ganz eben so gut, in ruhigem als in fließendem Wasser äußern müsse? Niemand aber hat Grundeis am Boden eines ruhigen Wassers sich bilden sehen.

Lassen wir alle diese mißglückten Erklärungen bei Seite; und stellen, in Ermangelung des Besseren, wenigstens die physischen Bedingungen der Frage mit Schärfe fest.

Wenn man Flüssigkeiten von verschiedener Dichtigkeit, die aber keine chemische Verwandtschaft zu einander haben, in ein und dasselbe Gefäß durcheinander schüttet, so sinkt die schwerste endlich zu Boden, und die leichteste schwimmt oben auf.

Dies Princip der Hydrostatik ist allgemein. Es gilt ganz eben so für Flüssigkeiten von verschiedener chemischer Beschaffenheit, wie für Theile einer und derselben Flüssigkeit, welche infolge ungleicher Temperatur eine verschiedene Dichtigkeit haben.

Die Flüssigkeiten theilen mit allen andern Körpern, den festen und gasförmigen, die Eigenschaft, an Dichtigkeit zuzunehmen, wenn ihre Temperatur abnimmt.

Nur Wasser bietet, wie zu Anfange dieses Aufsatzes (S. 122) erwähnt worden, innerhalb eines gewissen sehr kleinen Temperaturintervalls eine sonderbare Ausnahme von dieser Regel dar. Nehmen wir Wasser von +10° C. und lassen es langsam erkalten; bei 9° werden wir es dichter finden als bei 10°, bei 8° dichter als bei 9°, bei 7° dichter als bei 8°, u s. f. bis zu 4°. Bei diesem Punkte hat die Verdichtung ihre Grenze. So wird sich schon im Uebergange von 4° zu 3° eine merkliche Dichtigkeitsabnahme zeigen. Diese wird sich fortsetzen, wenn die Temperatur von 3° auf 2°, von 2° auf 1°, und von 1° auf Null sinkt. Kurz, das Wasser hat ein Maximum der Dichtigkeit, welches nicht mit dem Punkte, wo es gefriert, zusammenfällt. Die Temperatur von 4° über Null ist es, welcher dieses Maximum entspricht.

Hiernach ist Nichts einfacher, als die Bestimmung der Weise, wie das Gefrieren eines stehenden Wassers von Statten geht.

Nehmen wir, wie so eben, an, daß das Wasser in dem Augenblicke, wo mit dem Nordwinde Frost eintritt, in seiner ganzen Masse auf der Temperatur +10° sei. Die Erkaltung der Flüssigkeit durch die Berührung mit der eiskalten Luft wird von Außen nach Innen vorschreiten. Die Oberfläche, welche sich nach der Voraussetzung auf 10° fand, wird sich bald nur auf 9° finden; aber bei 9° ist das Wasser dichter als bei 10°; also wird es nach dem oben angeführten Principe der Hydrostatik auf den Boden der Wassermasse herabsinken, und durch eine noch nicht erkaltete Schicht, deren Temperatur 10° ist, ersetzt werden. Dieser wird ihrerseits dasselbe, als der ersten begegnen, und so fort. Nach kürzerer oder längerer Zeit wird sich also die ganze Masse auf +9° finden.

Wasser von +9° wird ganz ebenso, wie Wasser von 10°, in successiven Schichten erkalten. Alle nach der Reihe werden an die Oberfläche steigen und um einen Grad in ihrer Temperatur sinken. Derselbe Vorgang wird sich unter ganz gleichen Umständen bei 8°, bei 7°, bei 6° und bei 5° wiederholen. Aber so wie 4° erreicht ist, wird sich Alles ändern.

Bei +4° nämlich ist das Wasser zu seinem Dichtigkeitsmaximum gelangt. Wenn die Schicht an der Oberfläche jetzt durch Einwirkung der Luft um 1° erkaltet und dadurch auf 3° herabgebracht wird, so wird sie hierdurch minder dicht als die Wassermasse unter ihr, und kann sich demnach nicht in dieselbe einsenken. Eine neue Temperaturerniedrigung wird dies ebenso wenig bewirken, weil Wasser von +2° leichter als Wasser von +3° ist, u. s. f. Wie leicht zu erachten aber, muß die betreffende Schicht, indem sie immer an der Oberfläche und hiermit der erkaltenden Wirkung der Luft fortgehends ausgesetzt bleibt, bald die ihr anfänglich zukommenden 4° Wärme verlieren. Sie wird also zuletzt auf Null herabkommen und gefrieren.

Das Eisblatt an der Oberfläche findet sich dann, wie sonderbar dies auch erscheinen möge, über einer Flüssigkeitsmasse gelagert, deren Temperatur, wenigstens auf dem Grunde, 4° über Null ist.

Das Gefrieren eines stehenden Wassers kann offenbar auf keine andere Weise vor sich gehen. Auch hat, ich wiederhole es, Niemand jemals einen Anfang von Eisbildung auf dem Grunde eines Sees oder Teiches wahrgenommen.

Untersuchen wir jetzt kürzlich, welche Abänderungen die Bewegung der Flüssigkeit in den erörterten Vorgang bringen muß.

Ist diese Bewegung etwas schnell, erzeugt sie Wirbel, geht sie über einem höckerigen oder ungleichförmigen Boden vor sich, so werden sämmtliche Wasserschichten dadurch immer von Neuem unter einander gemischt, und die hydrostatische Reihenfolge, auf die wir so viel gebaut haben, gänzlich umgestürzt. Das leichteste Wasser schwimmt dann nicht immer oben auf; es wird durch Strömungen in die Tiefe gerissen, und das Wasser dadurch in Masse erkältet, so daß es bald allenthalben eine gleiche Temperatur annimmt.

Kurz, in einer dicken Masse stehenden Wassers vermag der Grund nicht unter +4° zu sinken. Ist dieselbe Masse im Zustande der Bewegung, so können die Oberfläche, die Mitte, der Grund sich zugleich auf Null Grad befinden.

Es bleibt uns jetzt blos noch zu untersuchen übrig, wie es kommt, daß, wenn diese Gleichförmigkeit der Temperatur in einer Wassermasse eingetreten ist, und dieselbe ganz auf Null Grad gebracht ist, das Gefrieren vielmehr am Grunde als an der Oberfläche erfolgt.

Nun, wer wüßte nicht, daß man zur Beschleunigung der Krystallbildung in einer Salzlösung nur nöthig hat, einen spitzigen Körper, oder einen Körper, der Rauhigkeiten an seiner Oberfläche hat, einzutauchen; daß die Krystalle sich vorzugsweise von diesen Rauhigkeiten aus bilden und rasch vergrößern? Jedermann aber kann sich überzeugen, daß von den Eiskrystallen dasselbe gilt; daß, wenn das Gefäß, worin das Gefrieren von Statten gehen soll, eine Spalte, einen Vorsprung, irgend welche Unterbrechung der Continuität zeigt, diese Spalte, dieser Vorsprung, diese Unterbrechung zu eben so viel Mittelpunkten werden, um welche sich die Eisnadeln vorzugsweise gruppiren.

Findet man aber nicht hierin ganz denselben Hergang wieder, der beim Gefrieren der Flüsse statt hat? Ich denke, man wird es bejahen, wenn man sich erinnert, daß das Gefrieren des Wassers auf dem Flußbette selbst immer blos an Stellen erfolgt, wo sich Felsen, Kiesel, Holzstücke, Kräuter u. s. f. finden.

Ein anderer Umstand, welcher auch eine gewisse Rolle bei dem Hergange scheint spielen zu können, ist die Bewegung des Wassers. An der Oberfläche ist diese Bewegung sehr schnell, sehr heftig; sie muß also der symmetrischen Gruppirung der Eisnadeln, jener polaren Anordnung, ohne welche kein Krystall irgend welcher Art regelmäßige Form oder Festigkeit erlangen kann, hinderlich sein; und die Krystallkerne, selbst noch während sie in rudimentärem Zustande sind, oft dadurch zerbrochen werden.

Am Grunde des Wassers ist dieses große Hemmniß der Krystallisation, die Bewegung, wenn überhaupt vorhanden, doch mindestens sehr verringert. Man kann also annehmen, daß ihre Wirkung daselbst blos hinreichen wird, die Bildung eines regelmäßigen und compacten Eises zu verhindern, ohne auf die Länge hindern zu können, daß sich eine Menge kleiner Eisnadeln ordnungslos mit einander verbinden, und dadurch jene Art schwammigen Eises erzeugen, in welches nach Hugi (S. 140) die Ruder seines Fahrzeugs so leicht eindrangen.

Nachdem wir so weit gelangt sind, wird der Leser vielleicht fragen, warum ich Vorstehendes nicht als eine vollständige Erklärung der Bildung des Grundeises gebe. Folgendes ist meine Antwort:

Es fehlen uns noch Beobachtungen zum Beweise, daß sich diese Art Eis nirgends zeigt, bevor die Temperatur der ganzen Wassermasse auf Null herabgekommen ist.

Es ist nicht ausgemittelt, ob die kleinen auf dem Wasser schwimmenden Eistheilchen, deren Knight gedenkt, und welche durch die Berührung mit der Luft, wenigstens an ihrer oberen Seite, eine Temperatur weit unter Null angenommen haben können, bei dem Vorgange der Bildung des Grundeises nicht eine, von mir ganz vernachlässigte, wichtige Rolle spielen, die z. B., daß sie die Kiesel auf dem Grunde des Flusses erkälten, wenn sie durch die Strömung bis zu ihnen herabgerissen werden. Wäre es nicht sogar möglich, daß diese schwimmenden Nadeln den Hauptbestandtheil des künftigen schwammigen Eises bildeten?

Unsere Theorie erklärt nicht, warum dieses Eis, einmal gebildet, blos von unten wachsen sollte. Wäre die Beobachtung von Desmarest richtig, so bedürfte die Theorie in dieser Hinsicht noch einer Ergänzung.

Während das Gefrieren am Grunde der Aar vor sich ging, an dem Orte der Eisbildung selbst, ließ Hugi in das Wasser Krüge voll heißen und Krüge voll kalten Wassers herab. Die ersten, sagt er, waren, als man sie herauszog, mit einer Eisschicht von 0,027 Meter Dicke überzogen; die andern zeigten keine Spur davon. In Tuch gehüllte Kugeln, die einen heiß, die andern kalt, gaben ähnliche Resultate.

Diese eigenthümlichen Versuche können nicht dahingestellt bleiben. Man muß sie wiederholen, abändern, und sich namentlich wohl überzeugen, daß die beiden eingetauchten Körper sich blos durch ihre Temperatur unterscheiden, daß ihre Oberflächen ganz denselben Grad der Politur haben. Wenn man nach allen minutiösen Vorsichtsmaaßregeln, mit denen ein geübter Physiker sich wohl zu umgeben wissen wird, immer noch findet, was Hugi gefunden zu haben versichert, daß der Körper, welcher im Zeitpunkte des Eintauchens der wärmere war, sich mit mehr Eis bedeckt, als der kältere, so wird vielleicht Nichts übrig bleiben, als diese sonderbare Erscheinung innern Bewegungen der Flüssigkeit, Strömungen zuzuschreiben, die, zuerst durch die Gegenwart des heißen Körpers eingeleitet, noch nach seiner Erkaltung fortgehen, Strömungen, durch welche die an der Wasseroberfläche erstarrten Eisnadeln unaufhörlich gegen diesen erkalteten Körper getrieben werden.

Bevor sich sagen läßt, daß die Frage, mit der wir uns beschäftigen, vollständig gelöst ist, wird endlich auch noch die Textur des Grundeises neuen Beobachtungen zu unterwerfen sein; wird man sich zu überzeugen haben, ob, so wie es behauptet wird, die Blasen, welche dasselbe allenthalben durchlöchern, keine Luft enthalten, ob sie ganz leer sind; denn dieser Umstand ist sehr geeignet, uns über den Ort aufzuklären, wo sie ihren Ursprung nehmen.

Doch sind hiermit die Grenzen der Betrachtung, die ich mir gezogen, schon weit überschritten. Denn anfangs wollte ich blos untersuchen, ob das Eis, welches beim Eisgange auf den Flüssen treibt, auf dem Grunde oder an der Oberfläche derselben entsteht. Diese Frage kann heutzutage nicht mehr zweifelhaft sein. Nicht ebenso weit ist man mit der Theorie. Ich habe die Lücken bezeichnet, welche sie noch darbietet. Vermöchte diese Aufzählung derselben etwas zur baldigen Ausfüllung derselben beizutragen, so würde ich mich reichlich für die Mühe dieser Arbeit entschädigt halten.

Ueber den Wärmezustand der Erdkugel.

Erstes Kapitel.

Einleitung.

Aendert sich der Wärmezustand der Erdkugel im Laufe der Jahrhunderte? Treffen die Aenderungen die gesammte Masse der Substanzen, woraus unsere Erde besteht? Oder hat man anzunehmen, daß sie nur die Oberfläche berühren? Existirt in dem einen wie in dem andern Falle irgend ein Beweis, daß seit den historischen Zeiten die Temperaturänderungen merklich gewesen sind?

Diese Fragen nehmen unter denen, welche von den Physikern und Mathematikern seit einer gewissen Zahl von Jahren mit dem größten Erfolge behandelt worden sind, den ersten Rang ein; sie hängen eng mit der Zukunft des ganzen menschlichen Geschlechts zusammen; sie führen zu wahrscheinlichen Erklärungen zahlreicher von den Geologen entdeckter eigenthümlicher Phänomene. Es lag daher nahe, sie einer genauen Prüfung zu unterwerfen. Meine Absicht ist, die Aufgabe von allen Gesichtspunkten aus zu betrachten, und einen möglichst vollständigen und leichtverständlichen Ueberblick über die verschiedenen von der Wissenschaft bereits in ihre Jahrbücher aufgenommenen Resultate zu liefern.

In andern Aufsätzen *) sind von mir die Erscheinungen des Regens, der Winde und der Barometeränderungen mit allen erfor-

*) Diese Aufsätze stehen in einem der letzten Bände. Anm. d. d. Ausg.

derlichen Details behandelt worden. Es sind diese Aufsätze dieselben, die ich auf dringende Bitten von Personen, nach deren Ansicht solche Fragen das Publikum interessiren, zu verschiedenen Zeiten in dem Annuaire du bureau des longitudes veröffentlicht habe.

Ich habe nur nöthig gehabt, sie in einigen Theilen zu überarbeiten, um sie auf den Standpunkt der neuesten Untersuchungen zu stellen, und zu diesem Ende Herrn Barral gebeten, die Tabellen, deren Umrisse ich vorbereitet hatte, zu vervollständigen.

Neigung und Pflicht haben mich veranlaßt, mich während meiner ganzen wissenschaftlichen Laufbahn dem Studium der Meteorologie, welche die Gesammtheit der auf der Oberfläche unseres Planeten unter dem Einflusse der Wärme, der Elektricität und des Lichtes hervorgebrachten Erscheinungen umfaßt, zu widmen. Vielleicht ist es mir durch meine Bemühungen gelungen, eine Wissenschaft, die nicht nur die Aufmerksamkeit derer, welche sich in der Erforschung der großen Naturgesetze gefallen, sondern auch aller derer verdient, die sich mit den allgemeinen Interessen der Menschheit beschäftigen, einige Fortschritte machen zu lassen.

Sobald ich einigen Einfluß auf dem pariser Observatorium erlangt hatte, modificirte ich das System meteorologischer Beobachtungen, die daselbst regelmäßig, aber nach einem mangelhaften Plane gemacht wurden. Ich nahm dasjenige an, welches Ramond auf seiner Station zu Clermont-Ferrand mit großem Erfolge angewandt hatte. Diese sehr sorgfältig reducirten Beobachtungen wurden in die Annales de chimie et de physique von 1816 an aufgenommen. Eine allgemeine Uebersicht erschien regelmäßig mit der Decembernummer. So konnte ich feststellen, daß die tägliche barometrische Periode sich sogar unter der Breite von Paris wahrnehmen ließ; daß im Allgemeinen 10 Tage genügten, um sie befreit von dem Einflusse der zufälligen Schwankungen sichtbar zu machen; daß endlich ihr Werth zwischen 9 Uhr Morgens und 3 Uhr Nachmittags ungefähr 1 Millimeter betrug.

Durch Discussion der Thermometerbeobachtungen zeigte ich ferner, daß, wenn man in unsern Klimaten die Jahrestemperatur ermitteln will, und dabei gezwungen ist, sich auf eine einzige tägliche Beobachtung zu beschränken, die Beobachtung zwischen 8 und $8^1/_2$ Uhr Morgens zu wählen ist. — Nach demselben Verfahren läßt sich die mittlere Temperatur der verschiedenen Monate nicht berechnen; das Mittel der zwölf Bestimmungen weicht aber sehr wenig von dem Jahresmittel ab.

Wie ich schon gesagt habe, sind von 1816 an die auf dem pariser Observatorium gemachten meteorologischen Beobachtungen monatlich in den Annales de chimie et de physique veröffentlicht worden; von 1835 an haben sie auch in die Comptes rendus hebdomadaires der Akademie der Wissenschaften Aufnahme gefunden.

Von 1816 bis 1830 habe ich außerdem am Ende jedes Jahres für die Annales de chimie et de physique meteorologische Uebersichten über die hauptsächlichsten Erscheinungen, welche Temperatur, Regen, Winde, Zustand des Himmels, Erderschütterungen, ungewöhnliche Wirkungen der Kälte, der Wärme, der Gewitter, des Hagels u. s. w. hervorgerufen hatten, geliefert. Alle constatirten Thatsachen finden sich in diesem Bande in specielle Kapitel zusammengestellt.

Zweites Kapitel.

Ursprünglich war die Erde wahrscheinlich glühend. — Jetzt besitzt sie noch einen merklichen Theil ihrer anfänglichen Wärme.

Einen ersten Schritt zum Beweise der beiden in der Ueberschrift dieses Kapitels ausgesprochenen Behauptungen werden wir gethan haben, wenn es uns gelingt, zu entdecken, ob die Erde ursprünglich flüssig oder fest war.

Wenn die Erde fest war, als sie um ihren Mittelpunkt zu rotiren begann, so mußte die Form, welche sie in jenem Augenblicke hatte, sich trotz der Rotationsbewegung fast ungeändert erhalten. Bei der entgegengesetzten Annahme würde dies nicht statt gefunden haben. Eine flüssige Masse nimmt mit der Zeit die Gleichgewichtsfigur an, welche allen auf sie wirkenden Kräften entspricht. Nun lehrt aber die Theorie, daß eine solche Masse, dieselbe zunächst als homogen vorausgesetzt, sich in der Richtung der Rotationsaxe abplatten, dagegen unter dem Aequator anschwellen muß; sie liefert den Unterschied in der Länge der beiden Durchmesser; sie zeigt, daß nach dem Eintritte des Gleichgewichtszustandes die allgemeine Figur der Masse ein Ellipsoid ist, und gibt endlich die Modificationen an, welche nach den wahrscheinlichsten physikalischen Hypothesen aus einem Mangel an Homogeneität der flüssigen Schichten hervorgehen können. Alle diese Resultate der Rechnung stimmen auf wunderbare Weise nicht nur im Allgemeinen, sondern selbst bis auf die Zahlenwerthe mit den zahlreichen Messungen überein, die auf beiden Halbkugeln unserer Erde angestellt worden sind. Eine solche Uebereinstimmung kann wohl nicht ein bloßes Werk des Zufalls sein.

Die Erde war also ehemals flüssig.

Wir haben nun die Ursache jenes frühern flüssigen Zustandes aufzusuchen. In der Ueberschrift dieses Kapitels habe ich das Feuer als solche angeführt; indeß herrscht über diesen Punkt noch keine allgemeine Uebereinstimmung. Die sogenannten Neptunisten unter den Geologen haben nur einen wässerigflüssigen Zustand zugegeben; nach ihrer Ansicht waren die sehr verschiedenartigen erdigen Substanzen ursprünglich in einer Flüssigkeit gelöst, und das feste Gerüst des Erdkörpers hat sich durch Absatz oder Niederschlag gebildet. Dagegen verwerfen die Anhänger des plutonischen Systems jeden Gedanken an ein Lösungsmittel; für sie war der flüssige Zustand der Bestandtheile unserer Erde ehemals das Resultat einer sehr hohen Temperatur; die Oberfläche erstarrte durch Erkaltung

Wie große Bitterkeit auch die Anhänger der beiden Systeme gegen einander zeigen mochten, so bekämpften sie sich doch durch wenig entscheidende Argumente, welche den geologischen Phänomenen entlehnt waren, und an strenge Folgerungen gewöhnte Geister in Zweifel ließen. Das wahre Mittel, dem Streite ein Ende zu machen, bestand offenbar darin, zu untersuchen, ob im Innern der Erde Reste, sichere Anzeichen der von den Plutonisten angenommenen ursprünglichen Wärme sich fänden. Dies ist das Problem, dessen befriedigende Lösung den Physikern und Mathematikern durch ihre vereinten Anstrengungen gelungen ist.

An allen Orten der Erde erleidet das Thermometer, sobald man eine gewisse Tiefe erreicht hat, weder tägliche noch jährliche Schwankungen: es zeigt in allen Jahren beständig bis auf Bruchtheile denselben Grad. Dies ist die Thatsache; was sagt nun die Theorie?

Wir wollen einen Augenblick annehmen, die Erde habe ihre ganze Wärme von der Sonne empfangen. Die auf diese Annahme gestützte Rechnung lehrt uns, 1) daß in einer gewissen Tiefe die Temperatur unveränderlich sein, und 2) daß diese von der Sonne herrührende Temperatur des Innern der Erde mit der Breite sich ändern müsse. In diesen beiden Punkten ist die Theorie mit der Beobachtung in vollem Einklange. Ich muß aber weiter hinzusetzen, daß nach der Theorie in jedem Klima die constante Temperatur der Erdschichten in allen Tiefen, wenigstens wenn man nicht im Verhältniß zum Erdhalbmesser sehr große Tiefen nimmt, dieselbe sein sollte. Jedermann weiß aber jetzt, daß dem nicht so ist: die in vielen Bergwerken und an dem aus verschiedenen Tiefen kommenden Wasser vieler artesischer Brunnen gemachten Temperaturbeobachtungen weisen übereinstimmend einen Zuwachs von 1° C. für jede Zunahme der Tiefe um 20 bis 30 Meter*) nach. Führt eine Hypothese zu einem mit den Thatsachen so vollständig in Widerspruch stehenden Resultate, so ist sie falsch und muß verworfen werden.

Hiernach können also die Erscheinungen, welche die Temperatur der Erdschichten darbietet, durchaus nicht der alleinigen Wirkung der Sonnenstrahlen zugeschrieben werden.

Ist die Wirkung der Sonne einmal beseitigt, so kann die Ursache der regelmäßigen Temperaturzunahme, die überall um so stärker hervortritt, je tiefer man in das Innere der Erde eindringt, nur in einer eigenen, einer ursprünglichen Wärme der letztern gesucht werden. Die Erde ist jetzt schließlich, wie es die Anhänger des plutonischen Systems, wie es bereits früher Descartes und Leibnitz wollten, aber wie man zugeben muß, die einen so gut wie die andern ohne irgend einen strengen Beweis, zu einer auf ihrer Oberfläche erstarrten Sonne geworden, deren hohe Temperatur dreist in allen Fällen, wo es die Erklärung der geologischen Erscheinungen fordert, zu Hülfe gerufen werden darf.

---

*) S. den 6. Bd. der sämmtl. Werke S. 254 ff.

Drittes Kapitel.

Gibt es irgend ein Mittel, zu entdecken, seit wie vielen Jahrhunderten die Erde in der Abkühlung begriffen ist?

In der mathematischen Theorie der Wärme finden sich viele Resultate, welche der jetzige Zustand der Wissenschaften bis in ihre numerischen Anwendungen zu verfolgen gestattet hat. Man trifft aber auch Probleme an, deren Lösung noch nicht über die allgemeinen analytischen Formeln hinausgeht. Unter diesen Formeln gibt es nun eine, die zur Berechnung des Werthes der secularen Erkaltung der Erde bestimmt ist, und in welcher die Zahl der seit dem Beginne des Erkaltens verflossenen Jahrhunderte vorkommt, wobei jedoch die Annahme zu Grunde liegt, daß in jenem Zeitpunkte die Temperatur in der ganzen Masse dieselbe war.

Wenn diese Zahl von Jahrhunderten gegeben wäre, so würde man also daraus den numerischen Werth des Verlustes an Wärme, welchen der Erdkörper in 100 Jahren erleidet, herleiten können; und umgekehrt würde sich aus dem einmal bekannten Betrage der secularen Erkaltung ohne Schwierigkeit berechnen lassen, zu welcher Zeit die Erkaltung begonnen hätte. Die so lebhaft bestrittene Frage über das Alter unserer Erde, selbst mit Einschluß der Periode des glühenden Zustandes, ist auf diese Weise auf die Bestimmung einer Aenderung des Thermometers zurückgeführt, welche indeß wegen ihrer äußerst geringen Größe den kommenden Jahrhunderten aufbehalten ist.

Viertes Kapitel.

In zwei tausend Jahren hat sich die allgemeine Temperatur der Erdmasse nicht um den zehnten Theil eines Grades geändert. — Aus der Bewegung des Mondes zur Stütze dieser Behauptung entnommener Beweis.

Wir haben angenommen, daß die Erde ehemals glühend gewesen, daß ihre feste Kruste durch Erkaltung entstanden sei. Es liegt der Beweis vor, daß ihre Wärme noch außerordentlich groß ist, selbst in mäßigen Tiefen. Aus diesem letzten Umstande folgt, daß ihr Erkalten noch fortdauern muß; ein Zweifel würde nur den Betrag desselben treffen können. Aus der Bewegung des Mondes in seiner Bahn wird sich nun, wie die Ueberschrift dieses Kapitels ausspricht, der Beweis führen lassen, daß in 2000 Jahren die mittlere Temperatur der Erde, diese Temperatur in der ganzen Masse und nicht blos an der Oberfläche genommen, sich nicht um $^1/_{10}$ Grad hat ändern können.

Meines Dafürhaltens wird es, auch abgesehen von der Wichtigkeit eines solchen Resultates, Interesse haben zu erfahren, wie zwei scheinbar so heterogene Phänomene, wie die Wärme der Erde und die Bewegung eines Gestirns sich gegenseitig zur Controle dienen können. Dies ist der Zweck der nächstfolgenden Entwickelungen. Uebrigens hoffe ich mich nicht zu täuschen, wenn ich diese schwierige Frage zu denjenigen rechne, von welchen man den Lesern auch ohne Hülfe irgend einer Rechnung eine richtige Vorstellung zu geben vermag.

Gesetzt es seien an jeder Speiche eines gewöhnlichen Rades, wie z. B. an dem Rade eines Scheerenschleifers, schwere Massen angebracht; und es lassen sich diese Massen nach Belieben auf den Speichen verschieben, so daß man sie entweder in der Nähe der Axe, oder in der Nähe des Umfanges, oder in jeder andern Zwischenlage feststellen kann.

Ist diese Anordnung des Apparates im Allgemeinen richtig verstanden, so wollen wir zunächst alle beweglichen Massen nahe an die Axe stellen, und suchen, welche an der Welle angebrachte Kraft erforderlich sein wird, um dem Rade eine solche Rotationsgeschwindigkeit zu ertheilen, daß es sich in der Secunde ein Mal umdreht.

Nach diesem ersten Versuche verschieben wir die auf jeder Speiche angebrachte Masse vom Mittelpunkte nach der Peripherie hin. Das Rad wiegt jetzt weder mehr noch weniger als im ersten Falle, und doch wird man, um es wieder mit derselben Geschwindigkeit von einer Umdrehung in der Secunde in Umschwung zu setzen, einer größern Kraft bedürfen.

Ich glaube nicht, daß Jemand, nachdem er einen einzigen Blick auf den Apparat in seinen beiden Zuständen geworfen hat, noch daran denken könnte, das eben ausgesprochene Resultat in Frage zu stellen. Jedenfalls würden sehr leicht zu erdenkende Versuche die Richtigkeit desselben bestätigen.

Da es zur Umdrehung eines Rades von gegebenem Gewichte mit einer bestimmten Geschwindigkeit einer um so größern Kraft bedarf, je weiter die einzelnen Massen, woraus jenes Gesammtgewicht besteht, vom Mittelpunkte entfernt sind, so leuchtet ein (es ist nämlich dasselbe Resultat, nur in andern Ausdrücken), daß unter der Einwirkung einer bestimmten Kraft die Bewegung des Rades sich in dem Maaße verlangsamen wird, als die verschiedenen Theile seiner Masse sich von der Drehaxe weiter entfernen.

Wie allgemein bekannt, dehnt die Wärme alle Körper aus, während die Kälte sie zusammenzieht. Je wärmer also das in Rede stehende Rad wird, um so mehr dehnt es sich aus, d. h. um so weiter entfernen sich alle seine materiellen Molecüle vom Mittelpunkte der Drehung. Die entgegengesetzte Wirkung tritt bei Abnahme der Temperatur ein. Unter der Wirkung einer und derselben Kraft wird sich folglich ein gegebenes Rad um so schneller drehen, je kälter es ist, und um so langsamer, je höhere Temperaturen es besitzt.

Bei den zu genauen Messungen bestimmten Maschinen, z. B. bei den Uhren, sind die infolge der Aenderungen der Dimensionen, welche ein Rad durch die natürlichen Schwankungen der atmosphärischen Temperatur erleidet, eintretenden Geschwindigkeitsunterschiede hinreichend groß, um eine Abhülfe nöthig zu machen.

Die Triebkraft aller tragbaren Uhren ist eine spiralförmig zusammengerollte Stahlfeder, welche das ganze System der gezahnten Räder, woraus die Uhr besteht, unaufhörlich antreibt. Indeß gehen diese Räder nicht ununterbrochen; sie stehen von Zeit zu Zeit still: der Stillstand des Secundenzeigers auf jedem Theilstriche des Zifferblattes überzeugt uns davon. Der Zeitraum nun, welcher zwischen zwei solchen auf einander folgenden Stillständen verfließt, also die Dauer der von der Uhr gezeigten Secunde (und von dieser Dauer hängt die der Minuten und Stunden ab) wird durch die Zeit regulirt, welche ein metallisches Rad, die sogenannte Unruhe oder der Balancier, zum Vollbringen einer Schwingung gebraucht. Sind die oben aufgestellten Principien richtig, so wird aus ihnen folgen, daß die Unruhe, wenn die Uhr bei gewöhnlicher Temperatur regulirt worden ist, in der Wärme langsamer oscillirt, weil sie größer geworden ist; daß die Secunde also zu lang wird und folglich die Uhr nachgeht. Durch die Kälte wird dagegen die Unruhe zu schnell gehen, in zu kleinen Zwischenzeiten das Räderwerk arretiren; die Secunden müssen dadurch zu kurz werden und die Uhr vorgehen.

Diese verschiedenen Resultate werden durch die Erfahrung bestätigt. Die Uhren, in welchen diese Mängel der Unruhe nicht durch eine künstliche Vorrichtung, deren Beschreibung hier übergangen werden kann, beseitigt worden sind, gehen also im Sommer nach und im Winter vor.

Die vorstehenden Details würden vollkommen überflüssig gewesen sein, wenn ich mir nicht die Verpflichtung auferlegt hätte, von keinem Principe der theoretischen Mechanik hier Gebrauch zu machen, ohne zuvor nachgewiesen zu haben, wie man die Richtigkeit desselben auf experimentellem Wege nachzuweisen vermöchte.

Alles was ich von einem ebenen Rade gesagt habe, muß sich offenbar Wort für Wort auf eine beliebig gestaltete Masse anwenden lassen.

Denken wir uns z. B. eine Kugel, welche infolge eines einmal erhaltenen Stoßes um sich selbst rotirt. Wenn ihre Dimensionen wachsen, wird die Rotationsgeschwindigkeit abnehmen; die Kugel wird mehr Zeit zu einer ganzen Umdrehung gebrauchen. Zieht dagegen die Kugel sich zusammen, so wird ihre Geschwindigkeit sich vergrößern; sie wird weniger Zeit zur Vollendung einer Umdrehung bedürfen.

Was ist nun unsere Erde anders, als eine im Raume schwebende Kugel, die sich infolge eines anfänglichen Stoßes jeden Tag um ihren Mittelpunkt dreht? Wenn also die Erde größer wird, muß sie von Tag zu Tag langsamer rotiren; dagegen ihre Drehungsbewegung beschleunigen, wenn ihre Dimensionen kleiner werden.

Die Substanzen, woraus unsere Erde besteht, dehnen sich durch die Wärme aus, und ziehen sich durch die Kälte zusammen. Wer da glaubt, daß die Erde kälter wird, nimmt folglich damit an, daß ihr Halbmesser sich verringert, ihr Volumen sich immer mehr verkleinert. Wir haben aber so eben gesehen, daß das Volumen sich nicht verringern kann, ohne daß die Rotationsgeschwindigkeit wächst. Die Frage, ob die Erde vor zwei tausend Jahren auf demselben Wärmegrade wie in der Mitte des 19. Jahrhunderts stand, reducirt sich also auf die folgende: brauchte die Erde 150 Jahre vor unserer Zeitrechnung zur Vollendung einer Umdrehung um ihren Mittelpunkt genau dieselbe Zeit wie jetzt?

Unter der ersten Form schien die Frage unabweislich thermometrische Bestimmungen zu erfordern, wovon das Alterthum keine Vorstellung hatte. Dagegen werden wir in den astronomischen Beobachtungen, welche es uns hinterlassen hat, die Mittel finden, um zu erkennen, ob die Umdrehungszeit der Erde unverändert geblieben ist.

Die Dauer dieser Rotation ist nämlich nichts Anderes, als eine gewisse Zeiteinheit, deren die Astronomen sich ehemals bedienten, und von der sie noch gegenwärtig Gebrauch machen; mit einem Worte, sie ist der sogenannte Sterntag. Um in dieser Beziehung keinen Zweifel zu lassen, wird es genügen, uns klar zu machen, wie derselbe bestimmt wird.

Auf jeder Sternwarte gibt es eine mit Sorgfalt aufgeführte Mauer oder eine andere ihre Stelle vertretende Einrichtung, die sehr genau von Norden nach Süden gerichtet ist. Der Astronom, welcher wissen will, ob seine Uhr nach Sternzeit regulirt ist, notirt mit aller möglichen Genauigkeit den Augenblick, wo ein Stern sich in die Verlängerung der Mauer stellt. Am folgenden Tage wiederholt er diese Beobachtung an demselben Sterne. Wenn nun von der ersten bis zur zweiten Beobachtung genau 24 Stunden verflossen sind, so ist der Gang der Uhr richtig. Sie geht dagegen vor oder nach, wenn zwischen den beiden Durchgängen des Sterns durch die verlängerte Ebene der Mauer ihre Zeiger mehr oder weniger als 24 Stunden gezeigt haben.*)

---

*) Eine genau nach Sternzeit regulirte Uhr, nach welcher also zwischen zwei auf einander folgenden Durchgängen eines Sterns durch die von der Mauer angegebene Meridianebene genau 24 Stunden verfließen, zeigt 24 Stunden 3 Minuten und 56 Secunden während der Dauer eines mittleren Sonnentags, wonach im bürgerlichen Leben gerechnet wird. Dieser Unterschied läßt sich leicht erklären.

Gesetzt die Sonne und ein gewisser Stern stehen in derselben Gegend des Himmels, und zwar so, daß an einem bestimmten Tage beide Gestirne gleichzeitig durch die Ebene des Meridians gehen. Wenn nun am folgenden Tage der Stern dahin zurückkehrt, d. h., also nach Ablauf eines Sterntages, wird die Sonne nicht mehr dieselbe Stellung gegen den Stern haben, sie wird etwas weiter nach Osten liegen,

Die Astronomen des Alterthums mußten den Sterntag als Maaß für die Dauer der Umdrehung des Himmelsgewölbes betrachten, weil ihrer Annahme nach die Erde stillstand. Die neuern haben aber gezeigt, daß die Erde sich dreht, daß wenn der Stern sich in die Verlängerung der von der Mauer angegebenen Meridianebene zu stellen scheint, in Wahrheit die Mauer es ist, welche dem Sterne entgegengeht; was unabweislich dahin führen mußte, den Sterntag als die Dauer der Umdrehung unserer Erde anzusehen.

Weil das Alterthum das Thermometer nicht kannte, so haben wir die Frage nach der Temperatur, die wir lösen wollten, auf ein Problem zurückgeführt, bei welchem es sich um die Bestimmung eines Zeitmaaßes handelt. Man wird aber natürlich fragen, was denn mit dieser Umwandlung gewonnen sei, da das Alterthum ebensowenig Uhren hatte, da jedenfalls keine dieser Maschinen auf uns gekommen ist? Nun, ich will zeigen, daß wir zur Bestimmung der Dauer, welche der Sterntag vor 2000 Jahren besaß, etwas unendlich Besseres haben, als alte Maschinen, deren Identität zweifelhaft wäre und welche außerdem die Jahre unvermeidlich verschlechtert haben würden.

Der Mond ist nicht unbeweglich im Raume, er bewegt sich von Westen nach Osten; man sieht ihn in dieser Richtung successive alle Sternbilder des Thierkreises durchlaufen.

Die eigene Bewegung des Mondes hat zu allen Zeiten die Aufmerksamkeit der Menschen auf sich gezogen; sie haben besonders gewünscht, seine Geschwindigkeit zu messen. Das Maaß einer Geschwindigkeit fordert aber die Wahl einer Zeiteinheit; wir können annehmen, daß diese Einheit der Sterntag gewesen ist.

Soll die Wahl des Sterntages als Zeiteinheit in dem auf die Geschwindigkeit des Mondes bezüglichen Probleme zu keinem Einwande Anlaß geben, so muß die Dauer dieses Tages oder was dasselbe ist, die Dauer der Umdrehung der Erde von der eigenen Geschwindigkeit

---

und folglich erst in die Verlängerung der Mauerebene (Meridian) gelangen, nachdem alle Punkte des Bogens, um welchen sie ihren Ort gegen den Stern geändert hat, durch den Meridian gegangen sind. Die Zeit, welche der Bogen, um den die Sonne in einem Tage ihren Ort verändert, braucht, um durch den Meridian zu gehen, beträgt im Mittel 3 Minuten 56 Secunden.

unseres Satelliten unabhängig sein. Diese Unabhängigkeit ist nun als vorhanden nachgewiesen; selbst wenn die Erde ganz plötzlich aufhörte, um ihren Mittelpunkt zu rotiren, so würde der Mond um Nichts weniger fortfahren, die Sternbilder des Thierkreises, gerade wie er es jetzt thut, zu durchlaufen.

Die alexandrinische Schule hat uns Beobachtungen hinterlassen, aus denen sich mit sehr großer Genauigkeit der Weg berechnen läßt, welchen vor 2000 Jahren der Mond im Mittel in einem Sterntage zurückgelegt hat. Die arabische Astronomie liefert uns die Grundlage zu derselben Bestimmung für die Zeit der Kalifen. Es gibt keinen Katalog neuerer Beobachtungen, wo man nicht für die jedesmalige Epoche den mittlern Werth des während eines Sterntages vom Monde zurückgelegten Weges fände.

Der in einem Sterntage von unserm Satelliten durchlaufene Bogen ist nun genau derselbe, mag man ihn aus den griechischen oder aus den arabischen oder aus den neuern Beobachtungen berechnen.*)

---

*) Wenn man die unmittelbaren Beobachtungen ohne Weiteres nehmen wollte, so würden die vom Monde zur Zeit der Griechen, zur Zeit der Kalifen, sowie die jetzt durchlaufenen Bogen nicht gleich sein. Seit der Zeit der Chaldäer hat nämlich in der That die Geschwindigkeit fortwährend zugenommen; indeß gehört diese Zunahme in die Klasse derjenigen Erscheinungen, die man in der Astronomie mit dem Namen Störungen belegt. Sie rührt von einer Störung der Excentricität der Ellipse her, welche die Erde jährlich um die Sonne beschreibt. Wenn einst diese Excentricität, die bis jetzt im Abnehmen begriffen gewesen ist, wieder zu wachsen beginnt, so wird sich die Geschwindigkeit des Mondes allmälich verringern, gerade wie sie vorher gewachsen war, und so abwechselnd weiter. Man findet also die im Texte ausgesprochene Gleichheit der Geschwindigkeiten nur dann, wenn man, wie dies nothwendig ist, an den Beobachtungen des Mondes die Correctionen wegen der Störungen angebracht hat, welche der Umlauf der Erde um die Sonne in seinen Bewegungen herbeiführt.

Als ich kurz zuvor sagte, die Geschwindigkeit des Mondes wäre von der Bewegung der Erde unabhängig, meinte ich die Rotationsbewegung der Erde. Wenn ich dies hier nicht bemerkte, so könnte man einen Widerspruch zu finden glauben, der indeß nicht existirt.

Alle diese Entdeckungen über die Bewegung des Mondes und ihre Anwendungen zur Ermittelung der Unveränderlichkeit des Tages und der Temperatur der Erde verdanken wir Laplace.

Dieses wichtige Resultat enthält die Lösung der gestellten Frage. Wenige Worte werden genügen, um dies zu beweisen.

Der Astronom zu Alexandrien ermittelte durch directe Beobachtungen die Dauer seines Sterntages oder der Rotation der Erde. Er ließ den Mond gerade während dieses Zeitraumes in seiner Bahn fortschreiten, und bestimmte dann den von ihm durchlaufenen Bogen. Ebenso verfuhren die Araber, und dieselbe Methode befolgen auch die neuern Astronomen. Sonach richtete sich ein Jeder nach dem Sterntage seiner Zeit. Da nun aber der Mond, wie zugegeben worden, sich stets mit derselben Geschwindigkeit bewegt, so darf der von ihm zurückgelegte Weg nur von der Dauer der Zeit, während welcher man seine Bewegung verfolgt, abhängen. Wenn der Sterntag zur Zeit Hipparch's länger als jetzt gewesen wäre, so würde der griechische Astronom den Mond während einer längern Zeit als die neuern beobachtet haben; die tägliche Verrückung dieses Gestirns würde sich also größer ergeben haben, als sie gegenwärtig ist; seine Geschwindigkeit würde uns jetzt verringert erscheinen. Nun ist aber der in einem Tage durchlaufene Bogen zu allen Zeiten genau von derselben Größe; folglich hat seit den ältesten Beobachtungen das Wort Sterntag stets einen gleichen Zeitraum bezeichnet, und ist, weil Sterntag und Umdrehungszeit unserer Erde dasselbe bedeuten, seit 2000 Jahren die Rotationsgeschwindigkeit unserer Erde constant geblieben; es hat sich folglich auch ihr Volumen nicht geändert, und ist schließlich die Temperatur, welche keine Aenderungen erleiden kann, ohne daß das Volumen davon afficirt würde, stationär geblieben.

Diese Entwickelungen sind sehr einfach, und ich hoffe, man wird sie ohne Schwierigkeit begreifen; es bleibt mir nur noch übrig, in Zahlen die Genauigkeit, deren diese Methode fähig ist, anzugeben.

Wir wollen annehmen, daß die mittlere Temperatur jedes Halbmessers der kugelförmigen Erde sich in 2000 Jahren um einen Grad des hunderttheiligen Thermometers vermindert habe, und ferner die mittlere Ausdehnung der Substanzen, woraus die Erde besteht, gleich der des Glases, d. h. für einen Grad nahe gleich $^1/_{100000}$ setzen. Ein Sinken der Temperatur in jedem Halbmesser um 1° würde also in den Dimensionen der Erde eine Verringerung um $^1/_{100000}$ erzeugen. Im

Anfange dieses Kapitels habe ich nun nachgewiesen, wie eine solche Verringerung des Durchmessers eine Vermehrung der Geschwindigkeit zur Folge haben muß. Die Principien der theoretischen Mechanik gestatten noch weiter zu gehen: sie lehren uns, daß einer Verringerung in den Dimensionen der Kugel um $^1/_{100000}$ eine Zunahme in der Geschwindigkeit um $^1/_{50000}$ entsprechen würde. Der Sterntag müßte daher um 86400 (die Anzahl Secunden Sternzeit, aus denen er besteht) dividirt durch 50000, d. h. um 1,7 Secunde kürzer geworden sein. Die Beobachtungen der eigenen Bewegung des Mondes beweisen aber, daß seit Hipparch's Zeiten der Sterntag sich nicht um $^1/_{100}$ Secunde,*)

---

*) Vielleicht würde man an eine so erstaunliche Genauigkeit nicht glauben wollen, wenn ich nicht hinzufügte, wie man dazu gelangt ist.

Gesetzt, um sich von der Unveränderlichkeit des Sterntages zu überzeugen, nehme man zu jeder Zeit als Maaßstab den Weg, welchen der Mond während eines einzigen solchen Tages zurücklegt, und zwar so, wie ihn eine directe Beobachtung zu geben vermag. Zu welchem Grade von Genauigkeit wird man auf diese Weise gelangen?

Mittelst der besten Instrumente, welche den neuern Astronomen zu Gebote stehen, läßt sich der vom Monde in einem Sterntage durchlaufene Bogen bis auf ungefähr eine Bogensecunde messen. Diese Bogensecunde durchläuft der Mond erst in zwei Secunden Sternzeit. Wenn man also in der Bestimmung der Mondbewegung um eine Bogensecunde fehlt, dieselbe z. B. um diesen Betrag zu groß nimmt, so ist es ebenso, als ob man den Sterntag um zwei Zeitsecunden zu lang angenommen hätte, was sehr weit von der im Texte angegebenen Genauigkeit abweicht. Indeß setze ich sogleich hinzu, man bedient sich auch nicht der Beobachtungen eines einzigen Tages, um daraus die tägliche Fortbewegung des Mondes herzuleiten.

Wir wollen annehmen, man messe den in zehn Tagen von diesem Himmelskörper zurückgelegten Bogen. Dieser Bogen wird zehnmal länger sein, als der einem einzigen Tage entsprechende; die Unsicherheit in der experimentellen Bestimmung wird aber ebenso wie zuvor nicht mehr als eine Secunde betragen, da sie nur von den Operationen abhängt, die man am Anfangs- und Endpunkte vornimmt, und Jeder einsieht, daß diese Operationen an den Endpunkten eines Bogens absolut dieselben sein müssen, welches auch seine Länge sein möge. Wenn man nun zur Berechnung des in einem Tage durchlaufenen Bogens den in zehn Tagen zurückgelegten Weg durch 10 dividirt, so wird durch diese Division der Fehler des ganzen beobachteten Bogens in dem berechneten Werthe des in einem Tage durchlaufenen Bogens auf $^1/_{10}$ verringert erscheinen, also nicht mehr als $^1/_{10}$ Bogensecunde oder $^2/_{10}$ Zeitsecunden betragen.

Wenn wir endlich den vom Monde in 200 Tagen zurückgelegten Bogen messen, und diesen ganzen Bogen, der mehrere Umläufe enthält, durch 200 dividiren, um den also nicht um eine Größe, die 170 Mal kleiner ist als 1,7 Secunde, geändert hat. Es wäre folglich die Temperaturänderung, die wir so eben in dem Erdhalbmesser vorausgesetzt haben, 170 mal größer gewesen, als die Beobachtungen über die Dauer des Sterntages anzunehmen gestatten; in 2000 Jahren hat sich also die mittlere Temperatur der gesammten Erdmasse nicht um $1/_{170}$° C. geändert.

Man wird der Ungewißheit über die Ausdehnbarkeit der Substanzen, woraus unsere Erde besteht, reichlich Rechnung getragen haben, wenn man das vorstehende Resultat mit 10, oder auch um eine runde Zahl zu erhalten, mit 17 multiplicirt. Dadurch würde die Größe, um welche die mittlere Temperatur des Erdkörpers (derselbe stets in seiner gesammten Masse, sowohl inneren als äußeren, betrachtet) sich in dem Zeitraume von 2000 Jahren sicherlich nicht geändert hat, auf $1/_{10}$° steigen.

Fünftes Kapitel.

Trägt die ursprüngliche Wärme der Erdkugel, deren Wirkungen in einer gewissen Tiefe noch sehr wahrnehmbar sind, in merklichem Grade zu der gegenwärtigen Temperatur der Oberfläche bei?

Mairan, Buffon und Bailly schätzten für Frankreich die Wärme, welche aus dem Innern der Erde entweicht, im Sommer 29 Mal, und im Winter 400 Mal so groß, als diejenige, welche wir von der Sonne erhalten. Darnach würde also die Wärme des Gestirns, welches uns das Licht spendet, nur einen sehr geringen Theil von derjenigen betragen, deren segensreichen Einfluß wir empfinden.

Diese Idee ist in den Memoiren der Akademie, in den Epochen

---

in einem Tage durchlaufenen Bogen, wie er dem Mittel des Zeitraumes jener 200 Tage entspricht, zu finden, so würde die Unsicherheit von einer einzigen Secunde, womit der ganze Bogen behaftet wäre, in dem berechneten Werthe des in einem Tage durchlaufenen Bogens auf $1/_{200}$ Bogensecunde oder $1/_{100}$ Zeitsecunde herabsinken.

Diese Erläuterungen werden genügen, um begreiflich zu machen, wie man zu der im Texte angenommenen erstaunlichen Genauigkeit gelangt ist.

der Natur von Buffon, in den Briefen Bailly's an Voltaire über den Ursprung der Wissenschaften und über die Atlantis mit großer Beredtsamkeit entwickelt worden; aber der geistreiche Roman, dem sie zur Grundlage dient, ist wie ein Schatten vor der Leuchte der Mathematik zerflossen.

Fourier hat entdeckt, daß der Ueberschuß der gesammten Temperatur an der Erdoberfläche über die, welche von der Wirkung der Sonnenstrahlen allein herrühren würde, eine nothwendige und bestimmte Beziehung zu der Zunahme der Temperatur in verschiedenen Tiefen haben muß. Dadurch ist es ihm möglich geworden, aus dem durch die Beobachtung ermittelten Werthe dieser Zunahme eine numerische Bestimmung des fraglichen Ueberschusses abzuleiten; dieser Ueberschuß ist dann der thermometrische Effect, welchen die Centralhitze auf die Oberfläche ausübt. Was hat nun der gelehrte Secretär der Akademie anstatt der großen Zahlen gefunden, die Mairan, Bailly und Buffon angenommen hatten? Den dreißigsten Theil eines Grades!

Die Oberfläche des Erdballs, die im Anfange der Dinge vielleicht glühend war, ist also im Laufe der Jahrhunderte erkaltet, bis daß sie kaum eine bemerkbare Spur ihrer ursprünglichen Temperatur behalten hat. Jedoch ist in gewissen Tiefen die anfängliche Hitze noch außerordentlich groß.

Die Zeit wird in den Temperaturen der innern Schichten noch beträchtliche Veränderungen zuwege bringen; allein an der Oberfläche (und die Vorgänge an der Oberfläche sind allein diejenigen, welche die Existenz der lebenden Wesen modificiren oder gefährden können) sind alle Veränderungen auf ungefähr den dreißigsten Theil eines Grades beschränkt. Der entsetzliche Frost, der sich nach Buffon von dem Augenblicke an der ganzen Erde bemächtigen soll, wo die Centralhitze gänzlich ausgestrahlt ist, erscheint also als ein reines Traumgebilde!

Sechstes Kapitel.

Ist die Temperatur des Himmelsraumes veränderlich? — Kann diese Temperatur die Ursache von Veränderungen in den klimatischen Verhältnissen des Erdballs werden?

Seit einigen Jahren hat Fourier in die Theorie der Klimate eine Betrachtung eingeführt, die bis dahin ganz vernachlässigt oder von den Physikern wenigstens niemals ausdrücklich erwähnt worden war: er hat auf den Einfluß hingewiesen, den die Temperatur des Himmelsraumes, in welchem die planetarischen Bewegungen erfolgen, und die Erde jährlich ihre unermeßliche Bahn um die Sonne beschreibt, auf den Wärmezustand der Erde haben muß.

Mit Rücksicht darauf, daß selbst unter dem Aequator gewisse Berge mit ewigem Schnee bedeckt sind, sowie mit Rücksicht auf die äußerst rasche Temperaturabnahme der atmosphärischen Schichten, wie sie von Luftschiffern während der aufsteigenden Bewegung ihrer Ballons beobachtet worden ist, haben die Meteorologen vermuthet, daß in den Regionen, von denen die ungemeine Luftverdünnung die Menschen auf ewig entfernt halten wird, daß vorzüglich außerhalb der Grenzen unserer Atmosphäre eine ganz unmäßige Kälte herrschen müsse. Sie wollten sich nicht mit Hunderten von Graden begnügen, sie hätten sie gern nach Tausenden gemessen. Aber alles dies war sehr übertrieben; die Hunderte oder Tausende von Graden haben nach der strengen Prüfung Fourier's sich auf nur 50 bis 60 Grade ermäßigt. 50 bis 60 Grade unter Null ist die Temperatur der Räume, welche die Erde jährlich durchläuft; das ist der Grad, den ein Thermometer in der ganzen von dem Sonnensysteme eingenommenen Gegend anzeigen würde, wenn die Sonne und die sie begleitenden Planeten soeben zu existiren aufhörten.

Fourier hat dies Resultat erhalten, indem er untersuchte, welche Erscheinungen man beobachten würde, wenn die Erde sich in einer aller Wärme beraubten Hülle befände. Bei dieser Annahme, sind seine Worte, würden die Polargegenden eine viel größere Kälte erleiden, als die Beobachtung ergeben hat. Der Wechsel von Tag und Nacht würde plötzliche Wirkungen von enormer Stärke hervorrufen u. s. w.

Es steht sehr zu wünschen, daß die Abhandlung, in welcher der gelehrte Secretär der Akademie die Beweise für diese wichtigen Aussprüche geliefert hat, nicht verloren gegangen sei, sondern bald zur Oeffentlichkeit gelange.

Die Wärme*) des Himmelsraumes, wie groß sie auch sein möge, rührt wahrscheinlich von der Strahlung aller Körper des Universums her, von denen das Licht bis zu uns gelangt. Mehrere dieser Körper sind verschwunden; an andern nehmen wir unzweideutige Anzeichen einer Abnahme wahr; noch andere endlich wachsen an Glanz; doch bilden die letztern seltene Ausnahmen. Da jedoch die Gesammtzahl der mit Fernröhren sichtbaren Fixsterne und Nebelflecke sicherlich mehrere Milliarden übersteigt, so läßt Alles glauben, daß wenigstens von dieser Seite her die Bewohner der Erdkugel keine Aenderung des Klimas zu befürchten haben.

Ich will hinzufügen, daß ich in dem Berichte über die Reise des Kapitäns Back nach den Polargegenden unter andern der Aufbewahrung werthen Bemerkungen eine sehr wichtige Thermometerbeobachtung gefunden habe. Diese Beobachtung scheint in der That der Temperatur des Raumes einen dem von Fourier angenommenen sehr nahekommenden Werth beizulegen.

Am 17. Januar 1834 sah Back in Fort Reliance unter 62° $46^1/_2$′ nördl. Br. und 109° 0′ 39″ westl. Länge von Greenwich ein mit Alkohol gefülltes Fahrenheit'sches Thermometer sinken bis

70° unter Null = — 45,3° R. = — 56,7° C.

Nach diesem Resultate glaube ich, daß die Temperatur des Himmelsraumes jedenfalls merklich unter — 57° C. liegen wird.

---

*) Man möge sich nicht wundern, wenn ich beim Reden von 50 bis 60° unter Null liegenden Temperaturen den Ausdruck Wärme gebrauche; 50 bis 60° unter Null, d. h. eine Temperatur, welche die Kapitäne Parry und Franklin auf ihren Reisen nach den Polargegenden erlebt haben, sind in der That Wärme, wenn man sie mit den Hunderten oder Tausenden von Kältegraden vergleicht, die vielleicht ohne die Wirkung der Ursache, mit welcher Fourier sich beschäftigt hat, im Raume herrschen würden.

Poisson, der eine ausgezeichnete Arbeit über die Fortpflanzung der Wärme im Erdkörper geliefert hat, nimmt allerdings diese Folgerung nicht an; seiner Ansicht nach kann die Temperatur der obern Schichten der Atmosphäre tiefer sein, als die der verschiedenen Gegenden des Raumes, welche wahrscheinlich nicht alle eine und dieselbe Temperatur besitzen. Die Frage muß von Neuem untersucht werden, und glaube ich dabei directe Messungen der Temperaturen der höchsten zu erreichenden Schichten der Atmosphäre dem Eifer der Physiker ganz besonders empfehlen zu dürfen.

Siebentes Kapitel.

Können die Schwankungen, welche gewisse astronomische Elemente erleiden, die Klimate auf der Erde merklich ändern?

Auf der Erde existirt nur eine einzige Gegend, wo abgesehen von der atmosphärischen Refraction die Tage und Nächte zu allen Zeiten dieselbe Dauer haben: nämlich die Gegend unter dem Aequator.

Außerhalb des Aequators haben die Tage und Nächte im Allgemeinen überall ungleiche Längen. In Paris z. B. dauert am 21. Juni der Tag 16 und die Nacht 8 Stunden; während umgekehrt am 21. December der Tag nur 8, dagegen die Nacht 16 Stunden zählt. Der 20. und 21. März, sowie der 22. und 23. September sind die einzigen Zeiten, wo Tag und Nacht aus einer genau gleichen Anzahl Stunden bestehen. Diese letzten Tage (der 20. März und der 22. September) haben das Merkwürdige, daß an ihnen an allen Orten der Erde, von einem Pole zum andern, von Osten bis Westen, dieselbe Gleichheit zwischen der Dauer des Verweilens der Sonne über dem Horizonte und der Dauer ihrer Unsichtbarkeit eintritt.

Man braucht nicht die schwierige Frage über die Temperaturen auf der Erdoberfläche im Einzelnen studirt zu haben, um einzusehen, daß im Allgemeinen unter allen Breiten die Zeiten der langen Tage und der kurzen Nächte Zeiten hoher Temperaturen sein werden, daß lange Nächte vereint mit Tagen von kurzer Dauer dagegen eine kalte Jahreszeit herbeiführen, und daß endlich die extremen Thermometerstände an jedem Orte mit dem Unterschiede der längsten und kürzesten Tage in innerem und nothwendigem Zusammenhange stehen werden. Jede Ursache, welche diesen Unterschied vermindert, wird Sommer und Winter einander weniger ungleich machen. Nicht ebenso leicht erkennt man, ob dadurch eine Aenderung in den mittleren Temperaturen veranlaßt werden kann. Indeß würde eine gewisse Ausgleichung der Jahreszeiten immer schon ein sehr merkwürdiger und auf die Vegetationserscheinungen an jedem Orte bedeutenden Einfluß äußernder Vorgang sein, so daß es wohl der Mühe werth sein dürfte, zu untersuchen, ob nicht seit den historischen Zeiten eine solche Ausgleichung durch irgend eine Aenderung in der Gestalt und Lage der Sonnenbahn hat herbeigeführt werden können.

Ein Kreis, welcher um den ganzen Himmel herumläuft, und den Namen des Himmelsäquators führt, trennt die nördlichen Sternbilder von den südlichen. Je näher ein Sternbild dem Südpole steht, desto kürzer ist bei uns die Zeit zwischen seinem Aufgange und seinem Untergange. Das Umgekehrte gilt für die entgegengesetzte Häfte des Himmels: die in ihr befindlichen Sternbilder verweilen um so längere Zeit über unserm Horizonte, je mehr ihr Ort dem Nordpole sich nähert. Die in der Mitte liegenden Sternbilder endlich, durch welche der Aequator hindurchgeht, sind 12 Stunden nach einander sichtbar und verschwinden dann während der folgenden 12 Stunden.

Die Sonne befindet sich auf ihrer scheinbaren jährlichen Bahn sechs Monate lang in den südlichen Sternbildern; während der sechs übrigen Monate steht sie nördlich vom Aequator. Niemand wird daran zweifeln, daß zu jeder Zeit des Jahres die Tagesdauer genau derjenigen Zeit gleich ist, welche zwischen dem Auf- und Untergange des Sternbildes verfließt, das die Sonne erreicht hat, zu dem sie zu gehören scheint, und mit dem sie an der täglichen Umdrehung des Himmels theilnimmt. Um zu erfahren, ob die Ungleichheit zwischen den Tagen des Winters und des Sommers jetzt mehr oder weniger groß ist, als vor 2000 Jahren, braucht man also nur zu untersuchen, ob die Sonne auf ihren Wanderungen nördlich und südlich vom Aequator stets bei denselben Sternbildern oder besser noch bei denselben Sternen Halt gemacht hat. In aller Strenge ist dies nicht der Fall gewesen; seit den ältesten Beobachtungen werden die nördlichen und südlichen Abweichungen dieses Gestirns vom Aequator in immer engere Grenzen eingeschlossen. Indeß muß ich hinzufügen, daß die jährliche Aenderung ungemein klein ist; daß sie in Summa nach 2000 Jahren kaum auf den vierten Theil eines Grades gestiegen ist, oder mit andern Worten, daß gegenwärtig die Sonne z. B. in ihrer südlichen Abweichung Halt macht, um wieder gegen den Aequator hin vorzurücken, wenn der untere Rand ihrer Scheibe einen Stern berührt, den zu Anfang dieser Periode von 20 Jahrhunderten ihr Mittelpunkt selbst erreichte.

Eine so unbedeutende Aenderung hat offenbar weder in dem Verhältnisse der Längen der Sommer- und Wintertage noch in den landwirthschaftlichen Erscheinungen eine bemerkenswerthe Aenderung herbeizuführen vermocht.*)

Die Sonne ist nicht immer gleichweit von der Erde entfernt. Gegenwärtig hat sie ihren geringsten Abstand in den ersten Tagen des Januars, und ihren größten sechs Monate später, oder in den ersten Tagen des Juli. Dagegen wird einst die Zeit kommen, wo das Minimum im Juli und das Maximum in Januar eintritt. Hier bietet sich also die interessante Frage dar: würde ein solcher Sommer, wie der unsrige, der einem Maximum des Sonnenabstandes entspricht, merklich von einem Sommer abweichen müssen, mit welchem das Minimum dieses Abstandes zusammenfiele?

Auf den ersten Blick würde, glaube ich, Jedermann mit Ja antworten; denn der Unterschied zwischen dem größten und dem kleinsten Abstande der Sonne von der Erde ist beträchtlich; er steigt in runder Zahl auf $^1/_{30}$ des Abstandes selbst. Berücksichtigen wir indeß die Geschwindigkeiten, mit welchen die Sonne ihre scheinbare Bahn durchläuft, und die rechtmäßiger Weise nicht vernachlässigt werden dürfen, so wird die Antwort auf jene Frage gerade umgekehrt ausfallen, als wir zuerst vermutheten.

*) Die Mathematiker haben gefunden, daß die in der Größe der jährlichen Abweichungen der Sonne nördlich und südlich vom Aequator wahrgenommene Aenderung periodisch ist, daß diese Abweichungen, nachdem sie während einer gewissen Zahl von Jahrhunderten abgenommen, dann wieder zu wachsen beginnen, und so ins Unendliche fort, ohne jemals sehr enge Grenzen überschreiten zu können.

Der Punkt der Bahn, wo die Sonne der Erde am nächsten steht, ist auch gleichzeitig der Punkt, wo dies Gestirn sich am schnellsten bewegt. Die halbe Bahn, oder, wenn man es vorziehen sollte, die 180° zwischen den beiden Aequinoctien des Frühlings und des Herbstes werden folglich in möglich kürzester Zeit durchlaufen werden, wenn die Sonne auf ihrem Wege von dem einen Endpunkte dieses Bogens zu dem andern in der Mitte ihres Laufes von sechs Monaten durch den Punkt ihres geringsten Abstandes hindurchgeht. Fassen wir das Gesagte kurz zusammen, so wird also die von uns kurz zuvor angenommene Hypothese infolge des geringern Abstandes heißere Frühlinge und Sommer geben, als dieselben jetzt sind; dagegen müßten infolge einer größern Geschwindigkeit beide Jahreszeiten zusammen um ungefähr sieben Tage kürzer werden. Wird Alles gehörig in Rechnung gezogen, so tritt eine mathematisch genaue Compensation ein. Hiernach würde es überflüssig sein hinzuzufügen, daß der Punkt der Sonnenbahn, welcher ihrem geringsten Abstande von der Erde entspricht, sich sehr langsam verschiebt, und daß seit den entlegensten Zeiten die Sonne diesen Punkt immer am Ende des Herbstes oder am Anfange des Winters passirt hat.

Wir haben uns überzeugt, daß die in der Lage der Sonnenbahn eintretenden Aenderungen die Klimate der Erdoberfläche nicht haben ändern können. Verhält es sich mit den Aenderungen, welche diese Bahn in ihrer Form erleidet, ebenso?

Die scheinbare Bahn der Sonne, d. h. die wirkliche Bahn der Erde ist jetzt eine von einem Kreise sehr wenig verschiedene Ellipse.

In dieser Ellipse behält die große Axe stets dieselbe Länge; dagegen ist die Excentricität veränderlich.

Die Unveränderlichkeit der großen Axe eines Planeten hat nach dem dritten Keppler'schen Gesetze die Unveränderlichkeit der Umlaufszeit dieses Planeten um die Sonne zur nothwendigen Folge. Daher wird, wie auch die Excentricität der Erdbahn sich ändern möge, die Länge des Jahres stets constant bleiben.

Infolge dieses Resultats reducirt sich die uns vorliegende Aufgabe auf die Frage: empfängt die Erde, im Ganzen genommen, von der Sonne dieselbe Wärmemenge, mag sie um dieses Gestirn in 365¼ Tagen einen vollkommenen Kreis oder eine mehr oder weniger langgestreckte Ellipse, deren große Axe jedoch stets dem Durchmesser des Kreises gleich ist, beschreiben?

Es läßt sich voraussehen, daß die Antwort auf diese Frage verneinend ausfallen wird, d. h. daß die gesammte Wärmemenge, welche unsere Erde empfängt, mit der Excentricität der Ellipse zunehmen muß, wenn man in Gedanken plötzlich diese Excentricität bis aufs Aeußerste vergrößert; wenn man die Bahn so zusammendrückt, daß ihre beiden Zweige fast die Oberfläche der Sonne streifen; wenn man sonach die Erde zwingt, jenes Gestirn zwei Mal im Jahre zu berühren. Uebrigens gibt eine genaue Rechnung die Größe der Zunahme für alle Fälle; sie lehrt uns, daß die Erde von der Sonne jährlich Wärmemengen erhalten muß, die bei unveränderter großer Axe den kleinen Axen der elliptischen Bahnen, in welchen wir nach einander die Erde sich bewegen lassen, umgekehrt proportional sind.

Gegenwärtig nimmt die Excentricität der Erdbahn ab; es wächst folglich die kleine Axe; also muß die Wärme, die wir jedes Jahr von der Erde empfangen, sich verringern. Diese Verringerung besteht jedoch, um die Wahrheit zu sagen, nur in der Theorie: die Aenderung in der Excentricität erfolgt so langsam, daß mehr als 10000 Jahre erfordert würden, um überhaupt eine vom Thermometer meßbare Aenderung in der Temperatur der Erde zu bewirken. Wenn man nur auf die historischen Zeiten zurückgeht, so darf der Einfluß dieser Ursache völlig vernachlässigt werden.

Herschel, der sich mit diesem Probleme beschäftigt hat, in der Hoffnung, darin die Erklärung verschiedener geologischer Erscheinungen zu finden, nimmt an, daß im Laufe der Jahrhunderte die Excentricität der Erdbahn dieselbe werden könnte, wie bei der Pallas, d. h. bis auf 25 Hundertstel der halben großen Axe steigen. Es ist sehr wenig wahrscheinlich, daß die Excentricität der Erdbahn in ihren periodischen Schwankungen so enorme Aenderungen erleiden werde, und doch würden diese 25 Hundertstel die mittlere jährliche Strahlung der Sonne nur um $^1/_{100}$ vermehren. Eine Excentricität von 25 Hundertstel würde also den mittleren Wärmezustand der Erde in nicht merklicher Weise abändern; sie würde nur bewirken, daß in einem Zeitraume von sechs

Monaten die größten und kleinsten Abstände der Sonne von der Erde, die gegenwärtig kaum um $^1/_{30}$ von einander abweichen, in dem Verhältniße von 5: 3 stehen könnten. Bei den relativen Abständen 3 und 5 würden sich die Licht- und Wärmeintensitäten der Sonnenstrahlen fast wie 3: 1 verhalten. Lassen wir nun die Intensität 3 mit dem Sommersolstitium zusammen fallen, d. h. stellen wir in den Monaten Juli und August drei Sonnen über unsere Häupter, so werden wir uns eine richtige Vorstellung von der außerordentlichen Hitze machen können, die man an gewissen Tagen auszustehen haben würde, wenn die Excentricität der Erdbahn 25 Hundertstel betrüge. Uebrigens kann ich nicht genug wiederholen, eine solche Excentricität tritt der Wahrscheinlichkeit nach niemals ein, und jedenfalls würde man sie nur finden können, indem man in die Vergangenheit, 15 bis 20 tausend Jahre von jetzt, zurückginge.

Achtes Kapitel.

Klimate auf der Erde, wie man sie aus den in verschiedenen Jahrhunderten angestellten Beobachtungen herleiten kann.

Im Vorstehenden haben wir das Problem der Temperaturen der Erde, wenigstens so weit es die Phänomene betrifft, die sich auf ihrer Oberfläche zeigen, von mehreren Elementen befreit, die es sehr complicirt haben würden. Es kann also die Centralwärme nicht mehr eine merkliche Aenderung der Klimate veranlassen, weil ihr Gesammteffect an der Oberfläche gegenwärtig nicht $^1/_{30}{}^0$ übersteigt. Die Temperatur des Raumes muß, welche Zweifel man auch noch über den von Fourier ihr beigelegten Werth hegen mag, sehr nahe constant sein, wenn sie, wie Alles glauben läßt, in den Ausstrahlungen der Gestirne ihren Grund hat. Die Aenderungen in der Gestalt und Lage der Erdbahn sind entweder in aller Strenge ohne Wirkung, oder ihr Einfluß ist so gering, daß er mit den empfindlichsten Instrumenten nicht wahrzunehmen sein würde. Zur Erklärung der Aenderungen im Klima bleibt uns also Nichts weiter übrig als locale Umstände oder eine Aenderung in der erwärmenden und leuchtenden Kraft der Sonne.

Auch von diesen zwei Ursachen wird sich noch die eine beseitigen lassen. In der That werden alle Aenderungen den für den Ackerbau unternommenen Arbeiten, dem Abholzen der Ebenen und Gebirge, dem Austrocknen der Moräste u. s. w. zugeschrieben werden müssen, sobald es uns gelingt, den Beweis zu führen, daß an einem Orte, dessen physikalische Beschaffenheit sich seit einer langen Reihe von Jahrhunderten nicht merklich geändert hat, das Klima weder heißer noch kälter geworden ist.

Gelänge es auf diese Weise, mit einem Schlage für die ganze Oberfläche der Erde die Aenderungen im Klima, sowohl die vergangenen als die zukünftigen, in die Grenzen der natürlich sehr beschränkten Einflüsse, welche die Arbeiten der Menschen ausüben können, einzuschließen, so würden wir ein meteorologisches Resultat von äußerster Wichtigkeit erzielt haben. Man wird mir daher, hoffe ich, die kleinlichen Details, auf die ich eingehen werde, verzeihen. Ein Theil dieser Details ist, wie ich mich beeile zu erklären, den Schriften Schouw's, eines durch seine botanischen und meteorologischen Arbeiten gleich ausgezeichneten dänischen Reisenden entlehnt.

Man wird bemerken, daß ich die Aufgabe, die ich mir gestellt habe, werde lösen müssen, ohne zu sichern Zahlenangaben, ohne zu numerischen Beobachtungen meine Zuflucht nehmen zu können. Die Erfindung der Thermometer geht kaum bis zum Jahre 1590 zurück; ja man muß hinzusetzen, daß vor 1700 diese Instrumente weder genau noch vergleichbar waren. Es ist also unmöglich, für irgend einen Ort der Erde mit Genauigkeit zu bestimmen, welche Temperatur er in sehr entlegenen Zeiten besaß. Wenn man sich indeß auf Grenzwerthe beschränken, z. B. nur untersuchen will, ob gegenwärtig die Winter strenger oder milder, die Sommer heißer oder kühler sind als ehemals, so wird man die directen Beobachtungen, wie dies von Pilgram, Toaldo, Professor Pfaff u. A. geschehen, durch Angaben aus verschiedenen Autoren, die sich auf den Zustand der Ernten und auf mehrere Vorgänge in der Natur, wie das Gefrieren der Flüsse, Ströme und Meere beziehen, ersetzen können.

Neuntes Kapitel.

Die mittlere Temperatur Palästinas scheint sich seit Moses' Zeit nicht geändert zu haben.

Damit die Dattelpalme Früchte trägt, oder genauer, damit die Dattel reif wird, ist als Minimum eine gewisse mittlere Temperatur erforderlich. Andererseits kann der Weinstock nicht mehr mit Nutzen angebaut werden, er hört auf zur Bereitung von Wein taugliche Trauben zu liefern, sobald die mittlere Temperatur einen gleichfalls bestimmten Grad des Thermometers übersteigt. Nun weicht die Minimaltemperatur der Datteln sehr wenig von der Maximaltemperatur des Weinstockes ab; wenn wir also finden, daß zu zwei verschiedenen Zeiten an einem gegebenen Orte die Dattel und die Weintraube gleichzeitig zur Reife gelangen, so werden wir behaupten dürfen, daß in der Zwischenzeit das Klima sich nicht merklich geändert habe. Ich gehe jetzt zu der Anwendung über:

Die Stadt Jericho hieß die Stadt der Palmen. Die Bibel spricht von den Palmen der Debora, die zwischen Rama und Bethel standen; von den Palmen, welche sich längs des Jordans hinzogen u. s. w. Die Juden aßen die Datteln und trockneten sie; sie bereiteten daraus eine Art Honig und eine gegohrene Flüssigkeit. Die hebräischen Münzen enthalten deutliche Abbildungen von Palmen, die mit Früchten bedeckt sind. Plinius, Theophrast, Tacitus, Josephus, Strabo u. A. thun ebenfalls der Palmenwälder in Palästina Erwähnung. Man kann also nicht zweifeln, daß dieser Baum in sehr großer Menge von den Juden angepflanzt wurde.

Ebensoviele Belege werden wir für den Weinstock finden, und daraus entnehmen können, daß man ihn nicht nur anbaute, um seine Trauben zu essen, sondern auch um Wein daraus zu bereiten. Allbekannt ist jene Traube, welche die Gesandten Moses' aus dem Lande Canaan mitbrachten, und deren Größe so beträchtlich war, daß zwei Männer erfordert wurden, um sie zu tragen. An sehr vielen Stellen der Bibel werden die Weinberge in Palästina erwähnt. Das Laubhüttenfest wurde am Ende der Weinlese gefeiert. Die Genesis redet von den Weinen Judas. Man weiß übrigens, daß der Weinstock nicht nur in dem nördlichen und gebirgigen Theile des Landes cultivirt wurde, weil die Bibel oft die Weinberge und den Wein des Thales Engaddi erwähnt. Nöthigenfalls würde ich mich auch auf das Zeugniß Strabo's und Diodor's berufen können, denn beide rühmen gar sehr die Weinberge von Judäa. Endlich würde ich hinzufügen, daß sich die Traube ebenso oft wie die Palme als Symbol auf hebräischen Münzen findet.

Sonach steht also fest, daß in sehr entlegenen Zeiten gleichzeitig die Dattelpalme und der Weinstock in den Thälern von Palästina angebaut wurden.

Wir wollen jetzt sehen, welche Wärmegrade zur Reife der Datteln und der Weintrauben erforderlich sind.

In Palermo, dessen mittlere Temperatur 17° C. übertrifft, kommt der Dattelbaum fort, trägt aber keine reifen Früchte.

In Catania, bei einer mittleren Temperatur von 18 bis 19° C., sind die Datteln nicht eßbar.

In Algier, dessen mittlere Temperatur ungefähr 21° C. beträgt, reifen die Datteln gut; indeß sind sie im Innern des Landes unbestreitbar besser.

Von diesen Daten ausgehend können wir behaupten, daß in Jerusalem zu einer Zeit, wo in der Umgegend der Dattelbaum im Großen cultivirt wurde, wo dessen Früchte der Bevölkerung zur Nahrung dienten, die mittlere Temperatur nicht unter der von Algier, wo die Dattel eben noch zur Reife kommt, liegen konnte. Hiernach müssen wir die Temperatur von Jerusalem zu 21° C. oder noch höher annehmen.

Leopold von Buch versetzt die südliche Grenze des Weinstocks nach Ferro, einer der canarischen Inseln, deren mittlere Temperatur zwischen 21 und 22° C. betragen muß.

In Cairo und der Umgegend findet man bei einer mittleren Temperatur von 22° wohl hier und da einige Reben in den Gärten, aber keinen eigentlichen Weinberg.

In Abuscheher in Persien, dessen mittlere Temperatur sicherlich 23° nicht übersteigt, kann nach Niebuhr der Weinstock nur in Gräben oder an Orten, welche gegen die directe Wirkung der Sonne geschützt sind, gezogen werden.

Dagegen haben wir zuvor gesehen, daß in Palästina in den entlegensten Zeiten der Weinstock im Großen cultivirt wurde; wir müssen also annehmen, daß die mittlere Temperatur dieses Landes 22° C. nicht überstieg. Die Cultur der Dattelpalme lehrte uns aber andererseits, daß diese Temperatur auch nicht unter 21° C. liegen konnte. So haben bloße Vegetationsphänomene uns dahin geführt, das Klima Palästinas zu Moses' Zeit durch eine mittlere Temperatur von 21,5° C. zu characterisiren, ohne daß die Unsicherheit einen Grad erreichen zu können scheint.

Wie groß ist gegenwärtig die mittlere Temperatur Palästinas? Leider fehlen directe Beobachtungen; indeß werden wir an den in Aegypten gemachten Beobachtungen einen Anhalt haben.

Die mittlere Temperatur von Cairo ist 22°. Jerusalem liegt 2° nördlicher; 2 Breitengrade entsprechen in diesen Gegenden einer Aenderung von $^{1}/_{2}$ bis $^{3}/_{4}$° C. Die mittlere Temperatur von Jerusalem muß also wenig über 21° betragen. Für die ältesten Zeiten fanden wir die beiden Grenzwerthe 21° und 22°, und das Mittel 21,5°.

Alles weist uns also darauf hin, daß 3300 Jahre das Klima von Palästina in keiner wahrnehmbaren Weise geändert haben.

Die unveränderte Beschaffenheit dieses Klimas würde sich, wenn gleich mit weniger Genauigkeit, auch aus mehreren andern landwirthschaftlichen Thatsachen erschließen lassen.

Die Cultur des Getreides z. B. würde darthun, daß die mittlere Temperatur nicht über 24 bis 25° C. ging.

Andererseits würden die Balsambäume zu Jericho als untere Temperaturgrenze 21 bis 22° festsetzen.

Die Juden feierten ehemals das Laubhüttenfest oder das Fest der Weinlese im October. Gegenwärtig sammelt man die Trauben in der Umgegend von Jerusalem Ende September oder Anfangs October.

Im Alterthume fiel in Palästina die Ernte von Mitte April bis Ende Mai. Neuere Reisende haben in dem südlichen Theile dieses Landes die Gerste um Mitte April vollständig gelb angetroffen. In der Nähe von Acre war sie am 13. Mai reif. Ueberdies weiß man, daß in Aegypten, wo die Temperatur höher ist, jetzt die Gerste Ende April oder Anfangs Mai geschnitten wird.

Aus mehreren Stellen der Bibel geht hervor, daß Schnee und Eis bisweilen in Palästina vorkamen. Ebenso ist es auch noch heutigen Tages.

Man wird einsehen, warum ich für eine einzige Gegend der Erde so viele auf dasselbe Ziel gerichtete Documente gesammelt habe, wenn man beachtet, daß Palästina als einer derjenigen Punkte des alten Continents erscheint, welche am wenigsten die besondern Modificationen im Klima, deren Ursache man in der Urbarmachung oder im Allgemeinen in den Arbeiten der Menschen sucht, erfahren haben. Daher muß die unverändert gebliebene Temperatur dieses Landes, ich wiederhole es, zu dem Schlusse berechtigen, daß dreiunddreißig Jahrhunderte keine Aenderung in den leuchtenden und wärmenden Eigenschaften der Sonne hervorgebracht haben. Es konnte aber der Beweis für diese Behauptung nicht auf zu viele Gründe gestützt werden, seit man Sterne, ich sollte sagen, entfernte Sonnen, kennen gelernt hat, deren Licht abnimmt und mit der Zeit selbst vollständig verlöschen wird.

Zehntes Kapitel.

Schwierigkeiten, die klimatologischen Elemente vieler Orte für entlegene Zeiten zu ermitteln.

Die Nachrichten, die wir in den alten Schriftstellern über die landwirthschaftlichen Producte Palästinas gefunden haben, stimmten vollkommen unter einander überein; die Pflanzen waren scharf bestimmt, die Localitäten genau bezeichnet. Die Folgerung, zu welcher wir gekommen sind, besitzt also alle wünschenswerthe Genauigkeit. Wer möchte nicht glauben, daß diese Untersuchungsweise uns ebenfalls über das ehemalige Klima Aegyptens vollständig aufklären müsse? Und doch ist dem nicht so; nicht etwa, weil die Nachrichten fehlen, sondern weil Mangel an Uebereinstimmung derselben uns nicht immer gestattet, aus ihnen Nutzen zu ziehen. Versucht man z. B. sich mit dem Weinstock zu beschäftigen, so sagt uns eine Stelle im Herodot, daß die Aegypter ihn nicht cultivirten, während Athenäus die alexandrinischen Weine rühmt. Wünscht man die südlichen Grenzen für die Cultur dieser Pflanze zu erfahren, so findet man im Theophrast die ausdrückliche Erwähnung, daß die Weinstöcke bis nahe bei Elephantine wuchsen. Diese Angabe ist indeß ohne Nutzen, denn die klimatologische Frage wird nicht durch die Breiten entschieden, wo der Weinstock noch fortkommt, sondern durch diejenige, wo er aufhört in der Weise Trauben zu tragen, daß sie zur Weinbereitung verwendet werden können u. s. w. Die auf die Dattelpalme bezüglichen Angaben stimmen nicht besser überein. Nach Strabo trugen diese Bäume in Alexandrien und in der Nachbarschaft des Deltas keine, oder wenigstens keine eßbaren Früchte. Warum wäre aber damals ganz Unterägypten von ihnen bedeckt gewesen? u. s. w. Wir können diesen alten dunklen Stellen, die sich oft auf bloßes Hörensagen stützen, keine große Bedeutung beilegen, und werden uns lieber mit den neuern Beobachtungen beschäftigen, die in zuverlässigerer Weise die verschiedenen Klimate bestimmen lassen.

Ich wünsche, daß man nochmals wohl beachte, wie wir uns nur mit localen Aenderungen beschäftigen werden, und nicht daran denken, das, was wir für specielle Oertlichkeiten gefunden haben, gleich auf ein ganzes Reich auszudehnen. Jedes andere Untersuchungsverfahren würde jener Schärfe ermangeln, die man heutigen Tages in wissenschaftlichen Discussionen zu fordern berechtigt ist.

Elftes Kapitel.

Ueber das Klima Chinas.

Im Jahre 1841 hat Eduard Biot der Akademie der Wissenschaften eine sehr schöne Abhandlung unter dem Titel: Recherches sur la température ancienne de la Chine vorgelegt. In dieser Abhandlung hat er für eine und dieselbe Zone Chinas die gewöhnlich cultivirten Gewächse, die Zeit der Zucht der Seidenraupen, die Zeit der Ankunft und des Fortganges der Zugvögel und verschiedene meteorologische Vorgänge im Alterthume und in den neuern Zeiten mit einander verglichen. Aus der vollständigen Uebereinstimmung dieser Phänomene in beiden Zeiten hat er mit großer Wahrscheinlichkeit schließen zu können geglaubt, daß die Temperatur der von ihm untersuchten und unter dem 35° Breitengrade gelegenen Zone sich seit dem höchsten Alterthume nicht merklich geändert habe. E. Biot hat seine Angaben für die neuern Zeiten hauptsächlich den Berichten europäischer Missionare und Reisender, und für die alten Zeiten den heiligen Büchern Schi-king und Schu-king, einem alten Kalender der Hia und einem Kapitel aus dem alten Buche Tscheu-schu entlehnt. Seiner Abhandlung ist die erste vollständige Uebersetzung dieser alten Documente beigefügt.

Zwölftes Kapitel.

Ueber das Klima Aegyptens.

Es gibt Pflanzen, die nur zwischen dem Aequator und der Breite von Aegypten wachsen. Unter ihnen führt Theophrast an Mimosa nilotica, Ficus sycamorus, Cordia myxa, Hyperanthera moringa und Nymphaea lotus. Aegypten ist ferner die Gegend, welche diese Pflanzen nicht überschreiten.

Theophrast nennt eine Palme (Crucifera thebaica) als eine der Pflanzen Oberägyptens. Diese Pflanze findet sich gegenwärtig nicht mehr in Unterägypten.

Theophrast und Plinius berichten, daß zu ihrer Zeit der Oelbaum in Oberägypten cultivirt wurde; in unsern Tagen erstreckt sich dieser Baum nicht bis zu den Wendekreisen. Die Temperatur Oberägyptens war also vor 1500 Jahren nicht höher als diejenige, welche man jetzt unter dem Wendekreise des Krebses findet, woraus folgt, daß sie nicht abgenommen hat; denn sie ist jetzt kaum geringer als die letztere.

Ich beeile mich übrigens hinzuzufügen, daß mehrere Stellen der

Autoren dunkel sind, oder sich auf Pflanzen beziehen, die sich schwierig wieder erkennen lassen.

Dreizehntes Kapitel.

Umgegend des schwarzen Meeres.

Schouw widerlegt die angeblichen Veränderungen des Klimas in der Umgegend des schwarzen Meeres, wovon der Abbé Mann eine sehr übertriebene Schilderung gemacht hatte.

Herodot berichtet, daß die Meerenge, welche das schwarze und das asowsche Meer verbindet, bisweilen zufriert. Strabo sagt dasselbe; nach seiner Erzählung fuhr man damals zu Schlitten von Phänagoria nach Pantikapäon. Er fügt hinzu, daß Neoptolemus, des Mithridates Heerführer, im Winter ein Reitertreffen in dieser Meerenge lieferte, wo er sechs Monate zuvor ein Seetreffen zu bestehen gehabt hatte. (Strabo VII, 3, 18.)

Hierauf erwidert Schouw, daß nach Pallas der Bosporus jetzt selbst in mäßigen Wintern mit Eis bedeckt ist, ebenso wie ein großer Theil des asowschen Meeres und zwar besonders infolge der vom Don herbeigeführten Eisschollen; daß in etwas rauhen Wintern beladene Karren über ihn hinwegfahren, und daß die schwimmenden Eismassen gewöhnlich erst Anfang Mai verschwinden.

Vierzehntes Kapitel.

Klima von Griechenland.

Griechenland war im Alterthume nicht heißer, als in der Gegenwart.

Die Griechen brachten den Dattelbaum aus Persien in ihr Vaterland. Nach Theophrast trug er daselbst keine Früchte. Jedoch fügte der berühmte Botaniker hinzu, daß auf der Insel Cypern die Dattel, ohne vollständig zu reifen, eßbar wäre.

Die geringe Wärmemenge, welche diese Frucht jetzt nöthig haben würde, um auf derselben Insel zu einer vollkommenen Reife zu gelangen, fehlte also ebenfalls im Alterthume.

Funfzehntes Kapitel.

Ueber das Klima der Umgegend von Rom.

Theophrast und Plinius berichten, daß die Ebenen in der Umgegend Roms mit Buchen bedeckt waren. Die höchste mittlere Temperatur, bei welcher diese Bäume noch gut fortkommen, übersteigt nicht 10° C.; gegenwärtig ist die mittlere Temperatur Roms nahe 15½°. Wenn in den Angaben der beiden Autoren weder in der Bezeichnung der Baumart noch der Localitäten ein Versehen vorliegt, wenn sie wirklich von der Ebene und nicht von den Bergen haben reden wollen, so würde, wie man sieht, das alte Klima von Rom sich im Laufe der Zeit außerordentlich verbessert haben. Auf eine etwas niedrigere Temperatur, als die von Paris, würde die Temperatur von Perpignan gefolgt sein!

Die Vermuthung, es habe sich in die angezogenen Stellen irgend ein Fehler einschleichen können, wird durch den Umstand bestätigt, daß der zweite der oben genannten Autoren, nachdem er von der Buche geredet, ebenfalls anführt, daß Lorbeer und Myrthe in der Ebene von Rom wachsen. Dies setzt nun aber eine mittlere Temperatur von wenigstens 13° oder 14° C.*) voraus. Wir sind jetzt auf Zahlen gekommen; sie geben jedoch nur untere Grenzen, die indeß viel weniger von der gegenwärtigen Temperatur abweichen. Wir fügen die Angabe des Plinius bei, daß zu seiner Zeit der Lorbeer und die Myrthe in Mittel-

---

*) Diese Temperaturgrenzen gelten nur für Continentalklima. Auf den Inseln, besonders auf denen, wo fast beständige übers Meer kommende Westwinde die Winter außerordentlich mildern, kann die Myrthe bei weit unter 13° C. liegenden mittlern Temperaturen ausdauern. So kommt z. B. diese Pflanze vortrefflich auf den Küsten von Glenarm in Irland unter 50° Breite fort. Dort friert es aber auch kaum und ist der Winter viel milder als in Italien. Was man übrigens an solchen Localitäten während der kalten Jahreszeit gewinnt, verliert man vielfach wieder im Sommer. So reift auf den Küsten von Glenarm die Traube nicht. Diejenigen, welche gründlich die Unterschiede kennen zu lernen wünschen, die rücksichtlich der Vertheilung einer und derselben Jahreswärme unter die verschiedenen Jahreszeiten zwischen Continentalgegenden und am Meere gelegenen Orten sich zeigen, muß ich auf die ausgezeichnete Abhandlung A. v. Humboldt's über die Isothermen verweisen.

italien selbst in einiger Höhe an den Abhängen der Gebirge fortkamen, und schließen daran nach dem Zeugnisse aller Reisenden die Bemerkung, daß diese Pflanzen jetzt die Höhe von 400 Meter (200 Toisen) nicht überschreiten. Aus dieser Zusammenstellung wird man ohne Anstand schließen dürfen, daß das alte Rom nicht merklich kälter sein konnte, als das neue.

War es heißer? Eine Stelle des jüngeren Plinius scheint zu einer verneinenden Antwort zu führen. In seinem Briefe an Apollinar (6. Brief im 5. Buche) äußert derselbe, wo er von seinem in Toskana gelegenen Landgute spricht: „Doch kommt dort der Lorbeerbaum fort; bisweilen stirbt er ab, aber nicht öfter als in der Umgegend von Rom." Hiernach starben also bisweilen in der Umgegend von Rom die Lorbeerbäume ab. Es konnte also die gewöhnliche Mitteltemperatur dieser Stadt nicht viel über derjenigen liegen, welche das Absterben der Lorbeerbäume herbeiführt; sie konnte also 13° C. nicht viel übersteigen. Das gewöhnliche Gedeihen des Lorbeers und der Myrthe weisen uns auf wenigstens 14° C. hin; das ausnahmsweise Eingehen der Lorbeerbäume hat uns zuvor eine wenig über 13° C. liegende Zahl gegeben. Diese beiden Resultate lassen sich vollständig mit der Annahme einer unverändert gebliebenen mittleren Temperatur vereinigen; denn ich wiederhole, diese Temperatur ist gegenwärtig 15,5° C.

Varro setzte die Weinlese zwischen den 21. September und 23. October; im Mittel fällt sie in der Umgegend von Rom gegenwärtig auf den 2. October. Diese Daten stehen also mit der zuvor aus der Cultur der Myrthe und des Lorbeerbaums hergeleiteten Folgerung nicht in Widerspruch. Wünscht man einen neuen Beweis, daß im Alterthume die Ebenen der Romagna nicht so kalt waren, als gewisse Schriftsteller behauptet haben, so wird man ihn in zwei interessanten Stellen des Virgil und älteren Plinius finden.

Erhebt man sich in den Apenninen bis auf gewisse Höhen über das Meer, so findet man zahlreiche schöne Bäume, welche gegenwärtig die hohe Temperatur der tieferen Gegenden nicht ertragen können; ich begnüge mich, aus ihrer Zahl Pinus picea und die gewöhnliche Tanne zu nennen. Nun, im Alterthume gingen diese Bäume ebenso wenig in die Ebenen hinab; Virgil und Plinius bezeichnen sogar beide die hohen Gebirge als die einzigen Oertlichkeiten, wo man sie fand.

Bei dieser Untersuchung hat, wie ich bereitwilligst anerkenne, den Daten, welche wir benutzen mußten, bis auf einen gewissen Punkt, jener eigenthümliche Character gefehlt, der uns kurz zuvor es möglich machte, die Temperatur des alten Palästinas zwischen zwei fast gleiche Zahlen einzuschließen. Uebrigens haben wir dies wenig zu bedauern; denn wenn es uns auch gelungen wäre, für Rom einen Unterschied im Klima von 2 oder 3° C. nachzuweisen, so würden wir doch, wegen Mangel an Angaben, welche uns den ehemaligen Zustand des Landes im Vergleich zum jetzigen mit Genauigkeit kennen lehren könnten, die Ursachen der Aenderung zu entdecken nicht vermocht haben.

Sechszehntes Kapitel.

Aenderung im Klima von Toscana.

In dem schon S. 183 citirten Briefe an Apollinar erklärt der jüngere Plinius, daß das Klima seines Landguts in Toscana weder den Myrthen noch den Olivenbäumen zusage; und doch lag die Wohnung des Plinius nicht auf einer Höhe; er sagt ausdrücklich, daß sie in der Nähe der Apenninen am Fuße eines Hügels, unweit der Tiber lag. Es wird Sache der Einwohner von Cità di Castello, dem alten Tifernum, sein, zu entscheiden, ob, wie ich glaube, das Klima jetzt gemäßigter ist, als zu den Zeiten des Plinius. Jedenfalls wird es gut sein, zu ermitteln, ob die umliegenden Berge noch mit sehr hohen und alten Bäumen bedeckt sind.

Gehen wir jetzt zu dem neuen Toscana über.

Sobald als Galilei gegen Ende des sechszehnten Jahrhunderts das Thermometer angewandt hatte, ließen die Mitglieder der Akademie del Cimento viele solche unter einander vollständig gleiche Instrumente anfertigen. Diese Thermometer wurden in verschiedene Städte Italiens geschickt, und dienten zu gleichzeitigen meteorologischen Beobachtungen. Zu derselben Zeit trug der Großherzog Ferdinand II. von

Toscana den Mönchen der in seinen Staaten gelegenen Hauptklöster auf, sich an diesen interessanten Untersuchungen zu betheiligen. Die ungeheure Masse von Beobachtungen, die man auf solche Weise gesammelt hatte, wurde in der Zeit zerstreut, wo der Fürst Leopold von Medicis, um den Cardinalshut zu erhalten, die Akademie del Cimento dem Grolle der römischen Curie opferte.

Nur einige Bände entgingen wie durch ein Wunder dem Vandalismus der Agenten der Inquisition; unter ihnen befand sich ein Theil der vom Pater Raineri im Kloster degli Angeli in Florenz gemachten Thermometerbeobachtungen. Diese Beobachtungen schienen durch ihre Vergleichung mit den von den neuern Meteorologen erhaltenen Resultaten wegen ihres Alters einiges Licht auf die Frage nach den Aenderungen des Klimas werfen zu können. Unglücklicherweise hatten aber die Thermometer der Akademie del Cimento keine festen Endpunkte, und verschiedene Versuche, um zu finden, welchen Réaumur'schen und Fahrenheit'schen Graden die Eintheilungen jener Instrumente entsprachen, ließen Vieles zu wünschen übrig.

Auf diesem Punkte stand die Aufgabe, als man 1828 in Florenz eine Kiste entdeckte, welche unter zahlreichen andern alten Instrumenten auch viele in 50 Theile getheilte Thermometer der Akademie del Cimento enthielt. Guglielmo Libri, dem sie anvertraut wurden, begann damit, sich zu versichern, daß alle in ihrem Gange unter einander übereinstimmten; dann reducirte er mit Hülfe von mehr als 200 vergleichenden Beobachtungen ihre Scale auf die der gegenwärtig gebräuchlichen Thermometer. Auf diese Weise fand Libri z. B., daß der Nullpunkt auf der Scale del Cimento —15° R. entspricht; daß der 50° der erstern mit 44° R. zusammenfällt; daß im schmelzenden Eise das Thermometer del Cimento 13,5° zeigt u. s. w.

Mit Hülfe dieser Resultate hat Libri für jeden Monat der 16 Jahre, welche die aufgefundenen Register des Paters Raineri umfassen, die Maxima und Minima bestimmt und mit den analogen Bestimmungen verglichen, welche ihm die seit 1820 auf dem Observatorium der Scuola pia in Florenz angestellten Beobachtungen geliefert haben. Diese Zusammenstellung hat ihn zu der wichtigen Folgerung geführt, daß die seit ungefähr 60 Jahren vorgenommene Abholzung der

Berge in Toscana, im Gegensatze zu einer fast allgemeinen Ansicht, keine merkliche Abnahme der Temperatur zur Folge gehabt hat. Im 16. Jahrhundert waren nämlich die Apenninen mit Wäldern bedeckt, und doch beobachtete in dem Zeitraume von 15 Jahren (von 1655 bis 1670) der Pater Raineri an seinem Thermometer in einem Jahre — 5° C., in einem andern — 5,6° C., in einem dritten — 9,4°, und in einem vierten endlich — 12,9°; ungewöhnlich tiefe Temperaturen, die selbst in dem außerordentlichen Winter von 1829 auf 1830 nicht erreicht worden sind.

In der von Libri gegebenen Tabelle scheint mir die Reihe der Temperaturmaxima eine ebenso wichtige Folgerung darzubieten. Es geht meines Erachtens daraus klar hervor, daß im 17. Jahrhundert die Sommer in Toscana heißer waren als jetzt. Raineri's Beobachtungen geben nämlich fünf Maxima von 37,5° C., zwei von 38,1°, und eins von 38,7°. Von 1821 bis 1830 ist das Thermometer nur ein einziges Mal auf 37,5° gestiegen.

Hiernach scheint es, als ob das Klima in Toscana sich in der Weise geändert habe, daß die Winter weniger kalt und die Sommer weniger heiß geworden sind.

Es würde noch übrig sein zu untersuchen, ob Raineri's Beobachtungen das vorstehende Resultat nicht nur durch die extremen Wärme- und Kältegrade, sondern auch durch die Gesammttemperaturen jedes Monats, ich meine durch die mit Recht sogenannten mittleren Temperaturen bestätigen.

Siebzehntes Kapitel.

Ueber das Klima von Paris zu Julian's Zeit.

Die folgenden Stellen sind dem Misopogon entlehnt:

„Ich war ein Jahr (um das Jahr 358) in Winterquartieren in meiner theuren Lutetia (denn so nennen die Gallier die Stadt der Pariser), welche eine kleine Insel mitten im Flusse, der ihr von allen Seiten als Wall dient, einnimmt. Hölzerne Brücken führen auf jedem

Ufer nach der Stadt, und selten steigt und fällt der Fluß; so wie im Sommer, so ist er gewöhnlich im Winter."

„. . . Der Winter ist in dieser Gegend sehr gelinde, was man der Wärme des Oceans zuschreibt, der nicht mehr als 90 Stadien von dort entfernt ist, und vielleicht irgend eine milde Ausdünstung aushaucht. Es scheint in der That, daß das Meerwasser heißer ist als das süße Wasser. Sei es aus dieser oder aus irgend einer andern mir unbekannten Ursache, der Winter ist für die Bewohner dieses Landes sehr gelinde. Es erzeugt ferner ausgezeichnete Reben, und seit einiger Zeit hat man selbst die Kunst erfunden, Feigenbäume zu ziehen, indem man sie während des Winters mit Hüllen von Weizenstroh, die ihnen so zu sagen als Kleidung dienen, oder mit andern derartigen Substanzen, die man zum Schutz der Gewächse gegen die Unbill des Wetters für geeignet hält, bedeckt."

. . . . „Der Winter war in dieser Zeit also strenger als gewöhnlich, und der Fluß trug so zu sagen Marmorplatten, welche bereit schienen die beiden Ufer zu verbinden und gleichsam eine Brücke darauf zu bilden."

Achtzehntes Kapitel.

Aenderungen des Klimas einiger Theile von Frankreich.

Die landwirthschaftlichen Documente, die ich dem Leser vorlegen will, scheinen mir darzuthun, daß in gewissen Gegenden Frankreichs die Sommer gegenwärtig weniger heiß sind, als ehemals.

Mehrere alte Familien des Vivarais haben unter den Urkunden über ihr Eigenthum Katasterverzeichnisse aufbewahrt, die bis zum Jahre 1561 zurückgehen. Diese Verzeichnisse weisen das Vorhandensein von ergiebigen Weinbergen in mehr als 300 Toisen über dem Meeresspiegel gelegenen Orten nach, wo gegenwärtig selbst in den günstigsten Lagen nicht eine einzige Traube reift. Um diese Thatsache zu erklären, muß man annehmen, daß im Vivarais die Sommer ehemals heißer waren als jetzt.

Diese Folgerung wird in Betreff des Theiles eben dieses Landes, wo noch der Weinstock cultivirt wird, durch ein anderweitiges gleichfalls entscheidendes Document bestätigt.

Vor der Revolution gab es im Vivarais eine große Menge von Grundrenten in Wein, die im 16. Jahrhundert festgestellt worden waren. Die größte Zahl dieser Renten mußte in Wein vom ersten Abzuge aus der Kufe bezahlt werden. Für andere war ausgemacht, daß sie aus den Fässern nach der Wahl des Gutsherrn genommen werden sollten. Als Zahlungstermin war (auf den gregorianischen Kalender reducirt) der 8. October festgesetzt. Die erwähnten Acten beweisen also, daß am 8. Oct. der Wein in den Fässern, oder wenigstens in der Kufe auf dem Punkte war, wo er abgezogen werden konnte. Das Minimum der Zeit, während welcher man den Wein auf der Kufe läßt, ehe man ihn abzieht, ist 8 Tage. Im 16. Jahrhundert mußte also im Vivarais die Weinlese in den letzten Tagen des Septembers beendigt sein. Gegenwärtig fällt sie vom 8. bis 20. October; ein Bewohner jener Gegend versichert, daß er sie niemals vor dem 4. October habe beginnen sehen.

Diese Documente schweigen über die Dauer und die Strenge der Winter; indeß ich wiederhole, es scheint aus ihnen hervorzugehen, daß im 16. Jahrhundert unter dem 45. Breitengrade an den Ufern der Rhone die Sommer heißer sein mußten als gegenwärtig.

In der Geschichte von Mâcon liest man, daß im Jahr 1552 oder 1553 die Hugenotten sich nach Lancié (einem ganz in der Nähe jener Stadt gelegenen Dorfe) zurückzogen, und dort den Muskatwein des Landes tranken. Die Muskattraube wird aber jetzt in der Umgegend von Mâcon nicht reif genug, um Wein daraus beriten zu können.

Kaiser Julian ließ an seiner Tafel Wein von Surène serviren. Der Ruf des Weins von Surène ist heute sprüchwörtlich, aber Jeder weiß, in welchem Sinne. Uebrigens lege ich dieser letztern Zusammenstellung keine größere Wichtigkeit bei, als sie verdient. Die Qualität des Weins hängt nämlich zu sehr von der Beschaffenheit der Rebe und von der Sorgfalt des Weinbauers ab, als daß sie in der Untersuchung über die Aenderungen des Klimas einwurfsfreie Argumente liefern könnte.

In einer alten von Capefigue angeführten Urkunde findet sich die Nachricht, daß als Philipp August sich unter den Weinen Europas denjenigen aussuchen wollte, der sein gewöhnliches Getränk bilden sollte, die Winzer von Etampes und von Beauvais als Mitbewerber erschienen. Allerdings setzt die Urkunde hinzu, sie seien abgewiesen worden. Darf man aber annehmen, sie würden die Mitbewerbung gewagt haben, wenn ihre Weine so wenig trinkbar gewesen wären, wie in unserer Zeit alle Weine des Departements der Oise sind? Dies Departement bezeichnet gegenwärtig in Frankreich die nördliche Grenze der Cultur des Weinbaus. Der Bericht der Verwaltung der indirecten Steuern für 1830 gibt nämlich an, daß in dem Departement der Somme keine Weinlese stattgefunden habe. Nun kann man aber in einer Gegend, wo eine Cultur kaum möglich ist, niemals leidliche Producte erzielen.

Als der Kaiser Probus den Spaniern und Galliern gestattete, Weinstöcke zu pflanzen, bewilligte er diese Gunst auch den Bewohnern Englands. Diese Gunst würde aber ein wahrer Hohn gewesen sein, wenn in jener Zeit der Weinstock jenseit des Canals keine Früchte getragen hätte.

Alte Chroniken berichten uns übrigens, daß in einer gewissen Zeit der Weinstock in einem großen Theile Englands auf freiem Felde gebaut und Weinlese daselbst gehalten wurde. Jetzt reicht die anhaltendste Sorgfalt, eine südliche gegen kalte Winde geschützte Lage, ein Spalier kaum hin, um einige kleine Trauben zu vollständiger Reife zu bringen.

Dies dürfte meiner Ansicht nach auch die Ungläubigsten überzeugen, daß in Frankreich und England die Sommer im Laufe der Zeit einen namhaften Theil ihrer Wärme verloren haben. Es bleibt uns jetzt noch übrig, den Grund dieses beunruhigenden Phänomens aufzusuchen.

Dieser Grund liegt augenscheinlich nicht in der Sonne, wie die unveränderte Beschaffenheit der Temperatur von Palästina beweist. Einige Physiker glauben ihn in einer ungewöhnlichen Ausdehnung der Eismassen am Nordpole zu finden; in einer allgemeinen Bewegung, welche diese Eismassen um mehrere Grade südlich getrieben und dann an der grönländischen Küste befestigt haben soll.

Es ist gewiß, daß die Ostküste von Grönland (Green-land, grünes Land) vom Eise frei war, als sie gegen Ende des 10. Jahrhundert durch einen isländischen Seefahrer entdeckt wurde; daß Norweger sich daselbst niederließen; daß im Jahre 1120 die Colonie zahlreich und blühend war; daß sie mit Norwegen und Island einen beträchtlichen Handel trieb. Man weiß ferner, daß der Bischof Andreas (es war der 17. seit der Gründung der Colonie), als er im Jahr 1408 von seinem Stuhle Besitz nehmen wollte, die Küste ganz durch Eismassen versperrt fand und nicht landen konnte. Dieser Zustand dauerte mit einigen Aenderungen bis 1813 oder 1814. Damals trat ein ungeheurer Eisgang ein, und die Ostküste Grönlands ward von Neuem frei. Die Verschlechterung der Klimate in Europa würde also mit dem fortwährenden Vorhandensein einer weiten Eisfläche, die in der Breite sich vom Cap Farewell bis zum nördlichen Polarkreise ausgedehnt hätte, zusammengehangen haben.

Ich werde diese Erklärung gänzlich über den Haufen werfen, wenn ich darauf hinweise, daß jene Documente, auf welche ich mich gestützt habe, um darzuthun, daß im Vivarais und in Burgund die Wärme ehemals sehr groß war, ungefähr anderthalb Jahrhunderte später sind, als die Zeit der Bildung der grönländischen Eisfläche. Ich will hinzufügen, daß der fast vollständige in jenen Massen 1814 eingetretene Eisgang in unsern Klimaten weder so namhafte Veränderungen, daß die Vorgänge in der Landwirthschaft sie Jedermann offenbar gemacht hätten, noch auch nur eine der geringen Modificationen, von welchen blos die meteorologischen Instrumente der Physiker Kunde geben können, hervorgebracht hat.

Wir wollen jetzt sehen, ob der für die Aenderung unserer Klimate gesuchte Grund nicht uns näher liegt, ob nicht diese Aenderung ausschließlich von den Arbeiten herrühren kann, welche die Bedürfnisse und die Launen einer immer wachsenden Bevölkerung an tausend Stellen des Bodens haben ausführen lassen.

Das alte Frankreich würde uns im Vergleich zu dem jetzigen eine unvergleichlich größere Ausdehnung der Wälder, fast ganz mit Gehölz bedeckte Berge, Seen im Innern, Teiche und Moore in zahlloser Menge, Flüsse, deren Austreten kein künstlicher Damm hinderte, unermeßliche

Strecken, welche die Ackergeräthe niemals furchten u. s. w., darbieten. Das Niederschlagen der Hölzer, die Bildung großer lichter Plätze in den noch erhaltenen Forsten, das fast vollständige Verschwinden der stagnirenden Gewässer, die Urbarmachung weiter Ebenen, welche von den asiatischen oder amerikanischen Steppen wenig verschieden sein konnten, dies sind die hauptsächlichsten Modificationen, welche die Oberfläche Frankreichs in dem Zeitraume einiger Jahrhunderte erlitten hat. Es gibt nun ein Land, das eben diese Modificationen jetzt erfährt; sie entwickeln sich unter den Augen einer aufgeklärten Bevölkerung, sie schreiten mit erstaunlicher Geschwindigkeit vorwärts, und müssen in gewisser Weise Schlag auf Schlag die meteorologischen Aenderungen herbeiführen, die mehrere Jahrhunderte kaum hingereicht haben in unserm alten Europa sichtbar zu machen. Dies Land ist, wie Jeder bereits errathen hat, Nordamerika. Sehen wir also, wie dort die Urbarmachung des Landes das Klima ändert. Die Resultate werden sich offenbar auf den ehemaligen Zustand unserer Gegenden anwenden lassen, und uns so der rein theoretischen Betrachtungen überheben, die uns in einer so verwickelten Sache wahrscheinlich irre geführt haben würden.

Man erkennt jetzt an, daß die Urbarmachung in der ganzen Erstreckung Nordamerikas das Klima geändert hat, daß diese Aenderung immer deutlicher wird, daß die Winter jetzt weniger streng und die Sommer weniger heiß sind; oder mit andern Worten, daß die im Januar und Juli beobachteten Extreme sich von Jahr zu Jahr einander nähern.

Vergleichen wir nun diese Resultate mit denen, welche sich aus der vorhergehenden Discussion ergeben haben. Für Florenz ist die Uebereinstimmung augenfällig. In der Mitte und im Norden Frankreichs sehen wir, ebenso wie in Amerika, daß die Sommer weniger heiß geworden sind. Vielleicht waren auch, wie allgemein geglaubt wird, die Winter ehemals kälter; wir haben aber nicht gefunden, daß für diese größere Strenge der ehemaligen Winter Beweise vorlägen. Jedenfalls steht, wie man sieht, der Ansicht, daß in Europa die Aenderung des Klimas ausschließlich der Urbarmachung zugeschreiben werden muß, Nichts entgegen.

Die Amerikaner haben auch eine auffallende Aenderung in den an ihren Küsten wehenden Winden bemerkt. (Vergl. die Werke von Williams und Jefferson.) Das ehemalige Vorherrschen der Westwinde scheint abzunehmen.*) Die Ostwinde sind häufiger geworden, und dringen auch allmälich weiter in das Land vor.

Geringere Kälte und geringere Hitze waren also die Wirkungen der Urbarmachung in den Vereinigten Staaten. Damit ist aber nicht entschieden, ob die mittlere Temperatur daselbst sich geändert hat. Es wäre ja möglich, daß die mildere Temperatur der Winter durch die kühlere Beschaffenheit der Sommer compensirt würde. Indeß findet wahrscheinlich eine solche Compensation nicht statt; denn unter den zahlreichen wichtigen Resultaten, die Boussingault während seines Aufenthaltes in Südamerika gesammelt hat, findet sich auch eine Tabelle von Beobachtungen über mittlere Temperaturen der unter dem Aequator gelegenen Zone, in welcher man ohne Ausnahme die kleinsten Zahlen den bewaldeten Gegenden entsprechen sieht. Es ist also wahrscheinlich, daß in derselben Zeit, wo das Klima Nordamerikas, um einen Buffon'schen Ausdruck zu gebrauchen, weniger excessiv wird, die mittlere Temperatur daselbst steigt.

Es dürfte vielleicht nicht überflüssig sein, hier einige Worte hinzuzufügen, um denjenigen Physikern zu antworten, welche in den Arbeiten der menschlichen Industrie, die in Wahrheit kaum in die Epidermis unserer Erde eindringen, keine hinreichende Ursache zu einer merklichen Aenderung des Klimas sehen wollen. Ich werde mich übrigens darauf beschränken, verschiedene Oertlichkeiten namhaft zu machen, die wegen eines in Bezug auf die vorherrschenden Winde günstig gelegenen Hügels, wegen einiger Runzeln des Bodens oder so wenig in die Augen fallender Umstände, daß man sie nicht anführen würde, eines ungewöhnlichen Klimas sich erfreuen.

*) Sollte Jemand an dem beträchtlichen Vorwalten der Westwinde auf dem atlantischen Oceane zweifeln, so will ich die folgende, wie mir scheint, entscheidende Thatsache anführen:

Im Mittel von sechs Jahren brauchen die Paketboote, welche von Osten nach Westen segeln, d. h. sich von Liverpool nach New-York begeben, zur Ueberfahrt 40 Tage; dieselben Schiffe legen die Rückfahrt in 23 Tagen zurück.

Middelburg, dessen Breite fast 1° kleiner ist als die von Amsterdam, sollte eine um $^1/_2$° höhere mittlere Temperatur haben: sie ist aber um mehr als 2° niedriger. Selbst die Stadt Brüssel hat keine so hohe mittlere Temperatur wie Amsterdam, obwohl sie 1° 31′ südlicher liegt.

Die Stadt Salcombe in Devonshire in England hat ein so ungewöhnliches Klima, daß man sie das Montpellier des Nordens nennt.

Marseille liegt mehr als 1° südlicher als Genua. Man sollte also glauben, die mittlere Temperatur dieser letzten Stadt müßte $^1/_2$° tiefer sein als die von Marseille: sie ist aber gerade umgekehrt 1° höher.

Man wird sich nicht wundern, daß Marseille als Seestadt ein gemäßigteres Klima besitzt als Avignon, das etwas nördlicher und im Innern des Landes liegt; daß die Winter daselbst merklich weniger kalt, und die Sommer merklich weniger heiß sind. Was ist aber der Grund, der die mittlere Temperatur von Marseille geringer als die von Avignon macht?

Rom und Perpignan haben genau dieselbe mittlere Temperatur, obwohl Rom 1° südlicher liegt. Wenn ich nach dem Grunde fragte, würde man ohne Zweifel die Apenninen anführen. Liegt aber Perpignan nicht am Fuße der Pyrenäen?

Ich will diese Anführungen nicht weiter fortsetzen. Ich weiß sehr wohl, daß man plausible Erklärungen mehrerer der bezeichneten Anomalieen von der Bodengestaltung der Gegenden, wo die genannten Städte liegen, entnehmen könnte. Darum handelt es sich aber nicht; was ich sagte, was ich noch vertheidigen kann, ist, daß die für diese Anomalieen angenommenen Ursachen wenig auffällig sind; daß eine aufmerksame Prüfung der Localitäten nicht hätte errathen lassen, von welcher Beschaffenheit ihr Einfluß sein, in welchem Sinne er wirken würde.

Neunzehntes Kapitel.

Beobachtungen, welche beweisen, daß das ehemalige Klima in einem Theile Galliens fortbesteht.

Strabo stellt die Linie der Cevennen in Gallia narbonensis als die nördliche Linie dar, wo die Kälte dem Gedeihen des Olivenbaums eine Grenze setzt. Auf der Karte der Flora Frankreichs von Decandolle findet sich diese Grenze gegenwärtig an derselben Stelle.

Die betreffende Stelle Strabo's lautet:

„Ganz Narbonitis bringt dieselben Früchte hervor, welche Italia gibt. Geht man weiter gegen Norden und das Gebirge Kemmenon [Cevennen], so verschwindet zwar das Oliven- und Feigenland, aber die anderen Früchte gedeihen. Noch weiter hinauf reift auch die Traube nicht leicht.“ *)

Ich lasse hier einige neue Angaben folgen, die ich Herrn Letronne verdanke, und die sich auf noch weiter zurückliegende Zeiten als die weiter oben erwähnten beziehen:

„Wo findet man nun wohl solche Segensfülle [wie z. B. in Bactriana] am Borysthenes [Dnjepr] und an Keltike's [Galliens] Oceansküste, wo der Weinstock gar nicht wächst, oder nichts zur Reife bringt? In den zunächst südlicheren Gegenden, sowohl am Meere [Küsten der Krimm], wie am Bosporus [Meerenge von Caffa], bringt er zwar zu Reife, aber kleine Frucht, und wird des Winters eingegraben. Die Eisdecken sind dort an der Mündung des Maiotischen Sumpfes so stark, daß des Mithridates Heerführer an der Stelle, wo er im Winter auf dem Eise zu Rosse kämpfend, die Barbaren schlug, eben dieselben im Sommer nach geschmolzenem Eise in einer Seeschlacht besiegte.“ **)

Die folgende Stelle aus Diodor von Sicilien würde zeigen, daß Gallien damals ein ebenso kaltes Land war als Norddeutschland.

„Gallien ist ein außerordentlich kaltes Land, wo die Winter sehr streng sind; denn wenn in dieser Zeit trübes Wetter ist, so fällt anstatt

---

*) Strabo IV. 1. 2. nach der deutschen Uebersetzung von Großkurd.

**) Strabo II. 1. 9. nach der Uebersetzung von Großkurd.

Anm. d. d. Ausg.

des Regens Schnee im Ueberfluß, und wenn der Himmel heiter ist, bedeckt sich Alles mit Reif und Eis; die Flüsse frieren und das Eis versieht die Stelle von Brücken, um sie zu überschreiten; sie vermögen dann nicht nur wenige Fußgänger zu tragen, sondern zahlreiche Armeen mit ihren Bagagewagen können ohne Furcht über dieselben marschiren.“ (Diodor, 5. Buch, § 25).

Zwanzigstes Kapitel.

Der Beobachtung des Schnees auf einigen Bergen entnommene Folgerungen.

In der Sitzung vom 30. November 1836 machte ich im Längenbureau die Bemerkung, daß die Gipfel des Olymp in Bithynien und des Monte-Rotondo in Corsika sich in sehr geeigneten Lagen fänden, um die Frage zu entscheiden: haben sich die Temperaturen seit den Zeiten des Alterthums geändert? Die genannten beiden Gipfel liegen nämlich auf der Schneegrenze, und es scheint, als ob der Schnee daselbst sich nur in den Schluchten erhält. Ein Sinken der Temperatur um 1° würde zur Folge haben, daß der Schnee in einer Höhe von ungefähr 180 Meter das ganze Jahr liegen bliebe.

Einundzwanzigstes Kapitel.

Klima der brittischen Inseln.

Das Journal der Royal Institution von 1816 enthält eine Abhandlung, welche durch historische Documente zeigen soll, daß seit einigen Jahrhunderten das Klima der brittischen Inseln eine merkliche Verschlechterung erfahren habe. Man findet, heißt es darin, in alten Chroniken den Beweis, daß zu einer gewissen Zeit der Weinstock in England in freiem Felde gezogen wurde, und daß man dort Weinlese hielt. Jetzt reicht die anhaltendste Sorgfalt, eine südliche gegen kalte Winde vollständig geschützte Lage, ein Spalier kaum hin, um einige kleine Trauben zur Reife zu bringen. Selbst der Apfelbaum droht die Obstgärten zu verlassen, wo ehemals der Weinstock gedieh. Es ist traurig, sagt der Verfasser, dem wir diese Einzelheiten entnehmen, zu denken, daß einst unsere Nachkommen des Eiders beraubt sein werden, wie wir jetzt des Weins, und daß der Apfel dann nur in Treibhäusern reifen und nur den Tisch der Reichen schmücken wird.

Zweiundzwanzigstes Kapitel.

Aenderungen des Klimas von Grönland.

Grönland (Greenland, grünes Land) liefert das auffallendste Beispiel, das man für eine Verschlechterung der nördlichen Klimate anzuführen vermag. Die Isländer, welche diese Gegend zuerst besuchten, gaben ihr, wie es scheint wegen des grünen Aussehens ihrer Küsten, den Namen, welchen sie jetzt trägt. Zahlreiche Colonieen ließen sich daselbst nieder und trieben noch im Anfange des 15. Jahrhunderts einen sehr lebhaften Handel mit Norwegen. Von dieser Zeit an haben aber alle Verbindungen aufgehört. Die Eismassen, welche sich von Jahr zu Jahr auf der Ostküste ansammelten, hinderten die Schiffe zu landen. Auch gehörte sogar die Existenz des alten Grönlands vor Kurzem in das Reich der Fabeln.

Als indeß 1816 Wallfischjäger bemerkt hatten, daß 50 Quadratmeilen der Eisfläche verschwunden waren, so richteten sie ihren Lauf westlich und erkannten das alte Grönland. Man versichert sogar in dänischen Berichten, daß Schiffer dieser Nation von Neuem gelandet seien. Dieser ungewöhnliche und plötzliche Eisgang scheint sich weit gegen den Nordpol erstreckt zu haben, denn im Herbste 1816 begegneten Schiffer ungeheuren Inseln von schwimmenden Eismassen, die noch nicht geschmolzen waren, obgleich die Strömungen sie bereits bis in die Nähe der Wendekreise getrieben hatten.

Die später nach dem Nordpole gesandten wissenschaftlichen Expeditionen haben genaue Nachrichten über diese Dislocation der Eismassen in den Polarmeeren geliefert.*) Ströme warmen Wassers, welche die arktischen Meere durchschneiden und gegen die beständige

*) S. Bd. 9. der sämmt. Werke S. 91 bis 106.

Kälte des Nordpols kämpfen, erklären die secularen Aenderungen in den nördlichsten Klimaten.

Dreiundzwanzigstes Kapitel.

Von den Wintern, welche das Zufrieren der großen Flüsse herbeigeführt haben.

Wir haben soeben Beweise für die Verschlechterung des Klimas an einigen isolirten Punkten Europas angeführt, aber andererseits auch zeigen können, daß das Klima an andern Orten seit den ältesten Zeiten keine merkliche Veränderung erlitten hat. Wünscht man jetzt, daß wir Daines, Barrington und einigen andern Physikern in ihren Bemühungen folgen, durch welche sie beweisen wollen, daß im Laufe der Jahrhunderte das Klima von ganz Europa und einigen Punkten Asiens beträchtlich schlechter geworden; verlangt man, daß wir nach dem Beispiele dieser Autoren an Ausnahmefällen, an ungewöhnlichen Erscheinungen vorschreiten sollen: so werden analoge ungewöhnliche und viel neuere Erscheinungen sich uns in Menge darbieten.

Leset, ruft man uns zu, den Diodor von Sicilien, und ihr werdet erfahren, daß ehemals in Gallien die Flüsse im Winter oft zufroren; daß Fußvolk und Reiterei, daß Wagen, daß die schwersten Fuhrwerke ohne Gefahr über das Eis gingen.

Trajan's berühmte Brücke über die Donau war bestimmt, um im Winter den Uebergang über diesen Fluß zu erleichtern, „wenn die Kälte sein Wasser nicht zum Gefrieren gebracht hatte." Herodian berichtet von Soldaten, welche anstatt mit Krügen an die Ufer des Rheins zu gehen, um Wasser zu holen, sich mit Aexten versahen und Eisstücke abhieben, die sie ins Lager trugen u. s. w. Was hat man aus diesen Stellen zu schließen? Nichts weiter, als daß zur Zeit der Römer die Flüsse Frankreichs, daß der Rhein, die Donau bisweilen vollständig zufroren. Ich lasse hier eine Tabelle folgen, welche aus viel spätern Zeiten uns zeigen wird, daß einerseits eben diese Flüsse, sowie andererseits der Po, das adriatische Meer, die Rhone und selbst das Mittelmeer häufig gefroren sind.

Es ist selbstverständlich, daß die bereits im Texte erwähnten Vorgänge in dieser ersten Tabelle über das Zufrieren der Flüsse und in der weiterhin über strenge oder merkwürdige Winter folgenden wiederholt werden müssen. In meinen Aufsätzen von 1825 und 1834 über den Wärmezustand der Erdkugel habe ich nicht alle durch die Geschichtschreiber constatirten Thatsachen umfassen können. Ich muß hinzufügen, daß der Zustand meiner Augen mich gezwungen hat, Herrn Barral's Hülfe in Anspruch zu nehmen, um diese Tabellen so vollständig und genau zu machen, wie es der gegenwärtige Zustand der Wissenschaft gestattet.

396 v. Chr. Titus Livius berichtet (lib. V, c. 13) daß die Schifffahrt auf der Tiber durch die Kälte unterbrochen wurde.

271. Die Tiber war bis zu einer bedeutenden Tiefe gefroren. (Histoire romaine von Catrou und Rouillé, 6. Bd. S. 239.)

Gegen 66. An der Mündung des Palus Mäotis (im Norden des schwarzen Meeres) wurde durch einen Heerführer des Mithridates eine Schlacht auf dem Eise geliefert.

1. Jahrhundert n. Chr. Juvenal citirt das Gefrieren der Tiber als ein zu seiner Zeit häufig vorkommendes Ereigniß.

299. Als Constantius Chlorus, nachheriger Kaiser, unter der Regierung Diocletians mit den germanischen Völkern Krieg führte, passirte eine ungeheure Menge Germanen den Rhein auf dem Eise, um nach der Insel der Bataver vorzudringen. (Crevier, Hist. des empereurs romains, Buch XXVIII., Bd. 2, S. 251.)

400. Das Schwarze Meer fror ganz. Die Rhone war in ihrer ganzen Breite fest geworden.

462. Die Donau gefror und Theodemir überschritt sie auf dem Eise mit seiner Armee, um in Schwaben den Tod seines Bruders zu rächen. Der Var fror ebenfalls.

547. „In dieser Zeit war (in Gallien) so große Kälte, daß die Flüsse die Menschen trugen.“ (Chroniques de St. Denys.)

559. Die Donau war in diesem Winter gefroren. (Byzantinische Sammlung.)

763. Das Schwarze Meer und die Meerenge der Dardanellen waren gefroren. (Historiae miscellae, lib. XX.)

801. Der Pontus Euxinus war durch das Eis ganz und gar verstopft. (Annales fuldenses.)

822. Schwer beladene Wagen fuhren länger als einen Monat auf dem Eise über die Donau, den Rhein, die Elbe und die Seine. Die Rhone, der Po, das adriatische Meer und mehrere Häfen des mittelländischen Meeres gefroren. (Eginhard, Annales.)

829. Als der jakobitische Patriarch von Antiochien, Dionysius von Telmahre, mit dem Kalifen Al-Mamun nach Aegypten zog, fanden sie den Nil gefroren. (Abd-Allatif, übersetzt von S. de Sacy, S. 505.)

849. Die Seine war so gefroren, daß das Volk wie über eine Brücke darüber ging. (Chronik von Saint-Vandrille, von Rouen.)

860. Das Adriatische Meer fror so, daß man vom Festlande zu Fuß nach Venedig gehen konnte. Die Rhone fror gleichfalls. (Annales fuldenses und andere Chroniken.)

874. Der Rhein und die Maas blieben lange Zeit gefroren und waren den Fußgängern zugänglich. (Annales fuldenses.)

880. Der Rhein und die Maas wurden lange Zeit auf dem Eise überschritten. (Annales fuldenses.)

891. Die Maas war gefroren.

893. Die Rhone gefror.

1009. In einem Theile Italiens waren die Flüsse gefroren.

1069. Die Flüsse froren im Norden Deutschlands zu.

1074. Der Winter war so rauh, daß alle Flüsse in Flandern und Deutschland vollständig gefroren. (Lambert von Aschaffenburg und Martin von Tournai.)

1076-1077. Der Rhein war von Martini (11. November) bis Anfang April gefroren; man überschritt ihn auf dem Eise. (L. von Aschaffenburg und Annales brunwilarenses.)

1079. In Italien war der Calore bei Benevent so gefroren, daß man ihn ohne Gefahr zu Fuß überschreiten konnte. (Annales beneventani.)

1082. Der Po fror im December ganz zu.

1124. Der gefrorne Rhein wurde von Fußgängern überschritten. (Ann. brunwilar.)

1133. Der Po war von Cremona bis an das Meer gefroren; man ging auf dem Eise über die Rhone.

1143. Die Themse wurde zu Fuß überschritten. (Chronicon Trivetti.)

1149. Das Meer fror an den holländischen Küsten.

1216. Der Po und die Rhone gefroren bis zu einer bedeutenden Tiefe.

1218. Große Ströme, besonders die Seine und Loire waren gefroren und wurden auf dem Eise überschritten. (Wilhelm von Bretagne.)

1234. Der Po und die Rhone froren von Neuem. Beladene Wagen fuhren von Venedig auf dem Eise über das adriatische Meer.

1236. Die Loire war fest geworden, die Donau blieb dieses Jahr in ihrer ganzen Breite ziemlich lange zugefroren.

1269. Das Kattegat war zwischen Schweden und Jütland gefroren.

1288. Im Monat März fror der Rhein unterhalb Basel.

1292. Beladene Wagen fuhren auf dem Eise bei Breisach über den Rhein. Das Kattegat war auch ganz und gar zugefroren. (Van Swinden, Journal de physique, 50. Bd.)

1302. Die Rhone gefror.

1305. Die Rhone und alle Flüsse Frankreichs gefroren. (Papon, Histoire de Provence, 3. Bd. S. 102.)

1307. Die Flüsse Frankreichs, unter andern die Seine, gefroren. Auch in Flandern trat das Gefrieren mehrerer Flüsse ein; man fuhr zu Wagen darüber. (Meyeri annales.)

1323. Die Rhone gefriert. Reiter und Fußgänger gehen auf dem Eise von Dänemark nach Lübeck und Danzig.

1325. Die Seine fror zweimal in kurzen Zwischenräumen; man fuhr über dieselbe auf Schlitten mit schweren Lasten. (Der Fortsetzer von Guillelmi de Nangiaco chronicon.)

1334. Alle Flüsse Italiens und der Provence waren mit Eis bedeckt.

1338. Die Maas ist gefroren. (Quetelet, Climat de la Belgique.)

1364. Bei Arles friert die Rhone bis zu einer beträchtlichen Tiefe; beladene Wagen fahren über das Eis. (Villani, citirt von Papon, 3. Bd., S. 210.)

1400. Im Norden Europas sind die Meere gefroren. (Calvisius.)

1408. Die Wagen fahren auf dem Eise über die Seine. (Félibien, Histoire de Paris.) Die Donau friert in ihrem ganzen Laufe; die Maas gefriert. Das Eis erstreckt sich ohne Unterbrechung von Norwegen nach Dänemark, so daß die Wölfe von Norden her in Jütland eindringen.

1422. „In diesem Jahre war die Seine, welche groß war, ganz fest geworden.“ (Tagebuch eines pariser Bürgers in den Mémoires pour servir à l'histoire de France et de Bourgogne, Paris 1792, S. 91.)

1423. Die Reisenden gingen auf dem Eise von Lübeck nach Danzig. (Berneggeri observat. polit., S. 199.)

1430. Die Donau bleibt zwei Monate lang gefroren; die gefrorne Seine wird von Fußgängern überschritten. Man geht auf dem Eise von Dänemark nach Schweden.

1432–1433. Die Seine und alle Flüsse Deutschlands waren gefroren.
1434. Im Norden Europas und Deutschlands froren die Flüsse. Die Themse fror bis Gravesend. (Van Swinden.)
1442. Die Flüsse im Süden Frankreichs gefroren.
1458. Die Donau gefror von einem Ufer zum andern; eine Armee von 40000 Mann schlug ihr Lager auf dem Eise auf. (Aeneas Silvius.)
1460. Die Donau bleibt zwei Monate lang gefroren; die Rhone gefriert ebenfalls. Reisende zu Fuß und zu Pferde gehen ohne Schwierigkeit von Dänemark nach Schweden. (Annales Meyeri.)
1480. Die Seine ist gefroren und trägt Wagen.
1493. Der Hafen von Genua war am 25. und 26. December gefroren. (Papon, 4. Bd., S. 18.)
1503. Der Po ist gefroren und trägt eine Armee.
1507. Der Hafen von Marseille war in seiner ganzen Ausdehnung gefroren.
1513. Die Maas gefriert in ihrem ganzen Laufe; die Wagen gehen von Lüttich nach Mastricht auf dem Eise. (Quetelet.)
1538. In diesem Jahre gefror die Themse.
1548. Das Eis war auf den meisten Flüssen Europas dick genug, um schwer beladene Karren zu tragen.
1563. In diesem Winter fror die Schelde bei Antwerpen und die Themse bei London.
1565. Die Seine ist seit Anfang Januar stark gefroren. Beladene Wagen fahren auf dem Eise über die Maas. Die Schelde ist ebenso zugefroren; die Rhone ist bei Arles in ihrer ganzen Breite fest geworden. Die Themse trägt bei London Fußgänger.
1568. Den 11. December fahren die Karren auf dem Eise über die Rhone. Der Eisgang beginnt erst am 21. December.
1570–1571. Von Ende November 1570 bis Ende Februar 1571 war der Winter so rauh, daß alle Flüsse, sogar im Languedoc und in der Provence, so froren, daß sie beladene Karren trugen. (Mezeray, Histoire de France.)
1594. Der Rhein und der Po gefroren; ebenso das Meer bei Marseille und Venedig.
1603. Die Karren fahren auf dem Eise über die Rhone.
1608. In Deutschland sind die reißendsten und tiefsten Flüsse so gefroren, daß beladene Wagen darüber fahren. Die Themse trägt in London Wagen. Die Schelde ist bei Antwerpen gefroren; der Zuidersee ist fest geworden; in Frankreich gefrieren alle Flüsse. (Mercure françois von 1608.)

1610. Die Themse ist gefroren und trägt Fußgänger.

1616. Die Seine gefriert im Anfange des Jahres; der Eisgang tritt am 30. Januar ein.

1620-1621. Der Zuidersee friert gänzlich zu. Die venetianische Flotte ist in dem Eise der Lagunen des adriatischen Meeres eingefroren.

1624. Die Donau gefriert in Deutschland.

1635-1636. Die Wagen fahren auf dem Eise über die Maas (Quetelet.)

1638. Das Wasser des Hafens von Marseille gefriert um die Galeeren. (Papon.)

1656. Die Seine gefror vom 8. bis 18. December 1656. (Boulliaud, angeführt von Pingré, Mémoires de l'Académie für 1789.)

1658. Die Seine war von den ersten Tagen des Januar bis zum 21. ganz zugefroren. (Boulliaud.) Die Flüsse Italiens froren tief genug, um die schwersten Wagen zu tragen. Die Armee Karl's X., Königs von Schweden, marschirte auf dem Eise über den kleinen Belt.

1662-1663. Die Seine fror im Monat December des Jahres 1662 ganz zu. (Boulliaud.)

1667. „Am 16. März fing es durch einen schneidenden Nordostwind sehr stark zu frieren an; der Meeresarm, der vor Amsterdam liegt, das Y, ward am 17. fest; am 18. ging man von dieser Stadt auf dem Eise nach Nordholland; der Zuidersee war ganz gefroren; mehrere Schiffe saßen mitten im Eise fest, das sich bis zum 1. April hielt." (Van Swinden, nach Hering, Tafereel van harde winters, 1784.)

1670. Man fährt mit Schlitten ohne Gefahr über den kleinen und großen Belt. (Mémoires de l'Académie für 1788.)

1674. Der Zuidersee ist vollkommen gefroren; am 16. März überschritt man ihn zu Fuß, zu Pferde und zu Schlitten auf dem Eise zwischen Stavoren und Enkhuizen. (Van Swinden.)

1676-1677. Die Seine ist 35 Tage hintereinander gefroren, nämlich vom 9. December 1676 bis zum 13. Januar 1677. (Boulliaud.) Die Maas bleibt gefroren von Weihnachten bis zum 15. Januar.

1684. Die Themse friert bei London 11 Zoll dick. Beladene Wagen fahren darüber. Der Frost ist im Februar und März so stark, daß man fast auf allen Flüssen Flanderns mit Wagen fahren kann. (Quetelet.)

1709. In diesem denkwürdigen Winter blieb trotz der anhaltend strengen Kälte die Mitte der Seine offen; jedoch schwammen große Eisschollen daselbst*). Aber das adriatische und das mittelländische Meer waren bei Venedig, Genua, Marseille, Cette u. s. w. gefroren. Die Garonne war vollkommen gefroren. Im Hafen von Kopenhagen war das Eis 73 Centimeter dick, sogar an den Orten, wo es durchaus nicht aufgehäuft war. Die Ostsee war am 10. April noch gefroren. (Histoire de l'Académie, 1709, S. 10.)

1716. Die Themse gefriert in London; man errichtete auf dem Flusse eine große Anzahl Buden.

1726. Man fuhr auf dem Schlitten von Kopenhagen nach Schweden. Im Februar war die Seine gefroren.

1740. Der Zuidersee fror ganz zu. Die Themse war ebenfalls vollständig zugefroren.

1742-1743. Die Seine war am 27. December 1742 bei — 10,3° in ihrer ganzen Breite gefroren und blieb während eines Theiles des Januars in diesem Zustande. (Mémoires de l'Académie für 1742, S. 392.)

1744. Die Seine gefror den 11. Januar Morgens bei schwachem Nordostwinde und hellem Wetter, während das Thermometer — 8,7° zeigte. (Mémoires de l'Académie für 1744, S. 507.)

1748. „Den 13. Januar Morgens hatte die Seine starken Eisgang; am 14. stand sie fast vollkommen; am 15. war der Fluß völlig gefroren. Am 7. März trieb sie stark Eis." (Mémoires de l'Acad. für 1748 und 1776, S. 66.)

1755. Am 6. Januar führte die Seine viel Eisschollen; sie gefror um die Insel Louviers, und war am 8. fest. Der Eisgang fand am 20. Januar statt. Der Fluß gefror den 26. zum zweiten Mal; am 29. aber thaute er wieder auf. Am 5. Februar fror die Seine an verschiedenen Orten wieder; am 6. endlich fand das dritte Thauwetter statt. (Messier, Mémoires de l'Académie für 1776, S. 68.) Den 7. Januar war bei — 15° C. die Garonne gefroren; man konnte diesen Fluß zu Fuß passiren. (Marcorelle, Mémoires des savants étrangers, 4. Bd. S. 116.)

1757. Den 1. Januar fing die Seine an, Eis zu treiben; am 6. war sie vollkommen gefroren; am Morgen des 9. ging man zwischen dem Pont Neuf und dem Pont Royal, ebenso wie an andern Orten,

*) Die Physiker jener Zeit erklären diese merkwürdige Anomalie des nicht vollständigen Zufrierens der Seine in dem berühmtesten Winter der neuern Zeit, indem sie sagen, daß, weil die Zuflüsse der Seine fast plötzlich gefroren, jener Fluß nicht die ungeheure Menge Eisschollen führte, deren Aufstau gewöhnlich bald das Gefrieren der ganzen Oberfläche herbeiführt.

auf dem Eise; am 20. trat der Eisgang ein. (Messier, Mémoires für 1776, S. 68.)

1762-1763. Die Seine war am 29. December 1762 zugefroren; am 1. und 2. Januar 1763 ging man über dieselbe der ersten Pforte des Louvre gegenüber. Der Eisgang trat am 1. Februar ein. (Messier.) Der Fluß blieb 35 Tage lang gefroren. Die niedrigste beobachtete Temperatur war — 12,5°.

1765-1766. Die Flüsse im Süden gefroren, sogar der Gave trotz seiner Schnelligkeit. Die Seine fror am 1. Januar 1766, bei einer Kälte von — 9° zwischen dem Pont Neuf und dem Pont Royal. Am folgenden Tage stand sie bei heiterm Himmel vollständig. (Messier.)

1767. Der Rhein wurde mit Wagen befahren. Die Seine war sehr niedrig, und gefror bei einer sehr mäßigen Kälte. Der Frost fing am 4. Januar an, das Thauwetter trat am 22., der Eisgang am 26. ein. Die Dicke des Eises betrug 19 Centimeter. (Messier.)

1768. Der Frost begann am 21. December 1767; am 23. trieb die Seine bei einer Kälte von — 7,5° Eis; am 26. stand sie; der Eisgang fand am 13. Januar 1768 statt und richtete große Verwüstungen an. (Mémoires für 1768, S. 54.)

1776. Die Seine fing am 19. Januar an, Eis zu treiben; am 25. war sie jenseits der Brücken gefroren, am 29. an ihrer Mündung bei Havre; in Paris überschritt man sie auf dem Eise (0,17 Meter dick) am 31. Das Thauwetter trat am 2., der Eisgang am 6. Februar ein. (Messier.) Der Rhein gefror, die Rhone und ebenso die Saône waren fast ganz zugefroren. In England passirten die Fußgänger die Medway auf dem Eise. In Rußland war die Kälte ebenfalls außerordentlich heftig; die Newa konnte am 10. April in allen Richtungen ohne Gefahr mit Wagen befahren werden.

1783-1784. Loire, Oise, Marne und Aisne waren gefroren.

1788-1789. „Die Rhone fing am 23. December an Eis zu treiben; am 25. December trat vorübergehend Thauwetter ein; am 27. fror sie dem Capucinerkloster zu Valence gegenüber in einer ziemlich beträchtlichen Ausdehnung, obgleich sie an diesem Orte stets sehr reißend ist, und blieb bis zum 13. Januar gefroren. Während dieser Zeit wurde sie von Männern und Frauen überschritten; von ersteren tagtäglich und zuweilen sogar mit beladenen Maulthieren. (De Rozières, Journal de physique, S. 351.) Der Rhein, die Elbe, die Donau, die Seine, Loire, Garonne und viele andere Flüsse waren in dem Grade gefroren, daß sie Fußgängern und sogar Wagen einen Uebergang gestatteten. Vom 2. bis 20. Januar fuhr man mit den Wagen über den vollkommen mit Eis bedeckten großen Belt.

1794–1795. Die Seine war bei der Brücke de la Tournelle vom 25. December 1794 bis 28. Januar 1795 gefroren. (Handschriftliches Journal über die Hochwasser der Seine.) Die Wagen fuhren bei Lüttich über die Maas. Der Zuidersee war gefroren und der Sund mit Eis bedeckt.

1798–1799. Die Seine war bei der Brücke de la Tournelle vom 29. December 1798 bis zum 19. Januar 1799 gefroren. (Journal der Hochwasser.) Der Rhein und die Maas waren ebenfalls gefroren.

1799–1800. Die Seine war bei der Brücke de la Tournelle vom 21. December 1799 bis 14. Januar 1800 gefroren. (Journal der Hochwasser.)

1801–1802. Die Maas, der Rhein und die Saône gefroren.

1803. Die Maas war gefroren. Die Seine war bei der Brücke de la Tournelle vom 17. Januar bis 17. Februar gefroren. Der Eisgang trat am 18. ein. (Journal der Hochwasser.)

1809–1810. Die Loire, Saône, Maas und die Flüsse Deutschlands waren gefroren.

1810–1811. Die Maas war gefroren. (Quetelet.) Man überschritt bei Lyon die Saône mehrere Tage lang auf dem Eise.

1812–1813. Die Maas war vom 13. December 1812 bis zum folgenden 6. Januar gefroren. (Quetelet.) Die Seine ward fest am 14. December; der Eisgang trat am 17. und 18. ein. (Journal der Hochwasser.)

1818–1819. Die Maas war im December 1818 gefroren. (Quetelet.)

1820. Die Seine gefror vom 12. bis 19. Januar in Paris in ihrer ganzen Breite. Nur der kleine Arm des Hôtel de Dieu war nicht gefroren. Am 13. Januar ging man auf dem Eise spaziren. (Journal des Débats.) Mehrere Flüsse, unter andern die Garonne, der Gard und die Rhone froren ebenfalls im Süden. In Dänemark ging man auf dem Eise von Aaröe nach Fühnen, und von Svendborg nach Thorseng und Langeland.

1820–1821. Die Seine war in Paris den 31. December 1820 gefroren, der Eisgang trat am 7. Januar ein. Der Rhein war gleichfalls gefroren und wurde am 3. Januar mit Wagen befahren.

1822–1823. Die Seine war vom 30. December 1822 bis zum 8. Januar 1823 und vom 15. bis zum 29. Januar gefroren.

Die Maas war vom 17. December 1822 bis 30. Januar 1823 gefroren.

1827. Die Maas war im Februar bei Mastricht gefroren. (Quetelet.)

1829. Nach einer Kälte von — 17° fror die Seine bei der Brücke de la Tournelle vom 25. bis 28. Januar. Die Maas war gegen Ende Januar bei Mastricht gefroren.

1829-1830. Die meisten Flüsse Frankreichs gefroren. Die Seine war in ihrer ganzen Breite gefroren vom 28. December 1829 bis zum 26. Januar 1830, an welchem letztern Tage der Eisgang begann; dann war sie zum zweiten Male vom 5. bis zum 10. Februar gefroren. Die Maas war vom 18. December bis 22. Januar gefroren und schloß sich wieder vom 30. Januar bis 9. Februar. Der Rhein, die Garonne und die Rhone bei Avignon waren vollkommen gefroren.

1838. Die Seine war am 17. Januar bei der Brücke de Bercy, und am 18. an der Austerlitzbrücke gefroren. Man überschritt sie auf dem Eise; der Eisgang trat am 8. Februar ein. Die Saône und Rhone gefroren.

1840-1841. Die Seine war vom 18. December bis 5. Januar bei der Brücke Notre-Dame gefroren; der erste Eisgang trat am 5., der zweite am 14. ein. (Journal der Hochwasser und Journal des Débats.)

1844-1845. Die Saône fror im December.

1853-1854. Die Seine war vom 28. December bis 6. Januar gefroren.

Ich zweifle, daß nach Durchsicht dieser langen Tabelle irgend Jemand in dem von den alten Autoren berichteten Zufrieren der Flüsse einen Beweis dafür finden kann, daß das Klima Europas schlechter geworden sei.

Wenn wir uns auf die bezüglich der Seine und Rhone mitgetheilten Facta beschränken, so finden wir, daß diese beiden Flüsse in folgenden Wintern zugefroren sind: *)

die Seine: 822, 849, 1218, 1307, 1325, 1408, 1422, 1430, 1433, 1480, 1565, 1616, 1657, 1658, 1663, 1677, 1726, 1743, 1744, 1748, 1755, 1757, 1763, 1766, 1767, 1768, 1776, 1789, 1795,

*) In dieser Liste bedeutet die Jahreszahl den Winter im Anfange des Jahres; die bezeichnete Kälte kann folglich auch in den letzten Monaten des vorhergehenden Jahres eingetreten sein.

1799, 1800, 1803, 1813, 1820, 1821, 1823, 1829, 1830, 1838, 1841, 1854.

die Rhone: 400, 822, 860, 893, 1216, 1234, 1302, 1305, 1323, 1364, 1460, 1565, 1568, 1603, 1766, 1776, 1789, 1820, 1830.

Was würden wir jetzt über die den Dichtern entlehnten Zeugnisse sagen? Virgil empfiehlt (Georg. 3. B.) „in dem Schafstalle Stroh und Farnkraut den Schafen unterzustreuen, aus Furcht, daß die Kälte diesen weichlichen Thieren nicht zusage.“ Es gibt nun Schriftsteller, welche diese sicherlich unbedeutende Stelle sogleich als einwurfsfreien Beweis anführen, daß die Winter im alten Italien von einer Strenge gewesen wären, von der wir uns jetzt keine Idee machen könnten. Ich habe zum Voraus auf diese Uebertreibungen geantwortet, indem ich zeigte, daß in dem neuen Italien der Po und das adriatische Meer häufig zugefroren sind. Verlangt man noch mehr, so kann ich anführen, daß in Padua, also nicht weit von der Stadt Mantua, wo Virgil geboren ward, im Januar 1608 eine solche Menge Schnee fiel, daß die Dächer mehrerer großen Gebäude die Last desselben nicht zu tragen vermochten, und zusammenbrachen; daß der Wein daselbst in den Kellern gefror u. s. w. Welche Bedeutung als meteorologisches Document hat neben diesen vollkommen bewiesenen Thatsachen die von dem Verfasser der Georgica empfohlene Streu aus Stroh oder Farnkraut?

Derselbe Dichter erwähnt irgendwo, es sei nicht ohne Beispiel, daß die Flüsse in Calabrien gefrieren. Was soll man, wird gesagt, einer solchen Erscheinung entgegensetzen? Wie kann man noch länger leugnen, daß im Süden Italiens die Winter ehemals viel kälter waren als jetzt? Der Einwand ist nicht so stark als man glaubt. Ich bemerke zuerst, daß das ausnahmsweise eintretende Zufrieren eines Flusses ein Klima nicht charakterisiren kann; daß verschiedene atmosphärische Vorgänge zufällig an einem Punkte der Erde die in bedeutender Höhe gelegenen sehr kalten und sehr trocknen Schichten niedersinken lassen können; daß die natürliche Kälte dieser Schichten und die aus der reichlichen Verdampfung, welche ihre Trockenheit hervorruft, entstehende Kälte, im Verein mit der bei heiteren Himmel eintretenden nächtlichen

Strahlung gegen den Raum hinreichend erscheinen, um in allen Gegenden der Erde das Gefrieren der Flüsse zu veranlassen.*) Ferner hat man vor wenigen Jahren, wenn auch nicht ohne Ueberraschung, so doch wenigstens ohne die Erscheinung ganz unerklärlich zu finden, gehört, daß eines Nachts in Afrika nicht weit von Murzuk, in einer wenig über dem Meeresspiegel gelegenen Ebene das Wasser in den Schläuchen des Kapitäns Clapperton gefroren war. Auch haben die Meteorologen den Bericht Abd-Allatif's (Uebersetzung von Silvestre de Sacy S. 505), daß 829, als der jakobitische Patriarch von Antiochien, Dionysius von Telmahre, mit dem Kalifen Al-Mamun nach Aegypten ging, sie den Nil gefroren fanden, nicht zu den einer Prüfung unwürdigen Behauptungen gestellt.

Vielleicht hätte ich, ehe ich mich auf diese Discussion einließ, fragen sollen, ob es ausgemacht sei, daß in dem südlichen Italien in unsern Zeiten die Flüsse niemals gefrieren. Jedenfalls würde ich dem Zeugnisse Virgil's eine vollständig klare Stelle des Theophrast entgegenstellen können, aus welcher hervorgeht, daß im Alterthume die Zwergpalme (Chamaerops humilis) weite Strecken Calabriens bedeckte. Nun verträgt sich die Vegetation dieser strauchartigen Pflanze, wie in dem Königreich Valencia, sehr wohl mit einigen zufälligen Frösten von kurzer Dauer; dagegen würde häufiger Frost, der die Flüsse zum Gefrieren bringt, dieselbe unvermeidlich zu Grunde richten.

Strabo erzählt, wie bereits angeführt, daß an der Mündung des Palus Mäotis die Fröste so stark sind, daß daselbst im Winter einer der Heerführer des Mithridates die Reiterei der Barbaren gerade an dem Orte schlug, wo letztere im Sommer in einem Seetreffen besiegt worden waren.

*) Analoge Betrachtungen würden zur Erklärung dienen, 1) warum 1709 die Seine in Paris selbst zwischen den Brücken nicht vollständig gefroren war (S. 202), während in Toulouse die Bevölkerung auf der Garonne spaziren ging und man im Languedoc auf dem Eise von Cette nach Boussigny und Balaruc wanderte; 2) warum das Maximum der Kälte zwei Tage später in Paris als in Montpellier eintrat; 3) warum nach einer starken Abnahme die Kälte wieder eher in Montpellier als in Paris stieg; und 4) endlich, warum 1829 die Kälte in Toulouse 0,6° stärker war als in Paris, das doch $5^1/_4$° nördlicher liegt.

Diese Stelle ist eine von denen, welche die Vertheidiger allgemeiner Aenderungen in den Klimaten am häufigsten angeführt haben. Nun sagt aber Pallas, der sich lange Zeit im südlichen Rußland aufgehalten hat, daß selbst während der gewöhnlichen Winter die Eisschollen, welche der Don mit sich führt, die Meerenge von Zabache und einen großen Theil des asowschen Meeres bedecken, und daß in kalten Wintern beladene Karren ohne Bedenken auf dem Eise von einem Ufer zum andern fahren.

Vierundzwanzigstes Kapitel.

Größte, an den verschiedenen Orten der Erde jährlich beobachtete Kälte. — Tabelle über merkwürdige Winter.

Sobald das Thermometer aus seinen gewöhnlichen engen Grenzen tritt, richtet das Publikum seine Aufmerksamkeit auf den Gang dieses Instrumentes, und bildet sich im Allgemeinen sofort ein, daß man niemals so hohe oder so tiefe Stände desselben beobachtet habe. Die Tabellen, in denen ich die größten Kälte- und Wärmegrade zusammengestellt habe, die seit der Erfindung der Thermometer in Paris und an andern Punkten der Erde beobachtet worden sind, werden daher einigen Nutzen haben.

In diesem Kapitel will ich mit dem Berichte über die größte jährliche Kälte beginnen. Ich werde zuerst die mehr oder weniger unbestimmten Beobachtungen merkwürdiger Winter im Alterthume anführen, und dann zu den zuverlässigen Thermometerangaben, die wir für einige Orte seit ungefähr zwei Jahrhunderten besitzen, übergehen. Die neuern numerischen Bestimmungen schließen sich in einer für diejenigen, welche die Vorgänge an der Erdoberfläche in ihrer Allgemeinheit betrachten wollen, brauchbaren Weise an die mehr oder minder genauen Angaben an, welche die Geschichtschreiber in Bezug auf die frühern Jahrhunderte liefern. Bereits in dem vorhergehenden Kapitel findet man zahlreiche Nachweisungen über die Winter zusammengestellt, welche das Zufrieren großer fließender Wasser veranlaßt haben. Um das Geschichtliche der strengen Winter im Alterthume zu vervollständigen, habe ich Herrn Barral damit beauftragt, hier die Stellen der alten

Schriftsteller mitzutheilen, aus denen der Beweis sehr großer Kälte hervorgeht, selbst wenn Eismassen, welche Flüsse und Meeresarme bedeckten, nicht erwähnt werden. Herr Barral hat die in den Chroniken, sowie den historischen und wissenschaftlichen Sammlungen berichteten verschiedenen Wirkungen der Kälte auf die Vegetation, auf Thiere und Menschen hinzugefügt.

396 v. Chr. Der Schnee fiel in Italien in großer Menge. Die Kälte war so heftig, daß die Communicationen auf den Wegen und die Schifffahrt auf der Tiber unterbrochen waren. (Tit. Liv., 5. Buch, 13. Cap.)

271. Der Winter war in Italien so streng und dauerte so lange, daß der Schnee auf dem Forum in Rom 40 Tage lang in einer ungeheuren Höhe liegen blieb. Die Tiber war bis auf große Tiefe gefroren; die Bäume, bis zur Wurzel erfroren, trugen keine Früchte mehr; die Thiere kamen auf dem Felde um, und die Kälte führte Getreidemangel herbei. (Histoire romaine von Catrou und Rouillé, 6. Bd. S. 239.)

Gegen 210. Nach Titus Livius (in seiner Erzählung des zweiten punischen Krieges) blieb, als die Römer unter Scipio eine an der Mündung des Ebro gelegene spanische Stadt belagerten, der Boden während 35 auf einander folgender Tage in einer Höhe von 4 Fuß mit Schnee bedeckt.

177. Die ganze Armee überwinterte in Armenien. Der Winter war so streng, daß man, weil der Boden gefroren war, um die Zeltpfähle in die Erde zu bringen, dieselbe vorher ausgraben mußte. Mehrere Soldaten hatten erfrorene Glieder, und man fand vor Kälte umgekommene Schildwachen. (Tacitus, Annales XIII. 35.) In Rom lag Schnee in großer Menge und die Wege waren 40 Tage lang gesperrt; die Tiber war gefroren. (St. Augustin.)

Gegen 66. Am Bosporus war der Winter so rauh, daß an der Mündung des Palus Mäotis einer der Heerführer des Mithridates auf dem Eise die Reiterei der Barbaren genau auf demselben Orte schlug, wo letztere im Sommer in einer Seeschlacht besiegt worden waren. (Strabo II. 1, 9.)

Gegen 299 n. Ch. Der Winter war im Norden Galliens sehr rauh. (Crevier, Histoire des empereurs romains, 28. Buch.)

400. Der Winter war in der Provence und an den Küsten des schwarzen Meeres sehr streng. (Peignot, Essai chronologique sur les hivers rigoureux.)

462. Der Winter war in Schwaben und der Provence sehr rauh. (Peignot.)

544. Der Winter war (in Gallien) durch die große Menge von Eis und Schnee so streng, daß sich die Vögel und andere wilde Thiere mit den Händen fangen ließen. (Sigeberti gemblacensis Chronicon, in der Sammlung von Dom Bouquet.)

547. Der Winter war in Gallien sehr rauh. „Die Vögel waren vor Hunger und Kälte so matt, daß man sie ohne Mühe auf dem Schnee mit den Händen greifen konnte.“ (Chroniques de St. Denys, nach Gregor von Tours, Aimoin und Siegbert von Gemblours.)

554. Dieser Winter wird in den holländischen Sammlungen als ein sehr strenger angegeben. (Historisch verhaal van harde winters, Amsterdam 1741; Tafereel van harde winters, Amsterdam 1784.)

559. Die Bulgaren gingen über die gefrorene Donau, verbreiteten sich über Thracien, und näherten sich den Vorstädten von Constantinopel. (Byzantinische Sammlung von du Cange.)

566. Der Winter ist in Gallien sehr rauh. Die Erde ist länger als fünf Monate mit Schnee bedeckt. Eine große Menge Thiere kommen um. (Marii episcopi Chronicon.)

593. Es war (im südlichen Gallien) ein so rauher Winter, daß Niemand einen ähnlichen erlebt zu haben sich erinnerte. (Paulus Diaconus, de gestis Longobardorum.)

605. Infolge eines sehr rauhen Winters ging ein sehr großer Theil der Weinstöcke in Frankreich ein. (Hermanni contracti Chronicon.)

670. Der Winter war an der Küste von Constantinopel sehr heftig und anhaltend, und eine große Anzahl Menschen und Thiere kamen um. (Cedrenus, Chronik.)

717. In Constantinopel war der Winter so streng, daß die Pferde und Kameele der saracenischen Armee, die es belagerte, zum größten Theil umkamen. (Calvisius, Opus chronologicum.)

763–764. Eine sehr große Kälte herrschte in Gallien, in Illyrien und bis zu den Küsten des schwarzen Meeres. Nach den fränkischen Chroniken kann diese Kälte in Rücksicht ihrer außerordentlichen Strenge mit keiner Kälte der vorhergehenden Winter verglichen werden. Der Bosporus und das schwarze Meer froren ein. In vielen Gegenden fiel der Schnee 30 Fuß hoch. In Gallien war vom 1. October 763 bis zum Febr. 764 der Frost sehr heftig. Die Oliven- und Feigenbäume gingen ein; das Saamenkorn in der Erde erfror, und in jenem letzten Jahre brach auf diesem ausgedehnten Erdstriche eine schreckliche Hungersnoth aus, durch welche eine Menge

Menschen umkamen. (Eginhardi annales, Chronicon moissiacense, Annales sangallenses, etc.)

791. In diesem Winter litten die Weinstöcke in der Provence sehr viel und die Heerden kamen in den Ställen um. (Peignot, Martins.)

801. An der Küste des schwarzen Meeres war der Winter sehr streng. (Annales fuldenses.)

811. Der Winter war rauh und dauerte bis zu Ende März. (Vita Karoli magni.)

822. In Frankreich fiel eine so große Menge Regen, daß alle Früchte der Erde dadurch verdarben, und erst im nächsten Frühling gesät werden konnte. Die Flüsse traten aus ihrem Bette und das Wasser ergoß sich weit in das Land hinein. „Diesen Uebeln folgte ein langer und sehr strenger Winter, so daß nicht nur die Bäche und kleinen Flüsse, sondern auch die großen Ströme, Rhein, Donau, Elbe und Seine gefroren, und Wagen, wie auf Brücken darüber fahren konnten." Der Eisgang verursachte in den an den Ufern des Rheins gelegenen Meierhöfen große Verwüstungen. (Eginhard, Annales.)

823-824. In Gallien war der Winter strenger und anhaltender als gewöhnlich. Viele Thiere und sogar Menschen unterlagen der übermäßigen Kälte. Eine darauf folgende Krankheit raffte eine Menge Menschen beiderlei Geschlechts und jedes Alters hinweg. (Hermann und Eginhard.)

829. In Aegypten war der Winter sehr streng. (Abd-Allatif.)

843. Der Winter dieses Jahres war sehr lang und sehr kalt, erzeugte besonders viele Krankheiten, und war dem Ackerbaue, dem Vieh und den Bienen sehr nachtheilig. (Nithard, Historiae.)

845. Der Winter war in der Normandie sehr streng. (Ann. bertiniani.)

849. In Gallien war der Winter sehr rauh. (Chron. fontanellense.)

856. Der Winter ist äußerst rauh und sehr trocken; eine heftige Epidemie rafft viele Leute hin (magna pars hominum). (Annales bertiniani und andere Chroniken.)

859-860. In Gallien und in Deutschland war der Winter sehr rauh und lang. Er dauerte in Frankreich mit Schnee und festem Eise vom November bis zum April. In Italien war der Frost ebenso heftig als anhaltend, und die Erde war mit ungeheurem Schnee bedeckt. Die Samenkörner in der Erde starben und die Weinstöcke erfroren. Der Wein fror in den Gefäßen, in denen er aufbewahrt wurde. Die Sterblichkeit unter Menschen und Thieren war groß; dann brach eine Hungersnoth aus, die im nächsten Jahre schrecklich war. (Annalen von St. Bertin, von Fulda; sächsische Chronik, Chronik von St. Gallen, von Hermann u. s. w., in der Sammlung von Pertz, Monumenta Germaniae historica.)

864. In Italien und Deutschland gab es einen langen und rauhen Winter. Das adriatische Meer war um Venedig herum gefroren, und seine Lagune wurde von Reitern und mit Waaren beladenen Wagen passirt. (Frytsch, Catalogus prodigiorum; Toaldo.)

874. Der Winter dieses Jahres war in Gallien so lang, und so reich an Frost und Schnee, daß, wie die Chroniken von St. Denys sagen, „kein Mensch, der zur damaligen Zeit lebte, einen so heftigen Winter gesehen hatte.“ Der Winter währte von Anfang September bis Ende März. Der Schnee fiel in solcher Menge, daß die Wälder unzugänglich geworden waren, weßhalb die Leute sich kein Holz verschaffen konnten. Die Erde blieb 5 Monate damit bedeckt, und die Wirkungen dieses Winters waren sehr unheilvoll. Die Hausthiere, besonders die Pferde fielen in großer Anzahl, und viele Menschen starben vor Kälte. Die Hungersnoth und die Krankheiten, welche auf diesen Winter folgten, rafften nach dem Chronisten von Fulda das Drittel der Bevölkerung dahin. Italien empfand ähnliche Wirkungen des Schnees und der Kälte. (Annales bertiniani, fuldenses, remenses, xantenses; Hermann, Siegbert von Gemblours, Toaldo u. s. w.)

880-881. In Frankreich, Flandern und Deutschland war der Winter sehr kalt und anhaltend. Er zeigte sich für mehrere Arten von Hausthieren schädlich; denn „die im Frühlinge durch einen sehr heftigen Frost verdichtete Erde“ lieferte kein grünes Futter, und Kälte und Hungersnoth brachten die schon durch die Unfruchtbarkeit des vorhergehenden Jahres hervorgerufenen Leiden aufs Höchste. (Annales fuldenses und Hermanni chronicon.)

887. Der Winter war sehr streng und von ungewöhnlicher Dauer. Er war von einer so heftigen Seuche unter den Ochsen und Schafen begleitet, daß nur wenige Thiere dieser Art in Frankreich überblieben. (Annales fuldenses.)

891. In Flandern und Holland war der Winter streng. (Holländische Sammlungen.)

893. Rauher und von längerer Dauer als gewöhnlich war der Winter dieses Jahres; im Monat März fiel der Schnee binnen 5 Tagen noch einen Fuß hoch. Diese Jahreszeit brachte in Baiern den fast gänzlichen Mangel an Wein mit sich; die Schafe und die Bienen kamen um. (Annales fuldenses.)

913. In Deutschland und im Norden Europas war der Winter sehr streng. (Sächsische Chronik, und Hering.)

922. In den schon beim Jahre 554 (S. 211) angeführten Sammlungen ist dieser Winter als ein strenger verzeichnet.

927-928. Sehr rauh war der Winter im Norden Frankreichs und in Flandern. (Chronica Frodoardi, augense und Holländische Sammlung: Historisch Verhaal van harde winters, 1741.)

940. Der Winter war in Deutschland und Frankreich außerordentlich streng; die Ernte fiel schlecht aus; es herrschte Hungersnoth und Krankheit; die Sterblichkeit unter den Rindern war besonders groß. (Chron. andegavense, Wichindi corbeiensis, Hepidanni, u. s. w.)

964. Bis zu Anfang des Februars war der Winter sehr hart und rauh. (Frodoardi Chronicon.)

975. In Gallien war der Winter „lang, trocken und hart.“ Ein starker Frost dauerte von Anfang November bis zum 22. März. Mitte Mai fiel viel Schnee. (Chron. Delmari, leodense, lobiense, remense, u. s. w.)

988. Der Winter war rauh. Die Wintersaat ging infolge der Kälte, wozu noch die Trockenheit des Frühlings kam, zu Grunde. Eine große Hungersnoth folgte darauf. (Sigeberti Chron. und dolense.)

991. Die Weinstöcke litten viel von der Strenge der Kälte; die Thiere starben aus Mangel an Nahrung in den Ställen; eine Hungersnoth herrschte. (Peignot.)

994. In Deutschland war der Winter sehr rauh und der Frost dauerte fast ohne Unterbrechung vom 12. November bis Mitte Mai; der Frühling und der Sommer brachten Plagen jeder Art und eine heftige Epidemie wüthete unter den Menschen, sowie unter dem Rindvieh, den Schafen und den Schweinen. In Italien waren die Flüsse mit Eis bedeckt und die Pflanzen erfroren. (Sächsische Chronik und Toaldo.)

1003. Der Winter in Frankreich war härter als gewöhnlich und hatte verderbliche Ueberschwemmungen im Gefolge. (Chron. floriacense und Historiae francicae fragmentum.)

1009. In Italien marschirten die Truppen über die gefrorenen Flüsse. (Toaldo.)

1020. In diesem Jahre war der Winter sehr rauh und anhaltend. Infolge dessen verbreitete sich eine ungeheure Sterblichkeit über das ganze Festland. (Annales quedlinburgenses.)

1033. In Gallien war der Winter sehr streng. (Chronicon virdunense.) Die in der Schweiz lagernde Armee Kaiser Conrad's hatte viel von der Kälte zu leiden. (Rerum germanicarum scriptores, Sammlung von Struve.)

1043-1044. Der Winter war in Deutschland und Frankreich sehr rauh und von häufigem Schnee begleitet. Der Frost dauerte vom 1. December bis Anfang März. Die Weinstöcke waren so beschädigt, daß der Wein außerordentlich selten wurde. Der Verlust der Ernte erzeugte eine so große Hungersnoth, daß viele Leute gezwungen waren, unreine Thiere zu verzehren. Die Sterblichkeit war beträchtlich. (Chronicon lobiense, Hepidanni annales, Glabri Rudolfi historiae.)

1047. Es fiel eine so große Menge Schnee im Occident, daß die Wälder unzugänglich waren. (Lamberti parvi und Sigeberti chronicon.)

1060. Ein härterer und schneereicherer Winter als gewöhnlich verursachte einen sehr bedeutenden Ausfall in der Weizen- und Weinernte. Eine schreckliche Hungersnoth raffte viele Menschen dahin. (Hermann.)

1067-68. In Frankreich war der Winter von St. Brice bis St. Gregorius (vom 13. November bis 12. März) außerordentlich streng. Die Weinstöcke und Waldbäume trugen keine Früchte. Die durch das Mißgeschick dieses und der vorhergehenden Jahre hervorgebrachte Unfruchtbarkeit erzeugte in England eine solche Hungersnoth, daß die Unglücklichen genöthigt waren, Hunde- und Pferdefleisch, ja sogar Menschenfleisch zu verzehren. (Chron. remense, lobiense und Rogeri de Hoveden Annales.)

1069. In Deutschland war der Winter rauh und von langer Dauer. Es mangelte dieses Jahr an Wein und Früchten. Da bei einer starken Kälte die Flüsse zugefroren waren, drang Kaiser Heinrich IV. in die Länder der Sachsen und richtete ein solches Blutbad an, daß die Gegend entvölkert wurde. (Lamberti Schafnaburgensis und Sigeberti Chron.)

1074. Ein sehr strenger Frost hielt von Anfang November bis Mitte April an. Die Kälte, die durch einen unerhört trocknen und scharfen Wind noch schneidender wurde, war so heftig, daß die Flüsse nicht nur auf der Oberfläche gefroren, sondern in einen Eisblock verwandelt schienen. Die Armee Kaiser Heinrich's IV. litt fürchterlich Mangel an Brod; das wenige Getreide, das man sich hatte verschaffen können, ließ sich infolge des durch den Frost bewirkten Stillstandes der Mühlen nicht mahlen. (Lambert von Aschaffenburg und Martin von Tournai.)

1076-1077. Der Winter war in Frankreich, England und Deutschland so heftig, daß die ältesten Personen sich nicht erinnerten, eine ähnliche Kälte erlebt, oder davon sprechen gehört zu haben. Der Schnee dauerte vom 1. November bis 26. März. Ueber das Eis des Rheines konnte man von Martini bis Ende März gehen. Im Innern Frankreichs dauerten die Fröste $4^1/_2$ Monat. Die durch die Kälte bis auf die Wurzel erfrorenen Weinstöcke gingen in mehreren Gegenden völlig ein. Der Mangel an Getreide war so groß, daß nur wenig Leute Weizen von der diesjährigen Ernte hatten.

(Annales elnonenses maiores, brunwilarenses, mosamagenses, Sanctae Columbae senoniensis, u. s. w.)

1079. Die Kälte war in Italien sehr scharf. (Annales beneventani.)

1082. Der Winter war in Italien streng. Im Monat December marschirte Kaiser Heinrich IV. mit seinen Soldaten und einer großen Menge Bürger über den vollkommen gefrorenen Po. (Landulfi historia mediolanensis.)

1124-1125. Dieser Winter war rauher als gewöhnlich, und wegen der Anhäufung des Schnees, der ohne Unterlaß fiel, außerordentlich lästig. Eine beträchtliche Anzahl Kinder und sogar Frauen starben durch die allzugroße Kälte. In den Weihern kamen die Fische um, welche unter dem Eise eingeschlossen waren, das so dick und fest war, daß es belastete Wagen trug, und die Pferde auf dem Rheine wie auf dem festen Lande liefen. In Brabant ereignete sich eine sonderbare Begebenheit: Die in unzähliger Menge durch den Frost aus ihren Sümpfen verjagten Aale flüchteten sich in Scheunen, wo sie sich zu verbergen suchten; aber die Kälte war so groß, daß sie dort aus Mangel an Nahrung umkamen und verfaulten. Das Vieh starb in vielen Gegenden. Die schlechte Witterung verlängerte sich so sehr, daß die Bäume erst im Mai ausschlugen und das Getreide und die anderen Culturpflanzen erst zu derselben Zeit mit Kraft zu wachsen anfingen. (Guillelmi de Nangiaco Chronicon.)

1125. Dieses Jahr war der Winter wieder streng, der Frühling ungesund, und für Frankreich entstand daraus eine große Hungersnoth. In Böhmen barsten die Bäume vor Kälte und die Flüsse waren zugefroren. (Annales brunwilarenses und fossenses.)

1133. In Italien herrschte in diesem Jahre ein sehr strenger Winter. Der Po fror von Cremona bis zum Meere; eine ungeheure Menge Schnee bedeckte die Wege; alle Flüsse und Bäche gefroren; Alles, selbst der Wein war gefroren; die Eichen und Nußbäume spalteten sich*) mit Krachen und wurden zerrissen; die Oelbäume und Weinstöcke verdorrten. Es trat ein so schrecklicher Mangel ein, daß im folgenden Jahre die Bewohner des Gebiets von Padua genöthigt waren, sich von Gras zu nähren. (Toaldo.)

1143. In Frankreich und Deutschland trat ein strenger Winter ein; sehr dicker Schnee bedeckte die Erde von Anfang December bis zum Februar, ein schrecklicher Orkan riß Häuser und Kirchen um; das

---

*) Duhamel du Monceau hat dieselbe Erscheinung im Januar 1776 bei einer bis zu — 17,5° gestiegenen Kälte beobachtet. In Straßburg spalteten sich die Bäume bei — 20° von oben bis unten; in Lyon hörten die Leute die Bäume mit Krachen bersten; die Kälte betrug dort — 21,2°.

Thauwetter und das Schmelzen des Schnees führte Ueberschwemmungen mit sich. In Deutschland barsten die Bäume und die Weinstöcke erfroren. Die Hungersnoth fuhr fort die Menschen zu decimiren. (Annales laubienses und Guillelmi de Nang. chron.)

1149. Dieser Winter war in Flandern rauher als gewöhnlich und dauerte von Anfang December bis zum März. Das Meer war vollkommen gefroren und in einer Entfernung von mehr als 3 Meilen von der Küste aus gangbar. Die erstarrten Wellen erschienen aus der Ferne wie Thürme. In Tournai herrschte großer Mangel an Erzeugnissen der Erde. (Annales blandinienses und Sigeberti continuat. tornac.)

1157. Die ungeheure Schneemenge und die Heftigkeit des Frostes zerstörten einen großen Theil der Weinstöcke. (Hermann; Frytsch.)

1179. In der zweiten Woche des Januars fiel der Schnee im Ueberfluß; ein sehr starker und unangenehmer Frost folgte darauf und dauerte bis Mitte Februar; während des übrigen Theiles dieses Monates, sowie im März und April machte ein ununterbrochen wehender Ostwind die Kälte noch fühlbarer. Sehr großer Mangel und beträchtliche Sterblichkeit unter den Rindern und Schafen waren die Folge dieser Kälte. (Sigeberti continuatio aquacincta.)

1185. Der Winter war streng. (Chronicon andrensis monasterii.)

1204–1205. In Frankreich, Flandern und England war der Winter sehr rauh. In diesem letzteren Lande dauerte die Kälte von Weihnachten bis zum Frühlingsäquinoctium; die Ernte der Früchte war nichts destoweniger reichlich. Aber auf dem Continente traf eine große Sterblichkeit die Thiere, besonders die Schafe und Vögel. Eine Hungersnoth folgte auf diese strenge Witterung. (Annales waverleiensis monasterii, Chronicon coenobii mortui maris; Annales fossenses.)

1210. Am ersten Januar begann in Frankreich ein sehr starker Frost, welcher ungefähr zwei Monate dauerte; die Wintersaat war zum großen Theil verdorben, und das Wenige, das man an einigen Orten an Weizen erntete, gab kaum soviel wieder, als man gesät hatte. Dieser Winter war für das Vieh sehr nachtheilig. (Anonymi continuatio appendicis Roberti de Monte.)

1216. Der Winter war in Italien sehr streng. Der Po fror in einer Tiefe von 15 Ellen. Der Wein in den Kellern sprengte beim Gefrieren die Fässer. (Toaldo, Pilgram und Peignot.)

1218. „Dieses Jahr zerstörte ein sehr rauher Frost, der vom 27. September sieben Tage hinter einander dauerte, die Trauben, die man schon zum großen Theil geerntet hatte. Am 27. des folgenden Monats fing es an zu frieren, und die Kälte dauerte mit unterbrochenen Schneefällen bis zu St. Nicolaus (6. December) so heftig fort, daß Alles gefroren war, die Erde, die Teiche, die Flüsse wie die Ströme, und besonders die Seine und Loire. Nach einem durch den Westwind hervorgerufenen Nachlassen der Kälte brachte uns der Nordwind plötzlich einen sehr rauhen von Schnee begleiteten Frost, der bis Mitte März anhielt. Eisige Winde wehten sogar noch nach dem Thauwetter: daher sah man auf den Feldern im Mai kaum vereinzelte Halme Getreide oder schwache Schößlinge an den Weinstöcken. Ich habe viele Orte gesehen, wo man das Land von Neuem bearbeitete und bestellte, da die erste Saat eingegangen war. (Wilhelm von Bretagne de gestis Philippi Augusti.)

1224-1225. Dieser Winter dehnte sich von St. Dionysius (9. October) bis zum Feste des Evangelisten Marcus (25. April) aus und wurde sehr beschwerlich. „Ein heftiger Wind schlug die Ernte nieder und riß an mehreren Orten in Frankreich und der Normandie die Kirchthürme um. Eine sehr starke Hungersnoth herrschte auf dem ganzen Continente und besonders in Flandern; wir haben aber, Gott sei Dank, nicht gehört, daß irgend Jemand infolge derselben umgekommen wäre.“ (Chronica rothomagensis.)

1234. Dieser merkwürdige Winter wüthete in ganz Frankreich, in England und Italien. In der Nacht der Beschneidung (1. Januar) trat ein so heftiger und anhaltender Frost ein, daß die Saat zum größten Theile mit der Wurzel erfror. In dieser traurigen Zeit lasteten auf den unglücklichen Menschen außer der Pein der Kälte auch die Qualen des Hungers. In Deutschland riß der Eisgang der Flüsse Brücken, Häuser, Mauern und Bäume um. (Guillelmi de Podis Laurentii historia Albigensium; Vincent de Beauvais; Frytsch.)

1236. In Frankreich und bis zu den Ufern der Donau war der Winter sehr hart. An der Loire waren durch die Ueberschwemmung Unglücksfälle verursacht, und starker Frost und später Reif eingetreten. Die Brücken von Saumur und Tours wurden durch den Eisgang zerbrochen. Infolge dieser Geißeln verbreitete sich eine Hungersnoth über ganz Europa. (Chonica sancti Florentii salmuriensis.)

1257. Nach den schon oben (S. 211) angeführten Sammlungen war der Winter in Holland rauh. Die französischen Chroniken berichten nur: „Im Königreich Frankreich war der Winter allzu hart.“ (Anonymus.)

1269. Dieser Winter war im nördlichen Europa streng. (Peignot.)

1272. Der Freitag, welcher Weihnachten vorausging, brachte eine so große Kälte, daß wenige Leute eine ähnliche erlebt zu haben sich erinnerten. (Anonymum St. Martialis Chronicon.)

1275 - 1276. In diesem Jahre trat in Italien ein sehr langer und rauher Winter ein. Vom 29. November an fiel in Parma eine Menge Schnee, der die Erde bis Anfang April bedeckte. Man konnte in diesem Jahre kein Gemüse säen und die Getreidesaat schlug fast ganz fehl. Die Heerden in der Diöcese von Parma kamen fast sämmtlich um. (Chronicon Parmae, in der Sammlung von Muratori, 9. Bd.)

1281 - 1282. Während dieses Winters war der Schnee in Oesterreich in solcher Menge vorhanden, daß eine große Anzahl von Häusern auf dem Lande vollkommen begraben war. (Pilgram.) In Böhmen dauerte der Frost bis zum 25. März und das Thauwetter und Schmelzen des Schnees erzeugten schreckliche Ueberschwemmungen und Mangel. (Canonici pragenses continuatores Cosmae.) Die Seine trat in Paris über und verursachte eine sehr schwere Ueberschwemmung. (Peignot.)

1292. Dieser Winter war in Deutschland und dem Norden Europas sehr rauh. (Pilgram.)

1302. In der Provence war in diesem Jahre ein rauher Winter. (Martins.)

1305. In diesem Jahre war der Winter in Frankreich sehr stark. (Papon, Histoire de Provence, 3. Bd.) Das Meer war an den Küsten von Flandern und Holland in einer Breite von anderthalb Meilen gefroren. (Abbé Mann, Mémoires sur les grandes gelées, 1792.)

1307. Der Winter in Flandern war sehr rauh. (Meyeri Annales.) Die Flüsse Frankreichs froren, ehe sich noch die durch eine große Ueberschwemmung hervorgebrachten Wasser wesentlich hatten vermindern können. Bei dem Eisgange war die Kraft des Eises so groß, daß die Brücken, die Mühlen und die an den Flüssen stehenden Häuser einstürzten. In Paris, am Hafen de la Grève versanken eine große Anzahl von beladenen Kähnen mit den auf ihnen befindlichen Personen und Vorräthen. (Gerardi de Fracheto Chronica.)

1316. In Frankreich fing am St. Andreastage (30. Nov.) ein sehr harter Winter an, der bis gegen Ostern hin anhielt. In Deutschland mißriethen die Ernten gänzlich, da die Kälte alle der Erde anvertraute Saaten vernichtet hatte. Die Hungersnoth machte sich fühlbar und verursachte wegen der schlechten Nahrung, die man sich mit großer Mühe verschaffte, viele tödtliche Krankheiten. (Gerard de Frachet, der Fortsetzer des Guillelmi de Nangiaco chronicon, Pilgram, Peignot.)

1318. In Frankreich, Deutschand und Italien war dieser Winter streng. Die Wagen fuhren über den Po. (Frytsch, Mann, Peignot.)

1323. Dieser Winter war in Frankreich und Deutschland sehr hart. Im Februar fiel sehr viel Schnee. (Anonyme Chronik.)

1325. Während dieses Winters war die Kälte sehr groß; sie ist in den Protocollen des Parlaments von Dijon erwähnt. In Paris war der Eisgang der Seine so heftig, daß die beiden Holzbrücken mit fortgerissen wurden. (Der Fortsetzer des Guillelmi de Nangiaco chronicon, Félibien, Peignot.)

1333 - 1334. In diesem Jahre herrschte in Italien und der Provence ein sehr strenger Winter. Der Schnee lag in Padua vom November bis März. (Toaldo.)

1341. Die Kälte dieses Winters war in Liefland so groß, daß viele Soldaten der Armee des Kreuzzuges die Nasen, Finger und Glieder erfroren. (Frytsch.)

1358. Dieses Jahr fiel der Schnee in Italien 10 Ellen hoch. (Villani, von Papon in der Hist. de Provence 3. Bd., S. 210 angeführt.)

1364. Dieser Winter war im Norden und besonders im Süden Frankreichs, wo alle Fruchtbäume abstarben, sehr rauh. In Paris begann der Frost am 6. December, und dauerte 14 Wochen. Der Schnee blieb während dieser ganzen Zeit liegen. Infolge dieser Kälte trat ein außerordentlicher Mangel an Fleisch ein. In England dauerte der Frost von Mitte September bis April. (Annales fossenses; Villani; Chronik von Baker.)

1385. Dieser Winter war im Norden Europas sehr kalt. (Hering.)

1392. In Frankreich war der Winter rauh. Die Bäume zersprangen infolge der Kälte. (Mémoires pour servir à l'histoire de France. Paris 1729, S. 91.)

1399. Dieser Winter war in Holland und besonders im Norden Europas merkwürdig. In Paris trat beim Aufthauen eine große Ueberschwemmung ein. (Hering, Peignot.)

1400. Dies Jahr war der Winter im Norden sehr streng; die gefrorenen Meere boten mehreren Armeen einen Uebergang dar. (Annales fuldenses.)

1408. „Der Winter dieses Jahres, der streng über den Norden Europas bis zu den Ufern der Donau herrschte, war der grausamste seit 500 Jahren; er war so lang, daß er von Martini (11. November) bis Ende Januar anhielt, und so streng, daß die Wurzeln der Weinstöcke und Fruchtbäume erfroren.“ (Félibien Histoire de Paris) „. . . . Seit letztem Martini ist eine solche Kälte eingetreten, daß Niemand seine Geschäfte verrichten konnte; wenn gleich der Gerichtsschreiber eine Schaufel mit Kohlen neben sich gestellt hatte, um den Inhalt seines Dintenfasses vor dem Einfrieren zu schützen, so fror die Dinte doch stets nach zwei oder drei Worten in seiner Feder, so daß er nicht protocolliren konnte." (Parlamentsregister.) Der Mangel an Holz und Brod wurde schmerzlich fühlbar. Die an dem Flusse gelegenen Mühlen standen wegen des Frostes sämmtlich still. Das Aufthauen verursachte in Frankreich furchtbare Verwüstungen durch den Aufbruch des Eises und das Austreten der Flüsse. Glücklicher Weise trat der Eisgang in Paris am 30. Januar des Morgens ein. Die ersten Stöße der Eisschollen gegen die Brückenbogen mahnten die Bewohner der vielen darauf erbauten Häuser für ihre Sicherheit zu sorgen. Zur Zeit des Aufganges des Eises sah man eine Eisscholle von 100 Meter Länge schwimmen. Die kleine beim Chatelet gelegene Holzbrücke, und die Brücke St. Michael (damals Neue Brücke genannt) stürzten ein. Die über der großen Brücke stehenden Mühlen wurden fortgerissen. An vielen Orten fanden ähnliche Unglücksfälle statt. (Enguerrand von Monstrelet, Félibien, Velly und Villaret, Peignot.)

1420. Der strenge Winter dieses Jahres erhöhte noch das Unglück des schon durch den Krieg zerrissenen Frankreichs, dessen Hauptstadt in den Händen der Engländer war. Die Hungersnoth war in Paris so groß, daß die Unglücklichen ihre Tage mit Aufsuchung der niedrigsten Lebensmittel verbrachten. Die Wölfe drangen bis in die Vorstädte der Stadt, die gleichsam eine weite Einöde geworden war. (Velly und Villaret.)

1422. „1422 am 12. Tage des Januar war die strengste Kälte, die jemals ein Mensch erlebt hatte, denn es fror so schrecklich, daß in weniger als drei Tagen der Essig und der Most in den Kellern erstarrten und die Eiszacken von den Gewölben der Keller herabhingen; der Seinefluß war angeschwollen, und gefror ganz, und die Brunnen froren innerhalb vier Tage zu. Es herrschte achtzehn volle Tage diese rauhe Kälte. Ungefähr einen oder zwei Tage, bevor diese strenge Kälte begann, hatte es so geschneit, wie man es vor 30 Jahren (1392) gesehen hatte, und durch die Rauhheit dieses Frostes und diesen Schnee wurde es so kalt, daß Niemand eine andere Arbeit vornahm, als springen, Ball schlagen und andere Spiele, um sich zu erwärmen. Es ist wahr, daß die Kälte so stark war, daß die Eismassen in den Höfen, den Straßen und in der Nähe der Brunnen bis zu Mariä Verkündigung (25. März) dauerten; und daß den Hähnen und Hennen die Kämme auf dem Kopfe gefroren waren." (Pariser Journal in den Mémoires pour servir à l'Histoire de France et de Bourgogne, Paris 1729, S. 91.)

1423. In diesem Winter waren die Ufer der Ostsee von Lübeck bis Danzig gefroren. (Berneggeri observ.)

1430. Der Winter dieses Jahres war im Norden sehr streng; die Weinstöcke litten in Deutschland außerordentlich. (Peignot.)

1433. Dieser Winter war in Deutschland wieder rauh. (Peignot.)

1433-1434. „Der Frost fing am letzten December an und dauerte 3 Monate weniger 9 Tage; er begann wieder gegen Ende März, und währte bis Ostern, welches dies Jahr auf den 17. April fiel.“ (Félibien.) In Holland schneite es 40 Tage hinter einander. (Van Swinden.) Den 25. April und die darauffolgende Nacht fand ein so rauher von Schnee begleiteter Frost statt, daß der größere Theil der Weinstöcke in Oesterreich, Schwaben und Ungarn eingging. (Chronicon elwacense.) Dieser Winter wurde in England der Winter „des großen Frostes“ genannt; die Kälte dauerte vom 24. November 1433 bis zum 10. Februar 1434. (Trusler's Chronology.)

1435. Der Winter dieses Jahres war wegen der Dauer und der Strenge der Kälte bemerkenswerth. Er dauerte in Flandern von Anfang December bis Mitte März, und die Dicke des Eises betrug über eine Elle. (Annales Meyeri.) In Deutschland starben viele Leute vor Kälte. (Chronicon elwacense.)

1442. „Der König verbrachte in Montauban den Winter, welcher so rauh war, daß er alle Flüsse in jener Gegend zum Gefrieren brachte und die Truppen in ihren Quartieren zurückhielt, ohne daß sie ausrücken konnten.“ (Mezeray.) Eine Menge Bäume und Früchte in der Erde erfroren. (Flämische Chronik von de Werdt.)

1443. Dieser Winter war sehr rauh in Deutschland; der Frost begann mit dem Feste Simon-Juda (28. October), und dauerte bis zu Petri Stuhlfeier (22. Februar); er fing darauf wieder von Neuem an und dauerte bis zu St. Georg (23. April). Man hatte seit 60 Jahren keinen ähnlichen Winter erlebt, denn es war bis St. Urban (25. Maï) kalt. (Continuatio claustroneoburgensis quinta.)

1457-1458. Dieser Winter war in Paris sehr streng. (Chroniques de St. Denys, Paris 1514, 3. Bd.): „Im Jahre 1457, sagt ein Zeitgenosse, war ein so strenger und langer Winter, daß er von Martini bis zum 18. Febr. dauerte. Es fror so stark, daß man die Oise und mehrere andere Flüsse zu Pferde und Wagen passiren konnte; zuletzt traten viele Schneefälle ein; es sank eine so große Menge desselben herab, daß beim Aufthauen eine solche Ueberschwemmung daraus entstand, wie man sie seit Menschengedenken nicht gesehen hatte, und viel Schaden anrichtete.“ (Mémoires von

Jaques du Clercq.) In Deutschland war die Kälte so lebhaft, daß auf der festgefrornen Donau eine Armee von 40000 Mann ihr Lager aufschlug. (Guillaume Marcel, Histoire de l'origine et des progrès de la monarchie française, 3. Bd. S. 624.)

1459-1460. Sowohl im Norden als auch in der Provence war der Winter sehr kalt. Die Seine trat in Paris aus ihren Ufern und richtete große Verwüstungen an. Die Weinstöcke in Deutschland litten sehr. (Annales Meyeri, Papon, Pilgram, Peignot.)

1464. Dieser Winter war im Norden sehr rauh; in Flandern hatte man seit 1408 keinen ähnlichen erlebt. Es fror vom 10. December bis 15. Februar ohne Aufhören. Man konnte während eines ganzen Monates über die Schelde gehen. (Annales Meyeri, Chronik von de Werdt.)

1468-1469. Dieser Winter wird von Philipp von Comines erwähnt; die größte Kälte trat zwischen dem 14. und 17. November ein: „Wegen des großen Frostes und der starken Kälte mußte der größte Theil der Leute des Herzogs (von Burgund) zu Fuß nach dem Lande von Franchemont (bei Lüttich) gehen... Ich sah dort einige unglaubliche Wirkungen der Kälte. Ich fand dort einen Edelmann, der einen Fuß verlor, dessen er sich später nicht mehr bedienen konnte, und einen Edelknaben, dem zwei Finger von der Hand fielen. Ich sah eine Frau mit ihrem neugebornen Kinde erfroren. Drei Mal wurde der Wein, welchen man beim Herzog den Leuten gab, die darum baten, mit Axtschlägen vertheilt, denn er war in den Gefäßen gefroren; man mußte die ganze Eismasse zerbrechen und in Stücke schlagen, welche die Leute nach Belieben in einen Hut oder Korb nahmen. Ich würde genug seltsame und eine lange Beschreibung erfordernde Dinge sagen können, aber der Hunger ließ uns in großer Hast fliehen, nachdem wir acht Tage dort zugebracht hatten." (Mémoires von Philipp von Comynes.) Die Strenge der Kälte erstreckte sich bis nach der Provence, wo die Weinstöcke sehr litten. (Martins.)

1480. Der Winter war streng und wegen einer großen Ueberschwemmung in Paris bemerkenswerth. (Peignot.)

1482. Die holländischen Sammlungen setzen diesen Winter unter die kältesten. (Historisch verhaal van harde winters; Tafereel van harde winters von Hering; Historia frisica Winsemii.)

1490. Eine sehr schneidende Kälte in Burgund dauerte sechs Monate; es folgte darauf sehr große Hitze. (Peignot.)

1493-1494. Dieser Winter war wegen der Strenge der Kälte bemerkenswerth, die im Süden äußerst groß war. (Papon.) Die Lagune und alle Kanäle von Venedig froren, so daß Fußgänger, Wagen und Pferde darüber passiren konnten. (Toaldo.)

1498-1499. Die Fröste dieses Winters zeigten sich im Hennegau in einer ganz ungewöhnlichen Form. In der Christnacht fiel ein sehr starker, mit Regen vermischter Hagel, der sogleich fror und einen glatten Eisstrom bildete. Darauf folgte soviel Schnee, „daß Alles, wie der Chronist sagt, zusammengeflossen und unter einander gemengt ein Eis, hart wie Stein, bildete.“ Da die Bäume eine solche Last nicht ertragen konnten, „brachen ihre Zweige mit Krachen;“ die Zweige, welche widerstanden, verursachten von dem Winde bewegt ein Geräusch „wie das Gerassel eines Harnisches.“ Dieser sonderbare Frost dauerte zwölf Tage, und als Thauwetter kam, fielen ungeheure Eisstücke von den Kirchthürmen und beschädigten das Schiff und die Kapellen der Kirchen. Die Ernte von den Apfel- und Birnbäumen im folgenden Herbste war sehr reichlich; aber an Futter mangelte es gänzlich, so daß Pferde und Rinder vor Hunger umkamen. Die Bauern, welche im vorigen Jahre ihre Scheuren mit Stroh gedeckt hatten, mußten es wieder abnehmen, um es den Thieren zu fressen zu geben. (Chronik von Johann Molinet.)

1502. In Holland war ein rauher Winter und in Paris eine Ueberschwemmung. (Peignot.)

1503. Der Winter in Italien war rauh. Der Po war gefroren und trug die Last der Armee des Papstes Julius II. (Toaldo.)

1507-1508. Dieser Winter war im Süden außerordentlich streng. Am Epiphaniastage fiel in Marseille ein 3 Fuß hoher Schnee. Die Fruchtbäume gingen ein. (Papon.)

1510-1511. In den holländischen Sammlungen ist dieser Winter als streng angeführt. In Italien war die Kälte sehr intensiv; der Schnee fiel reichlich und der Frost war heftig genug, daß bei der Belagerung von Mirandola die Soldaten des Papstes Julius II. die Gräben auf dem Eise überschreiten konnten. (Guichardin, Histoire de l'Italie.)

1512. „In Bologna in Italien fiel so dicker Schnee, daß er das Sehen verhinderte.“ (Mezeray.) Dieser Schnee dauerte bis zum Mai. (Toaldo.)

1513-1514 zeigte sich der Winter in Flandern sehr streng. (Van Swinden, Quetelet.) Die Wagen gingen ohne abzuladen von Gorkum nach Köln, die Flüsse auf dem Eise überschreitend. (Handschriftliche flämisch abgefaßte Chronik von Bois-le-Duc.)

1518. Der Winter war sehr trocken und sehr kalt. (Short, A general chronological history of the air, London, 1749.)

1522. Ein strenger Winter. (Peignot.)

1523-1524. Die Kälte wurde vom Herbst an fühlbar. (Peignot, Quetelet.) „Der Winter war heftig und der Schnee fing am 2. November an. Infolge der Kälte erfror das Getreide und Gemüse, und man mußte im Anfange des nächsten Jahres die Felder von Neuem bestellen, so daß Mitte August Weizen und Roggen noch blühten und auch die übrigen Getreidearten ebensowenig vorgeschritten waren. Dies machte die Lebensmittel während des ganzen nächsten Jahres sehr theuer.“ (Félibien, Histoire de Paris.) In England fand in diesem Winter nach vielem Regen und heftigen Winden ein Frost statt, so daß mehrere Personen infolge der Kälte starben; andere verloren die Fußzehen. (Baker, Chronik, S. 297.)

1537-1538. Im December und im Januar war eine große Kälte, und die Themse war gefroren. (Short.)

1544. „Die Kälte war so außerordentlich, daß der Wein in den Fässern gefror. Man mußte ihn mit Aexten zerschlagen und die Stücke nach Pfunden verkaufen.“ (Mezeray, Histoire de France.)

1548. Dieser Winter war in ganz Frankreich sehr rauh; alle Flüsse waren so gefroren, daß sie die schwersten Wagen tragen konnten. (Peignot.)

1552-1553. Dieser Winter ist in den weiter oben (S. 211, 214 und 223) genannten holländischen Sammlungen unter den strengen Wintern angeführt. „Ein einziger Zug wird beweisen, wie groß das Uebermaaß der Kälte während dieses Jahres im Norden gewesen ist; der Kapitän Villoughby suchte den Weg nach dem chinesischen Meere durch das nördliche Meer. Die Eismassen hielten ihn in Arzina, einem Hafen Lapplands, unter 69° Breite auf. Im folgenden Jahre (1554) fand man ihn, sowie seine ganze Schiffsmannschaft todt.“ (Peignot.) In diesen Winter fällt auch die berühmte Belagerung von Metz durch Karl V. und der Rückzug der kaiserlichen Armee nach einer heldenmüthigen Vertheidigung der Einwohner der Stadt. Die Soldaten hatten viel von der Kälte zu leiden. „Damals fehlte allen ihren Soldaten der Muth, sowohl wegen der großen und außerordentlichen Kälte, welche sie hemmte, als auch wegen der Noth und des Mangels an verschiedenen Dingen.... Die andern wurden in großer Zahl steif und starr in den Laufgräben gefunden.“ (Commentarien von François de Rabutin, Geschichte der Belagerung von Metz.) „Wir fanden Soldaten auf großen Steinen sitzend, deren Beine bis an die Kniee in gefrornem Schlamme steckten. Bei den Meisten mußte man die Beine abnehmen, denn sie waren abgestorben und erfroren. (Mémoires von Vieilleville.)

1562-1563. Dieser Winter war in Flandern streng. (Peignot, Quetelet.) In Antwerpen fing es gegen Mitte December an zu frieren. Von St. Stephan (26. December) bis zum 5. Januar standen auf der Schelde Buden und Wirthshäuser; am 5. Januar brach das Eis in kurzer Zeit auf. (Handschriftliche Chronik von de Werdt.) Am 21. December fing es in London mit solcher Heftigkeit zu frieren an, daß man am 1. Januar zu Fuß über die Themse ging, und daß sich das Volk dort wie auf dem festen Lande belustigte; der Frost aber war nur von kurzer Dauer. Das Thauwetter fing am 2. Januar an und am 5. war kein Eis mehr auf dem Flusse zu sehen. (Baker, Chronik S. 399.)

1564-1565. In Paris dauerte dieser Winter vom 20. December 1564 bis zum 24. März 1565, wie wir aus folgenden Versen ersehen:

L'an mil cinq cent soixante quatre,
La veille de la sainct Thomas,
Le grand hyver nous vint combatre,
Tuant les vieux noiers à tas;
Cent ans a qu'on ne vit tel cas.
Il dura trois mois sans lascher,
Un mois outre sainct Macthias,
Qui fit beaucoup de gens fascher.

(Pierre de l'Estoile.)

Der Frost dauerte in Lüttich vom 14. November 1564 bis Ende April 1565. Man verkaufte auf dem Eise der Schelde Waaren in Buden. (Quetelet.) Im December war die Themse so weit gefroren, daß man zu Fuß darüber gehen konnte. (Short.) In der Provence war die Rhone bei Arles in ihrer ganzen Breite gefroren und die Oelbäume gingen ein. (Martins, Patria.)

1568. Mezeray berichtet, daß dieser Winter in Châtellerault wegen des Eises und Schnees bemerkenswerth war. Am 19. December zwang die ungewöhnliche Kälte den Herzog von Anjou, sein Lager von Loudun abzubrechen. (Vinard, Chronologie militaire.)

1570-1571. „Der Winter war von Ende November 1570 bis Ende Februar des folgenden Jahres so rauh, daß die Flüsse drei Monate lang so gefroren waren, daß Wagen darüber fahren konnten; die Kälte vernichtete die Fruchtbäume, sogar im Languedoc und in Frankreich, bis auf die Wurzel." (Mezeray.) Der Frost fing in Flandern den Abend vor St. Nicolaus (5. December) an, und dauerte bis zum 10. März; an diesem letztern Tage waren Maas, Waal und Rhein noch gefroren. (Abbé Mann.)

1572. Der Winter war in Flandern sehr rauh. Die Maas trat beim Schmelzen des Schnees gegen Ende Februar aus. (Quetelet.) In England war eine große Kälte, und es fiel vom 2. November bis Epiphanias viel Schnee. (Short.)

1584. Dieser Winter ist in der Chronik von Jonston Zopf, die in deutscher Sprache in Jena gegen 1687 gedruckt ist, unter die strengen Winter gestellt.

1591. In der Provence gab es einen Ueberfluß an Schnee, und die Fruchtbäume litten. (Martins, Patria.) Als die Liguisten einen Angriff auf St. Denis versuchten, war es sehr kalt und die mit Wasser angefüllten Gräben waren am 3. Januar bis auf den Grund gefroren. (Peter Daniel, Histoire de France.)

1594–1595. Die große Kälte dieses Winters fing am 23. December 1594 an. Am 13. April 1595 begann sie von Neuem, und es fror in diesen Tagen eben so sehr wie zu Weihnachten 1594. Diese Zeit führte in Paris viele plötzliche Todesfälle herbei, besonders bei kleinen Kindern und Frauen. (Journal de Henri IV. 1741, S. 201.) Rhein, Po und die Lagunen von Venedig waren gefroren. (Toaldo.)

1597–1598. Zopf führt in seiner Chronik diesen Winter unter den in Deutschland denkwürdigen an.

1599–1600. Auch diesen Winter citirt Zopf als einen strengen. Von Ende November bis Ende Mai war die Kälte mit Unterbrechungen in den südlichen Provinzen Frankreichs so bedeutend, daß fast alle Fruchtbäume und eine große Anzahl Thiere umkamen. (Papon.)

1601. Die Olivenbäume in der Provence gingen ein. (Martins, Patria.)

1603. Dieser Winter war wieder im Süden Frankreichs sehr streng. Die zugefrorne Rhone wurde von Wagen passirt. (Martins.)

1608. Der Winter von 1608 wurde lange Zeit der große Winter genannt. Die Kälte herrschte fast ohne Aufhören vom 20. December 1607 bis gegen Mitte März 1608 in Frankreich, England, Holland, Deutschland und Italien. Die Geschichtsschreiber sind voll von Einzelheiten über die Wirkungen dieses Frostes. Am 10. Januar fror in der Kirche St. André-des-Arcs der Wein im Kelche. „Man mußte, sagt l'Estoile, ein Kohlenbecken holen, um ihn zu schmelzen." Am 20. Januar wurden fünf Männer, welche Vorräthe nach den Hallen schaffen wollten, in einer Ecke der Tirechappestraße vor Kälte erstarrt gefunden. Das Brod, welches man Heinrich IV. am 23. Januar vorsetzte, war gefroren. In dem nördlichen Theile Europas waren alle Flüsse gefroren. Das Eis war in Flandern so dick, daß, wie der Geschichtsschreiber Mathieu sagt, „die Antwerpner, als sie die Schelde so gefroren sahen, wie 1563, mehrere Zelte darauf errichteten, unter denen sie schmausten." „Mehrere Personen, sagt Mezeray, starben sowohl in Städten als auf dem Lande durch diese Kälte; andere blieben gelähmt; eine große Anzahl hatte Hände und Füße erfroren." Der größte Theil der jungen Bäume ging ein; ein Theil der Weinstöcke erfror bis zur Wurzel; die Cypressen und viele Nußbäume wurden von der Kälte stark getroffen. England sah fast sein ganzes Vieh vernichtet. In London war die Themse so gefroren, daß beladene Wagen darüber fuhren; viele Vögel kamen um, und ein großer Theil der Pflanzen ging zu Grunde. Das Aufthauen verursachte seinerseits große Verwüstungen. „Das Eis der Flüsse, sagt Mezeray, zerbrach die Schiffe, Chausseen und Brücken; die durch das Schmelzen des Schnees angeschwollenen Flüsse überschwemmten alle Thäler; und die Loire, die an verschiedenen Orten ihre Dämme einriß, verursachte auf den benachbarten Ländereien eine zweite Sündflut. In Italien erfolgte im Anfang ein so großes Uebertreten der Flüsse, daß Rom sich fast in einer Sündflut sah, durch die Wasser der Tiber, die mit einer solchen Heftigkeit von den Apenninen herabstürzten, daß mehrere Häuser davon umgerissen wurden." In Padua fiel eine ungeheure Menge Schnee. (Mercure françois von 1608; Pierre Mathieu, Histoire de France; Aubert le Mire, Chronique; Baker's Chronik; Mezeray; Calvisius; van Swinden, Toaldo.)

1609-1610. Das Wetter war in England vom December bis April sehr kalt. Die Themse fror so, daß sie einen Weg bildete. Die Vögel und Pflanzen kamen um. (Clark's Exam.)

1615. Deutschland, Ungarn und die benachbarten Provinzen erlitten am 20. Januar eine so rauhe Kälte, daß viele Weinstöcke und eine bedeutende Menge Fruchtbäume erfroren. (Mercure françois.)

1616. Die Kälte war in Frankreich während dieses Winters sehr lebhaft: sie lag schwer auf der königlichen Armee, welche die Königin von Poitiers nach Tours begleitete. In Paris riß der Eisgang der Seine eine Seite der St. Michaelsbrücke ein. (Mercure françois; Félibien.)

1620-1621. Dieser Winter war im Norden und Süden sehr streng. Der Zuidersee fror ganz; ein Theil der Ostsee war mit sehr dickem Eise bedeckt; das Eis der Lagunen im adriatischen Meere hielt die venetianische Flotte fest. Die Kälte war in der Provence ebenso heftig. (Calvisius.)

1621-1622. Der Frost war in diesem Winter in Flandern und dem nördlichen Frankreich sehr stark. Die Holländer verloren infolge der Kälte und des Hungers die Hälfte ihrer Armee vor Sluys. (Mercure françois.)

1623–1624. Dieser Winter war sehr rauh; die Armee des Prinzen von Oranien hatte soviel davon zu leiden, daß das Gelingen ihres Angriffes auf Antwerpen dadurch vereitelt wurde. Es fielen ungeheure Mengen Schnee, die große Unglücksfälle verursachten. (Mercure françois.) Der Winter dauerte in England von Mitte December bis Mitte Januar, und in Deutschland war die Donau gefroren. (Short.)

1624–1625. Ein zu jener Zeit lebender Meteorolog berichtet Folgendes: „Nach einem harten Winter fiel im Februar bei Westwinde eine sehr große Menge Schnee. Einige Tage lang fanden dann, besonders gegen Ende Februar, sehr rauhe von Nordwind herbeigeführte Fröste statt. Außerdem war fast das ganze Jahr kalt. Mehrere Baumarten, besonders die Nußbäume, die schon weit vorgeschritten waren, erfroren bis auf den Stamm. Diese Strenge der Jahreszeiten führte den Mangel herbei, an dem wir jetzt leiden." (Liberti Fromondi Meteorologica, Antwerpen 1627, in 4to, S. 272.)

1632–1633. Dieser Winter war sehr hart und fing sehr zeitig an. Der Mercure de France berichtet, daß am 4. October 1632 die Kälte zwischen Montpellier nnd Beziers so heftig wurde, daß 16 Gardes du Corps Ludwig's XIII, 8 seiner Schweizer und 13 Troßknechte infolge derselben starben.

1635–1636. Der Frost fing im December 1635 an, und dauerte einen Theil des Januars 1636. Die Wagen fuhren über das Eis der Maas. (Quetelet.)

1638. Der Winter war in der Provence so streng, daß in dem Hafen von Marseille das Wasser um die Schiffe herum fror. (Papou IV, 490.)

1655–1656. Dieser Winter war in Frankreich und Deutschland sehr streng. In Paris „fror es am 25. und 26. November 1655. Die ersten Tage des December schneite es. Vom 8. bis 18. war der Frost überaus groß. Die Seine gefror. Vom 18. bis 28. war die Luft feucht. Am 29. fing der Frost wieder an und dauerte bis zum 28. Jan. 1656. Ein neuer Frost begann wenige Tage darauf wieder und dauerte bis in den März. Aber zwischen diesen beiden Rückfällen war die Kälte weniger groß als im December." (Manuscript von Ismael Boulliaud, angeführt von Pingré in den Mémoires de l'Académie des sciences für 1789, S. 514.) In Deutschland „war die Kälte so groß, daß man in Wismar (in Mecklenburg-Schwerin an der Ostsee) vierspännige beladene Wagen in der Entfernung von 5 bis 6 deutschen Meilen ankommen sah, was seit vielen Jahren nicht der Fall gewesen; im Lande waren die Brunnen bis auf den Grund gefroren. Auf den Landstraßen in Böhmen wurden mehrere Personen erfroren gefunden.“ (Van Swinden.)

1657-1658. Dieser Winter war sehr streng in Europa, von der Ostsee an, wo Karl X. von Schweden seine ganze Armee, Cavallerie, Artillerie, Munitions- und Bagagewagen u. s. w. auf dem Eise von Fühnen nach Seeland gehen ließ, bis nach Italien, wo die Flüsse tief genug gefroren waren, um die schwersten Wagen zu tragen. In Rom fiel eine ungeheure Menge Schnee. (Peignot.) In Paris „fror es vom 24. December 1657 bis zum 20. Januar 1658, jedoch so, daß die Kälte damals nicht sehr schneidend war. Am 20. Januar wurde sie indeß durch einen heftigen Nordostwind ungewöhnlich scharf: sehr wenige Leute erinnerten sich eine so durchdringende Kälte erlebt zu haben. Alles war gefroren. Die strenge Kälte dauerte bis zum 26. Am 27. ließ die etwas gemilderte Luft Thauwetter hoffen; aber am 28. wurde die Kälte wieder so durchdringend, wie sie es gewesen war und hielt bis zum 8. Februar an. Am 9. und 10. Februar fing das Eis und der Schnee, der in Ueberfluß gefallen war, an zu schmelzen. Montag, den 11, setzte um 2 Uhr Morgens der Wind wieder nach Norden und Nordosten um, und es froren die Gewässer von Neuem; der Frost war ungewöhnlich groß. Bei Sonnenaufgang war keine Spur des vorhergegangenen Thauwetters mehr zu sehen. Diese strenge Kälte dauerte bis zum 18. Endlich am 19. fing bei einem aus Nordwesten, und dann aus Westen wehenden Winde das Thauen des Schnees und Eises wieder an und dauerte ohne Unterbrechung fort. Am 21. brach das Eis, welches die Seine bedeckte, auf. Am 22. begann der Fluß zu schwellen. Am 27. und 28. trat er aus; die Ueberschwemmung war größer als irgend eine, deren man sich erinnern konnte. Von 6 Uhr Abends des 27. bis Mittag des 28. bespülte das Wasser die Mauern der Kirche St. André-des-Arcs; man bedurfte eines Bretes, um über die Straße zu gehen. Am 28. Mittags fing das Wasser an zu fallen. Infolge der Kälte waren mehrere Reisende umgekommen; andere waren mit dem Verluste einiger Glieder davon gekommen. Während der Nacht vom 28. Februar bis zum 1. März wurde ein großer Theil der Marienbrücke vom Strome fortgerissen, und mehrere Personen kamen um. Am folgenden Tage wurden einige Hintergebäude von den am Wasser stehenden Häusern ebenfalls mit fortgerissen.“ (Boulliaud.) In der Provence gingen viele Oelbäume ein. (Martins, Patria.)

1659–1660. In der Provence und in Italien war dieser Winter wieder sehr kalt. Die Olivenbäume, welche wieder ausgeschlagen hatten, gingen fast alle ein. (Martins.)

1662–1663. Während dieses Winters, der sehr streng war, dauerte der Frost in Paris vom 5. December bis 8. März. Indessen schien die Kälte in dieser langen Zeit dreimal milder zu werden. Die Seine war im December 1662 vollkommen gefroren. (Boulliaud.)

1664–1665. Boulliaud citirt diesen Winter als sehr streng. In Belgien waren sehr heftige Fröste und es fiel sehr viel Schnee. (Quetelet.) Im Monat Januar 1665 war die Kälte, wie schon im J. 1655, in Polen so heftig, daß die stärksten Weine gefroren, und mehrere Menschen ihre Glieder, andere sogar ihr Leben verloren. (Philosophical Transactions No. 19.)

1667. Dieser Winter war in Holland wegen der sehr strengen, aber spät eingetretenen Kälte, die vom 16. März bis 1. April herrschte, merkwürdig. (Hering, Tafereel van harde winters, 1784. in 8vo.)

1670. Dieser Winter war in ganz Europa streng. Den großen und kleinen Belt passirte man ohne Gefahr zu Schlitten. Die Donau war so fest zugefroren, daß sie Menschen, Pferde und Wagen trug. (Carol. Rayger.) In Italien und Frankreich fror es stark. Bei den Versuchen, welche die Mitglieder der einige Jahre früher gegründeten Akademie der Wissenschaften im Jahre 1684 über die Wirkungen des Frostes anstellten, um die damalige Kälte mit derjenigen in frühern Jahren zu vergleichen, hielt man die Minima von 1670 und 1684 für gleich. (Histoire de l'Académie, Th. I. S. 390.) Boulliaud sagt in seinem handschriftlichen Tagebuche über den Winter von 1670 weiter nichts, als daß in den Monaten Januar und Februar eine übermäßige Kälte geherrscht und ihre Heftigkeit eine große Anzahl von Bäumen vernichtet habe.

1672. Der Winter war streng; die Kälte hielt drei Monate hindurch an. (Mezeray.)

1674. Dieser Winter ist in Holland bemerkenswerth gewesen wegen seiner Strenge und wegen der späten Zeit seines Eintritts (Februar); am 4. April lief man noch auf dem harlemer Meere Schlittschuhe. (Van Swinden.)

1676–1677. Dieser Winter war in Frankreich sehr streng. Besonders heftig war die Kälte vom 2. December 1676 bis zum 13. Januar 1677. „Fünfunddreißig Tage hinter einander war die Erde mit Schnee bedeckt und die Seine zugefroren. Dann trat nasses Wetter ein. Im Februar hatte man einige gelinde Fröste und öfteren

Regen. Dieselbe Witterung herrschte im März. Der Himmel war fast immer bedeckt. Der Anfang des Monats April war noch kalt und naß; um die Mitte des Monats wurde die Temperatur milder, aber bald nachher trat das kühle Wetter wieder ein und hielt bis zum 22. Mai an." (Boulliaud.) Ueber die zugefrorene Maas fuhr man von Weihnachten bis zum 15. Januar mit schwer beladenen Wagen. (Galliot, Histoire de Namur.)

1680. Dieser Winter war in Italien und in der Provence sehr rauh. In der Provence erfroren die Oelbäume. (Martins.)

1683-1684. Dieser Winter ist in ganz Europa streng gewesen. „Zu Paris herrschte vom 11. bis zum 17. Januar eine sehr heftige Kälte. Während dieser sieben Tage sank der Weingeist in der Thermometerkugel auf einen Punkt herab, wohin er in andern Wintern noch nicht gelangt war." Die Akademiker sahen Wein in Zeit von 10 bis 12 Minuten gefrieren. (Histoire de l'Académie, I, S. 390.) Es fiel eine außerordentliche Menge Schnee im Süden. Die Wirkungen der Kälte waren sehr erheblich, besonders in England. Zu London war die Themse während eines großen Theils dieser Zeit so stark gefroren, daß man Hütten und Buden auf dem Eise errichtete und daselbst 14 Tage lang einen Markt abhielt. Vom 9. Januar an fuhr man über die Themse, und nach allen Richtungen auf derselben wie auf dem festen Lande mit Wagen; man veranstaltete daselbst ein Stiergefecht und eine Fuchsjagd und ließ White-Hall gegenüber einen ganzen Ochsen auf dem Eise braten. An den Küsten von England, Frankreich, Flandern und Holland war das Meer einige Meilen weit dergestalt gefroren, daß mehr als 14 Tage lang kein Paketboot in den Häfen aus- und einlaufen konnte. Die meisten Vögel kamen um, im nächstfolgenden Sommer sah man keine; in den Waldungen barsten viele Eichen. „Der Frost zerstörte beinahe alle Pflanzen und die Hoffnungen der Landleute." (Transact. Bd. XIV.) Mehrere Menschen wurden ein Opfer der Heftigkeit dieser Kälte, die so arg war, daß man in den Hauptstraßen Londons große Holzstöße anzündete, damit die Einwohner, welche ihre Wohnungen verlassen mußten, sich erwärmen konnten. (Gazette de France.) In Holland und Belgien waren im Februar und März alle Flüsse zugefroren. (Van Swinden, Quetelet.)

1688. Der Winter war in Deutschland sehr streng. (Short.)

1695. Dieser Winter war sehr rauh. Homberg theilt mit, daß er Essig zum Gefrieren gebracht hat. „La Hire's Thermometer stand während der ganzen Zeit des Frostes zwischen 15 und 20 Grad

(— 12,1° bis — 8,5° des hunderttheiligen Thermometers), außer am 7. Februar, wo es auf 7 Grad fiel (— 17,9° C.)" (Histoire de l'Académie, II, S. 231.)

1696. Zu Anfang des Jahres 1696 war die Kälte in England, den Niederlanden und dem nördlichen Deutschland übermäßig. Der Doctor Derham berichtet, daß zu London das Thermometer des Gresham-College eine Temperatur anzeigte, die gleich — 16,9 C. war. (Philosophical Transactions.)

1709. Der Winter dieses Jahres ist einer der strengsten, welche die Geschichte kennt. In Frankreich, Italien, Spanien, Deutschland und allen nördlichen Ländern herrschte eine sehr heftige Kälte. Die reißendsten Flüsse Frankreichs, selbst im Süden, waren gänzlich zugefroren. Die Meere und Golfe. welche die südlichen Küsten Italiens und Frankreichs bespülen, waren mit Eis belegt. Gegen Ende des Monats Januar fuhr man über das Eis des Bodensees und des züricher Sees mit beladenen Wagen. Van Swinden hat die in mehreren Städten Europas angestellten Temperaturbeobachtungen untersucht, und ist durch verschiedene Combinationen dazu gelangt, dieselben auf die hunderttheilige Scale zurückzuführen. Es folgen hier einige Resultate seiner Arbeit:

Auf der Sternwarte zu Paris hatte man nach La Hire:

am 4. Januar	— 7,5°
„ 6. „	— 1,4
„ 7. „	— 7,6
„ 10. „	— 18,0
„ 13. „	— 23,1
„ 14. „	— 21,3

Vom 15. Januar an stieg das Thermometer etwas, fiel aber wieder

am 20. Januar auf	— 20,4°
„ 21. „ „	— 20,6

Im Februar trat neue, aber weniger strenge Kälte ein; am 13. März fiel das Thermometer noch auf — 5,8°.

Für Montpellier ergaben die Beobachtungen des Präsidenten Bon:

am 10. Januar	— 4,8°
„ 11. „	— 16,1
„ 12. „	— 12,5
„ 13. „	— 4,1
„ 14. „	— 9,6
„ 15. „	— 9,5
„ 16. „	— 9,6

am 17. Januar	. . . .	— 7,8°
„ 18. „	. . . .	— 6,9
„ 19. „	. . . .	—12,5
„ 20. „	. . . .	— 8,2
„ 21. „	. . . .	— 7,7

Wie zu Paris trat im Februar eine neue Frostperiode ein. Am 25. notirte man noch —5,6°.

Es ist eine bemerkenswerthe Thatsache, daß zu Paris die größte Kälte zwei Tage später fiel als zu Montpellier, und auch der Rückfall der Kälte in letzterer Stadt etwas früher eintrat; daß ferner ungeachtet dieser bedeutenden Kälte die Seine nicht gänzlich zugefroren war, während in derselben Zeit die Garonne sich mit Eis belegt hatte, und von Balaruc nach Boussigny und Cette auf dem Eise passirt wurde.

In Holland, England und Preußen war die Kälte geringer als zu Paris. In der Umgegend von London begann der Frost zu Weihnachten und hielt bis Ende März an; die größte beobachtete Kälte fand am 14. Januar statt und betrug am Gresham-College —17,2°. In Berlin hatte man —16,6° am 9. und 10. Januar. (Van Swinden, Journal de physique, Bd. XXXIV.) Das Eis der Maas war bei Namur 1,6 Meter dick, und das Thermometer fiel hier auf —19,1°. Der Ebro in Spanien war zugefroren. Noch am 8. April war die Ostsee, so weit das mit einem Fernrohr bewaffnete Auge reichte, mit Eis bedeckt.

Die Wirkungen dieser außerordentlichen Kälte auf Menschen, Thiere, Pflanzen und Saaten werden in verschiedenen Memoiren jener Zeit beschrieben. Manche Arten von kleinen Vögeln und Insecten wurden in England und dem Norden des Festlandes fast vernichtet; Derham zählt gegen 20 Arten von Vögeln der kalten Zone auf, die an den Küsten Englands gesehen und erlegt wurden. Viele Reisende erlagen den Angriffen der Kälte, und in mehreren Provinzen kam das Vieh um. Viele Waldbäume waren bis auf den Splint gefroren, und 20 bis 30 Jahre später fand man beim Fällen eines alten Stammes die Spuren der Narbe von 1709 (falsches Splint). Lorbeerbäume, Cypressen, Stecheichen, Kastanienbäume und die ältesten und stärksten Wallnußbäume gingen in großer Menge zu Grunde. (Buffon, Duhamel du Monceau.) Was besonders nachtheilig wirkte, war das eintretende sieben- bis achttägige Thauwetter; der Saft trat in die Pflanzen und als die heftige Kälte wiederkehrte, wurde alles vernichtet. Die Provence verlor ihre Orangen- und Oelbäume. Vom

9. bis 11. Januar hatte man zu Montpellier eine Kälte von — 16,1°. Am 12. trat plötzlich Thauwetter ein; die Blätter der Oelbäume wurden welk, die Zweige dürr, und die brandig gewordene Rinde löste sich vom Stamme ab. (De Gasparin.) Der Weinstock verschwand in mehreren Theilen Frankreichs; Gärten und Baumpflanzungen wurden ihrer Obstbäume beraubt. Viele Apfelbäume trieben zwar Blätter und Blüthen, als wenn sie nicht gelitten hätten, starben aber nachträglich noch ab; andere gingen im folgenden Jahre ein. Selbst das Korn hatte so gelitten, daß eine unerhörte Hungersnoth und Sterblichkeit auf diese Unfälle folgte. Der Pfarrer von Feings, in der Nähe von Mortagne, bemerkt hierüber in seinem Kirchenbuche: „Am Montag, den 7. Januar, begann eine Kälte, die an demselben Tage zugleich am heftigsten und unerträglichsten war, und bis zum 3. oder 4. Febr. anhielt. Während dieser Zeit trat ein Schneefall ein, wobei ein sehr feiner und schwer schmelzender Schnee ungefähr einen halben Fuß hoch fiel. Einige Tage nach dem Schneefall erhob sich ein sehr kalter Wind zwischen Nord und Nordwest, welcher den Schnee an den tief liegenden Stellen zusammenhäufte und das Korn entblößte, das fast sämmtlich erfror. Wenige Menschen erkannten beim ersten Thauwetter, daß es vernichtet war.“ Glücklicher Weise pflügten manche umsichtige Landwirthe ihre mit Wintergetreide bestellten Felder um, und besäeten sie polizeilicher Vorschriften ungeachtet mit Gerste, dem Brotkorn in Zeiten des Mangels. Man buck auch Brot aus Hafer. Ja, man aß Aronswurzeln, Quecken und Asphodill. Die Hungersnoth wurde so groß, daß im Monat April eine Verordnung erging, welche bei Galeeren- und sogar Todesstrafe allen Bürgern ohne Unterschied und den Gemeinden anbefahl, ihre Vorräthe an Korn und Lebensmitteln genau anzugeben. Ebenso waren beträchtliche Ueberschwemmungen die Folge eines beispiellosen Thauwetters. Die Loire durchbrach ihre Dämme, stieg zu einer seit zwei Jahrhunderten nicht erreichten Höhe und begrub Alles auf ihrem Laufe.

1716. Der Winter dieses Jahres war sehr kalt. Zu Paris sank das Thermometer am 22. Januar auf — 19,7°. Im Laufe dieses Monats fiel sehr viel Schnee. Die Strenge der Kälte machte sich besonders in England fühlbar, wo die Themse so fest zufror, daß man zu London Buden auf dem Eise errichtete.

1726. Dieser Winter war in den nördlichen Ländern sehr streng, man reiste zu Schlitten von Kopenhagen nach der schwedischen Provinz Schonen. In Paris war die Kälte gemäßigt, aber zu Montpellier und Marseille war sie sehr heftig, und ungeachtet ihrer kurzen Dauer gingen viele Orangenbäume zu Grunde. (Mémoires de l'Académie des sciences für 1726, S. 340.)

1728-1729. Dieser Winter war in ganz Europa rauh. „Ich wohnte, erzählt Pingré, in einer kleinen Stadt in Nieder-Poitou, damals Mauléon und jetzt Châtillon-sur-Sèvre genannt. Die große Kälte begann in der Nacht vom 24. zum 25. December und hielt ohne Unterbrechung bis zum 22. des folgenden Monats an. Diese ganze Zeit war für uns eine Ferienzeit, da die Dinte in der Feder, selbst in der Nähe des Feuers gefror. (Es befand sich kein Ofen in dem Hause.) Unser Athem fror an unsern Kleidern. Ein Wasserbehälter von 5 bis 6 Fuß Tiefe (1,62 bis 1,95 Meter) war bald bis auf den Grund gefroren. Wir hörten von einigen Personen, welche die Kälte unterwegs überrascht und getödtet hatte." (Mémoires de l'Académie des sciences für 1789, S. 518.) Zu Paris war nach den Aufzeichnungen auf der Sternwarte der kälteste Grad —15,3° am 19. Januar. In der Provence erfroren die Oelbäume. In Holland und in Deutschland wurde eine große Anzahl von Bäumen vernichtet. Mit gleicher Strenge wüthete die Kälte in England. Das Thermometer sank in London auf —11,2°, in Utrecht auf —15,6°, in Leipzig auf —16,9°, in Berlin auf —18,4°, in Wittenberg auf —20°. (Hales, Statik der Gewächse, deutsche Uebersetzung S. 43.)

1731. Van Swinden zählt diesen Winter zu den strengsten. Toaldo merkt von ihm an, daß er in Italien rauh gewesen sei. Zu London beobachtete man —16,9° und zu Berlin — 20,9°. Zu Paris ist der Winter nicht sehr streng gewesen, aber die Kälte hat lange angehalten; die niedrigste Temperatur, am 25. Januar, hat nur —7° betragen. (Mémoires de l'Académie des sciences für 1731, S. 513.)

1732. Van Swinden zählt auch diesen Winter zu denen, die durch ihre Strenge bemerkenswerth sind; in Paris ist aber das Thermometer nicht unter —7,5° gefallen.

1739-1740. Dieser Winter war durch die lange Dauer der Kälte besonders merkwürdig. Vom October bis zum März zählte man in Paris 75 Frosttage, darunter 22 auf einander folgende. Den tiefsten Stand erreichte das Thermometer am 10. Januar 1740 mit —13,7°. (Mémoires de l'Académie des sciences für 1740, S. 614.) „Auf einen sehr strengen Januar, berichtet Réaumur, folgte ein Februar, während dessen die Kälte sich fortdauernd fühlbar machte. Jeden Tag sank das Thermometer unter den Gefrierpunkt, dann stieg es wieder und hielt sich sehr wenig über demselben. Der mildeste Nachmittag brachte uns nur $+2^1/_2{}^0$ ($+3,1^0$). Die heftige Kälte (—12,6°), die am 25. Februar beobachtet wurde, und der größten Kälte im Januar fast gleich kam (am 10. Januar, —12,8°), trat zu einer Zeit ein, wo man sie nicht erwarten konnte. Ein sehr starker Nordwind brachte vom 23. zum 24. eine beträchtliche und plötzliche Vermehrung der Kälte hervor. Endlich, bis zum 9. März einschließlich, fiel das Thermometer täglich unter Null, und in dem übrigen Theile dieses Monats erreichte es die Grade nicht, zu denen es sich in gewöhnlichen Jahren erhebt." (Mémoires de l'Académie des sciences für 1741, S. 152.) In England war die Kälte heftiger als in Frankreich; die Themse war vollständig zugefroren. In den nördlichen Ländern war der Zuider-See völlig gefroren. Zu Leyden notirte Musschenbroek am 11. Januar —20,7°; im Februar maß derselbe die Dicke des Eises zu 0,67 Meter. Celsius beobachtete in Upsala —23,8°. Die Wirkungen der Kälte auf die Pflanzen waren jedoch in diesem langen Winter weniger schlimm als in dem Winter von 1709. Die Getreideernte fiel, wenn sie auch sehr mittelmäßig war, nicht ganz so ungünstig aus. Doch wurden die Oelbäume, die nicht an Spalieren standen und nicht zugedeckt gewesen waren, vernichtet. Die lange Dauer der Kälte war von traurigen Folgen für den allgemeinen Gesundheitszustand; die Sterblichkeit war infolge dieses verderblichen Witterungszustandes außerordentlich. „Ich kenne Dörfer in Poitou, sagt Réaumur, welche die Hälfte ihrer Einwohner verloren." Die Schwalben, die zu Anfang April ankamen, starben aus Mangel an Nahrung, weil durch die lange Dauer des Winters das Auskriechen der kleinen Insecten verzögert war, die sie zu ihrer Nahrung im Fluge fangen. Sie fielen zu allen Tageszeiten in die Straßen, Höfe und Gärten herunter. In England kam während der ersten Hälfte des Januar viel Vieh um. Wie im Jahre 1709 war das Aufthauen von verheerenden Ueberschwemmungen begleitet; die Brücke zu Rouen wurde vom Eise weggerissen. (Pater Cotte u. A.)

1742. „Die Kälte dieses Jahres, erzählt Maraldi, ist die größte, die man in Paris seit 1709 erlebt hat. Sie hat mit dem Schneefall am 2. Januar begonnen und ist bis zum 10. fortwährend gestiegen." Um $6^1/_2$ Uhr Morgens war nach diesem Beobachter an der Nordseite des östlichen Thurmes an der Sternwarte der Stand des Thermometers folgender: am zweiten Januar 0°, am dritten —3,8°, am vierten —6,9°, am fünften —10,6°, am sechsten —11,7°, am siebenten — 14,4°, am achten — 15,3°, am neunten — 15,6°, am zehnten — 16,9°. Die Seine war vom 27. December 1741 bis gegen das Ende des Januar 1742 zugefroren. Der Winter hat lange gedauert, denn am 11. und 12. März fiel das Thermometer noch auf — 5,6°. Dieser späte Frost hat den Pflanzen vielen Schaden gethan. (Mémoires de l'Académie des sciences für 1742, S. 390, und für 1743, S. 261.) In England herrschte während einiger Wochen strenge Kälte. (Doctor Hutton, mathematisches Wörterbuch.)

1742-1743. Dieser Winter ist in Frankreich streng, und in Quebec in Canada nach den Beobachtungen von Gautier überaus heftig gewesen. Zu Paris fror die Seine in der Nacht vom 26. zum 27. December 1742 zu; das Thermometer zeigte am 27. dieses Monats — 10,3°; am 10. Januar 1743 fand der Eisgang statt. Man nimmt an, daß in Quebec das Thermometer fast bis auf den Gefrierpunkt des Quecksilbers, ungefähr — 40°, gefallen ist. (Mémoires de l'Académie des sciences für 1742, S. 392; für 1743, S. 121 und 139; für 1749, S. 10.)

1744. Dieser Winter war in Frankreich ebenfalls rauh, die Kälte war aber weniger heftig und weniger anhaltend als im Jahre 1742. Die Seine war am 11. Januar Morgens zwischen dem Pont-Neuf und Pont-Royal ganz zugefroren. Die größte Kälte trat am 14. Januar ein und betrug — 10° C. (Mémoires de l'Académie des sciences für 1744, S. 507.)

1745. Dieser Winter war in Italien sehr lang und streng. (Toaldo.) Zu Paris fiel das Thermometer am 14. Januar auf — 12,8°, aber diese Kälte dauerte nicht lange, und der Winter verlief ohne Schnee. (Mémoires de l'Académie des sciences für 1745, S. 549 und für 1746, S. 63.)

1746. Dieser Winter war im asiatischen Rußland von großer Strenge. In Astrachan, unter 46° 21′ n. Br., fiel das Thermometer auf — 30,6°. (Peignot.) In Paris fand die größte Kälte am 15. Februar statt und betrug — 9,1°. Die Seine trieb zweimal Eisschollen, am 14., 15. und 16. Februar, und wiederum am 13. und 14. März. (Mém. de l'Acad. des sciences für 1746, S. 711, und für 1776, S. 65.)

1748. Der Winter dieses Jahres war lang und ziemlich streng. Die Seine war am 15. Januar vollständig zugefroren und trieb am 7. März stark Eisschollen. Die späte Kälte im März verzögerte die Feldarbeiten. (Mém. de l'Acad. des sciences für 1748, S. 600, und für 1749, S. 224.)

1749. Dieser Winter war in der Schweiz und in Friesland streng. (Toaldo und Van Swinden.) In Frankreich blieb die Witterung fast beständig ziemlich milde.

1750. Am 17. März trat die Maas infolge des Schmelzens der reichlichen Schneemassen dieses Winters über ihre Ufer. (Quetelet.) In Oesterreich, Böhmen und Ungarn war der Winter streng. (Toaldo.) In Frankreich war die Kälte weder anhaltend noch streng.

1752. In der Gegend von Toulouse „hatte man ungewöhnliche Kälte, sehr starke Fröste, sehr reichlichen und häufigen Schnee. Von Anfang December bis zum 14. April hatte man nur sieben bis acht erträgliche Tage gehabt, und selbst an dem letzteren Tage schneite und fror es noch.“ (Etudes sur la météorologie du pays toulousain, von Dr. Clos.) In Paris notirte man am 10. Januar die größte Kälte mit — 6,3°. (Mém. de l'Acad. des sciences für 1752, S. 623.)

1752–1753. Dieser Winter ist im December und im Januar ziemlich streng gewesen; die niedrigste Temperatur zu Paris betrug — 11,7°. (Mém. de l'Acad. des sciences für 1753, S. 589, und für 1754, S. 589.) In der Gegend von Toulouse hatte man starke Fröste. (Dr. Clos.)

1753–1754. Dieser Winter war überall in Frankreich streng, begann im November und zog sich bis zum April hin. Duhamel du Monceau zählte zu Denainvilliers 52 Frosttage. Die niedrigste Temperatur, die man in Paris beobachtete, betrug — 15°. Der Schnee fiel sehr reichlich; viel Vieh kam um. In England war der Winter ebenfalls streng, in London verzeichnete man — 8,9°. (Mém. de l'Acad. des sciences für 1754, S. 685, und für 1755, S. 496; Dr. Clos; Dr. Hutton; Abbé Mann.)

1754–1755. Dieser Winter war in Frankreich und Italien streng; die Seine fror zweimal zu; die Lagune zu Venedig fror gleichfalls zweimal und trug Menschen. Duhamel du Monceau zählte zu Denainvilliers vom November bis zum März 51 Frosttage. Die niedrigste Temperatur, die man in Paris beobachtete, betrug — 15,6° am 6. Januar. In London verzeichnete man — 11,7°, in Frankfurt — 21°, in Genf — 25°. Im südlichen Frankreich gab es viel Schnee; im Languedoc erfror eine Anzahl Oelbäume. (Toaldo; van Swinden; Mém. de l'Acad. des sciences für 1756, S. 270, und für 1776, S. 67. Mourgue, Journal de physique, Bd. VII.)

1756-1757. Dieser Winter begann frühzeitig und hörte mit einigen Unterbrechungen durch mildere Witterung spät auf. Duhamel du Monceau hat zu Denainvilliers vom November bis zum März 64 Frosttage gezählt. Die niedrigste zu Paris beobachtete Temperatur war — 12,5⁰ am 8. Januar. Das Eis der Seine, die seit dem 9. Januar zugefroren war, brach am 20. Januar auf. (Mém. de l'Acad. des sciences für 1776, S. 68.)

1757-1758. Während dieses Winters, der ziemlich reichlichen Schnee brachte, trieb die Seine vom 21. bis zum 26. Januar Eisschollen. Die niedrigste Temperatur betrug zu Paris am 22. Januar — 13,7⁰. Im Haag notirte man — 16⁰, in Leipzig — 20⁰. Auch in Italien und in Spanien herrschte strenge Kälte. (Mém. de l'Acad. des sciences für 1758, S. 495, und für 1776, S. 69; Toaldo; van Swinden; Abbé Mann.)

1762-1763. Dieser Winter ist wegen seines frühen Eintritts und seiner Dauer merkwürdig. Duhamel du Monceau berichtet, daß nachdem die Kälte im November 1762 begonnen hatte, erst am Ende des Januar 1763 Thauwetter eintrat. Zu Paris war die Seine 25 Tage hindurch zugefroren, und zwar vom 29. December 1762 an, an welchem Tage das Thermometer — 9,6⁰ zeigte. (Mém. de l'Acad. des sciences für 1764, S. 528, und für 1776, S. 70.) Die Loire war unweit ihrer Mündung zugefroren, aber in den Sables d'Olonne herrschte nach den Beobachtungen von La Condamine milde Witterung. (Peignot.) Im Süden Frankreichs blieb die Temperatur sehr milde. (Dr. Clos.) In Brüssel notirte man — 13,9⁰; der Canal in dieser Stadt war so fest zugefroren, daß mit Pferden bespannte Schlitten, Cabriolets und Wagen ohne Gefahr auf dem Eise fuhren. Zu London war die Themse so gefroren, daß man mit Wagen darüber fahren konnte; zwei Schildwachen wurden im Laufe des Januar 1763 in ihren Schilderhäusern erfroren gefunden. Von Nordholland fuhr man sicher über das Meer nach Friesland zu Schlitten hinüber. In Utrecht hatte man am 27. December — 13,1⁰; in Leyden — 11,2⁰; in Amsterdam — 10⁰; in Wien — 20⁰; in Rom war die Kälte so stark, daß alle Brunnen der Stadt gefroren. (Van Swinden, Abbé Mann.)

1765-1766. Dieser Winter war in ganz Frankreich streng. Duhamel du Monceau hat zu Denainvillers, vom 20. December 1765 bis zum 25. Januar 1766, 36 Frosttage hinter einander verzeichnet. Die größte Kälte fand am 10. Januar statt und betrug — 13,1⁰. Als die niedrigste zu Paris beobachtete Temperatur ergeben die

Beobachtungsjournale Messier's — 12,5°; die Seine fror vom 1. Januar 1766 an zu. Zu Brüssel notirte man am 11. Januar — 12,8°. Der Präsident Borda beobachtete zu Dax eine Kälte von — 14,4°. Der Gave und die übrigen Flüsse im südlichen Frankreich waren mit Eis bedeckt. Die Rhone war bei der Heiligen Geist-Brücke so fest zugefroren, daß man sie zu Wagen passiren konnte. Da in diesen Gegenden erst im Februar Schnee fiel, so litten die Getreidefelder; im Languedoc wurden auch viele Oelbäume beschädigt. Zu Madrid lief man auf dem Eise Schlittschuh, und in Cadix fiel Schnee. (Histoire de l'Académie des sciences für 1766, S. 40; Mémoires für 1767, S. 510, und für 1776, S. 70 und 85; Mourgue, Journal de physique, Bd. VII; Van Swinden; Pöderlé; Abbé Mann.)

1766–1767. Die Kälte war in diesem Winter während des Monats Januar besonders streng. Zu Denainvilliers notirte Duhamel du Monceau am 12. Januar — 16,9°; für Paris ergeben die Beobachtungsjournale Messier's — 15,3° als die größte Kälte; dieselbe trat am 7. Januar ein. Die Weinstöcke und viele Pflanzen erfroren, die Getreidefelder aber wurden durch die große Menge Schnee, die während des Winters fiel, geschützt. Zu Dijon fiel das Thermometer bis auf — 17,5°, und zu Brüssel am 7. Januar bis — 17,8°. In London hatte man nur — 9,2°, aber in Derby wurden — 18,6° beobachtet. Die niedrigste beobachtete Temperatur war in Utrecht — 20°, in Franeker, wo van Swinden wohnte, — 21,9°, in Cöln — 18,7°, in Frankfurt — 19,4°, in Wien — 16,9°, in Warschau — 30°. Der Rhein war so fest zugefroren, daß er zwischen Cöln und Deutz von beladenen Wagen passirt wurde. Auch in der Lombardei war die Kälte sehr heftig. (Mém. de l'Acad. des sciences für 1768, S. 473, und für 1776, S. 71. Abbé Mann; van Swinden; Toaldo; Peignot.)

1767–1768. Während dieses Winters herrschte in Amerika, in ganz Europa und besonders in Frankreich sehr heftige Kälte. Doch war der Winter nicht von langer Dauer und brachte nicht viel Schnee. Die heftige Kälte hielt im Allgemeinen vom 20. December bis zum 9. Januar an. Während dieser 20 Tage fror es ununterbrochen. Zu Denainvilliers notirte Duhamel du Monceau am 6. Januar — 16,9°. Die zu Paris beobachtete größte Kälte von — 17,1° fiel auf den 5. Januar; die Seine war zwischen den Brücken zugefroren, aber unterwärts des Pont-Royal blieb nach den Beobachtungen von de Parcieux in der Mitte die Strömung offen. Die niedrigsten beobachteten Temperaturen waren — 8,4°

in London, —13,5° in Amsterdam, —15,6° in Leyden, —16,7° in Utrecht, —17,9° in Namur, —19,4° in Brüssel am 5. Januar, —21,6° in Cöln am 6. Januar, —25° in Warschau. In der Provence war die Kälte ebenfalls sehr heftig, aber die Oelbäume litten nach de Gasparin durch die Kälte nicht, weil das Aufthauen allmälich erfolgte. In der Gegend von Toulouse war das Getreide vollständig erfroren. Am 5. Januar um 7 Uhr Morgens fand man zu Ascon unweit Denainvilliers in einem Brunnen von 16 Meter Tiefe und 2 Meter Weite Eis von 4,5 Millimeter Dicke. Zu Montmorency fror in einem Brunnen von 10 Meter Tiefe ebenfalls Eis. Zu Alais beobachtete man dieselbe Erscheinung infolge einer äußeren Temperatur von —12°. (Mém. de l'Acad. des sciences für 1768, S. 54; für 1769, S. 559, und für 1776, S. 74; Toaldo; Clos; van Swinden.)

1770-1771. Während der Monate Januar, Februar und März hatte das nördliche Frankreich strenge Kälte und vielen Schnee. Zu Paris führte die Seine während des Monats Februar Eisschollen. Die niedrigste beobachtete Temperatur war — 13,5° am 13. Februar. An demselben Tage hatte man auch zu Denainvilliers mit —13,1° die niedrigste Temperatur des Jahres. In Brüssel zeigte das Thermometer am 13. Januar - 12,8°. Zu Cambridge in England beobachtete man am 12. Februar —14,4°. In Italien fiel sehr reichlich Schnee. (Mém. de l'Acad. des sciences für 1771, S. 801, und für 1776, S. 74; Abbé Mann.)

1771-1772. Dieser Winter war einer der strengsten, den man seit undenklicher Zeit in den südlichen Gegenden Rußlands und den Umgebungen des kaspischen Meeres erlebt hat. Im Monat December 1771 schneite es drei Wochen hinter einander. Die Orangenbäume in der persischen Provinz Ghilan erfroren und es herrschten beständig heftige Ostwinde. Diese strenge Witterung hörte in den ersten Tagen des Januar auf und es folgte ihr sofort Frühlingswetter. (Gmelin, Reise durch das nördliche Persien in den Jahren 1770, 1771 bis im April 1772, Band III der Reise durch Rußland) In Frankreich war der Winter nicht gerade streng; die niedrigste Temperatur, die zu Denainvilliers beobachtet wurde, betrug —6,9° am 19. Januar, und die Monate December, Februar und März waren sehr milde. In Brüssel trat die niedrigste Temperatur am 31. Jan. ein und betrug — 13,6°. (Mém. de l'Acad. des sciences für 1773, S. 512.)

1772-1773. Der Monat Februar ist im nördlichen Frankreich sehr kalt gewesen; die Seine trieb Eisschollen. Die niedrigsten Temperaturen waren am 5. in Paris —10,6°, in Denainvilliers —9,1°, und am 6. in Brüssel —9,1°. (Mém. de l'Acad. des sciences für 1774, S. 572, und für 1776, S. 75.)

1774–1775. Dieser Winter begann mit sehr intensiver Kälte. Am 27. November 1774 war in Paris die Seine mit Eisschollen bedeckt, und das Thermometer zeigte —8,8°. In Franeker in Friesland war die Kälte ebenfalls sehr heftig. Die tiefste Temperatur in Brüssel trat am 25. Januar mit —12,8° ein. (Mém. de l'Acad. des sciences für 1776, S. 76; Dr. Clos; van Swinden.)

1776. Dieser Winter war in ganz Europa streng; die Kälte war besonders heftig während des Monats Januar, und es fiel eine außerordentliche Menge Schnee. Messier hat die verschiedenen Erscheinungen dieses Winters zum Gegenstande einer vergleichenden und gründlichen Untersuchung gemacht. Die sehr intensive Kälte hielt in Paris 25 Tage ununterbrochen an, und erreichte am 29. Januar 1776 ihren Höhepunkt mit —19,1°. Zu Denainvilliers zählte Duhamel du Monceau 22 Frosttage hintereinander, vom 10. Januar bis zum 2. Februar; die niedrigste Temperatur betrug hier —17,5° am 29. Januar; der Frost drang 0,60 Meter tief in die Erde. Die niedrigsten Temperaturgrade, die in verschiedenen Städten beobachtet wurden, sind folgende:

St. Petersburg, am 18. Januar	—33,6°
Dresden	—31,2
Leipzig, am 27. Januar	—28,7
Krakau	—27,5
Warschau, am 27. Januar	—25,6
Vienne, am 29. Januar	—23,8
Stockholm, am 15. Januar	—22,5
Nancy, am 1. Februar	—22,5
Montdidier, am 29. Januar	—22,5
Lyon, am 1. Februar	—21,9
Franeker	—21,9
Grenoble, im Februar	—21,6
Berlin	—21,4
Tournai, am 28. Januar	—21,3
Frankfurt, am 28. Januar	—21,3
Hamburg, am 27. Januar	—21,3
Kopenhagen, am 26. Januar	—21,2
Mannheim, am 1. Februar	—21,2
Brüssel, am 28. Januar	—21,1
St. Quentin, am 28. Januar	—20,6

Douai, am 28. Januar	— 20,6°
Rotterdam, am 29. Januar	— 20,4
Amiens, am 27. Februar	— 20,3
Löwen, am 28. Januar	— 20,0
Dijon, am 1. Februar	— 20,0
Wien, am 2. Februar	— 20,0
Straßburg, am 29. Januar	— 20,0
Meaux	— 19,5
Montmorency, am 28. Januar . . .	— 19,3
Amsterdam, am 28. Januar	— 19,2
Paris, am 29. Januar	— 19,1
Breda	— 18,9
Mastricht	— 18,9
Havre, am 28. Januar	— 18,8
Zürich, am 29. Januar	— 18,7
Nieuwport, am 28. Januar	— 18,3
Namur	— 18,1
Denainvilliers, am 29. Januar . . .	— 17,1
Genf, am 30. Januar	— 16,1
Poitiers	— 13,5
Padua	— 13,2
Northampton, am 30. Januar . . .	— 12,6
Nantes	— 12,5
London, am 31. Januar	— 10,8
St. Jean-d'Angely	— 10,7
Montpellier	— 7,5
Aix, am 18. Januar	— 6,2
Toulouse	— 6,2
Bordeaux, am 19. Januar	— 6,2
Brest, am 27. Januar	— 6,0
Marseille	— 5,0
St. Jean-de-Luz	— 0,6
Perpignan	— 0,6

Das von Pater Cotte berechnete Mittel aus den niedrigsten Temperaturen von 32 europäischen Städten beträgt — 21,75°.

Die Wirkungen dieser strengen Winterkälte auf Menschen, Thiere und Pflanzen waren sehr in die Augen fallend. Der Rhein, die Seine, die Rhone, die Saône, die Medway und viele andere Flüsse waren fast ganz zugefroren. Zu Nieuwport in Flandern fror der Branntwein und Rum. Zu Paris fror der Wein in den Kellern und zersprangen die Weinfässer. An den Seeküsten war das Eis bis zu 2,4 Meter dick. „Die Mündung der Seine war am 29. Januar und den folgenden Tagen bei einer Breite von mehr als 8000 Meter, ebenso wie der Theil des Meeres zwischen der Bai von Caen und dem Cap de la Hève ganz mit Eis bedeckt, so daß von Havre aus das Meer bis zum Horizonte mit Eis bedeckt zu sein schien. Dies Eis wurde durch die Ebbe und Flut zerbrochen, so daß unser Meer der Ostsee glich." In Italien fror die Tiber bei Perugia von einem Ufer bis zum andern zu, was ein sehr seltenes Ereigniß ist; die Lagunen von Venedig waren mit Eis bedeckt. Der Schaden, den der Frost den Gewächsen gethan hat, wird von einer Menge von Beobachtern bezeugt. Die Aprikosen und Pfirsichen litten sehr; die Alaternen, Phillyräen, manche Fichtenarten, der Taxus, Ilex, Epheu, die Stechpalmen und der Ginster wurden stark beschädigt. In den Umgebungen von Paris barst eine große Anzahl von Bäumen (Ulmen, Linden) von oben bis unten. Es kam sehr viel Wild um. Auch wurden viele Menschen ein Opfer der Kälte. Einen Courier, der von Paris nach der Picardie fuhr, fand man bei seiner Ankunft zu Clermont-en-Beauvoisis in seinem Wagen erfroren. Mehrere andere Reisende wurden todt im Schnee gefunden. In Paris ließ Ludwig XVI. große Feuer in den Straßen anzünden. „Den Bettlern, die in den Scheunen schliefen, erzählt Duhamel, erfroren die Füße; andere kamen an den Wegen um; manche fand man sogar in den Häusern todt. Viele alte Leute wurden von einem plötzlichen Tode dahingerafft. Man hat Eichen mit Krachen zerspringen hören; ich habe solche zu Vrigny gesehen." In der Provence war die Kälte nicht so intensiv, daß die Oelbäume Schaden gelitten hätten. (Mém. de l'Acad. des sciences für 1776, S. 1, für 1777, S. 614; Cotte; Toaldo; Abbé Mann.)

1783-1784. Dieser besonders durch seine lange Dauer merkwürdige Winter hat in ganz Europa mit Strenge geherrscht. Zu Paris hatte man 69 Frosttage hinter einander. Die größte Kälte betrug für Europa im Mittel nach dem von Pater Cotte aus den niedrigsten Temperaturen für 83 Städte hergeleiteten Resultate — 19,75°. Die niedrigsten in verschiedenen Städten beobachteten Temperaturen sind folgende:

Stockholm, im Januar	— 33,7°
„ am 15. Februar	— 30,0
In Siebenbürgen	— 29,4
Prag, am 7. Januar	— 28,3
Frankfurt, am 30. December	— 26,2

St. Petersburg	— 25,1°
Mannheim, am 30. December . . .	— 23,1
Regensburg, am 31. December . . .	— 23,0
Delft in Holland, am 31. December . .	— 22,5
Wien, am 7. Januar	— 21,2
München, am 15. Januar	— 21,2
Amsterdam, am 30. December . . .	— 20,0
Hamburg, am 8. Januar	— 20,0
Troyes, am 31. Januar	— 19,6
Paris, am 30. December	— 19,1
Straßburg, am 30. December . . .	— 18,7
Chartres, am 30. December	— 18,7
Pontarlier, am 31. Januar	— 17,5
Brüssel, am 31. December	— 16,3
Tournai	— 16,2
Lons-le-Saunier, am 31. Januar . .	— 13,7
Montluçon, am 30. December . . .	— 13,7
Grenoble, am 26. Januar	— 11,8
Montpellier, im Januar	— 3,8
Perpignan, am 31. Januar	— 0,0

„Die Kälte hat zu Laon, erzählt Cotte, am 14. December 1783 angefangen, und erst am 21. Februar 1784 wieder aufgehört; sie hat 69 Tage angehalten. Unterbrechungen kamen nur am 25. und 26. December, am 1., 2., 3., 16. und 17. Januar vor. Am 31. December hatten wir hier — 18,6°. Was die Strenge dieses Winters aber besonders vermehrte, das sind die reichlichen und anhaltenden Schneefälle zwischen dem 28. December und 17. Februar. Ich habe in diesem Zeitraume 27 Tage mit Schnee gezählt, und die Höhe des Schnees zu 2 Fuß (0,65 Meter) gemessen. Mehrere Personen kamen im Schnee um, das Wild starb vor Hunger und die ausgehungerten Wölfe drangen in die Dörfer und zerrissen mehrere Menschen. Auf dem Lande und in den Städten waren die Wege und Straßen verschneit; die Noth war außerordentlich, besonders auf dem Lande; es fehlte an Allem, an Brod, an Holz und an Geld.“ (Journal de physique, Bd. XXV, S. 456.)

Der Doctor Maret beschreibt diesen Winter folgendermaßen: „Im Anfange naß und äußerst kalt, zog er sich bis tief in den April hinein, tödtete eine große Anzahl der Thiere, die allein der Sorge der Natur überlassen sind, hemmte die Feldarbeiten und hielt die Vegetation so zurück, daß er wegen der im voraufgegangenen Herbste der Erde anvertrauten Saaten Besorgniß einflößte, und wegen der

Korn- und Hülsenfrüchte, die man noch aussäen mußte, Unruhe erregte." (Mém. de l'Acad. de Dijon für 1784.)

In der Umgegend von Paris fror der Wein in den Kellern; die Erde war bis 0,65 Meter tief gefroren. Ludwig XVI. ließ in den verschiedenen Vierteln der Hauptstadt öffentliche Feuer anzünden, damit die Armen sich erwärmen könnten. An der Barrière des Sergents errichtete man eine den König darstellende Statue aus Schnee. Die Seine fror zwar nicht völlig zu, führte aber sehr viel Eisschollen. Der Eisgang begann mit dem 21. Februar und verlief langsam und ohne Unglücksfälle. Anders war es mit der Loire, Oise, Marne, Aisne u. s. w., welche die größten Unfälle veranlaßten, indem Brücken weggerissen, ganze Dörfer beinahe zerstört, und Menschen mit ihrem Hausgeräth fortgeführt wurden u. s. w. Das Schmelzen der unermeßlichen Menge des gefallenen Schnees und die dadurch herbeigeführten Ueberschwemmungen dauerten bis zum Ende des Februar. März und April waren kalt; auf den Schnee folgten Schloßen, und erst am 12. Mai stellte sich die günstige Jahreszeit wieder ein.

In Schweden, Dänemark, Deutschland, Holland, Polen, England, Irland und selbst in den Vereinigten Staaten wurden durch die Strenge der Kälte, die große Menge des Schnees, durch das Schmelzen desselben und die Ueberschwemmungen erhebliche Unfälle herbeigeführt. Die Donau blieb fast den ganzen Monat Februar hindurch zugefroren. Seit 30 Jahren war sie nicht so lange für die Schifffahrt verschlossen gewesen. Im Verhältniß zum Klima war die Kälte auch in Portugal, und namentlich zu Lissabon ganz außergewöhnlich. (Mercure françois, Abbé Mann.)

1788 - 1789. Dieser Winter gehört zu den strengsten und anhaltendsten, die über ganz Europa sich erstreckt haben. Zu Paris hat die Kälte am 25. November angefangen und mit Ausnahme einer Unterbrechung während eines einzigen Tages (25. December) 50 Tage hintereinander fortgedauert; vom 13. Januar an trat Thauwetter ein; die Höhe des Schnees wurde zu 0,65 Meter gemessen. Auf dem großen Kanale von Versailles, auf den Teichen und mehreren Flüssen erreichte das Eis eine Dicke von 0,60 Meter. Das Wasser fror auch in mehreren sehr tiefen Brunnen, und der Wein in den Kellern. Die Seine fing vom 26. November 1788 an zuzufrieren; mehrere Tage hindurch war der Lauf des Flusses unterbrochen und der Eisgang fand erst gegen den 20. Januar statt. Die niedrigste zu Paris beobachtete Temperatur betrug — 21,8° am 31. December. In den übrigen Theilen Frankreichs und in ganz Europa war die Kälte nicht weniger heftig. Die Rhone war bei Lyon völlig zugefroren; die Garonne gefror bei Toulouse. In Marseille waren die Ränder des Bassins mit Eis bedeckt. An den Küsten des atlantischen Oceans war das Meer auf eine Strecke von mehreren Stunden gefroren. Auf dem Rheine war das Eis so dick, daß beladene Wagen darüber fahren konnten. Die Elbe war gänzlich mit Eis bedeckt und trug Frachtwagen. Der Hafen von Ostende war stark genug zugefroren, daß Fußgänger und Reiter das Eis passiren konnten; das Meer war bis auf eine Entfernung von vier Stunden von den äußeren Festungswerken dieses Platzes, dem kein Schiff sich nähern konnte, mit Eis bedeckt. Die Themse war bis Gravesand, sechs Stunden unterhalb Londons, gefroren; während des Weihnachtsfestes und zu Anfang Januar war in London und der Umgegend der Fluß mit Buden bedeckt. In Irland waren die Flüsse mit Eis belegt, der Shannon fror bei Limerick zu. Ueber das Eis des großen Belts fuhr man mit Wagen; der Sund blieb zwischen Kronborg und Helsingborg nur in einer Breite von 200 Meter offen. Die Newa war zu St. Petersburg seit dem 15. November 1788 ganz zugefroren. Der genfer See war bei Genf im Januar 14 Tage hindurch mit Eis belegt. Schnee gab es überall sehr reichlich, namentlich in Oesterreich und in Italien. Die Straßen Roms und die umliegenden Felder waren 12 Tage mit Schnee bedeckt. In Constantinopel war die Kälte ebenfalls sehr heftig und lag tiefer Schnee; auf den benachbarten Meeren war so viel Eis, daß die Schiffe sich nicht heran wagten. Zu Lissabon dauerte die strenge Winterkälte drei Wochen.

Der Durchschnitt der größten Kälte dieses Winters wurde von Cotte nach den niedrigsten Temperaturen von 110 europäischen Städten zu —21,25° bestimmt. Folgendes sind die an verschiedenen Orten beobachteten niedrigsten Temperaturen:

Basel, am 18. December 1788 . . .	—37,5°
Bremen, am 16.	—35,6
Saint-Albans (England), am 31. . . .	—33,8
Warschau, am 18.	—32,5
Dresden, am 17.	—32,1
Erlangen, am 18.	—31,3
Eosberg (Norwegen), am 29.	—31,3
Innsbruck, am 30.	—31,3
St. Petersburg, am 12.	—30,6
Neu-Breisach, am 18.	—30,2

Hannover, am 16. December 1788. . . .	— 29,4°
Weimar, am 17.	— 28,8
Ansbach, am 19.	— 28,8
Berlin, am 28.	— 28,8
München, am 30.	— 28,8
Leipzig, am 17.	— 27,5
Wettin, am 21., 27., 28.	— 26,3
Saint-Dié, am 31.	— 26,3
Augsburg, am 30.	— 26,3
Grande-Chartreuse, am 30.	— 26,3
Kopenhagen, am 4. Januar 1789. . .	— 26,3
Straßburg, am 31. December 1788. .	— 26,3
Colmar, am 19.	— 25,6
Tours, am 31.	— 25,0
Gotha, am 17.	— 24,4
Lons-le-Saunier, am 31.	— 24,0
Pontarlier, am 31.	— 23,8
Mannheim, am 18.	— 23,8
Troyes, am 31.	— 23,8
Arras, am 30.	— 23,4
Châlons-sur-Saône, am 31. Dec. 1788 und 5. Januar 1789. . . .	— 22,8
Moulins, am 31. December 1788. . .	— 22,6
Orleans, am 31.	— 22,5
Beaugency, am 31.	— 22,5
Ofen, am 30.	— 22,5
Lyon, am 31.	— 21,9
Vervins, am 31.	— 21,9
Etampes, am 31.	— 21,9
Rouen, am 30.	— 21,8
L'Aigle, am 30.	— 21,8
Paris, am 31.	— 21,8
Tournai, am 30.	— 21,2
Verviers, am 5. Januar 1789. . . .	— 21,2
Lüttich	— 21,2
Grenoble, am 31. December 1788. . .	— 21,2
Roanne, am 31.	— 20,6
Joigny, am 31.	— 18,7
Angoulême, am 31.	— 18,7
Löwen, am 4. Januar 1789.	— 17,7
Marseille	— 17,0
Livorno, am 30. December 1788. . . .	— 16,2

Orange	— 15,7°
Antwerpen, am 5. Januar 1789. . . .	— 15,0
London (außerhalb der Stadt)	— 14,4
Honfleur, am 30. December 1788. . .	— 14,3
Mailand	— 13,7
Limerick	— 12,0
Oxford, am 30. December	— 10,6

Aus dieser Uebersicht ergeben sich drei deutlich unterschiedene Zeiten für die niedrigsten Temperaturen: in einem Theile Deutschlands die Zeit gegen den 18. December 1788; in einem großen Theile Frankreichs der 31. December; im Norden Europas die Zeit um den 5. Januar 1789.

Die Kälte dieses Winters hat auf Menschen und Thiere höchst nachtheilig eingewirkt; auch für die Pflanzen hatte dieselbe ernste Folgen. In der Gegend von Toulouse fror fast in allen Haushaltungen das Brod; man konnte es erst schneiden, nachdem man es an das Feuer gebracht hatte. Mehrere Reisende kamen im Schnee um; zu Lemberg in Galizien wurden zu Ende Decembers innerhalb dreier Tage 37 Personen erfroren gefunden. Vögel, welche im Norden sich aufzuhalten pflegen, zeigten sich in mehreren Provinzen Frankreichs. Wegen der Dicke, die das Eis erreichte, kamen fast in allen Teichen die Fische um. Viele Fruchtbäume wurden arg mitgenommen. Ein Theil der Reben erfror. Im Beaujolais litten besonders die Weinstöcke sehr, die auf feuchtem Boden standen; man mußte sie dicht an der Erde abschneiden. Die Birnbäume hatten sehr zu leiden; die Apfelbäume und besonders die Steinobstbäume widerstanden der Kälte besser; aber fast alle Wallnußbäume wurden vernichtet. In den südlichen Provinzen kamen die Orangen-, Oel- und Granatbäume fast alle um. „Die große Kälte, sagt de Gasparin, hielt in der Provence vom 20. December bis zum 8. Januar an; das Thermometer fiel in Orange auf — 15,7°. Wie im Jahre 1709 trat das Thauwetter mit Südwind, der ohne Uebergang auf einen Nordwind folgte, plötzlich ein und richtete beträchtlichen Schaden an.“ Auch die Waldbäume wurden stark beschädigt; diejenigen, welche zur Familie der Fichten gehören, waren zum großen Theile vernichtet; andere Bäume barsten von oben bis unten. Die Wintersaaten dagegen wurden durch die dicke Schneelage, welche sie bedeckte, gegen die Einwirkungen der Kälte geschützt. „Sie traten, erzählt Cotte, sehr grün unter dem Schnee hervor, und stehen sogar dichter als gewöhnlich, weil sie Schossen getrieben haben und von dem Unkraut, das sie infolge sehr milder Winter erstickt, gereinigt sind. Viele in ungesunden Ställen eingeschlossene Schafe haben ihre Wolle verloren und sind umgekommen; andere, die unter freiem Himmel geblieben waren, haben ihr Vließ behalten und sind nicht krank geworden. Von allen Hausthieren haben die Pferde am wenigsten gelitten; Wild und Fische sind zum Theil erlegen. Die Landvögel sind wegen des Schnees vor Hunger gestorben." Zur Zeit des Thauwetters verursachte der Eisgang bei den meisten Flüssen große Unfälle. An den Ufern der Loire namentlich wurde ein Raum von 7 Stunden verwüstet; die Brücken in Tours, Nevers und la Charité wurden fortgerissen. Auch die Eisgänge der Saône und der Dordogne verursachten große Verluste. (Gazette de France; Mercure de France; Journal de physique, Band XXXIV.; Connaissance des temps von 1791; Journal des savants von 1789; Mémoires de l'Académie des sciences für 1789; Journal général de France; Abbé Mann; Peignot; Dr. Clos; de Gasparin, Cours d'agriculture.)

1794 - 1795. Dies war in ganz Europa ein merkwürdig langer und strenger Winter. Zu Paris hatte man 42 Frosttage hinter einander; am 25. Januar herrschte die größte Kälte, die hier je beobachtet worden ist; das Thermometer fiel auf — 23,5°. Zu London trat die niedrigste Temperatur an demselben Tage ein und betrug — 13,3°; an den Ufern der Rhone nahe bei Genf hatte man um Mitternacht — 14°. Der Main, die Schelde, der Rhein und die Seine waren so fest zugefroren, daß Fuhrwerke und Armeeabtheilungen sie an mehreren Stellen überschritten. Die Themse fror in der Umgegend von White-Hall ungeachtet der Höhe der Flut in den ersten Tagen des Januar zu. Pichegru sandte in Nordholland um den 20. Januar Abtheilungen von Cavallerie und leichter Artillerie mit dem Befehle ab, daß die Cavallerie über den Texel gehen, sich den von der Kälte vor Anker überraschten holländischen Kriegsschiffen nähern und sich derselben bemächtigen sollte. Die französische Reiterei setzte im Galopp über die Eisflächen, gelangte zu den Schiffen, forderte sie zur Uebergabe auf, bemächtigte sich ihrer ohne Kampf und machte die Seetruppen zu Gefangenen. Im Süden Frankreichs und in Italien war der Winter ebenso streng, und die Kälte dauerte bis über Frühlingsanfang hinaus. Das Aufthauen hatte große Beschädigungen durch Ueberschwemmungen zur Folge, besonders an den Ufern des Rheins. (Moniteur universel; Magasin encyclopédique, Bd. I, S. 305; Dr. Clos.)

1798-1799. Während dieses Winters herrschte in ganz Europa strenge Kälte. Zu Paris zählte man 32 Frosttage hinter einander, und die Seine war vom 26. December 1798 bis zum 19. Januar 1799 von dem Pont de la Tournelle bis zum Pont-Royal vollständig zugefroren, trug jedoch keine Fußgänger. Als am 9. Januar ein Mann in der Nähe des Pont-Neuf über den Fluß zu gehen versuchte, gab das Eis unter seinen Füßen nach und er fiel ins Wasser. Die niedrigste Temperatur, die man beobachtete, fand am 10. December 1798 statt, und betrug — 17,6°. Zu Chaillot wurde ein Alpenadler geschossen. Die Maas, die Elbe und der Rhein waren fester zugefroren als die Seine. Ueber die Maas fuhr man zu Wagen; im Haag und zu Rotterdam wurden auf dem Flusse Krambuden aufgerichtet und allerlei Schauspiele ausgeführt. Ein von Mainz ausrückendes Dragonerregiment überschritt den Rhein auf dem Eise, da man die Brücke zwischen Mainz und Kastel hatte wegnehmen müssen. In der Festung Ehrenbreitenstein tödtete die Kälte mehrere Soldaten. Auch im Canton Graubündten kamen Schildwachen vor Kälte in den Gebirgen um. In ganz Ligurien war die Witterung ebenfalls sehr rauh; alle Gewässer froren und die Orangenbäume gingen zu Grunde. In der Provence litten die Oelbäume sehr. Im Languedoc zerstörte die Kälte einen großen Theil der Saaten. (Moniteur universel; Journal de Paris, Lalande; Dr. Clos; Martins.)

1799-1800. In diesem Winter zählte man zu Paris 49 Frosttage, darunter 15 auf einander folgende, vom 19. December bis zum 2. Januar. Am 31. December und am 30. Januar wurde die niedrigste Temperatur mit — 13,1° aufgezeichnet. Die Seine war beim Pont de la Tournelle vom 29. December 1799 bis zum 14. Januar 1800 mit Eis belegt. Zu Mons fiel am 1. Januar das Thermometer auf — 13,1° und zu London am 31. December auf — 8,3°. Im Süden war der Winter nur während des December streng; im Januar und Februar war die Kälte gemäßigt. Das Getreide litt von dem Decemberfrost, der vor dem Schnee eintrat, die Feigenbäume waren gefroren und die meisten starben ab. (Handschriftliches Tagebuch über den Wasserstand der Seine; Moniteur universel; Dr. Clos.)

1801-1802. Dieser Winter war in den nördlichen Gegenden ebenfalls sehr streng. Maas, Waal und Rhein froren zu; auf der Themse war durch das Eis die Schifffahrt vollständig unterbrochen. Die Saône war bei Dijon gefroren. In Paris fiel das Thermometer am 16. Januar auf — 15,5°, in Avignon am 17. auf — 10,4°;

in Mons auf — 17,5°; in Mastricht am 15. Januar auf — 10,3°, und in London am 16. auf — 8,9°. In Frankreich kamen infolge des Thauwetters große Ueberschwemmungen vor. (Moniteur universel; Peignot.)

1803. Der Winter kam ziemlich spät, war aber sehr streng. Maas, Elbe und Seine froren zu. In Paris fiel das Thermometer am 12. Februar auf — 12,5°; die Seine war vom 17. Januar bis zum 17. Februar mit Eis belegt. In Holland und in Deutschland kamen mehrere Reisende vor Kälte um; alle Häfen waren durch Eis gesperrt. In Brüssel und in Mastricht notirte man am 11. Februar — 15,6°; in Mons am 12. — 16,3°. Der Sund fror zu, und am 30. Januar gingen mehr als 6000 Personen über denselben hinüber. In Oesterreich sperrte der Schnee die Wege. (Journal de Paris; Tagebuch über den Wasserstand der Seine, Moniteur universel; Quetelet.)

1808 - 1809. Dieser Winter war im Süden milde, aber im Norden war die Kälte sehr heftig. Zu Paris hat die Seine zweimal Eis geführt; vom 20. bis zum 29. December 1808, und vom 19. bis zum 20. Januar 1809. Das Thermometer stand am 21. December 1808 auf — 12,2° und am 18. Januar auf — 9,6°; in Mastricht am 22. December auf — 10,5° und am 17. Januar auf — 14,7°; in Mons am 19. December auf — 10,6°; am 17. und 19. Januar auf — 11,3°. In Moskau fror das Quecksilber gegen Ende des Monats März mehrere Male, und war sehr viel Schnee gefallen. (Tagebuch über den Wasserstand der Seine; Bibliothèque britannique, Bd. XLIII, S. 87.)

1809 - 1810. Dieser Winter ist in ganz Europa, selbst im Süden, sehr kalt gewesen. In Paris trat die niedrigste Temperatur am 31. Januar ein und betrug — 12,3°. Das handschriftliche Tagebuch über den Wasserstand der Seine gibt folgende Auskunft darüber: „Am 15. Januar 1810 um 7 Uhr Morgens fing der Fluß an, Grundeis (unregelmäßig krystallisirtes Eis) zu führen; dies dauerte fort bis zur Nacht vom 25. zum 26., am 28. Januar führte er abermals Grundeis, was aber noch im Laufe des Tages aufhörte. Am 29. fing er wieder an Eis zu treiben, und dies dauerte bis zur Nacht vom 2. zum 3. Februar fort. Am 23. Februar um 2 Uhr Morgens begann das Eistreiben von Neuem und hörte am Abend desselben Tages auf.“ In Avignon ging das Thermometer am 22. Februar auf — 9,4° herunter; in Lyon im Januar auf — 15°, in Mastricht am 16. Januar auf — 14,7, und in Mons am 21. Februar auf 15°. Mehrere Tage hindurch konnte man über das Eis der Saône hinüber gehen. Die Maas ging in den letzten Tagen des Decembers zu, und blieb einen großen Theil des Januar hindurch gefroren; in Brüssel fiel das Thermometer am 3. und 7. Januar auf — 14,7°. Der genfer See belegte sich bei Genf am 22. Februar mit Eis. Die Loire fror bei Nantes zu. Gegen den 15. Januar froren die Donau, der Inn, die Isar, die Roth, die Vils und Ilz bis auf eine ziemlich beträchtliche Entfernung von Passau zu. In Petersburg war die Kälte sehr streng. Die Dwina war vom Anfange des November 1809 an vollständig zugefroren, und der Hafen von Archangel war durch Eis gesperrt. (Peignot; Quetelet; Dr. Clos; Moniteur universel; Journal de Paris; Gazette de France.)

1810-1811. Auch dieser Winter war ziemlich streng. In der Ostsee wurde die Schifffahrt durch das Eis unterbrochen. Der Sund war fast ganz zugefroren. Die Maas war von der Mitte des December bis zur Mitte des Januar mit Eis bedeckt; die niedrigste beobachtete Temperatur betrug zu Brüssel am 3. und 7. Januar — 14,7°; zu Mastricht am 7. Januar — 14,7° und zu Mons am 3. Januar — 11,9°. Die Waal und der Leck froren zu; die Loire führte eine Menge Eisschollen. In Avignon hatte man am 3. Januar — 10,9°. Doch war die Kälte in der Provence gemäßigt; zu Hyères war die niedrigste Temperatur des Winters am 1. Januar — 4,4°. Nach dem handschriftlichen Tagebuche über den Wasserstand der Seine begann der Fluß am 1. Jan. um 5 Uhr Abends Eis zu führen, was bis zum 10. Morgens fortdauerte. Am 25. und 26. desselben Monats fing er um 5 Uhr Morgens wieder an Eis zu treiben, hörte aber im Laufe des Tages damit wieder auf. Die niedrigste Temperatur wurde in Paris am 7. Januar beobachtet und betrug — 10,3°. (Quetelet; Bouvard; Moniteur universel.)

1812-1813. Dieser Winter ist für alle Zeiten durch das schreckliche Mißgeschick denkwürdig, das die französische Armee auf ihrem nach der Einnahme und dem Brande von Moskau bei der rauhesten Winterkälte Rußlands ausgeführten Rückzuge erlitt. In ganz Europa stellte sich frühzeitig eine strenge Kälte ein. Ueberall fiel die niedrigste Temperatur nicht nur des Winters, sondern der beiden Jahre 1812 und 1813 auf den December 1812. Der erste Schnee fiel zu Moskau am 13. October; der Rückzug der Armee begann am 18.; Napoleon verließ die Hauptstadt des moskowitischen Reiches am 19., und die vollständige Räumung der Stadt geschah am 23. Unter fortdauernden Schneefällen setzte die Arme sich auf Smolensk in Marsch. Vom 7. November an wurde die Kälte außerordentlich streng; am 9. zeigte das Thermometer — 15°. Als die Armee Smolensk vom 14. bis 17. November nach kurzem Aufenthalte verließ, sank die Temperatur nach der Beobachtung Larrey's, der ein Thermometer im Knopfloche seines Rockes trug, auf —21° R. (— 26,2° C.). Das tapfere Corps des Marschalls Ney entkam der es von allen Seiten einschließenden russischen Armee dadurch, daß es in der Nacht vom 18. zum 19. November über den zugefrorenen Dnjepr ging. Am Abend vorher ging ein russisches Armeecorps mit seiner Artillerie über das Eis der Dwina. Aber die Kälte nahm wieder ab und am 24. trat Thauwetter ein, welches jedoch nicht anhielt, so daß während des langen und traurigen Ueberganges über die Beresina am 26., 27., 28. und 29. der Fluß zahlreiche Eisschollen führte, ohne den Truppen irgendwo einen Uebergang darzubieten. Gleich darauf begann die Kälte wieder mit neuer Heftigkeit; das Thermometer sank auf — 25° am 30. November, auf — 30° am 3. December, und am 6. Dec. zu Molodetschno auf — 37°, nachdem Napoleon am Tage vorher von Smorgoni abgereist war, und nach Abfassung des 29. Bülletins, welches Frankreich von einem Theile der Unglücksfälle dieses schrecklichen Feldzuges unterichtete, die Armee verlassen hatte. Bei solcher heftigen Kälte setzte die Armee ihren Rückzug auf Wilna fort, ging am 11. und 12. December bei Kowno über das Eis des Niemen, und brachte ihre wenigen Ueberreste hinter der Weichsel und an der Oder in Sicherheit. Erst gegen Ende December wurde die Witterung milder, und der übrige Theil dieses zu frühzeitigen Winters zeigte keine außergewöhnlichen meteorologischen Erscheinungen weiter.

Die Folgen der strengen Kälte, der die schlecht bekleideten Soldaten plötzlich ausgesetzt waren, müssen hier als Beispiel der Einwirkung sehr niedriger Temperaturen auf belebte Wesen beschrieben werden. Zuerst hatte die Armee von den dichten Schneefällen im Anfang des November zu leiden. „Während der Soldat sich abmüht", erzählt Herr von Ségur in seiner Geschichte des russischen Feldzuges, „durch die Schneewirbel sich Bahn zu machen, sammelt sich der vom Sturme getriebene Schnee in allen Vertiefungen an; seine Oberfläche verbirgt unbekannte Gräben, deren Tiefe unter unsern Schritten sich öffnet. Der Soldat stürzt hinein, und die Schwächsten geben sich auf und bleiben darin begraben zurück. Die Folgenden machen einen Umweg, aber der Sturm peitscht ihnen den vom Himmel herabfallenden und den von der Erde emporgehobenen Schnee ins Gesicht, und scheint grimmig sich ihrem Marsche widersetzen zu wollen. Der moskowitische Winter greift sie unter dieser neuen Gestalt auf allen Seiten an; er dringt durch ihre leichte Kleidung und ihr zerrissenes Schuhwerk. Ihre durchnäßten Kleidungsstücke gefrieren ihnen auf dem Leibe. Diese Eishülle erfaßt ihren Körper und macht ihnen alle Glieder steif. Ein scharfer und heftiger Wind schneidet ihnen den Athem ab, und verwandelt ihren Hauch in dem Augenblicke, wo sie ihn ausstoßen, in Eiszapfen, die an ihrem Barte um ihren Mund hängen. Die Unglücklichen schleppen sich, mit den Zähnen klappernd, noch fort, bis der Schnee, der sich wie ein Stein an ihre Füße setzt, einzelne Trümmer, ein Ast, der Körper eines ihrer Kameraden sie zum Straucheln und Fallen bringen. Da ächzen sie umsonst; bald deckt sie der Schnee, leichte Erhöhungen geben von ihnen Kunde, und sind ihre Gräber! Der Weg ist wie ein Kirchhof mit diesen wellenförmigen Erhöhungen ganz bedeckt. Die Unerschrockensten wie die Gleichgültigsten werden erschüttert; sie gehen mit abgewandten Blicken schnell vorüber. Aber vor ihnen und neben ihnen ist Alles Schnee; ihr Blick verliert sich in dieser unermeßlichen und traurigen Einförmigkeit, die Einbildungskraft wird überwältigt: die Armee wird von der Natur gleichsam mit einem großen Leichentuche umhüllt. Die einzigen Gegenstände, welche sich daraus hervorheben, sind dunkle Tannen, die mit ihrem düstern Grün, der Unbeweglichkeit ihrer schwarzen Stämme und ihrem ganzen traurigen Aussehen wie Kirchhofsbäume den trostlosen Anblick einer allgemeinen Trauer, einer öden Umgebung und einer inmitten einer todten Natur sterbenden Armee vervollständigen. Alles, und sogar ihre Waffen, die noch bei Maloi-Jaroslawez zum Angriff, seitdem aber nur zur Vertheidigung dienten, wandte sich nun gegen sie selbst. Sie schienen für ihre erstarrten Arme eine unerträgliche Last. Bei dem häufigen Niederstürzen entfielen sie ihren Händen, zerbrachen oder verloren sich im Schnee. Wenn der Soldat sich wieder erhob, so geschah es ohne Waffen; er warf sie nicht weg, Hunger und Kälte entrissen sie ihm. Vielen andern erfroren die Finger an den Flinten, die sie noch festhielten, die ihnen aber die zur Erhaltung eines Restes von Wärme und Leben nöthige Bewegung nahmen."

Ein Oberchirurg der großen Armee, Herr René Bourgeois, beschreibt die gräßlichen, durch die heftige Kälte im Anfange des December veranlaßten Leiden mit folgenden Worten:

„Das vom Schnee verdorbene Schuhwerk der Soldaten war bald abgenutzt. Man war genöthigt, die Füße in Lumpen, Stücken von Kleidern, Felle zu hüllen, die man mit Stroh oder Bindfaden fest band, und die nur schwachen Schutz gegen die Einwirkung der Kälte gewährten. . . . Was man auch that, um die Wirkungen der Kälte zu mildern, indem man sich mit Allem, was als Kleidung dienen konnte, umhüllte, so entgingen doch nur wenige dem Erfrieren, und jeder wurde an einigen Theilen des Körpers davon betroffen. Glücklich die, denen nur die Nasenspitze, die Ohren und ein Theil der Finger erfroren. Was die Verheerungen der Kälte noch verderblicher machte, war, daß man beim Feuer angelangt die erstarrten Glieder unvorsichtiger Weise demselben zu nahe brachte, und, da diese das Gefühl verloren hatten, die Einwirkung der sie zerstörenden Hitze nicht empfand. Statt der gesuchten Linderung veranlaßte die plötzliche Einwirkung des Feuers heftige Schmerzen und es trat schnell der Brand hinzu... Bei den meisten Soldaten war alle Energie vernichtet; die Gewißheit des Todes hinderte sie, eine Anstrengung zu machen, um sich ihm zu entziehen; da sie sich für unfähig hielten, die geringste Strapaze zu ertragen, so weigerten sie sich, ihren Marsch fortzusetzen und warfen sich auf den Boden, um hier das Ende ihres jammervollen Daseins zu erwarten. Viele waren in einem wirklichen Zustande des Wahnsinns, der Blick stier, das Auge wild; sie marschirten wie Automaten im tiefsten Schweigen dahin. Scheltworte und sogar Schläge vermochten nicht, sie zu sich selbst zu bringen. Die übermäßige Kälte, der zu widerstehen unmöglich war, richtete uns vollends zu Grunde. Jeden Tag raffte sie eine große Zahl von Opfern dahin; hauptsächlich waren die Nächte sehr mörderisch; die Straße und die Bivouacs, die wir verließen, waren mit Leichen besäet. Um nicht zu erliegen, war eine ununterbrochene Bewegung nöthig, die den Körper beständig in einem Zustande der Erwärmung erhielt und die natürliche Wärme in alle Glieder verbreitete. Wer von der Anstrengung niedergeworfen das Unglück hatte, sich dem Schlafe zu überlassen, bei dem stellte sich, da die Lebenskraft nur schwachen Widerstand leistete, bald das Gleichgewicht mit den umgebenden Körpern her, und es bedurfte nur kurzer Zeit, das Blut in seinen Adern — nach der strengen physikalischen Bedeutung des Wortes — zum Gefrieren zu bringen. Wer unter dem Gewichte vorangegangener Entbehrungen erliegend das Bedürfniß des Schlafes nicht überwinden konnte, bei dem machte der Frost schnelle Fortschritte, ergriff alle flüssigen Theile und unbemerkt ging die lethargische Erstarrung in den Tod über. Glücklich diejenigen, welche zeitig genug erwachten, um diesem gänzlichen Erlöschen des Lebens zuvorzukommen! Die jungen Soldaten, die eben erst zur großen Armee gestoßen waren und mit einem Male von der plötzlichen

Wirkung einer Kälte ergriffen wurden, der sie noch nicht ausgesetzt gewesen waren, erlagen bald dem Uebermaaß der Leiden, die sie zu erdulden hatten. Sie kamen weder vor Erschöpfung noch aus Unthätigkeit um; die Kälte allein tödtete sie. Man sah sie zuerst einige Augenblicke schwanken, und mit unsicherem Schritte wie Betrunkene marschiren. Ihr ganzes Blut schien nach dem Kopfe gedrängt zu sein, so roth und geschwollen war ihr Gesicht. Bald wurden sie gänzlich überwältigt und verloren alle Kräfte. Ihre Glieder waren wie gelähmt; da sie die Arme nicht mehr heben konnten, überließen sie dieselben ihrer eigenen Schwere, und ließen sie unthätig herabhängen; ihre Flinten entfielen nun ihren Händen, ihre Kniee bogen sich unter ihnen und sie fielen endlich durch ohnmächtige Anstrengungen erschöpft zu Boden. In dem Augenblicke, wo sie fühlten, daß die Kräfte sie verließen, netzten Thränen ihre Augenlider, und wenn sie niedergestürzt waren, richteten sie sich wiederholt empor, und blickten starr auf ihre Umgebung; sie schienen völlig den Verstand verloren zu haben, und hatten einen starren und verstörten Blick; aber das Ganze ihrer Physiognomie, die gewaltsame Zusammenziehung der Gesichtsmuskeln bildeten unzweideutige Zeichen der grausamen Leiden, die sie erduldeten. Die Augen waren außerordentlich roth, und sehr oft schwitzte Blut aus den Poren und floß tropfenweise aus der das Innere der Augenlider bedeckenden Haut hervor."

Das eisige Wasser, in das unsere Soldaten beim Uebergange über unvollständig zugefrorene Bäche und Flüsse wiederholt sich stürzen mußten, bewirkte besondere Krankheiten, die fast beständig einen tödtlichen Ausgang nahmen. Auf solche Art starb zu Ende des December in Königsberg der berühmte General Eblé, der bei dem Uebergange über die Beresina die letzten Ueberreste der Armee gerettet hatte; von den 100 Pontonnieren, die auf seinen Befehl sich in den Fluß gestürzt hatten, um die Brücken zu schlagen, blieben 12 übrig; von den andern 300, die sie bei dieser heldenmüthigen Arbeit unterstützten, blieb kaum der vierte Theil am Leben.

In dem übrigen Europa war der December 1812 außerordentlich streng. Zu Paris betrugen die niedrigsten beobachteten Temperaturen nur —10,6° am 9. Dec. 1812, und —7° am 21. Januar 1813. Das handschriftliche Journal der Wasserstände der Seine enthält folgende Einzelheiten, in denen sich die Veränderungen der Temperatur abspiegeln: „Am 9. December um 5 Uhr Morgens fing der Fluß an Eis zu treiben; dies hörte an demselben Tage um 4 Uhr Abends wieder auf. Am 10. Dec. um 3 Uhr Morgens führte er aufs Neue Eis, bis zum 14., um

4½ Uhr Abends, wo er zum Stehen kam. Der Pegel zeigte 1,28 Meter. Am 17. gegen Mittag fand der Eisgang bei den großen und kleinen Brücken statt. Die großen Brücken wurden in der Nacht vom 17. zum 18. vom Eise frei, darauf kam das Eis von unterhalb des Pont-Neuf bis zur östlichen Spitze der Cité-Insel wieder zum Stehen, während der kleine Arm des Hôtel-Dieu ebenso wie eine Strömung bis gegen die Seinestraße vom Eise frei blieb. Am 18. gegen 10 Uhr Abends ging alles Eis fort, das von der östlichen Spitze der Cité-Insel bis unterhalb des Pont-Neuf zurückgeblieben war. Ein Fahrzeug, daß sich quer vor zwei schiffbare Oeffnungen des Pont Notre-Dame gelegt hatte, hielt das Eis von Neuem auf; was davon in dem oberen Theile zurückblieb, ging durch den kleinen nördlichen Arm fort. Am 19. um 4 Uhr Morgens floß das im großen Arme zurückgebliebene Eis mit fort. Am 26. fing der Fluß gegen 6 Uhr Morgens wieder an, Eis zu treiben, was im Laufe des 30. wieder aufhörte."

Die niedrigsten an verschiedenen Orten beobachteten Temperaturen waren folgende:

Lüttich	—17,5°
Mastricht, am 14. December	—16,6
Ebendas. am 25. Januar	— 8,9
Straßburg	—15,6
Mons, am 14. December	—15,0
Poitiers, am 26. Januar	—12,4
Paris, am 9. December	—10,6
Avignon, am 25. Januar	— 5,0
London, am 9. December	— 3,9
Ebendas. am 29. Januar	— 3,9
Hyères, am 15. Januar	— 0,0

In der Gegend von Toulouse war dieser Winter nach Dr. Clos kalt und ziemlich trocken; in dem letzten Drittel des Januar und dem ersten Drittel des Februar hatte man starke Fröste. Die Witterung des Jahres war unregelmäßig hinsichtlich der Jahreszeiten, und ungünstig für die Ernte.

1818-1819. Während dieses Winters war die Kälte nur im Monat December etwas heftig. Die Maas fror am 17. December zu, nachdem der Frost erst sechs Tage gedauert hatte; die größte Kälte betrug zu Brüssel — 10,1°; zu Mastricht am 18. December — 10,3°, am 8. Februar — 10,0°; zu Mons am 18. December — 8,8°. Zu Paris waren die niedrigsten beobachteten Temperaturen — 6,4° am 27. December 1818, und — 6,3° am 1. und

31. Januar 1819; zu Avignon am 7. Januar — 1,3°; zu Orange am 28. und 29. December — 4,5°; zu Hyères am 14. Dec. 0°. Zu London hatte man nur — 4,4°, am 17. Dec. In Madrid war die Kälte sehr streng. In den nördlichen Ländern war sie nicht ungewöhnlich; die Elbe führte zu Ende des December Eis. (Moniteur universel; Annales de chimie et de physique; Quetelet.)

1819 - 1820. Während dieses Winters war die Kälte in ganz Europa außerordentlich heftig, wenn auch ihre äußerste Strenge nicht lange anhielt. Zu Paris zählte man 47 Frosttage, darunter 19 auf einander folgende vom 30. December 1819 bis zum 17. Januar 1820. Die niedrigste Temperatur, am 11. Januar, betrug — 14,3°. Vom 12. bis 19. Januar war die Seine ganz zugefroren. Die Saône, die Rhone, der Rhein, die Donau, die Garonne, die Themse, die Lagunen von Venedig, der Sund waren dergestalt gefroren, daß man auf dem Eise verkehren konnte. Folgendes sind die niedrigsten in verschiedenen Städten beobachteten Temperaturen:

St. Petersburg, am 18. Januar . . .	— 32,0°
Berlin, am 10. Januar	— 24,4
Mastricht, am 8. December — 11,6° und am 10. Januar	— 19,3
Straßburg, am 15. Januar	— 18,8
Commercy (Depart. der Maas), am 12. Jan.	— 18,8
Mecheln, im Januar	— 18,1
La Chapelle (bei Dieppe), am 15. Januar	— 17,7
Marseille, am 12. Januar	— 17,5
Metz, am 10. Januar	— 16,3
Mons, am 11. und 15. Januar . . .	— 15,6
Riez (Dep. Niederalpen), am 12. Januar	— 15,0
Joyeuse, am 11. Januar	— 15,0
Paris, am 11. Januar	— 14,3
Toulouse, am 11. Januar	— 13,8
Orange, am 11. Januar	— 13,0
Alais, am 12. Januar	— 12,3
In Piemont	— 12,0
Hyères, am 11. Januar	— 11,9
Vence (Depart. Var), am 11. Januar .	— 11,3
Avignon, am 11. Januar	— 11,3
Montpellier, am 12. Januar	— 11,0
London, am 11. December 1819 . . .	— 7,8
Ebendas., am 5. Januar 1820 . . .	— 7,2

Die Wirkungen der Kälte waren schrecklich, theils durch die Heftigkeit derselben, theils infolge des Thauwetters, welches große Massen von Eis und aufgehäuftem Schnee zu schnellem Schmelzen brachte.

In Schweden hat man nur sehr selten eine strengere Kälte erlebt und niemals so beträchtliche Schneemassen gesehen. In Dänemark, wo das Meer rings um die Insel Fünen dergestalt gefroren war, daß man von Arröe nach dieser Insel, und von Svendborg nach Thorseng und Langeland auf dem Eise gelangen konnte, fand man auf dem Wege von Randers nach Aarhuus eine Frau nebst ihrem Säuglinge erfroren. Da der Sund zugefroren war, so fand zwischen den Küsten von Schweden und Dänemark ein sehr lebhafter Verkehr zu Schlitten statt. Zu St. Petersburg sind in einer Nacht eine große Anzahl von Schildwachen, man sagt 170, erfroren; in mehreren Quartieren dieser Stadt zeigten sich Wölfe, die der Hunger dahin getrieben hatte.

In Deutschland war die Kälte nicht weniger heftig; in Berlin fand man mehrere Posten in ihren Schilderhäusern todt; viele Reisende kamen unterwegs um. Der Eisgang der Donau richtete in den Umgebungen von Wien große Verwüstungen an; Wölfe drangen in die Stadt Bucharest hinein.

In Holland verursachte der Eisgang der Maas, des Rheins, der Waal und des Leck große Ueberschwemmungen. In Belgien sah man beim Eintreten des Thauwetters die Schelde zwei Tage lang Trümmer jeder Art, Thiere und Leichen treiben.

In England war die Intensität der Kälte so groß, daß jeder Verkehr mit den bei Deptford, Woolwich und an andern Stationen der Themse vor Anker liegenden Schiffen beinahe unmöglich geworden war. Nur mit großer Mühe und Arbeit gelangte man an einigen Orten dazu, über das Eis weg den mitten im Flusse vor Anker liegenden Schiffen Vorräthe zuzuführen. Als aber das Eis eine Dicke von beinahe 2 Metern erlangt hatte, entstand sowohl zu Deptford als an andern Orten eine Art Marktverkehr auf demselben. Die Wirkungen der Kälte machten sich in gleicher Weise oberhalb der Brücken von London bemerkbar, und vor Lambeth sah man ein Stück Eis von 4 Meter Dicke. Unterhalb der Brücke von Kiew erreichte das Eis der Themse eine Dicke von 0,5 Meter. Der Eisgang verursachte große Unfälle; mehr als 400 Schiffe wurden stromabwärts mit fortgerissen.

In Frankreich kündigte die strenge Winterkälte sich dadurch an, daß über das Küstenland an der Meerenge von Calais eine große Menge aus den nördlichsten Gegenden kommender Vögel wegzog,

Schwäne und wilde Enten von verschiedenem Gefieder. Mehrere Reisende erfroren, namentlich ein Landmann des Pas-de-Calais bei Arras; ein Förster bei Nogent im Dep. der obern Marne; eine Frau und ein Mann im Depart. Côte d'Or; zwei Reisende auf der Straße von Breuil im Depart. der Maas; eine Frau und ein Kind auf der Straße von Etain nach Verdun; sechs Personen im Arrondissement Château-Salins (Depart. der Meurthe); zwei kleine Savoyarden auf der Straße von Clermont nach Châlons-sur-Saône. Bei den Versuchen, welche am 10. Januar in der Artillerieschule zu Metz angestellt wurden, um die Widerstandsfähigkeit des Eisens bei niedrigen Temperaturen zu untersuchen, erfroren mehrere Soldaten die Hände oder die Ohren. Der Wein gefror in vielen Kellern. Herr d'Hombres-Firmas theilt mit, daß der Gardon, den er nie mit Eis bedeckt gesehen hatte, so zugefroren war, daß Lastthiere über das Eis hinübergingen. Der Eisgang der Seine veranlaßte schwere Unfälle. Zu Paris wurden zwischen der Austerlitzbrücke und der Jenabrücke 25 Fahrzeuge zerstört. Die Quais de la Grève und des Ormes wurden überschwemmt. Bei la Robec wurde ein Deich durchbrochen und zu Rouen ein Brückenpfeiler mit fortgerissen. Der Eisgang der Saône vernichtete viele Fahrzeuge und setzte die Vorstadt Vaise zu Lyon unter Wasser.

Italien wurde in gleichem Grade von Frost und Eis heimgesucht; Venedig war mehrere Tage hindurch vom Eise eingeschlossen; das Meer war so gefroren, daß man auf dem Eise von der Stadt nach dem festen Lande gelangen konnte. Rom war drei Tage lang mit Schnee bedeckt. Beim Aufthauen trat die Tiber aus ihrem Bette. Der Arno war zum Theil zugefroren.

Die Wirkungen der Kälte auf die Vegetation waren sehr merkwürdig. Das Korn war, besonders auf nassem Boden, dünn geworden; der Winterhafer widerstand der Kälte nicht. In der Provence kam ein großer Theil der Oelbäume um. Alle Orangenbäume von Hyères und Nizza mußten bis auf den Erdboden abgeschnitten werden; seit 1787 hatten sie nicht so gelitten. Nach Delile, Director des botanischen Gartens zu Montpellier, sind folgende im Freien wachsende Pflanzen durch die Kälte von $-11{,}3^0$ am 10. Januar 1820 zu Montpellier zu Grunde gegangen: Phoenix dactylifera, ein 24 Jahre alter Dattelbaum, der sich zu erheben und unten einen Stamm zu bilden anfing; Chamaerops humilis; mehrere zehn- bis zwölfjährige Cactus und Aloën; Agave americana; die Thymeleen und neuholländischen Myrthen, nämlich: Gnidia simplex, Melaleuca thymifolia, Eucalyptus obliqua; Phormium tenax oder neuholländischer Flachs; Buddleia globosa, ein Strauch aus Chili,

15 bis 20 Jahre alt; Verbena triphylla, ein Strauch aus Chili; Rhus viminale vom Cap der guten Hoffnung; Melianthus comosus vom Cap, ein sechsjähriger Strauch.

Herr d'Hombres-Firmas beschreibt die Wirkungen der starken Fröste im Departement Gard folgendermaßen: „Die Gehölze von Stecheichen waren wie versengt; die Feigenbäume hatten wir sämmtlich für abgestorben gehalten; dennoch trieben bei mehr als der Hälfte die Hauptzweige wieder; einige schlugen aus der Wurzel aus. Viele Lorbeerbäume, alle Myrthen unserer Gärten und mehrere andere Sträucher gingen zu Grunde. Am 10. Januar barsten die Stämme einer großen Anzahl von Maulbeerbäumen krachend ihrer ganzen Länge nach. Wir bemerkten, daß die 4 bis 10 Millimeter breiten Risse alle auf der Südseite waren, unzweifelhaft weil das Holz hier lockerer ist, und der Saft, der auf dieser Seite reichlicher vorhanden ist als auf der Nordseite, beim Gefrieren die Gefäße und Pflanzenfasern zerriß. Da die jüngsten Bäume wahrscheinlich in ihrem Gewebe mehr Elasticität, und die alten mehr Stärke besaßen, so wurden besonders die Bäume von 10 bis 30 Jahren davon betroffen. Die Risse blieben bis zum Thauwetter offen und schlossen sich vollständig wieder; die Rinde vernarbte und die Bäume leben fort. Der größte Nachtheil, den die Kälte im Januar veranlaßte, ist der Verlust unserer Oelbäume. Es scheint jedoch, daß der größere Theil der alten Bäume wieder ausschlagen wird; aber mehr als die Hälfte der jungen Bäume, und an manchen Stellen alle, die seit einem oder zwei Jahren gepflanzt wurden, sind todt." Die Weinstöcke litten in der Umgegend von Manosque, an den Ufern der Durance und um Bordeaux bedeutend. (Annales de chimie et de physique; Bibliothèque universelle de Genève; handschriftliche Notizen von de Gasparin und d'Hombres-Firmas; Peignot; Moniteur universel; Journal des Débats.)

1820-1821. Dieser Winter ist nur im nördlichen Frankreich und einem Theile Deutschlands ziemlich streng gewesen. In Paris hatte man 54 Frosttage, darunter 15 aufeinander folgende. Die Seine fror am 31. December 1820 zu, und der am 7. Januar eingetretene Eisgang verursachte keine Unfälle. Der Rhein war ebenfalls zugefroren, und am 3. Januar fuhren bei Düsseldorf Postwagen über das Eis desselben. Die niedrigsten Temperaturen dieses Winters traten in der Zeit vom 31. December bis zum 3. Januar ein. Einige derselben folgen hier: Mecheln, im Januar, —15°; La Chapelle (bei Dieppe), am 1. Januar, —13,8°; Paris, am 31.

December, — 13°; Mastricht, am 1. Januar, — 12°; Mons, am 1. und 2. Januar, — 8,8°; Orange, am 2. Januar, — 5°.

1822-1823. Dieser Winter war in Frankreich und in Belgien streng. Zu Paris zählte man 53 Frosttage, darunter 21 aufeinander folgende. Der Frost begann am 8. December 1822, und hielt mit einer Unterbrechung von zwei Tagen (am 11. und 12.) bis zum 2. Januar an; vom 9. bis zum 25. Januar trat wiederum Kälte ein. Die Seine war zweimal zugefroren, vom 30. December bis zum 8. Januar, dem Zeitpunkte des ersten Eisganges, und vom 15. bis zum 29., dem Tage des zweiten Eisganges. In Deutschland fror der Neckar gleichfalls zweimal zu und wurde zu Wagen passirt; ebenso war es mit dem Rheine, den man noch nie bei einer so mäßigen Kälte hatte zufrieren sehen (— 11° bis — 12°). In Belgien ging nach sechs Frosttagen, während deren die niedrigste beobachtete Temperatur — 8° gewesen war, am 17. December 1822 die Maas zu; die Kälte dauerte bis zum 28. Jan. 1823 fort; am 23. zeigte das Thermometer zu Mastricht — 22,9°; der Eisgang des Flusses fand am 30. Januar statt. Die Schelde hat nur sehr große Eisschollen geführt. In Holland passirte man den Leck bei Wageninger mit den schwersten Lasten. Im Innern Frankreichs ist das Eis der Flüsse nicht sehr stark gewesen, denn die Zeitungen berichten zahlreiche Fälle von Schlittschuhläufern, die zu Rouen, Mons u. s. w. verunglückt sind. In den Alpen, in Piemont und den römischen Staaten gab es viel Schnee. In Domo d'Ossola fiel der Schnee 48 Stunden hindurch ohne Unterbrechung und in solcher Menge, daß durch die Lawinen Straßen gesperrt und mehrere Personen nebst einer großen Anzahl von Thieren verschüttet wurden. Die niedrigsten an verschiedenen Orten beobachteten Temperaturen sind folgende:

St. Petersburg, am 7. Februar 1823. .	— 30,4°
Mecheln, im Januar	— 24,4
Mastricht, am 23. Januar	— 22,9
Brüssel, am 16. December — 4,4° und am 25. Januar	— 17,5
Paris, am 27. December — 8,8° und am 14. Januar	— 14,6
La Chapelle, bei Dieppe, am 30. December — 9,9° und am 22. Januar . . .	— 11,1
Orange, am 2. December — 4° und am 13. Januar	— 6,7
Avignon, am 14. Januar	— 6,2

London, am 30. December — 3,9° und am 22. Januar	—	5,6°
Rom, am 29. und 30. December	—	4,0
Hyères, am 19. Januar	—	1,2

(Annales de chimie et de physique; Moniteur universel; Bibliothèque universelle de Genève; Quetelet.)

1826 - 1827. Dieser Winter ist durch die ungewöhnliche Menge Regen und Schnee, die während der letzten Hälfte des December 1826 und der ersten Hälfte des Januar 1827 in Deutschland, in Frankreich, besonders in der Provence, in Italien und bis nach Constantinopel hin gefallen ist, merkwürdig gewesen. Zu Paris hatte man 51 Frosttage, darunter 33 ohne Unterbrechung. Die Kälte begann am 3. Januar, ließ am 6. nach, fing am 17. wieder an, und dauerte mit Ausnahme eines einzigen Tages, des 20. Februar, bis zum 25. dieses Monats mit Heftigkeit fort. In der Auvergne fiel eine außerordentliche Menge Schnee. In Belgien waren die Monate Januar und Februar sehr kalt, und das entscheidende Thauwetter begann erst am 27. Februar; die Maas war bei Dinant und Mastricht vollständig zugefroren. Die niedrigsten, in verschiedenen Städten aufgezeichneten Temperaturen dieses Winters waren:

Hospiz des großen St. Bernhard, am 20. Januar	— 24,0°
Basel, am 18. Februar	— 21,0
Metz, am 18. Februar	— 20,2
Genf, am 25. Januar	— 18,7
Mastricht, am 15. Februar	— 18,2
Straßburg, am 17. Februar	— 15,0
Brüssel, am 16. Februar	— 14,4
Lyon, am 23. Januar	— 13,0
Joyeuse, am 24. Januar	— 13,0
Paris, am 18. Februar	— 12,8
Laon, am 18. Februar	— 12,0
La Chapelle (bei Dieppe), am 18. Februar	— 11,4
Avignon, am 21. Januar	— 11,3
Orange, am 25. Januar	— 10,6
London, am 3. Januar	— 8,9
Alais, am 24. Januar	— 8,8
Madrid, am 3. Januar	— 5,5
Hyères, am 24. Januar	— 3,6

Herr de Gasparin äußert sich in seinem meteorologischen Tagebuche folgendermaßen über die Wirkungen der Kälte in der Provence: „Der Winter hat dem Hafer keinen Schaden gethan, weil derselbe zur Zeit der großen Kälte am 25. Januar von Schnee bedeckt war. Unsere Myrthen und Oleander sind im Stamm erfroren; von den Oelbäumen sollen nur an gewissen Standorten die Zweige gelitten haben. Die im Herbste gesäete Esparsette ist erfroren. Das ganze Jahr 1827 ist für unser Klima ein außergewöhnliches gewesen; es war Schnee in Menge gefallen, und er blieb bis in die Mitte des Februar liegen." (Annales de chimie; Bibliothèque universelle de Genève; Moniteur universel; Clos; Martins; handschriftliche Aufzeichnungen des Herrn de Gasparin.)

1828-1829. Dieser Winter war in Frankreich nicht so streng als in Belgien, Deutschland und den Donauländern. Doch hatte man zu Paris 60 Frosttage; die Kälte fing am 6. Januar 1829 an und dauerte 21 Tage hinter einander mit sehr starkem Froste fort; sie begann am 31. Januar von Neuem und hielt bis zum 11. Febr. an, jedoch mit geringerer Heftigkeit und mit einer Unterbrechung von 3 Tagen. Bei Rouen fror die Seine am 18. Januar in der Nähe von Caudebec zu; bei Paris fror sie am 25. Januar zu, und das Eis brach am 28. auf. Nach dem Tagebuche Crahay's, das Quetelet benutzt hat, begann in Mastricht die Kälte am 5. Januar. Am 11. hatte man —12,6°, am 17. —18,5°. Bis zum 25. hin sank das Thermometer in allen Nächten auf —11° bis —18°. Nach einer Unterbrechung der Kälte in den Tagen vom 27. bis 30. hielt dieselbe bis zum 14. Februar an; die niedrigste Temperatur war —10,6° in der Nacht vom 11. zum 12. Februar. Von Zeit zu Zeit kamen noch bis Ende März Fröste vor. Die Maas war von Mitte Januar bis Mitte Februar ganz zugefroren; ebenso war der Rhein gefroren, und sein Eisgang verursachte eine beträchtliche Ueberschwemmung bei Grünthal. Auf der Donau war die Schifffahrt durch das Eis gänzlich unterbrochen; der Fluß fing schon im November an zuzufrieren. In Rußland war der Hafen von Reval seit dem 8. December durch Eis gesperrt. Es fiel reichlicher Schnee an den Ufern der Donau, zu Straßburg, Genf und in Spanien.

Folgendes sind die niedrigsten an verschiedenen Orten beobachteten Temperaturen:

Berlin, am 24. Januar	—25,0°
Frankfurt, am 23. Januar	—21,2
Basel, am 12. Februar	—19,1

Hospiz des großen St. Bernhard, am 1. Februar	— 18,2°
Paris, am 24. Januar	— 17,0
La Chapelle (bei Dieppe), am 23. Januar	— 16,3
Metz, am 22. Januar	— 14,0
Quillebeuf, am 24. und 25. Januar .	— 14,0
Genf, am 1. Februar	— 13,9
Orange, am 26. Januar	— 12,1
Joyeuse, am 25. Januar	— 11,5
Alais, im Februar	— 10,8
Brüssel, am 21. December	— 9,4
Avignon, am 15. December	— 2,3
Hyères, am 13. Februar	— 0,6

„Zu Orange, sagt Herr de Gasparin, war die Erde seit dem 10. Januar mit Schnee bedeckt, und dieser scheint das grün darunter stehende Korn geschützt zu haben. Das Glatteis hat den Maulbeerbäumen sehr viel Schaden gethan, indem unter demselben die Zweige brachen; an einem 0,75 Kilogramm schweren Zweige saßen 4,5 Kilogramme Glatteis. Es ist merkwürdig, daß der Winter zu Marseille und an der ganzen Küste der Provence sehr milde gewesen ist.“ Es gab auch viel Schnee und starke Fröste in der Gegend von Toulouse. (Annales de chimie; Bibliothèque universelle de Genève; Moniteur universel; Clos; Martins; de Gasparin.)

1829-1830. Von allen Wintern in der ersten Hälfte des 19. Jahrhunderts ist dieser Winter der frühzeitigste und anhaltendste gewesen; seine stetige Fortdauer ist für den Ackerbau in den südlichen Gegenden besonders verderblich geworden. Seine Strenge verbreitete sich, ohne eine außerordentliche zu sein, über ganz Europa; eine große Anzahl von Flüssen fror zu, und das Aufthauen war von verheerenden Eisgängen und großen Ueberschwemmungen begleitet; viele Menschen und Thiere kamen um; die Feldarbeiten waren lange unterbrochen. Die folgende Uebersicht legt den Gang der Kälte deutlich dar:

am 22. October 1829,	Jassy (in der Moldau) .	starker Frost
am 3. November	Warschau	— 5,0°
am 21. November	Paris	— 5,3
am 22. December	St. Petersburg . .	— 30,0
am 23. December	Berlin	— 21,0
am 24. December	Genf	— 18,2

Datum	Ort	Temperatur
am 25. December 1829,	Berlin	— 21,0°
	Genf	— 16,5
	Orange	— 12,2
am 26. December	Mastricht	— 18,1
	Orange	— 12,2
	Paris	— 12,0
	Toulouse	— 10,3
	Bordeaux	— 10,0
am 27. December	Aurillac	— 23,6
	Pau	— 17,5
	Paris	— 14,2
	Avignon	— 13,0
	Toulouse	— 12,5
	Lyon	— 12,0
am 28. December	Paris	— 14,5
	Alais	— 10,8
	Marseille	— 10,1
	London	— 7,6
	Hyères	— 5,3
am 29. December	St. Petersburg . .	— 32,5
	Metz	— 16,5
	Joyeuse	— 15,6
	Toulouse	— 15,0
	Paris	— 13,5
am 30. December	Avignon	— 11,0
	Marseille	— 8,8
am 31. December	Madrid	— 11,2
	Bordeaux	— 10,6
am 1. Januar 1830,	Paris	— 11,8
	Rom	— 2,5
am 3. Januar	Joyeuse	— 11,5
am 5. Januar	Alais	— 9,8
am 8. Januar	Orange	— 12,5
am 10. Januar	Genf	— 16,5
am 11. Januar	Paris	— 1,2
am 12. Januar	Paris	— 5,3
am 13. Januar	Mastricht	— 16,8
	Paris	— 8,5

am 14. Januar 1830,	Paris	— 12,3°
am 15. Januar	Paris	— 12,4
am 16. Januar	Paris	— 14,0
am 17. Januar	Paris	— 17,2
am 18. Januar	Paris	— 10,5
am 19. Januar	Paris	— 6,7
am 31. Januar	Metz	— 20,5
	Berlin	— 20,0
	Mastricht	— 18,4
	Brüssel	— 18,4
	Genf	— 15,8
	Paris	— 11,5
	Rouen	— 9,5
am 1. Februar	Yverdun	— 21,0
	Valence	— 12,0
	Paris	— 10,0
am 2. Februar	Großer St. Bernhard	— 20,6
	Metz	— 19,8
	Mastricht	— 19,3
	Paris	— 14,9
	Joyeuse	— 11,5
	Avignon	— 11,5
	Marseille	— 10,1
	Hyères	— 5,3
am 3. Februar	Mühlhausen	— 28,1
	Basel	— 27,0
	Nancy	— 26,3
	Epinal	— 25,6
	Straßburg	— 23,4
	La Chapelle (Dieppe)	— 19,8
	Mastricht	— 19,3
	Freiburg	— 18,5
	Paris	— 15,0
am 4. Februar	Paris	— 14,3
am 5. Februar	Paris	— 13,5
am 6. Februar	Paris	— 15,6
	London	— 9,1
am 7. Februar	Paris	— 10,2

am 21. Februar 1830,	Mastricht	. . . .	— 6,3°
	Paris	. . . .	— 4,0
am 8. März	Mastricht	. . . .	— 6,3
	Paris	. . . .	— 2,3

Die winterliche Witterung trat in der Moldau zu Ende October, in Polen mit dem Monat November ein. Am 2. dieses Monats war in Warschau schon so viel Schnee gefallen, daß man in den Straßen der Stadt Schlitten fahren konnte; am folgenden Tage zeigte das Thermometer — 5°.

In St. Petersburg war die Kälte im Monat December zwar streng, aber nicht ungewöhnlich. Man beobachtete — 30° am 22., — 32,5° am 29.; im Januar, wo in den gemäßigten und südlichen Klimaten so strenge Kälte herrschte, war in Rußland der Winter äußerst milde; man beobachtete dort nur — 4 bis — 5°. An den Küsten des schwarzen Meeres hatte man vom 11. December an starken Frost.

Auch in Schweden und in Dänemark ließ die im December intensiv und anhaltend auftretende Kälte im Januar nach; das Eis des Beltes unterbrach die Schifffahrt nur zwölf Tage hindurch; dagegen fuhren im December zwischen Schweden und Dänemark schwer beladene Schlitten an Stellen über den Sund, wo er sieben bis acht Stunden breit ist. Im Januar wurde der directe Verkehr über das Eis zwischen Helsingör und Helsingborg durch die Heftigkeit der Strömungen unterbrochen, und an anderen Stellen machte die geringe Intensität der Kälte während dieses Monats Ausflüge auf dem Eise sehr gefährlich.

In Preußen hatte man viel Schnee, und das Thermometer blieb während eines Theiles des Decembers und Januars unter — 20°. Zu Ende Januars lag in den Straßen Berlins der Schnee 0,50 Meter hoch.

In Holland und den Niederlanden war die Kälte sehr anhaltend und nahm denselben Gang, wie in den südlicheren Gegenden des Continents. Nach dem von Crahay geführten Tagebuche begannen die Fröste zu Mastricht am 3. December, und erreichten jede Nacht — 3 bis — 6 und — 8°. Vom 25. an stieg die Kälte auf — 12,3° bis — 18,1°. Vom 7. zum 8. Januar 1830 wurde das Wetter auf drei bis vier Tage etwas milder, darauf fing der Frost wieder an, und wurde besonders vom 13. an heftig. Während der Nacht betrug die Kälte — 9 bis — 16,8°. Nach einer Unterbrechung von einigen Tagen hatte man am 29. — 9,5°, am 31. — 18,4°. Im Februar ergaben die vier ersten Nächte — 18,3° bis

— 19,3°; darauf ließ die Kälte um 4 bis 5° nach (— 12° bis — 15°); am 9. thauete es. Später fror es von Zeit zu Zeit Nachts, aber der kälteste Grad war nur — 6,3° am 21. Während des ersten Drittheils des Monats März kamen Nachts — 1 bis — 3° vor.

Zu Paris sank das Thermometer unter den Nullpunkt vom 17. bis 22. November, und wieder am 24. und 25. desselben Monats. Vom 26. November bis 5. December fror es nicht. Die Kälte begann am 6. December wieder, und hielt mit großer Strenge ohne Unterbrechung bis zum 19. Januar an; vom 20. bis zum 27. hob sich die Temperatur etwas über den Nullpunkt, blieb aber vom 28. Januar bis zum 7. Februar von Neuem unter demselben. Der 8., 9. und 10. Februar waren ziemlich warm, darauf fror es von Neuem an 11 Tagen im Februar und an 4 Tagen im März. Vom 15. des letzteren Monats an fiel das Thermometer nicht mehr unter den Nullpunkt. Die niedrigsten Temperaturen waren: im Nov. 1829 am 21., — 5,3°; im December, am 28., — 14,5°; im Januar, am 17., — 17,2°; im Februar, am 6., — 15,6°; im März, am 8., — 2,3°. Im Ganzen kamen 77 Frosttage vor, darunter 32 auf einander folgende.

D'Hombres-Firmas hat in der Bibliothèque universelle de Genève den Gang der Kälte im südlichen Frankreich geschildert. „Zu Alais, berichtet dieser gelehrte Meteorolog, war das Ende des Monats December sehr kalt; vom 25. an blieb das Thermometer selbst um Mittag beständig unter Null, und am 27. und 28. Morgens ging es auf — 10° und — 10,75° herunter. Seit dem Jahre 1802 hatte die strengste Decemberkälte — 5° betragen, in den Jahren 1821 und 1825. Ich hatte die mittlere Temperatur dieses Monats zu + 6,27° ermittelt; im Jahre 1829 betrug sie nur + 3,5°. Der äußerste Kältegrad, den ich zu Alais beobachtet hatte, ist — 12,25°, im Januar 1820; im Januar 1830 erreichte die größte Kälte, am 5., nur — 9,75°, obwohl dieser Monat kälter war, weil es an allen Tagen ohne Ausnahme fror, während wir zehn Jahre vorher nur zehn Frosttage gehabt hatten. Im Februar fror es mehr oder weniger stark bis zum 24. Das Thermometer fiel am 2. und 3. Morgens auf — 9°, und an mehreren Tagen auf — 5° und — 8°. Der Monat März war wärmer als gewöhnlich. Es war am 22. December sehr viel Schnee gefallen; es schneite aufs Neue am 27. und 28., sowie am 16. und 18. Januar, dann am 4., 14. und 15. Februar. Der erste Schnee, der nach und nach wieder zum Vorschein kam, verschwand an manchen Stellen erst nach 54 Tagen vollständig. Das will in unserem Klima viel sagen, wo er meistens beim Niederfallen oder bald nachher schmilzt."

Die handschriftlichen Bemerkungen von de Gasparin schildern die Strenge des Winters zu Orange in folgenden Ausdrücken: „Die schreckliche Temperatur im Januar und Februar hat die ganze Bevölkerung in Unthätigkeit versetzt. Das Eis hatte eine Dicke von 0,38 Meter, der Erdboden war auf 0,64 Meter Tiefe gefroren. Die Rhone passirte man überall auf dem Eise. Die niedrigsten beobachteten Temperaturen waren —12,2° am 25. und 26. December 1829, und —12,5° am 8. Januar 1830."

„In der Gegend von Toulouse", berichtet Dr. Clos, „war die Kälte streng und hielt ohne Unterbrechung vom 25. December bis zum 17. Januar an; sie erneuerte sich, aber mit etwas geringerer Heftigkeit, in den ersten Tagen des Februar. Der übrige Theil des Winters war naß."

In der Schweiz war der Winter an den hoch gelegenen Punkten übermäßig streng. Zu Freiburg zählte man 115 Frosttage, darunter 69 aufeinander folgende; die größte Kälte betrug —18,5°. „Der während der Kälte, wenigstens Morgens, beständig herrschende Nebel", heißt es in der Bibliothèque universelle de Genève, „schützte uns vor einer noch strengeren Kälte." In den Ebenen, unter Anderm zu Yverdun, kam das von Huber-Burnand unter dem Namen der eisernen Nacht so gut beschriebene Strahlungs-Phänomen vor, wobei die Temperatur in wenigen Stunden von —10 auf —20° sinkt. Man sah auch sogenannten Polarschnee von wenig an einander hängenden Krystallen fallen, der nur bei sehr niedrigen Temperaturen vorkommt. Im Thale von Chamouny, am Fuße des Montblanc, und auf dem St. Bernhard gab es keinen Schnee, während er in den Straßen von Genf mehr als 30 Centimeter hoch lag. Auf Corsika und in Italien sank das Thermometer nicht oft unter —3 bis —5° herab, aber es fielen gewaltige Schneemassen. In Spanien kündigte sich der Winter zu Ende des November durch reichliche und anhaltende Regengüsse an. Zu Madrid und in den Provinzen sank zu Ende des December die Temperatur auf —7°, —9° und —11,2°, und man sah zu Bilbao nordische Schwäne. Aller Verkehr war kürzere oder längere Zeit unterbrochen. In manchen Thälern lag 3 Meter hoch Schnee. In Portugal zeigte das Thermometer an einigen Punkten —12°.

Die folgende Uebersicht enthält für eine große Anzahl von Städten die niedrigsten beobachteten Temperaturen.

St. Petersburg, am 29. December 1829 .	—32,5°
Mühlhausen, am 3. Februar	—28,1
Basel, am 3. Februar	—27,0

Nancy, am 3. Februar	— 26,3°
Epinal, am 3. Februar	— 25,6
Innsbruck, im Januar	— 25,0
Aurillac, am 27. December 1829	— 23,6
Straßburg, am 3. Februar	— 23,4
Berlin, am 25. December	— 21,0
Yverdun (Canton Waadt), am 1. Februar .	— 21,0
Hospiz des großen St. Bernhard, am 2. Febr.	— 20,6
Metz, am 31. Januar	— 20,5
La Chapelle (bei Dieppe), am 3. Februar . .	— 19,8
Mastricht, am 3. und 4. Februar	— 19,3
Freiburg	— 18,5
Brüssel, am 31. Januar	— 18,4
Colmar, im Februar	— 18,0
Paris, am 17. Januar	— 17,2
Genf, am 25. December	— 16,5
Joyeuse, am 29. December	— 15,6
Rouen, im Februar	— 14,5
Avignon, am 27. December	— 13,0
Orange, am 8. Januar	— 12,5
Toulouse, am 27. December	— 12,2
Gibraltar, am 1. Januar	— 12,1
Lyon, am 27. December	— 12,0
Madrid, am 31. December	— 11,2
Alais, am 28. December	— 10,8
Marseille, am 2. Februar	— 10,1
Bordeaux, am 26. December	— 10,0
London, am 6. Februar	— 9,1
In Andalusien	— 8,7
Hyères, am 28. Dec. 1829 und 2. Febr. 1830	— 5,3
Valencia	— 5,0
Sevilla	— 5,0
Rom, am 1. Januar	— 2,5

Die Länge der Zeit, während welcher die Seine zugefroren war, und der Eisbruch erregten im höchsten Grade die öffentliche Aufmerksamkeit. Der Fluß blieb zuerst vom 28. December bis zum 26. Januar, also 29 Tage hindurch, und dann noch einmal vom 5. bis zum 10. Februar zugefroren, im Ganzen 34 Tage, also ebenso lange als im Jahre 1763 (S. 240). Bei Havre war er vom 27. December an zugefroren, und am 18. Januar veranstaltete man zu Rouen einen Markt auf dem Eise. Am

25. Januar stopften sich nach einem sechstägigen Thauwetter die von Corbeil und Melun herabkommenden Eisschollen an der Brücke von Choisy und bildeten daselbst eine 5 Meter hohe Mauer; die Pfeiler standen bis zur Krone unter Wasser und die Stadt befand sich in einem See. Zu Paris machte sich das Anschwellen des Flusses um 9 Uhr Abends bemerklich; gegen 10 Uhr Abends zeigte sich während einiger Minuten eine schwache Bewegung des Eises oberhalb der Austerlitz-Brücke. „Um 3 Uhr Morgens", berichtet ein Augenzeuge, „brachen die Eisschollen mit Gewalt auf, trieben eine halbe Stunde lang, und setzten sich, gewaltige aufgethürmte Massen bildend, gegen die oberen Brücken und gegen das Pfahlwerk der Insel St. Louis, das zum Schutze des großen Winterhafens dient, wohin etwa 60 große Kohlenschiffe und eine Menge anderer mit Kaufmannsgütern beladener Fahrzeuge geflüchtet waren. Gegen $5^1/_2$ Uhr Morgens setzte sich das Eis mit einer unbeschreiblichen Heftigkeit wieder in Bewegung, und das in diesem Jahre mit besonderer Sorgfalt geschlossene und mit neuen Pfählen und Bändern verstärkte Pfahlwerk erlitt einen so furchtbaren Stoß, daß es um 0,30 Meter zurückgedrängt wurde, indem die steinernen Widerlager des Quais, auf die es sich stützt, nachgaben. Es widerstand wie durch ein Wunder, und schützte so nicht bloß die zahlreichen Handelsfahrzeuge, die den Hafen anfüllten, sondern auch die Brücken des großen Armes, welche diese gewaltige schwimmende Masse mit sich hätte fortreißen können." Für einen so furchtbaren Eisgang hatte man nur verhältnißmäßig geringfügige Verluste zu bedauern: die Bleichanstalt la Sirène, die von den Eisschollen niedergerissen wurde, mehrere Marne-Kähne, einige leichte Fahrzeuge, einen Theil des Pfahlwerks am Bade Vigier, das Pfahlwerk des Hafens von Grenelle, zwei Bogen des Pont du Pecq zu St. Germain und einen Pfeiler der Fontainebleau-Brücke zu Melun. Durch den Umstand, daß die Eisschollen sich zu Choisy-le-Roi gestopft hatten, waren glücklicher Weise die Wirkungen des Eisganges und der Ueberschwemmung sehr geschwächt worden. Das Wasser erreichte an dem Pegel der Brücke la Tournelle nur eine Höhe von 6,10 Meter; am folgenden Tage, den 27., betrug die Höhe des Wasserstandes nur noch 4 Meter. Der zweite Eisgang, im Februar, veranlaßte fast keinen Unfall.

Es würde zu lang sein, alle gefrorenen Ströme und Flüsse aufzuzählen, indem es genügen wird, die auffallendsten Thatsachen anzuführen. Die Maas trieb vom 8. December an Eis, und fror am 28. ganz zu; das Aufbrechen des Eises fand am 22. Januar statt. Der Fluß ging am 30. von Neuem zu, und erst am

9. Februar wieder auf. Am 10. Januar brach bei Schiedam das Eis in einem Augenblicke, als über 400 Menschen auf demselben waren; nur 2 Personen kamen um. — Der Rhein war an mehreren Punkten, und namentlich am 2. Februar bei Breisach zugefroren. Nachdem die Eisschollen dieses Flusses lange Zeit gegen die Unterlagen der straßburger Brücke gedrängt hatten, rissen sie einen Theil derselben fort, so daß aller Verkehr zwischen Straßburg und Kehl unterbrochen war. — Der Inn war bis Hall gefroren. — Der genfer See war bei Genf vom 3. bis zum 8. Februar zugefroren; von Paquis nach Eaux-Vives hatte man ihn seit dem 29. December überschritten; das Eis erstreckte sich bis zur Linie von Sécheron nach Montalègre. — Die Loire, Vienne und Orne froren zu. — Im Süden waren die Garonne, die Dordogne, die Durance und der Canal von Languedoc mit Eis bedeckt, und man passirte die Rhone auf dem Eise; der Eisgang dieses Flusses zerstörte zwei Bogen der über den großen Arm führenden Brücke von Avignon, und bei dem zweiten Eisgange wurden bei Lyon zwei Mühlen fortgerissen. Die Saône war zweimal zugefroren. Bei Bayonne lief man auf dem Adour und der Nive Schlittschuh. Im Hafen von Bordeaux hatten die Schiffe sehr vom Eise zu leiden. — Der Hafen von Odessa am schwarzen Meere war vom 8. December an zugefroren. — In Deutschland waren der Eisgang der Donau und ihrer Nebenflüsse und die durch das Schmelzen des Schnees bewirkten Ueberschwemmungen so bedeutend, daß Brücken fortgerissen und Vorstädte verwüstet wurden; am 4. März wurden 30 Leichname gefunden.

Die Strenge der Kälte wird durch folgende Thatsachen bezeichnet: Zu Paris starb in der Nacht des 26. December ein Soldat, nachdem er Wache gestanden hatte. Die Maires des 7. und 10. Bezirks ließen vom 15. Januar an öffentliche Wärmestuben einrichten. Viele Fuhrleute verschwanden im Schnee, der an manchen Punkten der Normandie eine Höhe von 2 Meter erreicht hatte. Zu Rouen erfror im Februar ein Kind. Im Elsaß mußte man gegen die Unglücklichen, welche die Forsten und Wälder plünderten, um sich zu erwärmen, Soldaten ausschicken; zu Guebweiler veranlaßte die Unterdrückung der Holzdiebstähle am 10. Februar sogar einen Aufstand. Der König Karl X. fand sich bewogen, durch Befehl vom 4. März für die während der Dauer des Winters begangenen Forstfrevel eine Amnestie zu bewilligen. Zu Avignon waren vom Ende des Decembers an wegen der strengen Witterung die Werkstätten geschlossen und die Schauspiele ausgesetzt. Zu Montreuil wurden am 1. Januar zwei Menschen erfroren gefunden; bei Marseille fand man am 12. Januar fünf Personen, die gleichfalls auf der Landstraße der Kälte erlegen waren, einen Postillon, Militärpersonen u. s. w. Schmuggler kamen bei dem Versuche, gewisse Pyrenäenpässe zu überschreiten, um.

In Berlin waren seit Ende Decembers alle Wagen in Schlitten umgewandelt; die Todesfälle nahmen beträchtlich zu, die Hospitäler und Arbeitshäuser füllten sich mit Unglücklichen, die von dem Elend und der Kälte überwältigt waren. Man mußte, wie in Frankreich, Truppenabtheilungen in die Wälder senden, um die Holzdiebe zu verfolgen. In Spanien war der Verkehr unterbrochen; Schildwachen, Hirten und Fuhrleute erfroren; die Sterblichkeit in den Heerden war außerordentlich; die Verluste Andalusiens schätzt man auf 14000 Stück Vieh. An der Pesta von Orduna kamen 14 Maulthiertreiber und 35 Maulthiere vor Kälte um. Die Wölfe, die in zahlreichen Rotten durch den Schnee der Gebirge in die Ebenen getrieben waren, richteten grausame Verwüstungen unter den Heerden an und zerrissen eine große Anzahl von Menschen.

Zahlreiche Zeugnisse beweisen die verderblichen Einwirkungen des Winters von 1830 auf die Pflanzen. Eine große Menge von Bäumen, Eichen, Wallnuß- und Kastanienbäume, gingen zu Grunde. „Das Korn", sagt de Gasparin, „ist dünn geworden und viele Pflanzen sind abgestorben; man mußte die Felder mit Gerste wieder bestellen. Der Hafer ist zu Grunde gerichtet. Die Oelbäume haben beträchtlichen Schaden gelitten, mehr als im Jahre 1820." D'Hombres-Firmas schildert in der Bibliothèque universelle de Genève die Wirkungen dieses Winters mit folgenden Worten: „In einigen schlecht gelegenen Olivenpflanzungen sind fast alle Oelbäume abgestorben; in den besseren Lagen haben manche Arten und einzelne stärkere Bäume der Kälte widerstanden, im Allgemeinen aber haben die Schößlinge bedeutend gelitten. Die Wurzelstöcke wurden durch den Schnee geschützt. Wer seine kranken Bäume unter der Erdoberfläche abschnitt, der hat jetzt sehr schöne Triebe; wer aber, um sie zu schonen, sich anfänglich damit begnügte, sie auszuputzen, sah sich später doch genöthigt sie auszureißen. Die Weinstöcke haben viel mehr gelitten, als im Jahre 1820. Es wurde ihnen nicht sowohl der Grad als die Dauer der Kälte verderblich. Im Februar verloren wir Stämme, die den ersten Frösten widerstanden hatten. Wir haben ein gutes Drittheil ausgerissen; in allen Haushaltungen brennt man Reben und Olivenholz. Das Absterben vieler Kastanien- und Feigenbäume und anderer Sträucher muß man gleichfalls der Dauer der Kälte zuschreiben. Im Jahre 1820 barsten die Stämme von vielen zehn- bis dreißigjährigen Maulbeerbäumen auf der Südseite plötzlich ihrer ganzen Länge nach. In diesem Jahre trat die Kälte mehr allmälich ein; ich habe einige einzeln stehende Maulbeerbäume gesehen, die geborsten waren; aber im Jahre 1820 waren es Alleen, ganze Pflanzungen. Der Grad der Kälte, ihre Dauer und dazu noch das Gewicht des bald in Eisstücke verwandelten Schnees haben den Verlust aller Lorbeerbäume, der Myrthen, des Rosmarins und mehrerer anderer immergrüner Sträucher veranlaßt. Bei einigen haben die Hauptzweige, bei andern der Stamm oder die Wurzeln wieder ausgeschlagen, andere sind gänzlich abgestorben; und was sehr merkwürdig ist, das Haidekraut, der Rosmarin, der Mäusedorn, die in unsern Wäldern wild wachsen, haben weit mehr gelitten, als die japanische Aucuba, der chinesische Weißdorn und andere Sträucher der warmen Länder.

„Die Kornfelder, Esparsetten und Wiesen, die gegen die strenge Kälte durch den Schnee geschützt waren, litten mehr als in den Ländern, wo kein Schnee gefallen war. In unsere Ländereien, die durch das Schmelzen des Schnees mehr mit Feuchtigkeit getränkt waren, drang der Frost um so tiefer ein, und als das Thauwetter sie hob, wurden die Wurzeln der Pflanzen zerrissen und der Luft und Kälte ausgesetzt. An Abhängen, wo das Wasser leicht abfließen konnte, stand das Getreide sehr gut, aber in den Mulden inmitten der Ebenen wuchs Nichts, was unwiderleglich die Richtigkeit meiner Erklärung beweist.

„Im Arrondissement Alais und überhaupt im Departement Gard war die Kornernte sehr mittelmäßig, der Ertrag der Esparsette schlecht; die Trockenheit des Frühjahrs trug dazu aber ebensoviel bei, als die Winterkälte. Der Winterhafer schlug ganz fehl; der Sommerhafer hat nur die Einsaat gebracht; die zwei- und vierzeilige Gerste und der Spelz geriethen sehr schlecht. Das Wachsthum der Pflanze und die Ausbildung der Aehren wurden durch dieselben Ursachen gestört; niemals hatten wir so kurze Garben, so wenig Stroh und Futter.

„Von mehreren einheimischen, oder seit langer Zeit acclimatisirten Bäumen gingen die jungen Triebe, von anderen ziemlich starke Zweige, von einigen der ganze Stamm zu Grunde, während neben ihnen Bäume aus wärmeren Ländern die Winter von 1820 und 1830 ohne Nachtheil aushielten. Von den ersteren mache ich außer den Oelbäumen und Weinstöcken die Kastanienbäume, mehrere Arten von Feigenbäumen, einige Pfirsich- und Mandelbäume, die Lorbeerbäume u. s. w. namhaft. Einige exotische Gewächse haben gleichfalls gelitten. Von Capparis spinosa, die ganz erfroren war, schlugen nur die Wurzeln wieder aus; Sterculia platanifolia verlor ihre jungen Triebe. Wollte man einwenden, dies seien immergrüne, zarte, markreiche Pflanzen, so nenne ich Amorpha fruticosa, Vitex agnus castus, die ungeachtet ihrer verschiedenen Organisation dasselbe Schicksal gehabt haben.

„Die Wallnußbäume, Haselstauden, Quitten-, Mispeln-, Azerol- und Ebereschenbäume, Kirschen-, Aprikosen-, Pflaumen-, Äpfel- und Birnbäume haben in meinem Garten und auf dem Felde die Kälte sehr gut ausgehalten. Die Blätter der immergrünen Eichen waren wie verbrannt; die übrigen Bäume in den Wäldern und an den Rändern der Gewässer haben von der Kälte nicht gelitten. Die amerikanischen Ulmen und Eschen haben wie die einheimischen der Kälte widerstanden; aber es ist wunderbarer, daß Acacia julibrissin, Sophora japonica, Chionanthus virginica, Gleditschia sinensis, Cydonia japonica, Kaelreuteria paniculata und andere Bäume wärmerer Länder ohne Nachtheil eine Kälte von — 10 bis — 12° ertragen. Ich habe nicht einen einzigen davon verloren. Die Bäume oder Sträucher, welche ihre Blätter behalten, hatten außer von der Strenge und der Dauer des Winters noch von dem Gewichte des zu Eis gewordenen Schnees zu leiden, worunter ihre Zweige sich bogen und zerbrachen.

„Die Gewächse, die einige dünne Zweige verloren, sind: Arbutus unedo, Buxus variegata, Buxus balearica, Cerasus lusitanica, Clematis flammula, Ilex aquifolium, Ilex aureo-maculata, Ligustrum vulgare, Lonicera grata, Lonicera tatarica, Magnolia grandiflora, Mespilus japonica, Quercus suber, Q. ilex, Q. ballota, Rosa noisettiana, Viburnum tinus.

„Die Gewächse, welche bis auf den Stamm abgeschnitten werden mußten, sind: Atriplex halimus, Coronilla glauca, Daphne mezereum, Ilex echinata, I. heterophylla, I. lutea, I. balearica, Laurus nobilis, Nerium oleander, Rhamnus alaternus, R. hispanicus, Rosa bracteata, Ruscus racemosus, Verbena triphylla.

„Bis unter die Erdoberfläche mußten folgende Gewächse abgeschnitten werden: Asparagus acutifolia, Buddleia globosa, Cistus monspeliensis, Cestrum parqui, Erica scoparia, E. vulgaris, Myrtus communis, M. romana, M. tarentina, Nerium splendens, Rosmarinus officinalis, Ruscus aculeatus.

„Folgende Pflanzen endlich sind ungeachtet aller auf ihre Erhaltung verwandten Sorgfalt zu Grunde gegangen: Agave americana, Baccharis halimifolia, Cneorum tricoccum, Myrica pensylvanica, Myrtus flore pleno, Nerium flore pleno albo, Phlomis fruticosa, Rosa inermis, Yucca aloefolia, Y. gloriosa."

Zum Schlusse wollen wir noch die von dem Dr. Clos für das Klima von Toulouse gegebene Schilderung der Wirkungen dieses Winters auf die Vegetation hinzufügen: „Durch die Strenge des Winters verlor man viele fremde Pflanzen und sogar viele einheimische Bäume und immergrüne Sträucher. Von der Stecheiche, der Alaterne, den Lorbeerbäumen und selbst dem Stechginster erfroren die Stämme, und bisweilen sogar die Wurzeln. Der Umfang des Schadens wurde durch den Umstand bedeutend vermindert, daß beim Hereinbrechen der heftigen Kälte der Erdboden mit Schnee bedeckt war, und daß auch nachher oft und ziemlich reichlich Schnee fiel. Das Korn blieb im Allgemeinen unversehrt, außer auf den Feldern, die dem Winde mehr ausgesetzt und deshalb vom Schnee entblößt waren. Dennoch erfror der Winterhafer. Die Dürre verursachte größere Nachtheile als die Winterkälte. Die Futterkräuter, das Korn, der Mais waren kurz. Die Ernte war im Ganzen mittelmäßig."

1834 - 1835. Dieser Winter war durch außerordentlich strenge Kälte in Nordamerika merkwürdig; an der Küste des atlantischen Oceans kamen am 5. und 6. Januar äußerst niedrige Temperaturen vor. Die Häfen von Boston, Portland, Newbury, New-Haven, Philadelphia, Baltimore und Washington waren zu Anfang dieses Monats ganz zugefroren. Am 3. und 4. fuhren Wagen über das Eis des Potomac. (Vergl. unten S. 304 die Tabelle über die Kälte in Nordamerika im Januar). Im Gegensatz dazu war in Europa der Winter sehr milde; in Paris hatte man nicht mehr als 24 Frosttage, von denen nur sechs auf einander folgten. Die niedrigsten Temperaturen vertheilen sich folgendermaßen auf sehr von einander entfernte Orte: Genf, am 21. December, — 9,5°; Basel, am 25. December, — 8,4°; Paris am 6. Januar, — 6,8°; Brüssel, am 15. November, — 3,9°; Constantinopel, am 8. Januar, + 0,2°; Hyères, am 26. December, + 0,6°; Cairo, am 17. Januar, + 6,2°.

1835 - 1836. Dieser Winter war in Belgien und im Norden Frankreichs ziemlich streng, jedoch nicht außergewöhnlich; in gewissen Theilen der Provence fanden sehr starke Fröste statt. Dr. Clos sagt in seiner Météorologie du pays toulousain, daß die kalte und regnerische Beschaffenheit des Winters und der Hälfte des Frühlings sich den Fruchtbäumen schädlich zeigte, und daß infolge derselben eine große Anzahl abstarb. Ich lasse hier eine Uebersicht der niedrigsten Temperaturen dieses Winters an verschiedenen Orten folgen:

Orange, den 28. December	— 18,0°
Basel, den 23. December	— 13,3
Ebend., den 2. Januar	— 16,5
Metz, den 15. December	— 12,5
Ebend., den 2. Januar	— 13,0
Genf, den 11. und 12. December . .	— 12,0
Löwen, den 2. und 3. Januar . . .	— 11,8
Brüssel, den 22. December	— 10,4
Ebend., den 2. Januar	— 11,3
Paris, den 22. December	— 9,6
Ebend., den 2. Januar	— 10,0
Avignon, den 29. December	— 9,5
Ebend., den 3. Januar	— 9,5
Alost, den 22. December	— 8,1
Ebend., den 2. Januar	— 9,2
Nantes, im December	— 8,1
London, den 24. December	— 6,2
Ebend., den 2. Januar	— 8,0
Fort Vancouver (Nordamerika), den 7. December	— 6,0
Hyères, den 2. Januar	— 1,3
Cairo, den 31. December	+ 4,7
Ebend., den 26. Januar	+ 2,5

In Paris fror es in diesem Winter an 54 Tagen, von denen nur 9 hinter einander lagen; aber im europäischen Rußland und in der Türkei war die Kälte streng. Am 27. December beobachtete man in Constantinopel — 4,9° und in Petersburg am 6. Januar — 32°. Wartmann hat der Bibliothèque universelle de Genève folgenden Auszug aus seiner Privatcorrespondenz zugesandt: „In Constantinopel hatte man während der ersten Tage des Januar eine außerordentliche Kälte, welche selbst die von 1812 überstieg, und infolge deren mehrere Personen umkamen. In Petersburg herrschte zu derselben Zeit fünf Tage hinter einander eine Kälte von — 25°. In der Nacht vom 5. bis 6. Januar fiel das Thermometer bis auf — 32°. Nachdem man acht Tage lang eine Kälte gehabt hatte, die zwischen — 25° und — 33,8° schwankte, trat plötzlich am 9. Januar innerhalb 24 Stunden 6° Wärme ein. Während der kalten Tage herrschte ein schrecklicher Wind, wir gingen daher nicht aus. Man hörte nur das

Geräusch der Räder auf der gefrornen Erde und scharfe Rufe, welche der Ausdruck des allgemeinen Leidens zu sein schienen. Schlitten kamen an den Thorrn der Stadt an; wenn aber der mit der Visitation beauftragte Beamte herantrat, fand er die Leute erfroren. Die Vögel fielen in großer Menge todt nieder. In Moskau, welches $4^1/_4{}^0$ südlicher als Petersburg liegt, war die Kälte strenger und ging bis — 43,7°. Infolge dieser strengen Temperatur konnte Niemand etwas vornehmen, und die Läden blieben 3 Tage hintereinander geschlossen. In Petersburg verursachten die Wechsel von Wärme und Kälte viele Krankheiten. Während der Schneestürme ist der Wind besonders unerträglich, weil er diejenigen, welche ihm ausgesetzt sind, in eine Eisschicht hüllt, die ihnen jede Fähigkeit, gegen die Wirkung der Kälte anzukämpfen, raubt." (Bibliothèque universelle de Genève, neue Serie, 1. Bd. S. 347.)

1837 – 1838. Der Frost fing zeitig an; die Dwina war vom 7. November an mit Eis bedeckt; am 30. December herrschte in Petersburg große Kälte. Während dieser Zeit war in Paris Frühlingswetter; in der Champagne blühte das Geisblatt; die Apfelbäume waren noch mit Früchten behangen, und das Thermometer zeigte + 10 bis + 11,3°. Nichtsdestoweniger gab es in Paris in diesem Winter 65 Tage, an denen es fror, von welchen 26 hintereinander lagen. Vom 7. Januar an sank die Temperatur schnell; am 11. trieb die Seine Eis, am 13. war sie in Rouen gefroren, und die Verbindungen unterbrochen. Am 15. war in Paris der kleine Arm des Hôtel-Dieu gefroren; am 18. war der Fluß bei der Austerlitzbrücke gefroren und am 19. konnte man darüber gehen. An jenem Tage kamen 5 Personen in der Höhe der Brücke von Bercy um. Der Eisgang fand am 8. Februar ohne Anschwellen des Flusses statt. Die Saone war vom 16. Januar an oberhalb Serin und im Hafen Neuville gefroren; die Rhone war in Avignon am 13. und am 19. oberhalb St. Clair gefroren. In Deutschland fror in der Mitte Januar der Rhein, ebenso wie der Neckar oberhalb Heidelberg. In England war die Themse dermaßen durch das Eis versperrt, daß die gewöhnliche Schifffahrt fast gänzlich unterbrochen wurde. Bei Châlons-sur-Marne wurden auf den Wegen drei vor Kälte umgekommene Personen gefunden.

Ich lasse hier die an mehreren meteorologischen Stationen beobachteten niedrigsten Temperaturen folgen:

Genf, den 11. und 15. Januar	— 25,3°
Lons-le-Saunier, den 16.	— 24,5

Hospiz auf dem großen St. Bernhard,	
den 20. Januar	—21,8°
und den 13. Februar	—23,6
Löwen, den 3. Januar.	—20,9
Lyon, den 16	—20,0
Paris, den 20.	—19,0
Reims, den 20.	—19,0
Brüssel, den 16.	—18,8
Metz, den 21.	—18,5
Bernay (Eure)	—18,0
Alost, den 20.	—17,4
Orange, den 20.	—13,7
Rouen	—13,0
London, den 16. Januar	—11,9
Cherbourg, den 18.	— 8,5
Avignon, den 20.	— 7,6
Hyères, den 12.	— 1,3
Cairo, den 27. December	+ 7,9
Ebend., den 9. Januar	+ 7,3

Nach einer in der Bibliothèque universelle de Genève befindlichen Notiz „ist die Temperatur des Januars 1838 eine der niedrigsten, die man in Genf während der 43 Jahre beobachtet hat, seit welcher Zeit regelmäßige meteorologische Beobachtungen angestellt worden sind; das Thermometer war zweimal, am 11. und 15., bis auf —25° und noch tiefer gesunken." Merkwürdiger Weise war das Sinken der Temperatur auf dem St. Bernhard nicht so beträchtlich; der kälteste Tag des Januars war am 20; das Thermometer fiel auf —21,8°.

1840-1841. In diesem Winter gab es in Paris 59 Tage, an denen es fror und von welchen 27 unmittelbar auf einander folgten. Die Kälte fing am 5. December an und dauerte mit einer Unterbrechung vom 1. bis 3. Januar bis zum 10. dieses Monates. Vom 30. Januar bis zum 10. Februar trat von Neuem Frost ein. Das Thermometer zeigte noch — 9,2° am 3. Februar. Am 16. December trieb die Seine Eis in großen Massen und der eine Bogen des Pont-Royal wurde verstopft; am Abend desselben Tages stand der Fluß bei der Austerlitzbrücke und gefror von dem Pont Marie bis nach Charenton; am anderen Tage war sie beim Pont Notre-Dame gefroren, und am 18. konnte man sie zwischen Bercy und la Gare überschreiten. An mehreren Orten hatten die aufgehäuften Eisschollen nicht weniger als 2 Meter Dicke. Der Gang der Kälte während der successiven

Phasen des Frostes war folgender: den 12. December — 1,0°; den 13. — 2,5°; den 14. — 7,1°; den 15. — 9,6°; den 16. — 11,4°; den 17. — 13,2°; den 18. — 11,9°; den 19. — 10,0; den 20. — 2,6°. Ein theilweiser Eisgang fand am 5. Januar statt; das Thauwetter dauerte 9 Tage, und ein zweiter Eisgang erfolgte am 14. Der Fluß war bei Rouen seit dem 16. December gefroren. Fast 40 Kähne wurden am 20. desselben Monats bei Charenton in einigen Minuten versenkt. Am 19. war die Loire und die Marne gefroren. Bei Lyon fror am 17. December die Saône, ehe sie Eis getrieben hatte. Das Thauwetter und das Schmelzen des Schnees führten große Ueberschwemmungen in Frankreich herbei.

Am 15. December 1840 fand in Paris der feierliche Einzug der aus St. Helena zurückgeführten sterblichen Ueberreste des Kaisers Napoleon durch den Triumphbogen de l'Étoile statt. Das Thermometer hatte an diesem Tage an den der nächtlichen Strahlung ausgesetzten Orten — 14° gezeigt. Eine unzählige Menge Menschen, die Legionen der Nationalgarde von Paris und der benachbarten Gemeinden, zahlreiche Regimenter standen vom Morgen bis Nachmittag 2 Uhr in den elysäischen Feldern. Ein Jeder litt schrecklich von der Kälte. Nationalgarden und Arbeiter glaubten sich durch Branntwein erwärmen zu können, aber von der Kälte ergriffen, starben sie durch unmittelbar darauf folgende Congestion. Andere Personen wurden Opfer ihrer Neugier; um den Zug überblicken zu können, bemächtigten sie sich der Bäume der Alleen, vermochten sich aber, als ihre Gliedmaßen durch die Kälte erstarrt waren, nicht darauf zu halten, fielen von den Aesten herab und starben.

Im Elsaß fiel das Thermometer bis unter — 15°. „Auf der Eisenbahnlinie von Mühlhausen nach Thann wurden am 15. December drei Züge in ihrem Gange aufgehalten, obgleich an diesem Tage sechs geheizte Maschinen vorhanden waren. Sobald aber eine Locomotive den Schuppen verließ und auf die Drehscheibe gebracht wurde, so war diese durch Eis gehemmt und ließ sich nicht drehen. Nachdem dieses Hinderniß beseitigt und die Maschine in Bewegung gesetzt war, genügte ein einziger Augenblick Stillstand, um das Wasser in dem Innern der Speisepumpen zum Gefrieren zu bringen. Ein Zug mußte die Nacht im Walde von Lutterbach zubringen, weil es unmöglich war, die Maschine von der Stelle zu bringen, die vollständig einfror, während eine Hülfslocomotive abgeschickt wurde, um sie zu holen. Die Kolben waren in den Cylindern fest gefroren; die Röhren waren gesprungen und ließen das Wasser durch, wodurch die Räder der Locomotive an die Schienen, die des Tenders an die Bremse fest froren, so daß es kein Mittel gab los zu kommen. Nachdem die Hülfslocomotive vergebliche Anstrengungen, jenen Zug in den Gang zu bringen, gemacht hatte, nahm sie Passagiere auf ihren Tender und führte sie nach Mühlhausen zurück. In solcher Weise legte sie in der Nacht mehrere Male diesen Weg zurück. Die Kälte war so arg, daß einer der Maschinisten die Füße erfror." (Journal des Débats).

Folgendes sind die niedrigsten, an verschiedenen Orten beobachteten Temperaturen:

St. Bernhard, den 22. Januar	—23,3°
Genf, den 16. und 17. December . .	—12,0
Ebend., den 9. Januar	—14,4
Ebend., den 10.	—17,8
Metz, den 17. December	—15,3
Ebend., den 10. Januar	—12,5
Avignon, den 17. December	—15,3
Ebend., den 10. Januar	—12,5
Aloft, den 14. December	—14,3
Paris, den 17. December	—13,2
Ebend., den 8. Januar	—13,1
Orange, den 16. December	—13,1
Ebend., den 10. Januar	—12,0
Brüssel, den 16. December	—12,9
Ebend., den 9. Februar	—11,3
Gent, den 16. December	—12,5
Löwen, den 3. und 4. Februar . . .	—11,5
London, den 17. December	— 6,1
Ebend., den 9. Januar	— 9,4
Toulouse, den 17. December	— 8,0
Marseille, den 9. Januar	— 4,5
Cairo, den 3. December	+ 6,4
Ebend., den 1. Januar	+ 5,2

1841-1842. Dieser Winter war durch starke Fröste im Süden Frankreichs und durch ungewöhnliche Kälte in Spanien und Algier merkwürdig. Die Witterung hatte sich in ganz Frankreich bis Ende December sehr gelind gezeigt; aber im Anfange des Januar herrschte im Süden der Loire eine von bedeutendem Schnee begleitete Kälte, und vom 8. bis 16. Januar gab es im südlichen Frankreich sehr starke Fröste. Am 10. war die Saone zwischen der St. Vincentbrücke und der Insel Barbe gefroren. Die Garonne war bei Agen, ebenso wie bei Bordeaux mit Eis bedeckt und am 8. lief man in

Toulouse auf dem Canal Schlittschuh. In Paris gab es 52 Frosttage, von denen 23 unmittelbar auf einander folgten, und die Seine trieb am 10. Januar stark Eis.

Einige der niedrigsten während dieses Winters aufgezeichneten Temperaturen sind folgende:

Brüssel, den 8. Januar	—12,6°
Pau, den 8.	—12,3
Toulouse, den 8.	—11,5
Agen, den 16.	—12,0
Gent, den 8.	—10,9
Paris, den 10..	—10,0
Metz, den 26.	— 9,8
Orange, den 13.	— 8,7
Bayonne, den 8.	— 6,0
London, den 24.	— 2,7

1844 - 1845. Dieser durch seine Länge und ungeheuren Schneemassen, welche während mehrerer Monate herabfielen, merkwürdige Winter war in Schweden, England, Deutschland, Frankreich, Italien, Spanien und bis nach Ceuta auf der nördlichen Küste Afrikas fühlbar. Es gab in diesem Jahre in Paris 65 Frosttage, von denen 20 unmittelbar auf einander folgten. Die Kälte begann am 2. December, am 8. und 11. dieses Monates stand das Thermometer auf — 9,3°; die Kälte hielt an bis zum 16; dann kamen noch 5 Tage, wo es fror, nämlich vom 22. bis 27. December. Im Januar war die Temperatur ziemlich mild und nur an 14 Tagen fror es etwas, jedoch mit Unterbrechungen von Thauwetter. Am 7. Februar fing die Kälte von Neuem heftig an, und dauerte bis zum 22. Am 21. dieses Monates war die niedrigste Temperatur dieses Winters; nämlich — 11,8°. Die Kälte begann gegen Ende Februar wieder und hielt sich in einer gewissen Höhe bis zum 20. März. Einige der niedrigsten beobachteten Temperaturen sind:

Gefle (Provinz Nordland in Schweden), den 11. Februar	—32,5°
St. Bernhard, den 8. December . . .	— 24,3
Thal von Ossan [Ossau?] in den Pyrenäen im December	—21,0
Dijon, den 21. Februar	—18,0
Metz, den 21. Februar.	—18,7
Turin, den 7. December	—17,0
Rouen, den 12. Februar	—12,9

Brüssel, den 12. December	— 12,4°
Ebend., den 20. Februar	— 15,0
In Catalonien, im December	— 13,0
St. Lô, den 6. December	— 9,5
Paris, den 8. und 11. December . . .	— 9,3
Ebend., den 21. Februar	— 11,8
Le Havre, den 9. December	— 10,0
Toulouse, im December	— 10,0
Montpellier, den 8. December	— 9,7
Orange, den 10. December	— 9,5
Ebend., den 13. Februar.	— 9,4

Die Seine war nicht gefroren, wohl aber die Saône im December, und die Loire kam zum Stehen. In Deutschland fror der Neckar am 13. Februar an einigen Stellen; der Rhein fing auch an, Eis zu treiben. In England sah man an den Ufern der Themse wilde Vögel, Möven u. s. w., Vorläufer eines strengen Winters, erscheinen. Der Fluß Serpentine im Hyde-Park war am 9. December gefroren und man sah mehrere Tausend Schlittschuhläufer sich auf ein 38 Millimeter dickes Eis wagen. In einem großen Theile Europas fiel eine ungeheure Menge Schnee. Nicht nur die Ardennen, die Vogesen, der Jura, die Alpen, die Cevennen, die Berge der Auvergne und die Pyrenäen waren mit einer dreimal so dicken Lage von Schnee bedeckt, als in gewöhnlichen Wintern, sondern auch fast alle Wege im Süden lagen voll Schnee; die Verbindungen wurden an sehr vielen Punkten unterbrochen. In Marseille fiel in 36 Stunden 0,50 Meter hoch Schnee, in Pau 0,30 Meter. In Deutschland waren die Eisenbahnen am Harze und in Schlesien, ferner die von Magdeburg nach Leipzig, und von hier nach Dresden führenden mit einer 7 (?) Meter dicken Schneelage bedeckt. In Oberschlesien wurden Häuser mit ihren Bewohnern begraben. Die Küste Spaniens, von Estepona bis Tarifa war mit Schnee bedeckt. Die Berge bei Tetuan zeigten dieselbe Erscheinung.

Sehr zahlreiche Unfälle wurden während dieses Winters berichtet. In dem Departement der Drôme wurden sechs Menschen und zwölf Pferde im Monat Januar unter dem Schnee begraben. Auf dem Wege von Puy nach Nimes hatten fünf Menschen und zwanzig Pferde dasselbe Schicksal. In Fos (Pyrenäen) kamen acht Menschen und neun Maulesel ebenfalls im Januar um. Mehrere Menschen starben auf den Wegen vor Kälte, unter andern ein Soldat auf dem Wege von Lodève nach Caylar; in Marseille kam auch ein kleiner Knabe, der in einem Kahne eingeschlafen war, um. In Turin wurden in der Nacht vom 6. zum 7. December mehrere Schildwachen todt in ihren Schildhäusern gefunden. In Schweden starben in der Umgebung von Gefle in der Provinz Nordland binnen 8 Tagen 11 Personen vor Kälte. Der Frost brachte den Weinstöcken in den Departements des Ober- und Nieder-Rheins einigen Schaden, aber im übrigen Frankreich wurden die Pflanzen durch die Schneedecke geschützt.

1846 – 1847. Dieser Winter war in Frankreich sehr lang, und in der Provence, in der Schweiz und in Spanien streng. In Polen fing der Frost im October an. Man rechnete in Paris 60 Tage, an denen es fror, von denen 10 auf einander folgten. Die Kälte begann am 12. Nov. und dauerte bis zum 17. mit Thauwetter in der Mitte des Tages; sie fing am 2. Dec. wieder an und das Thermometer sank am 3. bis — 5,4°. Es thaute vom 5. bis 8.; an diesem Tage fing der Frost wieder an und dauerte bis zum 19., wo das Thermometer auf — 14,7° sank; es thauete dann bis zum 24, wo die Kälte wieder begann und bis zum 3. Januar anhielt. Ein neues Thauwetter trat dann bis zum 9. ein; der Frost kam am 10. wieder und hielt bis zum 15. März an, jedoch mäßig und mit Abwechselungen von ziemlich hohen Temperaturen. Der 19. December war der einzige Tag dieses Winters, wo eine intensive Kälte war. Die Seine war infolge des Anschwellens der Flüsse nicht gefroren. An der Brücke de la Tournelle stieg sie am 27. December auf 4,6 Meter und überschwemmte die niedrigen Ebenen in der Umgegend von Paris. Obgleich sehr groß, trieb sie am 30. December doch Eis.

Vom 13. dieses Monats an zeigte sich der Winter in Marseille sehr streng und die Heftigkeit des Nordwestwindes machte das Gehen sehr beschwerlich. Im ganzen Süden von Frankreich und in Spanien fiel viel Schnee; in Vittoria maß man eine Dicke von 0,70 Meter; das Thermometer sank daselbst auf — 11,3°. Alle Wege im Osten der Halbinsel lagen voll Schnee. Man sah die Wasservögel des Nordens in Barcelona erscheinen. In Pontarlier notirte man ein Minimum von — 31,3°; die Vögel des Feldes ließen sich mit der Hand greifen. Dieser Winter war in St. Petersburg sehr mild, und nur durch äußerst reichlichen Schnee ausgezeichnet; aber in den Vereinigten Staaten war die Kälte sehr streng.

Die an verschiedenen Orten beobachteten Temperaturen sind folgende:

Pontarlier, den 14. December . . .	—31,3°
Locle (Neuenburg), den 14. December .	—28,5
Genf, den 14. December	—18,8
Bern, den 14. December	—18,8
Zürich, den 14. December	—18,8
Rodez, den 19. December	—15,0
Paris, den 19. December	—14,7
Ebend., den 1. Januar	— 7,9
Görsdorf, den 6. December	—14,0
Krakau, den 15. December	—13,3
Ebend., den 13. Februar	—13,5
Metz, den 1. Januar	—10,0
Dijon, den 14. December	—12,4
Ebend., den 12. Februar	—12,8
Brüssel, den 18. December	—12,6
Vittoria. (Spanien) den 13.	—11,3
Cambray, den 1. Januar	—10,0
Pau, den 31. December	—10,0
Ebend., den 2. Januar.	— 9,1
Orange, den 14. December	— 8,7
Versailles, den 31. December	— 9,4
Rouen, den 30. December	— 9,2
St. Lô, den 31. December	— 8,6
La Chapelle (bei Dieppe), den 11. März	— 8,1
Toulouse, den 14. Februar	— 6,8
Bordeaux, den 3. December	— 6,5
Ebend., den 1. Januar	— 6,8
Draguignan im December	— 5,0
Cannes (Var), den 18. December . .	— 3,0
Marseille, den 19. December	— 3,0
Ebend., den 12. März	— 2,6

„Die charakteristischen Umstände dieses Winters, sagt Petit-Lafitte, Professor der Landwirthschaft des Departement der Gironde, sind folgende gewesen: eine Temperatur, die im Allgemeinen niedrig genug war, um die Vegetation in den Grenzen von Thätigkeit zurückzuhalten, in die sie eingeschlossen bleiben muß; zuweilen eine Kälte, die fähig war ihren Gang vollständig aufzuhalten, sich der Entwickelung des Unkrautes zu widersetzen, und die Eier und die Larven der schädlichen Insekten zu zerstören; Schnee, um die Erde und die Wurzeln der Pflanzen gegen zu schnelle Uebergänge, welche in der Atmosphäre eintreten können, zu schützen; endlich Regen, um in dem Innern dieser selben Erde die nothwendige Feuchtigkeit anzuhäufen." (Annuaire météorologique de la France für 1849).

1853 - 1854*). Dieser Winter hat den Charakter eines strengen Winters der gemäßigten Zonen Europas dargeboten. Er währte vom November bis März und führte zahlreiches Gefrieren von Flüssen herbei. In vielen Gegenden war höchst strenge Kälte, aber nichts destoweniger zeigte sich ihr Einfluß dem Ackerbau eher nützlich als schädlich. Obgleich es bei St. Petersburg gegen Ende December so viel Eis gab, daß der Busen von Kronstadt seit dem 20. damit bedeckt war, scheint es doch nicht, als ob die Kälte in Rußland die gewöhnlichen Grenzen dieses nördlichen Klimas überschritten habe. In Dänemark, in Kopenhagen, war nur ein einziger Tag, wo es im December bei —2° fror, und die Schifffahrt im Sunde blieb frei. In Frankreich begannen die Fröste am 10. November auf der Küste des Pas de Calais, an der Oise, und auf den höheren Punkten unserer nördlichen und mittleren Departements. Die absoluten Temperaturminima dieses Winters fielen vom 26. bis 31. December, ausgenommen in Puy, einer durch ihre hohe Lage ganz abweichenden Station. Die meteorologischen Tabellen, die jeden Monat in dem Journal d'agriculture pratique veröffentlicht werden, gestatten ein eingehendes Studium aller Phänomene. Es folgt hier zuerst die geographische Lage der Orte, wo die Beobachtungen angestellt worden sind:

Meteorologische Stationen.	Höhe über der Meeresfläche. Meter.	Breite.	Länge.
Lille	24,0	50° 39′ N.	0° 43′ O.
Hendecourt . .	81,0	50 17 N.	0 26 W.
Clermont . .	86,0	49 23 N.	0 5 O.
Les Mesneux .	85,0	49 13 N.	1 37
Metz	181,5	49 7 N.	3 50 O.
Görsdorff . .	228,0	48 57 N.	5 26 O.
Paris . . .	65,8	48 50 N.	0
Marboué . .	110,0	48 7 N.	1 0 W.
Vendôme . .	85,7	47 47 N.	1 16 W.
Nantes . . .	40,0	47 13 N.	3 53 W.
La Châtre . .	233,0	46 35 N.	0 21 W.
Bourg . . .	247,0	46 12 N.	2 53 O.

*) Die nach Arago's Idee aufgestellte Tabelle der merkwürdigen Winter ist bis zur Herausgabe dieses Bandes fortgesetzt worden; es wird jetzt leicht sein, sie weiter zu führen, um für die Zukunft Vergleichungen mit der Vergangenheit zu erhalten.

Meteorologische Stationen.	Höhe über der Meeresfläche. Meter.	Breite.	Länge.
Le Puy . . .	630,0	45° 3′ N.	1° 33′ O.
Bordeaux . .	0,0	44 50 N.	2 55 W.
Orange . . .	50,0	44 8 N.	2 28 O.
Beyrie . . .	60,0	43 42 N.	3 6 W.
Réguſſe . . .	515,0	43 40 N.	3 48 O.
Toulouſe . .	198,0	43 37 N.	0 54 W.
Montpellier . .	29,5	43 37 N.	1 32 O.
Marſeille . .	46,6	43 18 N.	3 2 O.

Die folgende Tabelle zeigt den regelmäßigen Gang der niedrigſten Temperaturen jedes Monats in den zuvor erwähnten Stationen während des Winters von 1853—1854.

Meteorologiſche Stationen.	Temperaturminima. im November	im December	im Januar	im Februar	im März
Lille	am 23. — 3,4°	am 26. —18,0°	am 3. —10,0°	am 14. — 5,4°	am 6. — 2,1°
Hendecourt .	19. — 5,0	26. —18,5	3. —12,0	14. — 8,0	1. — 3,5
Clermont . .	13. — 5,8	26. —20,0	2. — 6,0	14. —10,5	6. — 5,0
Les Mesneux.	— 8,6	26. —20,1	2. — 7,5	14. —10,7	6. — 6,7
Metz	30. — 4,5	27. —17,5	24. — 6,4	15. —10,0	6. — 3,4
Görsdorff . .	30. — 4,5	27. —21,8	23. —10,3	15. —15,0	19. — 3,6
Paris.	30. — 3,5	30. —14,0	2. — 3,7	15. — 5,5	3. — 1,0
Marbous . .	30. — 1,5	30. —11,2	2. — 4,9	14. — 6,5	6. — 1,4
Vendôme . .	24. — 2,8	30. —14,0	2. — 5,3	15. — 6,0	8. — 1,5
Nantes	29. — 0,0	30. — 9,5	2. — 1,7	14. — 2,0	4. — 0,0
La Châtre . .	24. — 3,2	30. —12,5	1. — 6,2	14. — 8,7	1. — 3,2
Bourg	30. — 4,0	30. —17,6	2. — 8,5	15. —15,5	2. 3. 4. } — 3,0
Le Puy	30. —11,1	31. —15,6	1. —16,1	15. —17,1	1. 2. } — 7,0
Bordeaux . . .	28. — 1,0	30. —10,0	2. — 0,0	14. — 5,0	8. + 4,7
Orange	30. — 3,8	31. — 9,8	1. — 9,0	14. 15. } — 8,0	5. — 1,0
Beyrie.	30. — 2,0	30. —10,2	13. — 0,5	14. 15. } — 7,0	1. + 1,5
Réguſſe	30. — 0,0	30. — 6,0	3. — 2,0	14. 15. } — 6,0	4. 5. } + 3,0
Toulouſe . . .	30. — 4,2	31. —15,0	1. — 7,0	15. — 8,9	2. — 1,0
Marſeille . . .	28. + 2,3	30. — 7,7	1. — 3,0	16. — 1,7	22. + 4,0

Die von Quetelet für Brüſſel gegebenen meteorologiſchen Tabellen liefern uns folgende Temperaturen:

	November.	December.	Januar.	Februar.	März.
Brüſſel	—,	am 26. —16,1°,	am 3. —6,3°,	am 14. —6,5°,	am 20. —2,2°.

Man rechnete in diesem Winter folgende Anzahl Frosttage:

Lille	52 Tage	La Châtre . . .	75 Tage
Hendecourt . .	111 „	Bourg	97 „
Clermont . .	118 „	Le Puy	123 „
Metz	99 „	Bordeaux . . .	21 „
Görsdorff . .	105 „	Orange	65 „
Paris . . .	47 „	Beyrie	27 „
Marboué . .	44 „	Réguisse	39 „
Vendôme . .	54 „	Toulouse . . .	51 „
Nantes . . .	22 „	Marseille . . .	20 „

Die Kälte, in Belgien gemäßigt, erstreckte sich über Deutschland, England, Frankreich, Spanien und die Lombardei. Fast überall traf der Schneefall mit der strengen Kälte des December zusammen; an manchen Orten ging er ihr vorher, und im Innern Frankreichs beschützte eine dicke Schneedecke den Boden bis zum 1. März. Da das Gefrieren der Seine in Paris bei ausnahmsweise mäßigen Temperaturen erfolgte, hat man geglaubt, hier eine Zusammenstellung der successiven Phasen dieser Erscheinung geben zu müssen.

Datum	Temperaturen niedrigste	Temperaturen höchste	Wind, Zustand des Himmels, Schnee	Wasserstand der Seine. Meter	Phasen des Gefrierens der Seine in Paris
15. Dec.	— 5,0°	— 0,4°	NW. zum Thl. bedeckt, Schnee.	0,60	
16.	— 2,7	— 1,3	NW. bedeckt, Schnee.	0,50	
17.	— 2,6	+ 2,7	W. bedeckt.	0,40	
18.	— 8,5	— 4,2	SO. bedeckt.	0,50	
19.	— 5,2	+ 0,7	W. bedeckt.	0,45	
20.	+ 1,2	+ 4,6	SSW. zum Theil bedeckt.	0,46	
21.	— 2,0	+ 1,4	NO. zum Theil bedeckt.	0,55	
22.	— 1,2	+ 0,5	NO. bedeckt.	0,60	
23.	— 6,6	+ 1,1	WNW. bedeckt, Schnee.	0,50	
24.	— 3,2	— 1,3	O. bedeckt.	0,40	
25.	— 7,5	— 4,2	N. nicht bedeckt.	0,50	Der Fluß treibt Eis.
26.	—12,9	— 7,3	WNW. zum Theil bedeckt.	0,40	Er ist mit starken Eisschollen bedeckt.
27.	— 9,8	+ 1,5	NW bedeckt, Schnee.	0,40	
28.	— 2,8	+ 0,7	NW. bedeckt, Schnee.	0,35	Er ist gefroren.
29.	— 8,5	— 4,0	NNO. stark, nicht bedeckt.	0,40	
30.	—14,0	+ 1,0	SSW. stark, bedeckt, Schnee.	0,45	Man überschreitet
31.	— 6,2	+ 1,4	SW nicht bedeckt.	0,40	ihn der Münze
1. Jan.	— 0,6	+ 1,9	NW. bedeckt. Schnee.	0,40	gegenüber. Beim
2.	— 3,7	+ 1,9	NW. bedeckt, Schnee.	0,40	Pont Royal läuft
3.	+ 0,7	+ 3,5	W. bedeckt, Regen.	0,50	man an den Sei-
4.	+ 2,4	+ 5,3	W. bedeckt, Regen.	0,55	ten Schlittschuh.
5.	+ 2,4	+ 4,3	SW. zum Theil bedeckt, Regen.	0,70	
6.	+ 2,4	+ 5,6	W. zum Theil bedeckt, Regen.	0,80	Eisgang.
7.	+ 2,4	+ 8,6	S. zum Theil bedeckt, Regen.	1,70	

Die über dem Nullpunkte des Pegels an der Brücke de la Tournelle gemessenen Wasserstände waren, wie man sieht, sehr niedrig, was das vollständige Gefrieren der Seine bei so mäßigen Temperaturen erklärt. Das Anschwellen des Wassers wurde vom 7. an sehr stark; am 8. war der Stand 2,50 Meter; am 9. 3 Meter; am 10. 3,50 Meter.

Andere Flüsse in Deutschland waren stärker gefroren, unter anderen die Weichsel, über welche gegen Ende December Wagen fuhren. In England waren die Flüsse der königlichen Parks mit Eis bedeckt. In Frankreich fror die Loire an verschiedenen Punkten vom 26. December bis zum 8. Januar; die Saône gefror zwischen Mâcon und Chalon; der Rhein trieb am 26., und die Garonne am 28. December Eis. Die Flüsse und Teiche in den Vogesen waren mit Eis bedeckt. In Spanien waren in Barcelona alle Flüsse und Teiche gefroren; in Madrid fuhr man auf einem Teiche des Retiro Schlittschuh; der Manzanares und der Jarama waren an einigen Stellen gefroren.

Die niedrigsten, an verschiedenen Orten beobachteten Temperaturen sind folgende:

Görsdorff, den 27. December	—21,8°
Les Mesneux, den 26. December . . .	—20,1
Clermont, den 26. December	—20,0
Châlons sur Marne, den 26. December .	—20,0
Hendecourt, den 26. December . . .	—18,5
Lille, den 26. December	—18,0
Kehl, den 26. December	—17,6
Bourg, den 30. December	—17,6
Metz, den 27. December	—17,5
Le Puy, den 15. Februar	—17,1
Brüssel, den 26. December	—16,1
La Saulsaye (Ain), den 30. December .	—15,0
Toulouse, den 31. December	—15,0
Lyon, den 30. December	—14,6
Paris, den 30. December	—14,0
Vendôme, den 30. December	—14,0
La Châtre, den 30. December	—12,5
Marboué, den 30. December	—11,2
Veyrie, den 30. December	—10,2
Bordeaux, den 30. December	—10,0
Orange, den 31. December	— 9,8
Nantes, den 30. December	— 9,5

Marseille, den 30. December . . . . — 7,7°
Nimes, den 30. December . . . . . — 7,0
Régusse, den 30. December und 14. und
15. Februar . . . . — 6,0

Trotz der Strenge gewisser Fröste gegen Ende December im Norden und Osten Frankreichs findet man in den Zeitungen der Departements nur wenige durch die Kälte veranlaßte Todesfälle: eine Person kam in der Nähe von Mortefontaine, eine andere in Vervins um. In den Pyrenäen wurden mehrere Reisende unter dem Schnee begraben.

Vom 15. December an bis zu Ende der Kälte fiel in Holland, England, Belgien, Rheinpreußen, in ganz Frankreich, in Spanien und in der Lombardei eine ungewöhnliche Menge Schnee. In Setif fiel der Schnee seit November in beträchtlicher Menge. Auf der Eisenbahn von Straßburg, auf der von Havre und auf allen übrigen Bahnen Belgiens und Rheinpreußens wurden die Züge unterbrochen. Die Familie des Königs von Belgien fuhr im Schlitten von Brüssel nach dem Schlosse Laeken.

1854-1855. Dieser Winter zeigte sich im südlichen Rußland, in Dänemark, England, Frankreich, Spanien und Italien ziemlich streng. Er war von ungewöhnlich langer Dauer. Der Frost begann im October im Osten Frankreichs und hielt in jener Gegend bis zum 28. April an. In Paris gab es 50 Frosttage, wovon 17 ohne Unterbrechung. In verschiedenen Stationen Frankreichs wurden folgende Frosttage gezählt.

Lille	56	Tage	La Châtre . . .	40	Tage
Hendecourt . .	102	"	Bourg	62	"
Clermont . .	108	"	Le Puy	123	"
Les Mesneux .	74	"	St. Léonard . .	58	"
Metz	70	"	Bordeaux . . .	26	"
Straßburg . .	73	"	Orange	51	"
Görsdorff . .	90	"	Beyrie	17	"
Paris . . .	50	"	Montpellier . . .	50	"
Marboué . .	53	"	Régusse	33	"
Vendôme . .	55	"	Toulouse . . .	42	"
Nantes . . .	40	"	Marseille . . .	14	"
La Chapelle d'Angillon . . .	28	"	Algier	0	"

An verschiedenen Orten hat man Phänomene beobachtet, die für Vorläufer eines strengen oder langen Winters gehalten werden: das frühzeitige Erscheinen der Vögel aus den Polargegenden, und das Wandern der Schwäne. In mehreren nördlichen, östlichen und südlichen Departements fiel eine gewisse Menge Schnee. Ohne diesen Umstand würde der durch die Fröste verursachte Schaden noch viel bedeutender geworden sein. In Straßburg lag im Februar der Schnee 0,30 Meter; in Marboué 0,30; in Nantes 0 40; in Görsdorff 0,65 Meter hoch. In Lille war der Frost in verschiedene Bodenarten 0,40 Meter in die Erde eingedrungen. Die benachbarten Länder, die Schweiz, Spanien und die Lombardei waren in gleicher Weise mit Schnee bedeckt. In Setif in Afrika fand dasselbe statt.

Am 17. Januar fing die Loire an, Eis zu treiben; am 18. stand das Eis. Am 19. führte die Seine Eisschollen, war aber nicht gefroren; die Rhone trieb am 20. Eis; die Saône stand an demselben Tage oberhalb der Brücke von Serin; der Fluß war am nächsten Tage gefroren. Am 24. Januar war der Rhein bei Mannheim ganz zugefroren; man schritt zu Fuß über das Eis.

Es folgt hier eine Tabelle der im Laufe des Winters beobachteten niedrigsten Temperaturen:

Les Mesneux, den 19. Januar . . .	—22,0°
Görsdorff, den 29. Januar	—20,5
Vallée d'Huchigny, bei Vendôme d. 20. Jan.	—18,0
Clermont, den 21. Januar	—17,0
Brüssel, den 2. Februar	—16,7
Turin, den 24. Januar	—16,5
Metz, den 29. Januar	—16,0
Straßburg	—16,0
Montpellier, den 21. Januar	—16,0
Le Puy, den 21. Januar	—15,1
La Châtre, den 19. Januar	—14,7
Hendecourt, den 16. Februar	—14,3
La Chapelle d'Angillon.	—14,0
St. Léonard, den 20. Januar . . .	—14,0
Lille, den 2. Februar	—13,8
Bourg, den 21. Januar	—13,8
Orange, den 22. Januar	—13,2
Vendôme, den 20. Januar	—12,8
Marboué, den 19. Januar	—12,2
Paris, den 21. Januar	—11,3
Toulouse, den 20. Januar	—10,7
Bord aux, den 19. Januar	—10,5

Nantes, den 19. Januar	— 10,0°
Beyrie, den 20. Januar	— 9,0
Régusse, den 22. Januar	— 7,0
Marseille, den 20. Januar	— 4,7
Algier, den 21. Januar und 10. April .	— 4,5

Wenn man sich, um den Einfluß eines Winters auf das Pflanzenreich und die Ernte zu beurtheilen, darauf beschränken wollte, die Tabelle der absolut niedrigsten Temperaturen dieser Jahreszeit zu betrachten, so würde man Gefahr laufen, zu glauben, daß dieser letztere Winter für den Ackerbau, besonders im Süden Frankreichs, nicht schädlich hätte sein können, weil die niedrigsten Temperaturen im Januar eintraten und die gewöhnliche Kälte eines etwas rauhen Winters nicht überschritten. Aber in die vorliegende Tabelle konnten wegen der niedrigen Wärmegrade des Januar die Minima des Februar, März und April, welche, wenn auch geringer, doch vorzugsweise für manche Pflanzen und für die Ernte verderblich sind, nicht aufgenommen werden. Die Tabelle des Ganges der Minima jedes Monats wird am besten die schädlichen Einwirkungen der scheinbar wenig zu fürchtenden Kältegrade auf den Landbau erklären.

Gang der niedrigsten Temperaturen.

Meteorologische Stationen	im November		im December		im Januar		im Februar		im März	
Lille	am 21.	— 1,3°	am 29.	+ 0,3°	am 21.	—13,5°	am 2.	—13,8°	am 11.	— 2,2°
Hendecourt. .	20.	— 4,0	29.	— 3,0	20.	—13,7	16.	—14,3	11.	— 5,3
Clermont . .	21.	— 4,0	29.	— 5,0	21.	—17,0	17.	—13,0	11.	— 7,0
Les Mesneux. .	21.	— 4,0	12.	— 2,8	19.	—22,0	16.	—18,8	28.	— 4,2
Metz	14. 28.	— 5,0	12.	— 4,5	29.	—16,0	16. 19.	—14,0	11.	— 4,2
Görsdorff . .	14.	— 8,0	30.	— 6,7	29.	—20,5	16.	—15,0	11.	— 6,5
Paris	28.	— 0,9	30.	— 0,4	21.	—11,3	21.	— 8,9	10.	— 2,1
Marbous . .	13. 14.	— 1,4	8.	— 0,2	19.	—12,2	15.	—10,1	9.	— 2,5
Vendôme . .	28.	— 1,9	9.	— 0,5	20.	—12,8	19.	— 9,8	9.	— 2,0
Nantes	26.	— 1,7	11. 29.	— 1,0	19.	—10,0	18.	— 7,5	9.	— 1,7
La Châtre . .	10. 14. 19.	— 0,0	30.	— 2,6	19.	—14,7	16.	— 7,2	9.	— 3,2
Bourg	14.	— 4,5	30.	— 4,0	21.	—13,8	16.	— 9,5	11.	— 5,0
Le Puy	14.	— 9,7	13.	— 9,5	21.	—15,1	16.	—12,3	11.	—10,5
St. Léonard.	14. 22.	— 1,0	30.	— 4,0	20.	—14,0	15.	— 8,0	10.	— 5,0
Bordeaux . .	28.	+ 0,7	28. 29.	— 1,5	19.	—10,5	14.	— 1,5	9.	— 1,0

und das Wandern der Sch[illegible]
lichen und südlichen Der[illegible]
Ohne diesen Umsta[illegible]
Schaden noch vie[illegible]
im Februar [illegible]
Nantes 0 [illegible]
Frost in [illegible]
drung[illegible]
die [illegible]
S[illegible]

[illegible] Temperaturen.

		im Januar	im Februar	im März
[illegible]	— 1,5°	am 22. — 13,2°	am 16. — 3,2°	am 11. — 2,2°
[illegible]	— 2,0	20. — 9,0	15. — 0,0	10. — 3,0
[illegible]	— 3,0	22. — 7,0	16. — 4,0	10. } 11. } — 2,0
[illegible]	29. } 30. } — 2,8	20. — 10,7	15. — 3,5	10. — 3,9
[illegible]	30. — 0,1	20. — 4,7	16. — 1,4	11. — 0,3
[illegible]	—	21. + 4,5	25. + 9,0	12. + 6,3

Im April fanden noch Fröste statt; in Hendecourt war die Temperatur am 6. — 3°, am 23. — 2°; in Clermont am 6. — 4°, am 23. — 2,2° und am 28. — 2°; in le Puy am 9. — 3,3°, am 23. — 3°; in Montpellier, am 2. — 2,2°; in Toulouse am 1. — 2°.

Das in Belgien von Quetelet herausgegebene Jahrbuch bringt folgende Minima für Brüssel:

November.	December.	Januar.	Februar.	März.
am 27. — 1,9°,	am 12. — 1,3°,	am 2. — 12,2°,	am 2. — 16,7	am 10. am 28. } — 2,3°

Im Süden Frankreichs litten die Schafheerden viel von der Länge des Winters, und viele Thiere verloren ihre Wolle; die schlimmsten Folgen aber hatte der Frost für die Früchte der Erde. Im Norden hatten die Cerealien gelitten. In dem Departement der Oise war das Wintergetreide so mitgenommen, daß an seine Stelle Hafer oder Sommergetreide gesät werden mußte. Der rothe Klee war im Departement des Indre erfroren. Der Wein hatte in den Weinbergen der Champagne viel von der Kälte gelitten; viele Weingeländer und viele Fruchtbäume im Departement der Marne gingen ein. Die späten Fröste fügten dem Wein in seinen Schößlingen und sogar in seinem Holze Schaden zu. Die Aprikosenbäume hatten in den innern Departements viel gelitten. In Clermont waren die Kirschlorbeerbäume vollständig erfroren; der französische und der portugisische Lorbeer, die Steinlinde und die Aucubas hatten, ebenso wie mehrere Varietäten der bengalischen Rosen gelitten. Im Departement des Indre waren die Aeste und Zweige unter der Last des Rauchfrostes gebrochen, der während des 19., 20. und 21. Februars zu Stalaktiten zusammen gesintert war. In Orange hatten die Oelbäume in den Ebenen sehr und an den Abhängen der Hügel wenig gelitten; ebenso auch die Feigen- und Lorbeerbäume. Martins drückt sich in einem an die Akademie der Wissenschaften gerichteten Briefe hierüber folgendermaßen aus: „Die Wirkungen der strengen Kälte es Januars zeigen sich an den Oelbäumen deutlich, eine große zahl derselben ist davon getroffen, besonders in der Ebene zwi- Montpellier und Nimes. Die an den Abhängen stehenden n bei weitem weniger gelitten. Zwischen Lunel und Nimes ist der Schaden am größten. Viele Olivenbäume sind bis auf die großen Aeste abgestutzt worden, und kleine bis zur Wurzel erfroren. Zwischen Lunel und Montpellier haben die Oelbäume etwas weniger gelitten, und in den Gegenden von Pézénas und Beaucaire noch weniger. Viele Feigenbäume haben ihre Zweige verloren. Die Kälte hat nicht sehr lange angehalten, war aber sehr intensiv; die auf — 15° bis — 18° gestiegene Kälte, welche die ohne Schutz dastehenden Oel- und Lorbeerbäume zerstört hat, hat nicht länger als zwei Stunden in der Nacht des 20. Januars gedauert."

Pepin, Chef der Culturen des naturhistorischen Museums, beschreibt die Wirkungen dieses Winters auf die Waldbäume und Zierpflanzen folgendermaßen: „Der Winter von 1854—1855 war für einen großen Theil dieser Gewächse verderblich, aber man darf nicht annehmen, daß alle Bäume, welche in der Nacht vom 17. bis 18. Jan., nachdem sie bis dahin eine milde und feuchte Temperatur gehabt hatten, durch einen Frost von — 9° beschädigt wurden, in unserm Klima zarte und gegen Kälte empfindliche Bäume sind; denn unter den Arten, welche gelitten haben, führe ich an: die Platanen, Populus italica, Salix babylonica, die Robinien und andere große Bäume, die gewiß nicht als zarte und aus diesem Grunde aus unsern Wäldern, Parks und Gärten auszuschließende Bäume betrachtet werden können. Was viel zum Verderben der Bäume beigetragen hat, war besonders die vorgeschrittene Vegetation, worin sie das plötzliche Eintreten des Frostes überraschte; an den meisten sah man junge 1 bis 2 Centimeter lange Triebe; der Saft war bereits in alle Organe eingetreten. Die Rosenstöcke waren noch viel weiter vorgeschritten, weil man bereits viele derselben in den Gärten beschnitten hatte; weshalb auch der größte Theil der chinesischen und indischen Rosen, der Thee- und Bourbonrosen unterlag. Man kann sagen, daß die Vegetation zwei Winter hat aushalten müssen: der erste begann am 17. Januar und obgleich das Thermometer an den bedeckten Orten auf — 12° gesunken war, und die Kälte fünf Tage gedauert hatte, sah man doch nach dem Thauwetter an den Rinden und dem Fasergewebe keine merkliche Veränderung .... Aber nach sieben Tagen begann der Frost von Neuem, und zwar mit bedeutend größerer Heftigkeit;

Gang der niedrigsten Temperaturen.

Meteorologische Stationen	im November		im December		im Januar		im Februar		im März	
Orange ...	am 22.	— 1,5°	am 29.	— 1,5°	am 22.	—13,2°	am 16.	— 3,2°	am 11.	— 2,2°
Beyrie	28.	— 1,0	12.	— 2,0	20.	— 9,0	15.	— 0,0	10.	— 3,0
Réguffe ...	22. 26.	+ 1,0	30.	— 3,0	22.	— 7,0	16.	— 4,0	10. 11.	— 2,9
Toulouse ..	23.	— 1,4	29. 30.	— 2,8	20.	—10,7	15.	— 3,5	10.	— 3,9
Marseille ..	28.	+ 2,7	30.	— 0,1	20.	— 4,7	16.	— 1,4	11.	— 0,3
Algier		—		—	21.	+ 4,5	25.	+ 9,0	12.	+ 6,3

Im April fanden noch Fröste statt; in Hendecourt war die Temperatur am 6. — 3°, am 23. — 2°; in Clermont am 6. — 4°, am 23. — 2,2° und am 28. — 2°; in le Puy am 9. — 3,3°, am 23. — 3°; in Montpellier, am 2. — 2,2°; in Toulouse am 1. — 2°.

Das in Belgien von Quetelet herausgegebene Jahrbuch bringt folgende Minima für Brüssel:

November.	December.	Januar.	Februar.	März.
am 27. — 1,9°,	am 12. — 1,3°,	am 2. — 12,2°,	am 2. — 16,7	am 10. am 28. — 2,3°

Im Süden Frankreichs litten die Schafheerden viel von der Länge des Winters, und viele Thiere verloren ihre Wolle; die schlimmsten Folgen aber hatte der Frost für die Früchte der Erde. Im Norden hatten die Cerealien gelitten. In dem Departement der Oise war das Wintergetreide so mitgenommen, daß an seine Stelle Hafer oder Sommergetreide gesät werden mußte. Der rothe Klee war im Departement des Indre erfroren. Der Wein hatte in den Weinbergen der Champagne viel von der Kälte gelitten; viele Weingeländer und viele Fruchtbäume im Departement der Marne gingen ein. Die späten Fröste fügten dem Wein in seinen Schößlingen und sogar in seinem Holze Schaden zu. Die Aprikosenbäume hatten in den innern Departements viel gelitten. In Clermont waren die Kirschlorbeerbäume vollständig erfroren; der französische und der portugisische Lorbeer, die Steinlinde und die Aucubas hatten, ebenso wie mehrere Varietäten der bengalischen Rosen gelitten. Im Departement des Indre waren die Aeste und Zweige unter der Last des Rauchfrostes gebrochen, der während des 19., 20. und 21. Februars zu Stalaktiten zusammen gesintert war. In Orange hatten die Oelbäume in den Ebenen sehr und an den Abhängen der Hügel wenig gelitten; ebenso auch die Feigen- und Lorbeerbäume. Martins drückt sich in einem an die Akademie der Wissenschaften gerichteten Briefe hierüber folgendermaßen aus: „Die Wirkungen der strengen Kälte des Januars zeigen sich an den Oelbäumen deutlich, eine große Anzahl derselben ist davon getroffen, besonders in der Ebene zwischen Montpellier und Nimes. Die an den Abhängen stehenden haben bei weitem weniger gelitten. Zwischen Lunel und Nimes ist der Schaden am größten. Viele Olivenbäume sind bis auf die großen Aeste abgestutzt worden, und kleine bis zur Wurzel erfroren. Zwischen Lunel und Montpellier haben die Oelbäume etwas weniger gelitten, und in den Gegenden von Pézénas und Beaucaire noch weniger. Viele Feigenbäume haben ihre Zweige verloren. Die Kälte hat nicht sehr lange angehalten, war aber sehr intensiv; die auf — 15° bis — 18° gestiegene Kälte, welche die ohne Schutz dastehenden Oel- und Lorbeerbäume zerstört hat, hat nicht länger als zwei Stunden in der Nacht des 20. Januars gedauert.“

Pepin, Chef der Culturen des naturhistorischen Museums, beschreibt die Wirkungen dieses Winters auf die Waldbäume und Zierpflanzen folgendermaßen: „Der Winter von 1854—1855 war für einen großen Theil dieser Gewächse verderblich, aber man darf nicht annehmen, daß alle Bäume, welche in der Nacht vom 17. bis 18. Jan., nachdem sie bis dahin eine milde und feuchte Temperatur gehabt hatten, durch einen Frost von — 9° beschädigt wurden, in unserm Klima zarte und gegen Kälte empfindliche Bäume sind; denn unter den Arten, welche gelitten haben, führe ich an: die Platanen, Populus italica, Salix babylonica, die Robinien und andere große Bäume, die gewiß nicht als zarte und aus diesem Grunde aus unsern Wäldern, Parks und Gärten auszuschließende Bäume betrachtet werden können. Was viel zum Verderben der Bäume beigetragen hat, war besonders die vorgeschrittene Vegetation, worin sie das plötzliche Eintreten des Frostes überraschte; an den meisten sah man junge 1 bis 2 Centimeter lange Triebe; der Saft war bereits in alle Organe eingetreten. Die Rosenstöcke waren noch viel weiter vorgeschritten, weil man bereits viele derselben in den Gärten beschnitten hatte; weshalb auch der größte Theil der chinesischen und indischen Rosen, der Thee- und Bourbonrosen unterlag. Man kann sagen, daß die Vegetation zwei Winter hat aushalten müssen: der erste begann am 17. Januar und obgleich das Thermometer an den bedeckten Orten auf — 12° gesunken war, und die Kälte fünf Tage gedauert hatte, sah man doch nach dem Thauwetter an den Rinden und dem Fasergewebe keine merkliche Veränderung .... Aber nach sieben Tagen begann der Frost von Neuem, und zwar mit bedeutend größerer Heftigkeit;

das Thermometer zeigte — 14°; dann fiel Schnee, Rauhreif und ein feiner Regen, welcher beim Gefrieren auf den Bäumen durch sein Gewicht viele Zweige und Bäume aller Art gebrochen hat, besonders die Bäume mit ausdauernden Blättern, die Pappeln und viele zur Familie der Coniferen gehörigen Bäume. Es gab außerdem Ströme von kalter oder vielmehr eisiger Luft, deren Weg in den dichten Gehölzen durch Striche von stark betroffenen Zweigen kenntlich war, während nebenbei Bäume derselben Art Nichts gelitten hatten."

Nach Pepin's Aufzählung sind die erwachsenen Bäume, welche in dem Klima von Paris beschädigt wurden oder ganz unterlagen, folgende: Robinia pseudo-acacia, pyramidalis; R. viscosa; Negundo fraxinifolia; Juglans cinerea, amara, olivaeformis, nigra; Broussonetia papyrifera; Cercis siliquastrum; Morus alba; Catalpa syringaefolia; Diospyros virginiana, calycina; Pavia ohiotensis; Fraxinus californica; Mahonia fascicularis; Cedrus deodora; Pinus halepensis, adunca, insignis; Abies khutrow.

1857-1858. Dieser Winter besitzt den Charakter eines mittleren strengen Winters der gemäßigten Zone. Von Mitte November an, herrschte an der Küste des atlantischen Oceans in den Vereinigten Staaten große Kälte; mehrere Häfen waren durch das Eis verstopft und der Eriekanal war gefroren. Die Monate November und December zeigten sich in Frankreich und in einem Theile Deutschlands von einer merklich milderen Temperatur als das Mittel. Im Norden der Loire bot das Feld einen Anblick wie im Frühling dar. Die Schlüsselblumen, Veilchen, Anemonen standen in Blüthe. Der Januar dagegen war kälter als das Mittel, und im Süden fand eine Reihe von Fröste statt, die 20 bis 30 Tage dauerten. Glücklicherweise überstieg die Kälte nicht gewisse Grenzen, denn der Boden hatte in Frankreich diesen Winter keinen Schnee, ausgenommen in den hochgelegenen Orten, und der Schaden des Frostes auf den schutzlosen und schon grünen Feldern hätte sehr bedeutend werden können. Die anhaltende Trockenheit war für die Landwirthe betrübend. Nur in dem am mittelländischen Meere gelegenen Striche der Provence fiel hinreichender Regen. Der Wassermangel war so groß, daß die Brunnen fast in allen Dörfern vertrockneten, und die Quellen versiegten, so daß man gezwungen war, mehrere Lieues zurückzulegen, um das Vieh zu tränken. Im Departement der Eure kaufte man das Hektoliter Wasser mit 2 Fr. 50 C., ebenso theuer wie Cider in guten Jahren.

Die absoluten niedrigsten Temperaturen dieses Winters in Frankreich sind folgende. Es gibt zwei Minima: das eine vom 5. bis 8. und das andere vom 24. bis 29. Januar.

Görsdorff, den 28. Januar	—14,4°
Le Puy, den 25.	—14,3
Clermont, den 7.	—14,0
Les Mesneux, den 7.	—13,5
Bourg, den 29.	—12,5
Hendecourt den 8.	—12,0
Marboué, den 7.	—11,8
Vendôme, den 6.	—11,0
Lille, den 5. und 7.	—10,0
St. Léonard, den 7.	—10,0
La Châtre, den 5.	— 9,7
Metz, den 29. Januar	— 9,4
Paris, den 7.	— 9,0
Montpellier, den 6.	— 8,2
Beyrie, den 8.	— 8,0
Toulouse, den 7.	— 8,0
Nantes, den 7.	— 6,5
Orange, den 27.	— 6,2
Bordeaux, den 5.	— 5,0
Réguffe, den 25.	— 5,0
Marseille, den 24.	— 3,9
Algier, den 13. März	+ 2,8

Die Anzahl der Frosttage war in Frankreich ziemlich groß; aber in Algier fror es nicht. Die Winter geben für Paris seit dem Ende des vorigen Jahrhunderts im Mittel 43 Frosttage; in dem Winter von 1857 bis 1858 zählte man 57.

Lille	63 Tage	Bourg	94 Tage
Hendecourt . .	87 „	Le Puy	91 „
Clermont . .	81 „	St. Léonard . . .	78 „
Les Mesneux .	88 „	Bordeaux . . .	21 „
Metz	77 „	Orange	32 „
Görsdorff . .	108 „	Beyrie	33 „
Paris . . .	57 „	Réguffe	52 „
Marboué . .	65 „	Toulouse	52 „
Vendôme . .	59 „	Montpellier . . .	63 „
Nantes . . .	33 „	Marseille	8 „
La Châtre . .	53 „	Algier	0 „

Es folgt hier eine Tabelle über die Temperaturen dieses Winters für Frankreich. Der regelmäßige Gang des Frostes mit Rücksicht auf die Erhebung über den Meeresspiegel, auf die Breite und auf die Nähe des Meeres ist ebenso offenbar, als in den beiden vorhergehenden Wintern.

Gang der niedrigsten Temperaturen.

Meteorologische Stationen	im November		im December		im Januar		im Februar		im März	
Lille	am 20.	— 0,6°	am 30.	— 2,4°	am 5. 7.	—10,0°	am 28.	— 6,4°	am 1.	—3,5°
Hendecourt .	18.	— 2,0	20. 21.	— 2,7	8.	—12,0	20.	— 9,0	12.	—5,5
Clermont. . .	16.	— 4,0	30.	— 8,0	7.	—14,0	20.	— 9,6	12.	—7,0
Les Mesneux.	15.	— 4,3	31.	— 6,6	7.	—13,5	20.	—12,8	12.	—7,0
Metz.	20.	— 4,0	19.	— 4,6	29.	— 9,4	20.	— 8,5	3. 14.	0,0
Görsdorff . .	20.	— 6,5	30.	— 7,1	28.	—14,4	25.	—11,3	7.	—6,1
Paris	16.	— 0,4	31.	— 3,7	7.	— 9,0	20.	— 4,5	6.	—2,1
Marboué . . .	—		31.	— 5,2	7.	—11,8	27.	— 6,0	7.	—2,6
Vendôme . . .	16.	— 1,2	31.	— 3,9	6.	—11,0	26.	— 6,7	12.	—3,6
Nantes	30.	0,0	31.	— 1,5	7.	— 6,5	26.	— 5,0	12.	—2,0
La Châtre . .	15.	— 1,5	31.	— 4,6	5.	— 9,7	19.	— 7,3	12.	—4,3
Bourg	16.	— 3,8	31.	— 4,5	29.	—12,5	18.	— 5,0	7.	—4,5
Le Puy	23.	— 8,0	15.	— 9,8	25.	—14,3	2.	— 6,8	14.	—7,5
St-Léonard .	30.	— 3,0	13. 30.	— 6,0	7.	—10,0	26.	— 7,5	6. 14.	—5,5
Bordeaux . .	29.	+ 1,8	31.	— 1,0	5.	— 5,0	26.	— 0,3	6.	+1,5
Orange . . .	23.	— 1,0	15.	— 3,0	27.	— 6,2	2.	— 0,8	7.	0,0
Beyrie	15.	+ 0,2	31.	— 4,0	6.	— 8,0	26.	— 2,0	6.	—1,6
Réguffe. . . .	23. 29.	— 1,0	31.	— 3,0	25.	— 5,0	3.	— 3,0	7. 14.	—2,0
Toulouse . . .	29.	— 2,0	15.	— 5,5	7.	— 8,0	26.	— 3.4	13.	—2,0
Montpellier .	29.	— 3,0	28.	— 4,0	6.	— 8,2	18.	— 3,0	1.	—2,5
Marseille . .	29.	+ 1,5	26.	+ 1,9	24.	— 3,9	2.	+ 0,8	13.	+1,1
Algier	23.	+11,0	31.	+ 6,7	25. 26.	+ 3,5	1.	+ 6,0	13.	+2,8

Im April fanden auch noch einige Fröste statt; und zwar am 2. — 4° in Clermont, am 14. — 2,5° in Heudecourt, — 2° in les Mesneux, und — 1,5° in Görsdorff.

Während dieses Winters wurde das Zufrieren mehrerer Flüsse beobachtet. Die Donau und die russischen Häfen des schwarzen Meeres waren im Januar gefroren. In der Lombardei war der Tanaro von einem Ufer bis zum andern gefroren, und Pulverwagen fuhren darüber. Viele Flüsse Frankreichs froren infolge des durch eine ungeheure Trockenheit herbeigeführten außerordentlich niedrigen Wasserstandes bei sehr mäßigen Temperaturen.

Die meisten froren in ihren nicht bewegten Theilen. Die Seine trieb am 5. Januar in Paris Eis; der kleine Arm zwischen dem Pont de l'Archevêché und dem mit Schleuse versehenen Damme der Münze war am 6. mit Eis bedeckt. Mitten in der Seine stand das Eis ebenfalls an mehreren Punkten. Der Cher war in einer gewissen Ausdehnung gefroren; die Loire ebenfalls an mehreren Orten; die Nièvre, so wie die Mayenne in ihrer ganzen Breite. In der Rhone und Saône stand das Eis zweimal an verschiedenen Orten; die Dordogne war mit Eisschollen bedeckt.

Der Contrast zwischen dem Klima Nordamerikas und dem unsrigen offenbarte sich im Januar wie im November; während die Kälte in einem Theile Europas herrschte, war das Wetter an den Ufern des St. Lorenzstromes außerordentlich milde geworden.

Der Schnee, welcher in Frankreich fast vollständig fehlte, bedeckte Piemont, den Kirchenstaat, das Königreich beider Sicilien, die Türkei und Kleinasien. Die fremden Zeitungen sind voll von Einzelheiten über die ungeheuren Verhältnisse, welche die Erscheinung annahm. Wahrhafte Schneestürme fanden einen Monat lang am Bosporus, am schwarzen Meere und am Marmarameere statt; mehrere Personen kamen um; ein griechisches Kloster wurde bei Mersina verschüttet. Man schrieb von Constantinopel unterm 3. Februar dem Journal des Débats: „Während eines Monats sind wir von Schnee und Wölfen belagert gewesen. . . . Man konnte in den Straßen nur auf schmalen Fußsteigen gehen, welche an jeder Seite von 1,50 bis 2 Meter hohem Schnee begrenzt waren. Die Kälte gehörte zu den intensivsten. Die Wölfe drangen bis zu den Thoren der Stadt und zerrissen viele Unglückliche. Auf dem offenen Platze bei einer Kaserne, zweihundert Schritte von Pera, haben sie ein Pferd erwürgt. In Scutari wurde eine Frau in geringer Entfernung von einem Wachtposten eine Beute derselben. In gewissen Dörfern Bosniens stieg der Schnee so hoch, daß man durch die Fenster in die Häuser ging. Alles war in der Stadt geschlossen; man konnte sich keine Brennmaterialien verschaffen. Die übermäßige Theuerung aller zum Lebensunterhalte nothwendigen Gegenstände hat das öffentliche Elend aufs Höchste gebracht.“

Der Winter von 1857—1858 hat in Frankreich keinen erheblichen nachtheiligen Einfluß auf die Ernte ausgeübt, außer vielleicht durch seine außerordentliche Trockenheit. Indeß war der

Raps im Norden und Osten Frankreichs zum Theil erfroren, und die Zierpflanzen hatten sehr gelitten.

Nach Durchsicht dieser langen von Herrn Barral entworfenen Tabellen wird, glauben wir, Niemand mehr daran denken, sich über ungleiche Vertheilung der strengen Winter, noch über sehr heftige Kälte, die man plötzlich erleidet, zu verwundern; dagegen wird man Hoffnung fassen können, mit Sicherheit sowohl das unveränderte Fortbestehen der Klimate, als auch die in ihnen eingetretenen Aenderungen festzustellen. Wir wollen zu einigen Anwendungen übergehen.

Von 1768 bis 1788 sank das Thermometer in der Provence niemals unter —9° C. Da in dieser Periode von 20 Jahren keine Kälte von —15° bis —18°, wie man sie früher beobachtet hatte, eingetreten war, so nahmen einige Personen bereits an, daß das Klima sich verbessert habe; im Jahr 1789 indeß wurde diese Illusion zerstört, denn in diesem Jahre hatte Marseille eine Kälte von —17° auszustehen. (S. 249.)

Von 1800 bis 1819 war in dem Departement der Rhonemündungen das Thermometer nicht unter —9° gesunken; 1820 aber trat, ebenso wie in einigen der in unserem Kataloge erwähnten merkwürdigen Jahren eine Kälte von —17,5° ein (S. 260). Sonach gibt es also, mag man die Heftigkeit der Kälte oder die Zeit, nach welcher sich außerordentlich niedrige Temperaturen wiederholen, in Betracht ziehen, keinen Grund zu der Annahme, daß in einer Periode von 1400 Jahren das Klima der Provence sich merklich geändert habe.

Wenn wir uns jetzt zu dem Klima von Paris wenden, so können wir ein gleichfalls interessantes Resultat erhalten. Wir wollen zunächst bestimmen, bis zu welchem Grade das Thermometer sinken muß, wenn die Seine ganz zufrieren soll.

Winter, in welchen die Seine zugefroren ist.	Zeit des Zufrierens.	Niedrigste Temperaturen, welche dem vollständigen Zufrieren des Flusses vorhergingen.
1739-1740 . .	am 10. Januar . .	—13,7° am 10. Januar.
1742-1743 . .	„ 27. December .	—10,6 „ 27. December.
1743-1744 . .	„ 11. Januar . .	— 8,7 „ 11. Januar.
1747-1748 . .	„ 15. Januar . .	—12,6 „ 14. Januar.
1754-1755 . .	„ 8. Januar . .	—14,7 „ 6. Januar.

Winter, in welchen die Seine zugefroren ist.	Zeit des Zufrierens.	Niedrigste Temperaturen, welche dem vollständigen Zufrieren des Flusses vorhergingen.
1756-1757 . .	am 9. Januar . .	— 12,5° am 8. Januar.
1762-1763 . .	„ 29. December .	— 9,6 „ 29. December.
1765-1766 . .	„ 1. Januar . .	— 9,0 „ 1. Januar.
1767-1768 . .	„ 26. December .	— 10,3 „ 26. December.
1775-1776 . .	„ 25. Januar . .	— 14,4 „ 22. Januar.
1788-1789 . .	„ 26. November .	— 12,9 —
1794-1795 . .	„ 25. December .	— 9,4 „ 19. December.
1798-1799 . .	„ 29. December .	— 17,6 „ 26. December.
1799-1800 . .	„ 21. December .	—
1802-1803 . .	„ 17. Januar . .	—
1812-1813 . .	„ 14. December .	— 10,6 „ 9. December.
1819-1820 . .	„ 13. Januar . .	— 14,3 „ 11. Januar.
1820-1821 . .	„ 1. Januar . .	— 13,0 „ 31. December.
1822-1823 . .	„ 30. December .	— 8,8 „ 27. December.
1822-1823 . .	„ 15. Januar . .	— 14,6 „ 14. Januar.
1828-1829 . .	„ 25. Januar . .	— 17,0 „ 24. Januar.
1829-1830 . .	„ 28. December .	— 14,2 „ 27. December.
1829-1830 . .	„ 6. Februar . .	— 15 0 „ 3. Februar.
1837-1838 . .	„ 17. Januar . .	— 15,5 „ 14. Januar.
1840-1841 . .	„ 18. December .	— 13,2 „ 17. December.
1853-1854 . .	„ 30. December .	— 12,9 „ 26. December.

Allem Anscheine nach wird also neben anderen Bedingungen eine Kälte von ungefähr — 9° C. erfordert, wenn die Seine in Paris gefrieren soll. Hieraus und aus den Beobachtungen von Bouillaud kann man schließen, daß im Jahre 1676 die mittlere Temperatur des Monats December mehrere Grade unter dem Gefrierpunkte sein mußte: jetzt ist diese Temperatur fast beständig positiv.

Während der 25 ersten Jahre dieses Jahrhunderts ist die mittlere Temperatur des Januars nicht unter — 1° gesunken. Nach den von Félibien berichteten Beobachtungen und nach den Beobachtungen von Bouillaud war sie im Januar, Februar und März 1434, im Januar und Februar 1656, im Januar 1658, im December 1662, im Januar und Februar 1663 mehrere Grade unter Null.

Wenn das Alter genauer Thermometerbeobachtungen nicht hinreichend erscheint, um daraus die Folgerung zu ziehen, daß die Winter in Paris ehemals strenger waren als gegenwärtig, so wird man wenigstens zugestehen, daß diese Beobachtungen im Gegensatz zu einer sehr verbreiteten Ansicht darthun, daß das Klima der Hauptstadt Frankreichs sich in der neueren Zeit nicht verschlechtert hat.

Man muß übrigens bei der Discussion der strengen Winter wohl beachten, daß bei gleicher Breite die Kälte je nach den Orten in sehr verschiedener Weise auftreten kann. Als Beweis dafür will ich die im Januar 1835 (S. 279) in Amerika beobachteten außerordentlichen Kältegrade anführen. Das von Benjamin Silliman herausgegebene American journal of science and arts enthält in dieser Beziehung zahlreiche Documente, von denen ich einen Theil für werth gehalten habe, den Meteorologen vorgelegt zu werden. Ehemals konnten Beobachtungen sehr niedriger Temperaturen von unkundigen Leuten als ein Gegenstand bloßer Neugierde betrachtet werden; seitdem man aber eingesehen hat, daß früher oder später sich diese Beobachtungen z. B. auf eine mehr oder minder directe Weise mit der Bestimmung der Temperatur der Himmelsräume in Beziehung setzen lassen werden, kann ihre Wichtigkeit von Niemanden mehr bezweifelt werden.

Es folgen hier die Minima der Temperaturen in Graden des hunderttheiligen Thermometers, wie sie am 4. oder 5. Januar 1835 an verschiedenen Punkten der Vereinigten Staaten Nordamerikas beobachtet worden sind.

Hafen am Meere.	Nördliche Breite.	Temperatur.
Portsmouth	43^0	$-28{,}9^0$
Salem	$42^1/_2$	$-27{,}2$
Boston	$42^1/_3$	$-26{,}1$
New-Haven	$41^1/_3$	$-30{,}5$
New-York	$40^3/_4$	$-20{,}5$
Philadelphia	40	$-20{,}0$
Baltimore	$39^1/_4$	$-23{,}3$
Washington.	39	$-26{,}6$
Charlestown	$32^3/_4$	$-17{,}8$

Städte im Innern.	Nördliche Breite.	Temperatur.
Montreal	$45^1/_2{}^0$	$-37{,}2^0$
Bangor	45	$-40{,}0$
Montpellier	$44^1/_2$	$-40{,}0$

Städte im Innern.	Nördliche Breite.	Temperatur.
Rutland	43½°	—34,4°
Franconia	43½	—40,0
Windsor	43⅖	—36,7
Concord	43¼	—37,2
Newport	43	—40,0
Saratoga	43	—36,1
Albany	42¾	—35,6
Pittsfield	42½	—36,1

Es ist möglich, daß in den an diesen verschiedenen Punkten angewandten Thermometern Fehler in der Graduirung von 3 bis 4° vorkommen, besonders in den Theilen der Skale, welche sehr weit von Stellen, wo gewöhnlich die Beobachtungen erfolgen, entfernt sind; innerhalb dieser Grenzen darf man also nur auf die Genauigkeit der beobachteten Kältegrade von —40° rechnen. Indeß müssen wir sagen, daß —40° dem Gefrierpunkte des Quecksilbers sehr nahe liegt, und daß da, wo dieser Grad aufgezeichnet worden, z. B. zu Montpellier, zu Bangor die Beobachter angeben, daß das Quecksilber gefror.

Als man im Januar so außerordentliche Kälte in der Nähe des atlantischen Oceans und unter Breiten von 44 bis 45° sah, so wandte sich sofort der Gedanke mit Betrübniß auf den Kapitän Back und seine Reisegefährten, die um dieselbe Zeit sich an den Grenzen des Eismeeres befinden mußten. Glücklicherweise ist es diesem unerschrockenen Officier gelungen, von seiner Unternehmung zurückzukehren. Hätte die Anomalie in der Temperatur, über welche ich so eben eine Uebersicht gegeben habe, sich auf dem amerikanischen Continente bis zu den höchsten Breiten ausgedehnt, so würde man nach den Beobachtungen von Sir John Franklin haben schließen dürfen, daß der Kapitän Back eine Kälte von —70 bis 75° C. zu erdulden gehabt haben würde. Wir haben indeß zuvor (S. 167) gesehen, daß er nur —57° beobachtet hat.

Während der kalten Tage im Anfange des Januar 1835 waren die Häfen von Boston, Portland, Newbury, New-Haven, Philadelphia, Baltimore und Washington ganz zugefroren. Am 3. und 4. gingen Wagen auf dem Eise über den Potomac.

In demselben Januar 1835, wo in Amerika die Kälte den Gefrierpunkt des Quecksilbers erreichte, hatten wir in Europa einen gemäßigten Winter. In Paris sank im Januar das Thermometer nicht unter —6,8° (S. 279). Noch muß ich hinzufügen, daß der Winter von 1834 bis 1835 der strengste gewesen ist, den man in den Vereinigten Staaten seit zwei Dritteln eines Jahrhunderts erlebt hat.

Ich werde jetzt die Umstände und die Wirkungen der größten Kälte, die man an verschiedenen Orten der Erde beobachtet hat, anführen.

Die von Gmelin über die Kälte in Sibirien gemachten Angaben werde ich hier nicht mittheilen, da man jetzt weiß, daß sie ganz und gar ungenau sind, und daß dieser Reisende die Angaben der Thermometer, in welchen, ohne daß er es bemerkt hatte, das Quecksilber gefroren war, für die wahren Temperaturen nahm; es genügt eine Zusammenziehung um $^1/_{23}$, welche dies Metall beim Festwerden erleidet, um vollständig über die von Gmelin beobachteten Temperaturschwankungen, sowohl in Bezug auf ihre Größe als auch auf ihre Schnelligkeit Rechenschaft zu geben.

Das Quecksilber beginnt bei —39,5° C. zu erstarren. Man darf also behaupten, daß überall, wo dies Metall erstarrt ist, die Temperatur mindestens 40° unter den Nullpunkt gesunken war. Die folgenden Angaben liefern also nur thermometrische Grenzwerthe.

Es folgen hier die Angaben über das Gefrieren des Quecksilbers im Freien, das ich aus verschiedenen meteorologischen Tagebüchern ausgezogen habe.

	Breite.	Länge.	Name des Beobachters.
Jeniseisk (Sibirien) . .	$58^1/_2$° N.	$89^3/_4$° O.	Gmelin (Dec. 1734).
Jakutsk (Ebendas.) . .	62 N.	$127^3/_4$ O.	Delisle*) (1736).
Fort Kirenga	$57^1/_2$ N.	$105^3/_4$ O.	Gmelin (27. November 1737).

*) Das Quecksilber war in dem Barometer von Delisle de la Croyère, der es Gmelin zeigte, sichtlich gefroren; Letzterer verwarf aber die Erklärung. Delisle ist wahrscheinlich der erste Beobachter, der gesehen und erkannt hat, daß das Quecksilber durch die Kälte erstarrt.

	Breite.	Länge.	Name des Beobachters.
Fort Kirenga	57½° N.	105¾° O.	Gmelin (29. December 1737).
Ebendas.	" "	" "	Gmelin (9. Januar 1738).
In der Nähe von Solikamsk	59 N.	58 O.	Gmelin (Dec. 1742).
Sombio	" "	" "	Hellant (Jan. 1760).
In der Nähe von Krasnojarsk	56½ N.	91 O.	Pallas (8., 9., 10., 11. u. 12. Dec. 1771).
Ebendas.	" "	" "	Pallas (5., 6., 8. u. 9. Jan. 1772).
Irkutsk (Sibirien) . .	52 N.	102 O.	Pallas (6., 7. und 9. Dec. 1772) und Hansteen (im Dec. 1829).
Fort York (Hudsonsbai) .	58 N.	95 W.	Hutchins (oft).
Fort Albany " .	52¼ N.	84½ W.	" (2 Mal i. Winter v. 1774—1775).
Ebendas.	" "	" "	Hutchins (3 Mal im Winter von 1777 bis 1778).
Ebendas.	" "	" "	Hutchins (26. Januar 1782).
Witegorsk.	61 N.	34 O.	Von Elterlein (4. Januar 1780).
Jämtland (Schweden) .	63½ N.	13 O.	Törnsten (1. Januar 1782).
Steppe der Kirghis-Kosaken	46-51° N.	52-56 O.	v. Tschihatscheff (7. Decbr. 1839) *).
Departement der Seine und Marne (Luftfahrt) . .	48° 48′ N.	0° 54′ O.	Barral u. Bixio (27. Juli 1850) **).

Noch einige andere Beispiele außerordentlicher Kälte werde ich aus den Werken des Kapitäns Parry entlehnen.

---

*) Das Quecksilber der Thermometerkugel blieb zweiunddreißig Stunden lang vom 17. bis 19. December gefroren und hämmerbar; es erstarrte ebenfalls, aber auf weniger lange Zeit am darauf folgenden 22. December und 15. Februar; mehrere Thermometerkugeln zersprangen durch die Ausdehnung des Quecksilbers.

**) S. den 9. Bd. der sämmtlichen Werke S. 420.

Aus den 1819 während der ersten Expedition des Kapitäns Parry auf der Melville's Insel gemachten Beobachtungen ergibt sich, daß es dort im Jahre 5 Monate gibt, während welcher das der Luft ausgesetzte Quecksilber friert. Man würde vielleicht nicht glauben wollen, daß lebende Wesen so intensive Kälte aushalten können, wenn man nicht wüßte, daß auf der Expedition nach Winter-Harbour die Jäger des Hecla und des Griper 3 Moschusochsen (ein einziger lieferte 420 Pfd. Fleisch), 24 Rennthiere, 68 Hasen, 53 Gänse, 59 Enten, 144 Schneehühner (Tetrao lagopus) erlegten, die zusammen 3766 Pfd. Fleisch gaben.

Uebrigens lehrt uns Kapitän Parry, daß ein mit guter Kleidung versehener Mensch ohne Unannehmlichkeit bei —46° C. in freier Luft spazieren gehen kann, vorausgesetzt, daß die Atmosphäre vollkommen ruhig ist; sobald indeß der geringste Wind weht, verhält es sich anders; denn alsdann empfindet man im Gesichte einen brennenden Schmerz, auf dem bald ein unerträgliches Kopfweh folgt.

Als im Februar 1819 das Quecksilber an der Luft völlig erstarrt war, hatten Kapitän Parry und seine Gefährten Gelegenheit sich zu überzeugen, daß dies Metall im festen Zustande sehr wenig hämmerbar ist. Nachdem sie ihm auf einem Ambos zwei oder drei Schläge mit dem Hammer gegeben hatten, sprang es in Stücke.

Auf seiner zweiten Reise sah Kapitän Parry zu Ingloolik in den Monaten December 1822 und Januar, Februar und März 1823 das Quecksilber im Freien gefrieren, so daß man die Temperaturen nur mit dem Alkoholthermometer bestimmen konnte. Die Umgegend dieser Insel ist aber von zahlreichen Horden Eskimos, selbst in der kältesten Jahreszeit, bewohnt; dieselben wohnen in Hütten, die aus Schichten von künstlich geschnittenen Schneeblöcken in der Weise erbaut sind, daß das ganze Gebäude, besonders im Innern, die Form einer regelmäßigen Kuppel zeigt. Der Eingang jeder Hütte ist eine sehr niedrige kreisförmige Oeffnung. Das Licht dringt in dieses sehr eigenthümliche Haus durch ein an der Spitze angebrachtes Fenster, das mit einem sehr durchsichtigen Eisstücke bedeckt ist, welches auf diese Weise den Dienst unserer Fensterscheiben versieht.

Im Laufe des Winters von 1808 auf 1809 sind zu Moskau von Doctor Kehrmann mehrere Versuche über das Gefrieren des Quecksilbers angestellt worden, über welche in der Bibliothèque universelle de Genève berichtet wird. Am Abend vom 11. zum 12. Januar 1809 setzte dieser Beobachter in einer Porcellanschale 2 Pfund reines Quecksilber an die Luft. Um 4½ Uhr Morgens fand man dies Quecksilber zu einer festen Masse erstarrt, die man mit dem Hammer schlagen und strecken konnte. Sie hatte das Aussehen von Blei, war aber weniger hart als dies Metall und gleichzeitig leichter zerbrechlich und weniger cohärent. Beim Berühren erzeugte sie eine Empfindung, wie sie ein brennender Körper veranlaßt; man war gezwungen, die Finger zurückzuziehen, als ob man glühende Kohlen berührt hätte. Diese Masse brauchte eine Viertelstunde, um in einem Zimmer von $+16^0$ Temperatur aufzuthauen. Um 5 Uhr Morgens setzte man eben dieselbe Quecksilbermasse wieder ins Freie; sie erstarrte sehr bald zum zweiten Male und blieb fest bis 8½ Uhr. Da das Quecksilber zwischen -39^0 und -40^0 gefriert, so kann man annehmen, daß einige Stunden früher die Kälte 3 bis 4^0 stärker war, und also um 5 Uhr Morgens wahrscheinlich zwischen -42^0 und -44^0 betrug.

Ich will die Gelegenheit nicht vorübergehen lassen, hier den Auszug eines Briefes von Hansteen an Schumacher, der aus Irkutsk vom 11. April 1829 datirt, und in den astronomischen Nachrichten Bd. VII, S. 327 und 356 veröffentlicht worden ist, mitzutheilen:

„Einen solchen Himmel zu astronomischen Beobachtungen, wie den des östlichen Sibiriens, findet man wohl nicht so leicht wieder. Von dem Augenblick an, wo der Fluß Angara (der aus dem Baikalsee kommt und theilweise Irkutsk einschließt) mit Eis belegt ist, bis zum April hat man unaufhörtlich heiteren Himmel. Kein Wölkchen ist zu sehen. Die Sonne geht bei 30 bis 33^0 R. Kälte rein und klar auf und unter, und hat nicht den röthlichen Schein, in dem wir sie in der Nähe des Horizontes im Winter sehen. Die ziemlich hohe Lage des Landes (das Barometer oscillirte vom 9. Februar bis heute zwischen 737^{mm} und 710^{mm}) und die bedeutende Entfernung vom Meere machen die Luft trocken und dunstfrei, und bewirken ein starkes Strahlen der Wärme, welches letztere mit ein Grund zu der niedrigen Temperatur des Ortes ist. Die Gewalt der Sonne im Frühjahr ist hier so stark, daß bei einer Kälte von 20 bis 30° R. im Schatten des Mittags an der Sonnenseite das Wasser von den Dächern tröpfelt.

Wir reisten den 12. December von Tobolsk und hatten auf der Reise hierher beinahe unablässig eine Temperatur von — 20 bis — 34° R.; demohnerachtet beobachtete ich jeden Morgen bei Sonnenaufgang eine Stunde hindurch unter freiem Himmel. Bei 30° Kälte ist glücklicher Weise die Luft hier immer still, und ihre Trockenheit macht, daß man hier bei — 30° weniger leidet, als bei uns [in Norwegen] bei — 15°. Die Nase und die Ohren sind der Wirkung der Kälte am meisten ausgesetzt, und es war gar nicht ungewöhnlich, daß mein Bedienter mir während des Beobachtens die Bemerkung mittheilte, daß meine Nase schon ganz weiß sei und gleich gerieben werden müsse. Die Schrauben an den Instrumenten, die man berühren muß, habe ich mit dünnem Leder bezogen, denn wenn man Metall mit der bloßen Hand berührt, so fühlt man einen stechenden Schmerz, wie bei Berührung einer Kohle, und es kommt gleich eine weiße Blase, wie nach glühendem Eisen ....

.... Obgleich unsere Thermometer in Holzfutteralen lagen, die mit dicken Lederüberzügen versehen, und in den Taschen unseres Reisewagens eingepackt waren, fanden wir sie doch mehrere Male des Abends gefroren. Auch das Barometer würde gefroren sein, wenn ich es nicht zwischen den Beinen gehalten und auf jeder Station in die warme Stube gebracht hätte. *)

Am 30. Januar 1829, 7¾ Uhr Morgens, zeigte das Spiritusthermometer auf der Station Tunskaja (Breite 56°, Länge 114½° Ferro) — 34,4°; im Quecksilberthermometer war das Quecksilber ganz in der Kugel, und hatte oben eine ziemliche Vertiefung. Es war ganz fest. Die Röhre des Thermometers geht übrigens bis — 35°. Des Abends wurden auf der Station Bagranowskaja (Breite 55¾°, Länge 115¼° Ferro) beide Thermometer um 8½ Uhr in die freie Luft gehängt. Um 9 Uhr fand ich das Quecksilber in Pistor's Thermometer

*) Die nächsten im französischen Texte fehlenden Sätze sind aus dem Originale ergänzt. Anmerk. d. d. Ausg.

unten in der Kugel, aber noch fließend, so daß es bei dem Umkehren des Thermometers und mäßigen Stößen ganz in die Spitze lief. Das Spiritusthermometer zeigte —30,2°; es ist also des Quecksilbers unregelmäßige Zusammenziehung noch etwas vor seinem Gefrierpunkt sehr stark. Eine Viertelstunde nachher zeigte das Spiritusthermometer —30,4°, und das Quecksilber in beiden Pistor'schen Thermometern war schon steif, und konnte bei dem Umwenden durch kein Stoßen heruntergebracht werden. In dem einen stand das Quecksilber noch eine Linie hoch in der Röhre, aber in der Kugel war an der einen Seite eine große Vertiefung, die bei einem Schlage etwas zu vibriren schien. Kurz darauf war das Quecksilber ganz fest. Im nächsten Nachtquartier goß ich des Abends 3 Pfund Quecksilber in eine Spülkumme und setzte es der Einwirkung der Luft aus. Am nächsten Morgen, den 31., war es vor 7½ Uhr zu einer zusammenhängenden harten Masse gefroren, die ich mit meinem Messer nicht vom Boden der Schaale losmachen konnte. Man schnitt darin wie in Blei, und das Quecksilber ward anfangs, da das Messer aus einer warmen Stube kam, am Schnitte etwas flüssig. Das Spiritusthermometer zeigte —31,25°. Nachdem es etwas in der warmen Stube gestanden hatte, löste es sich von der Schaale, war aber noch so spröde, daß es sich zerbrechen ließ. Das bei diesen Beobachtungen gebrauchte Spiritusthermometer stimmte mit den beiden Pistor'schen Quecksilberthermometern bis —10°. Unter —10° zeigte das Spiritusthermometer beständig höhere Temperaturen, mit wachsenden Differenzen, je mehr die Temperatur sank.

Pistor		Differenz
—10° R.		= 0,0
—15,9		+ 0,40
—20,7		+ 0,95
—25,1		+ 1,78
—30,0		+ 2,00

d. h. wenn das Quecksilberthermometer —30° R. zeigte, so zeigte das Spiritusthermometer —28° R., wenn aber das letzte unter —30° R. kam, so sank das Quecksilber im ersten ganz in die Kugel."

Kapitän Roß erzählt seinerseits in dem Berichte über seine Reise die folgenden Thatsachen:

„In den Polargegenden ist das Eis so kalt, daß man es weder in der Hand halten, noch im Munde schmelzen kann; man leidet viel vom Durst, indem der Schnee mit so niedriger Temperatur ihn übermäßig vermehrt; auch ertragen ihn die Eskimos lieber als daß sie Schnee essen. Im Januar konnten wir keine Beobachtungen mit den Instrumenten machen, deren Metall man ebensowenig berühren durfte, als ob es glühendes Eisen wäre; sie brachten bei der Berührung die Hand so schnell, wie gefrornes Quecksilber, zum Erstarren. Ein Fuchs verlor die Zunge, weil er in die Eisenstangen der Falle, worin er gefangen war, gebissen hatte. Das Quecksilber zersprengte beim Gefrieren und Krystallisiren in der Kugel eines Thermometers dieselbe nicht. Man lud eine Flinte mit einer Kugel aus gefrornem Quecksilber und schoß sie durch ein zölliges Bret; eine Kugel aus süßem Mandelöle, die bei — 40° gefroren war und gegen ein Bret geschossen wurde, spaltete es und prallte an der Erde zurück, ohne zu zerspringen."

Ich lasse jetzt die Tabellen der niedrigsten absoluten Temperaturen folgen, wie sie an den wenigen Orten, wo man längere Reihen von Beobachtungen gemacht hat, in jedem Jahre sich ergeben haben.

Zunächst theile ich die zu Paris erhaltenen Resultate mit; man möge beachten, daß sehr genaue und ununterbrochene Beobachtungen kaum erst von Anfang dieses Jahrhunderts an datiren:

Datum der Beobachtungen.		Niedrigste beobachtete Temperaturen.
1665	6. Februar	— 21,2°
1709	13. Januar	— 23,1
1716	22. Januar	— 19,7
1723	10. Februar	— 10,0
1729	19. Januar	— 15,3
1740	10. Januar	— 12,8
1741	26. Januar	— 9,0
1742	10. Januar	— 17,0
1744	14. Januar	— 10,0
1745	14. Januar	— 12,8
1746	15. Februar	— 9,1
1747	14. Januar	— 13,6
1748	12. Januar	— 14,1

1754	8. Januar	—15,0°
1755	6. Januar	—14,7
1757	8. Januar	—15,6
1758	22. Januar	—13,7
1767	7. Januar	—15,3
1768	5. Januar	—17,1
1771	13. Februar	—13,5
1773	5. Februar	—10,6
1774	27. November	— 8,8
1776	29. Januar	—19,1
1778	12. Januar	— 5,9
1779	5. Januar	—10,6
1780	28. Januar	—10,6
1781	13. Januar	— 7,1
1782	17. Februar	—12,5
1783	30. December	—19,1
1784	31. Januar	—12,6
1785	1. März	—10,9
1786	4. Januar	—13,0
1787	27. Jan. und 30. Nov.	— 5,4
1788	31. December	—21,8
1789	4. Januar	—15,0
1790	1. December	— 5,0
1791	9. November	— 7,7
1792	19. Februar	—14,0
1793	20. Januar	— 7,6
1794	19. December	— 7,5
1795	25. Januar	—23,5
1796	11. December	—13,4
1797	21. Februar	— 3,1
1798	26. December	—17,6
1799	31. December	—13,1
1800	30. Januar	—13,1
1801	13. Februar	—10,1
1802	16. Januar	—15,5
1803	12. Februar	—12,5
1804	20. December	— 8,3
1805	18. December	—12,5
1806	12. März	— 3,4
1807	8. December	— 7,2
1808	21. December	—12,2
1809	18. Januar	— 9,6

1810 . .	31. Januar	— 12,3°
1811 . .	2. Januar	— 10,3
1812 . .	9. December	— 10,6
1813 . .	21. Januar	— 7,0
1814 . .	24. Februar	— 12,5
1815 . .	20. Januar	— 10,3
1816 . .	11. Februar	— 10,8
1817 . .	31. December	— 9,4
1818 . .	27. December	— 6,4
1819 . .	1. und 31. Jan.; 8. Dec. . .	— 6,3
1820 . .	11. Januar	— 14,3
1821 . .	1. Januar	— 11,6
1822 . .	27. December	— 8,8
1823 . .	14. Januar	— 14,6
1824 . .	14. Januar	— 4,8
1825 . .	31. December	— 8,0
1826 . .	10. Januar	— 11,8
1827 . .	18. Februar	— 12,8
1828 . .	10. Januar	— 7,8
1829 . .	24. Januar	— 17,0
1830 . .	17. Januar	— 17,2
1831 . .	31. Januar	— 10,3
1832 . .	1. Januar	— 5,9
1833 . .	10. Januar	— 8,5
1834 . .	2. und 11. Februar	— 4,0
1835 . .	22. December	— 9,6
1836 . .	2. Januar	— 10,0
1837 . .	2. Januar	— 8,9
1838 . .	20. Januar	— 19,0
1839 . .	1. Februar	— 8,1
1840 . .	17. December	— 13,2
1841 . .	8. Januar	— 13,1
1842 . .	10. Januar	— 10,0
1843 . .	13. und 14. December	— 4,0
1844 . .	8. und 11. December	— 9,3
1845 . .	21. Februar	— 11,8
1846 . .	19. December	— 14,7
1847 . .	1. Januar	— 7,9
1848 . .	28. Januar	— 9,7
1849 . .	2. Januar	— 7,3
1850 . .	11. Januar	— 7,0
1851 . .	30. December	— 6,3

1852 . .	1. und 2. Januar	— 7,0°
1853 . .	30. December	—14,0

Man sieht, daß die größte in Paris seit Erfindung des Thermometers beobachtete Kälte am 25. Januar 1795 eingetreten ist, und —23,5° betragen hat.

Die folgende sich auf die extremen Temperaturen in Brüssel beziehende Tabelle ist dem beachtenswerthen Werke entlehnt, das Quetelet über das Klima von Belgien herausgegeben hat.

Datum der Beobachtungen.		Niedrigste beobachtete Temperaturen.
1763 . .	4. Januar	—13,9°
1764 . .	25. December	— 7,8
1765 . .	19. Februar	—10,0
1766 . .	11. Januar	—12,8
1767 . .	7. Januar	—17,8
1768 . .	5. Januar	—19,4
1769 . .	21. Januar	— 6,7
1770 . .	7. Januar	— 8,3
1771 . .	13. Januar	—12,8
1772 . .	31. Januar	—13,6
1773 . .	6. Februar	— 9,4
1775 . .	25. Januar	—12,8
1776 . .	28. Januar	—21,1
1777 . .	18. Februar	—11,9
1778 . .	16. und 19. Januar	—11,3
1779 . .	12. Januar	— 9,1
1782 . .	16. Februar	—13,1
1783 . .	31. December	—16,3
1784 . .	30. Januar	—11,7
1785 . .	31. December	—13,1
1786 . .	3. Januar	—16,0
1787 . .	27. Januar	— 6,3
1822 . .	16. December	— 4,4
1823 . .	25. Januar	—17,5
1824 . .	27. Januar	— 1,9
1825 . .	26. Februar	— 2,5
1826 . .	10. Januar	—10,0
1827 . .	16. Februar	—14,4
1828 . .	21. December	— 9,4
1829 . .	im December	—18,1

1830	. . 31. Januar	— 18,4°
1833	. . 24. Januar	— 9,3
1834	. . 15. November	— 3,9
1835	. . 22. December	— 10,4
1836	. . 2. Januar	— 11,3
1837	. . 22. März	— 6,3
1838	. . 16. Januar	— 18,8
1839	. . 1. Februar	— 9,3
1840	. . 16. December	— 12,9
1841	. . 9. Februar	— 11,3
1842	. . 8. Januar	— 12,6
1843	. . 4. März	— 5,7
1844	. . 12. December	— 12,4
1845	. . 20. Februar	— 15,0
1846	. . 18. December	— 12,6
1847	. . 11. März	— 10,3
1848	. . 28. Januar	— 13,7
1849	. . 2. Januar	— 9,9
1850	. . 21. Januar	— 13,6
1851	. . 29. December	— 4,9
1852	. . 6. März	— 3,8
1853	. . 26. December	— 16,1

Die größte in Brüssel aufgezeichnete Kälte hat —21,1° betragen, und ist am 28. Januar 1776 eingetreten.

Die folgende aus den Philosophical Transactions zusammengestellte Tabelle gibt die größten jährlich zu London von 1774 bis 1843 beobachteten Kältegrade; die Beobachtungen von 1782 bis 1786 fehlen. Seit 1843 setzt das königliche Observatorium in Greenwich die Beobachtungen der Royal Society fort:

Datum der Beobachtungen.		Niedrigste beobachtete Temperaturen.
1774	. . 4. Januar	— 4,4°
1775	. . 25. Januar	— 3,6
1776	. . 31. Januar	— 10,3
1777	. . 9. Januar	— 7,2
1778	. . 28. Januar	— 5,6
1779	. . 26. December	— 6,7
1780	. . 13. Januar	— 6,7
1781	. . 23. Januar	— 3,3

1787 . .	8. Januar	— 2,8°
1788 . .	18. December	— 7,8
1789 . .	5. Januar	— 8,0
1790 . .	27. und 29. December	— 1,1
1791 . .	12. December	— 6,1
1792 . .	12. Januar	— 7,2
1793 . .	19. Januar	— 2,2
1794 . .	10. Januar	— 5,3
1795 . .	25. Januar	— 13,3
1796 . .	25. December	— 15,0
1797 . .	9. Januar und 28. Februar .	— 3,9
1798 . .	27. December	— 10,0
1799 . .	31. December	— 8,3
1800 . .	1. Januar	— 5,6
1801 . .	20. December	— 4,4
1802 . .	16. Januar	— 8,9
1803 . .	26. Januar	— 7,2
1804 . .	—	— 6,7
1805 . .	—	— 5,0
1806 . .	13. März	— 3,3
1807 . .	8. December	— 5,0
1808 . .	22. Januar	— 7,8
1809 . .	18. Januar	— 6,7
1810 . .	17. Januar	— 7,8
1811 . .	3. und 10. Januar	— 4,4
1812 . .	9. December	— 3,9
1813 . .	29. Januar	— 3,9
1814 . .	10. Januar	— 8,3
1815 . .	24. Januar	— 5,6
1816 . .	10. Februar	— 7,2
1817 . .	12. December	— 2,8
1818 . .	17. December	— 4,4
1819 . .	11. December	— 7,8
1820 . .	5. Januar	— 7,2
1821 . .	7. Januar und 27. Februar .	— 3,9
1822 . .	30. December	— 3,9
1823 . .	22. Januar	— 5,6
1824 . .	14. Januar	— 2,8
1825 . .	31. December	— 2 2
1826 . .	15. Januar	— 8;3
1827 . .	3. Januar	— 8,9
1828 . .	11. Januar	— 2,2

1829	. . 28. December	— 7,6°
1830	. . 6. Februar	— 9,1
1831	. . 8. Januar	— 4,1
1832	. . 1., 4. Januar und 16. Febr. . .	— 1,9
1833	. . 23. Januar	— 2,4
1834	. . 10. Februar	— 0,7
1835	. . 24. December	— 6,2
1836	. . 2. Januar	— 8,0
1837	. . 2. und 3. Januar	— 4,4
1838	. . 16. Januar	—11,9
1839	. . 30. Januar	— 4,8
1840	. . 17. December	— 6,1
1841	. . 9. Januar	— 9,4
1842	. . 24. Januar	— 2,7

Die größte in London beobachtete Kälte hat also —15° betragen, und ist am 25. December 1796 eingetreten.

Folgende Tabelle gibt die niedrigsten jährlich in Genf beobachteten Temperaturen:

Datum der Beobachtungen.		Niedrigste beobachtete Temperaturen.
1826	. . 13. Januar	—20,6°
1827	. . 25. Januar	—18,7
1828	. . 7. Januar	— 7,7
1829	. . 25. December	—16,5
1830	. . 26. December	—21,7
1831	. . 31. Januar und 1. Februar . . .	—14,0
1832	. . 31. Jannar	—10,5
1833	. . 30. Januar	— 9,5
1834	. . 21. December	— 9,5
1835	. . 11. und 12. December	—12,0
1836	. . 27. December	—17,2
1837	. . 3. Januar	—16,0
1838	. . 15. Januar	—25,3
1839	. . 3. Februar	—13,3
1840	. . 16. und 17. December	—12,0
1841	. . 10. Januar	—17,8
1842	. . 12. Februar	—12,8
1843	. . 7. Januar	— 9,0
1844	. . 7. Februar	—15,0
1845	. . 21. Februar	—16,5

1846 . .	14. December	— 18,9°
1847 . .	12. Februar	— 12,3
1848 . .	30. Januar	— 11,8
1849 . .	31. December	— 12,3
1850 . .	11. Januar	— 13,2
1851 . .	4. März	— 10,1
1852 . .	7. Januar	— 10,1
1853 . .	5. März	— 13,2

In dem meteorologischen Observatorium des Hospizes auf dem großen St. Bernhard, das 2116 Meter über dem genfer Observatorium und 2491 Meter über dem mittleren Meeresniveau liegt, hat man folgende Minima erhalten, deren Vergleichung mit den in geringeren Höhen beobachteten Interesse gewährt:

Datum der Beobachtungen.		Niedrigste beobachtete Temperaturen.
1839 . .	1. Februar	— 24,1°
1840 . .	22. Februar	— 22,0
1841 . .	22. Januar	— 23,3
1842 . .	5. Januar	— 21,6
1843 . .	4. März	— 23,9
1844 . .	22. März	— 21,6
1845 . .	6. März	— 22,1
1846 . .	14. December	— 27,0
1847 . .	11. Januar	— 19,2
1848 . .	28. Januar	— 23,2
1849 . .	29. December	— 23,8
1850 . .	27. Januar	— 24,5
1851 . .	3. März	— 22,7
1852 . .	5. März	— 23,0
1853 . .	30. December	— 25,5

Berücksichtigt man nur die Beobachtungen der funfzehn letzten Jahre sowohl für Genf als auch für den großen St. Bernhard, so findet man als Mittel der niedrigsten Temperaturen respective — 13,21° und — 23,16°; hieraus würde, wenigstens für die tiefsten Temperaturen, eine Abnahme um 1° für jede Erhebung um 212 Meter über das mittlere Meeresniveau folgen.

Duhamel du Monceau hat uns für einen großen Theil des vorigen Jahrhunderts eine sehr interessante Reihe meteorologischer

Beobachtungen hinterlassen, die er sorgfältig in die Memoiren der Akademie der Wissenschaften aufgenommen und mit zahlreichen Bemerkungen über die Erscheinungen in der Vegetation begleitet hat. Sein Observatorium war zu Denainvilliers, in der Nähe von Pithiviers, in der Landschaft Gatinais, 120 Meter über dem mittleren Meeresniveau. Die Tabellen von Duhamel du Monceau liefern uns folgende größte Kältegrade:

Datum der Beobachtungen.		Niedrigste beobachtete Temperaturen.
1748	8. März	—12,7°
1749	9. Februar	— 9,4
1750	1. Januar	— 7,5
1751	19. Februar und 13. December	— 8,1
1752	30. December	— 7,5
1753	27. Januar	—12,5
1754	30. Januar	—12,5
1755	8. Januar	—13,8
1756	16. April	— 7,5
1757	8. Januar	—13,1
1758	27. Januar	—13,8
1759	28. Januar	— 7,5
1761*)	29. Januar	— 6,9
1762	29. December	—11,3
1763	16. Januar	—12,8
1764	29. December	— 6,3
1765	22. Februar und 25. December	— 9,4
1766	10. Januar	—13,1
1767	7. Januar	—16,9
1768	6. Januar	—16,9
1769	22. Januar	— 6,9
1770	7. Januar	—10,0
1771	13. Februar	—13,1
1772	19. Januar	— 6,9
1773	5. Februar	— 9,0
1774	4. Januar	— 6,9
1775	25. Januar	— 8,8
1776	29. Januar	—17,1
1777	1. Januar	—10,0
1778	27. Januar	— 4,4

*) Die Beobachtungen von 1760 sind durch eine Feuersbrunst vernichtet worden.

Seit 1825 hat Herr Schuster, Vorsteher des Bureau der Artillerie- und Genieschule, in Metz (Dep. Mosel) fortlaufende Beobachtungen angestellt, welche volles Zutrauen verdienen, und aus denen ich die folgenden Zahlenwerthe entnehme:

Datum der Beobachtungen.	Niedrigste beobachtete Temperaturen.
1825 . . 17. März	— 8,0°
1826 . . 10. Januar	—14,7
1827 . . 18. Februar	—20,2
1828 . . 17. Februar	— 7,3
1829 . . 29. December	—16,5
1830 . . 31. Januar	—20,5
1831 . . 31. Januar	—16,8
1832 . . 9. December	— 5,3
1833 . . 10. Januar	—12,7
1834 . . 11. Februar	— 4,8
1835 . . 15. December	—12,5
1836 . . 2. Januar	—13,0
1837 . . 2. Januar	—10,5
1838 . . 21. Januar	—18,5
1839 . . 1. Februar	—10,6
1840 . . 17. December	—15,3
1841 . . 10. Januar	—12,5
1842 . . 26. Januar	— 9,8
1843 . . 4. März	— 7,0
1844 . . 14. Januar	—10,4
1845 . . 21. Februar	—18,7
1846 . . 11. Februar	— 6,8
1847 . . 12. Februar	—12,8
1848 . . 28. Januar	—12,5
1849 . . 2. Januar	—11,0

Herr Nell de Bréauté hat eine Reihe meteorologischer Beobachtungen zu La Chapelle, in der Nähe von Dieppe gemacht, worin sich folgende niedrigste jährliche Temperaturen finden:

Datum der Beobachtungen.	Niedrigste beobachtete Temperaturen.
1820 . . 15. Januar	—17,7°
1821 . . 1. Januar	—13,8
1822 . . 30. December	— 9,9

1823 . .	22. Januar	—11,1°
1824 . .	13. Januar	— 5,6
1825 . .	29. December	— 3,1
1826 . .	10. Januar	—13,2
1827 . .	18. Februar	—11,4
1828 . .	10. Januar	— 7,5
1829 . .	23. Januar	—16,3
1830 . .	3. Februar	—19,8
1831 . .	31. Januar	— 7,0
1832 . .	1. Januar	— 7,5
1833 . .	10. Januar	— 7,8
1834 . .	10. Februar	— 3,2
1835 . .	22. Januar	— 9,3
1836 . .	2. Januar	—11,3
1837 . .	5. Januar	— 5,6
1838 . .	19. Januar	—19,0
1839 . .	1. Februar	— 7,5
1840 . .	18. December	—13,5
1841 . .	9. Januar	— 9,8
1842 . .	9. Januar	— 9,5
1843 . .	4. Februar	— 2,1
1844 . .	8. December	—10,0
1845 . .	12. Februar	—13,6
1846 . .	31. December	— 9,0
1847 . .	11. März	— 8,1

Flaugergues hat zu Viviers (Dep. Ardèche) folgende absolute Minima für den zweiten Theil des vorigen Jahrhunderts erhalten:

Datum der Beobachtungen.		Niedrigste beobachtete Temperaturen.
1766 . .	10. Januar	—11,1°
1767 . .	11. Januar	—11,1
1768 . .	5. Januar	—12,5
1776 . .	31. Januar	—12,9
1778 . .	9. Januar	— 6,2
1779 .	16. Januar	— 8,4
1782 . .	18. Februar	—10,0
1784 . .	21. und 26. Januar	— 8,8
1788 . .	31. December	—18,1

Ein Beobachter in Avignon (Dep. Vaucluse), Herr Guérin, hat mir eine Tabelle über die größten alljährlich in dieser Stadt im ersten Theile dieses Jahrhunderts beobachteten Kältegrade geliefert:

Datum der Beobachtungen.		Niedrigste beobachtete Temperaturen.
1802	17. Januar	— 10,4°
1803	9. Februar	— 8,8
1804	2. März	— 8,8
1805	10. Januar	0,0
1806	6. März	— 1,2
1807	29. Januar	— 3,8
1808	26. Februar	— 6,3
1809	1. Januar	— 0,6
1810	22. Februar	— 9,4
1811	3. Januar	— 10,9
1812	2. Januar	— 8,4
1813	25. Januar	— 5,0
1814	24. Januar	— 7,5
1815	17. Januar	— 3,7
1816	31. Januar	— 6,7
1817	11. Januar	— 1,0
1818	27. Januar	+ 1,0
1819	7. Januar	— 1,3
1820	11. Januar	— 11,3
1821	2. Januar	— 3,5
1822	17. Januar	— 1,8
1823	14. Januar	— 6,2
1824	15. Januar	— 4,0
1825	18. März	— 2,0
1826	16. Januar	— 6,5
1827	21. Januar	— 11,3
1828	15. December	— 2,3
1829	27. December	— 13,0
1830	2. Februar	— 11,5
1831	31. Januar	— 7,3
1832	2. Januar	— 3,5
1833	11. Januar	— 3,6
1834	12. Februar	— 6,0
1835	29. December	— 9,5
1836	3. Januar	— 9,5
1837	2. Januar	— 5,5

1838	. . 20. Januar	— 7,6°
1839	. . 31. Januar	— 6,6

Mein College Herr de Gasparin hat mir die niedrigsten Temperaturen mitgetheilt, die er während seiner 40 Jahre hindurch in Orange ausgeführten meteorologischen Beobachtungen aufgezeichnet hat:

Datum der Beobachtungen.		Niedrigste beobachtete Temperaturen.
1817	. . 26. December	— 1,0°
1818	. . 28. und 29. December	— 4,5
1819	. . 15. December	— 1,5
1820	. . 11. Januar	— 13,0
1821	. . 2. Januar	— 5,0
1822	. . 2. December	— 4,0
1823	. . 13. Januar	— 6,7
1824	. . 14. und 15. Januar	— 4,4
1825	. . 8. und 9. Januar	— 1,8
1826	. . 16. und 17. Januar	— 7,6
1827	. . 25. Januar	— 10,6
1828	. . 15. Februar	— 7,5
1829	. . 26. Januar	— 12,1
"	. . 25. und 26. December	— 12,2
1830	. . 8. Januar	— 12,5
1831	. . 1. Februar	— 10,0
1832	. . 14. December	— 9,0
1833	. . 6. Januar	— 10,0
1834	. . 12. Februar	— 10,0
1835	. . 28. December	— 18,0
1836	. . 27. December	— 10,0
1837	. . 3. Januar	— 8,7
1838	. . 20. Januar	— 13,7
1839	. . 31. Januar	— 11,2
1840	. . 16. December	— 13,1
1841	. . 10. Januar	— 12,0
1842	. . 13. Januar	— 8,7
1843	. . 29. December	— 7,9
1844	. . 10. December	— 9,5
1845	. . 13. Februar	— 9,4
1846	. . 14. December	— 8,7
1847	. . 2. Januar	— 9,1
1848	. . 18. Januar	— 9,1

1849	30. December	— 7,7°
1851	31. December	— 8,5
1852	19. Februar	— 5,0
1853	31. December	— 9,8

Aus vorstehender Tabelle ergibt sich, daß die größte Kälte von — 18° zu Orange am 28. December 1835 beobachtet worden ist.

Die 35 Jahre lang zu Alais (Dep. Gard) von d'Hombres-Firmas gemachten Beobachtungen geben die folgenden Resultate:

Datum der Beobachtungen.		Niedrigste beobachtete Temperaturen.
1803	9. Februar	— 4,4°
1812	12. Januar	— 5,9
1818	im December	— 3,3
1820	12. Januar	—12,3
1827	24. Januar	— 8,8
1829	28. December	—10,8
1830	5. Januar	— 9,8

Martins hat nachstehende niedrigste absolute Temperaturen der Station von Hyères bekannt gemacht:

Datum der Beobachtungen.		Niedrigste beobachtete Temperaturen.
1811	1. Januar	— 4,4°
1812	23. Januar	— 2,5
1813	15. Januar	0,0
1814	25. Januar	— 5,9
1815	21. Januar	— 5,9
1816	1. Februar	— 3,1
1817	2. December	+ 1,5
1818	14. December	0,0
1820	11. Januar	—11,9
1821	2. Januar	0,0
1822	9. Januar	— 1,2
1823	19. Januar	— 1,2
1824	19. Januar	0,0
1825	6. Februar	+ 0,6
1826	11. Januar	— 2,9
1827	24. Januar	— 3,6
1828	13. Februar	+ 0,3

1829	. . 28. December	— 5,3°
1830	. . 25. December	— 2,0
1831	. . 29. December	— 0,6
1833	. . 23. Januar	+ 0,6
1834	. . 12. Februar	+ 0,1
1836	. . 30. December	— 6,3
1838	. . 12. Januar	— 1,3
1839	. . 2. Februar	— 0,8
1840	. . 25. März	— 0,3

Die extremen Temperaturen, selbst wenn sie excessive Kälte bezeichnen, genügen nicht, um einen Winter zu characterisiren. Die Dauer der Kälte ist von nicht minderer Wichtigkeit als ihre Intensität. Leider sind die bis jetzt gesammelten Beobachtungen, in welchen das Phänomen unter diesem Gesichtspunkte betrachtet wird, ziemlich selten.

Flaugergues hat zu Viviers (Dep. Ardèche) die folgende Anzahl von Frosttagen gezählt, d. h. von Tagen, an welchen das Thermometer zur Zeit der Beobachtung unter Null oder unter den Gefrierpunkt gesunken war:

Jahr.	Zahl der Frosttage.	Jahr.	Zahl der Frosttage.
1766	32	1779	21
1767	13	1782	14
1768	8	1784	21
1776	7	1788	33
1778	11		

Für das Observatorium in Brüssel hat Quetelet in seinem Werke über das Klima Belgiens die folgende Tabelle geliefert:

Jahr.	Zahl der Frosttage.	Jahr.	Zahl der Frosttage.
1834	21	1842	62
1835	46	1843	57
1836	31	1844	75
1837	62	1845	74
1838	77	1846	51
1839	50	1847	71
1840	72	1848	48
1841	44		

Die auf dem pariser Observatorium gemachten Beobachtungen bieten uns eine vollständigere Reihe, die sehr großes Interesse erhalten wird, wenn sie viele Jahrhunderte hindurch fortgesetzt sein wird:

Jahr.	Zahl der Frosttage.	Jahr.	Zahl der Frosttage.
1784	50	1820	61
1785	49	1821	37
1786	56	1822	33
1787	41	1823	39
1788	67	1824	26
1789	52	1825	34
1791	36	1826	35
1792	40	1827	54
1793	38	1828	32
1794	40	1829	78
1795	51	1830	59
1796	55	1831	30
1797	37	1832	42
1798	57	1833	40
1799	48	1834	29
1800	53	1835	45
1801	34	1836	58
1802	39	1837	67
1803	47	1838	72
1804	56	1839	44
1805	50	1840	76
1806	24	1841	34
1807	58	1842	66
1808	57	1843	44
1809	41	1844	58
1810	54	1845	57
1811	57	1846	44
1812	91	1847	46
1813	74	1848	31
1814	70	1849	29
1815	72	1850	45
1816	59	1851	41
1817	34	1852	29
1818	36	1853	62
1819	24		

Die mittlere Anzahl der Frosttage im Jahre für die erste Hälfte dieses Jahrhunderts ist 48,5.

Das Anhalten der Kälte ohne irgend eine Unterbrechung ist ein Factum, das ebenfalls die Aufmerksamkeit auf sich zu ziehen verdient. Man muß nicht nur die Gesammtzahl der Frosttage eines Jahres in Betracht ziehen, sondern auch die Zahl von Tagen berechnen, während welcher es ohne Unterbrechung gefroren hat. Dann muß man die Winter aus rein meteorologischem Gesichtspunkte betrachten, d. h. nöthigenfalls die Fröste des December eines Jahres mit denen des unmittelbar darauf folgenden Januar vergleichen. Die mittlere Anzahl auf einander folgender Frosttage im Winter beträgt für die erste Hälfte dieses Jahrhunders in Paris 12,4. In den folgenden Wintern wurden gezählt

Von 1775 bis 1776	 25	auf einander folgende Frosttage.
„ 1783 bis 1784	 69	„ „ „
„ 1788 bis 1789	 50	„
„ 1794 bis 1795	 42	„
„ 1798 bis 1799	 32	„
„ 1829 bis 1830	 32	„
„ 1837 bis 1838	 26	„
„ 1840 bis 1841	 27	„ „ „

Wenn man die Strenge eines Winters schätzen will, so muß man gar sehr Sorge tragen, die Orte genau zu bezeichnen, wo die angeführten Vorgänge eingetreten sind: je nach der geographischen Lage zeigt sich die Kälte in sehr verschieden strenger Weise. Im Allgemeinen wird die niedrigste Temperatur nach den größern Breiten hin beobachtet; doch erleidet dies Gesetz viele Ausnahmen infolge zufälliger Umstände, der Bodengestaltung der Gegend, der Nähe der Meere oder der Gebirge, der Höhe über dem mittleren Meeresniveau, der Hinderniffe, welche gewisse Winde aufhalten, des Vorhandenseins oder des Fehlens ausgedehnter bewaldeter Flächen u. s. w. Dies zeigt die folgende Tafel, in welcher Herr Barral die an verschiedenen Orten der Erde beobachteten extremen Temperaturminima zusammengestellt hat.

Europa.

I. Frankreich.

Ort.	Breite.	Länge.	Höhe über dem Meere in Metern.	Datum.	Absolutes Minimum.
1. Lille	50° 39′ N.	0° 43′ O.	24	26. Dcbr. 1853	—18,0°
				Dcbr. 1788	—17,9
2. Douai	50 22	0 44	24	28. Jan. 1776	—20,6
3. Arras	50 17	0 26	67	30. Dcbr. 1788	—23,4
4. Hendecourt . . .	50 17	0 26 W.	81	26. Dcbr. 1853	—18,5
5. Amiens	49 53	0 2	36	27. Febr. 1776	—20,3
6. St. Quentin . . .	49 50	0 57 O.	104	28. Jan. 1776	—20,6
7. Bervins	49 55	1 34	175	31. Dcbr. 1788	—21,9
8. La Chapelle (b. Dieppe)	49 55	1 15 W.	147	3. Febr. 1830	—19,8
9. Montdidier . . .	49 39	0 14 O.	99	29. Jan. 1776	—22,5
10. Cherbourg . . .	49 39	3 58 W.	16	18. Jan. 1838	— 8,5
11. Le Havre	49 29	2 14	5	28. Jan. 1776	—18,8
				9 Dcbr 1844	—10,0
12. Quilleboeuf . . .	49 28	1 49	3	24-25. Jan. 1829	—14,0
13. Rouen	49 26	1 15	37	30. Dcbr. 1788	—21,8
				im Febr. 1830	—14,5
14. Honfleur	49 26	2 7	4	30. Dcbr. 1788	—14,3
15. Clermont (Oise) . .	49 23	0 5 O.	86	26. Dcbr. 1853	—20,0
16. Reims	49 15	1 42	86	20. Jan. 1838	—19,0
17. Les Mesneur . . .	49 13	1 37	85	19. Jan. 1855	—20,2
18. Metz	49 7	3 50	182	1783 u. 1784	—21,3
				31. Jan. 1830	—20,5
19. St. Lo	49 7	3 26 W.	33	— 1786	—14,1
				6. Dcbr. 1844	— 9,5
20. Bernay	49 6	1 44	105	im Jan. 1838	—18,0
21. Montmorency . .	49 0	0 2	183	Jan. 1795	20,0
22. Meaux	48 58	0 33 O.	58	28. Jan. 1776	—19,5
23. Châlons-sur-Marne .	48 57	2 1	82	Dcbr. 1788	—20,6
				26. Dcbr. 1853	—20,0
24. Görsdorff . . .	48 57	5 26	228	27. Dcbr. 1853	—21,8
25. Vire	48 50	3 14 W.	177	Jan. 1776	—15,0
26. Paris	48 50	0 0	65	25. Jan. 1795	—23,5
				20. Jan. 1838	—19,0
27. Haguenau . . .	48 48	5 25 O.	—	Dcbr. 1788	—21,5
28. Commercy	48 46	3 15	243	12. Jan. 1820	—18,8
29. L'Aigle	48 43	2 0 W.	136	30. Dcbr. 1788	—21,8
30. Nancy	48 42	3 51 O.	200	1. Febr. 1776	—22,6
				3. Febr. 1830	—26,3
31. St. Malo	48 39	4 21 W.	14	Dcbr. 1783	—13,8
32. Straßburg	48 35	5 25 O.	144	31. Dcbr. 1788	—26,3
				3. Febr. 1830	—23,4
33. Chartres	48 27	0 51 W.	158	30. Dcbr. 1788	—19,5
34. Etampes	48 26	0 10	127	31. Dcbr. 1788	—21,9
35. Mayenne	48 18	2 57	102	Dcbr. 1788	—20,0

Ort.	Breite.	Länge.	Höhe über dem Meere in Metern.	Datum.	Absolutes Minimum.
36. Troyes	48° 18′ N.	1° 45′ O.	110	31. Dcbr. 1788	—23,8°
37. Mirecourt	48 18	3 48	279	— — 1786	—17,5
38. St. Dié	48 17	4 37	343	31. Dcbr. 1788	—26,3
39. Epinal	48 10	4 7	341	3. Febr. 1830	—25,6
40. Denainvilliers	48 10	0 4 W.	120	29. Jan. 1776	—17,1
41. Marboué	48 7	1 0	110	19. Jan. 1855	—12,2
42. Colmar	48 5	5 1 O.	195	19. Dcbr. 1788 im Febr. 1830	—25,6 —18,0
43. Neubreisach	48 0	5 0	198	18. Dcbr. 1788	—30,2
44. Montargis	48 0	0 23	116	Dcbr. 1783	—18,1
45. Joigny	47 59	1 4	117	31. Dcbr. 1788	—18,7
46. Orléans	47 54	0 26 W.	123	31. Dcbr. 1788	—22,5
47. Mühlhausen	47 49	5 0 O.	229	Jan. 1784 3. Febr. 1830	— 22,4 —28,1
48. Auxerre	47 48	1 14	122	Jan. 1768	—18,4
49. Vendôme	47 47	1 16 W.	85	30. Dcbr. 1853	—14,0
50. Beaugency	47 46	0 46	100	31. Dcbr. 1788	—22,5
51. La Chapelle = d'Angillon	47 26	0 7	191	19. Jan. 1855	—14,0
52. Tours	47 24	1 39	55	31. Dcbr. 1788 Jan. 1836	—25,0 —15,0
53. Dijon	47 19	2 42 O.	246	1. Febr. 1776 21. Febr. 1845	—20,0 —18,0
54. Besançon	47 14	3 42	270	Jan. 1784	—16,9
55. Nantes	47 13	3 53 W.	44	Dcbr. 1788	—13,0
56. Chinon	47 10	2 6	82	Dcbr. 1788	—23,8
57. Bourges	47 5	0 4 O.	156	Jan. 1789	—23,0
58. Pontarlier	46 54	4 1	838	31. Dcbr. 1788 14. Dcbr. 1846	—23,8 —31,3
59. Chalon-sur-Saône	46 47	2 31	178	31. Dcbr. 1788 5. Jan. 1789	—22,8
60. Lons-le-Saunier	46 40	3 13	258	31. Dcbr. 1788 16. Jan. 1838	—24,0 —24,5
61. La Chatre	46 35	0 21 W.	233	30. Dcbr. 1853 19. Jan. 1855	—12,5 —14,7
62. Poitiers	46 35	2 0	118	Dcbr. 1788 26. Jan. 1812	—20,0 —12,4
63. Moulins	46 34	1 0 O.	227	31. Dcbr. 1788	—22,6
64. Fontenay (Vendée)	46 28	3 9 W.	23	Dcbr. 1788	—17,5
65. Luçon	46 27	3 30	81	Dcbr. 1788	—18,1
66. Macon	46 18	2 30 O.	184	— —	—18,6
67. Bourg	46 12	2 53	247	30. Dcbr. 1853	—17,6
68. La Rochelle	46 9	3 30 W.	25	— —	—16,2
69. Roanne	46 2	1 44 O.	286	31. Dcbr. 1788	—20,6
70. Villefranche (Rhône)	45 59	2 23	183	— 1786	—13,8
71. St. Jean-d'Angely	45 57	2 52 W.	24	Dcbr. 1788	—17,5
72. La Saulsaye (Ain)	45 54	2 40 O.	298	20. Dcbr. 1853	—15,0
73. Limoges	45 50	1 5 W.	287	Dcbr. 1788	—23,7
74. Clermont-Ferrand	45 47	0 45 O.	407	Dcbr. 1788	—18,1

Ort.	Breite.	Länge.	Höhe über dem Meere in Metern.	Datum.	Absolutes Minimum.
75. Lyon	45°46′ N.	2°29′ O.	295	1. Febr. 1776 31. Dcbr. 1788 16. Jan. 1838	—21,9° —21,9 —20,0
76. Angoulême . . .	45 39	2 11 W.	96	31. Dcbr. 1788	—18,7
77. Grande-Chartreuse .	45 18	3 23 O.	2030	30. Dcbr. 1788	—26,3
78. Grenoble. . . .	45 11	3 24	213	im Febr. 1776	—21,6
79. Le Puy	45 0	3 31	630	Jan. 1789 15. Febr. 1854	—19,8 —17,1
80. Aurillac	44 56	0 6	622	27. Dcbr. 1829	—23,6
81. Libourne	44 57	2 35 W.	5	30. Dcbr. 1788	—16,2
82. Bordeaux. . . .	44 50	2 55	7	Dcbr. 1788 26. Dcbr. 1829	—13,8 —10,0
83. Joyeuse (Ardèche) .	44 30	2 0 O.	147	29. Dcbr. 1829	—15,6
84. Viviers	44 29	2 21	57	31. Dcbr 1788	—18,1
85. Rodez.	44 21	0 14	630	— 1782 — 1846	—10,0 —15,0
86. Agen	44 12	1 43 W.	43	16. Jan. 1842	—12,0
87. Orange	44 8	2 28 O.	45	im Jan. 1789 28 Dcbr. 1835	—15,7 —18,0
88. Alais	44 7	1 44	168	12. Jan. 1820	—12,3
89. Riez (Nieder-Alpen).	44 7	3 50	500	12. Jan. 1820	—15,0
90. Montauban . . .	44 1	0 59 W.	97	Dcbr. 1788	—13,1
91. Avignon	43 57	2 28 O.	55	27. Dcbr. 1829	—13,0
92. Nîmes	43 51	2 1	114	— —	—14,6
93. St. Sever . . .	43 46	2 54 W.	100	— 1784	— 7,0
94. Dax	43 43	3 24	40	— 1776	—14,4
95. Arles	43 41	2 18 O.	17	— 1786 Febr. 1810	— 5,5 — 6,2
96. Réguffe (Var) . .	43 40	3 48	515	22. Jan. 1855	— 7,0
97. Toulouse. . . .	43 37	0 54 W.	198	30. Dcbr. 1853 — 1755	—15,4 —12,3
98. Montpellier . . .	43 37	1 32 O.	30	11. Jan. 1709 20. Jan. 1853	—16,1 —18,0
99. Aix (Rhonemündung.)	43 32	3 7	205	— 1729	—11,0
100. Draguignan . . .	43 32	4 8	216	Dcbr. 1846	— 5,0
101. Béziers	43 21	0 52	70	— 1849	— 7,0
102. Marseille. . . .	43 18	3 2	46	Dcbr. 1788 12. Jan. 1820	—17,0 —17,5
103. Pau	43 18	2 43 W.	205	8. Jan. 1842	—12,3
104. Carcassonne . . .	43 13	0 1 O.	104	— 1789	—12,0
105. Oloron (Nieder-Pyrenäen)	43 12	2 57 W.	272	— 1784	—17,5
106. Narbonne . . .	43 11	0 40 O.	13	— 1803	—12,5
107. Toulon	43 7	3 36	4	— —	—10,0
108. Hyères	43 7	3 50	4	11. Jan. 1820	—11,9
109. Vallée d'Offan (Pyrenäen)	42 50	2 46 W.	1000	Dcbr. 1844	—21,0
110. Perpignan . . .	42 42	0 34 O.	42	Dcbr. 1788	— 9,4
111. Vence (Var) . .	43 0	4 40	36	11. Jan. 1820	—11,3

II. Brittische Inseln.

Ort.	Breite.	Länge.	Höhe über dem Meere in Metern.	Datum.	Absolutes Minimum.
1. Limerick	52° 40′ N.	10° 58′ W.	—	— 1788-89	—12,0°
2. Oxford	51 46	3 36	—	30. Dcbr. 1788	—10,6
3. London	51 31	2 28	—	25. Dcbr. 1796	—15,0
4. Auf dem Felde in der Nähe von London .	—	—	—	— —	—20,6
5. Penzance. . . .	50 7	7 53	—	— —	— 4,4

III. Holland und Belgien.

Ort.	Breite.	Länge.	Höhe über dem Meere in Metern.	Datum.	Absolutes Minimum.
1. Amsterdam . . .	52° 22′ N.	2° 33′ O.	0	30. Dcbr. 1783	—20,0°
2. Delft.	52 1	2 2	—	31. Dcbr. 1783	—22,5
3. Rotterdam . . .	51 55	2 9	—	29. Jan. 1776	—20,4
4. Nieuwport . . .	51 8	0 25	—	28. Jan. 1776	—18,3
5. Mecheln	51 2	2 9	—	Jan. 1823	—24,4
6. Verviers	51 —	3 —	—	5. Jan. 1789 26. Dcbr. 1853	—21,2 —19,5
7. Aloſt	50 56	1 42	—	20. Jan. 1838	—17,4
8. Löwen	50 53	2 22	—	28. Jan. 1776 26. Dcbr. 1853	—20,0 —23,2
9. Mastricht . . .	50 51	3 48	49	23. Jan. 1823	—22,9
10. Brüssel	50 51	2 1	59	28. Jan. 1776 15. Jan. 1838	—21,1 —18,8
11. Lüttich	50 39	3 11	61	29. Dcbr. 1783 19. Febr. 1855	—24,4 —20,8
12. Tournay	50 36	1 3	—	28. Jan. 1776	—21,3
13. Namur	50 28	2 31	151	— 1776 26. Dcbr. 1853	—18,1 —22,0
14. Mons	50 26	1 40	—	16. Jan. 1802	—17,5

IV. Dänemark, Schweden und Norwegen.

Ort.	Breite.	Länge.	Höhe über dem Meere in Metern.	Datum.	Absolutes Minimum.
1. Enontekis . . .	68° 40′ N.	20° 40′ O.	420	— —	—50,0°
2. Haapakyla bei Tornea	66 27	21 27	—	— —	—50,0
3. Calix . . .	65 50	—	—	— —	—55,0
4. Reikiavik (Island) .	64 8	24 16 W.	—	— —	—20,0
5. Drontheim . . .	63 26	8 3 O.	—	— —	—23,7
6. Gefle	60 40	14 48	—	11. Febr. 1845	—32 5
7. Upsala	59 52	15 18	0	— —	—31,7
8. Stockholm . . .	59 20	15 43	40	im Jan. 1784	—33,7
9. Kopenhagen . . .	55 41	10 14	0	4. Jan. 1789	—26,3
10. Eosberg	—	—	—	29. Dcbr. 1788	—31,3

V. Rußland.

Ort.	Breite.	Länge.	Höhe über dem Meere in Metern.	Datum.	Absolutes Minimum.
1. Abo	60° 27′ N.	19° 57′ O.	0	— —	—36,0°
2. St. Petersburg . . .	59 56	27 58	0	12. Febr. 1772 18. Jan. 1820 29. Dcbr. 1829	—38,8 —32,0 —32,5
3. Kasan	55 48	46 47	85	— —	—40,0
4. Moskau	55 45	35 14	142	im Jan. 1836	—43,7

Ort.	Breite.	Länge.	Höhe über dem Meere. in Metern.	Datum.	Absolutes Minimum.
5. Wilna	54° 41′ N.	22° 58′ O.	152	— —	—34,7°
6. Warschau . . .	52 13	18 42	120	18. Decbr. 1788	—32,5
7. Woronesch . . .	51 39	36 52	—	— —	—37,5
8. Astrachan . . .	46 21	45 45	—	— —	—36,2
9. Vicimo-Utkinsk am westl. Abfall des Ural	—	—	—	Jan. 1841	—31,0
10. Kaukasische Steppen	45 bis 50°	40 bis 50°		— —	—25,0 bis —32,0

VI. Deutschland.

Ort.	Breite.	Länge.	Höhe	Datum.	Absolutes Minimum.
1. Cuxhaven . . .	53° 53′ N.	6° 24′ O.	—	— —	—22,7°
2. Hamburg . . .	53 33	7 38	19	— —	—30,0
3. Bremen	53 5	6 28	26	16. Decbr. 1788	—35,6
4. Berlin	52 31	11 3	41	28. Decbr. 1788 24. Jan. 1829	—28,8 —25,0
5. Hannover. . . .	52 22	7 24	—	16. Decbr. 1688	—29,4
6. Sagan	51 40	12 59	119	— —	—32,6
7. Leipzig	51 20	10 2	100	27. Jan. 1776	—28,7
8. Breslau	51 7	14 42	148	— —	—35,0
9. Dresden	51 4	11 24	120	17. Decbr. 1788	—32,1
10. Weimar	50 59	9 0	204	17. Decbr. 1788	—28,8
11. Gotha	50 56	8 23	308	17. Decbr. 1788	—24,4
12. Frankfurt . . .	50 7	6 21	117	30. Decbr. 1783 23. Jan. 1829	—26,2 —21,2
13. Prag	50 5	12 5	179	7. Jan. 1784	—28,3
14. Erlangen . . .	49 36	8 40	—	18. Decbr. 1788	—31,3
15. Mannheim . . .	49 29	6 7	98	18. Decbr. 1788	—23,8
16. Ansbach	49 18	8 14	—	19. Decbr. 1788	—28,8
17. Regensburg . . .	49 1	9 45	362	— —	—30,5
18. Kehl	48 34	5 25	—	26. Decbr. 1788	—17,6
19. Augsburg . . .	48 22	8 34	491	30. Decbr. 1788	—26,3
20. Wien	48 13	14 3	186	29. Jan. 1776	—23,8
21. München	48 8	9 14	538	30. Decbr. 1788 26. Decbr. 1853	—28,8 —21,3
22. Peissenberg (Kloster)	47 48	8 14	996	— —	—22,8
23. Innsbruck . . .	47 16	9 4	556	30. Decbr. 1788 im Jan. 1830	—31,3 —25,0

VII. Ungarn, Türkei, Griechenland.

Ort.	Breite.	Länge.	Höhe	Datum.	Absolutes Minimum.
1. Ofen	47° 29′ N.	16° 43′ O.	154	30. Decbr. 1788	—22,5°
2. Constantinopel . .	41 0	26 39	—	23. Jan. 1850	—16,4
3. Athen	37 58	21 23	—	— —	— 4,0

VIII. Italien und die Schweiz.

Ort.	Breite.	Länge.	Höhe	Datum.	Absolutes Minimum.
1. Basel.	47° 33′ N.	5° 15′ O.	265	18. Decbr. 1788 3. Febr. 1830	—37,5 —27,0

Ort.	Breite.	Länge.	Höhe über dem Meere in Metern.	Datum.	Absolutes Minimum.
2. Zürich	47° 23′ N.	6° 13′ O.	459	29. Jan. 1776	—18,7°
				14. Debr. 1846	—18,8
3. Locle	47 —	4 30	—	14. Debr. 1846	—28,5
4. Bern	46 57	5 6	571	— —	—30,0
				14. Debr. 1846	—18,8
5. St. Bernhard (Hospiz)	46 50	4 45	2491	— —	—30,2
				30. Debr. 1853	—25,5
6. Freiburg	46 48	4 48	712	— 1830	—18,5
7. Yverdun	46 47	4 18	—	1. Febr. 1830	—21,0
8. St. Gotthard (Hospiz)	46 33	6 14	2095	— —	—30,0
9. Lausanne	46 31	4 18	528	— 1768	—20,0
10. Genf	46 12	3 49	407	im Jan. 1755	—25,0
				11. u. 15. Jan. 1838	—25,3
11. Mailand	45 28	6 51	147	— —	—16,2
12. Padua	45 24	9 32	14	— —	—15,6
				— 1776	—13,2
13. Pavia	45 11	6 49	90	— 1830	—15,3
14. Turin	45 4	5 21	278	— 1755	—17,8
				7. Debr. 1844	—17,0
15. Florenz	43 47	8 55	73	— —	— 8,5
16. Pisa	43 43	8 4	—	— —	— 6,3
17. Nizza	43 42	4 57	54	— —	— 9,6
18. Rom	41 54	10 7	29	29. u. 30. Debr. 1823	— 4,0
				— 1745	— 6,9
19. Neapel	40 51	11 55	54	— —	— 5,0
20. Palermo	38 7	11 1	54	— —	— 0,0
21. Nicolosi	37 35	12 46	682	— —	— 2,2

IX. Spanien und Portugal.

Ort.	Breite.	Länge.	Höhe über dem Meere in Metern.	Datum.	Absolutes Minimum.
1. Vittoria	43° 0′ N.	5° 0′ W.	—	13 Debr. 1846	—11,3°
2. Madrid	40 25	6 2	635	31. Debr. 1829	—11,2
3. Valenzia	39 29	2 45	—	— 1830	— 5,0
4. Lissabon	38 42	11 29	72	— —	— 2,7
5. Sevilla	37 23	8 21	—	— 1830	— 5,0
6. Gibraltar	36 7	7 41	—	1. Jan. 1830	—12,1

X. Asien.

Ort.	Breite.	Länge.	Höhe über dem Meere in Metern.	Datum.	Absolutes Minimum.
1. Nowaja-Semlja	73° 0′ N.	51° 30′ O.	—	—	—46,9°
2. Ustjansk	70 55	133 22	—	Jan. 1846	—40,3
3. Nischnei-Kolymskoi	68 32	158 34	—	— —	—53,9
4. Jkutsk	62 2	127 23	87	25. Jan. 1829	—58,0
5. Bogoslowsk	59 48	58 4	156	— —	—40,0
6. Nischnei Tagilsk	57 56	57 48	213	— —	—51,5
				26. Debr. 1844	—38,7
7. Ak-Boulak und Bich-Tamak	50 —	57 —	—	14. bis 20. Febr. 1840	—40,7

Ort.	Breite.	Länge.	Höhe über dem Meere in Metern.	Datum.	Absolutes Minimum.
8. Steppe der Kirghis-Kasaken	46° 51' N.	52° 0' O.	—	Debr. 1839	—43,9°
9. Peking	39 54	114 9	97	12. Jan. 1762	—15,6
10. Bukhara	39 44	62 35	—	28. Jan. 1842	—23,0
11. Bagdad	33 20	42 2	—	Jan. 1784	— 5,0
12. Nangasaki . . .	32 45	127 32	—	5. Febr. 1855	— 3,0
13. Mussuree . . .	30 27	75 42	1848	— —	— 2,8
14. Ambala	30 25	74 25	313	— —	— 0,3
15. Benares	25 19	80 35	97	— —	+ 7,2
16. Canton	23 8	110 56	—	— —	— 2,2
17. Chandernagor . .	22 51	86 2	—	— —	+ 7,5
18. Fort William (bei Calcutta) . . .	22 35	86 0	—	— —	+ 4,7
19. Calcutta	22 33	86 0	—	— —	+11,1
20. Macao	22 11	111 14	—	— —	+ 3,3
21. Madras	13 4	77 54	—	— —	+17,8
22. Seringapatam . .	12 25	74 19	735	— —	+ 8,9
23 Pondichery . . .	11 56	77 29	—	— —	+13,0
24. Ootacamund . .	11 25	74 30	2242	— —	+ 3,9
25. Kandy (Insel Ceylon)	7 18	78 30	512	— —	+11,7
26. Pulo-Penang (Insel)	5 25	97 59	—	— —	+24,4
27. Singapore . . .	1 17	101 30	—	— —	+21,7

XI. Asiatischer Archipel und Australien.

Ort.	Breite.	Länge.	Höhe.	Datum.	Absolutes Minimum.
1. Honolulu . . .	21° 18' N.	160° 15' W.	—	— —	+ 8,9°
2. Amboina . . .	3 41	125 49 O.	2	20. Sptbr. 1852	+19,8
3. Batavia	6 9	104 33	—	— —	+21,7
4. Fort Dundas (Melvillesinsel) . . .	11 25	127 45	—	— —	+17,2
5. Taïti.	17 29	151 49 W.	—	— —	+18,3
6. Sydney	33 52	148 54	—	— —	— 3,3

XII. Afrika.

Ort.	Breite.	Länge.	Höhe.	Datum.	Absolutes Minimum.
1. Algier	36° 47' N.	0° 44' O.	4	— —	— 2,5°
2. Tunis	36 46	7 51	—	— —	+ 2.5
3. Funchal (Ins. Madera)	32 38	19 16 W.	25	— —	+10,6
4. Cairo	30 2	28 55 O.	0	26. Jan. 1836	+ 2,5
5. St. Louis (Senegal)	16 1	18 51 W.	—	— —	+12,5
6. Gorée	14 40	19 45	—	— —	+15,3
7. Kobbe	14 11	25 48	—	— —	+ 7,7
8. Sackatu	13 5	3 52 O.	—	— —	+15,6
9. Bornu	13 0	11 30	—	— —	+ 5,5
10. St. Helena . . .	15 55 S.	8 3 W.	538	— —	+11,1
11. Port-Louis (Ile de France)	20 10	55 8 O.	—	— —	+15,6
12. St. Denis (Insel Bourbon) . . .	20 52	53 10	43	— —	+16,0
13. Cap	33 55	16 8	—	— —	+ 1,1

XIII. Nordamerika.

Ort.	Breite.	Länge.	Höhe über dem Meere in Meter.	Datum.		Absolutes Minimum.
1. Nevillesinsel . .	74° 47′ N.	113° 8′ W.	—	—	—	—48,3°
2. Port Bowen . .	73 14	91 15	—	—	—	—44,2
3. Grönländ. Meer .	72 0	22 0	—	—	—	—42,5
4. Port Felix . .	70 0	94 13	—	—	—	—50,8
5. Insel Igloolik .	69 19	84 33	—	—	—	—42,8
6. Insel Winter .	66 11	85 31 W.	—	—	—	—38,6
7. Fort Enteprise .	64 28	115 26	253	—	—	—49,7
8. Fort Reliance .	62 46	109 1	200	—	—	—56,7
9. Nain (Labrador).	57 10	64 10	0	—	—	—37,8
10. Sitcha . . .	57 3	137 38	—	—	1779	—20,0
11. Cumberland-House	53 57	104 37	235	—	—	—43,2
12. Quebec . . .	46 49	73 36	—	—	—	—40,0
13. Fort Brady . .	46 39	87 16	175	—	—	—36,1
14. Montreal . .	45 31	75 55	—	4. od. 5. Jan.	1835	—37,2
15. Penetanguishene	44 48	83 0	179	—	—	—35,6
16. Fort Howard .	44 40	89 22	185	—	—	—38,9
17. Montpellier . .	44 25	74 40	—	4. od. 5. Jan.	1835	—40,0
18. Bangor . . .	44 8	71 1	—	4. od. 5. Jan.	1835	—40,0
19. Anson	44 —	72 —	—	29. Jan.	1817	—40,0
20. Franconia . .	43 30	74 —	—	4. od. 5. Jan.	1835	—40,0
21. Windsor . . .	43 24	—	—	4. od. 5. Jan.	1835	—36,7
22. Concord . . .	43 12	73 50	—	4. od. 5. Jan.	1835	—37,2
23. Dover . . .	43 13	73 14	—	—	—	—33,3
24. Portsmouth . .	43 5	73 6	—	4. od. 5. Jan.	1835	—28,9
25. Newport . .	43 —	73 40	—	4. od. 5. Jan.	1835	—40,0
26. Saratoga . .	43 —	—	—	4. od. 5. Jan.	1835	—36,1
27. Rutland . . .	43 —	—	—	4. od. 5. Jan.	1835	—34,4
28. Albany . . .	42 39	76 5	39	4. od. 5. Jan.	1835	—35,6
29. Salem . . .	42 31	73 14	—	4. od. 5. Jan.	1835	—27,2
30. Pittsfield . .	42 30	—	—	4. od. 5. Jan.	1835	—36,1
31. Cambridge . .	42 23	73 28	68	—	—	—24,4
32. Boston . . .	42 21	73 24	—	— 4. od. 5. Jan.	— 1835	—35,6 —26,1
33. New-Haven . .	41 15	75 14	—	4. od. 5. Jan.	1835	—30,5
34. New-York . .	40 43	76 20	0	4. od. 5. Jan.	1835	—20,5
35. Philadelphia . .	39 57	77 30	—	4. od. 5. Jan.	1835	—20,0
36. Marietta . .	39 25	83 50	209	—	—	—27,8
37. Baltimore . .	39 18	78 57	—	4. od. 5. Jan.	1835	—23,3
38. Cincinnati . .	39 6	86 50	162	—	—	—27,0
39. Washington . .	38 53		—	4. od. 5. Jan.	1835	—26,6
40. St Louis (Missuri) . . .	38 37	79 21 92 35	136	—	—	—27,7
41. Richmond . .	37 32	79 48	—	—	—	—21,1
42. Williamsburg .	37 15	79 3	—	—	—	—21,1
43. Charlestown .	32 47	82 16	—	4. od. 5. Jan.	1835	—17,8
44. Savannah . .	32 5	83 26	—	—	—	—16,1
45. Natchez . . .	31 33	93 45	58	—	—	—17,8

	Ort.	Breite.	Länge.	Höhe über dem Meere in Metern.	Datum.		Absolutes Minimum.
46.	Talahasse . . .	30° 30′ N.	86° 20′ W.	—	—	—	—15,6°
47.	New-Orleans .	29 58	92 27	—	—	—	— 3,9
48.	Key-West (Florida) . . .	24 34	84 13	—	—	—	+ 6,7
49.	Vera-Cruz . .	19 12	96 29	—	—	—	+16,0
	XIV. Antillen.						
1.	Havanna . . .	23° 9′ N.	84° 43′ W.	28	—	—	+ 7,3°
2.	Ubajoy (Cuba) .	23 9	84 45	93	—	—	0,0
3.	Jamaica . . .	17 50	79 2	—	—	—	+17,8
4.	Guadeloupe . .	16 14	63 52	—	—	—	+18,5
5.	Martinique . .	14 40	63 30	—	—	—	+17,1
6.	Barbados . .	13 5	61 57	—	—	—	+22,2
7.	La Trinité . .	10 39	63 51	—	—	—	+16,0
	XV. Südamerika.						
1.	Curaçao . . .	12° 6′ N.	71° 16′ W.	—	—	—	+23,9°
2.	Maracaïbo . .	11 19	76 29	—	—	—	+21,1
3.	La Guayra . .	10 36	69 17	—	—	—	+21,0
4.	Caracas . . .	10 31	69 25	916	—	—	+11,0
5.	Paramaribo . .	5 45	57 33	—	—	—	+16,1
6.	Cayenne . . .	4 56	54 39	—	—	—	+18,7
7.	Santa-Fé de Bogota	4 36	76 34	2661	—	—	+ 2,5
8.	St. Luiz do Maranhao . . .	2 31	46 36	—	—	—	+24,4
9.	Galapagosinseln .	0 0	93 0	—	—	—	+11,1
10.	Quito . . .	0 14 S.	81 5	2908	—	—	+ 6,0
11.	Lima	12 3	79 28	166	—	—	+13,9
12.	Rio Janeiro .	22 54	45 30	—	—	—	+11,4
13.	Buenos-Ayres .	34 36	60 44	—	—	—	— 2,2
14.	Falklandinseln .	51 25	63 19	—	—	—	— 5,6

Man sieht aus dieser Tabelle, daß die äußersten Kältegrade, die man bis jetzt empfunden hat, in ziemlich enge Grenzen eingeschlossen sind; daß sie für Frankreich nicht unter —31,3°; für die brittischen Inseln nicht unter —20,6°; für Holland und Belgien nicht unter —24,4°; für Dänemark, Schweden und Norwegen nicht unter —55°; für Rußland nicht unter —43,7°; für Deutschland nicht unter —35,6°; für Italien nicht unter —17,8° und für Spanien und Portugal nicht unter —12° herabgehen. Was die nicht zu Europa gehörigen Gegenden anlangt, so müßte man zahlreichere Beobachtungen haben, um mit einiger Sicherheit die stärksten Kältegrade, welche dort vorgekommen sind, angeben zu können.

Man hat aus den in diesem Kapitel berichteten Thatsachen gesehen, daß die Flüsse erst bei einer Temperatur von ungefähr —6° zu frieren anfangen. Die großen Ströme erfordern, um von einem Ufer bis zum andern zuzufrieren, eine um so niedrigere Temperatur, je schneller sie fließen. In dem Maaße als die strenge Kälte anhält, wächst die Dicke der Eisschicht und wird so beträchtlich, daß Menschen und Wagen sie passiren können, dergestalt, daß die Thatsache einer zum Tragen von Lasten hinreichenden Eisdicke ein Beweis, man könnte fast sagen, ein Maaß für die Strenge des Winters ist. Es hat daher Interesse, die Eisdicke kennen zu lernen, welche bestimmte Lasten zu tragen vermag. In dieser Beziehung sind von mehreren Physikern, von Hamberger, Temanza, Toaldo, der Royal Society in London u. s. w. Messungen gemacht worden. Man hat gefunden, daß eine Dicke von 5 Centimeter erfordert wird, wenn das Eis einen Menschen tragen soll; eine Dicke von 9 Centimeter, wenn ein Reiter es mit Sicherheit passiren kann; hat das Eis eine Dicke von 13 Centimeter erreicht, so trägt es auf Schlitten gelegte Achtpfünder; wächst es bis zu 20 Centimeter, so kann bespannte Feldartillerie darüber hinweggehen. Die schwersten Wagen, ein Heer, eine große Menschenmenge sind auf dem Eise sicher, dessen Dicke 27 Centimeter beträgt.

Nachdem wir das Verzeichniß der durch ihre außerordentliche Strenge bemerkenswerthen Winter gegeben haben, ist es von Interesse, auch diejenigen Winter namhaft zu machen, die gerade umgekehrt sich durch ihre auffallende Milde ausgezeichnet haben. Diese Winter sind weniger zahlreich als die durch ihre Strenge ausgezeichneten. Peignot aus Dijon, Verfasser einer sehr schönen Arbeit unter dem Titel Essai chronologique sur les hivers rigoureux, die mehr als ein Mal gedient hat, um die in der zuvor (von S. 210 bis S. 301) gegebenen Zusammenstellung der merkwürdigen Winter berichteten Thatsachen zu controliren, hat ein Verzeichniß derjenigen Winter entworfen, in welchen die Milde der Temperatur sich durch ungewöhnliche Erscheinungen kund gegeben hat. Wir lassen hier dieses Verzeichniß folgen und vervollständigen es.

584. Der Winter war von so anhaltender Milde, daß man im Monat Januar Rosen sah. (Gregor von Tours.)

808. Dieses Jahr war der Winter sehr lau und sehr verderblich; infolge desselben traten schreckliche Ueberschwemmungen ein. (Vita Caroli Magni; Annales xantenses; Chronicon breve.)

838. Die Winterszeit war ganz durch Regen und Wind ausgefüllt. Donner wurden von Januar bis Mitte Februar gehört, ebenso im März; die außerordentliche Hitze der Sonne trocknete die Erde aus. (Annales xantenses.)

844. Der Winter war außerordentlich milde und regnerisch bis zu Anfang Februar, mit einigen Zwischenzeiten heiteren Himmels. (Annales bertiniani.)

1097. Der Winter war sehr milde und erzeugte viele Krankheiten. Die große Regenmenge führte das Austreten der Flüsse herbei. (Sigeberti Chronica; Ekkehardi Chronicon universale.)

1172. Der Winter war so milde, daß die Bäume sich mit grünem Laube bedeckten. Gegen Ende Januar nisteten die Vögel und hatten im Februar Junge. Es gab auch große Stürme, Ungewitter und viel Regen. Im Januar donnerte es häufig; das Feuer des Himmels beschädigte viele Häuser und Kirchen. (Chron. Magdeburg.; Siegeberti continuat. tornac.; Calvisius.)

1186. In diesem Jahre war in Deutschland der Winter wärmer, als man ihn seit langer Zeit in diesem Lande gekannt hatte; auch die Vegetation war sehr vorgerückt; die Ernte fand im Mai statt und die Weinlese im August. In Frankreich blühten die Bäume mitten im Winter. (Magdeburger Chronik; Functius; Annales fossenses.)

1204. Von Ende Januar bis zum Monat Mai herrschte eine ununterbrochene Trockenheit und eine brennende Hitze wie im Sommer. Diese Jahreszeit zeigte sich sehr verderblich für die Früchte der Erde; die Hungersnoth und die Sterblichkeit war in England, Frankreich, Spanien und Italien sehr groß. (Baker's Chronic.; Chronolog. Roberti altissiodorensis; Guilelmi de Nangiaco Chronicon.)

1258. „In diesem Jahre war das Wetter so milde und so angenehm, daß es während des ganzen Winters nur an zwei Tagen fror. Im Januar fand man Veilchen und blühende Erdbeerpflanzen, und die Apfelbäume waren alle weiß von Blüthen.“ „Es war warmes Wetter bis zu Lichtmeß.“ (Anonyme Chronik, in der Sammlung des Dom Bouquet.)

1285. Der Winter war sehr milde und regnerisch in Italien. (Toaldo.)

1289. Die Temperatur war so mild, daß in Köln die jungen Mädchen zu Weihnachten und am Dreikönigstage Kränze von Veilchen, Kornblumen und Himmelsschlüsselchen trugen. (Peignot.)

1301. Dieser Winter war in Italien warm. In Deutschland zerstörte Anfang December ein Orkan die Wohnhäuser und andere Gebäude; darauf beruhigte sich die Luft und klärte sich auf, und es trat eine so ungewöhnliche Wärme ein, daß im Januar die Bäume mit jungen Zweigen bedeckt waren; es erfolgte später ein starkes Austreten der Gewässer. (Frytsch; Toaldo.)

1421. Der Winter war so mild, daß man im April Kirschen und im Mai Weintrauben hatte. (Peignot.)

1427. Der Winter hatte keinen Frost und die Obstbäume blühten in Sachsen zu St. Nicolaus; dasselbe fand in Belgien und Italien statt. Eine sehr heftige Pest zeigte sich infolge dieser Jahreszeit in Deutschland. (Sächsische Chronik; Libert Fromond, Meteorologica; Toaldo.)

1504. In Italien war der Winter so mild wie der Frühling. (Toaldo.)

1529. „In diesem Jahre war der Winter einer der außergewöhnlichsten, den man jemals gesehen hat; denn es trat nicht allein kein Frost ein, sondern es war auch im Monat März so warm, wie es zu Johanni zu sein pflegt; so daß der größte Theil des Roggens in Aehren stand und man zu Paris vor dem April neue Mandeln verkaufte. Das Wetter änderte sich aber, und am 4. April fror es so stark, daß man alle Früchte des Landes verloren glaubte. Glücklicherweise schlug der Frost in Regen um und verursachte der Ernte keinen Schaden.“ (Félibien, Histoire de Paris, 2. Bd. S. 985.)

1539. Im December und Januar waren die Gärten mit Blüthen bedeckt. (Peignot.)

1552. Der Winter war in Italien warm und trocken. (Toaldo.)

1573. Die Bäume bedeckten sich im Januar mit Blättern und gewährten im Februar den Nestern der Vögel Schutz. (Peignot.)

1585. Der Winter war so mild, daß das Korn zu Ostern in Aehren stand. (Peignot.)

1596. „Die Beschaffenheit des Wetters war schwül, trübe und regnerisch; denn man hatte dieses Jahr den Sommer im April, den Herbst im Mai und den Winter im Juni.“ (Pierre de l'Estoile.)

1607, 1609, 1617, 1619. Die Winter dieser Jahre sind als solche verzeichnet, die ohne einen merklichen Frost vorübergegangen sind. (Peignot.)

1622. Der Monat Januar war so warm, selbst im Norden Deutschlands, daß man die Oefen nicht heizte und daß alle Bäume im Monat Februar in Blüthe standen. (Peignot.)

1659. In diesem Winter gab es weder Frost noch Schnee. (Short.)

1692. In Deutschland war der Winter äußerst warm. (Short.)

1702. Der Winter war in Italien sehr mild. (Toaldo.)

1719. Dieser Winter war in Frankreich und Italien durch seine Milde bemerkenswerth. Zu Paris zeigte das Thermometer im Januar oft nur +2,2° als die niedrigste Temperatur von 24 Stunden; es fiel nur an einem einzigen Tage unter Null, am 2., wo es auf —2,0° stand. Die meisten Bäume trugen im Februar und im März Blüthen, welche durch die Kälte zu Ende des März und die Fröste des April zerstört wurden. Zu Marseille hatten die Bäume seit dem vorhergehenden October geblüht und trugen neue Früchte, die, wenn auch klein, nichts destoweniger zur Reife gelangten. Am 18. December pflückte man Kirschen und vollkommen reife Aepfel. In den meisten Theilen der Landschaft von Genua war es ebenso mit den Pflaumen, Kirschen, Feigen und Pfirsichen. Die Orangen- und Citronenbäume auf offenem Felde blühten seit dem November und trugen Früchte. In der Provence waren die Oelbäume im Januar soweit vorgeschritten, als sie es in gewöhnlichen Jahren im April und Mai sind. (Maraldi, Mémoires de l'Académie für 1720, S. 3.)

1723. Dieser Winter war in England mild. (Short.) In Algarve sah man nach de Montagnac, französischem Consul in Lissabon, im December 1722 und im folgenden Januar die Bäume grün und voll Blüthen, wie im Frühjahr, Pflaumen und Birnen so reif und so gut, als im Juni, Feigen so groß als im April und Mai, und Weinstöcke, die schon Trauben, wenn auch noch unreife, trugen. (Mémoires de l'Académie für 1723, S. 17.)

1730. Von Mitte December 1729 an, dem Zeitpunkte, wo die Regen in England aufhörten, wurde mit dem Südwinde das Wetter mild und klar, wie im April. Es gab weder Schnee noch Frost bis zur Mitte des Januar. Ein Nordwind führte alsdann während zweier Tage einen schwachen Schneefall herbei; darauf wurde das Wetter wieder heiter und blieb so mit einigen Zwischenzeiten von kleinen Regen bis zu Ende Februar. Es fiel noch ein wenig Schnee mit kaltem Regen bis zur Mitte März. (Short.)

1765. Der Winter war gemäßigt und von einer außerordentlichen Milde in Italien. (Toaldo.)

1779. Der Winter war in Frankreich äußerst milde und das Barometer blieb während dieser Jahreszeit sehr hoch. (Cotte, Mémoires sur la météorologie, 1. Bd. S. 112.)

1822. Dieser Winter war in ganz Europa mild. Man schreibt von Petersburg dem Journal des Débats: „Unsere Winter sind gewöhnlich während vier aufeinanderfolgender Monate sehr streng, und machen sich, wenn auch in geringerem Grade, noch in zwei anderen Monaten fühlbar. Ihre ganze Dauer ist mindestens sechs Monate. Der Winter dieses Jahres umfaßte nur einen Monat und einige Tage. Der erste Schnee, der liegen blieb, fiel am Weihnachtstage, und verschwand allgemein in den ersten Tagen des Februar. Seitdem haben wir eine sehr milde Temperatur gehabt, der bedeckte Himmel war oft regnerisch; es schneite noch von Zeit zu Zeit ein wenig, und manche heiteren Tage waren mit heftigen Stürmen aus Südwest untermengt. Unsere durch die Regengüsse angeschwollenen Kanäle brachten die tieferen Theile der Stadt in die größte Gefahr, unter Wasser gesetzt zu werden. Das Winterkorn hat in den Gouvernements der Ostseeküsten und Weißrußlands infolge der Feuchtigkeit des unbedeckten Bodens viel gelitten, und der Landmann kann keine gute Ernte erwarten." „In Sibirien, wo der Winter beständig streng ist, hat man ihn dieses Jahr nur schwach empfunden, und es haben sowohl zu Tobolsk als auch viel weiter nordöstlich davon warme Winde geherrscht. Ueberall hat der Schnee gefehlt. Zu Beresow, einer der nördlichsten Städte unserer Gegenden, hat es am 8. December stark geregnet; die bejahrtesten Einwohner haben nichts Aehnliches gesehen."

In den verschiedenen Theilen des russischen Reichs war die Temperatur anomal. Am Ende des November 1821 pflückte man in der Umgegend von Riga neue Veilchen; am 10. December machte sich in Polen, in Mittelrußland und bis Moskau die Kälte nicht fühlbar; die Wege waren durch die ununterbrochenen Regen bodenlos und unpassirbar geworden. Der Winter fing zu Petersburg erst am 4. December an; das Thermometer fiel an diesem Tage auf — 12,5°. Gegen Ende des Monats hielt die Temperatur sich auf 4 bis 8 Grad über Null.

In England verkaufte man Mitte December Veilchen und Himmelsschlüsselchen in den Straßen Londons. Es folgten darauf lange Regen, aber zu Weihnachten hatte man herrliches Wetter. In Irland wurde die Kartoffelernte durch die überreichlichen Regengüsse dieses Winters sehr beeinträchtigt.

Im Süden Frankreichs, in Italien und Spanien wurde die Milde der Temperatur durch einzelnes Auftreten von Kälte und starken Stürmen am Anfange der Jahreszeit gestört; die Orkane zeigten sich furchtbar am 5. November; darauf verschwand der Winter und machte einem so warmen Wetter Platz, daß mehrere Bäume blühten und andere neue Früchte trugen. Ende December hatte sich der Wasserstand der Lagunen durch die Uebermenge des Regens um ein Meter gehoben.

Zu Paris fror es am Ende des Jahres 1821 nicht an einem einzigen Tage; die mittlere Temperatur des Monats December war +7,5°; die höchste +13,0° am 3., die tiefste +1,8° am 7. December. Im Januar gab es fünf Frosttage, die höchste Temperatur von +9,4° trat am 25., die niedrigste von —3,5° am 7. ein, das Mittel des Monats betrug +4,4°. Der Himmel war fast beständig bedeckt. Im Februar gab es drei Frosttage; die höchste Temperatur von +12,0° fand am 8., die niedrigste von —3,8° am 1. statt; dies war das absolute Minimum des Winters. Die mittlere Temperatur des Februars betrug +6,1°. Der Himmel war bedeckt, jedoch weniger als im Januar. Im März gab es nur einen einzigen Frosttag, den 1. mit —1,5°. Die höchste Temperatur von +21,8° fand am 28. statt, die mittlere des ganzen Monats betrug +9,9°. Die höchste Temperatur des April war +23,3° am 15., die niedrigste +1,3° am 3.; die mittlere Temperatur des Monats betrug +11,1°.

Der in der Tabelle der merkwürdigen Winter hervorgehobene Unterschied zwischen dem Klima von Canada und dem des westlichen Europas zeigte sich auch dieses Mal: am Ende des Jahres 1821 herrschte dort eine strenge Kälte und der Lorenzfluß war vor Montreal gefroren.

1824. Der Winter von 1823 bis 1824 war im nördlichen Europa mild. In Rußland führte er nur um den 4. Februar, wo man —12,5° beobachtete, etwas Kälte mit sich; es gab jedoch sehr heftige Stürme und es fiel viel Schnee. Ebenso war es in Schweden. Die Schifffahrt auf dem Sunde blieb offen. Man sah bis Ende des Januar weder Frost noch Schnee und fand auf den Märkten grünes Gemüse Seit Ende November nahm man in Stockholm Gewitter mit Donner wahr. Die mittlere Temperatur des Januar war in dieser Stadt +1,5°; das Thermometer fiel während dieses Monats nur ein Mal auf —6,5° und stieg auf +7,0°.

In Frankreich war der Winter viel weniger kalt als in den mittleren Jahren; es gab nur 31 Frosttage, und unter ihnen 5 aufeinanderfolgende; das Minimum von — 4,8° fand am 14. Januar statt.

In Spanien standen im Januar die Mandelbäume in voller Blüthe; aber heftige Stürme brachten die Blüthen zum Abfallen. In Italien war es viel kälter; die Berge in der Umgegend von Rom waren mit Schnee bedeckt, und am 5. Februar sank das Thermometer auf — 1,9°.

Aus allen in diesem Kapitel angeführten Thatsachen kann man den Schluß ziehen, daß die Aufeinanderfolge starker Winter, wenn sie auch nicht festen Gesetzen unterworfen ist, doch nichts destoweniger eine gewisse Regelmäßigkeit zeigt, wenn man mehrere Jahrhunderte zusammenfaßt. Aus einer aufmerksamen Untersuchung der Erscheinungen ergibt sich ferner, daß die in der Temperatur eingetretenen Veränderungen, worüber für den Augenblick die Zeitgenossen staunen, in der Vergangenheit ihre Analoga haben, so daß man kühn den vermeintlichen Umsturz der Jahreszeiten leugnen darf, den man stets anruft, sobald ein durch seine Strenge oder seine Milde von den gewöhnlichen Wintern abweichender Winter eintritt. Alles vereinigt sich, um zu beweisen, daß die Klimate Europas im Allgemeinen in einem stabilen Gleichgewichtszustande sich befinden, der auch die ängstlichsten Gemüther völlig beruhigen muß.

Fünfundzwanzigstes Kapitel.

Von den höchsten jährlich beobachteten Wärmegraden. — Merkwürdige Sommer.

Wenn es schwierig ist, ohne Hülfe eines Thermometers die Strenge eines Winters genau festzustellen, so wird die Verlegenheit noch viel größer, sobald man eine ungewöhnliche Wärme, die in einer Zeit eintrat, wo jedes Meßinstrument fehlte, mit Bestimmtheit angeben will. Für ungewöhnliche Kälte ist das Zufrieren der Flüsse, Ströme und Meeresarme ein sicheres Zeichen, in dem sich die Geschichtschreiber nicht täuschen können; dagegen fehlt es an einem solchen für große Wärme, deren Wirkungen sich oft mit den Einflüssen einer großen Trockenheit, eines starken Südwindes u. s. w. vermischen können. Daher werden wir in diesem Kapitel eine große

Genauigkeit nur für die Angaben erwarten dürfen, welche von Beobachtungen nach der Erfindung der Thermometer, und besonders seitdem diese Instrumente durch die auf ihre Anfertigung verwandte Sorgfalt vergleichbar geworden sind, herrühren.

Ich werde zunächst die Tabelle der größten jährlich in Paris beobachteten Wärme mittheilen; ich brauche wohl nicht daran zu erinnern, daß alle folgende Zahlen, da sie Temperaturen über dem Nullpunkte der hunderttheiligen Skala darstellen, als mit dem Zeichen + versehen betrachtet werden müssen.

Datum der Beobachtungen.		Höchste beobachtete Temperaturen.
1705	6. August	+ 39,0°
1706	8. August	36,9
1718	22. August	38,1
1724	11. August	36,9
1731	10. und 11. August	36,9
1732	30. Juli	30,1
1733	7. Juli	32,5
1734	6. und 8. September	31,9
1735	16. Juli und 10. August	31,4
1736	30. Juli	37,0
1737	21. Juli	33,1
1738	5. August	36,9
1739	22. Juli	33,7
1740	23. Juli	28,4
1741	8. August	33,8
1742	2. Juli	36,2
1743	17. Juni und 31. Juli	32,5
1744	29. Juni	30,0
1745	6. Juli	30,6
1746	15. Juli	32,8
1747	6. September	34,4
1748	23. Juni	36,9
1749	23. Juli	36,9
1750	22. Juli	35,0
1751	17. Juni	36,9
1752	29. Juni	33,8
1753	7. Juli	35,6
1754	14. Juli	35,0
1755	6. Juli	34,7

1757	. . 14. Juli	+	37,7°
1760	. . 18. und 19. Juli		37,7
1763	. . 19. August		39,0
1764	. . 22. Juni		37,5
1765	. . 26. August		40,0
1766	. . im Juli		37,8
1767	. . im Juni und August . .		33,8
1768	. . im Juli		35,3
1769	. . im August		36,9
1770	. . im August		35,0
1771	. . im Juli und September . .		35,0
1772	. . 24. Juni		36,8
1773	. . 14. August		39,4
1774	. . 26. Juli		33,7
1775	. . —		35,6
1776	. . 2. und 3. August . . .		33,1
1777	. . —		36,1
1778	. . 5. Juli		36,2
1779	. . 18. Juli		34,4
1780	. . 2. Juni		35,0
1781	. . 31. Juli		34,4
1782	. . 16. Juli		38,7
1783	. . 11. Juli		36,3
1784	. . 7. Juli		29,6
1785	. . 26. Juli		30,3
1786	. . 12. Juni		29,1
1787	. . 5. August		31,5
1788	. . 12. Juli		33,7
1789	. . 29. August		30,3
1790	. . 22. Juni		34,6
1791	. . 15. August		34,1
1792	. . 13. August		31,1
1793	. . 8. Juli		38,4
—	. . 16. August		37,3
1794	. . 30. Juli		30,5
1795	. . 13. August		29,5
1796	. . 21. August		29,5
1797	. . 15. Juli		31,0
1798	. . 1. August		32,7
1799	. . 8. August		30,0
1800	. . 18. August		35,5
1801	. . 12. August		28,2

1802 . .	8. August	+ 36,4°
1803 . .	31. Juli	36,7
1804 . .	5. Juni	33,8
1805 . .	12. August	28,0
1806 . .	11. Juli	33,6
1807 . .	11. Juli	33,6
1808 . .	15. Juli	36,2
1809 . .	17. August	31,2
1810 . .	2. September	30,7
1811 . .	19. Juli	31,0
1812 . .	14. Juni	32,8
1813 . .	30. Juli	29,7
1814 . .	28. Juli	33,8
1815 . .	5. August	30,0
1816 . .	20. Juli	28,0
1817 . .	20. Juni	31,0
1818 . .	24. Juli	34,5
1819 . .	5. Juli	31,2
1820 . .	31. Juli	32,2
1821 . .	24. August	31,0
1822 . .	10. Juni	33,8
1823 . .	26. August	31,3
1824 . .	14. Juli . .	35,3
1825 . .	19. Juli	36,3
1826 . .	1. August	36,2
1827 . .	2. August	33,0
1828 . .	29. Juni	32,0
1829 . .	24. Juli	31,3
1830 . .	29. Juli	31,0
1831 . .	8. Juli	29,5
1832 . .	13. August	35,0
1833 . .	2. Juni	29,8
1834 . .	12. und 18. Juli.	32,6
1835 . .	23. Juli	34,0
1836 . .	1. Juli	34,3
1837 . .	19. August	31,1
1838 . .	13. Juli	34,3
1839 . .	17. Juni	33,3
1840 . .	6. August	33,0
1841 . .	26. Mai	33,8
1842 . .	18. August	37,2
1843 . .	5. Juli	34,9

1844 . .	22. Juni	+ 31,4°
1845 . .	7. Juli	30,1
1846 . .	5. Juli	36,5
1847 . .	17. Juli	35,1
1848 . .	7. Juli	31,6
1849 . .	1. Juni	32,0
1850 . .	5. August	33,6
1851 . .	23. August	31,0
1852 . .	16. Juli	35,1
1853 . .	7. Juli	32,0

Hiernach sind die höchsten in Paris beobachteten Temperaturen gewesen 38,4° am 8. Juli 1793; 39,0° am 19. August 1763; 39,4° am 14. August 1773, und 40° am 26. August 1765.

Das mittlere Maximum für die zweite Hälfte des vorigen Jahrhunderts ist 34,0°, für die erste Hälfte des jetzigen 32,75°. Im vorigen Jahrhundert ist das Maximum im Mittel auf den 23. Juli und in dem jetzigen auf den 19. Juli gefallen.

Alle vorstehenden Beobachtungen sind mit Thermometern ausgeführt worden, die nach Norden zu im Schatten hingen und soviel als möglichst (wenigstens gilt dies für die neuesten) gegen die Zurückstrahlung des Bodens geschützt waren. Wären die Kugeln dieser Instrumente geschwärzt und der directen Strahlung der Sonne ausgesetzt gewesen, so würden sie bei ruhiger Luft, wenn die Einwirkung der Sonne auf ihrem Maximum stand, beständig 8 oder 10° C. mehr gezeigt haben. Man würde sich indeß sehr täuschen, wenn man daraus schließen zu können glaubte, daß in unsern Klimaten die Temperatur der den Sonnenstrahlen ausgesetzten Körper auf der Oberfläche der Erde niemals 46 oder 48° C. überstiege. An den Ufern der Flüsse oder des Meeres erreicht der Sand im Sommer oft die Temperatur von 65 bis 70° C. Das Wasser eines Flusses erhitzt sich, auch wenn seine Tiefe nur gering ist, niemals beträchtlich. So hatte z. B. 1800 in Rouen am 18. August, als das Thermometer in freier Luft +38° C. zeigte, das Wasser der Seine nur +23°.

Quetelet gibt in seinem Werke über das Klima Belgiens die folgenden Zahlen über die höchsten in Brüssel beobachteten Temperaturen.

Datum der Beobachtungen.		Höchste beobachtete Temperaturen.
1763	19. August	+ 27,2°
1764	13. Juli	26,1
1765	26. August	29,4
1766	20. Juli	26,1
1767	12. August	28,3
1768	28. Juli	27,8
1769	7. August	26,1
1770	9. August	33,4
1771	17. Juli	30,6
1772	26. Juni	35,0
1773	14. August	31,7
1775	6. Juni	31,9
1776	16. Juli	30,3
1777	9. August	33,4
1778	20. Juli	35,0
1779	18. Juli	29,7
1782	16. Juli	30,6
1783	2. August	33,8
1784	7. Juli	32,3
1785	1. Juli	30,6
1786	16. Juni	29,8
1787	12. Juni	30,0
1822	10. Juni	29,4
1823	25. August	26,3
1824	14. Juli	30,0
1825	19. Juli	31,3
1826	2. August	31,3
1827	30. Juli	28,8
1828	5. Juli	30,0
1833	29. Juni und 8. Juli	28,8
1834	19. Juli	31,1
1835	11. Juni und 12. August	29,8
1836	6. Juli	30,1
1837	20. August	29,7
1838	13. Juli	30,8
1839	18. Juni	32,9
1840	2. Juni	27,5
1841	26. Mai	28,8
1842	18. August	32,6
1843	5. Juli	32,8

1844	. . 24. Juni	+ 30,6°
1845	. . 6. Juli	32,7
1846	. . 27. Juni	30,6
1847	. . 17. Juli	32,1
1848	. . 8. Juli	30,0
1849	. . 9. Juli	32,8
1850	. . 6. August	30,0
1851	. . 1. Juli	29,2
1852	. . 16. Juli	32,7
1853	. . 8. Juli	30,5

Die größte zu Brüssel aufgezeichnete Wärme betrug 35°, und trat am 26. Juni 1772 ein.

Die in den Philosophical Transactions veröffentlichten meteorologischen Beobachtungen haben mir es möglich gemacht, die folgende Tabelle der höchsten in London während drei Vierteljahrhunderte beobachteten Temperaturen zusammenzustellen:

Datum der Beobachtungen.		Höchste beobachtete Temperaturen.
1774	. . 26. Juli	+ 28,3°
1775	. . 21. Juli	27,8
1776	. . 2. August	30,0
1777	. . 8. August	27,8
1778	. . 13. und 14. Juli . . .	30,0
1779	. . 13. Juli	28,9
1780	. . 29. Mai	28,9
1781	. . 31. Juli	28,9
1787	. . 9. August	28,6
1788	. . 27. Mai und 2. Juni . .	26,6
1789	. . 29. August	23,3
1790	. . 22. Juni	30,0
1791	. . 7. Juni	26,7
1792	. . 12. August	28,9
1793	. . 16. Juli	31,7
1794	. . 13. Juli	28,9
1795	. . 23. Mai	27,2
1796	. . 22. August	26,7
1797	. . 14. und 16. Juli . . .	28,9
1798	. . 28. Juni	30,0
1799	. . 10. u. 30. Juni, 6. u. 8. Juli	25,0
1800	. . 2. August	31,1

1801	. . 10. und 29. Juni	+ 26,7°
1802	. . 30. August	27,2
1803	. . 2. Juli	29,4
1804	. . —	27,2
1805	. . —	26,1
1806	. . 10. Juni	28,3
1807	. . 22. Juli	29,4
1808	. . 13. Juli	33,3
1809	. . 10. August	26,1
1810	. . 25. August	26,7
1811	. . 28. und 29. Juli	22,7
1812	. . 11. Juni	21,1
1813	. . 30. Juli	22,8
1814	. . 28. Juli	26,1
1815	. . 14. Juli	22,2
1816	. . 2. Juni	21,1
1817	. . 21. Juni	27,2
1818	. . 16. Juli	26,7
1819	. . 30. Juli und 17. August .	23,9
1820	. . 26. Juni	28,9
1821	. . im August	24,4
1822	. . 10. Juni	27,2
1823	. . 13. und 25. August . . .	23,9
1824	. . 13. Juli und 1. September .	26,7
1825	. . 19. Juli	30,6
1826	. . 27. Juni	30,8
1827	. . 29. Juli	27,2
1828	. . 8. Juli	26,4
1829	. . 14. Juni und 22. Juli . .	25,7
1830	. . 30. Juli	29,9
1831	. . 29. Juli	27,1
1832	. . 10. August	27,7
1833	. . 15. Mai	27,4
1834	. . 17. Juli	30,4
1835	. . 28. August	28,9
1836	. . 4. August	29,4
1837	. . 28. Juli	26,4
1838	. . 24. Juni	26,5
1839	. . 8. und 20. Juni	29,4
1840	. . 1. Juni	28,3
1841	. . 20. Juni	30,6
1842	. . 19. August	30,0

Man sieht, daß in dieser Reihe die höchste in London beobachtete Temperatur 33,3° C. betrug, und am 13. Juli 1808 eintrat.

Die in Genf gemachten Beobachtungen geben für die absoluten Maxima die folgende Reihe:

Datum der Beobachtungen.		Höchste beobachtete Temperaturen.
1826	3. August	+ 34,6°
1827	30. Juli	36,2
1828	4. Juli	34,4
1829	10. August	30,4
1830	5. August	32,7
1831	23. Juni	29,6
1832	22. August	35,2
1833	26. Juni	32,1
1834	18. Juli	34,5
1835	16. Juli	32,5
1836	12. Juli	33,4
1837	16. Juni	32,7
1838	5. August	31,0
1839	15. Juli	33,9
1840	22. Juni	31,2
1841	21. Juni	28,9
1842	4. Juli	30,9
1843	5. Juli	28,5
1844	14. Juni	31,5
1845	3. Juli	31,0
1846	14. Juli	31,6
1847	18. Juli	32,4
1848	27. Juli	30,4
1849	12. Juli	32,2
1850	5. Juli	30,5
1851	30. Juni	31,2
1852	15. und 17. Juli	31,6
1853	30. Juni	32,0

Die im vorigen Jahrhundert von Duhamel du Monceau in Denainvilliers angestellten Beobachtungen liefern die folgenden Resultate:

Datum der Beobachtungen.		Höchste beobachtete Temperaturen.
1748	23. Juni	+ 33,8°
1749	13. Juli	33,8

1750	22. Juli	+ 34,4°
1751	17. Juni	30,0
1752	20. und 29. Juni	28,8
1753	7. Juli	36,3
1754	15. August	32,5
1755	20. Juni	36,8
1756	16. Juli	31,9
1757	11. und 13. Juli	36,3
1758	9. Juni	34,4
1759	9. und 24. Juli	33,8
1761	24. Juni und 8. September	33,8
1762	2. August	35,6
1763	19. August	35,3
1764	19. Juni	33,8
1765	24. August	35,0
1766	21. Juli und 21. August	30,0
1767	6. und 11. August	33,1
1768	26. Juli	36,3
1769	7. Juni	31,9
1770	11. August	31,9
1771	18. Juli	32,5
1772	26. Juni	35,0
1773	15. August	35,9
1774	8. August und 2. September	32,5
1775	22. Juli	35,6
1776	5. August	36,9
1777	18. Juli	35,0
1778	5. Juli	36,9
1779	17. August	33,0
1780	1. Juni, 31. Juli u. 1. August	35,0

Gehen wir wieder nach Norden zurück, so erhalten wir aus den zu Metz (Dep. der Mosel) von Herrn Schuster gemachten Beobachtungen die folgende Reihe:

Datum der Beobachtungen.		Höchste beobachtete Temperaturen.
1825	18. und 19. Juli	+ 34,0°
1826	3. August	36,1
1827	30. Juli	34,5
1828	4. und 5. Juli	34,0
1829	25. Juli	30,5
1830	28. Juli	31,0

1831	4. August	+ 28,2°
1832	13. August	31,5
1833	26. Juni	31,0
1834	12. Juli	33,0
1835	18. Juli	33,0
1836	24. Juni	29,8
1837	29. Juni	31,0
1838	14. Juli	33,5
1839	18. Juni	33,4
1840	2. Juni	29,5
1841	27. Mai	29,5
1842	19. August	32,5
1843	5. Juli	31,0
1844	24. Juni	30,5
1845	7. Juli	33,2
1846	1. August	34,8
1847	18. Juli	33,2
1848	7. Juli und 29. August	30,5
1849	8. Juli	33,6

Die zu La Chapelle in der Nähe von Dieppe von Herrn Nell de Bréauté gemachten Beobachtungen geben die folgenden Zahlenwerthe:

Datum der Beobachtungen.		Höchste beobachtete Temperaturen.
1820	26. Juni	+ 26,7°
1821	24. August	29,4
1822	21. August	30,7
1823	25. August	27,5
1824	14. Juli	32,9
1825	18. Juli	33,5
1826	2. August	30,1
1827	2. August	30,3
1828	3. Juli	28,2
1829	14. Juli	27,8
1830	28. Juli	28,3
1831	7. Juli	24,0
1832	9. August	27,7
1833	28. Juni	25,4
1834	21. Juni	30,6
1835	11. August	28,8
1836	5. Juli	29,2

1837 . .	19. August	+ 26,8°
1838 . .	13. Juli	28,5
1839 . .	17. Juni	28,0
1840 . .	6. August	27,2
1841 . .	31. August	26,2
1842 . .	18. August	32,8
1843 . .	5. Juli	29,2
1844 . .	24. Juli	26,7
1845 . .	6. Juli	27,8
1846 . .	5. Juli	31,4
1847 . .	23. Mai	29,3

Die zu Avignon von Guérin ausgeführten meteorologischen Beobachtungen liefern für diese Stadt die folgende Reihe:

Datum der Beobachtungen.		Höchste beobachtete Temperaturen.
1802 . .	14. August	+ 38,1°
1803 . .	16. August	38,1
1804 . .	6. Juli	35,3
1805 . .	2. Juli	35,0
1806 . .	15. Juli	36,9
1807 . .	30. Juli	35,7
1808 . .	16. Juli	37,0
1809 . .	1. August	31,9
1810 . .	14. Juli	28,7
1811 . .	27. Juli	35,0
1812 . .	8. Juni	35,6
1813 . .	30. Juli	33,1
1814 . .	2. August	35,5
1815 . .	21. Juli	31,5
1816 . .	14. August	30,0
1817 . .	3. Juli	32,5
1818 . .	27. Juli	34,0
1819 . .	7. Juli	33,5
1820 . .	11. August	33,6
1821 . .	4. August	31,5
1822 . .	14. Juli	33,3
1823 . .	29. August	31,5
1824 . .	13. Juli	38,0
1825 . .	21. Juli	35,0
1826 . .	2. Juli	33,0

1827	. . 29. Juli	+ 34,1°
1828	. . 3. Juli	33,3
1829	. . 15. Juli	33,5
1830	. . 16. Juli	36,5
1831	. . 9. Juli	34,5
1832	. . 11. August	36,5
1833	. . 1. Juni	34,0
1834	. . 14. Juli	35,0
1835	. . 31. Juli	35,0
1836	. . 5. Juli	36,6
1837	. . 21. August	35,0
1838	. . 20. Juli	33,8
1839	. . 3. August	38,0

Die höchste zu Avignon aufgezeichnete Temperatur von 38,1° wurde am 14. August 1802 und am 16. August 1803 beobachtet.

Die zu Orange vor 1843 beobachteten Maxima verdienen, wie mein College Herr de Gasparin in der mir zugesandten schriftlichen Notiz bemerkt, kein unbedingtes Zutrauen, weil das angewandte Thermometer Strahlungen, oder genauer gesagt Reflexionen, welche auf die Resultate einen Einfluß ausüben konnten, ausgesetzt war. Von 1843 an sind die Maxima von jeder störenden Einwirkung frei gehalten und streng richtig; sie geben die folgenden Zahlen:

Datum der Beobachtungen.		Höchste beobachtete Temperaturen.
1843	. . 26. August	+ 36,6°
1844	. . 15. Juli	37,2
1845	. . 8. Juli	35,2
1846	. . 13. Juli	36,5
1847	. . 11. Juli	37,5
1848	. . 7. August	36,7
1849	. . 9. Juli	41,4
1850	. . 2. Juni	40,5
1851	. . 17. August	36,2
1852	. . 25. August	35,3
1853	. . 23. Juli	35,8

Das zu Orange am 9. Juli 1849 beobachtete Maximum von 41,4° C. ist das höchste, das man in Frankreich beobachtet hat.

D'Hombres-Firmas hat in Alais (Gard) die folgenden Temperaturmaxima erhalten:

Datum der Beobachtungen.		Höchste beobachtete Temperaturen.
1803 . .	3. August	+ 36,1°
1812 . .	24. August	30,8
1817 . .	im Juli	33,8
1818 . .	im August	36,5
1820 . .	im August	35,8
1821 . .	im Juli	32,5
1822 . .	14. und 23. Juni	36,5

Die vorstehenden Tabellen zeigen, innerhalb welcher Grenzen die an den verschiedenen Orten beobachteten höchsten Wärmegrade schwanken. Die Höhe der Wärme verbunden mit ihrer Dauer charakterisirt jeden Sommer. Bevor es thermometrische Beobachtungen gab, war es schwierig, die Sommer unter einander zu vergleichen; indeß berichten die Chronikenschreiber über Wärmewirkungen, die es verdienen in der Geschichte der Meteorologie unserer Erde erwähnt zu werden, um sie mit beglaubigten Thatsachen neuerer Zeit zu vergleichen. J. D. Cassini hat 1682 in der ersten Etage der Sternwarte eine Reihe Thermometerbeobachtungen begonnen, die von seinen Nachkommen mit Ausnahme einiger Unterbrechungen bis 1793 fortgesetzt wurde. Diese Beobachtungsregister haben seinem Urenkel Cassini IV. es möglich gemacht, mit einem gewissen Grade von Genauigkeit die Temperatur der Sommer in Paris von 1683 bis 1731, von 1750 bis 1755, und von 1764 bis 1793 zu berechnen. Man kann auf diese Weise die in der zweiten Etage der Sternwarte gemachten Beobachtungen rectificiren. Diese, im Jahre 1700 von La Hire begonnene und im Auszuge in den Memoiren der alten Akademie bis 1754 veröffentlichte Reihe liefert nur ein Maximum jedes Jahres, das meist bei Aufgang der Sonne beobachtet ist. Die Beobachtungsregister von Maraldi und Grandjean de Fouchy, welche La Hire's Reihe fortsetzten, sind nicht wieder aufgefunden worden. Indeß gestatten die Beobachtungen Cassini's in Verbindung mit den später von Réaumur und Charles Messier gemachten, die thermischen Verhältnisse des 18. Jahrhunderts festzustellen. Die in den Jahresberichten der großen Weinberge aufgezeichneten Bemerkungen, die sehr gewissenhaften landwirthschaftlichen Beobachtungen von Duhamel du Monceau gewähren das Mittel, mit den Beobachtungen der Sommerwärme die auf die verschiedenen Ernten ausgeübten Wirkungen zu vergleichen.

Mit Cassini kann man zu Paris als heiße Tage diejenigen Sommertage betrachten, wo das Thermometer nicht weniger als 25° und nicht über 31° zeigt; als sehr heiße Tage diejenigen, wo das Thermometer höchstens 34,9° erreicht; als außerordentlich heiße Tage diejenigen, an denen das Thermometer diese letzte Zahl überschreitet. Soll ein Sommer als merkwürdig wegen der Höhe und der Dauer der Wärme betrachtet werden, so muß man in ihm entweder wenigstens 45 sowohl heiße als auch sehr heiße Tage, oder wenigstens einen außerordentlich heißen Tag zählen.

Ich habe Herrn Barral beauftragt, nach diesen Bedingungen die folgende Tabelle der durch ihre hohe Temperatur merkwürdigen Sommer zn entwerfen:

584. In Gallien trugen die Bäume im Juli Früchte, und brachten im September neue. Die Trockenheit war sehr groß. (Gregor von Tours, 9. Buch in der Sammlung des Dom Bouquet.)

587. Im October nach der Weinlese sah man auf den Weinstöcken neue Reben mit Trauben besetzt, und auf anderen Bäumen neue Blätter und neue Früchte. (Gregor von Tours.)

588. Die Bäume blühten im Herbst und gaben eben solche Früchte wie die bereits geernteten; Rosen erschienen im neunten Monat (im December). (Gregor von Tours.).

605. Es war in Italien eine außerordentliche Hitze und Trockenheit. (Magdeburgische Chronik.)

775. Der Sommer war heiß und alle Brunnen vertrocknet. (Glycae annales in der byzantinischen Bibliothek.)

783. Der Sommer war in diesem Jahre so glühend, daß viele Personen vor Hitze umkamen. (Chronicon vetus moissiacensis coenobii in Monumenta Germaniae historica von Pertz.)

828. „In Italien erhoben sich versengende Winde, begleitet von feurigen Meteoren. Dennoch war dieses Jahr sehr fruchtbar.“ (Eine von Toaldo angeführte akademische Sammlung.)

838. Dieses Jahr war durch ungewöhnliche atmosphärische Wechsel ausgezeichnet. Eine furchtbare Sonnengluth verbrannte die Erde. (Annales xantenses.)

851 und 852. Die Sonnengluth war in Gallien, Deutschland und Ita-

lien außerordentlich; die Trockenheit war so groß, daß Futter für das Vieh mangelte; es ging daraus eine schreckliche Hungersnoth hervor, die sich bis 855 verlängerte. Man sah Eltern ihre eigenen Kinder verzehren. (Annales xantenses, fuldenses und Functius.)

869. „Infolge des Sommers trifft eine schreckliche Hungersnoth viele Provinzen von Frankreich und Burgund. Es stirbt eine erschreckende Menge von Menschen, und so groß ist die Noth, daß man Menschenfleisch ißt.“ (Annales xantenses.)

870. Es war in der Umgegend von Worms eine so heftige Hitze, daß die Schnitter todt auf dem Felde niederfielen; mehrere Personen starben an Erstickung, während sie auf dem Rheine fuhren. (Annales fuldenses in der Sammlung des Dom Bouquet.)

872. Der Sommer war in Deutschland und in Gallien von einer erstickenden Hitze; man hatte fast fortwährend Gewitter. Die St. Petri-Kirche in Worms wurde durch den Blitz zerstört; viele Menschen kamen um, und die Ernten waren mangelhaft. England wurde von einer alles verzehrenden Trockenheit und Hitze heimgesucht. (Hermanni contracti Chronica und Chronicon hildesheimense; Short.)

874. Die Hitze des Sommers und seine lange Dauer bewirkten das Vertrocknen der Wiesen und Mangel an Getreide. (Annales bertiniani.) Der Chronist von Fulda versichert, daß die Hungersnoth und die Pest, die sich infolge dieses Sommers in Frankreich zeigte, ein Drittel der Bevölkerung hinwegraffte.

921. Die Wärme des Sommers war sehr groß; man erhielt dieses Jahr viel Wein. Die Trockenheit war fast andauernd während der Monate Juli, August und September. (Frodoardi Chronicon.)

928. In dem Bezirk von Reims war die Weinlese vor dem August fast beendigt. (Frodoardi Chronicon.)

987. Die außerordentliche Wärme des Sommers brachte viele Menschen um, und man erntete fast Nichts an Früchten. (Chronicon saxonicum.)

988. Von Mitte Juli bis Mitte August gab es eine so glühende Hitze, daß eine Menge Menschen ihr unterlagen; die Ernte an Früchten war viel geringer als gewöhnlich; die Sonnengluth und die Trockenheit verzehrten Alles: es trat eine Hungersnoth ein. (Chronicon saxonicum; Sigeberti, dolense; Annales colonienses; Functius.)

993. Von St. Johanni (24. Juni) an bis zum 9. November, also fast während des ganzen Sommers und Herbstes, war die

Trockenheit und die Hitze außerordentlich; viele Früchte kamen nicht zur Reife und wurden von der Sonnengluth verbrannt. Es folgte darauf eine Seuche und große Sterblichkeit unter Menschen und Hausthieren. (Chronicon hildesheimense.)

994 und 995. Die Hitze muß während dieser Sommer hoch und anhaltend gewesen sein; denn die Chronisten berichten, daß die Trockenheit so furchtbar war, daß die Fische in den Teichen umkamen; daß die Bäume von selbst anbrannten, daß die Früchte und die Flachsernte vernichtet wurden. Im Jahre 995 war ihrer Aussage zufolge der größte Theil der europäischen Flüsse so flach, daß man durch sie hindurchwaten konnte.

1022. Es fand während der synodalen und königlichen Versammlung zu Aachen eine so starke Hitze statt, daß viele Menschen erstickten und eine Menge Thiere eines plötzlichen Todes starben. Das Pflaster und die Marmorsäulen des Tempels schwitzten so beträchtliche Feuchtigkeit aus, daß viele Leute glaubten, man hätte sie besprengt. Dieser Sommer war außerordentlich heiß und trocken in England; er war in einem großen Theile Deutschlands tödtlich für Menschen und Vieh und von schrecklichen Gewittern begleitet. (Sigeberti Chronicon, Annales Hepidanni; Short.)

1026. In diesem Jahre herrschte in Italien eine so starke Hitze, daß viele Thiere und eine Menge von Menschen sehr dadurch litten. (Wippon.)

1034. Nach der von dem Chronisten Raoul Glaber so gut beschriebenen schrecklichen Hungersnoth der vorhergehenden Jahre zeigte sich dieses Jahr, nach der Chronik von Verdun, warm und so reich an Getreide, an Wein und Früchten aller Art, daß die Ernte der von fünf Jahren zusammengenommen gleich kam.

1053. Dies war ein Jahr von Hitze und Trockenheit, die sich bis nach dem Norden Frankreichs erstreckte. (Chronik von Saint-Vandrille).

1078. Dieses Jahr zeichnete sich durch Trockenheit und Hitze aus, so daß die Wiesen verdorrten; man erhielt nichts desto weniger eine gute Ernte; man sammelte die Früchte im Juni und der Wein war sehr reichlich. (Annales sanctae Columbae senonensis.)

1083. Die Gluth des Sommers war so stark, daß ihr nicht allein Menschen erlagen, sondern daß sie auch den Untergang der Fische in den Teichen herbeiführte. (Annales ottenburani.)

1102. Der Sommer war außerordentlich heiß. (Short.)

1113. Die Hitze war im Monat Juni so stark, daß die Ernten und sogar die Wälder, wie es heißt, von selbst in Brand geriethen. (Baker's Chronicle.)

1135. Die Wärme und die Trockenheit waren außerordentlich groß: die Weiden und die Ernte wurden versengt; es folgte darauf eine große Theuerung und Hungersnoth. Die Flüsse und die Quellen waren versiegt: die Haiden der Gebirge und die vertrockneten Wälder entzündeten sich angeblich durch die Gluth der Sonnenstrahlen. Der Rhein war fast ganz trocken und konnte an mehreren Orten zu Fuß durchschritten werden. (Aventius Bergomensis und Toaldo.)

1136. Gegen das Sommersolstitium war in Frankreich eine ungewöhnliche und so starke Hitze, daß die Menschen, die Heerden und die Früchte des Bodens ihre unheilvollen Wirkungen erfuhren. (Annales fossenses.)

1137. Der folgende Sommer war wieder außerordentlich heiß und trocken. Die schiffbaren Ströme wurden an einigen Orten zu Fuß durchschritten. In Frankreich gaben die Quellen und Brunnen kein Wasser mehr, und viele Landleute kamen vor Durst um. Mitten in dieser verzehrenden Hitze brannten mehrere Städte an demselben Tage, unter anderen Mainz und Speyer. Unterirdische Feuer zeigten sich in Italien drei Jahre lang; es fand dieses Jahr eine Eruption des Vesuvs statt. Der gewöhnliche Stand der Gewässer stellte sich erst 1139 wieder her. (Sächsische Chronik, Guillelmi de Nangiaco chronicon, Vincentius de Beauvais, Martin aus Polen, Trithemius, Toaldo.)

1157. Der Sommer war in Italien außerordentlich heiß und trocken. (Short.)

1165. Es wehten in Italien glühend heiße Winde, die alle Pflanzen austrockneten. (Toaldo.)

1177. Der Sommer zeigte sich sehr trocken und sehr heiß; die Trockenheit war so stark, daß die Aussaat verloren ging; es gab weder Getreide noch Heu. Die Weinlese begann im Monat August und der Wein war ausgezeichnet. (Chronicon Wilhelmi Godelli, Short.)

1186. Die Ernte fand im Mai und die Weinlese im August statt. (Siehe oben S. 339.)

1188. Es war eine außerordentliche Hitze und Trockenheit, in dem Grade, daß an vielen Orten Flüsse, Quellen und Brunnen versiegt waren; Frankreich erlitt durch Brände vielfaches Mißgeschick. (Guillelmi de Nangiaco chronicon.)

1204. Der Sommer war in Italien heiß und außerordentlich trocken. (Toaldo.)

1224. Die Hitze des Sommers war so stark, daß das Korn durch sie vertrocknete. Heftige Winde, die während des ganzen Monats August herrschten, vollendeten die Verödung der Felder. (Quetelet.)

1228. Der Sommer war in diesem Jahre so heiß, daß die Ernte zu St. Johanni (Mitte Juni) ganz beendigt war. In England erschlug der Blitz viele Menschen und Thiere. (Justus Lipsius; Short.)

1240. Der Sommer war trocken und brennend heiß. Die Weine dieses Jahres waren so stark, daß man sie nicht ohne Wasser trinken konnte. (Vincent de Beauvais.)

1251. Dieser Sommer zeigte eine außerordentliche und unerträgliche Hitze; die damit zusammenhängende Sterblichkeit war so groß, daß man in manchen Kirchspielen an hundert Personen in einem Monate begrub. (Magdeburgische Chronik.) Der Wein mangelte in Frankreich. (Anonyme Chronik.)

1257. Der Sommer war übermäßig heiß und schien bis Lichtmeß anzuhalten. (Anonyme Chronik in der Sammlung des Dom Bouquet.)

1277. Dieser Sommer war heiß; es herrschte eine außerordentliche Trockenheit; die größten Flüsse, die Brunnen, die Quellen waren vollkommen trocken. Es entstand daraus eine große Sterblichkeit. Der Blitz schlug während der Monate August und September an vielen Orten ein. (Anonymi Sancti-Martialis Chronicon.)

1282. Am 24. August (1. September) trank man zu Lüttich neuen Wein. (Quetelet.)

1288. „Es war ein großes Wein-, Heu- und Eicheljahr; im August herrschte so große Hitze, daß die Vögel auf den Feldern starben." (Anonyme Chronik). An einigen Orten starben Leute an Erstickung. (Annales Dunstapl.)

1305 und 1306. Diese beiden Sommer waren in Frankreich außerordentlich trocken und wahrscheinlich sehr heiß. Gérard de Fachet und Jean de Saint Victor erzählen, daß die Früchte des Bodens viel litten.

1321. Der Sommer war außerordentlich heiß und trocken; die Quellen und die Flüsse waren ausgetrocknet; die Hausthiere und das Rindvieh litten außerordentlich. Viele Unglückliche erlagen aus Mangel an Wasser, um den Durst zu löschen. (Short.)

1325. Der Sommer war außerordentlich heiß. (Der Fortsetzer des Guillelmi de Nangiaco chronicon.)

1352. Die Hitze in Toscana war übermäßig. Die Trockenheit des Sommers war auf dem Continente so arg, daß viel Vieh auf der Weide umkam. Die Moräste und die Teiche waren vollständig trocken und man sah Wege an Orten, wo niemals solche gewesen waren. Dies Jahr war in England ein sehr hartes. (Toaldo, Short.) Es gab nichts desto weniger in diesem Jahre eine große Ueberschwemmung der Rhone. (De Gasparin.)

1358. Eine Chronik des Landes um Metz sagt, daß dieses Jahr, „die Trauben alle verschrumpften und durch die stattfindende große Hitze am Weinstocke vertrockneten. Ein Schoppen Wein wurde mit fünf Sous bezahlt.“ (Chronique du pays messin.)

1391. In der Lombardei herrschte im Monat September eine sehr große Hitze. Während der Belagerung von Alexandria starb der junge Graf von Armagnac infolge eines Gehirnschlags, weil er kaltes Wasser getunken hatte. (Froissard.)

1420. Man begann zu Dijon die Weinlese am 25. August, also 30 Tage vor der durchschnittlichen Zeit. (Lavalle.) In der Gegend von Metz war dieses Jahr ein sehr frühzeitiges. Von den ersten Tagen des April an kamen die Bauern an das Portal der Kathedrale zu Metz, um Sträuße von Maiblumen anzubieten. Am 10. desselben Monats waren die Erdbeeren reif. Am 22. Juni waren die Trauben gemischt (mêlaient); am 22. Juli war die Weinlese vollendet und man trank zu Magny am Ende des Monats neuen Wein.

1422. Man begann die Weinlese zu Dijon am 28. August.

1434. Zu Dijon fand die Weinlese am 1. September statt.

1442. In der Landschaft um Metz war eine solche Hitze vom Monat April bis zum Juni, daß „mehrere Leute im Hemde gingen und weder Röcke noch Hosen an hatten.“ Ein Theil des Weines wurde in den Kufen sauer. Man fing die Weinlese in Dijon am 13. September an.

1466. Die übermäßige Hitze des Sommers verursachte viele ansteckende Krankheiten; in der einzigen Stadt Paris rafften sie mehr als 40000 Menschen dahin, und vertrieben eine noch viel größere Zahl. (Mezeray, 2. Bd. S. 724.) Jedoch fing in Dijon die Weinlese erst am 27. September an. Der Preis des Korns verdoppelte sich dieses Jahr. Die Hitze war in der Gegend von Metz erdrückend. Der Wein war besser, als man ihn seit dreißig Jahren gehabt hatte.

1473. Die Hitze und die Trockenheit waren dieses Jahr so intensiv, daß die Wälder, wie man sagte, von selbst in Brand geriethen. Alle Flüsse waren ohne Wasser. Durch die Donau konnte man in Ungarn hindurchwaten. Diese Trockenheit hielt drei Jahre an. (Frytsch, Functius, Short.) Zu Dijon begann die Weinlese am 29. August. Die Hitze war dieses Jahr in der Gegend um Metz so stark, daß man vom 1. Mai an die Kirschen nach

Pfunden, und reife Weintrauben am St. Peterstage (27. Juni) verkaufte. Die Weinlese war im August beendigt. Hülsenfrüchte erntete man infolge der großen Trockenheit nicht.

1477. England ward von einer übermäßigen Hitze und von besonders unregelmäßigem Wetter heimgesucht. In Italien war die Sonnengluth ungewöhnlich groß; die Flüsse waren trocken. Es entstand eine Hungersnoth. (Short, Toaldo.) Der Sommer war ohne Zweifel in Frankreich nicht so heiß; denn man hielt zu Dijon die Weinlese erst am 11. October, und am St. Stephanstage (2. August) waren die Trauben in der Landschaft von Metz noch nicht gemischt (mêlés).

1482. Am 17. März verkaufte man auf dem Markte in Metz Erdbeeren und am 24. Juni Weintrauben vor der Kathedrale. Zu Dijon begann die Weinlese am 16. September.

1483. Man verkaufte am 13. Juni in Metz Weintrauben.

1484. In dem Lande um Metz trieben nach der Weinlese, die um den 8. October stattgefunden hatte, die Reben, begünstigt durch eine große Wärme, neue Schößlinge. Man hielt zwei Mal in einem Jahre Weinlese.

1493. Der Sommer war sehr warm. Das Getreide und der Wein wurden zu niedrigen Preisen in der Gegend um Lüttich verkauft. (Quetelet.)

1498. Das Jahr war in England heiß, außerordentlich trocken und das Futter sehr theuer. (Short.) Es war um Metz so heiß, daß die Landleute ihre Felder begießen mußten. Das Keltern war seit Mitte September beendigt und der Wein fiel sehr gut aus. Die Weinlese zu Dijon fand erst am 26. September statt. Der Preis des Getreides stand in Frankreich hoch.

1500. Man fing in diesem Jahre die Weinlese zu Dijon am 14. September an. Am 19. August trank man zu Lüttich neuen Wein. (Quetelet.)

1504. Jehan Molinet drückt sich in seiner Chronik von Burgund folgendermaßen aus: „.... Die Sommerszeit war wunderbar reich an Wärme und ohne Regen, wodurch Krankheiten und Fieber die Menschen fast aller Stände befielen. An mehreren Orten entstanden durch die Trockenheit der Witterung beklagenswerthe Unfälle durch Feuersbrünste." Eine furchtbare Trockenheit wüthete während des Sommers auch in England. (Short.) Man begann die Weinlese zu Dijon am 14. September.

1517. Der Sommer war sehr heiß und die Ernte in England sehr reichlich. (Short.) Zu Dijon fing die Weinlese erst am 26. September an. Die Ernte war auch in Frankreich reichlich.

1522. Man begann die Weinlese zu Dijon am 5. September.

1523. Die Wärme war während des Monats August in Italien übermäßig groß. (Toaldo.) Der Anfang der Weinlese in Dijon fiel auf den 26. August.

1536. Die Weinlese begann in Dijon den 8. September.

1538. Der Sommer war glühend heiß in Italien; die Flüsse waren vertrocknet; die Luft war mit feurigen Meteoren angefüllt; man fühlte Erderschütterungen. Im Königreich Neapel wurde der Meeresboden in einem Raume von ungefähr 8 englischen Meilen (13 Kilometer) trocken gelegt. (Toaldo; Clarks exampl.) In Dijon hielt man um den 20. September die Weinlese.

1540. Nach den Berichten der Zeitgenossen war der Sommer dieses Jahres viel heißer und trockner als in einer großen Anzahl vorhergehender Jahre. In England war die Trockenheit gleichfalls übermäßig; die Brunnen, die Quellen, die Flüsse waren versiegt. Die Themse wurde so flach, daß das salzige Meerwasser bis über die Brücke von London hinaufstieg. Die Dürre der Jahreszeit war in Deutschland so groß, daß man an vielen zum Leben nothwendigen Dingen Mangel litt. Zum Ersatze dafür erntete man auf den schlechtesten Abhängen starke und kostbare Weine. In Belgien war die Ernte und die Weinlese zu Anfang August beendigt. (Quetelet.) Man erntete jedoch zu Dijon den Wein nicht vor dem 4. October. Der Preis des Korns ging in Frankreich auf die Hälfte herunter. In Italien trat nach einer Trockenheit von fünf Monaten eine tödtliche Hitze ein; die Wälder fingen, wie man sagt, von selbst Feuer. Die Gletscher der Alpen schmolzen. (Stow, Frytsch, Toaldo.)

1542. Viele Ernten geschahen zu Padua im Mai. (Toaldo.)

1552. In Italien war der Sommer trocken und glühend heiß. (Toaldo.) Die Trockenheit dauerte fünf Jahre hintereinander. (Zahn.) Die Weinlese begann zu Dijon am 13. September.

1556. Man empfand auch dieses Jahr in Italien übermäßige Hitze; in Frankreich waren die Quellen ohne Wasser. (Toaldo.) Am 5. September hielt man zu Dijon Weinlese; das Getreide war in diesem Jahre theuer.

1558. Der Frühling, der Sommer und der Herbst waren heiß und trocken in einem großen Theile Europas. (Jul. Palmer, Constantin.) Die Weinlese begann zu Dijon am 30. September.

1559. Die Weinlese zu Dijon fiel auf den 4. September, also 20 Tage früher, als im Mittel.

1578. Man empfand in Belgien eine ungewöhnliche Hitze. Die Trockenheit dauerte vom Mai bis zum September. (Quetelet.) Die Weinlese begann zu Dijon am 22. dieses letztern Monats.

1583. Der Sommer war in England heiß und trocken. (Short.) Anfang der Weinlese zu Dijon am 13. September.

1590. Eine sehr starke Hitze und Trockenheit herrschte dieses Jahr in den gemäßigten Klimaten Europas. In Deutschland war Mangel an Heu, Grummet und Gemüse; man erntete wenig Wein. Zahlreiche Feuersbrünste fanden in diesem Lande statt. In Thüringen wurden Städte und Dörfer dadurch zerstört; an vielen Orten fing der Wald Feuer und brannte, vorzüglich in den böhmischen Gebirgen. Am 30. Juli entzündete sich in der Umgegend von Wien durch die Wirkung der Sonnenstrahlen Heu auf dem Wagen, der es in die Meierei fuhr. (Dresser. Millenar., S. 552.) Die Weinlese begann zu Dijon am 10. September, also 14 Tage früher als im Mittel. Es ist dies die früheste Zeit seit 1556.

1598. Der Sommer zeigte sich in England außerordentlich heiß und trocken. (Short.) Die Weinlese in Dijon fiel auf den 23. September.

1599. Die Monate Juni und Juli waren in England heiß. (Stow.) Man hielt zu Dijon vom 13. September an Weinlese.

1601. Der Monat Juni war sehr warm, und übermäßige Hitze fand im Juli und August statt; die Trockenheit dauerte continuirlich vier Monate lang. Die Bäume waren mit Früchten beladen; dieselben sahen aber schwarz aus und waren vor der Reife verbrannt. (Justus Lipsius, Short.) Die Weinlese begann zu Dijon erst am 8. October.

1608. Der Sommer gehörte zu den heißesten und verbrannte alles, was der große vorhergehende Winter (siehe S. 227) an Getreide oder an Sprößlingen von Weinreben noch übrig gelassen hatte. (Calvisius.) Die Weinlese zu Dijon fing erst am 1. October an.

1610. Der Sommer war übermäßig heiß und trocken und gab einen großen Ueberfluß an Wein. (Short.) Die Weinlese begann in Dijon am 20. September.

1615. Der Sommer war in ganz Europa sehr trocken und sehr heiß. Auf den Feldern war Alles verwüstet. Zu Ham in der Picardie wurde eine Kirche durch den Blitz zerstört und einige Einwohner getödtet. Die Trockenheit war so groß, daß in Deutschland mehr als 3000 Häuser durch Feuersbrünste verzehrt wurden. (Toaldo, Mercure françois, Quetelet.) Man hielt zu Dijon am 21. September die Weinlese.

1616. Der Sommer war trocken und von einer verzehrenden Hitze. (Short.) Die Weinlese begann zu Dijon am 12. September, also 12 Tage vor der durchschnittlichen Zeit. Dies ist seit 1590 das früheste Datum; die Weinlese war ausgezeichnet.

1624. Man sammelte den Wein zu Dijon vom 14. September an ein. Während dieses Sommers schlug der Blitz in die Pulvermühle zu Verona; vier Klöster sammt ihren Bewohnern wurden unter den Trümmern begraben.

1626. Im Sommer war in England eine übermäßige Wärme. (Short.) Man hielt zu Dijon die Weinlese erst am 1. October.

1632. Man litt in Italien an außergewöhnlicher Trockenheit und Wärme. (Toaldo.) Die Weinlese in Dijon fiel erst auf den 4. October.

1636. Man sammelte den Wein zu Dijon vom 4. September an ein, also 20 Tage früher als im Mittel. Dies ist seit 1559 das früheste Datum.

1637. Dieser Sommer war außergewöhnlich heiß und trocken. (Reverius.) Die Weinlese begann zu Dijon am 3. September, also 21 Tage früher als in mittleren Jahren. Dies ist seit 1523 das früheste Datum.

1638. Dieser Sommer war außerordentlich trocken und heiß. (Reverius.) Die Weinlese fand zu Dijon am 9. September statt, also 15 Tage früher als im Durchschnitt.

1643. In Italien zeigte sich eine übermäßige Hitze. (Toaldo). In Frankreich war dies ein Jahr großer Theuerung des Getreides. Die Weinlese in Dijon begann erst am 1. October.

1644. Die Hitze war in Mömpelgard (Dep. Doubs) länger als zwei Wochen so stark, daß die Fische in den Flüssen starben. (Chronique de Bois-de-Chêne, gesammelt von Contejean und veröffentlicht in dem Annuaire de la Société météorologique de France, 3. Bd., S. 393.) Die Weinlese begann in Dijon am 15. September.

1645. Dieser Sommer war nach Short in England heiß. Man begann die Weinlese zu Dijon am 11. September, also 13 Tage früher als im Mittel.

1650. Die Hitze war in Rom während des Sommers sehr groß und die Trockenheit außerordentlich. (Short.) Die Zeit der Weinlese in Burgund ist nicht bekannt. 1650 war ein Jahr von so großer Theuerung des Getreides, daß der Preis dreimal so hoch war als in den fünf vorhergehenden Jahren.

1651. Es gab sehr heiße Tage zur Zeit der Ernte. (Short.) Man begann die Weinlese in Dijon am 22. September. Dies war wieder ein Jahr, in welchem in Frankreich das Getreide sehr theuer war.

1652. Der Sommer war sehr heiß und sehr trocken in Dänemark und England. (Short.) Zu Dijon begann die Weinlese am 20. September. Dies war das dritte Theuerungsjahr des Getreides.

1653. Man las den Wein zu Dijon am 11. September, also 13 Tage früher als im Mittel. In Frankreich sank der Getreidepreis auf die Hälfte.

1658. Der Sommer dieses Jahres war in England merkwürdig warm, vorzüglich gegen Ende der Jahreszeit. (Short.) Man begann in Dijon die Weinlese erst am 30. September.

1666. Dieser Sommer war heiß und trocken in England. (Short.) Man hielt die Weinlese zu Dijon am 10. September, also 14 Tage vor der mittleren Zeit.

1669. Das Frühjahr und der Anfang des Sommers waren in diesem Jahre durch den anhaltenden Einfluß des Nordwindes außergewöhnlich kalt; die Monate Juli, August, September erhielten durch einen Westwind eine unerträgliche Hitze. (Short.) Beginn der Weinlese zu Dijon am 11. September.

1671. Die Weinlese fing zu Dijon am 16. September an.

1676. Man hielt die Weinlese zu Dijon am 9. September.

1680. Dieser Sommer war in England außerordentlich heiß. (Short.) Die Weinlese zu Dijon begann am 9. September. Dies Jahr war in Frankreich ein guter Getreidemarkt.

1681. Der Frühling und der Sommer waren so heiß und so trocken, daß Niemand sich erinnerte, einen gleichen Zustand der Vegetation, wie in diesem Jahre, gesehen zu haben. Die Kräuter und Gräser waren verbrannt und man entdeckte in der Luft keine Spur von Feuchtigkeit. (Short.) Man hielt zu Dijon vom 9. September an die Weinlese.

1683. Anfang der Weinlese zu Dijon am 13. September.

1684. Dieser Sommer ist der erste heiße Sommer, über welchen wir thermometrische Angaben besitzen. In England ging ihm ein sehr rauher Winter und ein feuchter Frühling voran; er zeigte sich heiß und trocken. (Short.) In Frankreich war die Trockenheit außergewöhnlich groß. Man hielt die Weinlese in Dijon vom 4. September an. Man zählte in Paris:

heiße Tage	68
sehr heiße	16
außerordentlich heiße Tage	3

Diese Maxima zeigten sich am 10. Juli und am 4. und 8. August. (Cassini, Mémoires de l'Institut, classe des sciences mathématiques et physiques für das Jahr XI.; 4. Bd. S. 344.)

1686. Dieser Sommer war in Paris sehr warm, er hatte:

heiße Tage	46
sehr heiße Tage	8
außerordentlich heiße Tage	5

Die Maxima der Temperatur fielen auf den 19., 20., 21., 22. und 23. Juni. Man hielt zu Dijon vom 4. September an Weinlese.

1687. Man zählte dieses Jahr in Paris:

heiße Tage	34
sehr heiße Tage	6
außerordentlich heiße Tage	3

Die Maxima zeigten sich am 29. Juni, 10. Juli und 16. August. Zu Dijon begann die Weinlese erst am 29. September.

1688. Es gab dieses Jahr zu Paris

heiße Tage	40
sehr heiße Tage	12
außerordentlich heiße Tage	1

Das Maximum der Temperatur trat am 9. September ein. Man hielt zu Dijon die Weinlese erst am 27. dieses Monats.

1689. Cassini hat zu Paris gezählt:

heiße Tage	27
sehr heiße Tage	7
außerordentlich heiße Tage	1

Das Maximum fand am 10. August statt. Man fing die Weinlese in Burgund am 27. September an; man erntete wenig Wein, aber er war ausgezeichnet.

1690. Man hatte dieses Jahr zu Paris:

heiße Tage	34
sehr heiße Tage	2
außerordentlich heiße Tage	1

Das Maximum fiel auf den 31. Juli. Man begann die Weinlese in Burgund am 4. September. Der Sommer war in dieser Gegend sehr stürmisch. Man erntete viel Wein von mittlerer Qualität.

1691. Dieser Sommer war in Italien übermäßig heiß und ohne Regen. (Toaldo.) Man hatte zu Paris:

heiße Tage	44
sehr heiße Tage	12
außerordentlich heiße Tage	5

Die Maxima fanden statt am 8., 9., 22., 23. und 28. August. Die Weinlese begann in Dijon am 17. September, also

10 Tage früher als im Mittel der Jahre von 1689 bis 1800. Es gab wenig Wein, aber er war gut.

Man hatte ebenfalls, wie Short erzählt, starke Hitze und große Trockenheit auf Jamaica.

1693 Man empfand in Italien übermäßige Hitze zur Zeit der Ernte. (Toaldo.) In England war die Hitze im September intensiv; um Mittag war sie unerträglich. (Short.) Zu Paris hatte man nur:

heiße Tage	33
sehr heiße Tage	9

In Burgund war das Frühjahr sehr kalt und man fing die Weinlese erst am 27. September an; man erhielt wenig, aber guten Wein.

1699. Am 22. Juni war in England eine erstickende Hitze. (Short.) In Paris war die mittlere Temperatur des Sommers sehr hoch; man hatte:

heiße Tage	55
sehr heiße Tage	5

Es fielen große Regengüsse im April und September. La Hire maß in Paris während der drei Sommermonate 130 Millimeter Regenwasser. In Burgund war der Frühling verspätet und feucht; es gab sehr heiße Tage im August. Man las den Wein vom 5. September an; man erntete wenig Wein, aber er war gut.

1700. Man hatte zu Paris:

heiße Tage	29
sehr heiße Tage	2
außerordentlich heiße Tage	2

Die höchsten Temperaturen fanden am 9. und 12. September statt.

1701. Dieser Sommer war der merkwürdigste seit 1682 durch die lange Dauer der Hitze und die Höhe seiner mittleren Temperatur. Nach Toaldo herrschte während dieser Jahreszeit in Italien eine unerträgliche Hitze. Cassini hat in Paris gezählt:

heiße Tage	62
sehr heiße Tage	11
außerordentlich heiße Tage	9

also 33 heiße, 7 sehr heiße und 8 außerordentlich heiße Tage mehr, als im Mittel. Die höchsten Temperaturen fielen auf den 10., 11., 13., 26., 27., 28. Juli, 17., 31. August und 1. September. Am 17. August waren es nach Cassini's Rechnung fast 40° C.

Die Weinlese begann in Burgund am 22. September.

1702. Der Sommer dieses Jahres war wiederum ungewöhnlich heiß. Man hatte in Paris:

heiße Tage	47
sehr heiße Tage	5
außerordentlich heiße Tage	3

Die höchsten Temperaturen zeigten sich am 28. und 29. Juli und am 5. August. Man begann in Burgund den Wein am 16. September zu sammeln.

1704. Man hatte in Paris:

heiße Tage	41
sehr heiße Tage	11
außerordentlich heiße Tage	9

Die höchsten Temperaturen fanden am 13., 24., 26., 27. und 29. Juli, am 23., 28., 29. und 30. August statt. Man begann die Weinlese in Burgund am 12 September.

1705. Dieser Sommer hat die Aufmerksamkeit der Meteorologen des vergangenen Jahrhunderts durch die außerordentlichen Wirkungen auf sich gezogen, die er im Süden erzeugte. Plantade hat an Cassini einen Bericht über die ungewöhnliche Hitze geschickt, die in Montpellier, vorzüglich am 30. Juli, herrschte: „In meiner Erinnerung", sagt er, „ist nicht Aehnliches zu finden. Die Luft war an diesem Tage fast so glühend heiß, wie die, welche von den Oefen einer Glashütte ausgeht, und man fand keinen anderen Zufluchtsort als die Keller. An mehreren Orten kochte man die Eier in der Sonne. Die Thermometer von Hubin zerbrachen durch das Aufsteigen der Flüssigkeit bis an die Spitze. Ein Thermometer von Amontons, obgleich es an einem Orte angebracht war, wo die Luft keinen freien Zutritt hatte, stieg fast bis zu dem Grade, bei welchem der Talg schmilzt. Der größte Theil der Weinreben verbrannte an diesem einzigen Tage, eine Erscheinung, die seit Menschengedenken in diesem Lande nicht vorgekommen war.

Zu Paris hatte man:

heiße Tage	33
sehr heiße Tage	13
außerordentlich heiße Tage	5

Die höchsten Temperaturen zeigten sich am 30. Juni, am 5. und 27. Juli und am 2. und 6. August. Am 6. August hatte die Flüssigkeit die Röhre von Cassini's Thermometer vollständig erfüllt, und das Instrument zerbrach. Die Thermometer La Hire's zerbrachen an demselben Tage ebenfalls. Die höchste Temperatur vom 6. August, aus der Angabe eines Fahrenheit'schen

Thermometers berechnet, würde 39° C. sein. In England empfand man im Monat August nach Short große Hitze. In Burgund, ebenso wie in Lyon, war die Hitze des Sommers nicht so groß. Die Weinlesen begannen erst am 15. September.

1706. Es gab in dem Sommer dieses Jahres große Hitze und Trockenheit in England und im Norden. Zu Paris zählte man:

heiße Tage	43 [? 13]
sehr heiße Tage	1
außerordentlich heiße Tage	1

Die höchste Temperatur fand am 8. August statt und betrug 36,9°. Die Weinlese fing in Dijon am 13. September an.

1707. Short erzählt, daß am 7. und 8. Juli in England die größte Hitze war, welche man seit 46 Jahren beobachtet hatte. Die Hitze war auch in Paris sehr groß; nach La Hire hatte man am 21. August 36,9°.

1712. In Nieder-Ungarn war die Hitze vom 6. August an übermäßig groß; der Regen, welcher am Ende des Monats fiel, machte das Wetter ein wenig frischer, aber die Hitze kehrte bald wieder. Zu Paris zählte man:

heiße Tage	61
sehr heiße Tage	4

Das Maximum fand am 16. Juni statt. Man fing in Burgund erst den 27. September die Weinlese an. Man bemerkte im Süden starke Hitze und große Trockenheit.

1718. Der Sommer war in England heiß und trocken, vorzüglich im Juli und August, und die Wärme in Italien war übermäßig. Es gab zu Paris:

heiße Tage	29
sehr heiße Tage	5
außerordentlich heiße Tage	4

Die höchste Temperatur zeigte sich am 22. August und stieg bis 38,1° nach J. D. Cassini's Bestimmung (?). La Hire gibt an, 4 außerordentlich heiße Tage bemerkt zu haben, den 11., 21., 22. und 23. August mit 35,5°. Man begann die Weinlese in Burgund am 2. September.

1719. Es war in diesem Jahre einer der trockensten Sommer, die man in Europa jemals beobachtet hatte. In der Grafschaft York trat, wie erzählt wird, vom 1. Mai an eine für die Gegend unerhörte Hitze und Trockenheit ein, und es zeigte sich eine sehr hohe Temperatur, mit Ausnahme einer Unterbrechung von 15 Tagen, bis zum Ende des Herbstes. (Short.) Zu Paris hat Cassini gezählt:

heiße Tage 42
sehr heiße Tage 4

Nach Maraldi fiel ein außerordentlich hohes Maximum auf den 16. Juli und ein anderes auf den 7. August. Die Hitze dauerte vom Anfang Juni bis Mitte September. Die Seine war in diesem Sommer viel seichter als während einer langen Reihe der früheren und der bis 1731 folgenden Jahre. In Burgund fing die Weinlese am 28. August an.

In Marseille war die Hitze sehr andauernd nach Pater Feuillée, und es regnete nicht. Das Maximum fand am 15. August statt. Das Getreide vertrocknete, ohne Korn angesetzt zu haben.

1724. In England war dieser Sommer nach Dr. Wintringham heiß und regnerisch, und in Italien hatte man nach Toaldo sehr heiße Tage. Zu Paris war der Sommer heiß und trocken. Cassini zählte:

heiße Tage 40
sehr heiße Tage 4
außerordentlich heiße Tage 1

Die Hitze fing im Monat Juni an und dauerte bis in den September. Das Maximum fand am 11. August statt und betrug 36,9°. In Burgund war nach einem gemäßigten Winter und Frühling der Sommer sehr heiß und die Weinlese begann am 9. September. Der Wein war überreichlich und ziemlich gut.

1726. Man hat in Paris dieses Jahr gezählt:

heiße Tage 62
sehr heiße Tage 10

Die Hitze, welche im Mai angefangen hatte, beschleunigte die Reife der Früchte um einen Monat. Sie war außergewöhnlich intensiv in Toulon am 14. Juli, in Orange am 13., in Béziers am 12. Juli. In Burgund waren die drei Sommermonate heiß, und die Weinlese wurde am 9. September eröffnet. Die Ernte war äußerst schwach, aber der Wein ziemlich gut.

1727. Es waren zu Paris:

heiße Tage 43
sehr heiße Tage 15
außerordentlich heiße Tage 1

Die Monate Mai, Juni und Juli waren sehr heiß und die Hitze dauerte bis in den September. Das Maximum fand am 18. Juli statt. Die Weinlese begann in Burgund den 9. September, aber man erhielt nur eine schwache Ernte von mittelmäßiger Beschaffenheit.

1728. Dieser Sommer war in Paris sehr heiß und sehr trocken; es gab dort:

heiße Tage 43
sehr heiße Tage 5

Das Maximum fand in Paris am 17. Juli statt; im Süden am 19. August. Die Weinlese wurde in Burgund am 13. September begonnen. Man hatte eine gewöhnliche Ernte und die Weine waren ausgezeichnet.

1731. Dieser Sommer war heiß und der trockenste seit 1719. Man hatte in Paris:

heiße Tage 35
sehr heiße Tage 3
außerordentlich heiße Tage 2

Das Maximum fiel auf den 10. und 11. August und betrug 36,9° C. nach der Angabe des Réaumur'schen Thermometers, das dieses Jahr auf der Sternwarte aufgestellt worden war. Im Süden Frankreichs trat es am 10. Juli ein. In Burgund begann die Weinlese am 9. September. Die Ernte war eine gewöhnliche, die Qualität ausgezeichnet. Die Seine war in Paris um 15 Centimeter niedriger als im Jahre 1719.

1736. Die meteorologische Geschichte dieses Sommers ist von Réaumur selbst zusammengestellt worden. Dieser berühmte Gelehrte hatte sein neues Thermometer einer Anzahl von Beobachtern übergeben, und veröffentlichte in den Memoiren der Akademie die detaillirten Beobachtungsregister dieses Jahrganges. Es gab zu Paris:

heiße Tage 62
sehr heiße Tage 4
außerordentlich heiße Tage 2

Die heißen Tage haben sich so vertheilt: 7 im Mai, 11 im Juni, 21 im Juli, 18 im August, 10 im September.

Taitbout, französischer Consul in Algier, schickte an Réaumur die täglichen Beobachtungen, welche in dieser Stadt mit einem von dem berühmten Akademiker verificirten Thermometer angestellt worden waren. Wendet man die Eintheilung Cassini's an, so findet man vom Mai bis zum October:

heiße Tage 124
sehr heiße Tage 41

Die Maxima der Temperatur haben sich in diesem Jahre folgendermaßen vertheilt:

Paris, 30. Juli . . . . 37,0°
Utrecht, 24. Juli 34,4
Algier, 15. Juli und 5. August . . 33,8

In Burgund begann die Weinlese am 17. September; die Ernte war gering, aber ihre Qualität ziemlich gut.

1737. In diesem Sommer herrschte nach Toaldo eine übermäßige Hitze in Italien. Zu Paris zählte man nach den Beobachtungen Réaumur's:

heiße Tage	45
sehr heiße Tage	10

Das Maximum trat am 21. Juli ein, nämlich 33,1°. Das Jahr war trocken; denn man hatte in Paris nur eine Regenmenge von 427 Millimeter. In Burgund begann man die Weinlese vom 16. bis 23. September und die Ernte war sehr gering, da die Weinstöcke zweimal, am 6. Juni und 30. August, von Hagel getroffen worden waren.

1738. Man zählte zu Paris nach den Tabellen Réaumur's:

heiße Tage	49
sehr heiße Tage	1
außerordentlich heiße Tage	1

Das Maximum der Temperatur von 36,9° fand am 5. August statt. Das Jahr war trocken, denn es fielen in Paris nur 399 Millimeter Wasser.

In Burgund wurde die Weinlese am 29. September eröffnet; man hatte eine sehr schwache Ernte, aber ziemlich gute Weine.

1746. Es waren in diesem Jahre sehr heiße Tage im Languedoc, und große Stürme im Juni in der Mitte Frankreichs. Die Weinlese in Burgund begann erst am 26. September. Die Ernte an Wein war nicht sehr reichlich, aber von ausgezeichneter Güte. Das Getreide gab nach Duhamel du Monceau zwei Drittel einer guten Mittelernte, und man hatte Ueberfluß an Gemüse, aber nur wenig Früchte. Das Jahr war während seiner ganzen Dauer trocken; es fielen zu Paris nur 390 Millimeter Wasser.

1748. Man zählt in den Tabellen Duhamel's für Denainvilliers:

heiße Tage	48
sehr heiße Tage	4

Das Maximum der Temperatur trat in Paris am 23. Juni ein mit 36,9°; zu Toulouse hatte man 35,4°; zu Denainvilliers an demselben Tage 33,8°. Die Getreideernte in der Gegend von Orléans überstieg nicht die einer guten halben Ernte, und die Qualität des Korns war mittelmäßig; der Hafer fehlte zum Theil. Man erntete wenig Früchte. In Burgund begann die Weinlese am 25. September; ihr Ertrag war schwach, aber von guter Beschaffenheit.

1749. Man zählte zu Denainvilliers nach Duhamel:

heiße Tage	41
sehr heiße Tage	1

Das Maximum war zu Toulouse 36,9°; zu Denainvilliers am 13. Juli 33,8°; zu Paris am 23. Juli 36,9°. Im Languedoc herrschte große Hitze. Die Weinernte in Burgund begann erst am 29. September. Der Wein war durchaus nicht reichlich und von mittlerer Güte; der Weizen war nach Duhamel in der Gegend um Orléans in geringer Menge vorhanden, aber von genügender Beschaffenheit. Man hatte wenig Gemüse, und Obst mangelte fast gänzlich.

1750. Man zählt in den Tabellen von Denainvilliers:

heiße Tage	45
sehr heiße Tage	9

Es gab in Paris zwei Tage von außerordentlicher Hitze, den 26. Juni und den 22. Juli mit 35,0°; zu Toulouse beobachtete man 35,4°. In Denainvilliers hatte man am 22. Juli 34,4°. In Moskau hatte man am 11. Juli 29,3° gehabt.

In Burgund begann die Weinlese am 24. September. Die Weinernte war ziemlich reichlich und von sehr guter Qualität. Im Süden gaben der Wein und der Weizen wenig Ertrag, aber die Maisernte war ausgezeichnet. Obst war in diesem Jahr ziemlich reichlich.

1753. Dieses Jahr war eins der heißesten des 18. Jahrhunderts. Man zählt nach den Beobachtungsjournalen von Denainvilliers:

heiße Tage	70
sehr heiße Tage	2
außerordentlich heiße Tage	1

Diese Zahlen zeigen eine sehr hohe mittlere Temperatur des Sommers in der Mitte Frankreichs an.

Man beobachtete zu Paris am 7. Juli nach Cassini 35,6°; zu Denainvilliers an demselben Tage 36,3°; zu Toulouse 38,4°, zu Mühlhausen am 8. Juli 35,8°. Eine große Trockenheit herrschte im Süden von Juni bis zum November. Die Maisernte war mittelmäßig, aber die Getreideernte ziemlich gut, ebenso wie die Ernte an Wein. (Messier.) In Burgund begann die Weinlese am 19. September; der Wein war im Ueberfluß vorhanden und von guter Qualität. In der Gegend um Orléans wurde die Ernte an Cerealien der Hälfte einer guten Ernte gleich geschätzt und der Wein drei Vierteln. (Duhamel.)

1755. Man zählt in den Tabellen von Denainvilliers:

heiße Tage	57
sehr heiße Tage	5
außerordentlich heiße Tage	2

Man beobachtete an diesem Orte am 20. Juni 36,3°; zu Paris wurde am 6. Juli 34,7° notirt, zu Mühlhausen am 21. Juni und 12. Juli 31,6°. Der Sommer war in der Gegend von Toulouse sehr heiß und das Jahr war reich an Cerealien mit Ausnahme des Hafers und des Mais. Die Weinernte fiel dort gänzlich aus, während in dem unteren Languedoc der Wein in Fülle, aber an Getreide Mangel war. (Clos.) In Burgund begann die Weinlese am 16. September; der Ertrag war von genügender Quantität, aber mittelmäßig an Qualität. In der Mitte von Frankreich gab das Getreide nach Duhamel eine schwache Ernte; der Wein hatte den Betrag einer halben Ernte; Gemüse war in ziemlichem Ueberfluß vorhanden, die Früchte mangelten zum Theil.

1757. Dieser Sommer war zu Paris durch eine Reihe intensiv heißer Tage merkwürdig. Meissier hat sie mit großer Sorgfalt an einem Quecksilberthermometer beobachtet, welches 1776 von einer Commission der Akademie verificirt wurde. Dies Instrument war in 85 Grade getheilt, von dem Gefrierpunkte des Wassers bis zu seinem Siedepunkte. Folgendes sind die auf das Centesimalthermometer reducirten Beobachtungen:

10. Juli . . .	35,0°	13. Juli . . .	35,3°
11. „ . . .	35,3	14. „ . . .	37,7
12. „ . . .	35,3		

Wie Meissier angibt, hat man am 20. Juli im Collége de France 38,8° beobachtet. (Connaissance des Temps, für 1810, S. 369.) Zu Denainvilliers hatte man dieses Jahr:

heiße Tage	29
sehr heiße Tage	13
außerordentlich heiße Tage	4

Die höchsten Temperaturen dieser Station waren:

11. Juli . . .	36,3°	14. Juli . . .	35,0°
12. „ . . .	34,4	17. „ . . .	31,3
13. „ . . .	36,3	20. „ . . .	35,3

Die Maxima der Temperaturen dieses Jahres waren:

Paris, 14. Juli	37,7°
Denainvilliers, 11. und 13. Juli .	36,3
Mühlhausen, 14. Juli	33,8

Gleich groß zeigte sich im Juli die Hitze in Deutschland; das Mittel dieses Monats zu Berlin stieg auf 24,3°. Die Trockenheit war in Nordfrankreich sehr stark. Die Seine ging im Herbst bis auf 0,13 Meter herunter. In Burgund begann die Weinlese am 26. September. Die Weinernte war eine gewöhnliche und die Qualität ziemlich gut.

In der Gegend von Orléans fing die Hitze Ende Juni an und dauerte im Juli fort; im August wurde die Luft durch häufige Regen erfrischt. Weizen und Roggen gaben eine gute Ernte, Gerste und Hafer aber weniger Ertrag. Der Wein lieferte nur ein Drittel eines Jahresertrages, und man fand seine Beschaffenheit sehr mittelmäßig. Früchte waren in Fülle vorhanden.

1759. Man zählt nach den Beobachtungsjournalen von Denainvilliers:

heiße Tage 36
sehr heiße Tage 15

Die Hitze zeigte sich intensiv im Juli; das Maximum von 33,8° fand am 9. und 24. Juli statt; zu Neuenburg war es 33,4°; zu Mühlhausen 32,4° am 25. Juli.

In Burgund wurde die Weinlese am 24. September eröffnet; die Ernte war fast Null infolge eines unheilbringenden Hagels, der am 1. und 21. Juni fiel. Er bildete, so erzählt man, eine Schicht von 6 Decimeter Dicke von Dijon bis Annecy.

In der Gegend von Orléans war die Weizenernte ziemlich reichlich und das Korn von sehr guter Beschaffenheit. Der Wein gab einen mittleren Jahresertrag, und man hatte viel Früchte.

Der Sommer zeigte sich im Languedoc sehr heiß: man erntete in dieser Gegend nur sehr wenig Weizen, Mais, Wein, Gemüse und Obst.

1760. Messier gibt mehrere Tage von ungewöhnlicher Hitze während dieses Sommers an:

18. Juli . . .	37,7°	20. Juli . . .	34,2°
19. „ . . .	37,7	21. „ . . .	29,4

Zu Mühlhausen beobachtete man am 19. Juli 33,8°.

In Burgund begann die Weinlese vom 15. bis 22. September. Die Ernte war eine gewöhnliche und der Wein sehr gut. Im Süden Frankreichs war dieses Jahr für alle Ernten ungünstig. (Clos.) Am 26. April wurde die berühmte Abtei von Royaumont und die Liebfrauenkirche in Ham durch einen Blitzstrahl entzündet.

1761. Man zählt nach den zu Denainvilliers gemachten Beobachtungen:

heiße Tage	38
sehr heiße Tage	6

Die höchste Temperatur fand am 24. Juni und 8. September statt und betrug 33,8°. Man hatte am 25. Juni in Mühlhausen 31,3°. In der Gegend um Orléans war die Mehrzahl der Ernteneerträge sehr gering an Quantität und Qualität. Die Weinlese begann in Burgund am 14. September; der Ertrag war ziemlich reichlich, aber von mittlerer Güte. Im Süden Frankreichs war am 8. April ein furchtbarer Orkan. (Perrey.) Das Jahr wurde in dieser Gegend als sehr fruchtbar für diejenigen Landstriche befunden, die dem Südwestwinde nicht ausgesetzt waren. (Messier.)

1762. Dieser Sommer zeigte sich sehr schön und sehr heiß vom Juli an; dasselbe gilt für den größten Theil des Herbstes. Man zählt nach den zu Denainvilliers gemachten Beobachtungen:

heiße Tage	54
sehr heiße Tage	5
außerordentlich heiße Tage	1

Duhamel beobachtete am 2. August ein Maximum von 35,6°. Im Süden Frankreichs war nach Messier die Wärme schon seit dem Monat April eingetreten. In Burgund begann die Weinlese am 15. September, 7 Tage früher als im Durchschnitt; die Ernte war ziemlich reichlich und der Wein sehr gut. Das Getreide war von vortrefflicher Beschaffenheit und das Jahr im Allgemeinen sehr fruchtbar in Bezug auf die Lebensmittel.

1763. Dieser Sommer ist durch eine ganz außergewöhnliche Hitze, die im August eintrat, aber nur sehr kurze Zeit dauerte, merkwürdig. Diese Jahreszeit zeigte außerdem eine große Trockenheit, vorzüglich im Süden. Man zählt zu Denainvilliers:

heiße Tage	22
sehr heiße Tage	3
außerordentlich heiße Tage	1

Bis zum August waren nur 10 heiße Tage gewesen. Die Maxima haben sich so vertheilt:

Paris, am 18. August	34,7°
„ „ 19. „	39,0
Denainvilliers, 19. August	35,3
Mühlhausen, 10. August	32,3
Brüssel, 19. August	27,2

In Burgund begann die Weinlese erst am 5. October. Der Ertrag war ziemlich reichlich, aber der Wein sehr schlecht. In der Gegend um Orléans konnten die Trauben nicht einmal zur

Reife kommen. Die Getreideernte war in Nord- und Mittelfrankreich ausgezeichnet, im Süden aber gering.

1764. Man zählt nach den zu Denainvilliers angestellten Beobachtungen:

heiße Tage	42
sehr heiße Tage	7

Die bemerkenswertheste Hitze fand im Juni statt. Duhamel beobachtete am 19. dieses Monats 33,8°. In Paris hatte man am 22. Juni 37,5°; in Lausanne 35,0°; in Mühlhausen am 19. und 22. Juni 31,6°; in Brüssel am 13. Juli 26,1°. Die Weinlese begann in Burgund am 12. September; die Ernte war ziemlich reichlich und der Wein sehr gut. Das Getreide würde eine eine sehr schöne Ernte gegeben haben, wenn nicht an einer beträchtlichen Anzahl von Orten Hagel gefallen wäre. In der Gegend von Orléans gab es wenig Obst und Gemüse.

1765. Nach den Beobachtungstabellen für Denainvilliers, die Duhamel du Monceau hinterlassen hat, zählt man:

heiße Tage	41
sehr heiße Tage	2
außerordentlich heiße Tage	3

Die heißesten Tage zeigten sich im August. Die Maxima der Temperatur waren in diesem Jahre:

Paris, 24. August	36,0°
„ 25. „	37,7
„ 26. „	40,0
Denainvilliers, 24. August	35,0
Mühlhausen, 16. Juni	29,9
Brüssel, 26. August	29,4

In Burgund begann die Weinlese am 23. September; am 1. September war ein verderblicher Hagel gefallen; der Wein war schlecht. In der Gegend von Orléans erfreute man sich einer guten Weinlese, da der Traube die heißen Tage am Ende des August und am Anfang des September zu Gute gekommen waren. Man erhielt wenig Obst. Die Ernte war im Norden genügend; aber im Süden fand man, da das Jahr viel Regen gebracht hatte, eine Menge Unkraut in den Garben; der Ertrag an Weizen war schlecht und die Ernte an Mais mittelmäßig. (Cailhasson.)

1766. Dieser Sommer war durch eine außerordentlich hohe Temperatur merkwürdig; Messier, der auf dem Observatorium des Collége de France beobachtete, hat im Juli 37,8° aufgezeichnet. Indeß zählt man in Paris nach Cassini nur 24 heiße Tage und 1 sehr heißen Tag, und zu Denainvilliers nach den Beobachtungen von

Duhamel nur 40 heiße Tage. Die Weinlese begann in Burgund auch erst am 27. September; der Ertrag an Wein war der gewöhnliche und die Qualität ziemlich gut. Dieser Sommer war in Südfrankreich übermäßig regnicht; in der Landschaft von Orléans waren im Monat September viele Weinstöcke erfroren.

1769. In diesem Sommer beobachtete Messier auf dem Observatorium des Collége de France die außerordentliche Wärme von 36,9° im August; dennoch war die mittlere Temperatur des Sommers sehr niedrig; denn man zählte nach Cassini in Paris nur 13 heiße Tage, 4 Tage von sehr großer Hitze und 1 ungewöhnlich heißen Tag, und zu Denainvilliers nach den Beobachtungen Duhamel's nur 26 Tage von hoher und 5 von sehr hoher Temperatur. Die Weinlese begann zu Burgund erst am 27. September; die Weinernte war gering an Quantität und mittelmäßig in Qualität.

1772. Cassini hat dieses Jahr zu Paris gezählt:

heiße Tage	25
sehr heiße Tage	5
außerordentlich heiße Tage	1

In Denainvilliers hat Duhamel beobachtet:

heiße Tage	41
sehr heiße Tage	4

Der Monat Juni war sehr warm und die höchsten Temperaturen haben sich folgendermaßen vertheilt:

Paris, 24. (?) Juni	36,8°
Auxerre, 26. Juni	35,9
Montmorency, 26. Juni	35,6
Denainvilliers, 26. Juni	35,0
Brüssel, 26. Juni	35,0
Mühlhausen, 27. Juni	33,8
Berlin, 27. Juni	31,3
St. Petersburg, 26. Juli	30,6

Man litt im Norden Frankreichs und in der Gegend von Toulouse von einer sehr großen Trockenheit. Die Seine stand im September 24 Centimeter über dem tiefsten Wasserstande von 1719. Im Süden fielen reichliche Regen. (Alexis Perrey.) In Burgund wurde die Weinlese am 24. September begonnen. In Montmorency gab nach Cotte der Wein das Doppelte einer Mittelernte; aber in der Umgegend von Orléans war der Ertrag an Wein gering.

1773. Dieser Sommer ist durch außerordentlich hohe Temperaturen merkwürdig, die aber jedesmal nur von kurzer Dauer waren. Duhamel beobachtete im August, vom 4. bis 18., eine Reihe von 15 auf einander folgenden heißen Tagen. Für Paris hat Cassini gezählt:

heiße Tage	18
sehr heiße Tage	2
außerordentlich heiße Tage	1 [? 0]

Für Denainvilliers findet man nach den Beobachtungen von Duhamel du Monceau:

heiße Tage	45
sehr heiße Tage	4
außerordentlich heiße Tage	2

Die höchsten Temperaturen fanden im August statt. Die Maxima haben sich in diesem Jahre so vertheilt:

Paris, 14. August	39,4°
Denainvilliers, 15. August	35,9
Berlin, 23. Mai und 15. August . . .	32,5
Brüssel, 14. August	31,7
Mühlhausen, 14. August	31,5
Moskau, 20. Juni	31,3
St. Petersburg, 24. Juli	30,6

Der Sommer war auch sehr trocken. In Burgund fing die Weinlese erst am 27. September an. In der Gegend von Orléans war der Wein von mittlerer Güte.

In der Provence gab es dieses Jahr gleichfalls große Hitze. In Languedoc beschädigte im Juli sehr starker Nebel die Weinernte ungemein.

1775. Dieser Sommer war in Mittelfrankreich warm und trocken. Man zählt dieses Jahr nach den zu Denainvilliers gemachten Beobachtungen:

heiße Tage	67
sehr heiße Tage	8
außerordentlich heiße Tage	1

Der Monat Juni war warm, aber die stärkste Hitze trat im Juli und August ein. Das Maximum betrug in Denainvilliers am 22. Juli 35,6°; in Paris 35,6°; in Stockholm 34,4°; in Berlin am 24. Juli 32,5°; in Mühlhausen am 10. Juni 32,3°; in Brüssel am 6. Juni 31,9°; in Nancy am 19. August 30,9°; in Moskau am 16. Juli 28,8°; in London am 2. August 30,0°.

In Burgund begann die Weinlese erst am 25. September. In der Gegend von Orléans war die Ernte wenig reichlich, aber von sehr guter Beschaffenheit. Die Weinernte war eine gewöhnliche und die Qualität gut.

1776. Dieser Sommer war in der Mitte Frankreichs warm. Vom 8. Juli bis zum 5. August trat in Denainvilliers eine Reihe von Tagen ein, an welchen das Thermometer, nur zwei Unterbrechungen abgerechnet, beständig über 25° stand; man zählt nach den Tabellen von Duhamel:

heiße Tage	45
sehr heiße Tage	4
außerordentlich heiße Tage	1

Im October hatte man an diesem Orte so schöne und warme Tage, wie im Sommer. Die Maxima von 1776 haben sich folgendermaßen vertheilt:

Denainvilliers, 5. August	36,9°
Montpellier	35,6
Perpignan, 26. Juni	35,0
Clermont-Ferrand	35,0
Mühlhausen, 6. Juli	33,5
Paris, 2. und 3. August	33,1
Berlin, 17. Juli	32,5
Aix	31,9
Bordeaux	31,3
Nancy, 3. August	30,0
London, 2. August	30,0
Brüssel, 16. Juli	30,3
St. Petersburg, 22. Juli	29,4
Moskau, 17. Juli	24,8

In Burgund begann die Weinlese erst am 30. September. Trotz der Strenge des vorhergegangenen Winters war die Getreideernte gut. Die Rebe gab in der Gegend von Orléans eine gute Lese und der Herbst zeigte sich so mild, daß die Obstbäume an manchen Orten von Neuem blühten und einige Apfelbäume sogar zum zweiten Male Frucht trugen. (Duhamel.)

Während der zwei Tage des Maximums zu Paris beobachtete Messier den Temperaturgrad eines der Sonne direct ausgesetzten, in freier Luft befindlichen Thermometers, und fand am 2. August 56,1°, am 3. 52,7°; also 22 und 18 Grade mehr, als die Angaben des Thermometers im Schatten betrugen.

1777. Man zählt nach den zu Denainvilliers gemachten meteorologischen Beobachtungen:

heiße Tage	47
sehr heiße Tage	8
außerordentlich heiße Tage	1

Die intensivste Hitze fand im Juli und besonders im August statt. Die Maxima der Temperatur vertheilten sich so:

Luçon (in der Vendée)	38,8°
St. Omer	37,5
Montargis	37,5
Udine (in Italien), 17. August	37,3
Paris	36,1
Denainvilliers, 18. Juli	35,0
Montpellier	33,8
Tarascon	33,8
Bordeaux	33,8
Brüssel, 9. August	33,4
Mühlhausen, 18. Juli	31,9
Nancy, 18. Juli	30,9
Moskau, 31. Mai	30,6
Bern	30,1
Berlin, 10. August	30,0
London, 8. August	27,8
St. Petersburg, 6. Juli	27,1

In der Gegend um Orléans war der Sommer kalt und regnicht, die Ernte daher nicht genügend und es gab fast keinen Wein.

In Burgund wurde die Weinlese erst am 1. October eröffnet. In der Gegend von Toulouse war das Jahr an Lebensmitteln nicht schlecht, nur erntete man ebenso wenig Wein, wie in dem unteren Languedoc. Im Norden hatte man eine gute Getreideernte.

1778. Dieser Sommer war in Paris und dem größten Theile Europas sehr warm und sehr trocken. Cassini hat für Paris nur gezählt:

heiße Tage	27
sehr heiße Tage	1

aber diese Angabe scheint zu gering zu sein. In Denainvilliers war der Sommer sehr merkwürdig; im Juli stand das Thermometer immer über 25° und man zählt nach den Tabellen Duhamel's:

heiße Tage	54
sehr heiße Tage	15
außerordentlich heiße Tage	3

Die höchsten Temperaturen haben sich so vertheilt:

Montargis	37,5°
Denainvilliers, 5. Juli	36,9
Bordeaux	36,6
Soissons	36,6
Paris, 5. Juli	36,2

Rouen	35,6°
Vienne (Dep. Isère)	35,3
Nantes	35,0
Brüssel, 20. Juli	35,0
Insel Oléron	34,4
Mühlhausen, 14. August	34,1
Franeker (Friesland), 20. Juli	34,0
Kopenhagen, im Juli	33,8
Bern	33,8
Nancy, 7. und 14. August	33,8
Dijon	33,8
Toulon	33,8
Berlin, 14. August	33,1
Leyden	32,5
Marseille	32,5
Montauban	31,3
Moskau, 5. Juli	30,5
London, 13. und 14. Juli	30,0
Genf, im August	28,8
St. Petersburg, 20. Juli	28,7
Bristol	25,5

Folgendes ist der aus Messier's Abhandlung über die Wärme des Jahres 1793 entnommene Bericht über diesen merkwürdigen Sommer:

„Die große Hitze dieses Jahres (1778) war anhaltend, und beständig von einem wolkenlosen Himmel begleitet. Das Gemüse fehlte und der Mangel an derartiger Nahrung ward allgemein. Um den 5. August waren die Bäume schon in einem schlechten Zustande. Am 10. September schien das Gras in den Alleen des vincenner Holzes ebenso wie auf den Rasenbeeten verbrannt zu sein, als ob ein Feuer darüber hinweggegangen wäre. Mitten auf der Esplanade, gegenüber dem Schlosse, fand ich in der Tiefe eines Meters die Erde trocken und staubig. Der Wasserstand der Seine war außerordentlich gesunken und blieb lange Zeit in diesem Zustande; am 5. September war er nur noch 8 Centimeter über dem Minimum von 1719.

„In Paris sah man in dem Garten des Arsenals infolge der großen Hitze einige Kastanienbäume zum zweiten Male blühen. Dies in heißen Ländern ziemlich gewöhnliche Phänomen wurde gleichfalls an anderen Bäumen, z. B. an Pfirsich-, Pflaumen- und Apfelbäumen bemerkt. Noch überraschender aber war, daß zwei an der Mauer des Wachthauses des Quai Malaquais, gegenüber der Straße des Saints-Pères gezogene Weinreben zum zweiten Male Frucht trugen. Nachdem dieser Weinstock wieder geblüht hatte, trug er am 10. October ziemlich große Trauben; die Beeren standen dicht gegen einander gedrückt und waren zum Theil schwarz; man sah, daß die Mehrzahl die Reife erreichen würde, wenn die Hitze noch einige Tage anhielt.

„Diese Hitze des Sommers wurde in ganz Frankreich empfunden. Man beobachtete in mehreren Provinzen Krankheiten der Thiere, die durch die große Trockenheit und den Mangel an Wasser und grünem Futter veranlaßt waren.

„Man ward außerdem von Gewittern, Orkanen und beträchtlichen Ueberschwemmungen heimgesucht.

„Die Wärme von 1778 erstreckte sich in gleicher Weise über einen Theil Europas. Dieser niederdrückende Sommer und die schädlichen Ausdünstungen, die er verursachte, hatten die Einstellung der Arbeiten an einem Wege, den man in Calabrien baute, zur Folge. (Journal de Bouillon.) In Genua steigerte die Hitze und die Trockenheit den Preis der Lebensmittel, ebenso wie in Frankreich, beträchtlich. (Gazette de France.) In Cöln verschwanden die Hoffnungen, die man sich auf eine gute Ernte gemacht hatte, infolge des Regenmangels und der so übermäßigen und anhaltenden Sonnengluth, daß die ältesten Leute des Landes etwas Aehnliches je gesehen zu haben sich nicht erinnerten. Anstatt zu reifen, vertrockneten die Trauben."

In der Gegend um Orléans stand das Korn gut in den Aehren, aber viel Gemüse und Wein war verdorrt. Nichts desto weniger wurde die Weinlese nicht schlecht befunden. In Burgund gab es lange und beständige, starke Hitze, eine große Trockenheit und zahlreiche Unwetter. Die Weinlese begann am 22. September. In der toulouser Gegend war das Jahr im Gegensatz zu dem, was in anderen Gegenden eintrat, fruchtbar.

1779. Dieser Sommer war in Frankreich merkwürdig heiß. Cassini hat für Paris nur

heiße Tage	33
sehr heiße Tage	1

gezählt. Aber nach den Tabellen Duhamel's für Denainvilliers findet man

heiße Tage	65
sehr heiße Tage	5

Die intensivste Hitze zeigte sich zu Paris im Juli und August. Die Maxima haben sich in diesem Jahre so vertheilt:

Bordeaux	36,4°

Perpignan	35,0°
Besançon	35,0
Paris, 18. Juli	34,4
Denainvilliers, 17. August	33,0
Berlin, 7. August	32,8
Montauban	31,3
Mühlhausen, 19. Juli	30,8
Nancy, 19. Juli	30,0
Brüssel, 18. Juli	29,7
Amsterdam	29,6
London, 13. Juli	28,9
Dieppe, 23. und 24. Mai	22,5

Die Hitze fing in Denainvilliers zu Ende Mai an, war im Juni geringer, trat im Juli wieder ein und währte bis zum September. Man litt während dieses Sommers durch große Trockenheit. Die Seine war am 19. October nur 22 Centimeter über dem tiefsten Wasserstande von 1719.

In Burgund wurde die Weinlese am 21. September eröffnet. Der Wein war infolge der zu Ende des Sommers gefallenen Regen nicht gut. Die Ernte an Getreide war genügender. Im Süden Frankreichs war das Jahr in Bezug auf die Lebensmittel sehr gut; man hatte alle Früchte im Ueberfluß. Nichts desto weniger verfaulte durch die großen Regen, die vor der Weinlese fielen, ein Theil der Trauben. (Clos.)

1780. Dieser Sommer war in Paris ein mittlerer, aber warm in einem großen Theile Frankreichs. Auf dem Observatorium hat Cassini gezählt:

heiße Tage	33 [?28]
sehr heiße Tage	1
außerordentlich heiße Tage	1

Duhamel hatte zu Denainvilliers:

heiße Tage	59
sehr heiße Tage	15
außerordentlich heiße Tage	3

Der Monat Juli zeigte sich auf dieser letzteren meteorologischen Station trocken und ziemlich heiß, der Monat August sehr heiß; es gab in diesem Monat nur zwei Tage, an denen das Thermometer nicht bis über 25° stieg. Die Maxima von 1780 haben sich so vertheilt:

Turin, 28. Juli	37,6°
Bordeaux	36,4

Montpellier	36,3°
Gray (obere Saône)	36,3
Orléans	35,8
Denainvilliers, 1. Juni, 31. Juli, 1. August	35,0
Paris, 2. Juni	35,0
Mühlhausen, 31. Juli	34,3
Viviers	33,8
Vire	33,1
Nancy, 2. Juni	32,5
Rodez	31,5
Breda	31,0
Bourbonne-les-Bains	30,9
London, 29. Mai	28,9
Amsterdam	28,5
Agde	27,5

In Paris herrschte bis zum August große Trockenheit. Am 9. dieses Monats war die Seine 16 Centimeter über dem tiefsten Wasserstande von 1719. In der Provence litt man große Hitze. In Burgund war das Jahr veränderlich und feucht. Die Weinlese wurde am 18. September eröffnet, und es gab Fäulniß in den Trauben. In der Gegend von Orléans fielen die Cerealien reichlich aus und waren von guter Beschaffenheit. Im Süden und Norden Frankreichs war die Ernte eine mittlere.

1781. Der Sommer von 1781 war im Norden und Süden Frankreichs sehr warm. Zu Paris zählte Cassini:

heiße Tage	54
sehr heiße Tage	5

Die Monate Juni und Juli zeigten sich sehr heiß. Die höchsten Temperaturen haben sich so vertheilt:

Metz	38,1°
Lüttich, 26. Juli und 2. September	37,5
Montpellier	36,3
Troyes	36,3
Poitiers	36,0
Paris, 31. Juli	34,4
Denainvilliers, 31. Juli	34,4
Bordeaux	34,0
Mühlhausen, 3. September	33,4
Stockholm	32,5
Amsterdam	29,4
London, 31. Juli	28,9

Die Trockenheit war im Norden von Frankreich groß; es fielen zu Paris in dem ganzen Jahre nur 362 Millimeter Regen. Im Süden machten die Wolkenbrüche des Juni die Ernte zu einer sehr mittelmäßigen. In Burgund wurde die Weinlese am 10. September eröffnet. Die Getreideernte war ziemlich genügend in der Mitte und dem Norden Frankreichs.

1782. Dieser Sommer war im Norden Frankreichs ziemlich regnicht; nichtsdestoweniger zeigten sich sehr hohe Maxima an verschiedenen Punkten:

Haguenau	39,4°
Manosque	38,8
Paris, 16. Juli	38,7
Nancy, 26. Juli	37,6
Mühlhausen, 26. Juli	36,6
Meaux, 16. Juli	36,2
Bordeaux	35,3
Chartres	35,0
Chinon	35,0
Les Sables d'Olonne	33,1
Brüssel, 16. Juli	30,6
St. Gotthard	19,4

In Burgund begann die Weinlese erst am 30. September. Die Trockenheit hielt im Süden ohne Unterbrechung vom Monat Juni bis zum October an; sie hatte den Verlust des Mais und der Gemüse zur Folge. (Clos.) Im Norden war die Getreideernte ungenügend.

1783. Dieser Sommer war im Norden Europas und im Innern Frankreichs bemerkenswerth. Cassini hat zu Paris gezählt:

heiße Tage	30
sehr heiße Tage	5
außerordentlich heiße Tage	1

Der Monat Juni war sehr heiß. Die Maxima von 1783 haben sich so vertheilt:

Seurre (Dep. Côte d'Or)	39,0°
Chinon	38,1
Cambrai	37,5
Lüttich	37,0
Bordeaux	36,5
Paris, 11. Juli	36,3
Orléans	36,3
Oloron	36,3
Wien	35,9
Arles	35,4

Arras	35,1°
Lille	35,0
Mayenne, 10. Juli	35,0
St. Malo	35,0
Montdidier	35,0
La Rochelle	35,0
Mühlhausen	34,9
Stockholm	33,8
Brüssel, 2. August	33,8
Amsterdam	33,4
St. Brieuc	31,3
Sables d'Olonne, 21. Juli	33,1
St. Petersburg, 17. Juni	29,3

In Burgund begann die Weinlese am 16. September. Im Süden schadeten reichliche Regen der Ernte; der Mais litt darunter und die Traube mangelte in dem ganzen Languedoc. (Clos.)

1788. Dieser Sommer war an verschiedenen Orten sehr warm. Zu Paris zählte man

heiße Tage	52
sehr heiße Tage	3 (?)

Die höchsten Temperaturen haben sich so vertheilt:

Verona, im Juni und Juli	35,6°
Chartres	35,6
Châlons-sur-Marne	35,6
Montauban	34,9
Paris, 12. Juli	33,7
Mailand	33,4
Lons-le-Saunier	32,5
Saint-Dié	32,5
Dünkirchen	31,4
Le Puy (obere Loire)	27,7
London, 27. Mai und 2. Juni	26,6

Am 13. Juli fand der berühmte Hagelfall statt, der in den Annalen der Meteorologie verzeichnet ist; ein Theil Frankreichs ward schrecklich verwüstet. (S. oben S. 17). In Burgund begann die Weinlese am 15. September. Die Menge des Weins war gering, aber die Qualität ausgezeichnet; die Ernte an Getreide genügend.

1790. Dieser Sommer war heiß und vor Allem in dem ganzen Norden Europas, Schweden ausgenommen, übermäßig trocken. Man zählte zu Paris:

heiße Tage 40
sehr heiße Tage . . . . 6 (?)

Die höchsten Temperaturen haben sich so vertheilt:

Verona, im August . . . . 35,6°
Paris, 22. Juni 34,6
London, 22. Juni 30,0

In der Provence und im Languedoc fielen sehr starke Regen. In Burgund wurde die Weinlese am 27. September eröffnet; der Wein war wenig reichlich und mittelmäßig. Die Getreideernte fiel schlecht aus.

1791. Dieser Sommer war beträchtlich heiß. Man zählte in Paris:

heiße Tage 48
sehr heiße Tage 9

Die höchsten Temperaturen waren:

Verona, im August . . . . 35,4°
Paris, 15. August 34,1
London, 7. Juni 26,7

In Burgund begann die Weinlese am 19. September; die Quantität des Weines war gering, aber die Qualität sehr ausgezeichnet.

1793. Dieser Sommer ist durch die außerordentliche Hitze merkwürdig, die seit dem verflossenen Jahrhundert ohne Beispiel geblieben ist. Die Hitze trat im Juli und August ein. Man zählt zu Paris nach Cassini:

heiße Tage 36
sehr heiße Tage 9
außerordentlich heiße Tage 6

Die höchsten Temperaturen haben sich so vertheilt:

Valence, 11. Juli . . . . 40,0°
Paris, 8. Juli 38,4
Ebendas., 16. August 37,3
Chartres, 8. August 38,0
Ebendas., 16. August 38,1
Verona, im Juli und August 35,6
London, 16. Juli 31,7

Ch. Messier hat die große Wärme von 1793 zum Gegenstande einer Arbeit gemacht, die im 4. Bande der Mémoires de l'Institut (mathematisch-physische Klasse) S. 501 abgedruckt ist. Er stellte vergleichende Beobachtungen mit zwei Thermometern an, von denen das eine im Schatten stand, während das andere der directen Einwirkung der Sonnenstrahlen ausgesetzt war. Dies letztere „war am Ende eines parallaktisch aufgestellten achromatischen Fernrohres befestigt, welches, einmal nach der Declination der Sonne eingestellt, diesem Gestirne folgte; so daß das in geneigter Lage befindliche Thermometer die auf dasselbe senkrecht fallenden Wärmestrahlen direct empfing und ihre Temperatur angab. Diese Versuche wurden im Inneren des Observatoriums ausgeführt, während das Instrument vor Luftströmungen geschützt und isolirt, d. h. von seinem Brete losgemacht war."

Die vergleichenden Beobachtungen dieser zwei Instrumente, auf die hunderttheilige Skale reducirt, sind folgende:

Tag.	Tagesstunde.	Das Thermometer in der Sonne.	Das Thermometer im Schatten.
8. Juli	2^h	63,2°	37,9°
9. "	$1^1/_2$	60,9	35,6
10. "	3	62,0	35,0
11. "	2	59,7	34,7
12. "	1	58,5	33,1
14. "	$1^1/_2$	62,0	33,1

Die große Hitze dieses Sommers brachte Wirkungen hervor, deren Kenntniß nicht uninteressant ist:

„Mai und Juni 1793 waren sehr schlecht, sagt Messier, feucht und immer trübe; es regnete oft und die Temperatur blieb sehr kühl. Man fand während dieser zwei Monate in vielen Häusern Feuer. In Wien bemerkte man am 5. Juni eine seit dem 30. Mai dauernde außerordentliche Kälte; es fiel Schnee auf den Bergen, und ein vom 30. Juni datirter Brief sagt: „In Bockflüß in Oesterreich unter der Enns fand vor einigen Tagen ein in der gegenwärtigen Jahreszeit ungewöhnliches Ereigniß statt; beladene Wagen konnten über das Eis fahren."

„Die große Hitze begann am 1. Juli in Paris und nahm sehr schnell zu. Der Himmel war während ihrer Dauer beständig blau, klar und ohne Wolke; der Wind blieb stets nördlich; meistens war es windstill und das Barometer hielt sich auf sehr großer Höhe. Die heißesten Tage waren der 8. und der 16. Juli. Am 8. bedeckte sich der Himmel, es regnete und der Donner rollte. Am 9. um $4^1/_2$ Uhr Nachmittags verwüstete ein schreckliches Gewitter Senlis und seine Umgebungen. Hagel von der Größe eines Eies zerstörte die Ernten; ein heftiger Sturm warf mehr als 120 Häuser um. Ein ungeheurer Regen folgte auf dieses Unwetter; das Wasser sammelte sich auf den Feldern und riß Thiere, Meubles, Frauen und Kinder fort. Zu Bongneval (Dep. Oise) wurde eine unglückliche Mutter, deren Kräfte erschöpft waren, von dem Strome fortgerissen, nachdem sie ihre neun Kinder gerettet hatte. Die Nationalversammlung bestimmte für die von dem Unglück Betroffenen vorläufig eine Unterstützung von 30000 Livres und beschloß in ihrer Sitzung vom 8. August, daß dem Minister des Inneren 6 Millionen zur Unterstützung der Eigenthümer der verwüsteten Besitzungen zur Verfügung gestellt werden sollten. Am 10. Juli kam, um das Unglück voll zu machen, noch ein neuer Hagelschlag hinzu.

„Die Hitze war während des ganzen Juli äußerst groß und dauerte einen Theil des August hindurch fort. Am 7. dieses letzteren Monats war sie besonders merkwürdig; sie war allgemein, lästig, man kann sagen, erdrückend; der Himmel blieb ganz klar. Der Wind aus Nordost machte sich fühlbar und war so glühend heiß, daß er aus einem Kohlenbecken oder aus der Mündung eines Kalkofens zu kommen schien. Man erhielt diese ungewohnte Gluth durch Windstöße von Zeit zu Zeit; auch im Schatten war es so heiß, als ob man den Strahlen einer versengenden Sonne ausgesetzt gewesen wäre. In allen Straßen von Paris hatte man dies peinliche Gefühl, und die Wirkungen auf dem platten Lande waren ebenso. Diese erstickende Hitze lähmte die Respiration und man fühlte sich an diesem Tage viel unbequemer als am 8. Juli, wo das Thermometer bis 38,4° gestiegen war, obgleich jener erstickende Zustand der Atmosphäre am 7. August das Thermometer nur bis 36,3° hatte steigen lassen. Analoge Erscheinungen zeigten sich im Verlaufe des 13.

„In Chartres beobachtete man am 8. Juli um 2 Uhr 38,0° und am 16. 38,1°.

„In Valence (Dep. Drôme) kam die Hitze fast plötzlich in den ersten Tagen des Juli und zeigte sich außerordentlich stark während eines Theils des Monats. Folgendes war der Gang eines im Schatten aufgestellten Thermometers:

7. Juli . . .	36,5°	13. Juli . . .	34,4°
8. „ . . .	37,5	14. „ . . .	37,5
9. „ . . .	39,4	15. „ . . .	33,8
10. „ . . .	38 8	16. „ . . .	33,1
11. „ . . .	40,0	17. „ . . .	37,8
12. „ . . .	38,8	18. „ . . .	32,5

„Vom 13. Juni an fiel in dieser Gegend kein Regen; die Erde war so ausgetrocknet, daß die meisten niedrigen Pflanzen eingingen und sogar viele Bäume, vorzüglich junge.

„Diese verderbliche Hitze erstreckte sich über die Departements von Frankreich und einen großen Theil Europas. Der Wind wehte ziemlich constant in der Richtung von Norden nach Süden; der Himmel blieb vollkommen rein und klar; obgleich die Sonne brennend heiß schien, waren ihre Ränder doch ohne Undulation, und man sah während der ganzen Dauer dieser Vorgänge keinen Flecken auf ihrer Scheibe.

„Die Trockenheit war seit Ende Juli maaßlos. Der Wasserstand der Seine sank Ende August und Mitte September auf den tiefsten Stand des Jahres 1719. Im ganzen Jahre fielen zu Paris nur 331 Millimeter Regenwasser. Auf dem Lande hatten die Kastanien-, Apfel-, Nuß- und Kirschbäume, die Haselnußsträucher, das Geisblatt, die Weinstöcke verbrannte Blätter; die Früchte, unter andern die Aepfel, trugen deutlich das Zeichen des Verbranntseins. Der Mangel an Gemüse machte sich sehr fühlbar, und was davon noch vorhanden war, stieg zu ungeheuren Preisen. Das ausgedörrte, hart gewordene und geborstene Erdreich konnte weder durch den Pflug, noch durch den Spaten umgewandt werden. Im Garten des Schlosses Luxembourg zeigte der Boden in der Tiefe eines Meters nicht die geringste Spur von Frische. Erdarbeiter, die mit dem Graben eines Brunnens an einem der Sonne ganz ausgesetzten Ort beauftragt waren, fanden das Erdreich in der Tiefe von 1,60 Meter ausgetrocknet. Am 1. September waren die Bäume des Palais Royal fast vollständig ihrer Blätter beraubt; 150 von ihnen waren ganz kahl; durch die Trockenheit und die Hitze war die Rinde geborsten, und die Zweige schienen abgestorben; der größte Theil dieser Bäume ging in der That ein.

„Am 17. August erhob sich von 11 Uhr Morgens an ein furchtbarer Sturm, der bis Mitternacht anhielt; der Wind wehte aus Südwest und zwar die ganze Zeit mit unerhörter Heftigkeit. Mehrere provisorische Buden, die auf den Brücken von Paris standen, wurden umgestürzt; viele Bäume litten außerordentlich und wurden mit einer solchen Kraft hin und her bewegt, daß die Basis des Stammes selbst erschüttert wurde; man konnte dies an den Löchern sehen, die unten am Stamme entstanden waren."

Nach Antonio Cagnoli, Mitglied der Akademie in Verona, war die Hitze bei einer Temperatur von 35,6° so erstickend, daß die Schnitter auf dem Felde umkamen.

In Burgund begann die Weinlese am 23. September. Der Wein war reichlich, aber von mittelmäßiger Beschaffenheit. Es waren in dieser Gegend kalte Regen gefallen, die seiner Qualität geschadet hatten. In der Gegend um Toulouse war der Sommer trocken und heiß; die Ernte an Mais mangelte ganz. Es ist bekannt, daß 1793 in Frankreich ein Jahr außerordentlicher Theuerung war.

1794. In diesem Jahre war der Monat Juli in Paris sehr heiß. In Burgund gab es große Hitze und häufigen Regen. Die Weinlese fing zeitig, nämlich am 15. Sept., an. Der Wein war reichlich und von ziemlich guter Beschaffenheit. Als höchste Temperatur beobachtete man in Verona im Juli 34,0°, in Paris den 30. Juli 30,5° und in London den 13. Juli 28,9°.

1798. Der Frühling und der Sommer dieses Jahres waren im Süden von Frankreich sehr heiß und trocken. Die Ernte war in den vom Hagel verschont gebliebenen Gegenden sehr befriedigend; das Obst reichlich und vortrefflich. Der Sommer in Burgund war ebenfalls heiß und günstig. Die Weinlese begann am 15. Sept., der Ertrag war gering, aber von ausgezeichneter Güte. Die höchsten Temperaturen waren in Paris am 1. August 32,7°; in London den 28. Juni 30,0°.

1800. Der Sommer von 1800 ist durch sehr große Hitze, die sich über einen Theil Europas erstreckte, merkwürdig. Vom 6. Juli bis 21. August fiel das Thermometer in Paris nur fünf Mal unter 23,4° und man hatte nach Bouvard's Tabellen:

heiße Tage	25 Tage.
sehr heiße Tage	5 „
außerordentliche heiße Tage . . .	2 „

Ch. Messier hat mit großer Sorgfalt die Temperaturen beobachtet, welche in dieser Jahreszeit vorkamen. Es folgen hier die höchsten Wärmegrade, die er in seiner Wohnung um Mittag, also ungefähr zwei Stunden vor dem täglichen Maximum, aufgezeichnet hat. Seine Beobachtungen sind mit den von Bouvard auf dem Observatorium angestellten Beobachtungen zusammengestellt worden.

	Nach Messier.	Nach Bouvard.
Den 3. August . . .	31,0°	31,4°
„ 4. „	31,0	31,5
„ 11. „	31,6	31,9
„ 12. „	28,0	29,0
„ 13. „	28,0	28,9
„ 14. „	28,0	30,0
„ 15. „	32,8	34,6
„ 16. „	33,9	32,6

	Nach Messier.	Nach Bouvard.
Den 17. August	36,8°	36,6°
„ 18. „ . . .	37,4	35,5
„ 19. „ . . .	29,2	27,9
„ 20. „ . . .	28,0	27,1

Nach Cotte trieb die directe Strahlung der Sonne in Montmorency das Thermometer am 18. August um 3 Uhr Nachmittags auf 51,5°. Die höchsten Temperaturen dieses Sommers haben sich folgendermaßen vertheilt.

Bordeaux, 6. August	38,8°
Nantes, 18. „	38,8
Montmorency, 18. August	37,9
Limoges	37,5
Paris, 18. August	35,5
Mons, 18. „	35,0
London, 2. „	31,1
Bath, 3. „	23,9
Edinburg, 2. „	22,5

Dieses Jahr war in Deutschland vom Monat April an sehr heiß; aber im Juli fanden in Düsseldorf Fröste statt. Die Trockenheit war im Norden, wie im Süden schrecklich. In Montmorency fielen vom 5. Juni bis 18. Aug. nach Cotte nur 26 Millimeter Regen. Die Feuersbrünste nahmen seit Anfang August in einem ungeheuren Verhältnisse zu. Ein ganzes Dorf im Departement der Eure, der Wald von Haguenau, ein Theil des Schwarzwaldes wurden ein Raub der Flammen. Unzählige Heuschrecken fielen auf die in der Nähe von Straßburg gelegenen Bezirke. In der Nacht vom 20. Juli schlug der Blitz in das alte Augustinerkloster in Paris und zündete. Man beobachtete im Süden Frankreichs viele Fälle von Hundswuth.

In Burgund, sagt Morelot, war das Jahr regnicht und kalt; die Weinlese begann erst am 25. September. Der Ertrag an Wein war ganz unbedeutend und seine Beschaffenheit nur mittelmäßig. Ebenso war es im Süden Frankreichs; wo jedoch das Obst infolge einer ebenso großen Hitze und Trockenheit wie im Norden sich reichlich zeigte. Die Getreideernte war unbefriedigend.

1802. Dieser Sommer war im Norden, Osten und einem Theile des Südens von Europa sehr heiß und außerordentlich trocken. In Holland und einem Theile von Jütland war die Hitze ganz und gar ungewöhnlich.

Die höchsten beobachteten Temperaturen sind:

Avignon, 14. August	38,1°
Wien, 10. u. 11. „	36,9
„ um den 14. „	37,8
Paris, 8. „	36,4
Turin, 21. „	35,0
Mastricht, 9. „	35,0
Genf, ...	34,5
Mons, 9. August	32,5
London, 30. „	27,2

„Die Trockenheit des vorhergehenden Jahres, schrieb Messier, fährt fort, Europa heimzusuchen. Die Pflanzen sind verbrannt, das Gras ist bis zur Wurzel verdorrt; die Früchte des Sommers und sogar die des Winters sind gefährdet, die Bäume ihrer Blätter beraubt, und nur der Wein behält seine grünen Ranken."

In Burgund fing die Weinlese den 20. September an; der Ertrag war gering, denn ein Frost am 16. und 17. Mai hatte den Weinstöcken sehr geschadet; aber die Qualität des Weines war ausgezeichnet. Die Getreideernte war unzureichend und das Getreide sehr theuer. In England war die Ernte eine der reichsten, die man jemals in den Grafschaften gesehen hat.

1803. „Dieser Sommer, sagt Messier, war durch die anhaltende große Hitze und durch die Trockenheit merkwürdig. Die Hitze begann gegen Ende Juni und dauerte bis Ende August. Die Trockenheit hielt vom 15. Juni bis zum 1. October an; während dieser ganzen Zeit regnete es nur an 9 Tagen. Die Brunnen und Quellen waren versiegt; in einigen Departements mußte man das Wasser 3 bis 4 Stunden weit herholen; ein Pferd einen Tag zu tränken kostete 1 Fr. 50 C. Diese Trockenheit brachte den Wiesen, Früchten und dem Gemüse großen Schaden, nur der Wein litt nicht darunter. Die Seine sank in Paris auf den niedrigsten Stand, auf dem man sie jemals gesehen hatte." Länger als 3 Monate stand sie bei der Brücke de la Tournelle unter 0; am 19. September stand sie 27 Centimeter tiefer. Die Trockenheit war in Frankreich und in ganz Europa allgemein, Friaul, Kärnthen und einen Theil des Erzherzogthums Oesterreich ausgenommen, wo mehrere Flüsse aus ihren Ufern traten. (Connaissance des temps für 1806.)

In Rußland, in Katharinenburg, bemerkte man sonderbare Wechsel in der Temperatur: den 9. Mai zeigte das Thermometer — 3,8°, den 11. + 30°.

Die höchsten Temperaturen waren so vertheilt:

Avignon, 16. August	38,1°
Paris, 31. Juli	36,7
Alais, 3. August	36,1
Mastricht, 1. August	33,8
Mons, 31. Juli	31,9
London, 2. „	29,4

In Burgund hatte man sehr schönes Wetter, aber sehr wenig Hitze, die Weinlese begann am 26. September; der Ertrag war sehr reichlich und die Beschaffenheit des Weines leidlich. Im Süden Frankreichs war die Hitze und Trockenheit geringer als im Norden und die Getreideernte befriedigend; in der Schweiz, in Italien und Ungarn fiel sie sehr gut aus.

1807. Dieser Sommer ist wegen seiner lästigen Hitze, Gewitter, Hagel und einer großen Trockenheit in ganz Europa bemerkenswerth. Die Temperaturmaxima zeigen jedoch nichts Ungewöhnliches.

Straßburg, 13. Juli	35,8°
Avignon, 30. „	35,7
Mastricht, 31. „	35,3
Mons, 31. „	35,0
Paris, 11. „	33,6
London, 22. „	29,4

In Frankreich ereigneten sich viele vom Blitze verursachte Feuersbrünste und starke Hagelschläge. In Italien trat ein längerer Zeitraum wahrhaft merkwürdiger Hitze ein. Drei Wochen lang hintereinander hatte man in Neapel über 32°. In dieser Zeit wurden häufige Apoplexieen und plötzliche Todesfälle beobachtet. Im ganzen Norden zeigte sich die Hitze und Trockenheit außerordentlich groß. Die Mitteltemperatur des August stieg in Berlin auf 23,3°. In Stuttgart schrieb man der ungeheuren Hitze, die am 31. Juli herrschte, die heftigen Kopfschmerzen zu, über die sich viele Leute beklagten. In Schweden dauerte der Sommer sehr lange; in St. Petersburg hatte man 3 Wochen hindurch beständig 23 bis 25°.

In Burgund eröffnete man die Weinlese am 24. September. Das Wetter war warm und gewitterhaft gewesen, mit häufigen Regen und großer Hitze abwechselnd; der Ertrag war reichlich und von guter Qualität. Die Getreideernte war in ganz Frankreich ziemlich gut.

1808. Dies Jahr ist wieder wegen der Trockenheit des Sommers und der großen Hitze in Rußland, Belgien, Frankreich und Italien merkwürdig. Die höchsten Temperaturen waren:

Avignon, 16. Juli	37,0°
Mastricht, 14. „	36,7
Mons, 15. „	36,3
Paris, 15. „	36,2
Dijon, im Juli	35,6
London, 13. Juli	33 3

In Rußland begann die Hitze mit dem Monat Juni und war in St. Petersburg in den ersten Tagen des Juli sehr intensiv. Auch in Dänemark war die Temperatur eine sehr erhöhte. In England war die Hitze so erdrückend, daß viele Postpferde auf den Landstraßen stürzten. Schon Mitte Mai beklagte man sich im Süden Frankreichs über eine außerordentliche Trockenheit und eine Hitze, fast wie in den Hundstagen; der Sommer war gleichfalls warm und trocken; der Herbst dagegen regnicht. In Frankreich gab es zahlreiche Gewitter und viele vom Blitze veranlaßte Feuersbrünste. Verschiedene Weinberge von Burgund waren durch den Hagel verwüstet. In dieser Gegend fing die Weinlese erst am 28. September an; der Wein war ziemlich reichlich, doch nur von mittelmäßiger Beschaffenheit. Obst gab es im Ueberfluß, an Gemüse aber war Mangel. Die Getreideernte war in Frankreich ziemlich reichlich; in Rußland und Italien gab sie sehr gute Erträge.

1811. Der Sommer von 1811 war aus verschiedenen Gründen einer der merkwürdigsten, die je vorgekommen sind.

Hier folgt eine Tabelle der höchsten Temperaturen:

Augsburg, 30. Juli	37,5°
Wien, 6. Juli	35,7
Mailand, 27. Juli	35,0
Avignon, 27. „	35,0
Riga, 27. Juni	35,0
Altona, 20. Juli	35,0
Hamburg, 19. „	34,8
Neapel, 20. „	34,6
Kopenhagen, im Juli	33,8
Lüttich	33,7
Mastricht, 19. Juli	33,4
Straßburg	33,0
St. Petersburg, 27. Juni	31,1
Paris, 19. Juli	31,0
Mons, 19. und 29. Juli	30,0
London, 28. und 29. „	22,7

In Ungarn war es im Frühling schon so heiß, wie sonst gewöhnlich in den Hundstagen; die Hitze war in Rußland, auf den dänischen Inseln und in Jütland seit dem Juni sehr groß, und gegen Ende Juni übermäßig. Das Mittel vom Monat Mai in Berlin war eines der höchsten im Jahrhundert. Unter dem Einflusse dieser Temperatur schmachtete die Natur infolge der großen Trockenheit, als die bei der Sonnenwende eintretenden Regen kamen, um die Luft zu erfrischen, und der Erde ein wenig Feuchtigkeit zurückzuerstatten. In Deutschland zeigten sich in dieser Zeit mehrere von Verheerungen begleitete Gewitter. Die Ernte wurde in Oesterreich am 6. Juli beendigt; das Getreide war reich an Mehl und ganz vortrefflich. In Polen erntete man einen Monat früher als gewöhnlich; in Dänemark fiel die Roggenernte auf den 27. Juli, eine für diese Gegend sehr frühe Zeit. Am Rheine, in Elberfeld, wurde zu Johanni bei einem Mittagessen angeblich Brod und Wein von der Ernte desselben Jahres genossen. In gewissen Bezirken wurde der Roggen vor dem Heu eingefahren.

Das Jahr war gleichfalls in Italien und im ganzen Orient ein frühzeitiges und warmes. Die Ernte wurde am 20. Juni beendigt.

Im Languedoc zeigte sich, wie Dr. Clos sagt, der Frühling warm und trocken, obgleich im April und Mai einige reichliche Regen vorkamen. Der Sommer bot starke atmosphärische Abwechselungen dar; die Producte der Erde wurden wegen der Hitze des Frühlings frühzeitig, aber die Getreideernte war in dieser Gegend des Südens sehr mittelmäßig. Die dem Ackerbau entnommenen Lebensmittel erreichten sehr hohe Preise; das Futter war knapp. Die Getreideernte fiel in Frankreich im Allgemeinen ziemlich gering aus.

In Burgund begann die Weinlese am 14. September; ein am 11. April plötzlich eingetretener Frost hatte zwei Drittel der Ernte gefährdet; der Sommer aber zeigte sich dem Weine so günstig, daß die Reben bald wieder ausschlugen, und man zwar wenig, aber sehr ausgezeichneten Wein erntete, welcher lange Zeit unter dem Namen Kometenwein bekannt war. (S. populäre Astronomie Bd. 14, S. 501.)

1815. Dieser Sommer war im Innern Frankreichs und besonders in Burgund und bei Bordeaux merkwürdig. Die Weinernte begann am 21. September; der Wein war nicht sehr reichlich, aber außerordentlich gut. Nach den Lokalberichten herrschte in dieser Gegend sehr große Hitze und für den Wein sehr günstiges Wetter. Die Ernte des Getreides war dieses Jahr im Allgemeinen unzureichend.

Die höchsten beobachteten Temperaturen waren:

Avignon, 21. Juli	31,5°
Lüttich	31,3
Paris, 5. August	30,0
Mons, 29. Mai	28,3
Mecheln, im August	28,1
London, 14. Juli	22,2

1818. Nach einer Reihe kalter und regnichter Winter, welche das allgemeine Elend bis auf's Aeußerste getrieben hatten, so daß das Hektoliter Korn mit 36 Fr. bezahlt wurde, hatte man dies Jahr in Frankreich prächtiges Wetter; der Segen der Jahreszeiten verbreitete sich über ganz Europa.

Man zählte in Paris:

heiße Tage	37
sehr heiße Tage	3

eine Zahl, welche das Mittel von 1800 bis 1857 bedeutend übertrifft, indem letzteres für heiße Tage 28,7, für sehr heiße Tage 2,5, und für außerordentlich heiße Tage 0,35 gibt. Die mittleren Temperaturen der heißen Monate vertheilten sich folgendermaßen:

	Im Jahr 1818.	Allgemeines Mittel.
April	11,4°	9,81°
Mai	13,7	14,53
Juni	19,2	17,34
Juli	20,1	19,04
August	18,2	18,45
September	15,7	15,47
October	11,7	10,97

Das Mittel des Sommers (Juni, Juli, August) war 19,16° also 0,9° über dem gewöhnlichen Mittel von 18,3°.

Die höchsten Temperaturen waren:

Mecheln, im Juli	37,5°
Marseille, 7. „	36,9
Alais, im August	36,5
Mastricht, 25. Juli	36,0
Paris, 24. Juli	34,5
Avignon, 27. Juli.	34,0
Straßburg	33,8
Lüttich	32,5
Mons, 24. Juli	31,3
London, 16. „	26,7

Der Sommer von 1818 war in Rußland noch merkwürdiger, als in den Gegenden von Mittel- und Südeuropa. In Odessa vergnügte man sich am 18. Mai mit Schwimmen. „Die Botaniker," so schrieb man an die Bibliothèque de Gèneve, „werden es für eine außergewöhnliche Naturerscheinung ansehen, daß der braune und der grüne Thee im Garten der Kaiserin Mutter in Pawlowsk geblüht haben." In Schweden, England, Deutschland und Belgien herrschte an mehreren Tagen eine sehr große und belästigende Hitze. In Dänemark erntete man den Roggen am 27. Juli ein. In ganz Deutschland war die Getreideernte sehr reichlich.

In Frankreich zeigte sich das bis zum Mai feuchte Jahr von nun an, vom Norden bis zum Süden, als eines der trockensten, die man erlebt hatte. In Paris war die Seine am 7. September 5 Centimeter über dem niedrigsten Wasserstande von 1719. Die kleinen Flüsse und die Cisternen waren fast überall trocken.

In Burgund wurde die Weinlese am 24. September, also 9 Tage vor dem Mittel des Jahrhunderts begonnen. Das Wetter war für den Wein, der jedoch von der anhaltenden Trockenheit etwas gelitten hatte, ziemlich günstig gewesen. Der Wein war in Burgund sehr reichlich und von leidlicher Beschaffenheit; der Bordeauxwein war nicht gut. Die Getreideernte fiel befriedigend aus.

1822. Der Sommer von 1822 war in ganz Frankreich merkwürdig wegen der Höhe seiner mittleren Temperaturen, die im Norden, im Innern und ebenso im Süden das allgemeine Mittel überstiegen, wie man aus der Tabelle sieht, die Martins in der Patria gegeben hat:

		Mittel von 1822		Allgemeines Mittel.
Paris . .	Juni	21,2°		17,34°
	Juli	18,9		19,04
	August. . .	19,0		18,45
	Mittel.	19,7°	Mittel.	18,27°
Straßburg	Juni	21,4°		16, 9°
	Juli	19,1		18, 8
	August. . .	17,9		18, 1
	Mittel.	19,46°	Mittel.	17,93°
Alais . .	Juni	25,0°		22, 6°
	Juli	27,2		25, 3
	August. . .	27,7		25, 5
	Mittel.	26,63°	Mittel.	24,46°

Für Paris zählt man

heiße Tage	55
sehr heiße Tage	3

Die Maxima der Temperaturen sind so vertheilt:

Mecheln, im Juli	38,8°
Joyeuse, 23. Juni	37,3
Alais, 14. u. 23. Juni	36,5
Lüttich	35,0
Mastricht, 11. Juni	34,0
Paris, 10. Juni	33,8
Avignon, 14. Juli	33,3
Straßburg	32,5
La Chapelle, 21. August	30,7
Brüssel, 10. Juni	29,4
London, 10. „	27,2

Die schöne Jahreszeit trat fast in ganz Europa sehr früh ein. Man erfreute sich in Rußland von den ersten Tagen des Mai an eines herrlichen Frühlings. Die Hitze wurde dann für das Klima übermäßig und die Früchte zeigten eine überraschende Frühzeitigkeit. In England war die Hitze im Anfang Juni so groß, daß allein auf der Straße von Cheltenham elf Postpferde in einer Woche fielen. In Barcelona beobachtete man am 1. Juni 30°. In Italien wurde die Hitze und Trockenheit des Sommers als unerhört betrachtet; die Trauben wurden 40 Tage früher als gewöhnlich reif.

Die Trockenheit während der heißen Jahreszeit war in Frankreich sehr groß; vom 21. August bis 26. September 1822 blieb die Seine bei der Brücke de la Tournelle fast beständig unter dem Nullpunkte. Vom Monat März an war man im Süden auf dem Lande in Verlegenheit, wie man das Vieh tränken sollte; man holte das Wasser auf Maulthieren sehr weit her. Im Frühjahr hatte man in diesen Gegenden eine Temperatur wie im August. Die Ernte war im Languedoc vor dem 23. Juni beendigt; sie gab wenig Garben, aber sehr volle Aehren. In Burgund zeichnete sich dies Jahr durch ungewöhnliche Schönheit des Himmels aus. Am 2. September begann die Weinlese; aber nach der Aussage der Winzer hätte man dieselbe seit dem 15. August halten können; in der Umgegend von Vesoul (Obere Saône) fing sie am 19. August an. Der Ertrag war ziemlich reichlich und von einer ganz vorzüglichen Beschaffenheit. Die Getreideernte war im Allgemeinen weniger reichlich als in den vorhergehenden Jahren.

Tardy de la Brossy hat in der Bibliothèque universelle de Genève die von ihm in Joyeuse beobachtete Hitze folgendermaßen beschrieben: „Im Monat Juni stieg das Quecksilber achtmal über 32,5°, dreimal über 35° und einmal (den 23.) auf 37,3°. Das Mittel der Maxima des Monates ist 32,2°. Schon im Mai war die Temperatur der Jahreszeit bedeutend vorausgeeilt; aber in allen Theilen Frankreichs und besonders in den südlichen Departements hat man die Wärme des Monats Juni als übermäßig bezeichnen können. Was den Ort, wo ich wohne, betrifft, so kann ich sagen, daß ich in meinen Tagebüchern keinen Monat, keine Reihe von Hundstagen finde, die nicht in dieser Beziehung viel hinter diesem Sommer zurückbliebe. Um endlich eine genaue Vorstellung von dieser übermäßigen Hitze zu geben, erwähne ich, daß das Mittel dieses Monates das Mittel desselben Monates in den 10 vorhergehenden Jahren um 5° übertrifft. Die außerordentlich hohe Temperatur dieser Jahreszeit war mit einem sehr hervortretenden elektrischen Zustande der Atmosphäre verbunden; es ist fast kein Regen gefallen, der nicht von Blitzen und zuweilen sogar von Hagel begleitet gewesen wäre. Der letztere hat den Weinbergen des nördlichen und östlichen Ufers des Sees und einer Anzahl Gemeinden des Kantons Waadt viel Schaden zugefügt.“

1824. Dies Jahr zieht die Aufmerksamkeit der Meteorologen durch einige sehr heiße Tage im Süden Frankreichs auf sich. Hier folgt ein Auszug aus dem Tagebuche von Clos, dem Vater: „Am 8. Juli setzte nach einer gewitterhaften und etwas regnichten Witterung der Ostwind, welcher in Sorèze selten vorkommt, nach Nordwest um. Am 11. erschien die Hitze übermäßig; wurde aber noch von der des 12. übertroffen. In diesen Tagen starben mehrere Personen auf den Feldern, sowohl in der Ebene von Revel als bei Toulouse und in anderen Gegenden. Am folgenden Tage war die Sonne, obgleich die Atmosphäre trübe war, nichtsdestoweniger sehr glühend. Diese große Hitze dauerte bis zur Nacht vom 18. zum 19., wo wir einige Erdstöße empfanden, die sich weit ausgedehnt haben müssen, da berichtet worden ist, daß Lissabon eine Katastrophe wie im Jahre 1755 gefürchtet hat. Während dieser Nacht folgten die Windstöße auf eine sonderbare und ungestüme Weise aufeinander; der Himmel schien dunstig. Die höchste Temperatur war am 12. dieses Monates, nämlich 37,5°.“ (Météorologie du pays toulousain.) In dieser Gegend war die Getreideernte reichlich, die des Mais und der Kartoffeln mittelmäßig.

Im Norden Frankreichs hatte man lange Regen und die Temperatur blieb gemäßigt. In Burgund zeigte sich das Wetter unbeständig, durch Abwechselungen von Hitze und Kälte ausgezeichnet. Am 19. September begann die Weinlese; der Wein war in Quantität und Qualität sehr mittelmäßig. In der Gegend von Bordeaux war der Ertrag reichlicher, aber der Wein erschien hart und schlecht.

In Paris rechnet man nur:

heiße Tage	26
außerordentlich heiße Tage	1

Es folgt hier eine Tabelle der höchsten Temperaturen:

Mecheln im Juli	38,8°
Avignon, 13. „	38,0
Sorèze, 12. „	37,5
Pavia	37,5
Paris, 14. Juli	35,3
Mastricht, 14. Juli	34,6
Lüttich	33,1
La Chapelle (bei Dieppe), 14. Juli	32,9
Straßburg	32,2
Marseille	30,5
Brüssel, 14. Juli	30,0
London, 13. Juli und 1. September	26,7

Das Getreide gab in Frankreich eine befriedigende Ernte.

1825. Die Hitze des Sommers von 1825 erstreckte sich über Frankreich, Italien, Spanien und sogar über die Vereinigten Staaten. Die Trockenheit war leider in unserm Klima übermäßig. Die Seine fiel in Paris bei der Brücke de la Tournelle vom 26. Juli bis 17. August und vom 28. September bis 21. October unter den Nullpunkt.

Man zählte in Paris:

heiße Tage	37
sehr heiße Tage	7
außerordentlich heiße Tage	2

Das Mittel des Sommers war 18,9°. Die höchsten Temperaturen, welche vorgekommen, sind folgende:

Paris, 19. Juli	36,3°
Mastricht 19. Juli	35,7
Avignon, 21. „	35,0
Straßburg	34,4
Pont-de-Souillac, 19. Juli	34,4
Metz, 18. und 19. Juli	34,0
La Chapelle (bei Dieppe), 18. Juli	33,5

Brüssel, 19. Juli	31,3°
London, 19. „	30,6
Marseille	30,0

In Burgund war die Jahreszeit heiß und von kleinen für den Wein sehr vortheilhaften Regen unterbrochen. Leider verbreitete der Hagel seine Verwüstungen von Dijon bis nach Châlons. Die Weinlese begann am 20. September; man erhielt eine schwache Ernte von sehr ausgezeichneter Beschaffenheit. In der Umgegend von Bordeaux war der Wein sehr reichlich, ward zu ungeheuern Preisen verkauft, wurde aber durch das Alter nicht gut. Das Getreide gab in Frankreich dieses Jahr wieder eine befriedigende Ernte.

1826. In Paris war dieser Sommer ebenso warm und trocken als der vorhergehende; in den südlichen Theilen Frankreichs aber gab es reichliche Regen, und die Temperatur zeigte sich nur gegen Norden hin sehr hoch. Man rechnete

heiße Tage	36
sehr heiße Tage	7
außerordentlich heiße Tage	2

Das Mittel des Sommers war sehr hoch: 20,7°; das des Monats September ebenfalls: 17,1°. Folgendes ist die Tabelle der höchsten beobachteten Temperaturen:

Mastricht, 2. August	38,8°
Epinal, 1. Juli	36,5
Paris, 1. August	36,2
Metz, 3. August	36,1
Genf, 3. „	34,6
Straßburg	34,2
Basel, 3. August	34,0
Warschau im Juli	33,8
Avignon, 2. „	33 0
Lüttich	32,5
Brüssel, 2. August	31,3
London, 27. Juni	30,8
Marseille	30,2
La Chapelle (bei Dieppe), 2. August	30,1

In Schweden und Dänemark wurde die mit einer anhaltenden Trockenheit verbundene außerordentliche Hitze dem Ackerbau verderblich. Aus Stockholm schrieb man am 27. Juni: „Alle Hoffnung auf eine Ernte ist bei uns verschwunden. Die Gärten sind ohne Früchte und fast ohne Laub; die Felder zeigen keine Spur von

Grün mehr; die von der Hitze der Sonne verbrannten Aehren verkümmern zusehends. Zu diesem traurigen Anblicke kommt seit drei Tagen die über den Horizont verbreitete Dunkelheit, die von den Rauchwolken zweier in Brand gerathener Wälder herrührt, von denen der eine zwei, der andere drei Meilen von unserer Hauptstadt entfernt ist."

Die Trockenheit wurde im Norden Frankreichs ebenfalls sehr groß. Vom 2. August bis 7. September blieb die Seine in Paris unter dem Nullpunkte; gegen Ende September stieg sie wieder auf Null und blieb dort 14 Tage stehen.

„Im Languedoc, sagt Dr. Clos, hatten wir ein erst trockenes und kaltes, und dann kaltes und feuchtes Frühjahr. Juli und August zeigten sich warm, ohne im Verhältniß trocken zu sein. Die Ernte war wenig reichlich. Die von den Sommergewittern herrührenden Regen verdarben die Garben. Die Ernte des Mais war gut, die des Weins schlecht." In Burgund hatte man eine sehr große Hitze; die Weintrauben waren zum Theil versengt und von den Würmern angefressen; man erntete erst am 2. October. Der Ertrag der Weinernte war nichtsdestoweniger reichlich; der Wein hatte aber einen fauligen Geschmack. Für das Getreide gab das Jahr eine gute Mittelernte.

1830. Eine kleine Anzahl sehr heißer Tage, welche gegen Ende Juli und Anfang August 1830 aufeinander folgten, hat diesem Sommer beim Volke eine Berühmtheit gegeben, die den Meteorologen gegenüber nicht stichhaltig ist. Man zählt in Paris

heiße Tage	19
sehr heiße Tage	1

Das Mittel des Sommers war nur 17,3°, also 1° geringer als das gewöhnliche Mittel dieser Jahreszeit.

Folgendes sind die während der heißen Tage in Paris beobachteten Temperaturgrade: am 23. Juli 26,2°; am 24. 26,3°; am 25. 23,7°; am 26. 26,0°; am 27. 27,7° am 28. 30,8°; am 29. 31,0°; am 30. 29,5°; am 31. 24,5°; am 1. August 27,5°; am 2. 25,0°; am 3. 24,7°; am 4. 28,0°; am 5. 26,2°.

Nichtsdestoweniger war die Hitze an einigen südlichen Orten ziemlich hoch und die Maxima dieses Jahres sind folgendermaßen vertheilt:

Orange, im Juli	40,2°
Avignon, 16. „	36,5
Genf, 5. August	32,7
Mastricht, 30. Juli	31,4

. .

Straßburg	31,2°
Marseille	31,2
Paris, 29. Juli	31,0
Metz, 28. „	31,0
Lüttich, 30. „	29,9
London, 30. „	29,9
La Chapelle (bei Dieppe), 28. Juli . . .	28,3

In Burgund zeigte sich das Jahr 1830 regnicht, besonders im Juni zur Zeit der Weinblüthe; die Weinlese begann erst am 28. September; der Ertrag derselben war ganz unbedeutend, aber von leidlicher Beschaffenheit. Die Ernte des Getreides war wenig reichlich.

1832. Der Sommer von 1832 war, was die Hitze betrifft, seit 1826 der bemerkenswertheste. Man rechnet auf Paris:

heiße Tage	31
sehr heiße Tage	6
außerordentlich heiße Tage	1

Die mittlere Temperatur des Sommers war 19,2°. Die höchsten Temperaturen sind so vertheilt:

Avignon, 11. August	36,5°
Genf, 22. August	35,2
Paris, 13. „	35,0
Marseille	34,4
Mailand	34,4
Mastricht, 14. Juli	32,3
Straßburg	31,9
Metz, 13. August	31,5
Lüttich, 14. Juli	30,1
La Chapelle (bei Dieppe), 9. August . .	27,7
London, 10. August	27,7
Basel, 12. Juli	27,1

Der Sommer war in Paris trocken; die Seine blieb gegen Ende September zwei Wochen unter dem Nullpunkte. In Burgund traten bedeutende Wechsel in dem Zustande der Atmosphäre ein; die Weinlese begann erst am 4. October, ihr Ertrag war nicht eben reichlich und von geringer Beschaffenheit. Die Ernte der Cerealien fiel in ganz Frankreich sehr befriedigend aus.

1834. Dieses Jahr zeichnet sich, ohne durch sehr große Hitze merkwürdig zu sein, durch eine sehr hohe mittlere Frühlings- und Sommertemperatur in ganz Frankreich aus. Die Vegetation zeigte sich frühzeitig, und an verschiedenen Orten fiel der Regen in einer für die Culturen sehr günstigen Vertheilung. Man rechnete in Paris:

heiße Tage	43
sehr heiße Tage	3

Das Mittel des Sommers 20,45°, ist nach 1826, 1842 und 1846 das höchste dieses Jahrhunderts. Die Trockenheit war im August sehr groß, und die Seine sank am 16. dieses Monats bis auf 3 Centimeter über den niedrigen Wasserstand von 1719. Die Maxima von 1834 sind so vertheilt:

Avignon, 14. Juli.	35,0°
Genf, 18. Juli	34,5
Lüttich	33,5
Metz, 12. Juli	33,0
Straßburg	32,8
Paris, 12. und 18. Juli	32,6
Marseille	31,4
Lyon, im Juli	31,3
Brüssel, 19. Juli	31,1
La Chapelle (bei Dieppe), 21. Juni . . .	30,6
London, 17. Juli	30,4
Basel, 18. Juli	27,1

Im Süden zeigte sich die durch reichlichen Regen gemäßigte Temperatur sehr mild. In Burgund ist dieses Jahr wegen der vortrefflichen Beschaffenheit des Weines berühmt geblieben. Die Weinlese begann am 15. September; in Betreff der Quantität war diese köstliche Ernte aber doch nur mittelmäßig. In der Gegend von Bordeaux verhielt es sich ebenso. Fast in ganz Frankreich war die Getreideernte gut.

1835. Man zählt dieses Jahr in Paris:

heiße Tage	41
sehr heiße Tage	10

Das Mittel des Sommers war daselbst 19,2°.

Die höchsten Temperaturen sind so vertheilt:

Avignon, 31. Juli	35,0°
Alost, 9. Juni	35,0
Paris, 23. Juli	34,0
Rouen, 23. und 24. Juli	34,0
Metz, 18. Juli	33,0
Genf, 16. „	32,5
Marseille	31,9
Lyon, im August	30,8

Brüssel, 11. Juni und 12. August . . .	29,8°
London, 28. August	28,9
La Chapelle (bei Dieppe), 11. August . .	28,8
Basel, 17 Juni	26,0

In der Normandie war die Hitze und Trockenheit, in Burgund der Regen merkwürdig. Die Weinlese begann in dieser letzteren Gegend erst am 5. October; der Ertrag war reichlich, aber von mittelmäßiger Qualität. Die Cerealienernte fiel befriedigend aus.

1836. Der Sommer dieses Jahres ist wegen der gewitterhaften Beschaffenheit des Juni und des Anfangs vom Juli und wegen der im Süden Frankreichs durch die Hitze veranlaßten traurigen Vorfälle denkwürdig. In Dänemark, Preußen und Spanien hat man auch merkwürdige Wirkungen der Temperatur wahrgenommen. Man zählte in Paris:

heiße Tage	30
sehr heiße Tage	7

Das Mittel des Sommers war daselbst 18,9°.

Die Maxima sind so vertheilt:

La Rochelle, 4. und 5. Juli	39,0
Avignon, 5. Juli	36,6
Toulouse, 3. „	36,1
Paris, 1. Juli	34,3
Rodez, im „	33,8
Genf, 12. „	33,4
Marseille	32,8
Aloft, 6. Juli	32,1
Bordeaux, 4. Juli.	31,0
Brüssel, 6. Juli	30,1
Metz, 24. Juni.	29,8
London, 4. August.	29,4
La Chapelle (bei Dieppe), 5. Juli . . .	29,2
Löwen, 6. Juli	28,8
Basel, 12 „	26,0

In Toulouse blieb vom 15. Juni bis 3. Juli das Thermometer beständig über 30°; auf den Landstraßen fielen viele Pferde todt nieder. In La Rochelle starben viele Menschen und Hausthiere. In der Umgegend von Perpignan erstickten Schnitter auf dem Felde und in Spanien kamen Soldaten auf dem Marsche um.

Die Trockenheit war in Paris im August sehr groß; die Seine fiel 30 Centimeter unter den niedrigen Wasserstand von 1719. Im Süden erhielt man eine mittlere Weinernte von ziemlich guter

Beschaffenheit. Die Weinlese in Burgund begann erst am 6. October. Die Cerealienernte war dies Jahr schlecht.

1839. Dieser Sommer war im Süden Frankreichs außerordentlich trocken und durch seine große Hitze ausgezeichnet, im Norden dagegen regnicht und von gemäßigter Temperatur. Man zählt in Paris:

heiße Tage	34
sehr heiße Tage	5

Das Mittel des Sommers in dieser Stadt war 18,37°.
Die bekannten Maxima sind:

Toulouse, im Juni	38,5°
Avignon, 3. August	38,0
Pesaro (Italien), 28. Juni	35,6
Dijon, im Juli	33,9
Genf, 15. „	33,9
Alost, 18. Juni	33,6
Metz, 18. „	33,4
Gent, 18. „	33,4
Paris, 17. „	33,3
Brüssel, 18. Juni	32,9
Marseille	31,5
Löwen, 18. Juni	31,4
London, 8. und 20. Juni	29,4
La Chapelle (bei Dieppe), 17. Juni	28,0
Angers, 7. Juli	27,6

Die Weinlese begann in Burgund erst am 30. September; der Ertrag an Wein war zufolge der Fröste im Mai sehr mittelmäßig, und der Ertrag an Weizen reichte zum Bedarfe nicht hin. (Becquerel in den Mémoires de la Société centrale d'agriculture für 1853.)

1840. Man zählt in diesem Jahre für Paris:

heiße Tage	44
sehr heiße Tage	3

Die mittlere Temperatur des Sommers war dort 18,5°.
Die höchsten Temperaturen waren so vertheilt:

Tours	38,0°
Toulouse im Juni	36,0
Paris, 6. August	33,0
Dijon, im Juli	32,5
Alost, 9. Juni	31,3
Genf, 22. „	31,2
Gent, 2. „	30,0

Marseille	29,9°
Metz, 2. Juni	29,5
Angers, 15. Juni und 30. August . . .	29,0
London, 1. Juni	28,3
Brüssel, 2. Juni	27,5
Löwen, 2. September	27,3
La Chapelle (bei Dieppe), 6. August . .	27,2

In einem Theile des Südens zeigte sich der Sommer sehr gewitterhaft. Mehrere Kühe stürzten infolge der Hitze bei der Feldarbeit. Die Kornernte überstieg, nach Becquerel, den Bedarf; die Weinernte war an Quantität mittelmäßig, an Qualität ziemlich gut. Die Weinlesen begannen in Burgund am 25. September.

1841. Dieser Sommer war in Frankreich seit Anfang dieses Jahrhunderts der kälteste nach dem von 1817, und die Ernten fielen mangelhaft aus. In Italien dagegen hatte man eine ganz ungewöhnliche Hitze. Leopold Villa hat sie in einen an Elie de Beaumont gerichteten Briefe so beschrieben:

„Wir haben vorige Woche eine erstickende Hitze gehabt, von der man in Neapel seit Menschengedenken kein Beispiel erlebt. Es war eine afrikanische Hitze, die uns ein Sirocco brachte, welcher unsern schönen Himmel mit einer dunkeln, dunstigen Luft erfüllte. Diese hohe Temperatur dauerte $2^1/_2$ Tage, den 16., den 17. und den 18. Juli bis Mittag. Am 17. zeigte das auf der Nordseite im Schatten aufgestellte Thermometer um $2^1/_2$ Uhr 38,8°; dasselbe Instrument stieg in der Sonne aufgestellt auf 50°. Sie können denken, welche Leiden diese libysche Hitze hervorbringen mußte. Allgemein wird der Eindruck der Luft in diesen Tagen mit dem Widerscheine eines Hochofens verglichen; es gab Augenblicke, wo man glaubte von den heißen Luftstößen erstickt zu werden. Das beste Mittel sich davor zu schützen war bei fest verschlossenen Fenstern im Hause zu bleiben. Am Morgen des 18. fuhr ich mit Melloni und anderen Freunden auf dem Meere nach dem Cap Pausilippo, um uns ein wenig zu erfrischen; der Himmel war heiter, aber der Vesuv war mit einer dunstigen und trüben Luft umgeben, welche sich besonders im Thale von Atrio del Cavallo bemerkbar machte. Die Wirkung jenes Windes hat den Feldern großen Schaden gebracht; die Früchte der Weinberge am Fuße des Vesuvs sind vertrocknet, so daß die Ernte verloren ist. . . . Die erstickende Temperatur dauerte bis zum Mittag des 18., dann wurde die Luft durch einen Nordostwind ein wenig frischer.

„Man sagt, daß in Sicilien die Hitze noch stärker gewesen sei, und dies sollte wohl sein; in Palermo wird sie auf 43,75° angegeben.“

Die Weinlese fing in Burgund am 27. September an.

1842. Der Sommer dieses Jahres war der heißeste in dem ersten Theile dieses Jahrhunderts, besonders in der Gegend von Paris und im Norden Frankreichs. Er war auch sehr trocken, denn auf der Sternwarte fielen nur 65 Millimeter Regen, also 107 weniger als im Mittel, und die Seine sank bei der Brücke de la Tournelle mehrere Tage im Juli, August, September und October unter den Nullpunkt. Man zählt in Paris:

heiße Tage	51
sehr heiße Tage	11
außerordentlich heiße Tage	4

Die mittlere Temperatur dieses Sommers war in Paris 20,75°, also 2,45° höher als das Mittel. Die Temperatur des Juni war 3° höher als das Mittel, die des August 4°. „In Toulouse war der Sommer von 1842 nach Petit's Beobachtungen verhältnißmäßig weniger warm als in Paris; denn die Mittel dieser drei Monate sind nur ungefähr 1° höher als die allgemeinen Mittel. Das Thermometer ist auch überhaupt weniger hoch gestiegen, denn es kam nicht über 34°. In Genf war das Mittel des Juni 1842 1,5° höher als das allgemeine; das des Juli war 0,46° darunter, das des August wieder 0,30° darüber. Man sieht also, daß dieser Sommer hinsichtlich der Wärme weder in Toulouse noch in Genf etwas Merkwürdiges darbot. In Genf stieg das Thermometer niemals über 31°; aber im Norden Frankreichs war die Hitze wirklich ganz außerordentlich.“ (Martins.)

Es folgt hier eine Tabelle der höchsten beobachteten Temperaturen:

Paris, 18. August	37,2°
Agen, 4. Juli	37,0
Bordeaux, 16. Juli	34,8
Toulouse, 17. „	34,4
Löwen, 11. Juni	32,8
Angers, 17. August	32,8
Brüssel, 18. „	32,6
Metz, 19. August	32,5
La Chapelle (bei Dieppe), 18. August . .	32,3
Gent, 19. August	32,2
Genf, 4. Juli	30,9

London, 19. August	30,0°
Le Havre	30,0
Marseille	29,8
Calais, 19. August	27,0

Verschiedene, von der Hitze veranlaßte Vorfälle sind aufgezeichnet worden. Die Räder mehrerer Briefposten entzündeten sich. In Badajoz in Spanien kamen am 28. Juni 3 Arbeiter um; eine Dame starb durch Erstickung in einem Eilwagen. In Cordova starben mehrere Schnitter vom Schlage getroffen, und verschiedene Fälle des Wahnsinns wurden ebenfalls der hohen Temperatur zugeschrieben.

In Burgund begann die Weinlese am 21. September; der Ertrag war reichlich und von sehr guter Beschaffenheit; aber mehr im Osten, z. B. im Dep. des Doubs fiel die Menge geringer aus. (Contejean.) In der Gegend von Bordeaux war die Qualität schwach. Die Cerealienernte blieb gegen die eines mittleren Jahres zurück.

1846. Die Temperatur dieses Sommers war sehr bemerkenswerth, und man erlitt in Frankreich, Belgien und England sehr bedeutende Hitze. In Paris rechnet man:

heiße Tage	48
sehr heiße Tage	9
außerordentlich heiße Tage	2

Die mittlere Temperatur des Sommers war 20,63°, also 2,33° höher als das allgemeine Mittel; das Mittel von Brüssel war noch höher und stieg nach Quetelet's Beobachtungen auf 21,1°.

Die höchsten Temperaturen dieses Jahres stellen sich in folgender Ordnung dar:

Toulouse, 7. Juli	40,0°
Quimper, 19. Juni	38,0
Rouen, 5. Juli	36,8
Paris, 5. „	36,5
Orange, 13. Juli	36,5
Angers, 29. Juli	35,0
Metz, 1. August	34,8
Pau, 6. Juli	33,4
Görsdorff, 1. August	31,6
Genf, 14. Juli	31,6
La Chapelle (bei Dieppe), 5. Juli	31,4
Saint-Lô, 6. Juni	30,9

Brüssel, 27. Juni	30,6°
Dijon, 31. Juni	30,2
Rodez, 21. „	28,0
Krakau, 10. Juli	27,9

Preisser schrieb aus Rouen: „Der Sommer 1846 war sehr warm und das Thermometer stieg auf eine Höhe, die es in unseren Gegenden selten erreicht.“ Aus der Bretagne wurden Unglücksfälle berichtet. Auf dem Markte in Pont de Croix wurden mehrere Personen infolge der Hitze von Ohnmachten befallen. In Beuzec starb ein kleines Mädchen, das man unvorsichtiger Weise der Sonne ausgesetzt gelassen hatte, in einigen Minuten. Die Temperatur des Juni war in Toulouse, Toulon und Bordeaux ebenso übermäßig. In dem Dep. les Landes erhielt man eine zweite Roggenernte. In der Umgegend von Niort starben Anfangs Juli drei Arbeiter auf dem Felde.

Die Weinlese begann in Burgund am 14. September; man erhielt nur eine halbe Ernte, aber von sehr vorzüglicher Beschaffenheit. Die Cerealienernte blieb viel gegen die eines Mitteljahres zurück.

1847. Der Sommer von 1847 zeigte sich, obgleich er sich in der Gegend von Paris dem Mittel mehr näherte als der vorhergehende, im Süden frühzeitig, herrlich in Italien und Spanien, und von Irland bis nach Gibraltar dem Ackerbau so günstig, daß alle Ernten dieses Jahres die eines Mitteljahres viel übertrafen.

Man rechnet auf Paris:

heiße Tage	39
sehr heiße Tage	1
außerordentlich heiße Tage	1

Das Mittel des Sommers war für Paris 18,4°; eine dem allgemeinen Mittel von 18,3° merklich gleichkommende Zahl.

Es folgt hier eine Tabelle der Vertheilung der höchsten Temperaturen:

Toulouse, 16. Juli	38,2°
Orange, 11. „	37,5
Béziers	37,0
Angers, 17. Juli	38,0
Bordeaux, 17. „	35,8
Versailles, 17. „	35,5
Paris, 17. Juli	35,1
Constantinopel, 7. August	33,4
Dijon, 18. Juli	33,2

Metz, 18. Juli	33,2°
Pau, 16. „	33,0
Rouen, 17. „	32,8
Genf, 18. „	32,4
Brüssel, 17. Juli	32,1
Marseille, 15. Juli	31,9
Görsdorff, 18. „	31,4
Rodez, 16. Juli	31,3
Cambray, 2. August	31,0
La Chapelle, 23. Mai	29,3
Bourg, im Juli	26,1

Der Ueberschuß der Weizenernte über den Bedarf stieg in Frankreich nach Becquerel auf die ungeheure Zahl von 20913041 Hectoliter. Die Weinlese begann in Burgund erst am 4. October; der Wein war reichlich, aber von geringer Qualität. In der Gegend von Bordeaux verhielt es sich ebenso.

1849. Im Süden hatte man sehr große Hitze, und das Maximum von Orange ist die höchste Temperatur im Schatten, die man jemals in Frankreich beobachtet hat. Man rechnet blos in Paris:

heiße Tage	32
sehr heiße Tage	2

Das Mittel des Sommers war 18,4°, also nur 0,1° über dem allgemeinen Mittel; aber die Monate Mai und Juni zeigten sich besonders warm und man beobachtete im Süden im Anfange des Sommers sehr bedeutende Hitze.

Folgendes ist eine Tabelle der höchsten Temperaturen:

Orange, 9. Juli	41,4°
Toulouse, 23. Juni	37,6
Bordeaux, 7. Juli	34,6
Gent	34,4
Metz, 8. Juli	33,6
Versailles, 8. Juli	33,3
Dijon, 8. Juli	33,1
Constantinopel, 14. Juni	33,0
Rouen, 3. Juni	32,9
Brüssel, 9. Juli	32,8
Marseille, 25. Juni	32,3
Genf, 12. Juli	32,2
Paris, 1. Juni	32,0
Görsdorff 9. Juli	31,4
Angers, 5. Juni	30,5

Rodez, 23. Juni und 8. August . . . . 30,0°
Cherbourg, 7. Juli 29,9
Bourg 27,7

Die Getreideernte war bedeutend besser als die eines Mitteljahres; am 27. September begann in Burgund die Weinlese, und der Wein war gut.

1852. Der Sommer von 1852 war hinsichtlich seiner Wärme in Rußland, England, Holland, Belgien und Frankreich bemerkenswerth. Man rechnet in Paris

heiße Tage 30
sehr heiße Tage 6
außerordentlich heiße Tage 1

Die mittlere Temperatur des Sommers war in Paris 19,33°, also 1° höher als das allgemeine Mittel. Das Mittel des Juli war 22,5°, also 3° über dem allgemeinen Mittel dieses Monats. Eine Reihe ungewöhnlich heißer Tage trat im Juli ein: 9. Juli 31,1°; 10. Juli 33,5°; 11. Juli 31,0°; 12. Juli 32,5°; 13. Juli 33,8°; 14. Juli 34,2°; 15. Juli 34,2°; 16. Juli 35,1°.

Die höchsten Temperaturen sind in Europa folgendermaßen vertheilt:

Constantinopel, 27. Juli . . . . . . 38,5°
Rouen, 5. Juli 36,1
Versailles, 16. „ 35,7
Orange, 25. August 35,3
Dünkirchen, 7. Juli 35,7
Paris, 16. „ 35,1
Verviers, 18. „ 35,1
London, 12. „ 35,0
Vendôme, 16. „ 35,0
Oran (Algier), 5. August 35,0
St. Etienne, 16. Juli 35,0
St. Trond (Belgien), 17. Juli 34,7
Toulouse, 11. Juli 34,1
Périgueux, 16. „ 34,0
Namur, 17. „ 33,7
Nemours, 16. „ 33,6
München, 17. „ 33,5
Stavelot (Belgien), 18. Juli 33,3
Bordeaux, 16. Juli 33,0
Gent, 10. „ 33,0

Lüttich, 17. Juli	33,0°
Amsterdam, 12. Juli	33,0
Dijon, 17. „	32,9
Brüssel, 16. „	32,7
Angers, 12. „	32,5
Görsdorff, 17. „	32,4
Château-Thierry, 12. und 13. Juli . . .	32,0
Marseille, 17. Juli	31,7
Genf, 15. und 17. Juli	31,6
La Flèche, 12. „	30,5
Oviedo, 3. „	29,0
Rodez, 11. „	28,5

Nach dem Morning Advertiser zeigte das Fahrenheit'sche Thermometer am 10. Juli in der Sonne 102° (38,8° C.) und 95° (35° C.) im Schatten. Eine Woche lang ist der mittlere Stand in der Sonne 103° (39,5°) gewesen; am 12. erreichte dasselbe Thermometer 41,1°. In Amsterdam stieg ein der Rückstrahlung ausgesetztes Thermometer am 12. Juli auf 39,0°. In Alphen bei Leyden wurden zwei durch die Hitze umgekommene Bauern auf dem Felde gefunden. In Alkmaar wurde der Heizer einer Dampfmaschine, der sich der Sonne ausgesetzt hatte, infolge einer dadurch bewirkten Congestion wahnsinnig. Im Innern Frankreichs blieb das Thermometer länger als 10 Tage über 30°. Viele Hausthiere erlagen bei der Arbeit. In Madrid hatte man von der Hitze viel zu leiden. In Thourout in Belgien fiel am 11. August ein unheilvoller Hagel; viele Hagelkörner wogen 75 Grammen und hatten 7 bis 8 Centimeter im Durchmesser.

In Frankreich fand die Ernte kurz nach Mitte Juli statt und war an Quantität befriedigend. Dagegen begann die Weinlese erst in den ersten Tagen des October; der Ertrag zeigte sich in vielen Weinbergen gering und von schlechter Beschaffenheit.

1857 *). Der Sommer 1857 war in Frankreich wärmer als im Mittel, und zeigte im Juli und August fast überall große Hitze. Das Mittel des Sommers war nach den Beobachtungen auf der pariser Sternwarte 19,38°. Die Wärme war während der heißen Periode unseres Klimas nach den monatlich in dem Journal d'agriculture pratique veröffentlichten meteorologischen Beobachtungen folgendermaßen vertheilt:

*) Die Sommer von 1857 und 1858 sind an das Ende dieser Tabelle der denkwürdigen Sommer gesetzt worden, um zu zeigen, wie sie in Zukunft nach Arago's Idee fortgesetzt werden kann.

	Breite.	Länge.	Höhe in Metern	Zahl der heißen Tage: heiße	sehr heiße	außerordentlich heiße
Lille	50° 39′ N.	0° 43′ O.	24	41	4	1
Hendecourt.	50 17	0 26 W.	81	38	2	0
Clermont .	49 23	0 5 O.	86	74	32	9
Metz	49 7	3 50	182	54	8	2
Görsdorff .	48 57	5 26	228	42	5	0
Paris . . .	48 50	0 0	65	44	4	1
Marboué. .	48 7	1 0 W.	110	36	1	0
Vendôme .	47 47	1 16	85	49	6	0
Nantes . .	47 13	3 53	44	65	12	0
La Châtre .	46 35	0 21	233	54	8	1
Bourg . . .	46 12	2 53 O.	247	53	12	3
St. Léonard	45 50	0 50 W.	457	54	5	0
Le Puy . .	45 0	3 31 O.	630	44	6	0
Bordeaux .	44 50	2 55 W.	7	58	10	0
Orange . .	44 8	2 28 O.	45	66	23	14
Beyrie . . .	43 42	3 6 W.	60	56	14	2
Méguſſe . .	43 40	3 48 O.	515	56	15	2
Toulouse. .	43 37	0 54 W.	198	62	12	6
Montpellier	43 37	1 32	30	68	29	14
Marseille .	43 18	3 2 O.	46	60	2	0
Algier . . .	36 47	0 44	4	109	7	0

Die höchsten beobachteten Temperaturen sind:

Montpellier, 29. Juli	38,6°
Orange, 18. „	38,3
Les Mesneux, 4. August	37,0
Toulouse, 27. Juli	36,8
Clermont, 14. und 15. Juli und 3. August	36,8
Beyrie, 15. Juli	36,6
Blois, im August	36,5
La Chapelle d'Angillon, im August . .	36,5
Paris, 4. August	36,2
Tours, im August	36,0
Setif (Algier), im Juli	35,8
Bourg, 4. August	35,6
Metz, 4. „	35,6
La Châtre, 4. „	35,2
Lille, 4. „	35,0
Rousson, im Juli	35,0

Régusse, 30. und 31. Juli	35,0°
Algier, 9. September	34,9
Görsdorff, 4. August	34,4
Vendôme, 3. „	34,4
Le Puy, 28. Juli	34,2
Nantes, 3. August	34,0
Rodez, im Juli	33,5
Hendecourt, 4. August	33,0
Saintes, 3. „	32,5
Bordeaux, 15. Juli und 3. August	32,0
Marseille, 30. Juli	31,8
St. Léonard, 29. „	31,5
Marboué, 15. Juli und 4. August . . .	31,3
Brüssel, 1. August	30,2

Folgende Tabelle zeigt die Vertheilung der Hitze in jedem Monate an den vorstehenden Stationen:

Juni			Juli			August		
27.	Le Puy . .	29,0°	6. . .	Algier . .	32,0°	1. . .	Montpellier	36,4°
	Toulouse .	31,6	14.u.15.	Clermont .	36,8	2. . .	Le Puy . .	32,2
	Orange . .	33,6	15. . .	Beyrie . .	36,6	2.,4.,5.	Régusse . .	34,0
27. und 28.	Montpellier	33,8		Bordeaux .	32,0	2. u. 3.	Orange . .	37,0
	Bordeaux .	31,0		Vendôme .	32,5	3. . .	Marseille .	30,0
	Nantes . .	33,0		Marboué .	31,3		Beyrie . .	36,0
28.	Régusse . .	29,0		Paris . .	31,5		Bordeaux .	32,0
	Beyrie . .	31,4		Metz . . .	33,2		Saintes . .	32,5
	St. Léonard	29,0		Les Mesneux	34,4		Nantes . .	34,0
	Bourg . .	30,0		Hendecourt	31,0		Vendôme .	34,4
	La Châtre .	31,0		Lille . . .	33,0		Clermont .	36,8
	Vendôme .	32,0	16. . .	La Châtre .	33,6	3. u. 4.	Marboué .	30,2
	Marboué .	29,6	18. . .	Orange . .	38,3	4. . .	Paris . . .	36,2
	Paris . . .	29,4	19. . .	Nantes . .	33,5		Toulouse .	35,5
	Görsdorff .	29,1	21. . .	Bourg . .	35,0		St. Léonard	31,5
	Metz . . .	31,0	27. . .	Toulouse .	36,8		Bourg . .	35,6
	Les Mesneux	32,0	28. . .	Le Puy . .	34,2		La Châtre .	35,2
	Clermont .	35,7		Görsdorff .	31,5		Görsdorff .	34,4
	Hendecourt	29,0	29. . .	Montpellier	38,6		Metz . . .	35,6
	Lille . . .	31,1		St. Léonard	31,5		Les Mesneux	37,0
30.	Algier . .	30,0	30. . .	Marseille .	31,8		Hendecourt	33,0
			30.u.31.	Régusse . .	35,0		Lille . . .	33,0

Man sieht aus dieser Tabelle deutlich, daß im Jahre 1857 drei unterschiedene Perioden von Sommerhitze stattgefunden haben. Die erste geht am 27. Juni über die höchsten und die südlichsten Stationen Frankreichs und erreicht am 28. unsere Nordgrenze; die zweite durchläuft vom 14. bis 16. Juli den Nordwesten; die dritte und stärkste verbreitet sich, langsam und allmälich fortschreitend, in der Zeit vom 27. Juli bis 4. August von Süden nach Norden.

In diesem Sommer herrschte im größten Theile Frankreichs eine außerordentliche Trockenheit. Glücklicher Weise fielen Mitte August an vielen Orten schwache fruchtbare Regen. Die Seine stand in Paris im Juli, August und September mehrere Tage unter dem Nullpunkte des Pegels an der Brücke de la Tournelle. In Burgund begann am 16. September die Weinlese; der Ertrag war an Quantität leidlich, und an Qualität gut. Die Cerealien gaben im Allgemeinen eine gute Mittelernte.

1858. Dieser Sommer ist durch eine große Trockenheit und eine mehr anhaltende als intensive Hitze in England, Belgien, dem Innern und einem Theile des Südens von Frankreich, sowie in Algier ausgezeichnet. Im Norden war die Hitze geringer als im Jahre 1857, im Süden dagegen bedeutender. Es folgt hier eine Tabelle über die Vertheilung der höchsten Temperaturen in Frankreich und seinen Colonieen vom April bis Ende September.

	Zahl der heißen Tage		
	heiße.	sehr heiße.	außerord. heiße.
Lille	28	9	1
Hendecourt	27	5	1
Clermont	69	13	3
Les Mesneux	29	17	4
Metz	44	17	1
Görsdorff	42	5	0
Paris	26	3	0
Vendôme	48	9	3
Nantes	64	6	0
La Châtre	53	3	2
Bourg	55	7	0
Le Puy	47	3	0
St. Léonard	36	1	0
Bordeaux	61	3	0
Orange	66	27	8
Beyrie	59	3	0
Réguffe	76	5	0
Toulouse	70	14	0
Montpellier	81	47	21
Marseille	60	2	0
Algier	105	24	3

Die bemerkenswertheste Hitze trat in Frankreich vom 13. bis 20. Juni ein; am 13. war sie besonders auf den hochgelegenen Stationen fühlbar, erreichte am 15. an vielen Orten von Lille bis Bordeaux ihren größten Werth, und stieg am 19. und 20. in der Gegend von Montpellier auf eine außerordentliche Höhe. Vom 14. bis 16. Juli und vom 12. bis 18. August zeigten sich nochmals hohe, wenn auch geringere Maxima als im Juni, mit Ausnahme der Departements des Var, der Vaucluse und der obern Garonne, die ihre höchsten Temperaturen im Juli hatten. Folgende Tabelle liefert die Vertheilung der äußersten Maxima:

Montpellier, 20. Juni	38,3°
Orange, 19. Juli	38,3
La Planchaie, im Juni	38,3
Les Mesneux, 15. Juni	37,5
Algier, 25. Juli	37,1
Setif, im Juli	37,0
La Chapelle d'Angillon, im Juni	37,0
Vendôme, 15. Juni	36,1
Tours, im Juni	36,0
Clermont, 16. Juni	35,8
Lille, 15. "	35,5
Metz, 15. "	35,0
Hendecourt, 15. "	35,0
London, 16. "	34,9
Gevrolles, im Juni	34,8
Toulouse, 14. Juli	34,6
Rousson, im Juli	34,5
Nantes, 15. Juni	34,0
Beyrie, 2. "	34,0
Bourg, 15. "	33,3
Görsdorff. 15. "	32,6
La Châtre, 16. "	32,5
Le Puy, 13. "	32,3
Réguſſe, 19. Juli	32,0
Paris, 3. "	32,0
Bordeaux, 15. "	31,5
Saintes, im Juni	31,5
Marseille, 19. Juni	31,4
St. Léonard, 15. "	31,0
Rodez, im Juni	29,5

Die für die Viehzucht besonders nachtheilige Trockenheit war im Frühjahre und in der Hälfte des Sommers fast in ganz Frankreich sehr groß; während des Juni war der Himmel von merkwürdiger Klarheit; indeß kleine Regen im Juli und zahlreiche Gewitter im August verringerten im Norden zum Theil die durch einen fast der Dürre des vorhergehenden Jahres gleichkommenden Wassermangel hervorgerufene Unfruchtbarkeit der Wiesen. Der Ertrag der in einem großen Theile des Südens am 1. Juli und im Norden am 1. August beendigten Ernte war mittelmäßig; die Qualität ziemlich gut; nur das frühzeitige Getreide zeigte einen Ausfall. Verschiedene Obst- und Gemüsearten waren sehr reichlich vorhanden. Die am 18. September in Burgund begonnene Weinlese gab einen sowohl an Quantität als auch an Qualität merkwürdigen Ertrag. Die Temperatur blieb so lange mild, daß die Bäume, besonders die Kastanien, zweimal blühten und daß sich nach der früher als gewöhnlich gehaltenen Ernte neue Früchte bildeten.

Die aufmerksame Prüfung der in der vorstehenden Tabelle aufgezeichneten Thatsachen wird für jeden vorurtheilsfreien Geist den Beweis liefern, daß das Klima Europas sich seit dem Anfange der christlichen Zeitrechnung in keiner Weise verschlechtert hat; man findet in dem vorigen Jahrhunderte oder in dem ersten Theile des jetzigen dieselben Erscheinungen von intensiver Hitze, von ebenso frühzeitigen Ernten, und von Sommern mit hohen Temperaturen, welche in zwar ungleichen, aber ohne Zweifel fast ähnlichen Intervallen vertheilt sind.

Auf der anderen Seite ist es ebenso oft in der Vergangenheit als in der Gegenwart vorgekommen, daß die Sommer außerordentlich kühl gewesen sind und die Klagen der Zeitgenossen erregt haben, die trostlos die wohlthuende Wärme des Sommers durch die Kälte fast verdrängt sahen. Man wird sich durch die folgende Zusammenstellung der Sommer, welche man kühl nennen kann, sowie derjenigen, in denen sich intensive Kälte gezeigt hat, in den Stand gesetzt finden, darüber ein Urtheil abzugeben.

820. Der Sommer dieses Jahres war nach dem Berichte Eginhard's merkwürdig kalt. Es fielen reichliche und anhaltende Regen, welche die Ueberschwemmung der Felder durch das Austreten der Flüsse, namentlich der Gironde zu Bordeaux zur Folge hatten. Das Getreide und das Gemüse, durch die Feuchtigkeit verdorben, ließ sich, ohne zu faulen, nicht aufbewahren. Der Wein, dessen Ernte sehr mittelmäßig war, wurde durch den Mangel an Wärme

sauer und war ganz ohne Geschmack. Eine ansteckende durch diese Rauhheit des Wetters veranlaßte Krankheit wüthete unter den Menschen und dem Rindvieh; kein Theil Galliens wurde von dieser Landplage verschont, und, um das Unglück voll zu machen, verhinderte in mehreren Gegenden das Austreten der Gewässer die Aussaat im Herbste. (Einhardi annales in Pertz Monumenta Germaniae historica.)

944. Im Anfange des Monats Mai in diesem Jahre erfroren die Weinstöcke und es regnete beständig während des ganzen Sommers. (Chroniken des Mönchs von St. Gallen, von St. Maixent und von Angers.)

1033. Das unheilbringende Wetter dieses Jahres verdient eine besondere Erwähnung. Folgendes ist ein kurzer Auszug aus der von Guizot gegebenen Uebersetzung eines gleichzeitigen Schriftstücks, der Glabri Rudolfi historiae: „Die Temperatur zeigte sich in Gallien so ungünstig, daß man keine Zeit für die Aussaat im Herbste finden konnte, und keinen zur Ernte günstigen Moment, vorzüglich wegen der Wassermassen, von denen die Felder überschwemmt waren. Die Erde war von den unaufhörlichen Regengüssen so durchdrungen, daß man während dreier Jahre keine zum Aussäen taugliche Furche fand. Zur Zeit der Ernte bedeckten Wucherpflanzen und Trespen das Feld. Ein Scheffel ausgesäten Korns gab in den Landstrichen, wo man am meisten gewonnen hatte, nur ein Sechstel dieses Maaßes bei der Ernte wieder, und dieses Sechstel brachte kaum eine Handvoll. Diese Landplage hatte im Oriente begonnen; nachdem sie Griechenland verwüstet hatte, kam sie nach Italien und verbreitete sich über Gallien, verschonte aber auch England nicht. Man war gezwungen, Gras, Thiere, selbst gefallene zu essen. Die Menschen tödteten einander, um sich zu verzehren. Manche zeigten Kindern Eier oder einen Apfel, um sie abseits zu locken und sie für ihren Hunger zu schlachten. Dieser Wahnsinn, diese Raserei wuchs so, daß die Thiere sicherer waren, dem Tode zu entgehen, als die Menschen; denn es schien ein angenommener Gebrauch zu sein, sich von Menschenfleisch zu nähren, obgleich dies Verbrechen mit dem Scheiterhaufen bestraft wurde. Wenn Unglückliche, die lange Zeit hindurch von Hunger gequält gewesen waren, in den Fall kamen, ihn zu stillen, so aßen sie sich sogleich voll und starben; andere hielten die Nahrung, die sie ihren Lippen nähern wollten, in den Händen; aber diese letzte Anstrengung kostete ihnen das Leben und sie starben, ohne sich dieses traurigen Vergnügens erfreut zu haben. Man glaubte allgemein, die Ordnung der Jahreszeiten und der Elemente habe aufgehört.“

(Raoul Glaber, Mémoires pour servir à l'histoire de France, von Guizot, 6. Bd. S. 306.)

1044. Dieses Jahr war merkwürdig durch den großen Ueberfluß an Regengüssen und den ungewöhnlichen Mangel an Früchten der Erde. (Glabri Rudolfi historiae.)

1135. Während der Pfingstwoche (um den 20. Mai) dieses Jahres fiel in einigen bewaldeten Gegenden ein dichter Schnee; die folgenden Tage hindurch fühlte man eine sehr lebhafte Kälte; der Frost beschädigte die Ernten jeder Art, namentlich die des Herbstes; die Weinstöcke und eine große Zahl von Bäumen, sowie ein Theil der Sträucher wurden bis auf die Wurzeln zerstört und schwache fließende Wasser froren ein. (Cosmas, Chronica Boemorum.) In Frankreich hatte man nach einem rauhen und langen Winter ein für die Früchte des Bodens sehr ungünstiges Jahr; man litt infolge dieser unglücklichen Ereignisse unter einer schrecklichen Hungersnoth. (Guillelmi de Nangiaco chron.)

1151. Das Jahr versprach reichliche Ernten; aber der Regen, welcher von Johanni an (30. Juni neuen Styls) bis Mitte August ohne Unterbrechung fiel, zerstörte die Güter der Erde; sehr wenig Früchte kamen zur Reife; der Wein fehlte, denn die kleine Quantität, die man gesammelt hatte, verwandelte sich in Essig. (Sigeberti auctarium aquicinense.)

1174. Der Regen dauerte von Johanni (30. Juni neuen Styls) an bis zum Ende des Jahres; es mangelte an Wein und allen Früchten. Die Gegend um Metz erfuhr eine Ueberschwemmung. (Annales blandinienses et mettenses.)

1219. „Dieses Jahr hatte der Wein die rauhsten Widerwärtigkeiten zu ertragen: während der Blüthe der Rebe regnete es beständig; in den letzten Tagen des August trat ein Reif ein, der die Reben zerstörte; zu Ende September, also zur gewöhnlichen Erntezeit, war es drei Wochen lang sehr kalt und die Traube konnte nicht reifen; ein dichter Schnee bedeckte mehrere Tage lang den Erdboden. Wir büßten so fast allen Wein im Königreich Frankreich ein." (Guillelmi de Nangiaco chron.)

1315. Von Mitte April bis Ende Juli regnete es unaufhörlich und herrschte eine ungewöhnliche Kälte; die Cerealien und die Trauben kamen nicht zur Reife. (Girardi de Fracheto Chronicon; Memorialis historiarum Johannis a Sancto Victore; anonyme Chronik.)

1423. Die Früchte kamen in diesem Jahre infolge des beständig regnerischen Zustandes der Atmosphäre, der auf einen strengen Winter folgte, nicht zur Reife; man hielt die Weinlese zu Dijon erst am 23. September.

1512. Die Weinstöcke erfroren diesen Sommer in der Landschaft von Metz. Man verbrannte auf diese Veranlassung mehrere Hexen, die man zum Geständniß des Verbrechens, diese unheilvolle Kälte durch ihre Uebelthaten verursacht zu haben, gezwungen hatte. (Handschriftliche Chronik.)

1596. „Das Wetter war unbeständig, unfreundlich und regnicht; denn man hatte dieses Jahr den Sommer im April, den Herbst im Mai und den Winter im Juni.“ (Journal de Pierre de l'Estoile.) Die Weinlese in Burgund fiel erst auf den 4. October.

1639. Man hatte am 21. Juni in Mömpelgard eine so starke Kälte wie im vollen Winter. (Contejean, Chronique de Bois-de-Chêne in dem Annuaire de la Société météorologique, 3. Bd. S. 388.)

1641. Es fror zu Mömpelgard am 27. Juli. (Contejean.) Die Weinlese in Burgund begann erst am 3. October.

1663. Dieser Sommer war kalt und regnicht im Depart. des Doubs. Die Trauben fielen ab. (Contejean, Chronique de Perdrix.) Man hielt die Weinlese in Dijon erst am 8. October.

1667. „In diesem Jahre war der Sommer äußerst kalt (in Mömpelgard) und trocken, und es gab keinen einzigen Monat im ganzen Jahre, in dem es nicht gefroren hätte. Dies war die Ursache, daß unsere Reben nicht getragen haben, und daß das alte Holz vollständig erfroren war.“ (Contejean, Chronique de Perdrix.) In Burgund begann man die Weinlese am 28. September.

1673. Dieses Jahr war in England kalt und voll von rauhen Tagen; die Ernte fiel spät und war sehr mager. (Short.) Erst am 5. October hielt man zu Dijon die Weinlese.

1675. Die Weinlese begann in Burgund am 14. October; in Sorèze war sie erst am 14. November vollendet.

1692. Im Juli dieses Jahres traten große Ueberschwemmungen im Norden ein. (Quetelet.) Die Weinlese begann in Burgund erst am 9. October; man erntete wenig Wein und ein großer Theil desselben war sauer; das Jahr war unfruchtbar. (Dr. Morelot, Statistique de la vigne dans la Côte-d'Or.)

1709. Nach dem so merkwürdigen Winter von 1709 hatte man einen sehr kalten Sommer. Cassini zählte zu Paris nur 6 Tage, wo die Wärme auf 25 bis 30° stieg, also fünfmal weniger Tage als im Mittel. Die Monate Mai und Juni waren sehr regnicht. Die höchste Temperatur von 29,5° trat am 10. August ein. (Mémoires de la classe des sciences mathématiques de l'Institut, Bd. 4.) In Burgund begann die Weinlese am 27. September.

1710. Dieser Sommer war kälter als der vorhergehende. Cassini zählte zu Paris nur einen einzigen heißen Tag, den 3. August mit 27,0°. Nach Short war dieser Sommer in England ziemlich warm. In Burgund begann die Weinlese am 25. September.

1711. Dieses Jahr hatte wieder denselben meteorologischen Charakter. Das Maximum der Wärme am 16. Juni betrug nur 28,8° und Cassini zählte nur 11 heiße Tage. Am 10. Juli, der gewöhnlichen Zeit der höchsten Temperaturen, fand La Hire auf dem Observatorium nur 12° bei Sonnenaufgang. In Burgund war das Jahr regnicht; die Weinlese begann am 24. September und endigte im Schnee.

1725. Die mittlere Temperatur dieses Sommers war in ganz Frankreich sehr niedrig. Das Maximum zu Paris von 30,5° fand am 13. Juli statt. Nach Cassini zählte man nur 9 heiße Tage. Maraldi berichtet Folgendes über diese Jahreszeit: „Der stets bedeckte Himmel und die häufigen Regen des Jahres 1725 waren die Ursachen der Verspätigung des Jahres; die Ernte, welche in den nördlichen Theilen des Königreichs gewöhnlich in den August fällt, konnte nicht vor den Monaten September und October abgehalten werden; infolge der Regen konnte man das Getreide nicht trocken einfahren und es wuchs daher ein Theil desselben in den Scheunen aus. Die reichlichen Regen des Mai und Juni hatten viele Trauben zum Abfallen gebracht, und das im August, September und October eingetretene Regenwetter hinderte das volle Reifwerden der übrig gebliebenen." (Mémoires de l'Académie für 1726, S. 3.) In Burgund begann die Weinlese am 10. October; der Ertrag war reichlich, aber die Qualität schlecht. Die Getreideernte fiel in Frankreich schlecht aus.

1740. Auf den langen Winter von 1740 folgte einer der kältesten Sommer des vergangenen Jahrhunderts. Die höchste Temperatur, am 23. Juli, erhob sich zu Paris nicht über 28,4°. Folgendes ist nach Duhamel du Monceau, der zu Denainvilliers beobachtete, eine Uebersicht der Wirkungen dieses Sommers auf die Landwirthschaft: „Erst vom 25. Mai an hörte es auf, kalt zu sein. Obgleich das Wetter merklich milder geworden war, so gab es doch nur wenige warme Tage während des Juni und die Nächte blieben immer frisch. Das Getreide und das Obst verspätigte sich sehr. Auch im Laufe des Juli blieben die Nächte kalt, und zu Anfang August hatte das Korn noch keine Aehren gebildet. Die

Ernte wurde gegen das Ende dieses Monats zu einer kalten und regnichten Zeit angefangen und war erst am 20. September beendigt. In der Provinz Boulonnais (Dep. Pas de Calais) stand noch vor Anfang November, als der erste Schnee fiel, Korn auf dem Felde. Manche Cerealien konnten nicht reif werden und faulten auf dem Felde. Die frühen Melonen, Karmeliter-Melonen genannt, reiften erst im Laufe des September." (Mémoires de l'Académie für 1741, S. 165.) Nach den Statistikern des Departements Côte d'Or fing die Weinlese in Burgund erst am 10. October an; der Ertrag war sehr gering an Quantität und schlecht an Qualität; das Jahr war in dieser Gegend regnicht; man hatte beständig Frost und Schnee, selbst im Juni; man zerbrach das Eis in den Kufen.

1756. Es gab in diesem Jahre nach Duhamel Anfang Mai Fröste, die stark genug waren, um den Weinstöcken zu schaden. „Der Juni war kalt und feucht. Der Juli war so feucht und kalt, daß man, gekleidet wie im Winter, dennoch sich von Zeit zu Zeit wärmen mußte. August und September waren auch noch kalt." Das Maximum zu Denainvilliers von 31,9° trat am 16. Juli ein. Die Weinlese in Burgund begann am 4. October; man erhielt eine gewöhnliche Ernte, aber da die Trauben angefault waren, so wurde der Wein mittelmäßig. Im Süden Frankreichs waren nach Messier die Jahreszeiten in Unordnung gerathen; Regen und heftige Winde folgten ununterbrochen aufeinander. Das Jahr war für die Landwirthschaft ungünstig; es kamen zahlreiche Ueberschwemmungen, besonders im November vor. In Berlin war es im Juni sehr heiß.

1770. Dieser Sommer war in der Mitte Frankreichs kalt. „Der Monat Mai, sagt Duhamel, war kalt und feucht und im Anfange desselben schneite und fror es. Der Juni zeigte sich kalt und feucht, und ebenso der Juli. Am 20. dieses Monats war das Getreide noch grün, wie im Frühlinge. Am 10. August begannen die Pächter die Weizenernte, die um drei bis vier Wochen gegen ein normales Jahr verspätet war. Diese Ernte dauerte bis zu Ende des Monats, und es war noch in den ersten Tagen des September Korn zu schneiden. Dieser letztere Monat war trocken und kalt. Kurz, dieser Sommer ist ohne Hitze verflossen, und das Jahr verspätigte sich sehr mit den Früchten." (Mémoires de l'Acad. für 1771, S. 819.) Das Maximum in Paris von 35,0° war höher als das in Denainvilliers von 31,9°. Im Süden machte sich die Kälte des Winters seit dem September fühlbar. Die Weinlese begann in Burgund am 6. October; der Wein war nach Doctor Morelot ziemlich reichlich und von sehr guter Qualität, woraus hervorgehen würde, daß es in dieser Gegend viel wärmer gewesen als in der Provinz Orléanais.

1789. Nach dem so strengen Winter von 1788 auf 1789 hatte man im Süden nur wenig Sommer, wenig Herbst und der Winter fing frühzeitig wieder an. (Clos.) In Burgund wurde die Weinlese am 7. October eröffnet; der Ertrag war unbeträchtlich und schlecht. Die Getreideernte gab in Frankreich sehr schlechte Resultate.

1796. Dieser Sommer zeigte sich, vorzüglich in Burgund, kalt und regnicht. Man las den Wein am 7. October; der Ertrag war sehr gering, wie an Qualität so auch an Quantität. Das Maximum der Temperatur zu Paris erhob sich nicht über 29,5°. Im Süden war indeß der Sommer trocken und warm, ebenso wie ein großer Theil des Herbstes. (Clos.)

1799. Nach einem strengen Winter war auch dieses Jahr in Burgund wieder regnicht und kalt. Die Weinlese begann am 10. October; der Ertrag war reichlich, aber von sehr mittelmäßiger Güte. Nichts desto weniger gab es im Süden nach einem regnichten Frühlinge heiße Tage. In Paris erhob sich das Maximum der Temperatur im August nur auf 30°.

1809. In Burgund war dieser Sommer für die Weinrebe beständig ungünstig. Die Weinlese begann erst am 16. October; der Ertrag an Wein war sehr gering und von schlechter Qualität. Im Süden Frankreichs war der Sommer kalt, regnicht und sehr gewitterhaft; Anfangs October hatte man an vielen Orten noch nicht angefangen, das Korn zu schneiden; das Heu war verdorben; das Obst kam nicht zur Reife; die Trauben faulten. (Clos.) In Paris war die höchste Temperatur nur 31,2° am 17. August, und die mittlere Temperatur des Sommers 16,9°. Die Getreideernte war in Frankreich ungenügend.

1812. Dieser Sommer war im Norden Frankreichs und in Burgund regnicht und kalt. Die Weinlese wurde am 8. October eröffnet; der Ertrag war sehr reichlich, der Wein aber von sehr mittelmäßiger Beschaffenheit. Im Languedoc und in der Provence herrschte im Sommer eine große Trockenheit, während der Herbst sich kalt und regnicht zeigte. (Clos.) Das Maximum von Paris betrug am 14. Juni 32,8°. Die Ernte an Cerealien war sehr ungenügend.

1813. Der Sommer von 1813 war für viele Ernten unheilbringend, ausgenommen für die Cerealien. In Burgund war das Jahr regnicht; man gewann nur eine sehr mittelmäßige Ernte von schlechter Qualität. Im Süden waren die Erzeugnisse des Bodens sehr mittelmäßig. In Paris erhob sich die Temperatur nicht über 29,7°.

1816. Der Sommer von 1816 ist der kälteste in der ersten Hälfte des 19. Jahrhunderts. Seine mittlere Temperatur beträgt für Paris nur 15,3°, also 3° weniger als das allgemeine Mittel des Sommers an diesem Orte. Man zählt nur 6 heiße Tage, also 26 weniger als im Mittel. Das Maximum der Wärme, am 20. Juli, ist nicht über 28,0° gegangen. In folgender Weise haben sich zu Paris in diesem unheilvollen Jahre die mittleren Temperaturen während der Dauer der Vegetation herausgestellt:

	Mittel von 1816.	Allgemeine Mittel.
April	9,9°	9,81°
Mai	12,7	14.53
Juni	14,8	17,34
Juli	15,6	19,04
August	15,5	18,45
September . . .	14,0	15,47
October . . .	11,6	10,97

In Burgund begann die Weinlese erst am 15. October; dies ist der späteste Termin seit 1809; der Ertrag war ausnehmend gering und von schlechter Beschaffenheit. Es regnete in dieser Gegend fast ununterbrochen vom Mai bis zum December. Die Getreideernte war allgemein ungenügend; der mittlere Preis eines Hektoliters Korn stieg auf 35 Francs, und das öffentliche Elend, das aus den politischen Umständen hervorgegangen war, wuchs durch die Witterungseinflüsse beträchtlich. Doctor Clos drückt sich folgendermaßen über den Gang dieser traurigen Jahreszeit in der Landschaft von Toulouse aus: „Der Frühling und der Sommer waren kalt, feucht, regnicht; die Monate September und October waren allein trocken und ein wenig warm. Das Jahr war außerordentlich kalt und feucht, und sehr merkwürdig, wenn nicht durch die Menge, so doch durch die Beständigkeit des Regens; merkwürdig auch noch dadurch, daß der Sommer, während er in Frankreich, der Schweiz, in Deutschland beständig regnicht war, sich in Dänemark, Schweden und Rußland sehr schön zeigte. Um die Schilderung einer so großen Anomalie zu vervollständigen, kann man hinzufügen, daß im unteren Languedoc die Trockenheit die Ursache des Fehlschlagens der Ernten war. In Sorèze war die Ernte spät; der größte Theil des Getreides hatte sich infolge des Regens gelagert; der Mais war sehr spät und mit großer Mühe gesät; auch erntete man davon sehr wenig. Es gab keine Weintrauben, kein Obst; das Futter allein war im Ueberfluß da, aber es verdarb viel davon. Im Juli wurde das Hektoliter Mais im Süden zu 36 und 40 Francs verkauft und das Hektoliter Getreide für 48 bis 50." (Météorologie du pays toulousain.)

Im Anschluß an die vorstehenden Tabellen über die durch ihre ungewöhnlich hohe oder niedrige Temperatur merkwürdigen Sommer will ich jetzt noch die in verschiedenen Gegenden der Erde mittelst in einiger Höhe über dem Boden aufgestellter und gegen die Sonnenstrahlen geschützter Thermometer beobachteten Temperaturmaxima angeben.

Europa.

I. Frankreich.

Ort.	Breite.	Länge.	Höhe über dem Meere in Metern.	Datum.	Absolutes Maximum.
1. Dünkirchen	51° 2' N.	0° 2' O.	8	— 1788	31,4°
				7. Juli 1852	35,7
2. Calais	50 58	0 29 W.	20	10. Aug. 1843	30,0
3. St. Omer	50 45	0 5	23	— 1777	37,5
4. Lille	50 39	0 44 O.	24	— 1786	35,6
				4. Aug. 1857	35,0
5. Arras	50 18	0 26	67	— 1783	35,1
				14. Juli 1824	30,0
6. Hendecourt . . .	50 17	0 26 W.	81	4. Aug. 1857	33,0
7. Cambrai	50 11	0 54 O.	54	— 1783	37,5
				2. Aug. 1847	31,0
8. Dieppe	49 56	1 16 W.	20	23. u. 24. Mai 1779	29,5
9. La Chapelle du Burgay	49 49	1 12	147	18. Juli 1825	33,5
10. Montdidier	49 39	0 14 O.	240	20. Mai 1784	35,0
11. Cherbourg	49 39	3 58 W.	9	6. Juli 1848	31,6
12. Laon	49 34	1 17 O.	180	— 1783	30,3
13. Le Havre	49 29	2 14 W	5	Juli 1854	32,0
14. Rouen	49 26	1 15	39	— 1778	35,6
				18. Aug 1800	38,0
15. Clermont (Oise) . .	49 23	0 5 O.	86	14., 15. Juli u. 3. Aug. 1857	36,8
16. Soissons	49 23	0 59	49	— 1778	36,6
17. Les Mesneux . . .	49 13	1 37	85	4. Aug. 1857	37,5
18. Metz	49 7	3 50	182	— 1781	38,1
				3. Aug. 1826	36,1
19. St. Lô	49 7	3 26 W.	43	— 1786	25,4
				6. Juni 1846	30,9
20. Chateau-Thierry . .	49 3	1 4 O.	77	12. u. 13. Juli 1852	32,0

Ort.	Breite.	Länge.	Höhe über dem Meere in Metern.	Datum.	Absolutes Maximum.
21. Montmorency . .	49° 0' N.	0 2 W.	143	26 Juni 1772	35,6°
				18. Aug. 1800	37,9
22. Meaux.	48 58	0 33 O.	58	16. Juli 1782	36,2
23. Châlons-sur-Marne .	48 57	2 1	82	— 1788	35,6
24. Görsdorff . . .	48 57	5 26	228	4. Aug. 1857	34,4
25. Vire	48 50	3 14 W.	177	— 1780	33,1
				Juli 1825	35,0
26. Paris	48 50	0 0	65	26. Aug. 1765	40,0
				18. Aug. 1842	37,2
27. Versailles. . . .	48 48	0 13	134	12. Juni 1786 — 1787	30,0
				16. Juli 1852	35,7
28. Haguenau . . .	48 48	5 25 O.	—	— 1782	39,4
29. L'Aigle	48 43	2 0 W.	136	— 1784	31,9
30. Nancy.	48 42	3 51 O.	200	26. Juli 1782	37,6
31. St. Malo. . . .	48 39	4 21 W.	14	— 1786	35,4
32. Straßburg . . .	48 35	5 25 O.	144	— —	35,9
				13. Juli 1807	35,8
33. St. Brieuc . . .	48 31	5 6 W.	89	— 1783	31,3
34. Chartres	48 27	0 51	158	16. Juli 1793	38,1
35. Etampes	48 26	0 10	127	— 1784	33,1
36. Brest	48 24	6 50	65	— 1784	30,0
37. Mayenne	48 18	2 57	102	10. Juli 1783	35,0
38. Troyes	48 18	1 15 O.	110	— 1781	36,3
39. Mirecourt . . .	48 18	2 57	102	— 1785	30,0
40. St. Dié	48 17	4 37	343	1785 u. 1788	32,5
41. Nemours	48 17	0 22	—	16. Juli 1852	33,6
42. Bruyères (Vosges) .	48 13	4 9	300	— 1782	36,2
43. Epinal	48 10	4 7	341	1. Juli 1826	36,5
44. Denainvilliers . .	48 10	0 4 W.	120	5. Aug. 1776 5. Juli 1778	36,9
45. Marboué	48 7	1 0	110	15. Juli u. 4. Aug. 1857	31,3
46. Quimper	48 0	6 26	6	19. Juni 1846	38,0
47. Montargis . . .	48 0	0 23 O.	116	1777 u. 1778	37,5
48. Bourbonne-les-Bains	47 57	3 25	400	— 1788	31,3
49. Orléans	47 54	0 26 W.	123	— 1783	36,3
50. Mühlhausen . . .	47 49	5 0 O.	229	26. Juli 1782	36,6
51. Auxerre	47 48	1 14	122	26. Juni 1772	35,9
52. Vendôme	47 47	1 16 W.	85	16. Juli 1852	35,0
53. La Flèche	47 42	2 25	33	12. Juli 1852	30,5
54. Vannes	47 39	5 6	18	— 1785	32,1
55. Blois	47 35	1 0	102	Aug. 1857	36,5
56. Angers	47 28	2 54	47	17. Juli 1784	38,0
57. Gray (Obere Saône)	47 27	3 15 O.	220	— 1780	36,3
58. La Chapelle-d'Angillon	47 26	0 7 W.	191	Aug. 1857	36,5
59. Tours	47 24	1 39	55	— 1840	38,0
60. Dijon	47 19	2 42 O.	246	— 1778	33,8
				Juli 1808	35,6

Ort.	Breite.	Länge.	Höhe über dem Meere in Metern.	Datum.	Absolutes Maximum.
61. Besançon . . .	47° 14′ N.	3° 42′ O.	236	— 1787	36,3°
62. Nantes	47 13	3 53 W.	44	— 1778 18. Aug. 1800	35,0 38,8
63. Chinon	47 10	2 6	82	21. Juli 1783	38,1
64. Beaune	47 1	2 30 O.	220	6. Juli 1784	32,5
65. Seurre (Côte-d'Or)	47 1	2 48	150	— 1783	39,0
66. Rozeroy	46 47	3 42	—	— 1787	37,5
67. Lons-le-Saunier .	46 40	3 13	258	— 1788	32,5
68. La Châtre . . .	46 35	0 21 W.	233	4. Aug. 1857	35,2
69. Poitiers	46 35	1 60	118	— 1781	36,0
70. Tournus. . . .	46 34	2 31 O.	—	— 1787	32,5
71. Les Sables d'Olonne	46 30	4 7	6	1782 u. 21. Juli 1783	33,1
72. Fontenay (Vendée)	46 28	3 9 W.	23	— 1787	32,6
73. Luçon	46 27	3 30	81	— 1777	38,8
74. Montluçon . . .	46 20	0 16 O.	228	— 1784	30,0
75. Bourg	46 12	2 53	247	4. Aug. 1857	35,6
76. La Rochelle . . .	46 9	3 30 W.	25	— 1783 4.u.5. Juli 1836	35,0 39,0
77. St. Jean-d'Angely .	45 57	2 52	24	— 1787	37,5
78. Insel Oléron . .	45 56	3 32	0	— 1778	34,4
79. St. Léonard (Obere Vienne)	45 50	0 51	457	23. 24. 25. Juli 1854	32,0
80. Limoges	45 50	1 5	287	— 1800	37,5
81. Clermont-Ferrand .	45 47	0 45 O.	407	— 1776 5. Aug. 1850	35,0 32,4
82. Lyon	45 46	2 29	194	— 1771 Juli 1834	34,6 31,3
83. Saintes	45 45	2 W.	27	3. Aug. 1857	32,5
84. Vienne (Isère) . .	45 31	2 O.	150	— 1778	35,3
85. St. Etienne. . .	45 26	2	540	16. Juli 1852	35,0
86. Grande-Chartreuse .	45 18	3 59	2030	— 1787	27,5
87. Grenoble . . .	45 11	3 [illegible]	213	— 1782	35,0
88. Périgueux . . .	45 11	1 37 W.	98	16. Juli 1852	34,0
89. Le Puy	45 0	1 33 O.	760	28. Juli 1857	34,2
90. Valence	44 56	2 33	128	11. Juli 1793	40,0
91. Souillac (Lot) . .	44 55	1 8	140	19. Juli 1825	34,4
92. Bordeaux . . .	44 50	2 55 W.	18	— 1792 6. Aug. 1800	37,4 38,8
93. Mont-Dauphin .	44 40	4 17 O.	960	7. Juli 1784	27,0
94. Joyeuse (Ardèche) .	44 32	2 0	147	23. Juni 1822	37,3
95. Caussade . . .	44 30	0 48	100	11. Juli 1783	36,9
96. Viviers. . . .	44 29	2 21 W.	57	— 1780	33,8
97. Tonneins . . .	44 25	2 2 W.	—	— 1784	33,1
98. St. Paul-Trois-Chateaux . . .	44 21	2 30 O.	—	— 1787	32,8
99. Rodez	44 21	0 14	630	— 1780 Juli 1836	31,5 33,8

Ort.	Breite.	Länge.	Höhe über dem Meere in Metern.	Datum.	Absolutes Maximum.
100. Rousson (Gard)	44°12' N.	1°45' O.	417	Juli 1857	35,0°
101. Agen	44 12	1 43 W.	43	4. Juli 1842	37,0
102. Orange	44 8	2 28 O.	46	9. Juli 1849	41,4
103. Alais	44 7	1 44	168	Aug. 1818 14. u. 23. Juni 1822	36,5
104. Castel-Sarrazin	44 3	1 15 W.	88	18. Juli 1784	24,0
105. Montauban	44 1	0 59	97	— 1788	34,9
106. Avignon	43 57	2 28 O.	36	14. Aug. 1802 16. Aug. 1803	38,1
107. Nimes	43 51	2 1	114	— 1784 18. Juli 1807	38,4 37,5
108. Tarascon	43 49	2 23	88	— 1777	33,8
109. Manosque	43 49	3 35	400	— 1782	38,8
110. St. Sever	43 46	2 54 W.	100	— 1787	33,1
111. Dax	43 43	3 24	40	— 1781	33,8
112. Beyrie	43 42	3 6	60	15. Juli 1857	36,6
113 Arles	43 41	2 18 O.	17	— 1783 20. Aug. 1806	35,4 37,5
114. Réguffe (Var)	43 40	3 48	515	30. u. 31. Juli 1857	35,0
115. Toulouse	43 37	0 54 W.	198	— 1753 7. Juli 1846	37,7 40,0
116. Montpellier	43 37	1 32 O.	30	1780 u. 1781 29. Juli 1857	36,3 38,6
117. Salon (Rhonemündungen)	43 32	2 48	—	— 1779	32,5
118. Aix (Rhonemündung.)	43 32	3 7	205	— 1730	34,6
119. Béziers	43 21	0 52	77	— 1847	37,0
120. Adge	43 19	1 8	12	— 1780	27,5
121. Sorèze	43 19	0 13 W.	500	12. Juli 1824	37,5
122. Marseille	43 18	3 2 O.	46	— 1774 7. Juli 1818	36,6 36,9
123. Pau	43 18	2 43 W.	205	4. Aug. 1838	38,8
124. Rieux (Ober-Garonne)	43 15	1 8	—	— 1785	34,8
125. Oloron (Nieder-Pyrenäen)	43 12	2 57	272	— 1783	36,3
126. Toulon	43 7	3 36 O.	4	— 1778	33,8
127. Perpignan	42 42	0 34	42	— 1784 29. Juli 1857	36,3 38,6
128. Montlouis	42 31	0 20 W.	1537	— 1782	27,5

II. Brittische Inseln.

Ort.	Breite.	Länge.	Höhe über dem Meere in Metern.	Datum.	Absolutes Maximum.
1. Edinburg	55°57' N.	5°31' W.	88	— — 2. Aug. 1800	32,2° 22,5
2. London	51 31	2 28	—	— 1774 12. Juli 1852	31,1 35,0

Ort.	Breite.	Länge.	Höhe über dem Meere in Metern.	Datum.	Absolutes Maximum.
3. Chiswick, in der Nähe von London . . .	51° 29′ N.	2° 37′ W.	—	— —	35,6°
4. Bristol	51 27	4 56	—	— 1778	25,5
5. Bath	51 22	4 41	—	3. Aug. 1800	23,9
6. Penzance	50 7	7 53	—	— —	28,9
III. Holland und Belgien.					
1. Franecker	53° 20′ N.	3° 12′ O.	—	20. Juli 1778	34,0°
2. Harlem	52 23	2 18	—	— —	32,0
3. Amsterdam	52 22	2 33	0	— 1783 12. Juli 1853	33,4 33,0
4. Leyden	52 9	2	—	— 1778	32,5
5. Haag	52 4	1	0	— 1773	31,0
6. Breda	51 35	2 9	10	— 1780	31,0
7. Gent	51 3	1 [illegible]	—	— 1849	34,4
8. Mecheln	51 2	2 9	—	Juli 1822 Juli 1824	38,8
9. Verviers	51 —	3 —	—	— —	
10. Alost	50 56	1	—	9. Juni 1835	35,0
11. Löwen	50 53	2 42	—	11. Juni 1842	32,8
12. Mastricht	50 51	3 22	49	2. Aug. 1828	38,8
13. Brüssel	50 51	2 1	59	26. Juni 1772 18. Juni 1839	35,0 32,9
14. St. Trond	50 49	2 51	—	17. Juli 1852	34,7
15. Lüttich	50 39	3 11	61	26. Juli, 2. Septbr. 1781 — 1822	37,5 35,0
16. Stavelot	50 28	3	—	18. Juli 1852	33,3
17. Namur	50 28	2 35	151	17. Juli 1852	33,7
18. Mons	50 26	1 [illegible]	—	15. Juli 1801	36,3
IV. Dänemark, Schweden und Norwegen.					
1. Spitzbergen . . .	80° — N.	22° — W.	—	— —	12,8°
2. Enontekis	68 40′	20 40′ O.	420	— —	26,0
3. Hindöen (Insel) .	68 30	13 —	—	— —	25,0
4. Haapakyla bei Tornea	66 27	21 27	—	— —	25,0
5. Eyafiord (Island) .	65 40	22 0 W.	—	— —	20,9
6. Hekla (Island) . .	64 8	22 —	—	— —	12,8
7. Reikiavik (Island) .	64 8	24 16	—	25. u. 31. Juli 1837	20,5
8. Drontheim . . .	63 26	8 3 O.	—	— —	28,7
9 Bergen	60 24	2 58	—	— —	26,0
10. Upsala	59 52	15 18	0	— —	30,0
11. Stockholm . . .	59 20	15 43	40	— 1783 12. Juli 1805	33,8 37,5
12. Kopenhagen . . .	55 41	10 14	0	Juli 1778 Juli 1811	33,8
13. Altona	53 33	7 36	—	20. Juli 1811	35,0

V. Rußland.

Ort.	Breite.	Länge.	Höhe über dem Meere in Metern.	Datum.	Absolutes Maximum.
1. Abo	60° 27′ N.	19° 57′ O.	0	— 1757	35,0°
2. St. Petersburg	59 56	27 58	0	26. Juli 1772 24. Juli 1773	30,6
				27. Juni 1811	31,1
3. Riga	56 57	21 46	—	1774 u. 1775	27,5
				27. Juni 1811	35,0
4. Kasan	55 48	46 47	76	— —	36,0
5. Moskau	55 45	35 14	142	15. Juni 1745	34,5
6. Wilna	54 41	22 58	152	— —	32,5
7. Tambov	52 43	39 9	59	— —	38,7
8. Warschau	52 13	18 42	120	— —	38,8
				Juli 1826	33,8
9. Kiew	50 27	28 13	—	22. Juli 1774	37,3
10. Krakau	50 4	17 37	200	10. Juli 1846	27,9
11. Nicolajew	46 58	29 38	42	— —	37,5
12. Sebastapol	44 37	31 11	48	— —	35,6

VI. Deutschland.

Ort.	Breite.	Länge.	Höhe über dem Meere in Metern.	Datum.	Absolutes Maximum.
1. Cuxhaven	53° 53′ N.	6° 24′ O.	—	— —	33,4°
2. Hamburg	53 33	7 38	19	— —	35,0
				19. Juli 1811	34,8
3. Stettin	53 26	12 15	—	15. Aug. 1850	31,3
4. Lüneburg	53 15	8 4	56	— —	35,6
5. Tilsit	53 4	19 33	—	— —	35,0
6. Berlin	52 31	11 3	41	— —	39,3
				14. Aug. 1778	33,1
7. Münster	51 58	5 18	59	— —	37,5
8. Düsseldorf	51 14	4 26	47	— 1783	30,0
9. Breslau	51 7	14 42	148	— 1775	32,8
10. Dresden	51 4	11 24	120	— —	38,8
11. Jena	50 57	9 17	157	— —	37,5
12. Frankfurt	50 7	6 21	117	— —	37,5
				Juli 1807	36,2
13. Prag	50 5	12 5	179	— —	35,4
14. Würzburg	49 48	7 36	171	— —	39,1
15. Heidelberg	49 24	6 22	100	— —	36,2
16. Karlsruhe	49 1	6 5	117	— —	36,6
				13. Juli 1807	35,0
17. Regensburg	49 1	9 45	362	— —	36,9
18. Stuttgart	48 46	6 50	247	— —	39,4
19. Augsburg	48 22	8 34	491	30. Juli 1811	37,5
20. Wien	48 13	14 3	186	— 1783	35,9
				14. Aug. 1802	37,8
21. München	48 8	9 14	538	9. Juli 1853	35,8
22. Peissenberg (Kloster)	47 48	8 14	996	— —	32,7
23. Innsbruck	47 16	9 4	566	— —	37,5

VII. Ungarn, Türkei, Griechenland.

Ort.	Breite.	Länge.	Höhe über dem Meere in Metern.	Datum.		Absolutes Maximum.
1. Ofen	47°29' N.	16°43' O.	154	—	—	36,0°
2. Constantinopel	41 0	26 39	—	—	1783	38,1
				29. Juli	1852	38,5
3. Athen	37 58	21 23	0	—	—	40,6

VIII. Italien und die Schweiz.

Ort.	Breite.	Länge.	Höhe	Datum.		Absolutes Maximum.
1. Schaffhausen	47°42' N.	6°18' O.	473	Juli	1778	31,5°
2. Basel	47 33	5 15	265	3. Aug.	1826	34,0
3. Neuenburg	47 0	4 36	438	—	1759	33,4
4. Bern	46 57	5 6	571	—	1788	33,8
5. St. Gotthard (Hospiz)	46 33	6 14	2095	—	1782	19,4
6. Lausanne	46 31	4 18	528	—	1764	35,0
7. Genf	46 12	3 49	407	Aug.	1788	28,8
				30. Juli	1827	36,2
8. Udine	46 4	10 54	109	17. Aug.	1777	37,3
9. St. Bernhard (Hospiz)	45 50	4 45	2491	—	—	19,7
				23. Juli	1848	17,8
10. Mailand	45 28	6 51	147	—	1788	33,4
				27. Juli	1811	35,0
11. Verona	45 26	8 39	65	Juni u. Juli	1793	35,6
				Aug.	1802	
12. Padua	45 24	9 32	14	—	—	36,2
13. Pavia	45 11	6 49	90	—	1824	37,5
14. Turin	45 4	5 21	278	28. Juli	1780	37,6
				21. Aug.	1802	35,0
15. Pesaro	43 55	10 33	—	28. Juni	1839	35,6
16. Rom	41 54	10 7	29	—	1745	35,0
				—	—	38,0
17. Neapel	40 51	11 55	156	Aug.	1807	40,0
18. Cagliari	39 13	6 47	101	—	—	39,1
19. Palermo	38 7	11 1	54	—	—	39,7

IX. Spanien und Portugal.

Ort.	Breite.	Länge.	Höhe	Datum.		Absolutes Maximum.
1. Oviedo	43°20' N.	8°20' W.	—	3. Juli	1852	29,0°
2. Mahon (Insel Minorka)	39 53	2 0 O.	—	—	1746	30,5
3. Lissabon	38 42	11 29 W.	72	—	—	38,8

X. Asien.

Ort.	Breite.	Länge.	Höhe	Datum.		Absolutes Maximum.
1. Meerenge von Matotschkin (Nowaja-Semlja)	73°20' N.	51°30' O.	19	—	—	13,7°
2. Felsenbai (Nowaja-Semlja)	70 37	55 27	—	—	—	10,7
3. Nischnei-Kolymskoi	68 32	158 34	—	—	—	22,5
4. Jakutsk	62 2	127 23	87	—	—	30,0

Ort.	Breite.	Länge.	Höhe über dem Meere. in Metern.	Datum.	Absolutes Maximum.
5. Bogoslowsk	59° 48' N.	58° 4' O.	156	— —	33,0°
6. Tobolsk	58 13	65 56	35	— —	37,5
7. Nischnei-Tagilsk . .	57 56	57 48	213	9. Juni 1844	35,0
8. Irkutsk	52 17	101 56	409	— —	27,5
9. Kislar.	43 54	43 51	—	— —	43,7
10. Peking.	39 54	114 9	97	5. Juni 1760	43,1
11. Smyrna	38 26	24 48	—	16. Juli 1831	35,0
12. Aleppo	35 11	34 45	—	1752	35,0
13. Bagdad	33 20	42 2	—	—	48,9
14. Nangasaki	32 45	127 32	—	9. u. 11. Aug. 1852	32,2
15. Bassora	30 29	45 18	—	—	45,3
16. Mussuree	30 27	75 42	1848	—	25,6
17. Ambala	30 25	74 25	313	—	34,4
18. Akaba	29 31	32 40	—	—	42,5
19. Goruckpore	26 45	81 0	—	—	42,2
20. Benares	25 19	80 35	97	—	44,6
21. Maskat	23 38	56 21	—	Juni 1821	50,0
22. Canton	23 8	110 56	—	—	35,6
23. Chandernagor . . .	22 51	86 2	—	—	41,9
24. Calcutta	22 33	86 0	—	—	37,2
25. Macao	22 11	111 14	—	—	34,6
26. Bir-el-Barut	21 48	— —	—	—	50,0
27. Abu-Arich	20 —	39 —	—	—	52,5
28. Beit-el-Fakih	14 0	41 —	—	—	38,1
29. Madras	13 4	77 54	—	Mai 1778	40,0
30. Seringapatam . . .	12 25	74 19	735	—	46,1
31. Küste Malabar . . .	12 —	74 —	—	—	38,9
32 Pondichery	11 56	77 29	—	— Juni 1769	44,7 42,8
33. Ootacamund	11 25	74 30	2242	—	25,0
34. Küste von Ceylon .	6 bis 8°	78 —	—	—	32,8
35. Pulo-Penang-Insel .	5° 25'	97 59	—	—	32,2
36. Singapore	1 17	101 30	—	—	31,7

XI. Asiatischer Archipel und Australien.

Ort.	Breite.	Länge.	Höhe über dem Meere. in Metern.	Datum.	Absolutes Maximum.
. Honolulu	21° 18' N.	160° 15' W.	—	Septbr. 1821	30,6°
1. Manilla	14 36	118 35	—	20. Juni 1767	45,3
3. Amboina	3 41 S.	125 49 O.	—	22. Debr. 1850 18. Febr. 1853	33,0
4. Fort Dundas (Melvillesinsel) . . .	11 25	127 45	—	—	37,8
Taïti	17 29	151 49 W.	—	—	32,0
. Perth (Australien) .	31 55	113 10 O.	—	—	41,0
. Paramatta	33 49	148 41	18	—	41,1
6. Sydney	33 52	148 54	—	—	45,6

XII. Afrika.

Ort.	Breite.	Länge.	Höhe über dem Meere in Metern.	Datum.	Absolutes Maximum.
1. Algier	36° 47′ N.	0° 44′ O.	4	8. Sptbr. 1855	37,5°
2. Tunis	36 46	7 51	—	— 15. Juli 1831	44,7 40,3
3. Staouéli	36 45	0 1 W.	125	22. Aug. 1853	41,5
4. Constantine	36 22	4 17 O.	664	—	40,0
5. Medeah	36 15	0 8	920	—	36,0
6. Milianah	36 —	0 30	800	—	38,0
7. Setif	35 55	2 50	1100	Juli 1857 —	37,0 38,0
8. Oran	35 43	3 0 W.	50	— 25. Aug. 1853	37,0 35,3
9. Mascara	35 32	2 8	400	—	41,0
10. Biscara	34 30	2 40 O.	90	19. Aug. 1844	44,0
11. Funchal (Insf. Madeira)	32 38	19 16 W.	25	—	29,4
12. Cairo	30 2	28 55 O.	0	15. Juni 1779 23. Mai 1840	40,9 43,9
13. Suez	29 59	30 11	—	—	52,5
14. Insel Canaria	28 30	18 0 W.	—	—	31,7
15. Murzuk	26 30	11 30 O.	—	—	56,2
16. Esne	25 18	30 10	—	—	47,4
17. Syene	24 5	30 30	—	—	54,0
18. Insel Philä	24 2	3 34	—	— 1800	43,1
19. Ambukol	18 —	— —	—	31. Mai 1823	46,9
20. Chendi	16 45	31 30	—	—	48,3
21. St Louis (Senegal)	16 1	18 51 W.	—	—	35,0
22. Richard-Tol	15 25	— —	—	—	40,0
23. In Nubien	15 —	— —	—	—	46,2
24. Bakel	14 53	14 42	—	—	40,3
25. Sackatu	13 5	3 52 O.	—	—	43,3
26. Kuka	12 55	11 2	345	—	42,7
27. Sierra-Leona-Küste	8 30	15 39 W.	0	—	37,5
28. St. George-del-Mina	5 2	2 56	—	26. März 1825 12. Mai 1828	32,2
29. Jamestown (St. Helena)	14 55 S.	8 3	538	—	27,8
30. Antongil (Madagascar)	15 27	46 —	—	—	45,0
31. Port-Louis (Ile de France)	20 10	55 8 O.	—	Jan. 1735	32,6
32. Flacq (Ile de France)	20 11	55 23	48	März u. April 1836	38,5
33. St. Denis (Insel Bourbon)	20 52	53 10	43	—	37,5
34. Cap	33 55	16 8	—	23. Febr. 1751	43,8

XIII. Nordamerika.

Ort.	Breite.	Länge.	Höhe über dem Meere in Metern.	Datum.	Absolutes Maximum.
1. Melvilles-Insel	74° 47′ N.	113° 8′ W.	—	— —	15,6°
2. Port Bowen	73 14	91 15	—	— —	10,6
3. Grönland	72 —	22 —	—	— —	31,2

Ort.	Breite.	Länge.	Höhe über dem Meere in Metern.	Datum.	Absolutes Maximum.
4. Felixhafen	70° 0′ N.	94° 13′ W.	—	— —	21,1°
5. Insel Igloolik . . .	69 19	84 83	—	— —	15,0
6. Insel Winter . . .	66 11	85 31	—	— —	10,0
7. Fort Franklin . . .	65 12	125 33	68	— —	26,7
8. Fort Chepewyan . .	58 44	113 38	147	— —	36,1
9. Okak (Labrador) . .	57 20	65 20	—	— 1780	29,0
10. Nain (Labrador) . .	57 10	64 10	—	— 1780	29,1
11. Quebec	46 49	73 36	—	Juli 1748	37,5
12. Montreal	45 31	75 55	—	—	36,7
13. Penetanguishene . .	44 48	83 0	179	—	33,3
14. Fort Howard . . .	44 40	89 22	185	—	37,8
15. Brunswick (Maine) .	43 53	72 15	—	—	36,9
16. Dover	43 13	73 14	—	—	37,5
17. Salem	42 31	73 14	—	—	38,3
18. Boston	42 21	73 24	—	—	38,9
19. Ober-Canada . . .	42 0	— —	—	—	39,4
20. Council Bluffs . . .	41 25	98 3	243	—	42,2
21. Fort Columbus . . .	40 42	76 29	—	—	40,0
22. Marietta	39 25	83 50	200	—	35,0
23. Cincinnati	39 6	86 50	162	—	42,0
24. Williamsburg . . .	37 15	79 3	—	—	36,7
25. Charlestown . . .	32 47	82 16	—	—	38,3
26. Natchez	31 33	93 45	58	—	34,4
27. Baton Rouge . . .	30 26	93 25	19	—	37,2
28. Key-West (Florida) .	24 34	84 13	—	—	32,2
29. Mexico	19 26	101 25	2277	Mai 1769	25,6
30. Vera-Cruz	19 12	98 29	—	—	35,6

XIV. Antillen.

Ort.	Breite.	Länge.	Höhe über dem Meere in Metern.	Datum.	Absolutes Maximum.
1. Havanna	23° 9′ N.	84° 43′ W.	28	—	32,3°
2. Ubajoy (Cuba) . . .	23 9	84 45	93	—	34,4
3 Tortol[illegible]	18 27	67 0	251	—	32,8
4. St. [illegible]lemy . .	17 54	65 6	—	—	36,4
5. G[illegible]loupe . . .	16 14	63 52	—	—	39.3
6. Basse-Terre (Guadel.)	15 59	64 4	—	21. Aug. 1837	35,0
7. Martinique	14 40	63 30	—	—	35,0
8. Barbados	13 5	61 57	—	—	30,0
9. La Trinité	10 39	63 51	—	—	33,9

XV. Südamerika.

Ort.	Breite.	Länge.	Höhe über dem Meere in Metern.	Datum.	Absolutes Maximum.
1. Curaçao	12° 6′ N.	71° 16′ W.	—	—	32,8°
2. Maracaibo	11 19	76 29	—	—	37,2
3. Cumana	10 28	66 30	—	—	32,8
4. Demerary	6 45	60 24	—	—	31,7
5. Paramaribo	5 45	57 33	—	—	34,4
6. Pflanzung am Flusse Comewyne	5 38	55 2	—	1744	31,9
7. Cayenne	4 56	54 39	—	October 1849	30,7

Ort.	Breite.	Länge.	Höhe über dem Meere in Metern.	Datum.	Absolutes Maximum.
8. Ecuador	2° N. bis 2° S.	80° 0' W.	—	—	38,4°
9. Quito	0° 14' S.	81. 5.	2908	—	22,0
10. St. Luiz do Maranhão	2 31	46 36	—	—	33,3
11. Rio Janeiro	22 54	45 30	—	—	34,4
12. Buenos-Ayres	34 36	60 44	—	—	35,6
13. Falklandsinseln	51 25	63 19	—	—	26,7

Die in der vorstehenden Tabelle enthaltenen Zahlen würden wahrscheinlich einige Modificationen erleiden, wenn die meteorologischen Journale, aus denen sie entnommen sind, für jede Station beträchtlichere Intervalle umfaßten; man hat sie also nur als untere Grenzwerthe zu betrachten.

Die hauptsächlichsten Beobachter, Reisenden oder Physiker, denen wir die in dieser Tabelle verzeichneten Resultate verdanken, sind mein berühmter Freund A. v. Humboldt, Le Gentil, Lacaille, Euler, Réaumur, Duhamel du Monceau, Van Swinden, Cotte, der General Brisbane, Parry, Roxburgh, Niebuhr, Herrenschneider, Bugge, Ronnow, Chanvalon, Le Gaux, Orta, Cossigny, Coutelle, Beauchamp, Bréguin, de la Trobe, Leche, Van Scheels, Clapperton, Tuckey, Elphinstone, Tamisier, Lyon, Ritchie, Mahlmann, Schouw, de Gasparin, Martins, Becquerel u. A.

Aus dieser Tabelle folgt, daß die größten Wärmegrade im Schatten und auf der Nordseite für Frankreich auf 41,4°; für die britischen Inseln auf 35,6°; für Holland und Belgien auf 38,8°; für Dänemark, Schweden und Norwegen auf 37,5°; für Rußland auf 38,8°; für Deutschland auf 39,4°; für Griechenland auf 40,6°; für Italien auf 40°; für Spanien und Portugal auf 39° steigen. In Betreff der Gegenden, welche nicht zu Europa gehören, muß ich die Aufmerksamkeit auf die Temperaturen richten, die über 43° liegen und selbst 56,2° erreichen, und an folgenden Orten beobachtet sind:

	Grade.
In Peking (Asien Nr. 10 der Tabelle)	43,1
In Sackatu (Afrika, Nr. 25) nach Clapperton	43,3
In Kislar (Asien, Nr. 9) nach Steven	43,7

	Grade.
In Cairo am 23. Mai 1840 (Afrika, Nr. 12)	43,9
In Biskara (Afrika, Nr. 10) den 19. Aug. 1844 nach Aimé	44,0
In Benares (Asien, Nr. 20)	44,6
In Pondichery (Asien, Nr. 32), Beobachtungen von Le Gentil	44,7
In Tunis (Afrika, Nr. 2)	44,7
In Antongil auf Madagascar (Afrika, Nr. 30) nach Le Gentil	45,0
Auf dem Plateau von Peschawur nach Elphinstone . . .	45,0
Auf Manilla (asiatischer Archipel und Australien, Nr. 2) .	45,3
In Bassora (Asien, Nr. 11) nach Beauchamp	45,3
In Sydney (Archipel, Nr. 8)	45,6
In Seringapatam in 735 Meter Höhe (Asien, Nr. 10) .	46,1
In Maskat (Asien, Nr. 21) nach Ruschenberger . . .	46,1
In Nubien (Afrika, Nr. 23) nach Russegger	46,2
In Ain Dize (Aegypten) nach Browne	46,7
In Ambukol (Afrika, Nr. 19) nach Rüppell	46,9
In Esne (Afrika, Nr. 16) nach Burckhardt	47,4
In Chendi (Afrika, Nr. 20) nach Bruce	48,3
In Bagdad (Asien, Nr. 13)	48,9
In Bir-el-Barut in Arabien (Asien, Nr. 26) nach Tamisier	50,0
In der Nähe von Suez (Afrika, Nr. 13), französische Expedition nach Aegypten	52,5
In Abu-Arich in Arabien (Asien, Nr. 27) nach Tamisier	52,5
In der Nähe des Hafens Macquarie (Australien) . . .	53,9
Nahe bei Syene (Afrika, Nr. 17)	54,0
In Murzuk (Afrika, Nr. 15) nach Lyon und Ritchie . .	56,2

Als ich mich 1824 im Annuaire des Längenbureau zum ersten Male mit der Frage, welches die höchsten an verschiedenen Punkten der Erde beobachteten Temperaturen wären, beschäftigte, war ich mit Recht über die von Le Gentil für Pondichery und Antongil gegebenen Zahlen erstaunt. Ich sprach mich damals in folgender Weise aus: „Die von Le Gentil erhaltenen Resultate übersteigen die von allen übrigen Reisenden beobachteten zu sehr, als daß man nicht auf den Gedanken kommen sollte, das Thermometer dieses Akademikers habe 3 bis 4° zu hoch gestanden; indeß finde ich in den auf dem Meere angestellten Beobachtungen keine Bestätigung dieser Vermuthung. Man wird nämlich sogleich sehen, daß mitten auf dem Ocean das der freien Luft ausgesetzte Thermometer sich stets gegen + 30° C. hielt, ohne, selbst unter dem Aequator, jemals (?) über diesen Grad zu steigen. Folgendes ist ein Auszug aus Le Gentil's Tagebüchern:

		Breite.	Maxima der Lufttemperatur.
Atlantischer Ocean	(1760) . . .	2°45′ N.	+ 30,6°
Ebendaselbst	(1760) . . .	0 51 S.	29,6
Ebendaselbst	(1771) . . .	0 12 S.	26,9
Ebendaselbst	(1771) . . .	8 48 N.	28,1

„Man findet allerdings 1766 am Bord des Berryer gemachte Beobachtungen dieses Akademikers, welche 32,5°, 33,7° und selbst 35,0° geben; das Schiff befand sich aber damals in der Sundastraße, sehr nahe am Lande. Seitdem übrigens eine nur einjährige Beobachtungsreihe zu Paramatta dem General Brisbane Temperaturen über 41° C. dargeboten hat, sehe ich keinen Grund, warum man sich wundern sollte, wenn zu Pondichery, viel näher am Aequator, das Thermometer bis auf + 45° stiege."

Heutigen Tages, wo viel höhere Ziffern namentlich von den Reisenden Burckhardt, Bruce, Lyon und Ritchie u. s. w. erhalten worden sind, läßt sich an der Thatsache nicht zweifeln, daß Thermometer wirklich so hohe Temperaturen gezeigt haben; man kann aber immer noch die Befürchtung hegen, daß Strahlungswirkungen auf die Instrumente einen Einfluß ausgeübt haben. Daher möchte ich darauf dringen, daß die Reisenden ein Beobachtungsverfahren anwenden, das ich vor längerer Zeit angegeben habe, und das in dem Protocoll der Sitzung des Längenbureau vom 17. Februar 1830 in folgender Weise beschrieben worden ist: Arago schlägt vor, ein Thermometer an eine Vorrichtung anzubringen, die mit großer Geschwindigkeit rotirt und dadurch einen künstlichen Luftzug hervorbringt. Er hofft auf diese Weise die Temperatur der Luft frei von den Einflüssen der Strahlungen der Körper, welche das Thermometer umgeben, zu erhalten."

Sechsundzwanzigstes Kapitel.

Auf hohem Meere, fern von den Continenten beobachtete Maxima der atmosphärischen Temperatur.

Die folgende Tabelle enthält die Maxima der atmosphärischen Temperatur, wie sie auf hohem Meere, fern von den Continenten, von den Seefahrern beobachtet worden sind:

	Datum.	Breite.	Temperatur.	Namen der Beobachter.
Atlantischer Ocean	1772, 14. August	14° 54′ N.	+ 27,5°	Bayley.
Südsee	1773, 16. August	17 46 S.	28,9	Ders.
Atlantischer Ocean	1774, 23. Mai	4 5 N.	28,3	Ders.
Das.	1772, 13. August	14 50 N.	28,6	Wales.
Das.	1775, 22. Juni	11 12 N.	29,2	Ders.
Das.	1785, 29. Sept.	0 0	26,3	Lamanon.
Das.	1788, Nov.	0 58 S.	27,2	Churruca.
Das.	1791, 6. Nov.	9 16 N.	28,4	D'Entrecast.
Meer der Molukken	1792, 27. Oct.	10 42 S.	30,6	Ders.
Das.	1793, 2. August	0 3 S.	29,7	Ders.
Atlantischer Ocean	1800, März	0 33 S.	27,7	Perrins.
Großer Ocean . .	1803, Febr.	0 11 N.	28,0	Humboldt.
Das.	1816, 26. Decbr.	11 14 N.	30,0	Kotzebue.
Atlantischer Ocean	1816, 16. März	4 21 N.	27,8	John Davy.
Das.	1816, 11. Mai	4 43 N.	27,5	Lamarche.
Meer d. Sundainseln	1816, 20. Juni	5 38 S.	24,4	Basil Hall.
Chinesisches Meer	1816, 3. Juli	13 29 N.	29,1	Ders.
Indisches Meer .	1816, 7. August	2 10 N.	28,1	John Davy.
Atlantischer Ocean	1816, 13. Oct.	5 38 S.	29,1	Lamarche.
Großer Ocean . .	1817, 27. Sept.	20 10 N.	30,3	Kotzebue.
Südsee	1818, 18. Febr.	8 55 S.	30,0	Ders.
Mittelländ. Meer.	1818, 3. August	39 12 N.	29,2	Gauttier.
Das.	1819, 24. Juni	38 46 N.	29,0	Ders.
Schwarzes Meer .	1820, 23. Juni	44 42 N.	29,4	Ders.

Diese zahlreichen Beobachtungen stimmen unter einander zu gut überein, als daß wir uns dadurch nicht zu dem Schlusse berechtigt halten sollten, daß auf hohem Meere, fern von den Continenten, die Temperatur der Luft niemals über +30° C. steigt. Die einzige (?) Beobachtung von d'Entrecasteaux am 27. October 1792, die + 30,6° gegeben hat, dürfte dies Resultat nicht umstoßen, weil es möglich ist, daß in diesem besonderen Falle die Rückstrahlung des Schiffes eine Temperaturerhöhung um einen Grad veranlaßt hat.

Die meteorologischen Journale, welche Louis de Freycinet dem vierten Bande des Berichtes über die Reise des Kapitäns Baudin beigefügt hat, enthalten Beobachtungen, denen zufolge es scheinen würde, als ob zwischen den Wendekreisen auf hohem Meere die Luft bisweilen eine Temperatur von + 34° C. zeigt. Ich muß indeß bemerken, daß das Thermometer am Fuße des Besanmastes in der bedeckten Batterie der Corvette, d. h. an einem Orte, wo es heißer werden mußte, als in freier Luft, aufgestellt war; ich sage, wo es heißer werden mußte, denn ich finde in den Beobachtungen de Lamanon's am Bord des Astrolabe, besonders bei den um Mittag angestellten, daß das äußere Thermometer stets niedriger stand, als das im Zimmer befindliche; der Unterschied stieg oft auf 2° bis 3°.

Kapitän Tuckey berichtet in dem Journal seiner unglücklichen Reise auf dem Zaireflusse, daß im Jahr 1800 auf einer Fahrt im rothen Meere das hunderttheilige Thermometer gewöhnlich zeigte:

Um Mitternacht	+ 36° (niemals weniger als 34,4°).
Bei Sonnenaufgang . . .	40
Zu Mittag	44 oder 45°.

Diese Resultate entkräften die Folgerung nicht, die sich aus der vorstehenden Tabelle zu ergeben schien. In dieselben habe ich nämlich ausschließlich fern vom Lande gemessene Temperaturen aufgenommen; Kapitän Tuckey sagt nun aber nicht, ob zur Zeit, wo er am Thermometer 40 bis 44° beobachtete, sein Schiff nicht längs der arabischen, nubischen oder ägyptischen Küste hinfuhr. Ich setze hinzu, daß das rothe Meer zu eng ist, als daß man nicht annehmen dürfte, daß die dürren Ufer, die es begrenzen, ihren erwärmenden Einfluß bis zu seiner Mitte ausdehnen können.

Dieser Einfluß der Nachbarschaft des Landes auf die Temperaturen der über den Meeren befindlichen Luftschichten tritt übrigens an jedem Orte deutlich hervor. Betrachtet man nur die auf hohem Meere gesammelten Beobachtungen, so zeigt das von Wales vom 21. Juni 1772 bis zum 30. Juli 1775 geführte Tagebuch keine Temperatur über + 29,2° C., obgleich das Schiff in dieser Zeit mehrere

Male den Aequator gekreuzt hat; während das freie Thermometer am Bord der Resolution an der Venusspitze, in der Bai von Owharra, in der Bai von Ohamaneno, auf Bolabola u. s. w. unter 17½°, 16¾° und 16½° südlicher Breite im Mai 1774 bis auf 34°, 35° und sogar 36,1° C. gestiegen ist.

Siebenundzwanzigstes Kapitel.

Maxima der Temperatur des Meeres an seiner Oberfläche.

Zur Vervollständigung der meteorologischen Documente, die ich in diesem Aufsatze zusammenzustellen beabsichtigte, bleibt mir noch übrig eine Tabelle der Temperaturmaxima zu geben, welche das Meerwasser in den heißesten Zeiten des Jahres an seiner Oberfläche erreicht.

	Breite.		Länge v. Paris.		Temperaturen.	Datum.
Atlantischer Ocean .	7°	N.	20¾°	W.	+26,9°	1772, 23. August[1]
Südsee	17¾°	S.	152	W.	28,9	1773, 18. August[2]
Atlantischer Ocean .	4	N.	24	O.	28,3	1774, 23. Mai[3]
Ebendaselbst.	6¼	N.	22⅕	W.	28,7	1788, October[4]
Ebendaselbst.	2	S.	29¾	W.	28,6	1803, April[5]
Ebendaselbst.	7	N.	25½	W.	28,8	1803, November[6]
Ebendaselbst.	0		22⅓	W.	28,2	1804, März[7]
Ebendaselbst.	4		21	W.	28,6	1816, 16. März[8]
Ebendaselbst.	5		26	W.	27,5	1816, 10. Mai[9]
Chinesisches Meer .	13½		110½	O.	29,1	1816, 3. Juli[10]
Atlantischer Ocean .	7⅓		24½	W.	27,3	1816, 14. Juli[11]
Ceylonisches Meer .	2½		75½	O.	28,9	1816, 9. Aug.[12]
Atlantischer Ocean .	10		20½	W.	29,1	1816, 18. Oct.[13]
Indisches Meer ..	1	N.	91	O.	29,6	1816, 25. Nov.[14]
Großer Ocean ...	9 49′	N.	170¾	O.	27,6	1816, 30. Dec.[15]
Nördl. von Sumatra	5⅓	N.	98	O.	28,9	1817, 8. März[16]
Großer Ocean ...	9 59′	N.	153¼	O.	30,5	1817, 13. Nov.[17]
Meer d. Sundainseln	4 21	S.	104¼	O.	29,1	1818, 11. Febr.[18]

1. W. Bayley. — 2. W. Bayley. — 3. W. Bayley. — 4. Churruca. — 5. Quevedo. — 6. Rodman. — 7. Perrins. — 8. John Davy. 9. Lamarche. — 10. Basil Hall. — 11. Ch. Baudin. — 12. John Davy. 13. Lamarche. — 14. Ch. Baudin. — 15. Kotzebue. — 16. Basil Hall. 17. Kotzebue. — 18. Kotzebue.

Alle in der vorstehenden Tabelle zusammengestellten Beobachtungen bestätigen die Folgerungen, die A. v. Humboldt bereits aus den Beobachtungen von Churruca, Quevedo, Rodman, Perrins und seinen eigenen gezogen hatte. Sie zeigen, daß an keinem Orte der Erde und zu keiner Jahreszeit die Temperatur des Meeres bis + 31° C. steigt.

Wie weit kann unter jeder Breite die Temperatur des Meeres durch die Nähe der Continente und besonders durch die Polarströmungen abgeändert werden? Zu einer vollständigen Lösung dieser Frage fehlen uns Data; jedenfalls kann man behaupten, daß dieser Einfluß nicht zweifelhaft ist und an manchen Oertlichkeiten eine Aenderung von mehreren Graden erzeugt. So hat z. B. Gauttier auf seinen hydrographischen Reisen im mittelländischen Meere im August 1819 die Temperatur des Meeres + 26,9° C. gefunden. Das Schiff befand sich damals unter 40½° nördlicher Breite und 22° 3′ östlicher Länge zwischen der Insel Tasso und dem Berge Athos. Ich glaube nicht, daß man in nicht eingeschlossenen Meeren, deren Wasser sich ungehindert mit dem Wasser der Polarströmungen mischen kann, jemals unter 40° Breite eine so hohe Temperatur beobachtet hat.

Achtundzwanzigstes Kapitel.

Von den äußersten auf der Oberfläche der Erde vorgekommenen Temperaturdifferenzen.

Meines Erachtens lassen sich aus allen in den vorhergehenden Kapiteln angeführten Beobachtungen nachstehende Folgerungen herleiten:

An keinem Orte der Erde und in keiner Jahreszeit hat ein 2 bis 3 Meter über dem Boden angebrachtes und gegen jede Rückstrahlung geschütztes Thermometer 57° C. erreicht.

Auf hohem Meere überschreitet die Lufttemperatur an keinem Orte und in keiner Jahreszeit jemals 30° C.

Der größte auf unserer Erde an einem in freier Luft aufgehangenen Thermometer beobachtete Kältegrad beträgt 58° C. unter Null.

Der Unterschied zwischen den äußersten Temperaturextremen, die in der atmosphärischen Luft beobachtet worden sind, steigt also auf 115° C.

Vergleicht man die an einem und demselben Orte auf der Erde beobachteten Temperaturextreme, so erhält man die folgende Tabelle. Die Orte sind nach abnehmender Breite geordnet.

Ort.	Breite.	Länge.	Höchste beobachtete Temperatur.	Niedrigste beobachtete Temperatur.	Unterschied.
Melvilles-Insel	74° 47′ N.	113° 8′ W.	+15,6°	−48,3°	63,9°
Felixhafen	70 0	94 13	+21,1	−50,8	71,9
Enontekis	68 40	20 40 O.	+26,0	−50,0	76,0
Nischnei-Kolymskoi	68 32	158 34	+22,5	−53,9	76,4
Reikiavik	64 8	24 16 W.	+20,5	−20,0	40,5
Drontheim	63 26	8 3 O.	+28,7	−23,7	52,4
Jakutsk	62 2	127 23	+30,0	−58,0	88,0
Abo	60 27	19 57	+35,0	−36,0	71,0
St. Petersburg	59 56	27 58	+31,1	−38,8	69,9
Upsala	59 52	15 18	+30,0	−31,7	61,7
Stockholm	59 20	15 43	+37,5	−33,7	71,2
Nischnei-Tagilsk	57 56	57 48	+35,0	−51,5	86,5
Kasan	55 48	46 47	+36,0	−40,0	76,0
Moskau	55 45	35 14	+34,5	−43,7	78,2
Hamburg	53 33	7 38	+35,0	−30,0	65,0
Berlin	52 31	11 3	+39,3	−28,8	68,1
London	51 31	2 28 W.	+35,0	−15,0	50,0
Dresden	51 4	11 24 O.	+38,8	−32,1	70,9
Brüssel	50 51	2 1	+35,0	−21,1	56,1
Lüttich	50 39	3 11	+37,5	−24,4	61,9
Lille	50 39	0 4	+35,6	−18,0	53,6
La Chapelle (bei Dieppe)	49 49	1 12 W.	+33,5	−19,8	53,3
Rouen	49 26	10 15	+38,0	−21,8	59,8
Clermont (Oise)	49 23	0 5 O.	+36,8	−20,0	56,8
Metz	49 7	3 50	+38,1	−21,3	59,4
Paris	48 50	0 0	+40,0	−23,5	63,5
Straßburg	48 35	5 25	+35,9	−26,3	62,2
München (538 M. hoch)	48 8	9 14	+35,0	−28,8	63,8
Basel	47 33	5 15	+34,0	−37,5	71,5
Ofen	47 29	16 43	+36,0	−22,5	58,5
Tours	47 24	1 39 W.	+38,0	−25,0	63,0
Dijon	47 19	2 42 O.	+35,6	−20,0	55,6
Quebec	46 49	73 36 W.	+37,5	−40,0	77,5
Lausanne (528 M. hoch)	46 31	4 18 O.	+35,0	−20,0	55,0
Genf	46 12	3 49	+36,2	−25,3	61,5
Hospiz auf d. St. Bernhard (2491 M. hoch)	45 50	4 45	+19,7	−30,2	49,9
Grande-Chartreuse (2030 M. hoch)	45 18	3 23	+27,5	−26,3	53,8
Grenoble	45 11	3 24	+35,0	−21,6	56,6
Turin	45 4	5 21	+37,6	−17,8	55,4
Le Puy (760 M. hoch)	45 0	1 33	+34,2	−19,8	54,0

Ort.	Breite.	Länge.	Höchste beobachtete Temperatur.	Niedrigste beobachtete Temperatur.	Unterschied.
Orange	44° 8' N.	22° 8' O.	+41,4°	—18,0°	59,4°
Avignon	43 57	2 28	+38,1	—13,0	51,1
Toulouse	43 37	0 54 W.	+40,0	—15,4	55,4
Montpellier. . . .	43 37	1 32 O.	+38,6	—18,0	56,6
Marseille	43 18	3 2	+36,9	—17,5	54,4
Perpignan	42 42	0 34	+38,6	— 9,4	48,0
Rom	41 54	10 7	+38,0	— 6,9	44,9
Neapel	40 51	11 55	+40,0	— 5,0	45,0
Peking	39 54	114 9	+43,1	—15,6	58,7
Lissabon.	38 42	11 29 W.	+38,8	— 2,7	41,5
Palermo	38 7	11 1 O.	+39,7	0,0	39,7
Algier	36 5	0 44	+37,5	— 2,5	40,0
Havanna	23 9	84 43 W.	+32,3	+ 7,3	25,0
Vera-Cruz	19 12	98 29	+35,6	+16,0	19,6
Madras, ...	13 4	77 54 O.	+40,0	+17,8	22,2
Curaçao	12 6	71 16 W.	+32,8	+23,9	8,9
Paramaribo . . .	5 45	57 33	+34,4	+16,1	18,3
Insel Pulo-Penang .	5 25	97 59 O.	+32,2	+24,4	7,8
Quito (2908 M. hoch)	0 14 S.	81 5 W.	+22,0	+ 6,0	16,0
St Luiz do Maranhão	2 31	46 36	+33,3	+24,4	8,9
Insel Bourbon. . .	20 52	53 10 O.	+37,5	+16,0	21,5

Im Allgemeinen werden die Unterschiede zwischen den höchsten und den niedrigsten Temperaturen um so geringer, je weiter man sich vom Nordpole entfernt und dem Aequator nähert. Es ist wahrscheinlich, daß auch für die südliche Halbkugel einst die Beobachtungen ein analoges Gesetz aufzustellen erlauben werden.

Gewisse Körper, wie z. B. der Schnee, nehmen infolge der Strahlung bei heiterem Himmel eine Temperatur an, die 10° bis 12° geringer sein kann, als die Wärme der umgebenden Luft. Man darf also annehmen, daß man zu der Zeit, wo das Thermometer der Herren Katakazia und Newierow, denen wir die Beobachtung der extremen Kälte zu Jakutsk am 25. Jan. 1829 (s. o. S. 334, Asien Nr. 4) verdanken, — 58° zeigte, — 70° gefunden haben würde, wenn die Kugel den Schnee berührt hätte, womit der Boden bedeckt war. Vielleicht drückt — 70° die niedrigste Temperatur aus, welche die irdischen Körper auf der Erdoberfläche jemals erlangen können. Die Kälte von — 58° ist viel bedeutender als die von — 50°, welche vom Kapitän Franklin auf seiner Expedition nach dem Nordpole in den Jahren 1819 bis 1821 beobachtet worden war. Da indeß das von Katakazia und Newierow angewandte Alkoholthermometer von A. Erman mit Sorgfalt berichtigt worden war, so läßt sich an der Genauigkeit seiner Angaben nicht zweifeln.

Die Temperatur des Meerwassers steigt unter keiner Breite und in keiner Jahreszeit über + 30° C.

Die Temperatur der festen Körper erreicht viel höhere Werthe. Oben S. 348 habe ich angeführt, daß der Sand an den Ufern der Flüsse oder des Meeres im Sommer oft eine Wärme von 65° bis 70° C. besitzt. In Paris fand ich im August 1826 mit einem horizontal gelegten Thermometer, dessen Kugel nur mit 1 Millimeter sehr feiner Dammerde*) bedeckt war, + 54°. Mit einer 2 Millimeter dicken Lage Flußsand bedeckt zeigte es blos + 46°. Die höchste Temperatur der Luft während dieses Monats betrug + 36,2°. Messier's am 8. Juli 1793 (s. oben S. 392) direct der Sonne ausgesetztes Thermometer hat + 63,2° gezeigt. Mein berühmter Freund A. v. Humboldt hat in den Llanos von Venezuela gefunden, daß um 2 Uhr Nachmittags der Sand eine Temperatur von 52,5° und bisweilen selbst von 60° hatte; die Temperatur der Luft im Schatten eines Bambusrohres war 36,2°; in der Sonne 50 Centimeter über dem Boden betrug sie 42,8°. In der Nacht besaß der Sand nur noch 28°, hatte also 24° verloren.

Man sieht hiernach, daß der größte Abstand der äußersten Temperaturen, welche die Körper auf der Oberfläche der Erde erleiden, 140 Grade beträgt.

Neunundzwanzigstes Kapitel.

Temperaturen der verschiedenen Thierarten.

Die leblosen Körper von geringem Volumen nehmen nach ziemlich kurzer Zeit die Temperatur der Atmosphäre an, von welcher sie umgeben sind. Die meisten lebenden Wesen dagegen sind innerhalb gewisser Grenzen mit der Fähigkeit, diesen Wärmemittheilungen Wi-

*) Vgl. Bd. 9, S. 8.

derstand zu leisten, begabt. Eine Blei-, Eisen-, Marmormasse u. s. w. vom Volumen eines Menschen hat in wenigen Stunden die Temperatur der umgebenden Luft angenommen; das Blut des Seefahrers läßt das Thermometer sehr nahe bis auf denselben Grad steigen, mag derselbe die eisigen Ufer Spitzbergens oder die glühendheißen Gegenden des Aequators durchforschen. Es kann hier nicht Gegenstand der Untersuchung sein, worin die Ursache dieser besondern Eigenthümlichkeit liege; meine Absicht ist nur, nach einer Arbeit Sir John Davy's genau die Temperaturen der verschiedenen Thierarten namhaft zu machen.

Die Beobachtungen dieses geschickten Chemikers sind in England, auf Ceylon und auf dem Meere angestellt worden. In der folgenden Tabelle sind die erstern mit Engl., die zweiten mit C und die letzten mit M bezeichnet worden.

Die Temperatur großer Thiere bestimmt man, indem man die Kugel eines Thermometers unter die Zunge derselben, nahe an ihre Wurzel, bringt oder durch analoge Mittel. Für die Insecten benutzte John Davy ein Thermometer mit sehr kleiner Kugel, die er durch einen im Augenblicke des Versuchs gemachten Einschnitt in den Körper einführte.

Temperatur der verschiedenen Menschenracen, zu Kandy auf Ceylon bestimmt.

Drei kräftige Arbeiter von 24 bis 33 Jahren	37,1°
Drei Vaidas von 30 bis 60 Jahren . .	36,8
Drei Buddhapriester von 15 bis 30 Jahren .	37,1
Fünf afrikan. Neger von 23 bis 35 Jahren .	37,2
Vier Malayen von 17 bis 35 Jahren . .	37,2
Sechs ind. Soldaten von 19 bis 38 Jahren	37,1
Sechs engl. Soldaten von 23 bis 26 Jahren	37,3

Auf Ile de France.

Drei Neger von Madagascar	36,9°
Zwei auf der Insel ansässige Engländer . .	36,9

Temperatur derselben Personen bei verschiedenen atmosphärischen Zuständen.

	Die Atmosphäre.	Der Mensch.
7 Engländer	+ 25,5°	+ 37,2°
(Das Schiff befand sich unter 9° 42′ nördl. Breite.)		
Dieselben 7 Engländer.	26,4	37,3
(Nördl. Breite des Schiffes 0° 12′.)		
Dieselben	26,7	37,6
(Südl. Breite des Schiffs 23° 44′.)		
Dieselben	15,5	36,8
(Südl. Breite des Schiffs 35° 22′.)		
Sechs Palankinträger	20,5	36,8
(In Kandy auf Ceylon.)		
Dieselben sechs Träger	27,8	37,7
(In Trincomale auf derselben Insel.)		

Temperatur der Säugethiere.

		Atmosphäre.	Thier.
Affe	C. .	+ 30,0°	+ 39,7°
Fledermaus	C. .	28	38,0
Vampyr	C. .	21	37,8
Eichhörnchen . . .	C. .	27	38,8
Ratte	C. .	26,5	38,8
Hase	C. .	26,5	37,8
Ichneumon	C. .	27	39,4
Tiger	C. .	26,5	37,2
Hund	C. .		39,3
Schakal	C. .	29	38,3
Katze	Engl.	15	38,3
„	C. .	26	38,9
Panther	C. .	27	38,9
Pferd	C. .	26	37,5
Schaf	Engl.	(im Sommer)	38,5
„	C. .	26	40,2
Bock	C. .	26	39,5
Ziege	C. .	26	40,0
Ochse	Engl.	(im Sommer)	38,9
„	C. .	26	38,9
Elenthier	C. .	25,6	39,4
Schwein	C. .	25,6	40,5
Elephant	C. .	26,7	37,5
Meerschwein . . .	M. .	23,7	37,8

Temperatur der Vögel.

		Atmosphäre.	Thier.
Weihe	C . .	+ 25,3°	+ 37,2°
Nachteule . . .	Engl.	15,6	40,0
Papagei	C . .	24	41,1
Dohle	C . .	31,5	42,1
Drossel	C . .	15,5	42,8
Gemeiner Sperling.	C . .	26,6	42,1
Taube (im Käfig) .	Engl.	15,5	42,1
" " .	C . .	25,5	43,1
Huhn	Engl.	24,5	42,5
"	C . .	25,5	43,5
Guinea-Huhn . .	C . .	25,5	43,9
Indischer Hahn .	C . .	25,5	42,7
Sturmvogel . .	M . .	26	40,3
Gans	C . .	25,5	41,7
Ente	C . .	25,5	43,9

Temperatur der Amphibien.

		Atmosphäre.	Thier.
Testudo midas . .	M . .	+ 26,0°	+ 28,9°
" " . . .	C . .	32	29,4
Testudo geometrica	(Cap)	16	16,9
" "	C . .	26,6	30,5
Frosch	C . .	26,7	25,0
Leguan	C . .	27,8	29,0
Schlange (grün) .	C . .	27,5	31,4
" (braun) .	C . .	28,1	29,2
Nattern (braune) .	C . .	28,3	32,2

Temperatur der Fische.

		Wasser.	Thier.
Haifisch	M . .	+ 23,7°	+ 25,0°
Forelle	Engl.	13,3	14,4
Fliegender Fisch .	M . .	25,3	25,5

Temperatur der Mollusken.

		Wasser.	Thier.
Auster	C . .	+ 27,8°	+ 27,8°

Temperatur der Crustaceen.

			Atmosphäre.	Thier.
Krebs	. . . . .	C . .	+ 26,7°	+ 26,1°
			Wasser.	
Krabbe	. . . . .	C . .	22,2	22,2

Temperatur der Insecten.

			Atmosphäre.	Insect.
Käfer	. . . . .	C . .	+ 24,3°	+ 25,0°
Johanniswürmchen	.	C . .	22,8	23,3
Blatta orientalis	.	C . .	23,3	23,9
Grille	. . . . .	(Cap)	16,7	22,5
Wespe	. . . . .	C . .	23,9	24,4
Skorpion	. . . .	C . .	26,1	25,3
Julus	. . . . .	C . .	26,6	25,8

Temperatur der Würmer. Die Würmer scheinen die Temperatur der Luft oder des Wassers, worin sie sich befinden, zu besitzen.

Die vorhergehenden Tabellen führen zu nachstehenden Folgerungen:

1) Die Menschen der verschiedenen Racen haben, wenn sie unter ähnlichen Verhältnissen sich befinden, genau dieselbe Temperatur, mögen sie sich, wie die Baidas, ausschließlich von Fleisch nähren, oder mögen sie, wie die Priester des Buddha, nur Gemüse essen, oder endlich, wie die Europäer, täglich beide Arten von Nahrungsmitteln zu sich nehmen.

2) Die Temperatur des Menschen steigt ein wenig, wenn er sich aus einem kalten oder auch gemäßigten Klima in ein heißes Land begibt.

3) Die Vögel sind die Thiere, welche die höchste Temperatur haben; den zweiten Rang nehmen die Säugethiere ein; dann folgen die Amphibien, die Fische und gewisse Insecten; die letzte Klasse begreift die Mollusken, Crustaceen und Würmer.

Die vorstehenden Versuche haben sich vorzugsweise auf lebende Thiere erstreckt, die sich in warmen Medien befanden; ebenso verhält es sich mit den von einigen anderen Physikern oder Physiologen beschriebenen.

Die Versuche, welche Kapitän Back auf seiner Reise nach den Polargegenden angestellt hat, scheinen eine ganz besondere Aufmerksamkeit zu verdienen, weil sie bei sehr großen Kältegraden ausgeführt worden sind. Die hauptsächlichsten Resultate sind folgende:

	Temperatur des Thorax.	Temperatur der Atmosphäre.
1833, 26. Oct. Schwarzes amerikanisches Haselhuhn (Männchen)	+ 43,3° C.	— 12,7° C.
28. Oct. Dasselbe	+ 43,0	— 15,0
29. Oct. Dasselbe (Weibchen) . . .	+ 42,8	— 8,3
29. Oct. Dasselbe	+ 43,3	— 8,0
1834, 18. Mai. Dasselbe	+ 42,8	— 1,1
5. Jan. Schneehuhn (Lagopède des saules) (Männchen)	+ 42,4	— 19,7
7. Januar. Dasselbe	+ 43,3	— 32,8
11. Januar. Dasselbe	+ 43,3	— 35,8

Wenn der Leser die von John Davy gelieferten Tabellen mit den im 25. Kapitel (S. 431 bis 441) dieses Aufsatzes angeführten vergleicht, wird er sehen, daß es auf der Erde eine große Zahl bewohnter Orte gibt, wo ein im Schatten auf der Nordseite befindliches Thermometer mehrere Grade über die Temperatur des Blutes steigt. Die ältere Annahme, daß der Mensch ersticken müsse, wenn er sich in einer Atmosphäre befände, die heißer wäre als sein Körper, zeigt sich also als unrichtig. Es gibt keinen Versuch, aus dem sich herleiten ließe, welches der höchste Wärmegrad ist, den wir noch auszuhalten vermögen; man weiß nur, daß dieser Grad außerordentlich hoch liegt, wenn der Versuch nur wenige Minuten dauert.

In den Memoiren der pariser Akademie für 1764 berichtet Tillet, daß die beim Zwangsbackofen der Stadt La Rochefoucauld beschäftigten Dienstmägde gewöhnlich zehn Minuten in diesem Ofen blieben, ohne zu sehr zu leiden, wenn die Temperatur darin 132° C. betrug, d. h. 32° höher war als die des siedenden Wassers. Zur Zeit eines der Versuche standen neben der Dienstmagd Aepfel und frisches Fleisch, welche kochten.

Im Jahre 1774 gingen Fordyce, Banks, Solander, Blagden, Dundas, Home, Nooth, Lord Seaforth und Kapitän Phipps in ein Zimmer, wo die Temperatur 128° C. betrug, und verweilten 8 Minuten darin. Ihre natürliche Temperatur war wenig gestiegen. In demselben Zimmer wurden neben den Beobachtern Eier in 20 Minuten hart; ein Beefsteak war in einer halben Stunde gar; Wasser gerieth ins Sieden (man hatte es, um das Verdampfen zu verhindern, mit einer Oelschicht bedeckt).

Im Jahre 1828 sah man in Paris einen Menschen in einen Backofen von 1 Meter Höhe gehen, wo ein im oberen Theile angebrachtes Thermometer 137° C. zeigte, und 5 Minuten darin bleiben. Er trug zunächst eine leichte baumwollene Bekleidung, dann ein rothwollenes dickes mit Leinwand gefüttertes Kleidungsstück, und darüber einen weiten weißwollenen gleichfalls gefütterten Ueberrock; auf dem Kopfe hatte er eine Art Kapuze von gefütterter weißer Wolle. (Bibliothèque universelle de Genève, Bd. 38, S. 149.)

Der Wärmegrad, welchen die Thiere ertragen können, scheint von ihrem Volumen abzuhängen; bei Tillet's Versuchen widerstand ein kleiner Vogel, eine sogenannte Goldammer nur vier Minuten einer Temperatur von 77° C. Ein junges Huhn war nach Verlauf dieser Zeit bereits sehr schwach, starb aber nicht. Ein der Temperatur von 73° ausgesetztes Kaninchen gab erst in der siebzehnten Minute Zeichen von Leiden.

Eine mit mehrfachen Lagen von doppelter Leinwand umwickelte Goldammer, deren Kopf und Füße aber frei waren, blieb 8 Minuten lang einer Temperatur von 79° C. ausgesetzt, ohne daß der Tod erfolgte. Das in gleicher Weise eingewickelte junge Huhn fing bei einer Temperatur von 79° C. erst in der fünften Minute an unruhig zu werden. Man nahm es nach 10 Min. aus dem Backofen; es starb nicht. Das Kaninchen gab ähnliche Resultate. Die Kleider setzen also der Mittheilung der Wärme, welche bei sehr hohen Temperaturen den Tod der Thiere herbeiführt, ein sehr kräftiges Hinderniß entgegen. Könnte es nicht gerade dieser Punkt in derartigen Versuchen sein, der die Spanier zu der Antwort veranlaßt hat, die sie jedesmal allen denen ertheilen, welche sich wundern, sie mitten in den Hundstagen in ihre Mäntel gehüllt zu sehen: Lo que preserva del frio preserva tambien del calor? (Was gut gegen Kälte, ist auch gut gegen Hitze.)

Ohne Zweifel brauche ich nicht darauf hinzuweisen, daß man aus den vorstehenden Versuchen keine Schlüsse auf die Wärme, welche sich in dichtern Medien als die Luft würde ertragen lassen, machen kann. Bei einigen von Banks, Blagden und Solander angestellten Prüfungen sind folgende Resultate erhalten worden:

Mit der Hand kann man ertragen eine Temperatur

von 47,0° in Quecksilber,
von 50,5° in Wasser,
von 54,0° in Oel,
von 54,5° in Alkohol.

Nach Blagden sind diese Bestimmungen bis auf einen Grad genau. Der Beobachter, sagt er, welcher eine Temperatur von 50,5° im Wasser ertrug, war genöthigt seine Hand zurückzuziehen, bevor diese Flüssigkeit den 52sten Grad erreichte. Banks, Blagden und Solander erhielten alle drei dieselben Resultate.

Aus Erfahrung weiß man, daß manche Leute ihren Kaffee bei der Temperatur von 55° C. zu trinken pflegen.

Der Marschall Marmont berichtet, daß er in Brussa einen Mann lange Zeit in einem Bade verweilen sah, dessen Temperatur +78° C. betrug.

Newton hat + 42° C. als die höchste Temperatur eines Wasserbades angegeben, in das man die Hand zu halten vermöge, wenn man sie darin bewege; dagegen könne man 8° weiter oder bis +50° C. gehen, wenn man die Hand still halte. Man wird indeß leicht begreifen, daß die oben genannten englischen Gelehrten mehrere Minuten lang eine Temperatur von 128° in einer heißen Luft auszuhalten vermochten, wo die reichliche Transpiration wahrscheinlich die Haut vor den Wirkungen schützte, welche ohne dieselbe eine so hohe Temperatur sicherlich hervorgebracht haben würde; dagegen verhält es sich ganz anders, wenn der Körper in heißes Wasser eingetaucht ist.

Der Arzt Carrère führt an, daß ein kräftiger Mann nicht länger als drei Minuten in einem Bade der heißen Quelle in Roussillon von 50° C. bleiben konnte.

Lemonnier badete sich zu Baréges gewöhnlich bei der Temperatur von 38° C.; er blieb jedesmal ohne Unbequemlichkeit eine halbe Stunde in dem Bade; in einem Versuche aber, wo das Thermometer +45° zeigte, rann nach sechs Minuten der Schweiß von allen Punkten seines Gesichts; sein ganzer Körper war roth und geschwollen; in der achten Minute traten Schwindelanfälle ein, die ihn zwangen aus dem Bade zu steigen.

Der Doctor Berger setzt die Wärme eines Bades aus reinem Wasser, das man auszuhalten vermöge, ohne davon incommodirt zu werden und ohne den Puls auf eine beunruhigende Weise zu beschleunigen, auf +42° C. fest.

Zwischen diesen Temperaturen und den 78 Graden, welche das Thermometer in dem Bade zeigte, worin der Herzog von Ragusa einen Türken längere Zeit eingetaucht verweilen sah, ist jedenfalls ein großer Abstand. Da diese letztere Angabe Zweifel erregt hatte, so lasse ich hier die Antwort des Marschalls folgen: „Mit meinen Augen habe ich den Menschen sich baden sehen. Der Doctor Jeng (ein Oestreicher) hat ihn ebenso wie ich gesehen, und dieser Arzt machte mich in dem Augenblicke selbst darauf aufmerksam, wie außerordentlich diese Thatsache wäre. Daher gebe ich meine Beobachtung als vollkommen zuverlässig."

Dreißigstes Kapitel.

Mittlere Temperaturen.

Die mittlere Temperatur eines Tages ist in der mathematischen Bedeutung dieses Ausdrucks das Mittel aus den Temperaturen, welche allen Augenblicken, woraus der Tag besteht, entsprechen. Wenn man z. B. die Dauer dieser Augenblicke zu einer Minute festsetzte, so würde man durch 1440 (die Anzahl der in 24 Stunden enthaltenen Minuten) die Summe der 1440, zwischen je zwei aufeinander folgenden Minuten gemachten Thermometerbeobachtungen dividiren und als Quotient die gesuchte Zahl erhalten. Dividirte man dann durch 365 die Summe der 365 mittleren Temperaturen sämmtlicher Tage des Jahres, so erhielte man die mittlere Temperatur des Jahres.

Nach vorstehender Definition scheint es, als ob zur Gewinnung genauer mittlerer Temperaturen blos in kurzen Zwischenzeiten aufeinander folgende Beobachtungen verwendet werden könnten; glücklicherweise zeigt aber unter den gewöhnlichen Umständen das Thermometer einen solchen Gang, daß die halbe Summe der höchsten und niedrigsten Temperatur jedes Tages (die zwischen 2 und 3 Uhr Nachmittags und die bei Aufgang der Sonne beobachtete) fast gar nicht von dem strengen Mittel der vierundzwanzig Stunden abweicht, und dasselbe ersetzen kann. Aus einer Combination der beiden Temperaturextreme jedes Tages sind für jeden Ort die mittleren täglichen Temperaturen berechnet worden; ihre für die gewöhnlichen Jahre durch 365 und für die Schaltjahre durch 366 dividirten Summen haben die mittleren Jahrestemperaturen geliefert; indem endlich das Mittel zwischen den Resultaten mehrerer auf einander folgender Jahre genommen wurde, sind die Zahlen erhalten worden, die neben dem Namen jeder Stadt in der folgenden Tabelle stehen, die uns zur Auffindung der merkwürdigen Gesetze über die Vertheilung der Wärme auf der Oberfläche der Erde dienen wird. Die mittleren Temperaturen der Jahreszeiten sind unter der Annahme berechnet worden, daß der Winter aus den drei kältesten und der Sommer aus den drei wärmsten Monaten besteht; in unserer Halbkugel ist der Winter folglich aus den Monaten December, Januar und Februar gebildet, während der Sommer die Zeit vom ersten Juni bis zum letzten August umfaßt.

Europa.

I. Frankreich.

Orte.	Breite.	Länge.	Höhe in Metern.	Mittlere Temperatur in hunderttheiligen Graden des Jahres.	des Winters.	des Sommers.	Anzahl der Beobachtungsjahre.
1. Dünkirchen . .	51° 2' N.	0° 2' O.	8	10,17°	3,35°	17,76°	13
2. Lille	50 39	0 44	24	10,35	2,94	17,89	12
3. Arras . . .	50 18	0 26	67	10,39	2,44	17,60	24
4. Hendecourt (Pas-de-Calais) . .	50 17	0 26 W.	81	9,06	2,33	16,68	6
5. Cambrai . .	50 11	0 54 O.	54	10,12	2,62	18,21	16
6. Abbeville . .	50 7	0 30 W.	62	9,44	3,00	15,40	2
7. La Chapelle du Bourgay . .	49 49	1 12	147	9,47	3,00	17,12	37
8 Montdidier . .	49 39	0 14 O.	240	9,09	1,70	17,20	8
9. Cherbourg . .	49 39	3 58 W.	17	11,29	5,95	16,68	9
10. Laon . . .	49 34	1 17 O.	181	9,38	2,20	16,71	8
11. Le Havre . .	49 29	2 14 W.	5	9,37	2,45	17,49	3
12. Rouen . . .	49 26	1 15	39	10,82	2,44	18,60	27
13. Clermont . .	49 23	0 5 O.	86	10,26	2,26	18,81	5
14. Les Mesneux .	49 13	1 37	85	10,01	2,66	18,41	5
15. St. Lô . . .	49 7	3 26 W.	43	10,18	4,44	16,44	4
16. Metz	49 7	3 50 O.	182	9,98	1,66	19,47	38
17. Montmorency .	49 0	0 2 W.	143	10,61	3,84	17,84	30
18. Châlons-sur-Marne . . .	48 57	2 1 O.	82	11,10	2,79	19,29	48
19. Gérsdorff . .	48 57	5 26	228	9,48	0,38	18,08	12
20. Vire	48 50	3 14 W.	177	11,47	4,06	19,18	16
21. Paris . . .	48 50	0 0	65	10,74	3,25	18,28	50
22. Versailles . .	48 48	0 13 W.	134	10,49	3,41	18,40	7
23. Haguenau . .	48 48	5 25 O.	200	10,88	2,63	20,17	12
24. Nancy . . .	48 42	3 51	200	9,66	1,53	18,28	55
25. St. Malo . .	48 39	4 22 W.	14	12,38	5 75	19,04	10
26. Straßburg . .	48 35	5 25 O.	144	9,80	1,10	18,30	32
27. St. Brieuc . .	48 31	5 6 W.	89	11,16	5,46	17,92	12
28. Chartres . .	48 27	0 51	158	10,38	2,84	18,62	12
29. Mayenne . .	48 18	2 57	102	11,25	4,46	18,54	9
30. Troyes . . .	48 18	1 45 O.	110	11,25	3,80	19,75	10
31. St Dié . .	48 17	4 37	343	9,58	1,13	18,00	7
32. Epinal . . .	48 10	4 7	341	9,50	—0,40	18,30	10
33. Denainvilliers .	48 10	0 4 W.	120	11,13	2,96	19,96	31
34. Marboué . .	48 7	1 0	110	10,00	3,09	17,59	6
35. Montargis . .	48 0	0 23 O.	116	11,15	1,92	20,80	7
36. Bourbonne-les-Bains . . .	47 57	3 25	400	11,55	1,84	19,54	3
37. Orléans . . .	47 54	0 26 W.	123	10,78	2,61	18,70	12
38. Mühlhausen .	47 49	5 0 O.	229	10,46	1,54	20,34	7

Orte.	Breite.	Länge.	Höhe in Metern.	Mittlere Temperatur in hunderttheiligen Graden des Jahres.	des Winters.	des Sommers.	Anzahl der Beobachtungsjahre.
39. Vendôme . .	47° 47′ N.	1° 16′ W.	85	10,53°	4,46°	18,19°	8
40. Angers . . .	47 28	2 54	47	11,71	5,98	18,12	23
41. La Chapelle-d'Angillon . :	47 26	0 7	191	10,67	2,13	19,89	4
42. Tours . . .	47 24	1 39	55	11,58	4,24	19,39	11
43. Dijon . . .	47 19	2 42 O.	246	10,82	1,72	19,92	22
44. Thouarcé (Maine und Loiie) . .	47 16	2 28 W.	100	11,78	4,70	19,30	7
45. Besançon . .	47 14	3 42 O.	236	10,80	2,34	18,96	11
46. Nantes . . .	47 13	3 53 W.	40	12,82	5,16	20,74	25
47. Chinon . . .	47 10	2 6	82	11,87	3,75	20,37	13
48. Autun . . .	46 57	1 58 O.	379	12,50	3,00	23,75	5
49. Pontarlier . .	46 54	4 1	838	8,44	1,21	16,00	9
50. Syam . . .	46 45	3 34	565	8,98	1,50	16,50	4
51. Lons-le-Saunier	46 40	3 13	258	11,54	3,59	19,92	6
52. La Châtre . .	46 35	0 21 W.	233	11,45	4,79	18,74	5
53. Poitiers . .	46 35	2 00	118	11,60	3,75	19,25	20
54. Tournus . .	46 34	2 31 O.	200	11,34	2,71	20,00	8
55. St. Maurice-le-Girard . . .	46 30	2 — W.	4	10,63	4,17	18,38	13
56. Macon (nahe bei Verzé-la-Ville).	46 18	2 30 O.	358	11,31	2,47	20,27	16
57. Bourg . .	46 12	2 53	247	10,14	1,56	18,84	13
58. La Rochelle .	46 9	3 30 W.	25	11,60	4,20	19,40	17
59. D'Aligre . .	46 0	3 22	—	12,06	4,88	19,67	8
60. Villefranche .	45 59	2 23 O.	183	12,81	3,08	22,08	7
61. Oléron . . .	45 56	3 32 W.	0	14,50	7,00	20,30	0
62. St. Léonard .	45 50	0 51	457	10,16	3,12	17,76	5
63. Clermont-Ferrand . . .	45 47	0 45 O.	407	11,06	3,08	19,12	9
64. Lyon . . .	45 46	2 29	194	11,97	3,30	21,11	5
65. Cordouan (Leuchtthurm von) . .	45 35	3 31 W.	66	10,40	5,05	15,70	8
66. Vienne . . .	45 31	2 32 O.	150	12,90	3,75	22,13	6
67. La Grande-Chartreuse . . .	45 18	3 23	2030	5,50	—1,84	12,16	6
68. Le Puy . . .	45 3	1 33	760	9,74	1,58	18,93	17
69. Bordeaux . .	44 50	2 55 W.	18	13,54	6,42	21,15	32
70. Privas . . .	44 44	2 16 O.	275	11,68	4,11	20,03	7
71. Gap	44 33	3 45	782	12,34	3,71	20,13	10
72. Viviers . . .	44 29	2 21	57	12,97	2,67	22,46	4
73. Villeneuve-d'Agen	44 24	1 38 W.	55	13,42	6,45	20,59	29
74. Rodez . . .	44 21	0 14 O.	630	10,39	2,18	18,35	12
75. Orange . . .	44 8	2 28	46	13,11	4,93	21,82	43
76. Alais . . .	44 7	1 44 O.	168	15,16	6,08	24,46	35
77. Montauban .	44 1	0 59 W.	97	13,32	6,80	21,60	5
78. Avignon . .	43 57	2 28 O.	36	14,42	5,80	23,10	37
79. Tarascon . .	43 49	2 23	88	15,55	6,17	24,08	5

Orte.	Breite.	Länge.	Höhe in Metern.	Mittlere Temperatur in hunderttheiligen Graden des Jahres.	des Winters.	des Sommers.	Anzahl der Beobachtungsjahre.
80. Dax	43°43' N.	3°24' W.	40	13,25°	6,80°	20,17°	12
81. Beyrie	43 42	3 6	60	12,98	5,56	20,78	5
82. Arles	43 41	2 18 O.	17	14,87	6,41	23,71	5
83. Réguffe	43 40	3 48	515	13,00	5,10	21,84	5
84. Toulouse	43 37	0 54 W.	198	13,21	5,35	21,27	45
85. Montpellier	43 37	1 32 O.	30	14,31	6,17	22,17	27
86. Béziers	43 21	0 52	77	14,67	7,43	22,23	6
87. Marseille	43 18	3 2	46	14,38	7,51	21,61	60
88. Pau	43 18	2 43 W.	205	13,39	5,85	20,06	6
89. Rieux (Obere Garonne)	43 15	1 8	—	13,35	6,50	21,54	8
90. Oloron	43 12	2 57	272	14,67	6,63	22,38	10
91. Toulon	43 7	3 36 O.	4	14,43	6,30	23,43	35
92. Perpignan	42 42	0 34	42	15,33	7,13	23,92	11
93 Bastia	42 42	7 7	—	18,10	10,20	24,40	12
94. Montlouis	42 31	0 20 W.	1537	5,96	—0,29	13,92	6

II. Brittische Inseln.

Orte.	Breite.	Länge.	Höhe in Metern.	des Jahres.	des Winters.	des Sommers.	Anzahl der Beobachtungsjahre.
1. Shetlandinseln	60°45' N.	3°21' W.	—	7,5°	4,1°	11,9°	2
2. Clunie Manse	57 12	4 55	58	8,2	3,2	14,8	16
3. Aberdeen	57 9	4 26	16	8,8	3,4	14,3	8
4. Kinfauns-Castle	56 24	5 39	44	8,1	3,1	14,0	27
5. St. Andrews	56 20	5 8	21	9,1	3,8	14,9	8
6. Dunfermline	56 5	5 46	—	7,4	2,6	12,9	21
7. Edinburg	55 57	5 31	88	8,6	3,6	14,4	17
8. Lead Hills	55 25	6 8	390	6,6	0,2	13,1	10
9. Applegarth	55 13	5 23	54	8,1	2,6	13,9	25
10. Jesmond	55 00	—	60	8,3	3,0	14,4	7
11. Carlisle	54 54	5 17	66	8,4	3,0	14,2	24
12. Whitehaven	54 33	5 56	27	9,5	4,4	15,3	20
13. Kendal	54 17	5 6	40	8,3	2,8	14,4	20
14. Insel Man	54 12	6 50	—	9,7	5,4	14,6	9
15 Lancaster	54 3	5 8	—	9,5	3,6	15,3	6
16 York	53 57	3 25	—	9,0	2,2	16,0	25
17. Manchester	53 29	4 35	46	8,7	2,8	14,8	25
18 Dublin	53 23	8 40	—	9,5	4,6	15,3	13
19. Alderley Rectory	53 20	4 40	—	8,3	2,7	14,0	10
20. Bedford	52 8	2 48	—	10,9	4,7	17,0	7
21. Cheltenham	51 55	4 30	—	9,7	3,8	15,8	13
22. Oxford	51 46	3 36	—	9,4	2,8	15,5	8
23. London	51 31	2 28	8	9,8	4,0	16,1	65
24. Chiswick, bei London	51 29	2 37	—	9,9	3,7	16,7	27
25. Gosport	50 48	3 26	—	11,0	5,0	17,1	16
26 Insel Wight	50 45	3 38	—	10,3	3,9	17,2	10
27. Lyme Regis	50 43	5 16	28	10,4	5,5	15,2	13
28. Plymouth	50 22	6 28	18	11,2	6,9	16,0	7
29. Penzance	50 7	7 53	0	11,1	6,6	16,5	21

III. Holland und Belgien.

Orte.	Breite.	Länge.	Höhe in Metern.	Mittlere Temperatur in hunderttheiligen Graden des Jahres.	des Winters.	des Sommers.	Anzahl der Beobachtungsjahre.
1. Franecker . .	53° 20′ N.	3° 12′ O.	—	10,0°	2,6°	19,6°	13
2. Gröningen . .	53 13	4 14	—	7,8	0,1	16,2	4
3. Leeuwarden .	53 12	3 27	—	8,5	0,2	17,2	4
4. Helder . . .	53 0	2 25	—	9,0	2,1	16,6	4
5. Harlem . . .	52 23	2 18	—	10,0	2,9	17,0	48
6. Amsterdam . .	52 22	2 33	—	9,3	1,8	17,7	18
7. Zwanenburg .	52 15	2 0	—	9,3	1,8	16,9	20
8. Leyden . . .	52 9	2 9	—	10,1	2,4	17,8	24
9. Utrecht . . .	52 5	2 47	—	9,2	1,9	18,5	2
10. Haag . . .	52 4	1 58	—	11,1	3,3	18,6	8
11. Arnheim . .	51 59	3 35	18	9,3	1,6	16,8	31
12. Rotterdam . .	51 55	2 9	—	10,6	2,7	18,4	5
13. Nimwegen . .	51 51	3 32	—	8,7	0,1	17,7	4
14. Breda . . .	51 35	2 26	10	10,9	2,4	18,5	5
15. Vlissingen . .	51 26	1 15	—	9,6	2,1	17,3	3
16. Gent . . .	51 3	1 23	—	10,4	2,4	18,9	11
17. Alost . . .	50 56	1 42	—	9,9	1,7	18,8	6
18. Löwen . . .	50 53	2 22	—	9,5	1,4	17,7	8
19. Mastricht . .	50 51	3 21	49	10,5	1,9	18,9	22
20. Brüssel . . .	50 51	2 1	59	10,3	2,4	18,9	89
21. Lüttich . . .	50 39	3 11	61	10,8	3,8	18,4	11
22. Stavelot . .	50 28	3 35	—	8,2	1,1	16,4	5
23. Namur . . .	50 28	2 31	151	10,4	3,1	19,1	5
24. Luxemburg . .	49 38	3 49	—	7,5	0,2	15,7	4

IV. Dänemark, Schweden und Norwegen.

Orte.	Breite.	Länge.	Höhe in Metern.	des Jahres.	des Winters.	des Sommers.	Anzahl der Beobachtungsjahre.
1. Spitzbergen .	80° 0′ N.	22° 0′ W.	—	—	—	1,5°	—
2. Grönländisches Meer bei Spitzbergen . . .	78 0	—	—	—7,7°	—	1,4	—
3. Nordcap . .	71 10	23 30 O.	—	0,1	— 4,6°	6,4	1
4. Alten . . .	69 58	20 23	—	0,8	— 7,5	11,1	11
5. Enontekis . .	68 40	20 40	420	—2,7	—17,0	12,6	4
6. Haapakyla (Schweden) .	66 27	21 27	—	—0,5	—14,2	14,4	30
7. Eyafiord (Island) . . .	65 40	22 0 W.	—	0,0	— 6,2	7,7	2
8. Reikiavik (Island) . . .	64 8	24 16	—	3,9	— 1,7	12,2	16
9. Umea . . .	63 50	17 57 O.	—	2,1	—10,2	14,1	8
10. Drontheim . .	63 26	8 3	—	5,4	— 2,4	13,4	2
11. Jämtland . .	63 0	15 43	408	2,8	—11,0	13,0	5
12. Hernösand . .	62 38	15 33	—	2,3	— 8,1	13,4	28
13. Söndmör . .	62 30	4 0	—	5,3	— 2,7	13,3	19
14. Thorshaven (Faröer) . . .	62 2	9 6 W.	—	7,5	4,3	12,2	5

VII. Ungarn, Türkei, Griechenland.

Orte.	Breite.	Länge.	Höhe in Metern.	Mittlere Temperatur in hunderttheiligen Graden des Jahres.	des Winters.	des Sommers.	Anzahl der Beobachtungsjahre.
1. Ofen . . .	47°29′N.	16°43′O.	154	10,3°	— 0,6°	21,1°	12
2. Constantinopel .	41 0	26 39	—	13,9	4,8	23,0	5
3. Brussa . . .	40 5	26 50	253	15,1	5,6	23,3	2
4. Athen . . .	37 58	21 23	0	15,5	—	—	—
5. Kanea . . .	35 29	21 40	0	18,0	12,4	25,2	2

VIII. Italien und die Schweiz.

Orte.	Breite.	Länge.	Höhe in Metern.	des Jahres.	des Winters.	des Sommers.	Anzahl der Beobachtungsjahre.
1. Basel . . .	47°33′N.	5°15′O.	265	9,5°	0,4°	18,2°	20
2. St. Gallen .	47 25	7 2	555	7,9	— 0,1	16,6	16
3. Zürich . . .	47 23	6 13	459	9,0	— 0,7	18,1	13
4. Neuenburg . .	47 0	4 36	438	10,5	1,9	19,2	24
5. Bern . . .	46 57	5 6	571	7,8	— 0,9	15,8	20
6. St. Gotthard (Hospiz) . .	46 33	6 14	2095	— 0,8	— 7,6	6,7	11
7. Lausanne . .	46 31	4 18	528	9,5	0,5	18,4	10
8. Genthod, bei Genf . . .	46 15	—	—	10,0	1,6	17,6	6
9. Genf . . .	46 12	3 49	407	9,1	0,9	17,9	29
10. Col de Géant .	45 52	4 37	3327	— 6,0	—	—	—
11. St. Bernhard (Hospiz) . .	45 50	4 45	2491	— 2,9	— 8,4	6,1	43
12. Triest . . .	45 39	11 26	87	13,2	4,1	21,9	15
13. Chambéry . .	45 34	3 34	288	11,7	2,9	20,0	—
14. Brescia . . .	45 32	7 53	150	13,7	4,0	22,7	22
15. Mailand . .	45 28	6 51	147	12,7	2,2	22,6	76
16. Verona . . .	45 26	8 39	65	14,3	3,7	25,2	9
17. Venedig . .	45 26	10 0	0	13,7	3,3	22,8	7
18. Padua . . .	45 24	9 32	14	12,5	2,8	21,9	34
19. St. Jean de Maurienne .	45 18	4 4	557	9,7	0,3	18,7	12
20. Mont=Cenis (Hospiz) . .	45 14	4 36	1883	5,4	— 5,7	16,5	—
21. Pavia . . .	45 11	6 49	90	12,7	2,2	22,8	12
22. Turin . . .	45 4	5 21	278	11,7	0,8	22,0	30
23. Bologna . .	44 30	9 1	82	14,2	2,8	25,2	22
24. Genua . . .	44 24	6 34	54	15,6	8,4	23,5	10
25. Camajore . .	43 55	8 0	—	14,2	6,7	21,9	40
26. Lucca . . .	43 51	8 10	0	14,9	4,6	23,6	36
27. Florenz . . .	43 47	8 55	64	15,3	6,8	24,0	12
28. Nizza . . .	43 42	4 57	21	15,6	9,3	22,5	20
29. Rom . . .	41 54	10 7	29	15,4	8,1	22,9	32
30. Neapel . . .	40 51	11 55	156	16,4	9,8	23,8	19
31. Messina . .	38 14	13 14	0	18,8	12,8	25,1	6
32. Palermo . .	38 7	11 2	54	17,2	11,4	23,5	39
33. Aetna (Casino degl'Inglesi) .	37 46	12 41	2896	— 1,3	—	—	—
34. Nicolosi. .	37 35	12 46	705	18,0	10,7	25,9	7

IX. Spanien und Portugal.

Orte.	Breite.	Länge.	Höhe. in Metern.	Mittlere Temperatur in hunderttheiligen Graden des Jahres.	des Winters.	des Sommers.	Anzahl der Beobachtungsjahre.
1. Madrid . . .	40°25′N.	6° 2′W.	630	14,3°	5,6°	23,4°	25
2. Coimbra . .	40 12	10 45	90	16,7	11,2	20,8	—
3. Mafra . . .	38 56	11 41	228	13,9	9,6	18,2	4
4. Lissabon . .	38 42	11 29	72	16,4	11,3	21,6	[5
5. Villanova-de-Portimao . .	37 11	10 50	0	20,0	15,0	25,1	—
6. Cadix . . .	36 32	8 38	—	17,0	11,2	22,9	2
7. Gibraltar . .	36 6	7 41	—	18,1	13,8	22,7	11

X. Asien.

Orte.	Breite.	Länge.	Höhe.	des Jahres.	des Winters.	des Sommers.	Jahre.
1. Nowaja-Semlja (Matotschkin-Schar) . . .	73°20′N.	51°30′O.	19	— 8,4°	—19,0°	3,6°	1
2. Ustjansk (Sibirien) . . .	70 55	133 22	—	—16,6	—38,4	9,2	3
3 Nowaja-Semlja (Felsenbai) . .	70 37	55 27	—	— 8,5	—17,0	2,5	3
4. Nischnei-Kolymsk	68 32	158 34	—	—11,2	—32,1	—	3
5. Jakutsk . . .	62 2	127 23	87	—11,0	—38,2	14,7	15
6. Bogoslowsk .	59 48	58 4	156	— 1,3	—18,1	16,0	11
7. Tobolsk. . .	58 13	65 56	35	— 2,4	—19,8	14,0	15
8. Nischnei-Tagilsk	57 56	57 48	213	1,9	—15,4	19,1	6
9. Katharinenburg	56 48	58 15	250	0,3	—14,6	15,9	14
10. Barnaul . .	53 19	81 43	117	0,5	—17,6	18,1	12
11. Petropaulowsk.	53 0	156 19	—	2,0	— 7,1	12,6	2
12. Irkutsk . . .	52 17	101 56	409	— 0,2	—17,6	15,9	15
13. Tiflis . . .	41 41	42 30	428	12,7	2,0	23,0	4
14. Peking . . .	39 54	114 9	97	12,6	— 1,6	25,2	6
15. Kaisarieh (Kleinasien) . . .	38 45	33 —	1184	9,7	— 3,6	22,6	3
16. Smyrna . .	38 26	24 48	—	18,2	11,1	26,0	1
17. Aleppo . . .	36 11	34 45	—	17,6	6,3	27,2	1
18. Nangasaki . .	32 45	127 32	—	16,4	6,6	25,2	11
19 Mussuree . .	30 27	75 42	1848	14,0	5,5	19,8	3
20 Ambala . . .	30 25	74 25	313	22,8	13,2	30,1	4
21. Abuschehr . .	28 15	48 34	—	25,0	16,5	33,3	1
22. Kathmandu .	27 42	85 20	1413	17,3	8,4	24,3	1
23. Futtigurh . .	27 22	77 12	181	25,0	15,3	31,7	2
24. Nasirabad . .	26 18	72 25	408	24,5	15,6	30,0	4
25. Benares . .	25 19	80 35	97	25,4	16,3	29,6	4
26 Canton . . .	23 8	110 56	—	21,1	12,9	27,9	13
27. Calcutta . .	22 33	86 0	—	26,3	20,7	29,1	10
28. Macao . . .	22 11	111 14	—	22,5	16,4	28,3	5
29. Nagpur . . .	21 9	76 51	272	27,5	22,7	32,0	3
30. Bombay . .	18 56	70 34	—	26,0	23,0	28,3	2
31. Punah	18 32	71 42	545	24,9	21,5	26,7	4

Orte.	Breite.	Länge.	Höhe in Metern.	Mittlere Temperatur in hunderttheiligen Graden des Jahres.	des Winters.	des Sommers.	Anzahl der Beobachtungsjahre.
32. Madras . . .	13° 4′N.	77°54′O.	—	27,8°	24,8°	30,2°	2
33. Seringapatam .	12 25	74 19	735	25,1	22,9	28,5	2
34. Pondichery . .	11 56	77 29	—	28,1	—	—	—
35. Ootacamund (Nilgherry) .	11 25	74 30	2442	13,9	11,4	14,1	4
36. Karikal . . .	10 55	77 24	—	28,7	26,4	30,0	1
37. Trincomale .	8 34	79 2	—	27,4	25,7	28,9	3
38. Kandy . . .	7 18	78 30	512	22,7	22,3	23,5	6
39. Singapore . .	1 17	101 30	—	26,5	25,9	27,1	3
XI. Asiatischer Archipel und Australien.							
1. Honolulu . .	21°18′N.	160°15′W.	—	24,0°	22,0°	25,7°	5
2. Manilla . .	14 29	118 35 O.	—	26,4	25,4	27,1	1
3. Batavia . .	6 9 S.	104 33	—	26,2	25,8	26,8	4
4. Buitenzorg (Java)	6 37	104 28	—	25,0	24,6	25,3	14
5. Fort Dundas (Melvillesinsel)	11 25	127 45	—	27,0	24,0	28,8	1
6. Raiatea (Gesellschaftsinseln) .	16 40	153 50 W.	—	25,4	24,5	25,7	—
7. Perth (Australien) . . .	31 55	113 10 O.	—	20,3	14,7	27,3	—
8. Paramatta (Australien) . .	33 49	148 41	18	18,1	12,5	23,3	2
9. Neu-Seeland .	34 36	— —	—	16,7	13,3	—	—
10. Hobart-Town .	42 53	145 0 O.	—	11,3	5,6	17,3	7
XII. Afrika.							
1. Algier . . .	36°47′N.	0°44′O.	4	18,1°	12,0°	24,1°	14
2. Tunis . . .	36 47	7 51	—	20,3	13,2	28,3	4
3. Bougiah . .	36 47	2 45	—	18,2	—	—	—
4. Setif . . .	36 13	3 5	1057	13,6	4,6	22,9	2
5. Batna . . .	35 38	3 54	1100	13,6	5,8	22,8	3
6. Oran . .	35 43	3 0 W.	50	17,5	—	—	—
7. Mascara . .	35 28	2 15	400	17 1	—	—	—
8. Tlemsen . .	34 54	3 40	745	16,7	—	—	—
9. Lalla-Maghrnia	34 50	4 8	8365	18,0	9,5	27,5	—
10. Biscara. . .	34 56	3 24 O.	90	21,5	11,4	33,0	6
11. Funchal (Insel Madeira) . .	32 38	19 16 W.	25	18,7	16,3	21,1	6
12. Cairo . . .	30 2	28 55 O.	0	22,3	14,5	29,7	8
13. Laguna (Teneriffa) . . .	28 30	18 39 W.	545	17,1	13,6	20,2	8
14. Santa-Cruz (Teneriffa) . .	28 28	18 36	—	21,9	18,1	24,9	3
15. St. Louis (Senegal) . . .	16 1	18 51	—	24,7	21,1	27,6	5
16. Gorée . . .	14 40	19 45	—	27,5	—	—	5

Orte.	Breite.	Länge.	Höhe in Metern.	Mittlere Temperatur in hunderttheiligen Graden des Jahres.	des Winters.	des Sommers.	Anzahl der Beobachtungsjahre.
17. Kobbe . . .	14°11′N.	25°48′W.	487	26,5°	19,9°	30,0°	2
18. Kuka . . .	12 55	11 2 O.	345	28,2	23,8	29,0	1
19. Sierra-Leona-küste. . . .	8 30	15 39 W.	0	27,2	27,4	26,2	1
20. Christiansborg	5 24	2 10	—	27,2	25,5	29,0	4
21. St. George del Mina . . .	5 2	2 56	—	26,2	25,4	26,5	4
22. St. Helena. .	15 55 S.	8 3	588	16,4	14,7	18,2	10
23. Flacq (Ile de France). . .	20 10	55 23 O.	—	21,9	22,6	26,2	1
24. Port-Louis (Ile de Fr.) . . .	20 10	55 8	—	24,9	21,6	28,1	9
25. St. Denis (Insel Bourbon) . .	20 52	53 10	43	25,0	22,5	29,9	2
26. Cap der guten Hoffnung . .	33 55	16 8	—	19,1	14,8	23,4	11

XIII. Nordamerika.

Orte.	Breite.	Länge.	Höhe in Metern.	des Jahres.	des Winters.	des Sommers.	Anzahl der Beobachtungsjahre.
1. Winterhafen (Melvillesinsel)	74°47′N.	113° 8′W.	—	—17,2°	—34,0°	2,8°	1
2. Port Bowen .	73 14	91 15	—	—15,8	—31,7	2,7	1
3. Felixhafen . .	70 0	94 13	—	—15,7	—33,2	3,7	3
4. Insel Igloolik .	69 19	84 23	—	—16,6	—29,7	1,7	1
5. Insel Winter .	66 11	85 31	—	—12,5	—29,1	1,7	1
6. Fort Franklin .	65 12	125 33	68	— 8,2	—27,2	10,2	2
7. Fort Enterprise	64 30	115 30	—	— 9,2	—	—	—
8. Fort Reliance .	62 46	109 1	107	— 5,9	—29,1	—	2
9. Fort Churchill (Hudsonsbai) .	59 2	90 50	—	— 7,2	—27,8	11,2	1
10. Nain (Labrador)	57 10	64 10	—	— 3,6	—18,5	7,6	5
11. Sitcha . . .	57 3	137 38	—	6,3	1,0	12,5	10
12. Cumberland-House . . .	54 —	104 30	—	— 1,0	—	—	—
13. Iluluk (Insel Unalaschka). .	53 52	168 45	—	4,1	— 0,1	10,5	2
14. St. Johns (Neu-Fundland) . .	47 37	54 58	42	3,5	— 4,9	12,2	5
15. Quebec . . .	46 49	73 36	—	5,5	— 2,9	20,2	3
16. St. Pierre (bei Neu-Foundland)	46 47	58 27	—	7,9	3,3	14,4	1
17. Fort Brady .	46 39	87 16	155	4,5	— 7,7	16,5	18
18. Fort George .	46 18	125 20	—	10,1	3,8	15,5	2
19. Fort Vancouver	45 38	124 54	—	11,4	3,9	18,4	6
20. Montreal . .	45 31	75 55	—	6,7	— 8,2	20,4	15
21. Eastport . .	44 54	69 16	—	6,0	— 4,6	16,0	12
22. Penetanguishene	44 48	83 0	179	7,7	— 6,3	20,0	3
23. Fort Howard .	44 40	89 22	185	7,1	— 6,2	20,3	17
24. Halifax . . .	44 39	65 58	—	6,2	— 4,4	17,2	9

Orte.	Breite.	Länge.	Höhe in Metern.	Mittlere Temperatur in hunderttheiligen Graden des Jahres.	des Winters.	des Sommers.	Anzahl der Beobachtungsjahre.
25. Dover	43°13'N.	73°14'W.	—	7,3°	— 5,0°	19,6°	10
26. Concord	43 12	73 49	—	6,9	— 5,2	18,5	10
27. Rochester	43 8	80 11	155	8,3	— 2,9	19,7	17
28. Fayetteville	42 58	75 2	—	7,0	— 5,6	19,0	7
29. Pompey	42 56	78 25	390	5,6	— 6,2	17,5	17
30. Albany	42 39	76 5	46	9,1	— 3,0	20,9	23
31. Andover	42 38	73 27	58	8,7	— 2,9	20,6	11
32. Salem	42 31	73 14	—	8,9	— 2,6	20,6	43
33. Cambridge	42 23	73 28	68	8,7	— 2,9	20,4	33
34. Boston	42 21	73 24	—	8,8	— 2,2	20,1	20
35. Medfield	42 15	73 20	—	8,2	— 3,0	19,6	12
36. Providence	41 50	73 45	—	8,5	— 2,9	20,0	7
37. New-Bedford	41 38	73 16	—	9,6	— 0,8	20,1	5
38. Fort Wolcott	41 29	73 40	—	9,4	— 0,3	20,1	14
39. Council Bluffs	41 25	98 3	243	9,7	— 5,2	23,2	6
40. New-York	40 43	76 20	—	12,1	— 1,2	26,2	2
41. Fort Columbus	40 42	76 29	—	11,0	— 0,3	22,3	19
42. Erasmus Hall	40 37	76 18	—	10,8	0,4	21,3	11
43. Germantown	40 3	77 37	62	11,3	0,0	22,8	9
44. Philadelphia	39 57	77 30	—	11,9	1,1	24,0	20
45. Marietta	39 25	83 50	200	11,3	0,9	21,6	25
46. Baltimore	39 17	78 57	—	11,6	0,4	23,1	8
47 Cincinnati	39 6	86 50	162	11,9	0,9	22,9	14
48. Washington	38 53	79 22	—	13,4	2,3	24,6	12
49. St. Louis (Missuri)	38 36	92 35	136	13,1	1,1	24,6	16
50. Richmond	37 32	79 48	—	13,8	—	—	14
51. Williamsburg	37 15	79 3	—	13,5	3,1	17,3	3
52. Chapel Hill	35 54	81 19	—	15,4	6,4	24,5	7
53. Smithville	34 0	80 25	—	19,0	10,7	26,8	10
54. St. Georges (Bermuden)	32 20	67 10	18	19,7	15,1	24,0	1
55. Savannah	32 5	83 26	—	18,1	10,9	25,1	8
56 Natchez	31 34	93 45	58	18,2	9.6	25,8	15
57 Fort Jesup	31 30	96 7	—	18,6	10,7	27,5	20
58. Baton Rouge	30 26	93 25	19	19,8	12,6	27,5	7
59. Cantonnement Clinch	30 24	89 34	—	20,5	13,2	27,4	7
60. New-Orleans	29 58	92 27	—	19,4	11,8	26,5	4
61. Fort King (Florida)	29 3	84 30	—	21,7	15,0	28,8	5
62. Fort Brooke (Florida)	27 57	84 55	—	22,3	17,2	26,8	10
63. Key West (Florida)	24 34	84 13	—	24,7	21,5	27,9	7
64. Veta Grande	22 50	104 75	2520	13,8	10,0	16,0	2
65. Mexico	19 26	101 25	2275	16,3	12,0	18,4	1
66. Vera-Cruz	19 12	98 29	—	25,0	21,8	27,5	13

XIV. Antillen.

Orte.	Breite.	Länge.	Höhe. in Metern.	Mittlere Temperatur in hunderttheiligen Graden des Jahres.	des Winters.	des Sommers.	Anzahl der Beobachtungsjahre.
1. Havanna . .	23° 9' N.	84°43' W.	28	25,0°	22,6°	27,4°	10
2 Ubajoy (Cuba)	23 9	84 45	93	23,0	18,3	28,4	4
3. Matanzas (Cuba)	23 2	83 58	35	25,5	22,5	27,6	3
4. Porto-Rico .	18 29	68 28	—	25,9	23,0	29,5	1
5. Tortola . . .	18 27	67 0	251	26,0	25,1	27,1	3
6. Hafen Antonio (Jamaica) . .	18 15	78 38	—	25,3	24,2	26,4	2
7. St. Barthélemy	17 54	65 6	—	26,2	25,1	27,2	2
8. St. Croix . .	17 44	67 1	—	26,3	24,7	27,8	2
9. Pointe-à-Pitre (Guadeloupe) .	16 14	63 52	—	25,0	—	—	—
10. Basse-Terre (Guadeloupe) .	15 59	64 4	—	26,3	—	—	—
11. St. Anna (Barbados) . . .	13 4	61 57	—	24,7	—	28,7	1

XV. Südamerika.

Orte.	Breite.	Länge.	Höhe.	Jahres.	Winters.	Sommers.	Jahre.
1. Santa-Marta .	11°15' N.	76°35' W.	0	28,5°	—	—	—
2. Maracaybo . .	11 10	76 29	—	29,0	27,8°	29,9°	1
3. La Guayra . .	10 37	69 27	—	28,1	23,5	29,0	1
4. Caracas . . .	10 31	69 10	916	22,0	20,9	23,4	2
5. Cumana . .	10 28	66 30	—	27,4	27,0	28,6	1
6. Cartagena . .	10 25	77 54	0	27,5	—	—	—
7. Panama . .	8 57	81 50	0	27,2	—	—	—
8. Demerary . .	6 45	60 24	—	27,1	26,1	27,4	—
9. Paramaribo .	5 45	57 33	—	26,5	26,4	27,5	3
10. Cayenne . .	4 56	54 39	—	26,8	26,1	27,6	8
11. Santa-Fé de Bogota	4 36	76 34	2660	15,0	15,1	15,3	2
12. Esmeraldas .	3 11	68 23	0	26,4	—	—	—
13. Popayan . .	2 26	79 0	1809	17,5	—	—	—
14. Quito . . .	0 14 S.	81 5	2914	15,6	15,4	15,7	3
15. Guayaquil . .	2 11	82 18	0	26,0	—	—	—
16. St. Luiz do Maranhão . . .	2 31	46 36	—	26,8	26,6	27,0	—
17. Payta . . .	5 5	83 32	0	27,1	—	—	—
18. Lima . . .	12 3	79 28	—	22,7	20,1	25,3	2
19. Rio Janeiro .	22 54	45 30	—	23,1	20,3	26,1	9
20. Buenos-Ayres .	34 36	60 44	—	17,0	11,4	22,8	7
21. Montevideo .	34 54	58 33	—	16,8	14,1	25,2	10
22. Falklandsinseln	51 25	63 19	—	8,3	4,2	11,7	2

[Zur Zusammenstellung der vorstehenden Tabelle sind alle Beobachtungen, welche die oben S. 441 angeführten Physiker und Reisenden gegeben haben, benutzt worden. Dieselbe besitzt die von Arago angenommene Form, der einen ersten Abriß derselben in dem Annuaire des Längenbureau für 1823 geliefert hat. Die hauptsächlichsten Quellen, welche Arago's Angaben zufolge zur Vervollständigung seiner ersten Arbeit gedient haben, müssen hier namhaft gemacht werden.

In erster Linie steht Humboldt's Abhandlung über die Isothermen, welche die Grundlage der Meteorologie bleibt. Die 1817 in den Mémoires de la Société d'Arcueil von Humboldt veröffentlichten Tabellen sind 1844 und 1853 von diesem gefeierten Gelehrten unter Mitwirkung von Mahlmann und Dove successive verbessert und vermehrt worden. Der größere Theil der Resultate, die man weiter oben über Asien, Afrika und Amerika findet, ist Humboldt's Arbeit entlehnt worden. Einige rühren von Boussingault her, der sie theils in seiner Economie rurale, theils in seiner schönen Abhandlung über die Temperatur der heißen Zone veröffentlicht hat.

Die neuesten Documente, welche für Frankreich und Algier benutzt worden, sind:

Die von Charles Martins in der Patria herausgegebene Météorologie de la France;

die Tabelle, welche Edmund Becquerel berechnet, und in seiner in den Annales de l'Institut agronomique de Versailles erschienenen Abhandlung über das Klima Frankreichs mitgetheilt hat;

das Annuaire, welches alljährlich die meteorologische Gesellschaft von Frankreich herausgibt;

die meteorologischen tabellarischen Ueberſichten, welche jeden Monat in dem Journal d'agriculture pratique sich finden.

Die Männer, von denen hauptsächlich die meteorologischen Beobachtungen in Frankreich herrühren, sind die Herren Delezenne und Meurein in Lille; Provart in Hendecourt (Pas de Calais); Nell de Bréauté in La Chapelle du Bourgay bei Dieppe; Rottée in Clermont; Chardonnet in les Mesneux (Marne); Schuster und Lavoine in Metz; Pater Cotte in Montmorency; Haeghens und Bérigny in Versailles; Tisset, François und Chalette (Vater) in Châlons-sur-Marne; Müller in Görsdorff (Unter-Rhein); Herrenschneider in Straßburg; Renou in Vendôme; Delcros in Marboué (Eure und

Loir); Alexis Perrey in Dijon; Huette in Nantes; Decersz in La Châtre; Jarrin in Bourg; Fleuriau de Bellevue in La Rochelle; Massoulard in St. Léonard; Fournet in Lyon; Abria und Petit-Lafitte in Bordeaux; de Gasparin in Orange; d'Hombres-Firmas in Alais; Guérin in Avignon; Dupeyrat in Beyrie (Landes); Gros der Jüngere in Réguffe (Var); Petit in Toulouse; Charles Martins in Montpellier; Gambard und Valz in Marseille; Aimé und Hardy in Algier.

Für England ist besonders die in den Transactions of the Highland and Agricultural society of Scotland befindliche Abhandlung über das Klima der brittischen Inseln von Rowlandson, und der physikalische Atlas von Johnston zu Rathe gezogen worden.

Für Holland und seine Colonieen ist die zu Utrecht durch Buys-Ballot und Krecke unter dem Titel Nederlandsch meteorologisch Jaarboek herausgegebene Sammlung benutzt worden.

Quetelet's großes Werk über das Klima Belgiens hat für alle Temperaturen dieser Gegend als Quelle gedient.

Die in Rußland unter Kupffer's Direction ausgeführten meteorologischen Arbeiten haben die Temperaturen in diesem großen Reiche geliefert.

Für Deutschland ist Mahlmann's mittlere Vertheilung der Wärme und Berghaus' physikalischer Handatlas benutzt worden.

Für die Schweiz sind der Bibliothèque universelle de Genève die nöthigen Data entnommen worden.

Endlich hat Arago eine große Zahl handschriftlicher, ihm von verschiedenen Meteorologen zugesandter Beobachtungen hinterlassen. Alle von ihm als zuverlässig bezeichneten Beobachtungsreihen sind mit Sorgfalt berechnet worden.

Die aus diesen verschiedenen Quellen gezogenen partiellen Resultate sind in ein einziges Mittel verschmolzen; alle zweifelhaften Beobachtungen hat man beseitigt. Auf diese Weise hat sich mit Sicherheit die Temperatur von 466 Stationen, unter denen 60 neu sind, aufstellen lassen; die Mittel von 69 Stationen sind aus einer viel größern Zahl von Beobachtungsjahren als in den vor diesem Aufsatze veröffentlichten Tabellen, berechnet worden.]

Um die wahre mittlere Temperatur eines Ortes zu erhalten, würde die Rechnung auf Beobachtungen, die wenigstens von Stunde zu Stunde gemacht sind, sich stützen müssen; es steht jedoch nicht zu hoffen, daß ein solches Beobachtungsverfahren jemals für eine große Zahl von Orten angewandt werden wird. Man hat der Unmöglichkeit, den Meteorologen eine so anstrengende Arbeit zuzumuthen, durch die Erfindung selbst registrirender Instrumente, die theils auf die Photographie, theils auf sehr sinnreiche mechanische Vorrichtungen gegründet sind, zu begegnen versucht. Erst nach einem mehrjährigen Gebrauche wird sich entscheiden lassen, ob wirklich die Anwendung solcher sehr kostspieligen Instrumente einigen Vortheil bringt, zumal da sie Curven liefern, deren Berechnung fast ebenso ermüdend ist, als die unmittelbare Ausführung der Beobachtungen. Sehr wesentlich scheint mir aber zu sein, die Grenze des Fehlers kennen zu lernen, den man begeht, wenn man an die Stelle der stündlichen oder noch näher an einander liegenden Beobachtungen weniger häufige, aber passend ausgewählte Beobachtungen setzt.

Professor Dewey zu Williamstown (Massachusetts) hat zu ermitteln gesucht, wie weit die halben Summen der Temperatur-Maxima und Minima genaue Resultate geben. Zu diesem Ende hat er das Thermometer stündlich, also 24mal des Tags, an 30 unter alle Jahreszeiten vertheilten Tagen beobachtet. Die aus den sämmtlichen stündlichen Beobachtungen hergeleiteten Werthe können offenbar als die wahren Mittel betrachtet werden. Wir wollen nun sehen, was andere Combinationen geliefert haben:

Mittel der stündlichen während 30 Tagen in den Jahren 1816 und 1817 ausgeführten Beobachtungen . .	+ 5,3° C.
Mittel aus sämmtlichen Maximis und Minimis	5,9
Mittel aus den Beobachtungen um 2 Uhr Morgens und um 2 Uhr Nachmittags	5,8
Mittel der bei Sonnenaufgang und Untergang gemachten Beobachtungen	4,9

Brewster hat aus zahlreichen im Fort Leith angestellten Beobachtungen gefunden, daß die Combination blos der Beobachtungen um 10 Uhr Morgens und um 10 Uhr Abends zu Resultaten führt, die äußerst wenig von den wahren Mitteln abweichen, und deshalb den Meteorologen vorgeschlagen, diese beiden Stunden anzunehmen, die schon von der edinburger königlichen Gesellschaft empfohlen worden waren; ich muß aber hinzufügen, daß jene von Brewster hervorgehobene Uebereinstimmung sich nur auf das ganze Jahr bezieht, und daß man positive und negative Fehler von einem Grade zu fürchten hätte, wenn man in derselben Weise die mittleren Temperaturen der verschiedenen Jahreszeiten bestimmen wollte.

In Salem (Vereinigte Staaten), wo Dr. Holyoke dreiunddreißig Jahre lang beobachtet hat, ist nach seinen Angaben

Die mittlere Temperatur	+ 9,3° C.
Die mittlere Temperatur um Morgens 8 Uhr .	8,0
Die mittlere Temperatur um Mittag	13,0
Die mittlere Temperatur bei Untergang der Sonne	9,2
Die mittlere Temperatur Abends 10 Uhr . . .	6,8

Der Unterschied zwischen dem wahren Mittel und dem Mittel aus den um 8 Uhr Morgens angestellten Beobachtungen ist größer, als ihn Professor Pictet in Genf gefunden hat, und als ihn die pariser Beobachtungen geben. Man würde daher versucht sein können anzunehmen, daß bei Aufsuchung der mittleren Temperaturen in Europa und in Amerika nicht dieselben Stunden gewählt werden dürfen; es muß indeß bemerkt werden, daß in Genf, ebenso wie in Paris, unter mittlerer Temperatur die halbe Summe der höchsten und niedrigsten Temperaturen verstanden wurde, während Dr. Holyoke seine täglichen Resultate aus der Combination der vier Beobachtungen, um 8 Uhr Morgens, um Mittag, bei Sonnenuntergang und um 10 Uhr Abends hergeleitet hat.

Bei Discussion zahlreicher zwischen den Parallelkreisen von 46 bis 48° gemachter Beobachtungen hat A. von Humboldt gefunden, daß die Zeit des Untergangs der Sonne für sich eine mittlere Temperatur gibt, welche kaum um einige Zehntel Grade von derjenigen abweicht, die man aus der Combination der Beobachtungen bei Aufgang der Sonne und um 2 Uhr Nachmittags erhält.

Die folgende Tafel zeigt, daß man in unsern Klimaten die mittlere Jahrestemperatur blos mittelst der um 9 Uhr Morgens gemachten Beobachtungen mit ziemlicher Genauigkeit berechnen kann.

Monate.	1816		1817		1818	
	Mittel der Maxima und Minima.	Mittel der Beobachtungen um 9 Uhr Morgens.	Mittel der Maxima und Minima.	Mittel der Beobachtungen um 9 Uhr Morgens.	Mittel der Maxima und Minima.	Mittel der Beobachtungen um 9 Uhr Morgens.
Januar . .	2,6°	2,4°	5,0°	4,2°	4,3°	4,2°
Februar . .	2,0	1,4	6,9	6,7	3,9	3,2
März . .	5,6	5,6	6,3	6,5	6,5	6,7
April . .	9,9	11,1	7,3	8,4	11,4	11,7
Mai . . .	12,7	13,7	12,4	13,2	13,7	15,1
Juni . .	14,8	15,8	17,8	19,6	19,2	20,9
Juli . . .	15,6	16,3	17,1	18,8	20,1	21,9
August . .	15,5	17,0	16,4	17,7	18,2	10,8
September .	14,1	14,5	16,9	17,1	15,7	19,4
October . .	11,8	11,2	7,3	6,7	11,7	16,7
November .	4,1	3,7	9,6	8,0	9,1	8,1
December .	3,7	3,0	2,6	1,5	2,1	1,3
Mittel . .	9,4	9,6	10,5	10,7	11,3	11,7

Monate.	1819		1820		1821	
	Mittel der Maxima und Minima.	Mittel der Beobachtungen um 9 Uhr Morgens.	Mittel der Maxima und Minima.	Mittel der Beobachtungen um 9 Uhr Morgens.	Mittel der Maxima und Minima.	Mittel der Beobachtungen um 9 Uhr Morgens.
Januar . .	4,9°	3,6°	— 0,7°	— 1,4°	3,1°	2,6°
Februar . .	5,5	4,9	2,9	2,2	1,0	0,0
März . .	6,9	6,7	4,9	4,9	7,3	7,7
April . .	11,6	12,9	11,6	12,6	11,6	12,7
Mai . . .	14,6	16,5	14,1	15,9	12,1	13,8
Juni . .	16,0	18,0	15,6	17,6	14,5	15,5
Juli . . .	19,1	20,4	18,3	20,0	17,0	18,5
August . .	19,2	20,2	18,7	20,7	20,1	21,2
September .	16,4	17,1	14,2	15,5	16,7	17,4
October . .	11,1	10,8	10,1	9,8	11,1	10,7
November .	4,8	4,3	5,1	4,2	10,2	9,3
December .	3,3	2,8	3,3	2,7	7,5	6,8
Mittel . .	11,1	11,5	9,8	10,4	11,2	11,3

Monate.	1822		1823		1824	
	Mittel der Maxima und Minima.	Mittel der Beobachtungen um 9 Uhr Morgens.	Mittel der Maxima und Minima.	Mittel der Beobachtungen um 9 Uhr Morgens.	Mittel der Maxima und Minima.	Mittel der Beobachtungen um 9 Uhr Morgens.
Januar . .	4,4°	3,8°	— 0,3°	— 1,2°	2,7°	2,2°
Februar . .	6,1	5,4	5,3	4,8	5,1	4,0
März . .	9,9	10,3	6,5	6,8	5,8	5,7
April . .	11,1	12,7	9,2	10,1	9,0	10,1
Mai . . .	16,7	18,6	15,2	16,5	12,6	14,0
Juni . .	21,2	22,8	15,0	16,4	16,5	18,6

Monate.	1822 Mittel der Maxima und Minima.	1822 Mittel der Beobachtungen um 9 Uhr Morgens.	1823 Mittel der Maxima und Minima.	1823 Mittel der Beobachtungen um 9 Uhr Morgens.	1824 Mittel der Maxima und Minima.	1824 Mittel der Beobachtungen um 9 Uhr Morgens.
Juli . . .	18,9°	20,6°	17,1°	19,0°	18,7°	20,5°
August . .	18,9	20,6	19,1	20,5	18,4	19,8
September .	15,9	16,4	15,7	16,2	16,5	17,7
October . .	13,2	13,0	10,6	10,0	11,9	11,8
November .	9,0	8,4	5,7	5,1	9,6	8,9
December .	—0,5	—1,8	5,6	5,0	7,1	6,5
Mittel . .	12,1	12,6	10,4	10,8	11,2	11,6

Monate.	1825 Mittel der Maxima und Minima.	1825 Mittel der Beobachtungen um 9 Uhr Morgens.	1826 Mittel der Maxima und Minima.	1826 Mittel der Beobachtungen um 9 Uhr Morgens.	1827 Mittel der Maxima und Minima.	1827 Mittel der Beobachtungen um 9 Uhr Morgens.
Januar . .	3,5°	3,1°	— 1,7°	— 2,6°	— 0,2°	— 0,7°
Februar. .	4,3	3,3	6,4	5,5	— 0,9	— 1,7
März . .	5,6	5,3	7,4	7,4	8,0	8,2
April . .	11,9	13,4	10,2	11,1	11,4	12,3
Mai . . .	14,2	15,8	12,6	13,4	14,6	15,6
Juni. . .	17,0	19,6	18,8	20,4	17,0	18,2
Juli . . .	20,3	22,4	20,7	22,8	19,8	21,5
August . .	19,4	20,9	21,2	22,8	18,0	19,6
September .	17,9	18,5	17,1	17,4	16,2	16,6
October. .	12,2	11,9	13,4	13,0	13,1	12,8
November .	7,3	6,9	5,4	4,8	5,8	5,1
December .	6,4	5,5	5,8	5,1	6,9	6,3
Mittel . .	11,7	12,2	11,4	11,8	10,8	11,3

Monate.	1828 Mittel der Maxima und Minima.	1828 Mittel der Beobachtungen um 9 Uhr Morgens.	1829 Mittel der Maxima und Minima.	1829 Mittel der Beobachtungen um 9 Uhr Morgens.	1830 Mittel der Maxima und Minima.	1830 Mittel der Beobachtungen um 9 Uhr Morgens.
Januar . .	5,9°	5,1°	— 2,0°	— 2,6°	— 2,5°	— 2,8°
Februar. .	5,2	4,9	2,7	2,6	1,2	1,7
März . .	7,0	7,0	5,7	5,6	8,9	9,0
April. . .	10,8	11,8	9,8	11,1	12,0	13,0
Mai . . .	15,1	16,3	14,9	16,4	14,6	16,5
Juni . . .	17,5	19,9	17,1	19,1	16,1	17,5
Juli . . .	19,1	21,1	18,6	19,3	18,9	20,9
August . .	17,6	18,9	17,0	18,3	17,0	18,8
September .	16,6	17,5	13,7	15,0	13,8	14,5
October. .	10,8	11,2	10,0	9,9	10,6	10,3
November .	7,4	6,3	4,7	4,2	7,9	7,0
December .	4,5	3,9	— 3,5	— 4,1	2,6	2,1
Mittel . .	11,5	12,0	9,1	9,6	10,1	10,7

Seit 1818 habe ich den Beweis geliefert, daß die mittlere Temperatur um 9 Uhr Morgens der mittleren Jahrestemperatur gleich ist; ich habe mich folgendermaßen ausgesprochen (Annales de chimie et de physique, Bd. 9, S. 425): „Wenn man die mittleren Temperaturen um 9 Uhr Morgens mit denen der entsprechenden Monate vergleicht, so wird man finden, daß die erstern im Mai, Juni, Juli, August und September um mehr als einen Grad höher; im Februar, October, November und December dagegen ungefähr um einen Grad tiefer sind; und daß endlich im Januar, März und April zwischen den aus den täglichen Maximis und Minimis und den aus den Beobachtungen um 9 Uhr Morgens hergeleiteten Mitteln nur unmerkliche Differenzen sich finden. Man kann daher für unsere Klimate die mittlere Jahrestemperatur blos mittelst der von 8 bis 9 Uhr Morgens ausgeführten Beobachtungen mit ziemlicher Genauigkeit berechnen." Aus den vorhergehenden für 15 Jahre von mir aufgestellten Tabellen sieht man, daß jener Ausspruch sich stets mit einer ziemlich großen Annäherung gültig erwiesen hat. Indeß ist das Mittel der Beobachtungen um 9 Uhr Morgens ein wenig höher als das aus den Maximis und Minimis hergeleitete. So gibt für die 15 Jahre von 1816 bis 1830 das erstere Mittel 11,2° und das letztere 10,8°.

Je stärker die jährlichen Resultate an einem und demselben Orte von einander abweichen, desto mehr Beobachtungen sind nöthig, um die aus ihnen hergeleiteten Mittel von den möglichen Wirkungen zufälliger Umstände zu befreien.

Zwischen den Wendekreisen ist der Einfluß dieser Umstände sehr schwach, und ein einziges Jahr liefert die mittlere Temperatur mit ziemlich großer Genauigkeit; in unseren Klimaten dagegen muß man mehrere Jahrgänge von Beobachtungen zusammenfassen, um die Genauigkeit bis auf Bruchtheile eines Grades zu bringen.

Im Jahre 1828 haben Rudolph und Wilhelm Brandes in Salzufeln in Westphalen stündliche Beobachtungen über die Lufttemperatur angestellt. Diese Beobachtungen zeigen ebenso wie die mit so viel Geschick von Brewster discutirten leither Beobachtungen, daß die halben Summen der an gleichnamigen Stunden Morgens und Abends gemachten Beobachtungen dienen können, um die Klimate mit großer Genauigkeit zu charakterisiren. Es ist nämlich das mathematische Mittel, die wahre mittlere Temperatur von Salzufeln, wie sie aus 8784 stündlichen Beobachtungen folgt, +9,45° C.

Das jährl. Mittel aus der Beobachtung um	1 Uhr Morgens	2 U. Morg.	3 U. Morg.
combinirt mit der Beobachtung um . .	1 U. Nachmittags	2 U. Nachm.	3 U. Nachm.
gibt . .	9,72°	9,62°	9,45°
Das jährl. Mittel aus der Beobachtung um	4 U. Morg.	5 U. Morg.	6 U. Morg.
combinirt mit der Beobachtung um . .	4 U. Nachm.	5 U. Nachm.	6 U. Nachm.
gibt . .	9,25°	9,?0°	9,15°
Das jährl. Mittel aus der Beobachtung um	7 U. Morg.	8 U. Morg.	9 U. Morg.
combinirt mit der Beobachtung um . .	7 U. Abends	8 U. Abends	9 U. Abends
gibt . .	9,17°	9,27°	9,45°
Das jährl. Mittel aus der Beobachtung um	10 U. Morg.	11 U. Morg.	12 U. Mittags
combinirt mit der Beobachtung um . .	10 U. Abends	11 U. Abends	12 U. Mittern.
gibt . .	9,57°	9,63°	9,75°

Die gleichnamigen Stunden führen also mit einer wahrhaft merkwürdigen Genauigkeit zu der jährlichen mittleren Temperatur. Die größte Differenz zeigt sich bei den Beobachtungen um 6 Uhr; und doch beträgt selbst dann der Fehler nur —0,30° C. Wenn man sich erinnert, daß Leith auf der Ostküste einer Insel liegt, daß Salzufeln als eine continentale Station betrachtet werden muß, so wird man kaum bezweifeln, daß ein meteorologisches Gesetz, das sich an so verschieden gelegenen Orten bestätigt findet, mit Recht verallgemeinert werden darf.

Einunddreißigstes Kapitel.

Von den Temperaturen, welche am besten die mittlere Jahrestemperatur darstellen.

Da es sich selten trifft, daß die Reisenden die Mittel haben, an jedem Orte eine hinreichende Zahl von Beobachtungen, um die mittlere Jahrestemperatur mit Genauigkeit berechnen zu können, zu sammeln, so war es wichtig, zu ermitteln, welches die Monate sind, die sie unmittelbar geben können. Die folgende Tabelle, die ich zum Theil meinem berühmten Freunde A. von Humboldt entlehne, zeigt, daß bis in sehr hohe Breiten die Monate April und October diese Eigenschaft besitzen.

Orte.	Mittlere Temperaturen des Jahres.	des Oct.	des April.
Cairo	22,3⁰	22,4⁰	25,5⁰
Natchez	18,2	20,2	19,1
Algier	18,1	22,3	17,0
Cincinnati . . .	11,9	12,7	13,8
Peking	12,6	13,0	13,9
Philadelphia . .	11,9	12,2	12,0
New-York . . .	12,1	12,5	9,5
Rom	15,4	16,7	13,0
Mailand . . .	12,7	14,5	13,1
Genf	9,1	9,6	7,6
Quebec	5,5	6,0	4,2
Ofen	10,3	11,3	9,5
Paris	10,7	10,7	9,0
London	9,8	11,3	9,9
Göttingen . . .	9,1	8,4	6,9
Franecker . . .	10,0	12,7	10,0
Dublin	9,5	9,3	7,4
Kopenhagen . .	7,6	9,3	5,0
Edinburg . . .	8,6	9,0	8,3
Nain (Labrador) .	— 3,6	0,6	— 2,5
Stockholm . . .	5,6	5,8	3,6
Upsala	5,1	6,3	4,3
Christiania . . .	5,0	4,0	5,9
St. Petersburg .	3,5	3,9	2,8
Abo	4,6	5,0	4,9
Drontheim . . .	5,4	4,0	1,3
Umea	0,7	3,2	1,1
Uleaborg . . .	0,7	3,3	1,2
Enontekis . . .	— 2,7	— 2,5	— 3,0
Nordcap . . .	0,1	0,0	— 1,0

Kirwan hatte die Ansicht aufgestellt, daß der Monat April derjenige wäre, der sich dem jährlichen Mittel am meisten nähere; man sieht, daß der October öfter diese Eigenschaft besitzt.

Zweiunddreißigstes Kapitel.

Von der mittleren Temperatur eines Ortes.

Die mittlere Temperatur eines Ortes ist diejenige, welche erhalten wird, wenn man die Summe der jährlichen mittleren Temperaturen bildet, und durch die Zahl der Jahre, während welcher die Beobachtungen gemacht worden sind, dividirt. Dies Verfahren ist jedoch nur auf eine beschränkte Anzahl von Stationen anwendbar; man hat daher sehr bald sich nach einem Mittel umsehen müssen, um mittelst in kürzerer Zeit ausführbarer Versuche Werthe zu erhalten, die mit hinreichender Genauigkeit jene erst durch längere Beobachtungsreihen erreichbaren Bestimmungen zu ersetzen vermögen. Man hat nachgewiesen, daß in unsern Klimaten die feste Schicht an der Bodenoberfläche Schwankungen in ihrer täglichen Temperatur erleidet, daß man tiefer eine Schicht antrifft, die nur jährlichen Schwankungen unterworfen ist, und daß man endlich in einer hinreichend großen Tiefe, die in unsern Klimaten auf ungefähr 15 Meter zu veranschlagen ist, eine Schicht von unveränderter Temperatur findet, deren Wärmegrad sehr nahe mit dem Mittel aus einer sehr langen Reihe mittlerer täglicher Temperaturen der umgebenden Atmosphäre übereinstimmt. Sucht man nun die Temperatur dieser hinreichend tiefen Schicht, oder, was auf dasselbe hinauskommt, bestimmt man die constante Temperatur der in einer Gegend entspringenden Quellen oder mäßig tiefer Brunnen oder unterirdischer Räume, so wird man für die Temperatur jedes Ortes eine Zahl erhalten können, welche sehr wenig von der unter Zugrundlegung einer langen Reihe jährlicher Beobachtungen berechneten abweicht.*)

In den Aequinoctialgegenden genügt es nach Angabe meines Freundes Boussingault, ein Thermometer an geschützten Orten blos $^1/_3$ Meter tief in den Boden zu senken, um es beständig bis auf ein oder zwei Zehntel genau denselben Grad zeigen zu sehen. Man bohrt zu diesem Zwecke ein Loch in den Erdgeschossen, unter den Hütten der

*) Vgl. den Aufsatz über artesische Brunnen im 6. Bande der sämmtl. Werke S. 295.

Indianer oder unter bloßen Schuppen, also an Orten, welche gegen die directe Erhitzung durch Absorption der Sonnenstrahlen, gegen die nächtliche Ausstrahlung und gegen das Eindringen des Regenwassers geschützt sind, in die Erde. Auf diese Weise hat man nach den vergleichenden Beobachtungen von Boussingault in seiner denkwürdigen Abhandlung*) sowohl für die mittleren Temperaturen der Luft, als auch für die Temperaturen der $^1/_3$ Meter unter der Oberfläche gelegenen Schicht:

Orte.	Breite.	Länge.	Höhe in Metern.	Mittlere Temperatur der Luft.	Temperatur des Bodens.
Marmato . .	5° 30′ N.	77° 35′ W.	1426	20,5°	20,5°
Zupia . . .	5 28	77 47	1225	21,5	21,5
Anserma-Nuevo	4 50	78 45	1050	23,8	23,7
Popayan . .	2 26	79 0	1809	17,5	18,0
Purace . . .	2 15	78 30	2720	14,2	13,1
Pasto . . .	1 13	79 44	2610	14,6	14,7
Quito . . .	0 14 S.	81 5	2914	15,6	15,5

Nimmt man die Temperatur der Quellen für die des Innern der Erde, so findet man für die zwischen 30° und 55° Breite eingeschlossene Zone eine sehr große Uebereinstimmung, vorausgesetzt daß die Orte nicht höher als 1000 Meter über dem Meeresspiegel liegen, wie die folgende Tabelle zeigt:

Orte.	Breite.	Mittlere Temperatur der Luft.	Temperatur der Erde oder der Quellen.
Congo	9° 0′ S.	25,6°	22,8°
Cumana	10 28 N.	27,4	25,6
San Jago (capverdische Inseln)	15 0	25,0	24,5
Bockford (Jamaica). .	18 0	27,0	26,1
Havanna	23 9	25,0	23,5
Nepaul	28 0	25,0	23,3
Teneriffa.	28 30	21,6	17,0
Cairo	30 2	22,3	22,5
Natchez	31 34	18,2	18,3
Charleston	33 0	17,3	17,5
Cincinnati	39 6	11,9	11,4

*) Annal. de chim. et de phys. 2. Sér. Bd. 53. S. 228.

Philadelphia . . .	39°57′ N.	11,9°	11,2°
Genf	46 12	9,1	10,4
Paris	48 50	10,7	11,0
Berlin	52 31	9,0	9,6
Dublin	53 23	9,3	9,6
Kendal	54 17	8,3	8,8
Keswick	54 33	8,9	9,2

Für größere Breiten als 55° wächst die Differenz zwischen den Temperaturen der Luft und der Quellen immer mehr und steigt, wie aus den folgenden Zahlen hervorgeht, bis auf 4,3°.

Orte.	Breite.	Mittlere Temperatur der Luft.	Temperatur der Erde oder der Quellen.
Carlskrona	56° 6′ N.	5,8°	8,5°
Upsala	59 52	5,1	6,5
Umea	63 50	2,1	2,9
Enontekis	68 40	— 2,7	1,6
Badsoe	70 0	— 1,3	2,2

In den schweizer Alpen sind in Höhen über 1400 bis 1500 Meter, ebenso wie in den hohen Breiten, die Quellen des Bodens 3° wärmer als die Luft, wie die folgende kleine von Humboldt berechnete Tabelle zeigt:

Orte.	Höhe in Metern.	Temperatur der Luft.	Temperatur des Bodens oder der Quellen.
Rigi, kaltes Bad . . .	1438	3,4°	6,5°
Pilatus	1481	3,0	5,0
Blanke Alp	1764	2,1	3,0
Roßboden	2136	— 0,9	3,5

Um die mittlere Temperatur eines Ortes aus den mittleren Temperaturen der Luft zu erhalten, bedarf es übrigens nicht einer sehr großen Reihe von Beobachtungsjahren. So wird man sehen, daß in Europa die Unterschiede zwischen den jährlichen Mitteln weniger groß sind, als man nach dem Eindrucke auf unsere Sinne und nach dem so veränderlichen Ertrage der Ernten anzunehmen geneigt sein möchte.

Die folgende Tabelle gibt die mittleren Temperaturen in Paris für 50 Jahre von 1804 bis 1853.

Jahr.		Mittlere Temperaturen des Winters.	des Sommers.	des Jahres.
1804	. . .	5,0°	18,6°	11,1°
1805	. . .	2,2	17,3	9,7
1806	. . .	4,8	18,5	11,9
1807	. . .	5,6	19,7	10,8
1808	. . .	2,1	19,1	10,4
1809	. . .	4,9	16,9	10,6
1810	. . .	2,0	17,5	10,6
1811	. . .	4,0	18,1	12,0
1812	. . .	4,1	17,2	9,9
1813	. . .	1,8	16,5	10,2
1814	. . .	0,9	17,4	9,8
1815	. . .	4,3	17,1	10,5
1816	. . .	2,2	15,3	9,4
1817	. . .	5,2	17,1	10,5
1818	. . .	3,5	19,2	11,3
1819	. . .	4,1	18,2	11,1
1820	. . .	1,9	17,4	9,8
1821	. . .	2,5	17,2	11,1
1822	. . .	6,0	19,7	12,1
1823	. . .	1,4	17,1	10,4
1824	. . .	4,4	17,8	11,2
1825	. . .	4,9	18,9	11,7
1826	. . .	3,7	20,2	11,4
1827	. . .	1,1	18,0	10,8
1828	. . .	6,0	18,0	11,5
1829	. . .	3,1	17,5	9,1
1830	. . .	— 1,6	17,3	10,1
1831	. . .	3,6	18,4	11,7
1832	. . .	3,5	19,2	10,8
1833	. . .	3,7	17,7	10,9
1834	. . .	6,3	20,4	12,3
1835	. . .	4,7	19,2	10,7
1836	. . .	1,9	17,5	10,7
1837	. . .	3,9	19,0	10,0
1838	. . .	0,6	17,5	9,2
1839	. . .	3,2	18,4	10,9
1840	. . .	4,2	18,5	10,3
1841	. . .	0,9	16,7	11,2
1842	. . .	2,9	20,7	11,0
1843	. . .	4,1	17,8	11,3

1844 . . .	3,3°	16,9°	10,2°
1845 . . .	0,4	17,0	9,7
1846 . . .	5,8	20,6	11,7
1847 . . .	1,7	18,4	10,8
1848 . . .	3,3	18,6	11,4
1849 . . .	5,9	18,4	11,3
1850 . . .	3,8	18,4	10,6
1851 . . .	4,3	18,2	10,5
1852 . . .	4,0	19,3	11,7
1853 . . .	5,3	17,9	10,1
Allgemeines Mittel .	3,2	18,3	10,7

Aus dieser Tabelle ergibt sich, daß in Paris von 1804 bis 1853 der kälteste Winter im Jahre 1830 und der wärmste im Jahre 1834 eintrat; daß das Jahr 1816 den kältesten und das Jahr 1842 den heißesten Sommer hatte; und daß endlich 1829 das kälteste, sowie 1834 das wärmste Jahr war.

In eben diesem Zeitraume von 1804 bis 1853 steigen die Differenzen zwischen den Mitteln des Januar auf 7°; für den August erreichen sie selten 4°.

Die mittleren Jahrestemperaturen, soweit sie für die vor 1804 liegenden Jahre bekannt sind, haben die folgende Tabelle geliefert; die Beobachtungen von 1741 bis 1762 fehlen. Die von 1787 bis 1802 sind den Philosophical Transactions entnommen, weil die französischen meteorologischen Journale zahlreiche Lücken zeigen; die übrigen Ziffern stammen von dem pariser Observatorium:

Jahr.	Mittlere Temperaturen.	Jahr.	Mittlere Temperaturen.	Jahr.	Mittlere Temperaturen.
1735	11,2°	1768	10,1°	1780	11,6°
1736	10,9	1769	11,2	1781	14,2
1737	10,7	1770	11,6	1782	10,6
1738	10,6	1771	9,0	1783	13,0
1739	10,0	1772	11,2	1784	10,4
1740	7,3	1773	13,1	1785	10,5
		1774	13,1	1786	—
1763	10,3	1775	13,1	1787	10,5
1764	12,2	1776	10,7	1788	10,3
1765	10,0	1777	11,1	1789	9,7
1766	8,7	1778	11,6	1790	10,5
1767	8,7	1779	12,4	1791	10,4

1792	10,2°	1796	10,0°	1800	10,2°
1793	10,4	1797	9,6	1801	10,7
1794	10,7	1798	10,5	1802	10,0
1795	9,8	1799	8,8	1803	10,6

Das kälteste Jahr dieser ganzen Periode, soweit Beobachtungen vorliegen, ist 1740, das wärmste 1781.

Nach den zu Orange von meinem Collegen, Herrn de Gasparin gemachten Beobachtungen erhält man für die Jahre von 1817 bis 1853 folgende Reihe:

	Mittlere Temperaturen		
Jahr.	des Winters.	des Sommers.	des Jahres.
1817 . . .	—	20,7°	12,6°
1818 . . .	4,9°	21,4	12,6
1819 . . .	4,5	20,5	12,4
1820 . . .	3,1	20,2	12,1
1821 . . .	3,5	20,7	12,2
1822 . . .	5,6	24,0	13,6
1823 . . .	2,9	15,7	11,2
1824 . . .	3,5	21,5	13,2
1825 . . .	3,7	19,0	12,4
1826 . . .	3,6	20,6	11,7
1827 . . .	2,9	21,9	11,0
1828 . . .	5,5	22,9	13,4
1829 . . .	3,3	19,6	12,4
1830 . . .	0,9	19,9	11,9
1831 . . .	4,5	20,4	13,4
1832 . . .	4,2	18,9	11,4
1833 . . .	3,3	21,3	—
1834 . . .	4,5	19,7	—
1835 . . .	4,5	—	11,2
1836 . . .	—	21,0	11,9
1837 . . .	3,7	24,4	12,9
1838 . . .	3,4	23,6	12,9
1839 . . .	3,7	23,6	13,8
1840 . . .	5,4	23,4	12,9
1841 . . .	3,0	21,9	13,3
1842 . . .	3,9	24,6	13,4
1843 . . .	6,3	21,5	13,2
1844 . . .	2,8	21,1	12,4
1845 . . .	3,1	20,8	13,3

1846 . . .	5,8°	22,7°	13,5°
1847 . . .	3,4	22,7	13,1
1848 . . .	4,7	22,6	13,2
1849 . . .	5,8	23,3	12,9
1850 . . .	—	21,5	—
1851 . . .	—	19,4	11,3
1852 . . .	4,1	20,2	12,5
1853 . . .	5,6	21,2	11,8
Allgemeines Mittel .	4,9	21,8	13,1

Der kälteste Winter trat in Orange 1830, der wärmste 1843 ein; das Jahr 1837 hatte den heißesten, das Jahr 1823 den kältesten Sommer; das kälteste Jahr endlich war 1827 und das heißeste 1822.

Die zu Châlons-sur-Marne von den Herren Tisset, François und Chalette (Vater) von 1806 bis 1848 angestellten Beobachtungen geben die folgende Reihe:

Jahr.	Mittlere Temperaturen des Winters.	des Sommers.	des Jahres.
1806 . . .	—	19,1°	12,0°
1807 . . .	4,7°	21,4	10,9
1808 . . .	1,3	19,9	9,9
1809 . . .	3,4	18,4	9,9
1810 . . .	1,2	17,9	11,0
1811 . . .	3,0	19,9	12,0
1812 . . .	2,9	19,0	9,9
1813 . . .	0,7	17,2	10,0
1814 . . .	1,2	19,3	10,6
1815 . . .	2,8	20,2	10,7
1816 . . .	2,5	16,8	10,0
1817 . . .	5,4	19,0	11,2
1818 . . .	3,9	19,3	11,6
1819 . . .	4,4	20,2	12,3
1820 . . .	2,7	19,5	11,1
1821 . . .	3,6	18,6	12,2
1822 . . .	7,0	20,5	13,1
1823 . . .	3,2	18,3	11,3
1824 . . .	4,7	18,1	11,5
1825 . . .	3,1	20,1	11,9
1826 . . .	2,6	21,2	12,3
1827 . . .	1,5	18,5	10,6
1828 . . .	3,9	19,5	12,5

1829 . . .	3,0°	18,5°	10,1°
1830 . . .	—3,5	19,1	10,2
1831 . . .	1,2	18,5	11,2
1832 . . .	4,6	20,9	11,6
1833 . . .	1,7	19,4	11,2
1834 . . .	3,8	20,9	12,8
1835 . . .	3,4	19,5	11,1
1836 . . .	2,1	20,4	11,9
1837 . . .	3,0	18,8	11,0
1838 . . .	1,3	18,4	10,8
1839 . . .	2,8	19,6	11,3
1840 . . .	3,5	19,1	11,6
1841 . . .	1,7	17,6	10,2
1842 . . .	2,0	21,0	10,9
1843 . . .	4,1	18,6	11,5
1844 . . .	2,3	17,7	10,6
1845 . . .	0,4	18,9	10,3
1846 . . .	5,5	22,8	12,8
1847 . . .	1,3	20,2	11,3
1848 . . .	2,5	19,7	11,7
Allgemeines Mittel .	2,8	19,3	11,1

Der kälteste Winter ist hier wieder der von 1830; der wärmste fällt auf 1822. Den heißesten Sommer hatte das Jahr 1846 und den kältesten das Jahr 1816. Das wärmste Jahr in Châlons-sur-Marne ist 1822 und das kälteste 1812 gewesen.

Geht man weiter nach Norden, so findet man für Stockholm eine schöne Reihe von 50 mittleren Jahrestemperaturen aus den im Auftrage der schwedischen Akademie der Wissenschaften gemachten Beobachtungen.

Jahr.	Mittlere Temperaturen.	Jahr.	Mittlere Temperaturen.	Jahr.	Mittlere Temperaturen.
1758	4,6°	1766	6,8°	1774	5,1°
1759	6,1	1767	5,1	1775	7,8
1760	5,1	1768	5,1	1776	6,3
1761	6,4	1769	5,4	1777	4,8
1762	5,8	1770	5,7	1778	5,7
1763	4,9	1771	4,6	1779	7,8
1764	6,4	1772	5,0	1780	5,8
1765	5,8	1773	7,4	1781	6,6

1782	4,9°	1791	7,6°	1800	5,0°
1783	7.0	1792	6,0	1801	5,8
1784	4,4	1793	6,5	1802	5,5
1785	4,6	1794	7,8	1803	4,7
1786	4,4	1795	4,9	1804	4,7
1787	5,7	1796	6,4	1805	4,0
1788	4,7	1797	6,8	1806	4,4
1789	7,0	1798	7,0	1807	4,5
1790	6,4	1799	4,1		

Das wärmste Jahr dieser Reihe ist das von 1794, das kälteste das von 1805.

Endlich liefern uns die zu London im Locale der Royal Society gemachten Beobachtungen die längste Tabelle, die man haben kann, für die mittleren Temperaturen sowohl der Jahre, als der Winter und Sommer. Sie umfassen 68 Jahre von 1775 bis 1842 mit einer fünfjährigen Unterbrechung von 1782 bis 1786.

Jahr.	Mittlere Temperaturen des Winters.	des Sommers.	des Jahres.
1775 . . .	5,2°	17,3°	10,3°
1776 . . .	2,7	16,6	9,7
1777 . . .	3,4	16,0	10,0
1778 . . .	2,7	18,3	9,9
1779 . . .	5,7	17,4	11,4
1780 . . .	2,3	17,6	10,2
1781 . . .	4,0	18,2	—
1787 . . .	—	16,2	—
1788 . . .	4,4	15,9	9,9
1789 . . .	2,0	15,0	8,3
1790 . . .	5,5	15,3	9,7
1791 . . .	4,8	15,8	9,8
1792 . . .	2,9	15,2	9,1
1793 . . .	4,3	16,0	9,5
1794 . . .	5,1	16,6	10,2
1795 . . .	0,6	15,9	8,7
1796 . . .	7,1	15,2	9,9
1797 . . .	1,8	15,6	8,6
1798 . . .	4,4	16,8	10,2

1799	. . .	3,6°	14,8°	8,7°
1800	. . .	3,3	15,5	9,4
1801	. . .	4,6	16,4	10,2
1802	. . .	3,0	15,9	9,2
1803	. . .	2,9	16,4	9,4
1804	. . .	5,8	16,4	10,7
1805	. . .	3,2	15,3	9,2
1806	. . .	5,6	16,6	10,6
1807	. . .	5,9	17,0	9,8
1808	. . .	3,4	17,3	9,7
1809	. . .	3,5	15,4	9,3
1810	. . .	4,1	14,1	9,5
1811	. . .	3,6	15,2	10,2
1812	. . .	4,5	14,0	8,9
1813	. . .	3,6	14,7	8,7
1814	. . .	1,1	14,8	8,1
1815	. . .	4,2	15,8	10,3
1816	. . .	3,4	13,4	8,6
1817	. . .	5,2	14,6	9,3
1818	. . .	3,8	18,5	11,0
1819	. . .	5,1	16,5	10,4
1820	. . .	2,6	15,1	9,1
1821	. . .	4,1	14,9	10,1
1822	. . .	6,6	17,3	11,6
1823	. . .	2,7	15,1	9,0
1824	. . .	4,1	15,7	9,6
1825	. . .	4,9	17,2	10,4
1826	. . .	4,3	18,3	10,5
1827	. . .	2,8	16,2	9,8
1828	. . .	6,0	16,3	10,7
1829	. . .	4,2	15,6	9,2
1830	. . .	1,5	15,5	9,5
1831	. . .	3,5	17,4	10,5
1832	. . .	4,6	16,4	10,1
1833	. . .	5,1	15,4	9,9
1834	. . .	6,9	17,5	11,2
1835	. . .	5,3	17,6	10,5
1836	. . .	3,2	16,3	9,4
1837	. . .	4,7	16,1	9,1
1838	. . .	2,1	15,7	8,9
1839	. . .	4,3	15,7	9,9
1840	. . .	4,6	15,2	9,5

1841	2,1°	15,1°	9,6°
1842 . . .	4,2	17,7	9,8
Allgemeines Mittel .	4,0°	16,1°	9,8°

Der kälteste in London beobachtete Winter fällt auf das Jahr 1795, der wenigst strenge auf das Jahr 1834. Den heißesten Sommer hatte das Jahr 1818, den kältesten das Jahr 1816. Das wärmste Jahr war das Jahr 1822, das kälteste das Jahr 1814.

Die Abstände zwischen den mittleren Temperaturen der wärmsten und kältesten Jahre sind:

Für Paris von 1735 bis 1803	6,9°
„ Paris von 1804 bis 1853	3,2
„ Orange von 1817 bis 1853	2,6
„ Châlons-sur-Marne von 1806 bis 1848 . . .	3,2
„ London von 1775 bis 1842	3,3
„ Stockholm von 1758 bis 1807	3,8

Läßt man die in Paris während des vorigen Jahrhunderts gemachte Beobachtungsreihe beiseite, da in diesen Beobachtungen außerdem einige Fehler zu befürchten sind, so findet man, daß der Unterschied zwischen der Temperatur des wärmsten und des kältesten Jahres eines Ortes kaum 3° beträgt.

Die zahlreichen Zahlenwerthe dieses Kapitels werden für die Zukunft von den Meteorologen benutzt werden können, um zu ermitteln, ob die Temperatur eines bestimmten Jahres stärker als in der frühern Zeit von der allgemeinen Mitteltemperatur eines Ortes abweicht.

Dreiunddreißigstes Kapitel.

Tabelle der mittleren Temperatur der Tage und Monate in Paris. — Mittlere Temperaturen der Monate in den nördlichen Ländern. — Mittlere Temperaturen nach den zu Mittag gemachten Beobachtungen.

Ich werde jetzt die Tabelle über die mittlere Temperatur der Tage in Paris folgen lassen. Diese Tabelle ist das Resultat von Beobachtungen, die 21 Jahre hindurch, von 1806 bis 1826, auf der Sternwarte mit demselben Thermometer angestellt worden sind. Als mittlere Temperatur des Tages wird das Mittel aus der höchsten und der niedrigsten Temperatur der vierundzwanzig Stunden, die meistens bei Aufgang der Sonne und um 3 Uhr Nachmittags beobachtet worden sind, indem diese beiden Zeitpunkte sehr nahe mit denen des Maximums und Minimums der Temperatur zusammenfallen, betrachtet. Die Temperaturen dieser Tabelle sind die Mittel aus den Temperaturen von je fünf Tagen, nämlich aus den fünf ersten Tagen des Januar, aus den nächstfolgenden fünf Tagen u. s. f. In Schaltjahren sind die Temperaturen vom 25. Februar bis zum 1. März einschließlich zusammengefaßt. Die Beobachtungen sind auf die hunderttheilige Skale reducirt worden.

Diese Tabelle zeigt noch Unregelmäßigkeiten, die eine größere Zahl von Beobachtungen ohne Zweifel würde haben verschwinden lassen. Es ist z. B. klar, daß die Temperatur des 16. bis 20. April zwischen denen des 10. bis 15., und des 21. bis 25. liegen muß, während die Tabelle sie kleiner als beide gibt. Die von zufälligen Ursachen herrührenden Anomalieen sind von einem Jahre zum andern sehr groß, und um sie auszuscheiden und die Resultate der regelmäßigen Ursachen rein zu erhalten, bedarf es einer langen Reihe von Beobachtungsjahren. Uebrigens ist die zuvor gegebene Definition der mittleren Wärme nicht streng; und wenn man die Thermometerbeobachtungen, um ihre Gesetze zu bestimmen, der Wahrscheinlichkeitsrechnung unterwerfen wollte, so würde es besser sein, die auf dieselbe Stunde sich beziehenden für sich zu betrachten. Trotz ihrer Unvollkommenheit verbreitet indeß diese Tabelle doch schon einiges Licht über die mittlere Wärme der Tage. Bei aufmerksamer Prüfung sieht man, daß die mittlere Wärme des Jahres für diese 21 Jahre 10,81° sein würde. Die tiefste Temperatur der fünftägigen Perioden fällt auf die Tage vom 11. bis 15. Januar und ist gleich 1,66°; die höchste dagegen auf die Tage vom 30. Juli bis 3. August, und beträgt 19,33°. Die beiden Tage im Jahre, deren Temperatur nahe 10,81° gleich ist, sind der 22. April und der 18. October.

Der Tag, welcher im Mittel sich als der heißeste zeigt, ist der 15. Juli; er fällt 25 Tage nach dem Sommersolstitium. Der Tag, welcher im Mittel als der kälteste erscheint, ist der 14. Januar; er fällt 25 Tage nach dem Wintersolstitium. Die bloßen Mittagsbeobachtungen führen zu demselben Resultate; denn hiernach würde das Maximum am 13. Juli und das Minimum am 14. Januar eintreten. Das mittlere Maximum beträgt +32,8°, und das mittlere Minimum — 10,5°. Diese Rechnungen beziehen sich auf die Periode von 1806 bis 1826.

Der mathematische Ausdruck der täglichen Temperaturen ist nahe 10,81°, plus dem Producte aus 8,8° und dem Sinus der mittleren Länge der Sonne, gezählt vom 1. Januar aus und vermindert um 112°. Dieser Ausdruck schließt noch einige sehr kleine Ungleichförmigkeiten ein, welche das Minimum der Temperatur dem Wintersolstitium zu nähern scheinen; um sie zu ermitteln, muß man aber eine größere Anzahl von Beobachtungen abwarten.

Mittlere Temperaturen der fünftägigen Perioden für 21 Beobachtungsjahre.

Vom	1.	bis	5.	Januar	1,96°
„	6.	„	10.	„	1,87
„	11.	„	15.	„	1,66
„	16.	„	20.	„	1,75
„	21.	„	25.	„	1,67
„	26.	„	30.	„	3,10
„	31.	„	4.	Februar	3,28
„	5.	„	9.	„	4,92
„	10.	„	14.	„	4,92
„	15.	„	19.	„	4,79
„	20.	„	24.	„	5,02
„	25.	„	1.	März	5,59
„	2.	„	6.	„	5,91
„	7.	„	11.	„	5,50
„	12.	„	16.	„	5,74
„	17.	„	21.	„	6,65
„	22.	„	26.	„	7,21
„	27.	„	31.	„	8,14
„	1.	„	5.	April	8,10
„	6.	„	10.	„	9,60
„	11.	„	15.	„	9,52
„	16.	„	20.	„	9,24
„	21.	„	25.	„	11,10
„	26.	„	30.	„	11,41

Vom	1.	bis	5.	Mai	13,50°
„	6.	„	10.	„	14,17
„	11.	„	15.	„	14,07
„	16.	„	20.	„	15,19
„	21.	„	25.	„	14,88
„	26.	„	30.	„	15,28
„	31.	„	4.	Juni	16,13
„	5.	„	9.	„	16,20
„	10.	„	14.	„	16,77
„	15.	„	19.	„	16,41
„	20.	„	24.	„	16,20
„	25.	„	29.	„	17,60
„	30.	„	4.	Juli	17,88
„	5.	„	9.	„	17,90
„	10.	„	14.	„	19,10
„	15.	„	19.	„	19,04
„	20.	„	24.	„	18,58
„	25.	„	29.	„	18,75
„	30.	„	3.	August	19,33
„	4.	„	8.	„	18,50
„	9.	„	13.	„	18,11
„	14.	„	18.	„	18,32
„	19.	„	23.	„	18,49
„	24.	„	28.	„	18,52
„	29.	„	2.	September	17,89
„	3.	„	7.	„	16,94
„	8.	„	12.	„	16,00
„	13.	„	17.	„	16,10
„	18.	„	22.	„	15,23
„	23.	„	27.	„	14,86
„	28.	„	2.	October	13,81
„	3.	„	7.	„	13,56
„	8.	„	12.	„	12,64
„	13.	„	17.	„	11,27
„	18.	„	22.	„	10,61
„	23.	„	27.	„	9.65
„	28.	„	1.	November	8,94
„	2.	„	6.	„	8,02
„	7.	„	11.	„	7,62
„	12.	„	16.	„	6,92
„	17.	„	21.	„	6,63
„	22.	„	26.	„	5,44

Vom 27. bis	1. December	. . .	5,44°
„ 2. „	6. „	. . . .	5,44
„ 7. „	11. „	. . . .	4,16
„ 12. „	16. „	. . . .	4,12
„ 17. „	21. „	. . . .	4,56
„ 22. „	26. „	. . . .	2,93
„ 27. „	31. „	. . . .	2,16

Der Gang der täglichen Temperaturen im Allgemeinen ist Schwankungen bald über, bald unter dem Mittel unterworfen, die sicherlich von localen Einflüssen abhängen. Indeß bietet ihr Studium Interesse dar, und sie haben zu folgenden Bemerkungen Anlaß gegeben, die wir Brandes entlehnen: *)

„1) Die größte Kälte des ganzen Jahres fällt fast überall in Europa in die ersten Tage des Januar. An den meisten Orten, wo man in Deutschland beobachtet hat, entspricht dies Maximum dem 9. oder 10. dieses Monats; an einigen dem 16.

„2) Dieser größten Kälte folgt nun ein ziemlich gleichförmiges Zunehmen der Wärme bis zum 28. Dann tritt ein Rückfall der Kälte ein bis zum 17. Februar, der ziemlich regelmäßigen Epoche dieses zweiten Minimums.

„3) Nach dem 12. Februar fängt in Schweden und nach dem 17. Februar fängt an andern Orten eine Zunahme der Wärme an, die aber bald durch eine offenbar aus dem nördlichen Asien herkommende neue Kälte auffallend unterbrochen wird. Diese sehr merkwürdige späte Kälte erreicht die verschiedenen Orte desto später, je westlicher und südlicher sie sind. In Moskau und Petersburg tritt ihr höchster Grad am 4. März ein; in Stockholm und Umeå ist sie am 9. März oder etwas später am größten. In Cuxhaven oder London ist ebenfalls die Zeit um den 9. März am kältesten; auf dem St. Gotthard sind vom 9. bis 14. fast gleich kalte Tage; Wien hat am 14. die größte Kälte; und obgleich in Rom, Rochelle, Zwanenburg, Mannheim keine

*) Die folgenden Sätze sind, obwohl zwischen Anführungszeichen, doch nicht streng den Beiträgen zur Witterungskunde von Brandes (Leipzig 1820) entlehnt; sie verallgemeinern oft zu sehr, und lassen eine große Reihe von Einzelheiten, ohne es anzudeuten, aus. Im deutschen Texte sind möglichst die Worte des Originals wiedergegeben. Anmerk. d. d. Ausg.

erhebliche Kälte eintritt, so ist doch an allen diesen Orten der 14. März als derjenige Tag bezeichnet, wo erst das Hinderniß aufhört, welches bisher einen gänzlichen Stillstand in der Zunahme der Wärme veranlaßte.

„4) Nach diesem Zeitpunkte einer größten Kälte fängt die Wärme zwar anfangs schnell an zu wachsen, aber nach einer fünf- bis zehntägigen Zunahme wird ihr Wachsen nochmals gehemmt .... Vom 19. März an nimmt nun in Stockholm, Umeå und Petersburg; vom 29. März an aber in allen südlicheren Gegenden ein gleichförmiges Steigen der Wärme seinen Anfang, das bis gegen Ende April dauert.

„5) Nach einem merklichen Sinken der Temperatur in den ersten Tagen des Mai tritt ein rasches Steigen um den 10. Mai ein, und eine minder warme Reihe von Tagen im Anfange des Juni scheint sich deutlich zu verrathen.

„6) Das Maximum der größten Sommerhitze tritt in allen südlichen Gegenden später als in den nördlichen ein. Die Wärme erreicht eigentlich zweimal einen größten Werth, zuerst in dem letzten Drittel des Juli, und dann nach einer mehr oder minder bedeutenden Abkühlung aufs Neue um den 11. bis 16. August.

„7) In der zweiten Hälfte des August beginnt in den nördlichern Gegenden ein rasches und anhaltendes Sinken der Temperatur; doch mit dem Anfange des October hemmt sich dieser rasche Abfall, und es kommt der Nachsommer, den Jedermann kennt. Eine zweite Rückkehr der Wärme findet in dem letzten Drittel des October*) statt. Darauf folgt eine Zunahme der Kälte, die im letzten Drittel des November durch eine abermalige Rückkehr der Wärme unterbrochen wird. Die Abnahme der Wärme im Monat December ist im Norden fortschreitend; in südlicheren Gegenden scheint diese Abnahme um die Mitte des Monats etwas geringer, und dann gegen Ende des Monats wieder größer zu werden.“

Die kleinen Unregelmäßigkeiten im Steigen der Temperatur vom 15. Januar bis zur Mitte des Juli, sowie in ihrem Sinken von diesem letzten Zeitpunkte bis zum folgenden 14. Januar verschwinden,

*) Ist im Original nicht in dieser Allgemeinheit ausgesprochen.

Anmerk. d. d. Ausg.

wenn man nur Monatsmittel in Betracht zieht. Dies geht aus der folgenden Tabelle hervor, welche nach den auf der pariser Sternwarte von 1806 bis 1851 inclusive, also während 46 Jahren angestellten Beobachtungen die mittleren Maxima, so wie die mittleren Minima der Temperaturen und die mittleren Temperaturen selbst liefert:

Monate.	Mittlere Temperaturen.		
	Maxima.	Minima.	Mittel.
Januar	5,02°	—0,87°	2,07°
Februar	7,31	0,67	3,99
März	10,01	3,15	6,58
April	13,12	6,51	9,81
Mai	18,38	10,67	14,52
Juni	21,12	13,56	17,34
Juli	22,67	15,41	19,04
August	22,42	14,57	18,49
September . . .	18,85	12,08	15,46
October	14,64	7,30	10,97
November . . .	9,67	3,91	6,79
December	6,85	0,33	3,59
Jahresmittel	14,17°	7,27°	10,72°

Man sieht, daß, mag man die mittleren Maxima oder die mittleren Minima oder endlich auch blos die mittleren Temperaturen der einzelnen Monate betrachten, die Temperatur vom Januar bis Juli wächst und von da bis zum December abnimmt. Der heißeste Monat ist der Juli, welcher auf das Sommersolstitium, und der kälteste der Januar, der auf das Wintersolstitium folgt.

Aus Beobachtungen an andern Orten würde man ein gleiches Resultat erhalten, wie man aus der folgenden Tabelle ersehen kann, welche die monatlichen Mitteltemperaturen für vier Stationen der nördlichen Länder enthält:

Monate.	Kopenhagen nach Bugge.	Stockholm nach Wargentin.	Petersburg nach Euler.	Christiania.
Januar	— 0,7°	— 4,1°	— 10,4°	— 3,4°
Februar	— 2,2	— 3,1	— 5,8	— 2,3
März	— 0,2	— 1,1	— 1,9	— 1,4
April	4,0	2,9	2,3	4,8
Mai	8,5	7,5	8,1	8,2
Juni	12,6	11,3	12,2	13,2
Juli	15,0	11,4	15,0	15,2
August	13,6	13,1	13,0	15,9
September . .	11,7	9,0	8,5	9,2
October	7,5	4,7	3,2	3,2
November . . .	2,9	— 1,3	— 2,5	1,8
December . . .	0,7	— 1,6	— 4,1	1,6
Jahresmittel . .	6,2	4,6	3,1	4,9

Vergleicht man die Temperaturen der Orte, indem man nur Mittagsbeobachtungen zu Grunde legt, so erhält man wieder ähnliche Resultate, als die zuvor angeführten. Dies zeigt die folgende Tabelle, die ich 1814 (Bulletin de la Société philomatique für 1814, S. 95) aus den zu Paris von 1806 inclusive bis Ende 1813, sowie aus den zu Straßburg von Herrenschneider seit Anfang des Jahres 1807 bis Ende 1813, und aus den zu Clermont-Ferrand von Ramond vom Juni 1806 bis Ende des Jahres 1813 angestellten Beobachtungen berechnet habe.

Monate.	Mittlere Temperaturen des Mittags		
	in Paris.	in Straßburg.	in Clermont-Ferrand.
Januar	3,7°	0,2°	1,1°
Februar	7,4	5,4	6,9
März	8,9	8,1	9,4
April	12,0	12,4	12,5
Mai	20,2	20,6	19,7
Juni	20,7	20,9	20,2
Juli	23,6	23,7	22,6
August	22,6	23,4	21,9
September	18,7	18,5	19,0
October	14,4	13,2	14,9
November	8,4	6,7	9,2
December	4,9	1,9	5,2
Jahresmittel	13,8	12,9	13,5

Da die mittleren Temperaturen von Paris, Straßburg und Clermont-Ferrand aus den Mitteln der täglichen Maxima und Minima berechnet, 10,7°, 9,8° und 11,1° sind, so sieht man, daß die Unterschiede von den Mitteln der Mittagsbeobachtungen respective 3,1°, 3,1° und 2,4° betragen. Nach den auf hohen Bergen, wie z. B. auf dem St. Gotthard, angestellten Beobachtungen scheint die Abweichung weniger groß zu werden, wenn man sich in der Atmosphäre erhebt.

Das Gesetz der monatlichen Aenderung der Temperatur besteht noch, wenn man einen ziemlich nahe am Aequator gelegenen Ort betrachtet, wie aus den in Havanna während der Jahre 1810, 1811 und 1812 von Jose-Joaquin de Ferrer angestellten meteorologischen Beobachtungen hervorgeht, deren Resultate ich in der Connaissance des temps für 1817 bekannt gemacht habe.

Monate.	Mittlere Monats-Temperaturen.
Januar	21,1°
Februar	22,2
März	24,3
April	26,1
Mai	28,1
Juni	28,4
Juli	28,5
August	28,8
September . . .	27,8
October	26,4
November . . .	24,2
December . . .	22,1
Jahresmittel.	25,7°

Die beiden im Laufe der drei Beobachtungsjahre von Jose-Joaquin de Ferrer in Havanna aufgezeichneten extremen Thermometerstände fallen auf den 14. August und den 20. Februar 1812; am ersten dieser beiden Tage stieg das Thermometer auf 30°, am zweiten stand es nur auf 16,4°. In einem 10 Fuß tiefen Brunnen hielt sich das Thermometer in der Luft auf 24,4°; in Berührung mit dem Wasser zeigte es 0,8° weniger.

32*

Der Leser wird bemerken, daß die in diesem Kapitel enthaltenen Data die Basis für die Theorie der Jahreszeiten bilden, wie ich sie in der populären Astronomie (Bd. 4 derselben, S. 448 bis 456) erläutert habe.

Vierunddreißigstes Kapitel.

Von den Isothermen, Isochimenen und Isotheren.

Wirft man einen Blick auf die allgemeine Tabelle des 30. Kapitels (S. 460 bis 471), so sieht man, daß die mittleren Temperaturen nicht in der ganzen Ausdehnung eines und desselben Parallelkreises auf der Erde gleich sind. A. v. Humboldt ist 1817 auf die Idee gekommen, auf einer Weltkarte alle diejenigen Punkte zu bezeichnen, deren mittlere Temperaturen 0°, + 5°, + 10° und + 20° betragen. Die krummen Linien, welche durch diese verschiedenen Reihen von Punkten gezogen werden, heißen die Isothermen von 0°, von 5°, von 10° u. s. w. (Man sehe die Figuren 349 bis 352 in der populären Astronomie, Bd. 4, S. 488 bis 491.)

„Die Anwendung der graphischen Verfahren, sagt mein berühmter Freund, wirft viel Licht auf Phänomene, die für den Ackerbau und den socialen Zustand der Bewohner vom höchsten Interesse sind. Wenn wir anstatt geographischer Karten nur Tabellen mit den Coordinaten der Breite, Länge und Höhe besäßen, so würden uns viele interessante Beziehungen, welche die Continente in ihrer Configuration und in den Ungleichheiten ihrer Oberfläche darbieten, für immer unbekannt geblieben sein.“

Die Linien gleicher mittlerer Wärme weichen sehr merklich von den Parallelkreisen ab und zeigen zwei Inflexionen. Ihre converen Scheitel in Europa liegen fast unter demselben Meridiane; von diesen Punkten aus senken sich die Curven gegen den Aequator sowohl wenn man nach Osten, als wenn man nach Westen geht; sie heben sich dann wieder und scheinen ihre zweiten converen Scheitel auf der Westküste Amerikas zu haben.

Die folgende Tabelle zeigt in auffallender Weise, daß wenn man in Europa nach Osten, also nach Asien, hingeht, die Isothermen aller Grade sich in regelmäßiger Weise senken.

Wenig östliche Orte.

Namen der Orte.	Breiten.	Mittlere Temperaturen.
Soendmoer	62° 30′ N.	5,3°
Christiania	59 54	5,0
Upsala	59 52	5,1
Kopenhagen	55 41	7,6
Amsterdam	52 22	9,3
Frankfurt	50 7	9,8
Mannheim	49 29	10,3
Troyes	48 18	11,3
Gap	44 33	12,3
Neapel	40 51	16,4

Weiter östlich gelegene Orte.

Namen der Orte.	Breiten.	Mittlere Temperaturen.
Umea	63° 50′ N.	2,1°
Bogoslowsk	59 44	— 1,1
St. Petersburg . .	59 56	3,7
Moskau	55 45	4,2
Warschau	52 13	7,0
Krakau	50 4	8,0
Tabor	49 24	8,0
Wien	48 13	10,2
Sebastopol	44 37	11,6
Peking	39 54	12,6

Ich bemerke, daß die Höhe von Peking wenig beträchtlich ist, und daß die von Moskau 142 Meter beträgt.

Wenn man nach Westen geht, so senken sich die Isothermen gegen den Aequator, dem sie von den atlantischen Küsten der neuen Welt bis in Osten des Mississippi und Missouri fast parallel bleiben. Es unterliegt keinem Zweifel, daß sie sich dann jenseits der Rocky-Mountains, auf den Asien gegenüberliegenden Küsten, zwischen 35° und 55° nördlicher Breite wieder heben; denn man weiß, daß der Oelbaum längs des Kanals von Santa-Barbara in Neu-Californien mit Erfolg cultivirt wird, und daß in Nutka, fast unter der Breite von Labrador die kleinsten Flüsse nicht vor dem Januar frieren.

Bei einem Gesammtüberblicke kann man von manchen Biegungen, die auf kleine Localitäten beschränkt sind, wie z. B. die an den Küsten des Mittelmeeres zwischen Marseille, Genua, Lucca und Rom wahrgenommenen, absehen. Es wird später nützlich sein, sie in detaillirten Karten darzustellen.

Einer Aenderung von einem Grade in der mittleren jährlichen Temperatur entsprechen in den verschiedenen Zonen folgende Breitenänderungen:

	Im neuen Continente (unter 70 bis 80° westl. Länge.)	Im alten Continente (unter 2 bis 17° westl. Länge.)
Zwischen 30 und 40° nördl. Breite	1° 24′	2° 30′
„ 40 „ 50 „ „	1 6	1 24
„ 50 „ 60 „ „	1 18	1 48

Die folgende Tabelle, in welcher unter wenig verschiedenen Breiten gelegene Orte der alten und neuen Welt verglichen werden, wird zeigen, eine wie viel höhere Temperatur die Westküste Europas genießt als die Ostküste der Vereinigten Staaten Nordamerikas.

		Breiten.	Mittlere Temperaturen.
Neue Welt.	St. Johns (Neufundland) . . .	47° 37′ N.	3,5°
	Quebec	46 49	5,5
	Eastport	44 54	6,0
	Cambridge	42 23	8,7
	New-York	40 43	12,1
	Washington	38 53	13,4
	Savannah	32 5	18,4
	New-Orleans	29 58	19,4

		Breiten.	Mittlere Temperaturen.
Alte Welt.	Nantes	47° 13′ N.	12,8°
	La Rochelle	46 9	11,6
	Bordeaux	44 50	13,5
	Perpignan	42 42	15,3
	Neapel	40 51	16,4
	Lissabon	38 42	16,4
	Funchal (Madeira)	32 38	18,7
	Sta. Cruz (Canarische Inseln).	28 28	21,9

Kurz die westlichen Küsten des alten und neuen Continents erfreuen sich unter gleicher Breite einer merklich höheren Temperatur als die östlichen.

In der heißen Zone, unterhalb 30° Breite, werden die Isothermen untereinander und mit dem Aequator fast parallel; so daß die lange Zeit geltend gewesene Ansicht, als ob die alte Welt selbst zwischen den Wendekreisen heißer wäre als die neue, unbegründet ist. Die folgende Tabelle zeigt deutlich, daß zwischen den Wendekreisen die mittleren Temperaturen auf beiden Seiten des Aequators gleich sind:

		Breiten.	Mittlere Temperaturen.
Neue Welt.	Havanna	23° 9′ N.	25,0°
	Vera-Cruz	19 12	25,0
	Pointe-à-Pitre	16 14	25,0
	Barbados	13 4	24,7
	Maracaybo	11 10	29,0
	Cumana	10 28	27,4
	Paramaribo	5 45	26,5
	Esmaraldas	3 11	26,4
	Payta	5 5 S.	27,1
	Rio Janeiro	22 54	23,1
Mittlere Temperatur der heißen Zone in der neuen Welt			25,92°

		Breiten.	Mittlere Temperaturen.
Alte Welt.	Canton	23° 8′ N.	21,1°
	Bombay	18 56	26,0
	St. Louis (Senegal)	16 1	24,7
	Madras	13 4	27,8
	Pondichery	11 56	28,1
	Karikal	10 55	28,7
	St. Georges del Mina (Afrika)	5 2	26,2
	Singapore	1 17	26,5
	Batavia	6 9 S.	26,2
	St. Denis (Insel Bourbon)	20 52	25,0
Mittlere Temperatur der heißen Zone der alten Welt			26,03°

Der bereits seit länger als einem Jahrhundert gemachten Bemerkung, daß die Temperaturen in der ganzen Ausdehnung eines jeden

Parallelkreises der Erde nicht gleich sind, und daß man beim Vorwärtsgehen von dem pariser Meridiane aus 70° in Länge nach Osten oder nach Westen ein kälteres Klima trifft, ist beizufügen, daß diese Differenzen zwischen den unter denselben Parallelkreisen gelegenen Orten nicht unter allen Breiten gleich groß sind.

Breiten.	Mittlere Temperaturen im Westen des alten Continents.	im Osten des neuen Continents.	Unterschiede.
30° N.	21,4°	19,4°	2,0°
40	17,3	12,5	4,8
50	10,5	3,3	7,2
60	4,8	— 4,6	9,4

Die Größen, um welche die mittleren Temperaturen abnehmen, wenn die Breiten zunehmen, sind in der folgenden Tabelle enthalten:

Breite	Aenderungen der Temperatur im alten Continente.	im neuen Continente.
Von 0° bis 20° . . .	2°	2°
„ 20 „ 30 . . .	4	6
„ 30 „ 40 . . .	4	7
„ 40 „ 50 . . .	7	9
„ 50 „ 60 . . .	5,5	7,4
„ 60 „ 70 . . .	10	9

In beiden Welten zeigt die Abnahme der mittleren Temperatur ein Maximum in der zwischen 40 und 45° Breite gelegenen Zone. „Dieser Umstand, sagt A. von Humboldt, muß auf die Civilisation und die Industrie der in der Nähe des mittleren Parallelkreises wohnenden Völker von Einfluß sein: es ist der Punkt, wo die Regionen des Weinstocks die des Oliven- und Citronenbaumes berühren. Nirgends sonst auf der Erde sieht man beim Vorschreiten von Norden nach Süden die Temperaturen schneller zunehmen; nirgends folgen daher auch die Erzeugnisse des Pflanzenreichs und die mannichfaltigen Objecte der Agricultur mit größerer Schnelligkeit auf einander. Nun belebt aber eine große Verschiedenheit in den Erzeugnissen der angrenzenden Länder den Handel und erhöht die Thätigkeit der ackerbauenden Bevölkerung.“

Nach der über die mittleren Temperaturen von uns gegebenen Definition ist einleuchtend, daß eine gleiche jährliche Wärmemenge an verschiedenen Orten sehr ungleich unter die verschiedenen Jahreszeiten vertheilt sein kann. Die folgende Tabelle zeigt in der That, wie sehr die Winter- und Sommertemperaturen auf einer und derselben isothermischen Linie von einander abweichen, wenn man sehr weit in Länge von einander abstehende Orte vergleicht. Man möge nicht übersehen, daß auf den beiden Continenten der alten und der neuen Welt, welche zwei verschiedene Systeme von Klimaten bilden, die Theilung der jährlichen Wärme zwischen Winter und Sommer so erfolgt, daß auf der Isotherme von 0° der Unterschied der beiden Jahreszeiten fast doppelt so groß als auf der Isotherme von 20° ist.

	Orte zwischen 3° westlicher und 15° östlicher Länge. Mittlere Temperaturen			Orte zwischen 60 und 74° westlicher Länge. Mittlere Temperaturen		
	des Winters.	des Sommers.	Unterschied.	des Winters.	des Sommers.	Unterschied.
Isothermen von 20°	15°	27°	12°	12°	27°	15°
„ „ 15	7	23	16	4	26	22
„ „ 10	2	20	18	— 1	22	23
„ „ 5	— 4	16	20	—10	19	29
„ „ 0	—10	12	22	—17	13	30

Aus dieser Tabelle folgt, daß die Unterschiede zwischen den Jahreszeiten auf den converen Scheiteln der Isothermen weniger groß sind als auf den concaven, so daß dieselbe Ursache, welche diese Curven nach den Polen zu treibt, auch gleichzeitig die Temperaturen der Jahreszeiten auszugleichen strebt.

Da die mittlere Temperatur des Jahres dem Viertel der Summe aus der Winter-, Frühjahr-, Sommer- und Herbsttemperatur gleich ist, so werden wir z. B. auf einer isothermischen Linie von 12° haben:

auf dem concaven Scheitel in Amerika (unter 77° westl. Länge von Paris):

$$12^0 = \frac{0^0 + 11{,}3^0 + 24{,}2^0 + 12{,}5^0}{4};$$

in der Nähe des converen Scheitels in Europa (unter dem pariser Meridiane):

$$12^0 = \frac{4{,}5^0 + 11{,}0^0 + 20{,}2^0 + 12{,}3^0}{4};$$

und auf dem concaven Scheitel in Asien (114° östl. Länge von Paris):

$$12^0 = \frac{-4^0 + 12{,}6^0 + 27^0 + 12{,}4^0}{4}.$$

Wenn man, anstatt wie zuvor die mittleren Temperaturen der Jahreszeiten zu betrachten, die mittleren Temperaturen des heißesten und kältesten Monats nimmt, so ist die Zunahme der Differenzen noch größer, als wir sie eben gefunden haben.

Es folgen hier die Elemente, nach denen man auf einer Karte die Isothermen zeichnen kann:

Die der Temperatur 0° entsprechende Linie geht 3° 54′ südlich von Nain (Labrador); durch den Eyafiord (an der Nordküste Islands); durch das Nordkap; 1° nördlich von Uleaborg; durch Solikamsk; durch Barnaul (Sibirien); und durch die St. Lorenzinsel (russisches Amerika).

Die Linie von 5° geht 0° 5′ nördlich von Quebec; durch die Südspitze Islands; durch Christiania; durch Kursk; 1° nördlich von Moskau; und 2° nördlich von Sitcha (russisches Amerika).

Die Isotherme von 10° geht etwas oberhalb Erasmus-Hall (Vereinigte Staaten); 1° südlich von Dublin; durch les Mesneux; 0° 23′ nördlich von Paris; durch Franeker; durch Würzburg; 0° 5′ südlich von Nicolajew; 2° 45′ nördlich von Peking; und 1° südlich vom Fort George (Westküste Amerikas).

Die Linie von 15° geht 0° 30′ nördlich von Chapel-Hill (Vereinigte Staaten); durch Montpellier; 0° 20′ nördlich von Florenz; 0° 40′ nördlich von Athen; 1° südlich von Baku; und 1° 5′ nördlich von Nangasaki.

Die Linie von 20° geht 0° 30′ nördlich vom Cantonnement Clinch (Vereinigte Staaten); durch Villanova de Portimao; durch die Nordspitze Afrikas; ungefähr 1° oberhalb Tunis; unter 33° 5′ Breite unterhalb der Insel Cypern; 5° nördlich von Canton; und unter 27° Breite durch Californien.

Die Isotherme von 25° endlich geht durch Havanna; 2° nördlich von St. Louis (Senegal); durch Esne (Oberägypten); durch Abuschеher (Persien); 1° nördlich von Benares; 1°30′ nördlich von Manilla und Veracruz.

Wenn man auf einer Karte anstatt der Isothermen oder der Linien gleicher Jahreswärme die Linien gleicher Wintertemperatur oder die Isochimenen auftrüge, so würde man bald bemerken, daß sie sich viel stärker als die erstern von den Parallelkreisen der Erde entfernen. In Europa sind die Breiten zweier Orte, welche dieselbe Jahrestemperatur haben, niemals mehr als 4 oder 5° verschieden, während der Breitenunterschied zweier Orte, deren Winter gleich kalt sind, 10 bis 15° betragen kann. Man vergleiche z. B. Stockholm mit Nicolajew, und das Nordcap mit Wilna.

Die Linien gleicher Sommerwärme oder die Isotheren zeigen fast ebenso große Biegungen; denn man findet dieselbe mittlere Temperatur für diese Jahreszeit in Moskau in der Mitte von Rußland, und in Frankreich in Montmorency, trotz eines Breitenunterschiedes von 7°; in Franeker (Friesland) unter 53° und in La Rochelle unter 46° Breite.

Fünfunddreißigstes Kapitel.

Ueber die Temperaturabnahme in der Atmosphäre mit der Höhe.

Die in den vorhergehenden Kapiteln enthaltenen Details beziehen sich nur auf die Vertheilung der Wärme an der Oberfläche der Erde; man sieht aber ein, daß es, um unter irgend einem Parallelkreise eine gegebene mittlere Temperatur z. B. 0° zu finden, genügen muß, einen in angemessener Höhe über dem mittleren Meeresniveau gelegenen Ort zu wählen; denn in dem Maaße, als man sich in der Atmosphäre über einem und demselben Orte erhebt, sinkt die Temperatur ziemlich rasch.

Die Aufsuchung des Gesetzes, nach welchem die Temperatur der Atmosphäre mit der Höhe über dem Meeresspiegel abnimmt, hat bereits viele Physiker beschäftigt, und doch fehlt noch viel daran, daß man sagen könnte, dieselbe sei erschöpft. Wir würden in dieser Beziehung weiter vorgeschritten sein, wenn man behufs einer Vermehrung der Zahl von Beobachtungen, welche die Luftfahrten von Gay-Lussac, von Barral und Bixio, von Welsh u. s. w.*) geliefert haben, daran gedacht hätte, von der Gefälligkeit der vielen Personen, die zu Paris mit Luftballons aufgestiegen sind, Nutzen zu ziehen. Bis derartige Beobachtungen reichlicher vorliegen werden, wollen wir wenigstens diejenigen Beobachtungen sammeln, welche auf hinreichend isolirten Bergen gemacht sind, so daß die Voraussetzung gestattet ist, es herrsche auf den Gipfeln derselben sehr nahe die Temperatur der in gleicher Höhe gelegenen freien atmosphärischen Schicht. In diese Kategorie glaube ich die Beobachtungen auf dem Berge Ventoux in der Nähe von Avignon, die wir Dr. Guérin, Conservator am Museum Calvet, verdanken, stellen zu dürfen. Das interessante Werk**), worin dieser ausgezeichnete Physiker seine mühsamen Untersuchungen niedergelegt, hat uns schon mehr als ein Mal Gelegenheit gegeben, seinen unermüdlichen Eifer hervorzuheben.

Als Mittelwerth aus seinen Messungen bei zahlreichen Besteigungen des Ventoux hat Guérin gefunden, daß man, um eine Abnahme der Temperatur der Atmosphäre um 1° zu erhalten, sich erheben muß

im Sommer um . . . . 156 Meter,
im Winter um . . . . 195 „
und in den zwischenliegenden Jahreszeiten um 174 „

Die folgende Tafel zeigt, wie die mittleren Temperaturen sich mit der Höhe ändern:

---

*) S. Bd. 9, S. 402 ff. der sämmtl. Werke.

**) Mésures barométriques, suivies de quelques observations d'histoire naturelle et de physique faites dans les alpes françaises et d'un précis de la méteorologie d'Avignon. Avign. 1829.

Anmerk. d. d. Ausg.

Höhe in Metern.	Heiße Zone von 0° bis 10° Breite. Mittlere Temperatur.	Gemäßigte Zone von 45° bis 47° Breite. Mittlere Temperatur.
0	27,5°	12,0°
974	21,8	5,0
1949	18,4	— 0,2
2923	14,3	— 4,8
3900	7,0	—10,4
4872	1,5	—16,0

Diese Tafel gründet sich auf die Discussion zahlreicher in Amerika auf dem Kamme der Cordilleren und in Europa auf den Alpen und Pyrenäen gemachter Beobachtungen. In unsern Klimaten hat Gay-Lussac auf seiner Luftfahrt gefunden, daß die Temperatur beim Aufsteigen in freier Luft für 187 Meter um 1° C. sinkt. Die Fahrt von Barral und Bixio hat 126 Meter für 1° gegeben; indeß war in diesem letzteren Falle die Atmosphäre durch ausgedehnte und sich mit großer Geschwindigkeit bewegende Wolkenmassen aufgeregt, während Gay-Lussac bei seinem Aufsteigen ruhiges Wetter und reinen Himmel hatte.

Eine stets unterhalb des Gefrierpunktes liegende Temperatur herrscht, wie man sieht, an jedem Orte in einer hinreichend großen Höhe in der Atmosphäre. Die Berge, deren Spitzen in die ewig eisigen Luftschichten reichen, sind mit immerwährendem Schnee bedeckt. (S. populäre Astronomie Bd. 4. S. 494.)

Man denke sich, man errichte in jedem Punkte der Erdoberfläche hinreichend große verticale Linien, die gerade bis in die Höhe reichen, wo die mittlere Temperatur von 0° herrscht, und lege dann durch die Endpunkte aller dieser verticalen Coordinaten eine Oberfläche: so erhält man die isotherme Fläche von 0°; ihr Durchschnitt mit der Erdkugel wird die entsprechende isotherme Linie sein, die wir bereits oben bestimmt haben. Durch dieselbe geometrische Betrachtung erhält man die isothermen Flächen von 5°, von 10° u. s. w. Diese Oberflächen sind unter dem Aequator weit vom Mittelpunkte der Erde entfernt, nähern sich aber demselben nach den Polen zu.

Sechsunddreißigstes Kapitel.

Ueber die mittlere Temperatur des Nordpols. — Kältepole.

Da die Schiffer in der Richtung nach Norden nur bis zum 82. Grade der Breite vorgedrungen sind, so gibt es keine directen Beobachtungen, welche geeignet wären, die unter 90°, d. h. am Nordpole herrschende Temperatur kennen zu lernen. Die Meteorologen hatten in dieser Hinsicht bis vor Kurzem sehr irrige Ideen, welche die Reisen der berühmten Seefahrer Parry, Franklin, Wrangel, Scoresby u. A. beträchtlich modificirt haben. Vielleicht hat man jetzt hinreichende Data gesammelt, um daraus mit einer gewissen Genauigkeit die mittlere Temperatur der Gegend um den Pol herleiten zu können. *)

Wir wollen zunächst die auf einigen der am weitesten nach dem Nordpole vorgedrungenen Expeditionen gesammelten Thermometerbeobachtungen discutiren.

Resultate der auf Kapitän Parry's erster Reise gemachten meteorologischen Beobachtungen.

Monate.	Nördliche Breite.	Westliche Länge.	Temperaturen in C.		
			Maxima.	Minima.	Mittel.
Juli 1819 . .	64° bis 74°	67° 1)	+ 7,7°	— 3,3°	+ 0,9°
August „ . . .	72 bis 75	93 2)	+ 5,5	— 2,2	0,0
September 1819 .	75	112 3)	+ 2,8	—18,3	— 5,3
October „ .	74¾	113 4)	— 8,0	—33,3	—19,7
November „ .	Ebendas.	Ebendas.	—14,4	—43,9	—29,2
December „ .	Ebendas.	Ebendas.	—14,4	—42,8	—29,9
Januar 1819 . .	Ebendas.	Ebendas.	—18,9	—43,9	—34,5
Februar „ . .	Ebendas.	Ebendas	—27,2	—45,6	—35,6
März „ . .	Ebendas.	Ebendas.	—14,4	—40,0	—27,8
April „ . .	Ebendas.	Ebendas.	0,0	—35,5	—22,4
Mai „ . .	Ebendas.	Ebendas.	+ 8,3	—20,0	— 8,5
Juni „ . .	Ebendas.	Ebendas.	+10,6	— 2,2	+ 2,4
Juli „ . .	Ebendas.	Ebendas.	+15,6	0,0	+ 5,8
August „ . .	74 bis 75	100 5)	+ 7,2	— 5,5	+ 0,4

1) Mitten in der Davisstraße und der Baffinsbai (zwischen 62° und 72° Länge). — 2) Längs des Lancastersundes (zwischen 80° bis 107° Länge). — 3) Ebenda (zwischen 107° und 117° Länge). — 4) Auf der Melvillesinsel. — 5) Zwischen 117° und 83°.

---

*) Vgl. die Anmerkung 10. S. 655 des 4. Bandes der populären Astronomie.
Anmerk. d. d. Ausg.

Aus diesen Beobachtungen würde folgen, daß unter 75° nördlicher Breite und 113° westlicher Länge von Paris die mittlere Jahrestemperatur — 17° C. betrüge; Kapitän Parry hat aber bei verschiedenen Gelegenheiten gefunden, daß die Nähe seiner beiden Schiffe die Angaben der Thermometer um ungefähr 3° Fahrenheit (1,67° C.) erhöhte.

Die mittlere Temperatur von Winter-Harbour auf der Südküste der Melvillesinsel muß also auf — 18,5° C. veranschlagt werden.

Diese Temperatur ist nicht viel von dem äußersten Kältegrade entfernt, den man zu Paris in den strengsten Wintern erlebt hat. Fern von den Schiffen sank im Februar 1819 das Thermometer bis — 47° C.

Resultate der auf Kapitän Parry's zweiten Reise gemachten meteorologischen Beobachtungen.

Monate.	Nördliche Breite.	Westliche Länge.	Temperaturen in C.		
			Maxima.	Minima.	Mittel.
Juli 1821 . .	62°	74° 1)	+10,0°	— 1,7°	+ 1,9°
August „ . .	66	87 2)	+ 8,9	— 2,2	+ 2,6
September 1821 .	66	86 3)	+ 3,6	— 6,7	— 0,6
October „ .	66 1/5	85 1/2 4)	+ 0,3	—25,0	—10,8
November „ .	Ebendas.	Ebendas.	— 2,2	—28,9	—13,5
December „ .	Ebendas.	Ebendas.	—16,7	—33,9	—25,0
Januar 1822 . .	Ebendas.	Ebendas.	—21,1	—38,6	—30,5
Februar „ . .	Ebendas.	Ebendas.	—20,0	—38,3	—31,6
März „ . .	Ebendas.	Ebendas.	—10,5	—37,2	—24,2
April „ . .	Ebendas.	Ebendas.	— 1,7	—24,4	—14,7
Mai „ . .	Ebendas.	Ebendas.	+ 7,8	—19,5	— 5,0
Juni „ . .	Ebendas.	Ebendas.	+10,0	— 6,7	+ 1,1
Juli „ . .	66 2/5 bis 69	83	+12,2	— 1,1	+ 2,4
August „ . .	69 1/2	85	+10,0	— 2,3	+ 0,9
September „ . .	Ebendas.	85	+ 2,8	—11,7	— 2,2
October „ . .	69 1/3	84 5)	— 1,7	—22,8	—10,7
November „ . .	Ebendas.	Ebendas.	—13,3	—35,6	—28,5
December „ . .	Ebendas.	Ebendas.	—23,3	—41,6	—23,2
Januar 1823 . .	Ebendas.	Ebendas.	— 5,6	—42,8	—27,2
Februar „ . .	Ebendas.	Ebendas.	— 6,1	—41,6	—29,1
März „ . .	Ebendas.	Ebendas.	—15,6	—40,5	—28,7
April „ . .	Ebendas.	Ebendas.	0,0	—31,6	—18,7
Mai „ . .	Ebendas.	Ebendas.	+ 9,7	—22,2	— 4,0
Juni „ . .	Ebendas.	Ebendas.	+11,1	—13,3	+ 0,2
Juli „ . .	Ebendas.	Ebendas	+15,0	— 1,1	+ 4,4
August „ . .	69 1/5 bis 66 1/5	85 1/2 bis 84	+12,7	— 4,4	+ 3,2

1) Hudsonsstraße. — 2) Hudsonsbai. — 3) Vor Anker. — 4) Winter-Island. — 5) Auf der Insel Igloolik.

Diese Tabelle gibt für die mittlere Jahrestemperatur der Winterinsel, 66° 11′ Br., 85° 31′ westl. Länge. — 12,5°
und für die mittlere Jahrestemperatur der
Insel Igloolik, 69° 19′ Br., 84° 23′ westl. Länge. — 13,9° [—16,6]*)

Auf der Winterinsel ging im Jahre 1822 die Kälte nicht bis zum Gefrierpunkte des Quecksilbers.

Kurze Zusammenstellung der auf der Reise des Kapitäns Franklin gemachten Beobachtungen.

Monate.	Nördliche Breite.	Westliche Länge.	Temperaturen in C.		
			Maxima.	Minima.	Mittel.
September 1819 .	57° bis 54½°	93¾°	+16,1°	— 1,1°	+ 8,3°
October „ .	53 bis 54	102½	+12,8	— 7,2	+ 2,7
November „ .	54	104½ 1)	+ 7,2	—28,9	— 9,1
December „ .	Ebendas.	Ebendas.	+ 4,4	—35,0	—16,0
Januar 1820 . .	Ebendas.	Ebendas.	—12,2	—42,2	—25,1
Februar „ . .	Ebendas.	Ebendas.	— 6,7	—36,7	—18,3
März „ . .	Ebendas.	Ebendas.	+12,2	—30,0	—11,0
April „ . .	Ebendas.	Ebendas.	+25,0	—25,0	+ 1,7
Mai „ . .	Ebendas.	Ebendas.	+28,9	— 6,7	+10,0
Juni „ . .	54 bis 55½	107	+30,5	+ 5,6	+14,9
Juli „ . .	58¾ bis 62⅓	114½ 2)	+28,9	+ 8,3	+17,1
August „ . .	62⅓ bis 64½	116	+25,5	+ 0,5	+13,4
September „ . .	64½	115½ 3)	+11,7	— 8,9	+ 1,0
October „ . .	Ebendas.	Ebendas.	+ 2,8	—15,0	— 4,8
November „ . .	Ebendas.	Ebendas.	— 3,9	—35,0	—18,1
December „ . .	Ebendas.	Ebendas.	—14,4	—49,7	—34,7
Januar 1821 . .	Ebendas.	Ebendas.	— 6,7	—45,0	—25,4
Februar „ . .	Ebendas.	Ebendas.	—17,2	—46,1	—33,7
März „ . .	Ebendas.	Ebendas.	— 4,4	—44,9	—24,1
April „ . .	Ebendas.	Ebendas.	+ 4,4	—35,6	—15,2
Mai „ . .	Ebendas.	Ebendas.	+20,0	—13,3	— 0,2

1) Cumberland-House. — 2) Zwischen dem Fort Chypewyan und dem Fort Providence. — 3) Fort Entreprise.

Aus diesen Beobachtungen folgt: 1) daß die mittlere Temperatur von Cumberland-House (54° Breite, 104° 30′ westlicher Länge) um ein Geringes über —1,0° C. liegen muß; 2) daß die mittlere Temperatur des Forts Entreprise (64° 30′ nördlicher Breite, 115° 30′ westlicher Länge) wenig von —9,2° C. verschieden ist.

Im Niveau des Meeres sinkt in der Nähe des Aequators das Thermometer niemals unter +18° C.; im Fort Entreprise hat Kapitän

*) Vgl. Repert. der Phys. Bd. 4, S. 104. Anmerk. d. d. Ausg.

Franklin —50° beobachtet. Diese beiden Zahlen sind um 68° verschieden. Viel weniger von einander abstehende Resultate erhält man dagegen, wenn man die Maxima der Temperatur unter einander vergleicht. Die Meteorologen des vorigen Jahrhunderts glaubten sogar, daß im Sommer das Thermometer zwischen den Wendekreisen nicht höher steige als in den Polargegenden; man darf aber nur auf die Beobachtungen der Kapitäne Parry und Franklin einen Blick werfen, um das Irrige dieser Meinung einzusehen. Die vorstehenden Tabellen zeigen, daß man sich noch mehr täuschen würde, wenn man einen allgemeinen Sommer annähme, d. h. die Ansicht aufstellen wollte, daß die mittleren Temperaturen der Monate Juni, Juli und August überall dieselben wären. Auf der Melvillesinsel hat nämlich der heißeste Monat, der Juli, nur die Mitteltemperatur +6° C., während dieselbe z. B. in Paris +19° beträgt. Uebrigens hat bereits A. von Humboldt in seiner schönen Abhandlung über die Isothermen jenen Systemen das Urtheil gesprochen.

Unter gleicher Breite findet man zwischen den auf entfernten Meridianen gemessenen mittleren Temperaturen sehr große Unterschiede. Längs der Westküste Europas gleichen die Resultate sehr nahe denen, die man auf hohem Meere im atlantischen Oceane erhält, weichen aber stark von den mittleren Temperaturen ab, die in Amerika unter demselben Parallelkreise herrschen, besonders wenn man in diesem Continente Orte wählt, die etwas im Innern des Landes liegen. Wenn man annimmt, daß die neue Welt sich bis zum Nordpole erstreckt, sei es als zusammenhängendes Land, sei es durch einen aus sehr nahe aneinander liegenden Inseln bestehenden Archipel, so wird man die Temperatur dieses Punktes durch Discussion von bloß auf dem amerikanischen Meridiane gemachten Beobachtungen erhalten. Setzt man dagegen voraus, daß der Nordpol vom Meere bedeckt ist, so wird man hoffen dürfen, zu einem Resultat zu gelangen, wenn man ausschließlich die Beobachtungen der Kapitäne der isländischen Wallfischfänger, und vielleicht auch die Beobachtungen einiger Punkte der schottischen und norwegischen Küste in Betracht zieht. Wir wollen zunächst sehen, was uns die erste Hypothese liefern würde.

Orte.	Breite.	Mittlere Temperatur.
Cumberland-House . .	54° 0′	— 1,0°
Rain	57 10	— 3,6
Fort Churchill . . .	59 2	— 7,2
Fort Reliance . . .	62 46	— 5,9
Fort Entreprise . . .	64 30	— 9,2
Fort Franklin . . .	65 12	— 8,2
Winterinsel	66 11	— 12,5
Fort Hope	66 32	— 13,2
Insel Igloolik . . .	69 19	— 13,9
Felixhafen	70 0	— 15,7
Port Bowen . . .	73 14	— 15,8
Melvillesinsel . . .	75 0	— 18,5

Der Gang der Zahlen in dieser Tabelle ist, wenn man etwas auf die Fehler in den Bestimmungen der verschiedenen darin angeführten mittleren Temperaturen rechnet, augenscheinlich ziemlich regelmäßig. Unter der Annahme, daß dasselbe Gesetz zwischen 75° und 90° Breite gelte, wird man für die Temperatur des Nordpoles ungefähr — 32° C. finden.

Wenn wir nun zu dem andern Falle übergehen, und also die Voraussetzung machen, daß der atlantische Ocean sich frei bis zum Pole erstrecke, so wird man folgende neue Elemente zu Grunde zu legen haben:

Orte.	Breite.	Mittlere Temperatur.
Edinburgh	55° 57′	+ 8,6°
Aberdeen	57 9	8,8
Clunie Manse . . .	57 12	8,2
Christiania	59 54	5,0
Shetlandinseln . . .	60 45	7,5
Faer-Öer	62 2	7,5
Reikiavik	64 8	3,9
Eyafiord (Island) . .	65 40	0,0
Nordcap	71 10	0,1
Auf dem Meere (unter d. Meridian v. London)	76 45	— 7,5
Grönländ. Meer (in der Nähe von Spitzbergen)	78 0	— 7,7
Auf d. Meere (ebendas.)	78 0	— 8,3

Verbindet man alle diese Zahlen, so gut es geht, durch eine Formel, und sucht dann, welchen Werth dieselbe für die mittlere Temperatur des Poles gibt, so findet man ungefähr — 18° C. Die erste Hypothese hatte uns auf — 32° geführt. Sonach würde, selbst wenn man die Ausdehnung, welche ich den Formeln gegeben habe, als gerechtfertigt annähme, eine Unsicherheit von 14° im Resultate übrig bleiben, und zwar infolge unserer Unkenntniß über die nördlichen Grenzen Amerikas.

Einstweilen, bis neue Beobachtungen vorliegen, scheint es, als ob man die mittlere Temperatur des Pols auf — 25° C. festsetzen könne.

Um 1760 nahm sie Mayer zu 0° an. Auf diesen enormen Irrthum in der Bestimmung des göttinger Astronomen hat zuerst der berühmte Seefahrer Scoresby hingewiesen.

Scoresby, dessen seltenes Verdienst darzulegen ich Gelegenheit gehabt habe*), hat auf seinen zahlreichen Reisen in den nördlichen Meeren der Beobachtung des Thermometers besondere Sorgfalt zugewandt. Er hat alle seine Beobachtungen vereinigt, um daraus die mittleren Temperaturen der Luft für jeden Monat des Jahres, wo sich die Wallfischfänger in den Polarmeeren aufhalten, herzuleiten. In der folgenden Tabelle sind als Vergleichungspunkt die mittleren Temperaturen zu Paris neben die von Scoresby bestimmten gestellt; alle Temperaturen sind von mir auf hunderttheilige Grade reducirt worden.

Monate.	Breiten.	Anzahl von Scoresby's Beobachtungen.	Mittlere Temperaturen im Norden.	Entsprechende Temperaturen in Paris.
April . .	70° 0′ N.	370	— 10,0°	9,8°
Mai . .	77 17	956	— 5,0	14,5
Juni . .	78 15	831	— 0,4	17,3
Juli . .	77 18	548	+ 2,9	19,0

Die 956 Beobachtungen im Mai sind in 12 Jahren, die 831 Beobachtungen im Juni auf 10, und endlich die 548 Beobachtungen im Juli auf 7 verschiedenen Reisen gesammelt worden.

*) S. Bd. 9, S. 238 ff. der sämmtl. Werke.

Nehmen wir an, daß in der Nähe des Poles, ebenso wie dies in unserem Klima gilt, die mittlere Temperatur des Aprils beinahe der Mitteltemperatur des ganzen Jahres gleichkommt, so erhält man, wie man sieht, für dies Element unter 70° nördlicher Breite auf freiem Meere — 10° C. Diese Temperatur ist noch niedriger als diejenige, die sich in den vorhergehenden Deductionen ergeben hat.

Indeß weiß ich wohl, daß mehrere Physiker der Ansicht gewesen sind, daß die Zahl — 25°, zu welcher ich durch die dem Leser vorgelegten Deductionen gelangt bin, eine zu tiefe Temperatur angebe; sie weicht aber von der in den Polargegenden beobachteten tiefsten Temperatur von — 58° um 33° ab, und ist folglich von diesem Minimum ebenso weit entfernt, als die mittleren Temperaturen aller anderen Orte von den extremsten tiefen Ständen abstehen. So ist z. B. für Paris die mittlere Temperatur + 10,7°, während die größte beobachtete Kälte auf — 23,5° steigt; der Unterschied beträgt 34,2°.

Wie dem auch sein möge, aus den Gestalten, welche die Isothermen in dem Maaße annehmen, als man nördlichere Breiten betrachtet, sowie aus der Discussion aller Beobachtungen geht hervor, daß der kälteste Punkt vielleicht nicht mit dem geographischen Pole zusammenfällt. Nach dem von Brewster, Berghaus und anderen Physikern angestellten Rechnungen würde es zwei Punkte geben, die kälter wären als ihre Umgebungen; es würden die beiden Kältepole der nördlichen Halbkugel sein, und der eine von ihnen in Asien, der andere in Amerika liegen. David Brewster hat sie unter 80° Breite und 93° östlicher und 102° westlicher Länge von Paris gelegt. Nach Berghaus würde der nordamerikanische Kältepol unter 78° nördlicher Breite und 97° westlicher Länge, und der asiatische unter 79° 30' nördlicher Breite und 120° östlicher Länge liegen. Dieser Physiker legt dem ersten die mittlere Temperatur — 19,7° und dem zweiten die Temperatur — 17,2° bei.*).

*) Ueber die Temperatur des Poles s. die in den Anmerkungen zum 4. Bd. der populären Astronomie S. 655 und 656 citirten Schriften von Dove.

Anmerk. d. d. Ausg.

Siebenunddreißigstes Kapitel.

Ueber das Klima der Ostküste Nordamerikas.

Es ist seit langer Zeit bekannt, daß die Ostküste der Vereinigten Staaten Nordamerikas merklich kälter ist als die Westküste Europas. Durch Erscheinungen in der Vegetation, die A. von Humboldt in seiner schönen Abhandlung über die Isothermen anführt, ist ferner bewiesen worden, daß die Westküste des neuen Continents ein milderes Klima besitzt als die Ostküste; beim Mangel an genauen und hinreichend lange fortgesetzten meteorologischen Beobachtungen würde es aber nicht möglich sein, anzugeben, wie viel Grade der Unterschied beträgt. Man wird außerdem Interesse daran haben können zu untersuchen, ob auf beiden Continenten die Westküsten genau gleiche Temperaturen besitzen, und bis zu welchen Breiten sich diese Aehnlichkeit erstreckt. Nun, die Beobachtungen Mac Loughlin's, deren hauptsächlichste Resultate wir angeben wollen, werden einst von den Meteorologen, welche diese wichtigen Fragen der physischen Geographie definitiv zu lösen unternehmen, mit Vortheil benutzt werden können.

John Mac Loughlin hat zunächst von Mai 1832 bis zum April 1833 und dann von October 1835 bis zum März 1837 im Fort Vancouver (am Columbiaflusse, unter 45° 38′ Breite an der Westküste Nordamikas) beobachtet. Die von ihm gewählten Beobachtungsstunden sind 6 Uhr Morgens, 2 Uhr Nachmittags und 6 Uhr Abends.

2 Uhr Nachmittags ist fast an jedem Orte und in jeder Jahreszeit der Moment der höchsten Tagestemperatur, aber 6 Uhr Morgens ist die Stunde des Minimums nur an den beiden Aequinoctien; daher würde die Combination der Beobachtungen um 6 Uhr Morgens und 2 Uhr Nachmittags ein zu hohes Resultat geben. Hier zeigte sich der Nutzen der im 30. Kapitel (S. 479) über die Eigenschaften der gleichnamigen Stunden gemachten Bemerkung sehr deutlich; 6 Uhr Morgens und 6 Uhr Abends finden sich nämlich in den Tabellen Mac Loughlin's. Man hatte also, da die Beobachtungen der extremen Thermometerstände fehlen, zwei andere Elemente, welche der mittleren

Temperatur, oder einer um 2 bis 3 Zehntel geringeren als diese, gleichwerthig sind. Auf diese Weise ist die mittlere Temperatur eines Jahres für das Fort Vancouver zu 12,8° C. gefunden worden. Ich lasse hier die extremen und die mittleren Temperaturen folgen: man wird sich erinnern, daß die Minima etwas zu hoch sein können, weil das Thermometer am Morgen nur um 6 Uhr beobachtet wurde.

Monate.	Aeußerstes Maximum.	Aeußerstes Minimum.	Mittlere Temperatur.
Mai 1832 . .	37,8°	5,5°	14,1°
Juni	37,2	10,5	15,1
Juli	35,0	11,7	16,9
August . . .	33,3	15,5	21,5
September . .	28,3	13,3	18,4
October. . .	20,0	10,0	12,8
November . .	18,9	5,0	10,4
December . .	18,3	7,8	11,4
Januar 1833 .	16,1	— 11,1	1,0
Februar . . .	15,0	— 0,6	9,3
März . . .	17,8	3,3	9,5
April . . .	21,7	2,8	12,7

In der folgenden Tabelle, die keiner Erklärung bedarf, habe ich die Resultate der zweiten Beobachtungsreihe vereinigen können. Ich habe nur anzuführen, daß, da die Maxima und Minima der Tagestemperaturen nicht beobachtet worden waren, die mittleren Temperaturen der Tage und Monate nur mittelst der Beobachtungen an den gleichnamigen Stunden, Morgens und Abends 7 Uhr, erhalten werden konnten.

Monate.	Aeußerstes Maximum.	Aeußerstes Minimum.	Mittlere Temperaturen.
October 1835 .	26,1°	0,6°	9,6°
November . .	13,3	— 2,2	3,8
December . .	14,4	— 6,1	2,6
Januar 1836 .	13,9	— 3,9	2,0
Februar . . .	13,3	— 4,4	1,2
März . . .	19.4	0,0	7,5
April . . .	20,0	4,4	9,8
Mai	26,6	5,5	14,3
Juni	26,6	8,9	15.8
Juli	36,0	12,7	19,8

August . . .	36,6°	12,2°	19,1°
September . .	30,0	2,7	13,7
October . . .	27,7	3,3	11,1
November . .	16,0	— 1,7	5,8
December . .	13,3	— 10,5	2,0
Januar 1837 .	13,8	— 5,5	1,2
Februar . . .	13,9	— 1,6	2,7
März . . .	21,5	— 6,0	6,3
Mittel . .			10,0°

Dies Mittel ist merklich niedriger als das, welches die erste Beobachtungsreihe erwarten ließ. 10° C. ist geringer als die mittlere Temperatur unter 45° in Europa, übertrifft aber fast um dieselbe Größe die Temperatur des 45. Grades auf der amerikanischen Ostküste. Sollte also die Westküste des neuen Continents, insofern sie eben die Westküste ist, ein milderes Klima besitzen als die Ostküste der Vereinigten Staaten? sollte dagegen eben diese Westküste, insofern sie Amerika angehört, weniger warm sein, als die Westküste des alten Continents? Dies sind die wichtigen Fragen, welche die vorhergehende Tabelle hervorruft. Das Beobachtungsjahr, dessen Resultate zuvor angeführt wurden, eignet sich um so weniger zu ihrer Entscheidung, als vom April 1836 bis zum März 1837 die Westwinde am Columbia viel geringere Zeit geherrscht haben, als man erwarten sollte, wenn man die Ursachen, denen sie ihre Entstehung verdanken, und die Beobachtungen auf der entgegengesetzten Küste desselben Continents in Betracht zieht.

Uebrigens will ich hier einige Zahlen aufnehmen, damit Jeder mit einem Blicke übersehen kann, wie viel unter gleichen Breiten die Ost- und Westküsten Amerikas in Bezug auf Temperatur von einander verschieden sind, und wie weit dagegen zwischen den Temperaturen der gleichnamigen Küsten des alten und neuen Continents Aehnlichkeit vorhanden ist.

		Breiten.	Mittlere Temperaturen.
Ostküsten des alten Continents.	Peking	39° 54′ N.	12,6°
	Nangasaki	32 45	16,4
	Canton	23 8	21,1
	Macao	22 11	22,5
	Manilla	14 29	26,4
	Bangkok	13 40	27,3
	Karikal	10 55	28,7
	Kandy	7 18	22,7
	Singapore	1 17	26,5
	Batavia	6 9 S.	26,2
	Sydney	33 51	18,1

		Breiten.	Mittlere Temperaturen.
Ostküsten des neuen Continents.	Philadelphia	39° 57′ N.	11,9°
	Savannah	32 5	18,1
	Key-West	24 34	24,7
	Ubajay (i. d. Nähe v. Havanna)	23 9	23,0
	Basse-Terre (Guadeloupe)	15 59	26,3
	Barbados	13 4	24,7
	La Guayra	10 37	28,1
	Paramaribo	5 45	26,5
	Cayenne	4 56	26,8
	Rio Janeiro	22 54 S.	13,1
	Buenos Ayres	34 36	17,0

Das Mittel aus der ersten Reihe ist 22,6°, aus der zweiten 22,7°; beide Werthe sind einander gleich.

In den nachfolgenden beiden Tabellen findet man die mittlere Temperatur von 12° oberhalb des 45. Grades nördlicher Breite, während man in den vorhergehenden Tabellen bis 40° hinabgehen muß, um sie anzutreffen.

		Breiten.	Mittlere Temperaturen.
Westküsten des alten Continents.	Aberdeen	57° 9′ N.	8,8°
	La Rochelle	46 9	11,6
	Bordeaux	44 50	13,5
	Lissabon	38 42	16,4
	St. George del Mina (Afrika)	5 2	26,2
	Fort Dundas (Australien)	11 25 S.	27,0
	Van Diemensland	42 53	11,3

		Breiten.	Mittlere Temperaturen.
	Sitcha (Russisches Amerika) .	57° 30′ N.	6,4°
Westküsten des neuen Continents.	Fort George (Columbia) . .	46 18	10,1
	Fort Vancouver	45 38	11,4
	San Francisco	37 48	13,6
	Guayaquil	2 11 S.	26,0
	Lima	12 3	22,7
	Insel Chiloë	41 52	10,5

Das Mittel aus der ersten Reihe ist 16,4°, und aus der zweiten 15,8°; der Unterschied kann wieder als unbedeutend betrachtet werden.

Ich lasse hier andere Beobachtungen über die amerikanische Westküste folgen, die im Fort George (Columbia), 46° 18′ nördlicher Breite und 125° 20′ westlicher Länge, von Scouler gemacht wurden. Die Beobachtungen während eines Jahres, das aus Monaten der Jahre

1821 und 1822 besteht, geben 10,3° C.
1823 und 1824 „ „ 10,9 „

Wenn man diese Zahlen benutzen will, muß man bemerken, daß sie aus drei täglichen, stets um 6 Uhr Morgens, um Mittag und um 6 Uhr Abends angestellten Beobachtungen hergeleitet worden sind. Das Thermometer hing nach Norden.

In den Monaten März und September müssen die von Scouler gegebenen mittleren Temperaturen niedriger sein als die wahren. Denn wenn um 6 Uhr Morgens der kälteste Augenblick des Tages ist, so ist Mittag nicht der wärmste; da nun ferner die Beobachtung um 6 Uhr Abends (beim Untergang der Sonne) im Allgemeinen das Mittel des Tages gibt, so muß das Mittel aus allen drei Beobachtungen unter der wahren Temperatur liegen.

September,	mittlere Temperatur.	1821 . .	15,3°	1823 . .	15,2°
„	höchste „	1821 . .	26,1	1823 . .	18,3
„	niedrigste „	1821 . .	9,4	1823 . .	8,9
März,	mittlere „	1822 . .	7,9	1824 . .	6,2
„	höchste „	1822 . .	17,2	1824 . .	18,3
„	niedrigste „	1822 . .	—0,6	1824 . .	—5,0

Die größte im Fort George 1821, 1822, 1823 und 1824 beobachtete Wärme ist 31,1°; die niedrigste —7,21° C.

Ich will noch hinzusetzen, daß es in Okak, auf der Küste von Labrador, im Jahre kaum zwei Monate gibt, wo es nicht schneit und friert. Der Schnee häuft sich an der Meeresküste auf Labrador zu 7 bis 8 Meter Höhe, während er unter derselben Breite auf der westlichen Küste schmilzt, sobald er gefallen ist.

Im 4. Bande der populären Astronomie S. 464 habe ich die Erklärung der oben dargelegten Temperaturunterschiede zwischen den Ost- und Westküsten der beiden Continente gegeben und die Ursachen für das strenge Klima Nordamerikas aufgesucht. Ich komme auf diesen Gegenstand nur zurück, um an eine interessante, schon 1793 veröffentlichte Abhandlung von Holyoke (Memoirs of the American Academy, Bd. 2. S. 65) zu erinnern. Nach diesem Physiker ist die Atmosphäre Nordamerikas im Sommer 4,4° heißer, und im Winter 15,5° kälter, als die Atmosphäre der unter gleichen Breiten gelegenen Theile Europas. Die Winde, welche in Amerika im Allgemeinen die größte Kälte erzeugen, kommen aus Nordwesten; die großen im Westen gelegenen Seen sind also nicht die Ursachen der niedrigen Wintertemperatur. Die Erscheinung ist dem Vorhandensein ungeheurer Wälder zugeschrieben worden. Der Schnee, sagt man, ist darin gegen die Sonnenstrahlen geschützt, und muß sich länger halten. Dieser Umstand würde eine längere Dauer des Winters und eine geringere Temperatur der Winde im Frühjahr zu erklären vermögen; die Ursache einer strengeren Kälte im Winter läßt sich aber darin nicht finden. In der nördlichen Halbkugel kommen die am häufigsten wehenden Winde aus Westen. Auf den Westküsten der Continente sind diese Winde, weil sie daselbst nach dem Streichen über das Meer anlangen, im Winter weniger kalt und im Sommer weniger heiß, als wenn sie über eine größere Strecke Landes hinweggegangen wären; daraus leuchtet ein, daß die Extreme der jährlichen Temperaturen weiter auseinander liegen müssen auf den Ostküsten, als auf denjenigen Küsten, welche das Meer im Westen haben. Holyoke untersucht nicht, warum der erwärmende Einfluß der Westwinde im Sommer in Amerika durch die erkaltende Einwirkung der Westwinde im Winter mehr als ausgeglichen wird. Er hätte sich gleichfalls fragen müssen, warum in unserer Halbkugel die am häufigsten wehenden Winde Westwinde sind.

Er bemerkt übrigens, daß nach dieser Theorie die Westküsten Amerikas und die Ostküsten Asiens von den entgegengesetzten Küsten eben derselben Continente verschieden sein müssen. Nach ihm regnet es in Amerika reichlicher als in Europa, und die Zahl der heiteren Tage ist daselbst ebenfalls größer. Doch dies sind Angaben, welche anderswo geprüft werden müssen. *)

Ich kann nicht umhin hier ebenfalls noch den wichtigen Einfluß zu erwähnen, welchen die großen Strömungen warmen Wassers auf die Temperaturen der Länder haben müssen, indem sie bei ihrem Durchkreuzen der Meere die darüberliegende Luft erwärmen und so den benachbarten Küsten Winde zusenden, die ihr Klima modificiren.

In dem Berichte, den ich über die auf der Fahrt der Venus ausgeführten wissenschaftlichen Arbeiten abgestattet habe, hob ich die Wichtigkeit von Thermometerbeobachtungen für die Bestimmung der Strömungen im Ocean hervor. **) Nach der Lesung dieses Berichtes hat Herr de Tessan geglaubt, von diesem Gesichtspunkte aus nochmals die Tagebücher durchsehen zu müssen, worin die Resultate der stündlichen Beobachtungen der Temperatur des Meeres verzeichnet sind, und ist auf diese Weise dahin gelangt, das Vorhandensein eines Stromes sehr warmen Wassers in dem japanischen Meere, 160 geographische Meilen von den Küsten Japans und 100 Meilen von den Kurilen nachzuweisen, der bis jetzt von den Schiffern nicht bemerkt zu sein scheint, und durch den Unterschied zwischen seiner Temperatur und der Temperatur des von ihm durchschnittenen Meeres nicht weniger merkwürdig ist, als der berühmte Golfstrom. Beide Ströme erzeugen übrigens in den von ihnen durchschnittenen Meeren ähnliche Wirkungen, und die fast beständigen Nebel der Küsten Japans scheinen den fast beständigen Nebeln der Neufundlandsbank zu entsprechen.

Der folgende Auszug aus den am Bord der Venus über die Thermometerbeobachtungen gehaltenen Tagebüchern zeigt, wie beträchtlich die Temperatur dieses Stromes diejenige überstieg, welche man infolge der Breite hätte erwarten sollen. Man fand auf der Ueberfahrt von den Sandwichinseln nach Kamtschatka:

---

*) S. den die vermischten Aufsätze enthaltenden 16. Band von Arago's Werken.

**) S. Bd. 9, S. 216.

Am 15. August 1837, Mittags, unter 40° 16′ nördl. Breite und 161° 37′ östl. Länge die Temperatur der Luft 26,0°;

am 16. Mittags, unter 42° 1′ Breite und 161° 18′ Länge die Temperatur der Luft 25,1°;

am 17. Mittags, unter 41° 42′ Breite und 160° 22′ Länge die Temperatur der Luft 20,9°;

am 18., unter 40° 55′ Breite und 160° 30′ Länge die Temperatur der Luft 13,5°.

	Temperatur des Meeres an seiner Oberfläche			
Stunden.	am 15.	am 16.	am 17.	am 18.
Mitternacht	26,0°	25,6°	21,0°	15,0°
1	25,8	25,3	22,0	13,3
2	25,5	25,0	22,0	13,6
3	25,5	24,6	21,8	13,8
4	25,5	24,3	21,6	14,0
5	25,7	24,0	21,0	15,2
6	25,8	23,6	21,0	15,2
7	26,0	23,6	21,0	14,7
8	26,0	24,0	21,2	14,8
9	26,5	24,0	20,0	14,0
10	26,7	24,0	19,0	13,5
11	26,7	24,0	19,0	13,3
Mittag	26,7	24,0	19,0	13,3
1	26,5	24,1	19,0	13,3
2	26,7	24,2	19,0	13,7
3	26,8	24,2	19,0	13,7
4	26,8	24,2	19,0	13,5
5	26,8	24,2	18,8	13,3
6	26,7	24,0	18,5	13,3
7	26,5	23,6	18,5	13,0
8	26,5	23,0	18,3	13,0
9	26,0	23,0	17,5	13,0
10	25,8	23,0	16,5	13,0
11	25,8	22,0	15,8	13,0
Mitternacht	25,6	21,0	15,0	13,0

Auf der Ueberfahrt von Kamtschatka nach Monterey betrug das für die Temperatur des Meeres gefundene Maximum unter 41° Breite und 135 bis 160° Länge nur noch 18,5°.

Hiernach ist für einen Unterschied in der Breite von 2° 40′, d. h. von 40 geogr. Meilen und einen Unterschied in Länge von 1°, d. h.

von 10 geogr. Meilen, die Temperatur um die enorme Größe von 13° gesunken. Offenbar ist die beobachtete hohe Temperatur von 26,7° unter der Breite von 41° eine anomale; es ist also wieder eine Strömung warmen Wassers, deren Breite man nicht kennt; denn von den Sandwichinseln aus weichen die Temperaturen sehr wenig von den im Laufe des 15. August beobachteten ab. Diese Strömung trug die Fregatte nach Nordost und Ost mit einer Geschwindigkeit von einer halben Seemeile (demi-mille) in der Stunde.

Vom 17. August inclusive an waren die Seefahrer von Nebel umhüllt, was ihnen nicht gestattete, durch Vergleichung der Schätzung mit der Beobachtung die Strömungen genau zu ermitteln. Es wurde in diesem Nebel mehrere Male eine Sonde von 180 Faden hinabgelassen, ohne Grund zu finden; die Leine war so geneigt, als ob das Schiff nach Südwest fortgetrieben würde. Auf dem Meere schwammen Holzstücke, Haufen von Entenmuscheln, und große Mengen Seegras.

Achtunddreißigstes Kapitel.

Ueber die Temperatur der südlichen Halbkugel.

Unter gleicher Breite ist die südliche Halbkugel kälter als die nördliche; dies haben die Untersuchungen der Reisenden vollkommen nachgewiesen. In welchem Abstande aber vom Aequator beginnt dieser Unterschied in der Temperatur merklich zu werden? denn unter dem Aequator selbst kann er nicht vorhanden sein. Die südlich von dem Aequator gemachten meteorologischen Beobachtungen sind weder genau noch zahlreich genug, als daß man jetzt schon mit Sicherheit diese Frage beantworten könnte.

In der folgenden Tabelle sind Orte ausgewählt worden, welche in beiden Halbkugeln diesseits und jenseits des Aequators unter gleicher Breite liegen:

Nördliche Halbkugel.

Namen der Orte.	Breiten.	Mittlere Temperaturen des Jahres.	des Winters.	des Sommers.
Hamburg	53° 33′ N.	8,6°	0,3°	17,0°
Breda	51 35	10,9	2,4	18,5
Perpignan.	42 42	15,3	7,1	23,9
Barcelona	41 22	17,0	10,0	24,5
Catania	37 30	19,7	11,5	29,2
Algier	36 47	18,1	12,0	24,1
Kanea (Kandia)	35 29	18,0	12,4	25,2
Lalla Maghrnia (Algier). . .	34 50	18,0	9,5	27,5
Biscara (Algier)	34 56	21,5	11,4	33,0
Smithville (Verein. Staaten) .	34 0	19,0	10,7	26,8
Nangasaki (Japan)	32 45	16,4	6,6	25,2
Funchal (Madeira)	32 38	18,7	16,3	21,1
Cairo	30 2	22,3	14,5	29,7
Havanna	23 9	25,0	22,6	27,4
Calcutta	22 33	26,3	20,7	29,1
Nagpur (Hindostan)	21 9	27,5	22,7	32,0
Vera-Cruz (Mexico)	19 12	25,0	21,8	27,5
Maracaybo (Venezuela) . . .	11 10	29,0	27,8	29,9
Demerary (Englisches Guyana) .	6 45	27,1	26,1	27,4
Cayenne	4 56	26,8	26,1	27,6
Esmeraldas (Columbia) . . .	3 11	26,4	—	—

Südliche Halbkugel.

Namen der Orte.	Breiten.	Mittlere Temperaturen des Jahres.	des Winters.	des Sommers.
Hungerhafen (Magelh. Straße) .	53° 37′ S.	5,0°	1,1°	10,2°
Falklandsinseln	51 32	8,3	4,2	11,7
Hobarttown (Van Diemensl.) .	42 53	11,3	5,6	17,3
Port Wellington (Neu-Seeland)	41 18	13,4	9,8	16,6
Auckland (Neu-Seeland) . .	36 51	15,1	11,1	19,5
Talcahuano (Chili)	36 43	14,0	—	—
Albany (Neu-Holland) . . .	35 0	16,1	12,6	19,0
Montevideo	34 54	16,8	14,1	25,2
Buenos-Ayres	34 36	17,0	11,4	22,8
Cap der guten Hoffnung . . .	33 55	19,1	14,8	23,4

Sydney (Australien)	33° 51′ S.	18,0°	12,5°	23,3°
Paramatta (ebendas.) . . .	33 49	18,1	12,5	23,3
Graaf Reynet (Cap d. g. Hoffn.)	32 11	16,8	—	—
Rio Janeiro	22 54	23,1	20,3	26,1
Insel Bourbon	20 52	25,0	22,5	29,9
Flacq (Ile de France) . . .	20 10	21,9	22,6	26,2
Melvillesinsel (Australien) . .	11 25	27,0	24,0	28,8
Buitenzorg (Java)	6 37	25,0	24,6	25,3
Payta (Peru)	5 5	27,1	—	—
St. Luiz do Maranhao . . .	2 31	26,8	26,6	27,0
Guyaquil	2 11	26,0	—	—

Die Vergleichung, die sich nach dieser Tabelle zwischen zwei Orten anstellen läßt, die beide, wie z. B. Smithville und Buenos-Ayres auf den östlichen Küsten liegen, ist völlig entscheidend.

Aus den numerischen Daten, welche der Leser vor Augen hat, ergibt sich:

1) daß die Kälte der südlichen Halbkugel sich von der Südgrenze der heißen Zone an bemerklich macht, indem die mittleren Temperaturen des ganzen Jahres hier geringer sind, als an den Grenzen der heißen Zone in der andern Hemisphäre;

2) daß die Vertheilung der jährlichen Wärme unter die Winter und Sommer das Klima der südlichen Halbkugel dem unserer Küsten nähert, jedoch mit den Beschränkungen, daß unter den Breiten von 33° bis 45° die Winter in beiden Halbkugeln fast dieselben, die Sommer aber in der südlichen Halbkugel viel weniger heiß sind, und daß von 50 bis 55° Breite die Wärme des Sommers dort fehlt.

Man sieht also, daß es wichtig ist, mit Sorgfalt die Angaben zu sammeln, welche einst gestatten werden, die mannichfachen Ursachen, welche einen so merkwürdigen Unterschied zwischen den beiden Halbkugeln herbeigeführt haben, einer strengen Discussion zu unterwerfen. Dies ist wenigstens der Grund, der mich bestimmt hat, hier das Resultat der während 12 Monate in Paramatta (Neuholland) unter 33° 49′ südl. Breite von Thomas Brisbane gemachten Beobachtungen mitzutheilen:

Monate.	Aeußerstes Maximum.	Aeußerstes Minimum.	Mittlere Temperatur.
Mai 1822 . .	+ 22,2°	+ 5,5°	+ 15,5°
Juni	19,4	— 3,3	11,8
Juli	17,2	— 2,8	10,8
August . . .	25,0	+ 1,7	13,6
September . .	—	—	—
October . . .	33,9	2,2	16,7
November . .	41,1	5,6	20,0
December . .	37,2	8,9	22,2
Januar 1823 .	38,9	8,3	23,3
Februar . . .	41,1	11,1	22,8
März . . .	36,1	9,7	20,3
April . . .	23,3	9,7	16,6

Interpolirt man die Zahlen, welche dem Monat September entsprechen würden, so ergibt sich, daß die mittlere Temperatur von Paramatta ungefähr 17,4° C. sein muß. Beobachtungen mit in die Erde eingesenkten oder in tiefe Brunnen hinabgelassenen oder in das Wasser von Quellen eingetauchten Thermometern haben 1° C. weniger gegeben.

Brisbane hat während eines ganzen Jahres (1825) die Temperatur des Wassers eines Brunnens in Sydney (Neuholland) in den Kasernen der Gefangenen gemessen. Der Brunnen war 26 Meter tief; die Höhe der darin befindlichen Wassersäule änderte sich von 18 bis 6 Meter. Auf dem Grunde zeigte das Wasser stets zwischen 17,8° und 17,5°; an der Oberfläche schwankte seine Temperatur zwischen 17,0° und 18,3°. In 24 Meter Tiefe ist also die Temperatur der Erde in Sydney gleich 17,65° C

In einer Abhandlung über das Klima der Stadt Buenos-Ayres gibt Mossotti an:

daß der mittlere Barometerstand im Niveau des Meeres in Buenos-Ayres derselbe ist, wie unter dem Parallelkreise von Paris;

daß in Buenos-Ayres das Barometer täglich von 9 Uhr Morgens bis 3¼ Uhr Nachmittags um 1,7^{mm} steigt, und von 3¼ Uhr Nachmittags bis 10½ Uhr Abends um 0,8^{mm} fällt;

daß die mittlere Temperatur dieser Stadt aus sieben Beobachtungsjahren berechnet, + 17,0° C. erreicht;

und daß endlich die Regenmenge, welche jährlich an der Mündung des Rio de la Plata fällt, 892,5 mm beträgt.

Ziehen wir in diesem Aufsatze nur das eine dieser Resultate, die von Mossotti gefundene mittlere Temperatur von Buenos-Ayres in Betracht, so ergibt sich Jedem die wichtige Folgerung, daß der Unterschied in den Temperaturen der beiden Halbkugeln, der so auffallend und so unbestreitbar hervortritt, wenn man die Falklandsinseln mit London, Cap Horn mit Kopenhagen vergleicht, bereits unter der Breite des La Plata sehr merklich ist.

Buenos-Ayres hat nämlich bei 34° 36′ südlicher Breite nur 17,0° mittlere Temperatur, während in unserer Halbkugel das weiter vom Aequator entfernte, unter 36° 47′ nördlicher Breite liegende Tunis sich einer mittleren Temperatur von mehr als 20° erfreut.

Im 4. Bd. der populären Astronomie S. 463 habe ich die gegenwärtig mögliche Erklärung der zuvor bezeichneten Temperaturunterschiede gegeben; ich will darauf nicht zurückkommen, und begnüge mich in dieser Beziehung hier eine Stelle aus einem Briefe meines berühmten Freundes A. v. Humboldt anzuführen:

„Die Oberflächen des durch den Aequator getrennten Festlandes in beiden Halbkugeln stehen im Verhältnisse von 3:1; diese Differenz rührt aber bei weitem mehr von den in den gemäßigten Zonen, als von den in der heißen Zone gelegenen Ländermassen her. Die erstern verhalten sich in der nördlichen und südlichen Halbkugel wie 13:1; die letztern nur wie 5:4. Es ist wahrscheinlich, daß der Mangel an Festland in der südlichen Halbkugel eine viel beträchtlichere Kältewirkung hervorbringen würde, wenn die Vertheilung des Festlandes in der heißen Zone südlich und nördlich vom Aequator ebenso ungleich wäre, wie in den gemäßigten Zonen. Eine solche Ungleichheit in der Vertheilung undurchsichtiger Massen würde auf die Kraft des innerhalb der Wendekreise aufsteigenden Luftstromes, der durch sein Herabsinken die Temperatur der nördlichen und südlichen gemäßigten Zone erhöht, einen noch mächtigeren Einfluß ausüben.

„Alles was Du in Deiner letzten Vorlesung über das Küstenklima (Seeklima) der südlichen Halbkugel, über die Unterschiede der mittleren Temperatur dieser ganzen Halbkugel, d. h. über die Wärmemenge, welche sie im Vergleich mit der gesammten mittleren Temperatur der nördlichen Halbkugel empfängt oder erzeugt, ausgesprochen hast, ist streng richtig."

Die Meere der südlichen Halbkugel zeigen schwimmende Eismassen ebenso wie die der nördlichen, und man hat analog wie bei dem arktischen Eise, auch Eisgänge der antarktischen Massen beobachtet.

Herr v. Blosseville hat mir mitgetheilt, daß das holländische Schiff Concordia im Mai 1828 westlich vom Cap der guten Hoffnung und unter der Breite desselben ungeheuren schwimmenden Eismassen begegnet sei. Zu derselben Zeit hatte ein französisches Schiff auf den Abhängen der Bank von Lagullas ähnliche Massen angetroffen. Seit Menschengedenken hat man in der südlichen Halbkugel unter so niedrigen Breiten, wie die des Caps, nichts Aehnliches gesehen.

Ein ungewöhnlicher Eisgang fand gleichfalls im Jahre 1829 in den Eismassen am Südpole statt; seit Ende April begegneten englische Schiffe, 50 geogr. Meilen vom Cap der guten Hoffnung, schwimmenden Eismassen von ungeheurer Größe. Als das Schiff der ostindischen Compagnie, der Farquharson, sich unter 39° 13′ Breite und 48° 46′ Länge befand, sah man zwei Eisberge von 50 Meter Höhe, die zwei englische Meilen (3700 Meter) im Umfange hatten. Ihre Seiten waren tief gespalten, und glichen an manchen Stellen in ihrem Aussehen dem raffinirten Zucker, während sie an andern das Aussehen eines Kalkfelsens oder der steilen Gestade eines sehr hoch gelegenen Landes darboten. Diese Berge waren von Eisbänken umgeben, die aus losen Stücken zu bestehen schienen, und an denen sich das Meer mit Wuth brach.

Neununddreißigstes Kapitel.

Meteorologischer Zustand der Monate April und Mai 1837, verglichen mit den während derselben Monate in früheren Zeiten gemachten Beobachtungen.

Die mittleren Temperaturen der Monate April und Mai des Jahres 1837 sind wenig hoch gewesen; ein großer Theil des Publicums hat absurden Erklärungen, die von diesem Phänomene gegeben worden sind, Gehör geschenkt, so daß ich es für eine Pflicht halten mußte, die genauen Werthe dieser Anomalieen darzulegen. Die in damaliger Zeit aufgeworfene Frage knüpft sich überdies an jene unaufhörlich wiederholte Anführung starker Modificationen in den Klimaten auf der Erde, die ich in diesem Aufsatze bekämpft habe.

Der Monat April 1837, sagte man, wich in seinem Verhalten so sehr von dem gewöhnlichen Verlaufe der Jahreszeiten ab; die Temperatur, der Regen gaben ihm eine so exceptionelle Stellung, daß man den Gedanken nicht zurückweisen konnte, es sei eine neue Aera, eine Aera rascher Verschlechterung der Klimate auf unserer Erde hereingebrochen. Bei Vergleichung mit den aus den meteorologischen Tagebüchern der Sternwarte gezogenen Resultaten ist aber dies ganze Gerüst von Conjecturen ohne reelle Grundlagen verschwunden. Uebrigens habe ich meine Untersuchung nicht über das Jahr 1785 zurückgeführt. Wir wollen jetzt die Zahlen näher betrachten.

Die mittlere Temperatur des Monats April 1837 hat $+5{,}7^0$ C. betragen.

Seit einem halben Jahrhundert (seit 1785) ist der Monat April, im Ganzen genommen, nicht so kalt gewesen.

Ich lasse hier die Jahre folgen, wo die mittlere Temperatur des Monats April am wenigsten von der mittleren Temperatur dieses Monats im Jahre 1837 abweicht.

1809 . . .	$+ 6{,}5^0$ C.
1799 . . .	6,8
1808 . . .	7,1
1817 . . .	7,3

1806	. . .	+ 7,9° C.
1785	. . .	8,0
1787	. . .	8,1
1790	. . .	8,2
1836	. . .	8,6

Ordne ich die Aprilmonate der verschiedenen Jahre nicht mehr nach den mittleren Temperaturen, sondern nach den Minimis der Temperaturen, d. h. nach den größten beobachteten Kältegraden, so nimmt der April des Jahres **1837** nicht den ersten Rang ein.

Im April 1799 sank das Thermometer bis . .	— 3,9° C.
Im April 1809 beobachtete man	— 3,6
Im April 1807 „ „	— 3,5
Im April 1837 sank das Thermometer nur bis .	— 3,3
Im April 1816 hatte man beobachtet	— 3,2

In der folgenden Tabelle sind die Aprilmonate nach den Maximis der Temperatur geordnet:

1790	. . .	+ 16,7° C.
1837	. . .	17,3
1809	. . .	17,5
1787	. . .	18,0
1817	. . .	18,1
1812	. . .	18,4
1808	. . .	18,5
1833	. . .	19,0
1824	. . .	25,0
1807	. . .	25,9
1811	. . .	31,4

Wie man sieht, nimmt hier der April des Jahres **1837** die zweite Stelle ein.

Ich gebe jetzt die Anzahl der Regentage, die man in den verschiedenen Aprilmonaten gezählt hat:

1833	. . .	29 Tage.
1829	. . .	25 „
1830	. . .	22 „
1804	. . .	19 „
1818	. . .	18 „
1821	. . .	18 „

1805	. . .	17 Tage.
1837	. . .	17 „
1811	. . .	16 „
1815	. . .	15 „

In Bezug auf die Anzahl der Regentage erhält der April des Jahres 1837 erst die achte Stelle. Er unterscheidet sich kaum vom April des berühmten Jahres 1811, das die Landleute, besonders aber die Weinbauer in so angenehmer Erinnerung haben. Es ist nun wichtig, unter einander die Regenmengen zu vergleichen, die in den Aprilmonaten der verschiedenen Jahre gesammelt worden sind.

Im vorigen Jahrhundert sind die genauen Beobachtungen über die Regenmenge auf der pariser Sternwarte unterbrochen worden; die neue Reihe geht nur bis 1806 zurück.

1829	. . .	69mm.
1821	. . .	68
1818	. . .	66
1833	. . .	64
1837	. . .	63
1830	. . .	62
1828	. . .	61
1812	. . .	61
1811	. . .	60
1825	. . .	53

Da der Aprilmonat des Jahres 1837 Nichts darbietet, was ihn in scharfer Weise von den Aprilmonaten der früheren Jahre unterscheidet, so ist keine Veranlassung gegeben, hier auf Erklärungen einzugehen, welche diejenigen ausgedacht haben, denen unbestreitbar eine Anomalie vorzuliegen schien.

Im Allgemeinen wollen wir nur noch bemerken, daß bis jetzt keine Beobachtung uns zu der Annahme berechtigt, daß das Erscheinen von schwarzen Flecken auf der Sonne in Wirklichkeit von einer merklichen Verminderung in der Lichtmenge begleitet sei, welche dieses Gestirn zur Erde sendet: schwarze Flecken bilden sich niemals auf der Sonne, ohne daß nicht daneben leuchtende Flecken, Sonnenfackeln, entstehen, und Alles läßt glauben, daß in photometrischer Hinsicht sich die beiden Phänomene compensiren.

Die vorstehenden Tabellen beziehen sich auf den April; die nachfolgenden sollen dem Monat Mai des Jahres 1837 nach verschiedenen Beziehungen seinen wahren Platz anweisen.

Mittlere Temperaturen des Mai.

1837 . . .	+ 11,0° C.
1821 . . .	12,0
1791 . . .	12,3
1817 . . .	12,4
1814 . . .	12,4
1792 . . .	12,6
1805 . . .	12,6
1824 . . .	12,6
1826 . . .	12,6
1816 . . .	12,7
1827 . . .	16,0
1807 . . .	16,1
1830 . . .	16,1
1797 . . .	16,5
1834 . . .	16,5
1789 . . .	16,9
1806 . . .	17,1
1788 . . .	17,2
1811 . . .	17,2
1793 . . .	17,5
1833 . . .	17,6
1808 . . .	17,7

Diese Zahlen sind den meteorologischen Registern entnommen, die bis zum Jahre 1785 zurückgehen. Es ist also bewiesen, daß seit einem halben Jahrhundert die mittlere Temperatur des Mai niemals so niedrig gewesen ist als 1837. Man wird indeß bemerken, daß zwischen diesem letztern Jahre und 1821 der Unterschied nur auf 1° C. steigt. Das allgemeine Mittel für den Monat Mai ist, wie wir oben (S. 497) gesehen haben, + 14,5° C.

11,0° würde man als Mittelwerth für die Temperatur eines Monats erhalten, der aus den 24 letzten Tagen des April und den 6 ersten des Mai gebildet wäre.

Niedrigste in verschiedenen Maimonaten beobachtete Temperaturen.

1802 . . .	+ 0,4° C.
1836 . . .	1,1
1821 . . .	1,3
1801 . . .	1,5
1799 . . .	1,7
1819 . . .	1,7
1832 . . .	1,8
1803 . . .	1,9
1837 . . .	2,0
1805 . . .	2,2
1808 . . .	2,2
1814 . . .	2,2
1804 . . .	2,4
1826 . . .	2,5
1835 . . .	2,8
1829 . . .	6,0
1830 . . .	6,1
1785 . . .	7,2
1811 . . .	7,3
1789 . . .	7,5
1788 . . .	7,9

In Bezug auf die Minima der Temperaturen nimmt also, wie die vorstehende Tabelle zeigt, der Mai des Jahres 1837 nicht den ersten Rang ein.

Höchste in verschiedenen Maimonaten beobachtete Temperaturen.

1810 . . .	+ 18,6° C.
1818 . . .	21,7
1837 . . .	21,9
1821 . . .	22,0
1805 . . .	22,9
1822 . . .	29,6
1834 . . .	30,0
1811 . . .	30,0
1792 . . .	30,8
1808 . . .	31,5

Maimonate, nach der Regenmenge geordnet.

1827	. . .	11,0mm.
1830	. . .	10,4
1820	. . .	9,1
1819	. . .	8,4
1824	. . .	7,6
1807	. . .	7,4
1837	. . .	7,0

Maimonate, nach der Anzahl der Regentage geordnet.

1787	. . .	19 Tage.
1816	. . .	18 „
1823	. . .	18 „
1824	. . .	18 „
1794	. . .	17 „
1811	. . .	17 „
1821	. . .	17 „
1827	. . .	17 „
1830	. . .	17 „
1817	. . .	16 „
1837	. . .	16 „
1785	. . .	4 „
1833	. . .	5 „
1812	. . .	7 „
1805	. . .	8 „
1808	. . .	8 „
1798	. . .	9 „
1809	. . .	9 „
1814	. . .	9 „

Bei den vorstehenden Bemerkungen lag es nicht in meiner Absicht, die meteorologische Beschaffenheit der Monate April und Mai in ihrer Beziehung zur Landwirthschaft zu betrachten. Ebensowenig habe ich mich mit den Wirkungen des Windes beschäftigt, die bei gleicher Temperatur auf unsere Sinne einen solchen Einfluß üben, daß uns die Luft kälter oder wärmer erscheint; denn da die Personen, welche behaupteten, der Mai des Jahres 1837 wäre ungewöhnlich kalt gewesen, diese Ansicht nicht auf ihre Empfindungen, sondern auf

die Angaben des Thermometers stützten, so genügt es zur Darlegung ihres Irrthums, die in andern Jahren beobachteten Angaben desselben Instrumentes behufs der Vergleichung hier anzuführen.

Vierzigstes Kapitel.

Ueber die Nothwendigkeit vergleichbare Thermometer zu construiren. — Verrückung des Nullpunktes der Thermometer. — Maximum- und Minimum-Thermometer. — Thermometrographen. — Thermometer von Walferdin. — Metall-Thermometer.

Die gewöhnlichen Thermometer, deren Erfindung gegen den Anfang des siebzehnten Jahrhunderts fällt, bestehen aus einem gläsernen Gefäß von cylindrischer oder sphärischer Gestalt, welches an das eine Ende einer gut calibrirten Glasröhre, d. h. einer Röhre von so genau als möglich überall gleicher Weite, angeschmolzen ist. Wird ein Theil der letzteren nebst dem Gefäß mit einer geeigneten Flüssigkeit angefüllt, so steigt oder fällt dieselbe in der Röhre, je nachdem die Temperatur erhöht oder verringert wird. Dergleichen Instrumente liefern keine absoluten Messungen der Wärmemengen, sondern zeigen nur mehr oder weniger große Steigerungen oder Verminderungen in dem Temperaturzustande des Mittels an, in welches sie getaucht werden. Diese Angabe ist ausreichend, sobald die Wärmemesser unter sich wohl vergleichbar sind, d. h. sobald alle Instrumente jederzeit denselben Grad anzeigen, wenn sie den nämlichen Wärmeeinwirkungen ausgesetzt werden. Im Jahre 1693 schrieb Halley*), daß die Volumveränderung einer Flüssigkeit der hinzugefügten Wärmemenge keineswegs proportional sei, und zog daraus den Schluß, daß die nach dem Principe der gleichmäßigen Ausdehnung einer Flüssigkeit construirten Thermometer unvollkommene Werkzeuge zur Messung von Kälte und Wärme sind. Zu derselben Zeit überzeugte sich Halley mittelst eines in ein Kochgefäß getauchten Wasserthermometers von der Unveränderlichkeit des Siedepunkts, und konnte mit einem Quecksilberthermometer,

---

*) Im 17. Bande der Philosophical Transactions.

in einem mit Wasser gefüllten Gefäße, nicht wahrnehmen, „daß das heftigste Sieden auf dieses Thermometer einen größeren Effect äußerte, als in dem Augenblicke, wo das Wasser zu kochen begann, zu bemerken war." Derselbe Autor stellte auch mit Alkoholthermometern Versuche an, und machte den Vorschlag, als festen Punkt oder Grenze der Skale den Siedepunkt der genannten Flüssigkeit zu wählen. Unter allen Körpern hielt er jedoch die atmosphärische Luft für die Construction eines Thermometers am geeignetsten. Aus dieser Abhandlung erhellt folglich, daß es schon im Jahre 1693 Luftthermometer gab; doch scheint Halley Hooke's Mikrographie nicht gekannt zu haben, denn er behauptet, daß bis dahin noch Niemand ein Mittel zur Herstellung vergleichbarer Thermometer angegeben habe. Er glaubte nicht, daß der feste Punkt, nach welchem die Weingeistthermometer graduirt wurden (der Gefrierpunkt von Anisöl oder von Wasser) ohne Unsicherheit bestimmt werden könnte. Einen geeigneteren festen Punkt schien ihm die Temperatur tiefer Keller darzubieten; aber man weiß, daß dies Eintheilungsprincip leider für die ersten auf der pariser Sternwarte gebrauchten Thermometer zur Anwendung gekommen ist, dergestalt daß die zu Ende des siebzehnten und zu Anfange des achtzehnten Jahrhunderts angestellten Temperaturbeobachtungen stets mit einer gewissen Unsicherheit behaftet bleiben werden.

Hooke gibt in seiner 1665 erschienenen Mikrographie Vorschriften, um die Röhre und die Kugel des Thermometers aneinander zu schmelzen und mit Weingeist zu füllen; hierauf fügt er hinzu: „zur Herstellung der Skale nehme ich als Nullpunkt der Theilung den Punkt, wo die Flüssigkeit stehen bleibt, wenn die Kugel in destillirtes Wasser getaucht wird, welches so weit abgekühlt ist, daß es zu frieren beginnt."

Ferner beschäftigt sich Hooke mit der Aufgabe, die Thermometer vergleichbar zu machen. Seine Theilungen über und unter Null werden durch das Maaß der Ausdehnung und Zusammenziehung bestimmt, die die Flüssigkeit erfährt, und in Theilen des Volumens ausgedrückt, welches bei der Temperatur des gefrierenden Wassers stattfand; jeder Grad entsprach dabei einer Aenderung von einem Tausendtheile im ursprünglichen Volumen des Alkohols beim Nullpunkte.

Ein sehr einfaches Verfahren diente dazu, die Stelle jedes Grades zu bezeichnen; jedoch stellte sich bald heraus, daß es von Vortheil war, zwei leicht wieder zu findende feste Punkte zu besitzen, wie die Temperaturen des schmelzenden Eises und des siedenden Wassers. In demselben Werke macht Hooke folgende sehr beachtungswerthe Bemerkung: „die Wärme ist eine Eigenschaft der Körper, welche aus der Bewegung oder Erschütterung seiner Theile entspringt.“

Bei den gewöhnlichen Thermometern wird der Abstand des Siedepunkts vom Gefrierpunkte in eine gewisse Anzahl gleicher Theile getheilt, d. i. der Raum, um welchen die Flüssigkeit — wozu in der Regel Quecksilber genommen wird — in der Röhre steigt, wenn man das Instrument aus schmelzendem Eise in kochendes Wasser versetzt. Bei den hunderttheiligen Thermometern, gewöhnlich nach Celsius benannt, *) wird durch 0° die Temperatur des schmelzenden Eises, durch 100° die des siedenden Wassers bezeichnet, und folglich der Zwischenraum zwischen den genannten beiden festen Punkten in hundert gleiche Theile getheilt. Die Thermometer nach Réaumur dagegen zeigen auch 0° beim Schmelzen des Eises, aber 80° im kochenden Wasser, so daß das Intervall zwischen beiden festen Punkten in 80 gleiche Theile zerfällt. In England und den brittischen Colonieen sind vorzugsweise die Thermometer nach Fahrenheit gebräuchlich, welche 32° im schmelzenden Eise und 212° im siedenden Wasser zeigen. Der Raum zwischen den beiden festen Punkten auf der Röhre des Instruments wird dabei in 180 gleiche Theile getheilt. Auf die angegebene Weise erhält man bei jedem der drei genannten Thermometer den Werth eines Grades, den man nun so oft als möglich auf der Röhre des Instruments, sowohl über dem Siedepunkte, als unter dem Gefrierpunkte aufträgt;

---

*) Ich muß hierzu bemerken, daß in einem Briefe, den ich von Herrn Requien in Avignon empfangen habe, folgende Stelle aus einer handschriftlichen Correspondenz von Linné, welche Herrn d'Hombres-Firmas gehört, enthalten ist:

„Ego primus fui qui parare constitui thermometra nostra ubi punctum congelationis 0 et gradus coquentis aquae 100; et hoc pro hybernaculis horti; si his adsuetus esses, certus sum quod arriderent.“

Wie man sieht, scheint diese Stelle anzuzeigen, daß die Anwendung der hunderttheiligen Skale beim Thermometer nicht von Celsius, sondern von Linné zuerst herrührt.

die Theilungen über Null werden als positive, die Theilungen unter Null als negative Grade angesehen.

Bei diesem Graduirungsverfahren entsprechen die gleichen Theile der Thermometerskale, oder die Grade nicht gleich großen Temperaturänderungen, da die zur Erhaltung wachsender Temperaturen erforderlichen Wärmemengen den entsprechenden Graden nicht proportional sind. Delüc hat sich bemüht diesem Mangel abzuhelfen. Die von diesem berühmten Physiker angewandte Methode besteht in der Mischung zweier gleich großen Quantitäten Wasser von verschiedener Temperatur, indem das Mittel aus den Temperaturen der beiden Wassermengen für die Temperatur der Mischung genommen wurde. Flaugergues hat mittelst dieses Verfahrens die Grade der Thermometer mit äquidistanter Theilung zwischen den beiden festen Punkten untersucht, und dabei gefunden, daß das Thermometer von Deluc, mit einem zwischen dem Gefrier- und Siedepunkte gleichmäßig getheilten Thermometer verglichen, bei Uebereinstimmung der festen Punkte, Unterschiede von 0,2° bei —20°, von 0,1° bei —11°, von 0,1° bei +16°, und von 0,16° bei +40° ergab. Man sieht, wie klein die Differenzen ausfallen; dennoch kann über die numerische Genauigkeit dieser Unterschiede einiger Zweifel obwalten, weil unabhängig von den Schwierigkeiten der Manipulation, Flaugergues nicht untersucht hat, ob die nämliche Flüssigkeitsmenge in verschiedenen Ausdehnungszuständen, oder was dasselbe ist, bei verschiedenen Temperaturen, stets dieselbe Wärmecapacität behält, was als Princip bei der Methode der Mischung vorausgesetzt wird.

Flaugergues meint, daß wenn die Ausdehnung einer gegebenen Quantität Quecksilber nicht den von einem festen Punkte an gemessenen Temperaturänderungen proportional stattfindet, die Ursache davon einzig darin zu suchen ist, daß bei zunehmender Erwärmung die Expansion in jedem Augenblicke auf das ursprüngliche Volumen des Quecksilbers und auf die Quantität, um welche sein Volumen bereits zugenommen hat, ausgeübt wird. Seiner Ansicht nach muß ein bestimmtes Volumen einer beliebigen Flüssigkeit, wie auch die anfängliche Temperatur beschaffen sein mag, dieselbe Veränderung für eine gegebene Aenderung des Thermometers erfahren; indessen folgt aus den schönen experimentellen Untersuchungen von Dulong und Petit, daß dieses Gesetz, selbst für die Gase, bei hohen Temperaturen nicht genau ist, dergestalt daß ihre auf das Quecksilberthermometer bezogene Ausdehnung für jeden Grad einen constanten Bruchtheil des Volumens bei einer gegebenen Temperatur beträgt, und nicht, wie Dalton voraussetzte, einen constanten Theil des Volumens bei der vorhergehenden Temperatur.

Indem Flaugergues einen Bleicylinder in einen Glascylinder stellte, und ihre Durchmesser nach den Ausdehnungscoefficienten bestimmte, construirte er einen ringförmigen Recipienten mit Compensation, dessen Capacität von 0° bis 100° ungeändert blieb, und bediente sich desselben, um zwischen denselben Grenzen einige Versuche über die Ausdehnung der Luft anzustellen, welche die Resultate Gay-Lussac's und Dalton's bestätigen. Der erstgenannte Physiker hatte gefunden, daß ein bei der Temperatur des schmelzenden Eises der Einheit gleiches Volumen trockener Luft bei 100° des hunderttheiligen Thermometers auf 1,375 stieg. Dalton gibt den Werth 1,372, und Flaugergues stimmt mit letzterer Zahl überein. Uebrigens geht aus den bereits angeführten Versuchen von Dulong und Petit hervor, daß das von Flaugergues beschriebene Gefäß keine constante Capacität behalten würde, wenn man die Temperatur beträchtlich erhöhen wollte. Nichtsdestoweniger folgt aus allen diesen Thatsachen, daß wenn für hohe Temperaturen, welche die des siedenden Wassers beträchtlich übersteigen, die Luftthermometer allein Zahlen geben, welche den die thermometrischen Wirkungen erzeugenden Wärmemengen wesentlich proportional sind, doch die auf die Bestimmung der beiden festen Punkte gegründeten Quecksilberthermometer für die bis jetzt auf der Erdoberfläche beobachteten Temperaturen Angaben liefern, die sich der Proportionalität mit den empfangenen Wärmemengen hinreichend nähern, um für meteorologische Untersuchungen unter sich genügend vergleichbar zu sein.

Als ich mich im Jahre 1817 eines ausgezeichneten, von meinem gefeierten Freunde Gay-Lussac mit der größtmöglichen Sorgfalt eigenhändig verfertigten Thermometers bediente, nahm ich wahr, daß die Angaben des in den Souterrains des pariser Observatoriums aufgestellten Thermometers um 0,38° zu hoch waren, infolge eines Fehlers in der Graduirung des Instrumentes, oder vielmehr infolge einer Aenderung in der Lage des Nullpunkts. In einer in den Annales de chimie et de physique*) abgedruckten Note beeilte ich mich den Physikern und den Verfertigern von Instrumenten diese wichtige Thatsache mitzutheilen, und bald überzeugte man sich von dem allgemeinen Stattfinden einer solchen Verrückung des Nullpunkts der Thermometer. Im Jahre 1822 behauptete ein Beobachter zu Monza in der Lombardei, Bellani, daß wenn der Nullpunkt auf der Röhre eines Thermometers unmittelbar nach dessen Anfertigung richtig aufgetragen worden, derselbe im Laufe der Zeit unrichtig werde, so daß wenn man das nämliche Instrument z. B. nach Verlauf eines Jahres in schmelzendes Eis taucht, das Quecksilber nicht mehr 0°, sondern +0,5° anzeigen soll, wie wenn die Kugel kleiner geworden wäre. Der im Jahre 1817 von mir entdeckte Unterschied von 0,38° in der Graduirung des in den Kellern der Sternwarte aufgestellten Thermometers ist seiner Meinung nach von derselben Gattung. Die Quelle des Fehlers sucht Bellani in einer langsamen und allmälichen Abnahme der Capacität der die Flüssigkeit enthaltenden Kugel, ohne jedoch, wie es scheint, sich von der physikalischen Ursache dieser Abnahme Rechenschaft zu geben.

Zu Anfang des Jahres 1822 bemerkte der Professor Pictet gleichfalls einen Fehler von +0,6° C. in der Theilung des Quecksilberthermometers, welches zu den in der Bibliothèque universelle de Genève publicirten Beobachtungen gebraucht wurde, während die Skale eines von Micheli im Jahre 1743 verfertigten Weingeistthermometers noch richtig war. Bei sechs, dem nämlichen gelehrten Beobachter gehörigen Quecksilberthermometern fanden sich folgende, ohne Ausnahme in demselben Sinne liegenden Fehler:

+0,1° bei einem vor vierzig Jahren verfertigten Thermometer von Ramsden;

+1,1° bei einem zwanzig Jahre alten, von Paul dem Sohne construirten Thermometer, mit eingeätzter Skale;

+2,1° bei einem Thermometer, von Paul dem Vater vor vierzig Jahren angefertigt;

*) Bd. 6, S. 438, Jahrgang 1817.

+ 2,2°	bei einem vor fünfzehn Jahren von Betalli in Paris hergestellten Thermometer;
+ 0,9°	bei einem Thermometer von Gourdon in Genf, zwei Jahre alt;
+ 0,3°	bei einem Thermometer desselben Künstlers, erst vor acht Monaten verfertigt;

Man wird ohne Zweifel fragen, ob diese Unterschiede nicht von ursprünglichen Theilungsfehlern herrühren; über diesen Punkt spricht sich der ausgezeichnete genfer Künstler Gourdon in folgender Weise aus.

Nachdem das Thermometer zugeschmolzen war, bestimmte der genannte Mechanikus den Nullpunkt mit aller erforderlichen Sorgfalt; wurde dann zwei bis drei Tage später dieselbe Operation wiederholt, so fand sich auf der Skale ein neuer Gefrierpunkt, welcher um einen halben und oft sogar um drei Viertel Grade höher lag, als der erste.

Da der vierte Tag nur eine sehr schwache Aenderung zu geben pflegte, so hatte Hr. Gourdon angenommen, daß nach Verlauf dieses Zeitraums die Fehlerursache zu wirken aufhöre; indessen wird durch die Beobachtungen der Herren Bellani und Pictet das Gegentheil bewiesen.

„In der Absicht, die Ursache der Erscheinung zu erforschen," sagt Hr. Gourdon, „öffnete ich ein Thermometer durch Abbrechen der Spitze der Röhre, und beobachtete ein plötzliches Sinken, ungefähr gleich der Differenz, um welche vorher der Gefrierpunkt anscheinend gestiegen war. Diesen Versuch habe ich zu wiederholten Malen, und stets mit demselben Resultate angestellt. Man kann also glauben, daß die Aufhebung des atmosphärischen Druckes ein Umstand ist, ohne dessen Eintreten die Erhöhung des Nullpunktes nicht stattfinden würde; um aber diese Wirkung zu erklären, nehme ich eine von meinem Bruder ausgedachte Voraussetzung zu Hülfe: ich denke mir nämlich, daß eine kleine, anfänglich im Quecksilber zerstreute Quantität Luft im Laufe der Zeit an Volumen zunimmt, indem sie sich zu einem einzigen Bläschen oder Luftkügelchen vereinigt, welches zuweilen sichtbar wird und die Säule durchbricht, und dies durch die Wirkung der Bewegungen, welche die Temperaturveränderungen in dem flüssigen Metalle hervorrufen."

Durch die eben angeführte Erklärung mit Grund wenig befriedigt, suchte Flaugergues eine bessere aufzustellen. Zunächst war dieser Astronom bestrebt, das Stattfinden der fraglichen Differenz an seinen eigenen Instrumenten zu constatiren. Zwei ältere Thermometer von Paul zeigten im schmelzenden Eise + 0,4° und + 0,3° C.; ein Fortin'sches Thermometer gab unter denselben Umständen + 0,9° an; an zwei erst vor fünfzehn Monaten verfertigten Thermometern desselben Künstlers war der Nullpunkt um + 0,1° und + 0,3° gestiegen; für zwei Thermometer von Casati endlich betrugen die Correctionen 0,6° und 1,1°.

Diese Fehler sind nicht immer dieselben gewesen, sondern haben von Jahr zu Jahr zugenommen, doch scheinen sie ihr Maximum erreicht zu haben. Dagegen konnte Flaugergues weder bei den nicht zugeschmolzenen Thermometern, noch bei den mit Alkohol gefüllten Instrumenten einen derartigen Fehler entdecken.

Auf alle im Vorstehenden angeführte Beobachtungen gestützt, spricht Flaugergues in folgenden Worten seine Vorstellung über die Ursache der Erscheinung aus:

„Die Elasticität ist eine allgemein bekannte Eigenschaft des Glases. Wenn man ein Thermometer zuschmilzt, und das Quecksilber, indem es sich zusammenzieht, das Innere der Röhre leer läßt, so zieht sich auch das dünne Glas der Kugel, dem Einflusse des atmosphärischen Druckes nachgebend, so weit zusammen, bis seine elastische Kraft, welche gleichzeitig mit der Contraction zunimmt, diesem Drucke das Gleichgewicht hält. Es würde nun kein Uebelstand entstehen, wenn dieser Zustand unverändert bliebe: der Nullpunkt würde blos etwas höher sein, als wenn die Röhre voll Luft geblieben wäre. Man weiß aber, daß jede Feder, welche lange Zeit hindurch gespannt bleibt, ihre Kraft verliert, und das Nämliche begegnet dem Glase der Thermometerkugel: ihre elastische Kraft nimmt infolge der Spannung, welche sie erfährt, allmälich ab, und kann nach Verlauf einiger Zeit dem Drucke der Atmosphäre nicht mehr das Gleichgewicht halten. Durch diese neue Contraction der Kugel tritt eine weitere kleine Menge Quecksilber in die Röhre, wodurch natürlich die Differenz des jetzt vom Thermometer im schmelzenden Eise gezeigten Temperaturgrades, mit der entsprechenden Angabe zur Zeit seiner Anfertigung verglichen, eine Steigerung erfahren muß. Derselbe Effect wird sich eine längere oder kürzere Zeit hindurch wiederholen, was von der Dicke und den Elasticitätsverhältnissen des Glases der Thermometerkugel abhängt."

Wie man übrigens über den Werth dieser Erklärung denken mag, die Meteorologen dürfen jetzt den Umstand nicht außer Acht lassen, daß die Graduirung eines zugeschmolzenen Thermometers von Zeit zu Zeit einer Berichtigung bedarf. Flaugergues schlägt vor, in Zukunft nur noch Thermometer mit offener Röhre zu verfertigen; er glaubt, daß eine kleine Kugel von gekrämpelter Baumwolle, zwischen die Fassung und das Ende der Thermometerröhre geschoben, das Quecksilber hinlänglich vor Staub, vor Feuchtigkeit und vor jeder Oxydation schützen werde. Vor der Hand indessen, und bis durch zahlreiche Versuche nachgewiesen ist, daß die nicht zugeschmolzenen Thermometer der von mir entdeckten Fehlerquelle nicht ausgesetzt sind, begnüge ich mich, den Beobachtern anzuempfehlen, die Graduirung ihrer Instrumente häufigen Verificationen zu unterwerfen, indem sie die Thermometer in schmelzendes Eis oder in siedendes Wasser tauchen.

Im Jahre 1826 hat Hr. Brewster eine Note seines Landsmannes, Hrn. Blackadder, veröffentlicht, in welcher eine neue Erklärung des Theilungsfehlers gegeben wird, der im Laufe der Zeit sich bei fast allen Thermometern herausstellt, und auf welchen wir mehr als einmal die Aufmerksamkeit der Physiker zu lenken uns bemühten. Nach Hrn. Blackadder's Ansicht wird die atmosphärische Luft, welche unvermeidlich in der Röhre und der Kugel dieser Instrumente zurückbleibt, nach und nach durch das Quecksilber zersetzt; der Sauerstoff der Luft, sagt er, oxydirt das Metall und nimmt dabei beträchtlich an Volumen ab; ein Theil des von dem Gase eingenommenen Raumes füllt sich mit Quecksilber, und hierdurch entsteht ein Sinken dieses Fluidums in der Capillarröhre, auf welcher die Grade bezeichnet sind. Eine weitere Ursache kann Hrn. Blackadder zufolge zur vorhergehenden hinzutreten und eine kleine Wirkung in dem nämlichen Sinne erzeugen: wenn sich die Luft, welche ursprünglich an den Wänden des Glases adhärirte, loslöst, und im oberen Theile der Röhre vereinigt, so erlangt sie eine gewisse elastische Kraft, die eine Erweiterung der Kugel zur Folge haben kann.

In Bezug auf diese Erklärung sei mir die einzige Bemerkung gestattet, daß die daraus fließende Folgerung dem Resultate der Erfahrung diametral entgegengesetzt ist. Der Nullpunkt eines alten Thermometers befindet sich auf der Capillarröhre stets höher, als vom Verfertiger angegeben worden; es ist also, als ob die Kugel an Capacität verloren hätte, während Blackadder, wie man sieht, zu erklären sucht, wie die Kugel eine scheinbare oder eine wirkliche Erweiterung erfahren könne.

Durch diese in der Graduirung der Thermometer vorgehenden Aenderungen, auf welche die Physiker und Mechaniker erst seit wenigen Jahren aufmerksam geworden sind, wird die Zuverlässigkeit einer großen Anzahl meteorologischer Data beeinträchtigt. Die Entdeckung eines Verfahrens, welches die Verrückung des Nullpunkts verhütete, wäre um so wichtiger, weil der stationäre Beobachter sowohl, als auch der Reisende dadurch einer Menge von Verificationen überhoben würde, die aus Mangel an Zeit oder an geeigneten Mitteln häufig nicht vorgenommen werden können. Täusche ich mich nicht, so ist ein solches Verfahren den Mechanikern bereits bekannt, und wird von Einigen angewendet, um einem analogen, aber noch größeren Fehler bei den Alkoholthermometern vorzubeugen: dasselbe besteht darin, im oberen Theil der Röhre Luft von hinlänglicher Dichtigkeit zu lassen, um dadurch das Freiwerden der Lufttheilchen zu verhindern, welche in der Flüssigkeit noch enthalten sein können. Diese Vorsicht scheint mir nicht weniger nothwendig, wenn man Quecksilberthermometer verfertigt, mag nun dieses Fluidum in der That, wie Sir Humphry Davy annimmt, Luft aufgelöst enthalten, oder mag man einzig die zwischen dem Quecksilber und den Wänden der Kugel und der Röhre eingeschlossenen Lufttheilchen im Auge haben.

Durch vielfältige Versuche hat Deluc festgestellt, daß „wenn die in einer Flüssigkeit vertheilten Lufttheilchen aus irgend einem Grunde sich sammeln, sie mehr Kraft erhalten, um die Theilchen der Flüssigkeit zu verdrängen, und daß diese Wirkung sich äußern kann, lange bevor die kleinen Luftanhäufungen sichtbar werden, und selbst bevor sie im Stande sind sich ihren Weg durch die Flüssigkeit zu bahnen"*).

*) Modifications de l'Atmosphère, 1. Bd., S. 232.

Der Kraftüberschuß, von welchem Deluc an dieser Stelle spricht, gibt sich durch eine Vermehrung des Volumens kund, und wenn die Flüssigkeit in einer Thermometerröhre eingeschlossen ist, durch eine Erhöhung des Nullpunkts. Die Wirkung ist rasch und beträchtlich bei einem mit Wasser, mit Alkohol, mit Oel u. s. w. gefüllten Instrumente; kleiner, und vornämlich minder rasch muß sie bei einem Quecksilberthermometer sein, aber auf die Länge wird das Freiwerden der Luft ein ähnliches Resultat herbeiführen; wenn die Skale an der Röhre des Instruments unveränderlich befestigt ist, so wird sie schließlich zu hohe Temperaturen anzeigen, obgleich die ursprüngliche Graduirung des Künstlers fehlerlos war.

Man hatte schon angenommen, daß die Thermometer mit luftleeren Röhren allein dieser Art von Verschlechterung unterworfen sind. Wie bereits oben (S. 543) angeführt, bemerkte Gourdon in Genf, beim Zerbrechen eines solchen Instruments am oberen Ende der Röhre, ein plötzliches Sinken der Quecksilbersäule, ungefähr um denselben Betrag, um welchen der Nullpunkt vorher gestiegen war. Schon in der ersten Abhandlung von Réaumur findet sich ein ähnliches Experiment; allein da sich dasselbe ebensowohl durch die Annahme erklären läßt, daß das Quecksilber eine schwache Condensation erfährt in dem Augenblick, wo der Druck der Atmosphäre zu wirken beginnt, wie durch die Voraussetzung einer gleichzeitig erfolgenden Ausdehnung der Kugel, so kann man in der beobachteten Thatsache keinen entscheidenden Beweis für die Nothwendigkeit, die Thermometer ohne luftleeren Raum zu lassen, erblicken. Eine directe Probe allein konnte zum Ziele führen; ich habe sie versucht und mit Erfolg angestellt. Zwei ganz gleiche Thermometer wurden zu derselben Zeit angefertigt, das eine luftleer, das andere mit Luft von der gewöhnlichen Spannung der Atmosphäre gefüllt; die Graduirung des letzteren erwies sich noch nach mehreren Monaten als genau, während der Nullpunkt des anderen Thermometers um fast einen halben Grad gestiegen war. Die Kugel des veränderten Instruments war übrigens so dick, daß sich eine Aenderung ihrer Capacität infolge des von Außen nach Innen wirkenden atmosphärischen Druckes nicht wohl annehmen ließ, wodurch die Möglichkeit ausgeschlossen ist, das Phänomen nach den Herren Bellani und

Flaugergues zu erklären. Uebrigens verdient der eben berichtete Versuch wiederholt zu werden.

Anstatt des hier empfohlenen Verfahrens könnte man es vielleicht vortheilhafter finden, das Quecksilber des Thermometers einem langen Kochen zu unterwerfen, um dasselbe von der etwa darin enthaltenen Luft gänzlich zu befreien; allein durch Versuche von Dulong ist unwiderleglich dargethan, daß wenn man sich nicht mit sehr minutiösen Vorsichtsmaaßregeln umgibt, denen sich die Mechaniker schwerlich zu unterziehen geneigt sein würden, das Kochen des Quecksilbers möglicherweise doch kein wirksames Mittel gegen die Veränderung des Nullpunkts abgeben könnte.

Die Nothwendigkeit, auf die Verrückung des Nullpunkts Rücksicht zu nehmen, führt, wie ich vorhin (S. 545) gesagt habe, zu der Verpflichtung, von Zeit zu Zeit die Lage dieses festen Punktes durch eine directe Bestimmung im schmelzenden Eise zu berichtigen. Dies ist indeß nicht die einzige Vorsicht, die man beobachten muß, um sich von der Genauigkeit der Temperaturbeobachtungen zu überzeugen, und sie unter einander vergleichbar zu machen. Bereits früher (S. 348) ist auf die Wichtigkeit aufmerksam gemacht worden, das Instrument allen Reflexionen von Wärmestrahlen zu entziehen, und im Jahre 1830 habe ich angegeben (S. 443), wie man mittelst eines an einer rotirenden Vorrichtung befestigten Thermometers jederzeit im Stande ist, zu einem gegebenen Zeitpunkte die wahre Temperatur der Luft zu erfahren. Diese Methode ist von Hrn. Bravais im Jahre 1836 auf dem Meere am Bord der Corvette la Recherche angewendet worden; später, 1839, in Bossekop in Lappland; endlich auf dem Gipfel des Faulhorns in den Jahren 1842 und 1844. Der genannte geschickte Physiker hat erkannt, daß die Angaben des rotirenden Thermometers am Tage tiefer sind als die des festen, des Nachts dagegen höher; daß die Differenz vorzüglich bei heiterem Himmel merklich ist, und daß im Allgemeinen die Temperatur des festen Thermometers zwischen der des Bodens und der des rotirenden Thermometers liegt. Ferner hat Hr. Bravais untersucht, ob die rasche Luftbewegung und die daraus hervorgehende Reibung eine merkliche Erhöhung der Temperatur herbeiführen könnten, und ist zu dem Resultate gelangt, daß bei einer

Luftgeschwindigkeit gleich 10 Meter in der Secunde, die Wirkung der Reibung den fünfundzwanzigsten Theil eines Grades nicht übersteigt.

Die festen Thermometer müssen nach Norden, in hinreichender Entfernung vom Boden und von den Wänden der Gebäude, unter einem kleinen Dache aufgestellt werden, welches sie vor den Strahlen der Sonne und vor Regen schützt; ferner muß die Luft rings um das Instrument frei circuliren können. Die Wichtigkeit dieser verschiedenen Bedingungen ist seit langer Zeit anerkannt: auf mehrere ist bereits in einer Abhandlung von Sir, in den Philosophical Transactions aus dem Jahre 1778, hingewiesen. Aus dieser Abhandlung geht hervor, daß zu allen Jahreszeiten, aber vorzüglich während stiller und heiterer Nächte, ein in der Nähe des Bodens befindliches Thermometer stets weniger hohe Angaben liefert, als die weiter von ihm entfernten Instrumente, und daß der Unterschied bisweilen auf 4 bis 5 Grade des hunderttheiligen Thermometers steigt.

Bei den ersten Versuchen war in einem Garten ein Thermometer 3 Meter über dem Boden aufgestellt, während das andere 66 Meter von der Erde entfernt war; bei ruhigem und heiterem Wetter stand das Thermometer im Garten zuweilen 5 oder 6 Grade tiefer als das Thermometer auf dem Thurme. Am Tage wichen dieselben beiden Thermometer in entgegengesetztem Sinne je nach der Jahreszeit 1 bis 2 Grade von einander ab. Sir stellte ferner zwei Thermometer in 0,20^{m} Abstand das eine über dem anderen auf, und fand, daß das untere Thermometer unter Umständen über 1 Grad weniger als das obere zeigte.

Um die höchste und die niedrigste Temperatur jedes Tages zu erhalten, ohne genöthigt zu sein in den gewöhnlichen Stunden des Maximums und des Minimums das Instrument von Augenblick zu Augenblick zu verfolgen, wendet man sehr häufig Thermometrographen, oder Maximum- und Minimumthermometer an. Dergleichen Apparate liefern die Anzeige des höchsten und des tiefsten Standes, welchen die Flüssigkeit im Thermometer seit der letzten Beobachtung eingenommen hat.

Man hat viele Instrumente dieser Gattung, und unter diesen ist das von Sir erfundene und von Bellani modificirte eines der bequemsten. Eine zweimal umgebogene Röhre enthält den durch einen Quecksilberfaden unterbrochenen Alkohol. Bei wachsender Temperatur rückt das Quecksilber in dem einen Schenkel vorwärts und setzt dabei einen eisernen Stift oder Zeiger in Bewegung, den es an der erreichten Stelle zurückläßt, sobald die Temperatur zu sinken beginnt. Alsdann rückt das Quecksilber in dem anderen Schenkel vor, und schiebt gleichfalls einen zweiten eisernen Zeiger vor sich her, bis die Temperatur wiederum zu steigen anfängt. Nach jeder Beobachtung bringt man die Zeiger mit Hülfe eines Magnets wieder in Berührung mit dem Quecksilber. Dergleichen Instrumente können nur durch Vergleichung mit guten Thermometern, deren Gang man gleichzeitig verfolgt, mit Skale versehen werden. Anders ist es bei den einfachen Maximumthermometern, welche wie die gewöhnlichen Quecksilberthermometer construirt, und außerdem mit einem Zeiger versehen sind. In diesem Falle bedarf man eines besonderen Thermometers zur Beobachtung der höchsten und eines anderen für die niedrigsten Temperaturen.

Am häufigsten werden die von Rutherford im dritten Bande der Edinburgh Transactions im Jahre 1794 beschriebenen Instrumente angewendet. Dieselben bestehen aus zwei getrennten Thermometern mit horizontalen Röhren. Das untere, für die Maxima bestimmte Thermometer unterscheidet sich von einem gewöhnlichen Quecksilberthermometer nur dadurch, daß die Flüssigkeitssäule, indem sie sich ausdehnt, einen Stahlcylinder vor sich herschiebt, dessen Durchmesser äußerst wenig kleiner ist, als der Durchmesser der Röhre. Wenn ein Sinken der Temperatur nach vorherigem Steigen eintritt, so zieht sich das Fluidum zusammen und nähert sich der Thermometerkugel; da aber das Stahlstäbchen an der Röhre eine gewisse Reibung erfährt, und zum Quecksilber fast gar keine Adhäsion besitzt, so nimmt es an dieser zweiten Bewegung keinen Theil. Der Zeiger bleibt daher genau an dem Punkte, bis wohin er bei der vorhergehenden Ausdehnung der Flüssigkeitssäule fortgerückt war, als ein bleibendes Zeichen der größten Strecke, welche das Quecksilber während der Beobachtungsdauer bei seiner Entfernung von der Kugel zurückgelegt hatte, liegen; mit anderen Worten, er gibt das Maaß der höchsten Temperatur, welche in demselben Zeitraume eingetreten ist.

Das obere oder Minimumthermometer ist mit Alkohol gefüllt, und enthält einen kleinen farbigen Emailcylinder als Zeiger. Während aber der vorhin beschriebene Stahlcylinder außerhalb des Quecksilbers lag, taucht der jetzige Zeiger ganz in den Alkohol. Sobald daher unter Einwirkung einer Temperaturverminderung die Flüssigkeit sich zusammenzuziehen beginnt und in der Richtung nach der Kugel sich bewegt, so führt das Ende der Säule den Emailschwimmer mit fort. Wenn dagegen der Alkohol zur Ausdehnung übergeht, so löst sich die concave Fläche, welche die flüssige Säule in der Thermometerröhre begrenzt, sofort vom Zeiger ab, und läßt denselben an der Stelle, wohin er durch die anfängliche Zusammenziehung der Flüssigkeit gelangt war, liegen. Es wird daher die größte Zusammenziehung, die der Alkohol erfahren hat, oder was dasselbe ist, die Angabe des Temperaturminimums, demjenigen Punkte der Theilung entsprechen, welcher durch die von der Kugel am weitesten entfernte Seite des Emailcylinders angezeigt wird.

Bevor man eines der beiden eben beschriebenen Instrumente zur Beobachtung brauchen kann, ist es erforderlich, den Zeiger mit der Spitze der Flüssigkeitssäule in Berührung zu bringen. Beim Quecksilberthermometer wird dies erreicht, wenn man das Instrument einen Augenblick in eine nahezu verticale Stellung, mit der Kugel nach unten versetzt, indem alsdann der kleine Stahlcylinder vermöge seiner eigenen Schwere in der Röhre so weit herabfällt, bis er durch die Quecksilbersäule aufgehalten wird. Bringt man dagegen das Alkoholthermometer in eine solche Lage, daß die Kugel oben ist, so sinkt der kleine in die Flüssigkeit eingetauchte Emailcylinder bis zur gekrümmten Oberfläche der capillaren Säule hinab, deren Adhäsion er nicht überwinden kann. Da die beiden Thermometer des Instruments horizontal liegen, und mit den Kugeln nach entgegengesetzten Seiten gerichtet sind, so läßt sich dieser doppelte Zweck durch eine und dieselbe Bewegung erreichen, wenn man nämlich den Apparat, an welchem die Thermometer befestigt sind, von unten nach oben dreht, während der Drehpunkt unterhalb der Kugel des Quecksilberthermometers liegt.

Der Gedanke, die äußersten Standpunkte der Flüssigkeitssäule eines Thermometers vermittelst eines beweglichen Zeigers zu bestimmen, ist sehr einfach, und man dürfte sich mit Recht verwundern, daß die Physiker und Mechaniker so spät darauf verfallen sein sollten. In der That findet man, daß schon die Mitglieder der Academia del Cimento Anwendung davon gemacht haben. Ich weiß nicht, ob ihr Instrument irgendwo beschrieben ist; aber es wird im physikalischen Cabinet zu Florenz sorgfältig aufbewahrt. Man kann sich eine hinreichende Vorstellung davon machen, wenn man sich denkt, daß das im Vorigen beschriebene obere, mit Alkohol gefüllte Thermometer aus einer horizontalen Röhre besteht, die an ihrem, der Kugel entgegengesetzten Ende umgebogen ist, und sich an eine zweite Röhre von gleicher Länge anschließt, welche letztere über der Alkoholsäule liegt und derselben nahezu parallel läuft. Der Alkohol erstreckt sich nur bis zu einem gewissen Abstande von seinem Reservoir; der übrige Theil der Röhre, bis zu der Stelle, wo sie sich umbiegt, so wie ein Theil des oberen Schenkels, sind mit Quecksilber gefüllt. Damit letzteres nicht vermöge seiner specifischen Schwere den Alkohol aus seiner Stelle in der Kugel verdränge, ist der Träger, auf welchem das Instrument befestigt ist, so aufgestellt, daß die mit Quecksilber gefüllte Biegung der Thermometerröhre etwas tiefer als jene Kugel liegt. Zwei Zeiger, von denen der eine mit der in dem oberen Schenkel der Röhre enthaltenen Quecksilbersäule in Berührung steht, während der andere, ganz im Alkohol befindliche, seinen Platz im unteren Schenkel hat, liefern genau wie die beiden im Vorigen beschriebenen Cylinder von Stahl und von Email die Angaben der höchsten und der niedrigsten Temperaturgrade. Durch die Ausdehnung des Alkohols wird das Quecksilber in der oberen Röhre fortgeschoben, und infolge dessen auch der vor der Spitze der Säule ruhende Zeiger; an einer späteren rückgängigen Bewegung der Flüssigkeiten nimmt derselbe jedoch nicht Theil. Der Zeiger im Alkohol wird auf die nämliche Weise in Bewegung und in Ruhe versetzt, wie der Emailcylinder des Rutherford'schen Apparates. Die Trennung der beiden Thermometer ist nach meinem Dafürhalten als eine Verbesserung anzusehen; im Wesentlichen liegt darin der einzige Unterschied zwischen dem englischen Instrumente und dem Thermometer der florentiner Akademiker. Unser geschickter Mechanikus Fortin, dem ich die

Verfertigung eines derartigen Instruments für die Sternwarte anvertraut hatte, hat dasselbe mit großer Vollkommenheit ausgeführt; mit einem gewöhnlichen Quecksilberthermometer verglichen, liefert sein Gang die befriedigendsten Resultate.

Im Jahre 1841 habe ich auf eine Verbesserung aufmerksam gemacht, die ich an dem für gewöhnlich gebrauchten Maximumthermometer hatte anbringen lassen. Es kam zuweilen vor, daß das Quecksilber zwischen die Wandung der Röhre und den Zeiger drang, wodurch der letztere in das Fluidum gerieth, und sich dann nur mit einiger Schwierigkeit vom Quecksilber befreien ließ. Bei der neuen Construction wird der Schwimmer vom Quecksilber durch ein kleines gläsernes Hütchen getrennt, dessen hintere Seite concav gearbeitet ist, um die convexe Spitze der Flüssigkeitssäule aufzunehmen.

Unter den Thermometern, welche das Temperaturmaximum oder Minimum eines Ortes anzeigen sollen, an den sie momentan versetzt werden, wüßte ich keine genauern zu nennen, als die von meinem Freunde Walferdin erfundenen Apparate, welche der Wissenschaft bereits große Dienste geleistet haben, um die Temperatur sehr tiefer Brunnen, wie z. B. des artesischen Brunnens zu Grenelle, in verschiedenen Abständen vom äußeren Boden zu finden *), oder um die niedrigste bei einer aeronautischen Expedition — wie z. B. bei der Luftfahrt der Herren Barral und Birio — beobachtete Temperatur anzugeben **). Das Princip dieser Thermometer beruht auf dem Ueberlaufen der Flüssigkeitssäule. Walferdin erhält die Angabe der höchsten Temperatur, der sein Thermometer während der Dauer des Versuches ausgesetzt gewesen ist, durch die Quantität Quecksilber, welche infolge der Temperaturerhöhung aus dem offenen oberen Ende einer Capillarröhre ausfließt. Das ausgetretene Quecksilber wird in einem kleinen ausgebauchten Gefäße, welches am Ende des Apparates angeschmolzen ist, aufgefangen, und man könnte durch die directe Messung desselben zum Resultate gelangen. Walferdin verfährt

*) Siehe den 3. Band der wissenschaftlichen Aufsätze, Bd. 6 der gesammelten Werke, S. 302 u. folgende.

**) Instructionen, Berichte und Notizen über wissenschaftliche Reisen, Bd. 9 der gesammelten Werke, S. 414.

indeß anders, und vermeidet auf sehr einfache Weise die Ausführung einer keineswegs leichten Operation: statt sich mit dem ausgetretenen Quecksilber zu beschäftigen, mißt er die Menge des im Instrumente zurückgebliebenen, eine Messung, welche aus zwei vor und nach dem Versuche zwischen dem Maximumthermometer und einem gewöhnlichen Normalthermometer angestellten Vergleichungen sich direct ergibt.

Der Gedanke, sich des Ausfließens des Quecksilbers zur Bestimmung der Temperaturmaxima zu bedienen, war schon früher bei Thermometern angewandt worden, die Collardeau der Akademie der Wissenschaften vor dem Jahre 1836 — in welchem Walferdin seine sinnreichen Apparate angegeben hat — vorgelegt hatte. Wir finden dasselbe Princip auch in einer Abhandlung des Lord Charles Cavendish aus dem Jahre 1757, welche im 50. Bande der Philosophical Transactions enthalten ist. Um jedoch von der allgemeinen Idee zur Ausführung überzugehen, ohne auf die Genauigkeit eines Zehntelgrades zu verzichten, blieben noch eine Menge Schwierigkeiten zu überwinden.

Kurze Zeit nach der Erfindung seines Maximumthermometers benutzte Walferdin dasselbe Princip zur Construction eines Minimumthermometers. Dieses Instrument gründet sich auf eine Thatsache, deren Anwendung auf die Thermometrie von dem Erfinder mit Recht für neu angesehen wurde, nämlich auf die Eigenschaft der Haarröhrchen, eine Quecksilbersäule selbst noch bei verticaler Stellung über einer Alkoholsäule im Gleichgewichte zu erhalten. Wenn die Temperatur abnimmt, so fällt das Quecksilber in ein kleines dem unteren Theile des Apparates angeschmolzenes Gefäß. Für das Minimumthermometer, wie für das Maximumthermometer, hat man vor jedem Versuche das Instrument mit einem gewöhnlichen Normalthermometer zu vergleichen; einer zweiten Vergleichung nach dem Versuche bedarf es nicht.

Um mit Hülfe der gewöhnlichen Thermometer sehr geringe Temperaturänderungen beobachten zu können, müssen die einzelnen Grade einen großen Raum einnehmen, was eine beträchtliche Länge der Röhre nöthig macht. Um diesem Uebelstande zu begegnen, hat Walferdin eigenthümliche Differentialthermometer erdacht, die er m e t a s t a t i s c h e

Thermometer nennt, von einem griechischen Zeitworte, welches ändern, verrücken bedeutet, weil das maaßgebende Niveau darin nach Belieben verrückt wird. Mit einem einzigen derartigen Instrumente, von kaum 2 bis 3 Decimeter Länge, kann man den hundertsten und selbst den tausendsten Theil eines Centigrades als Differenz mit der zu vergleichenden Anfangstemperatur direct ablesen. Die Construction dieser Thermometer beruht ebenfalls auf der Anwendung der an sehr kleine Reservoirs angeschmolzenen Capillarröhren.

Der Gebrauch dieser vervollkommneten Instrumente verdient mehr Eingang zu finden; denn man kann die Schwierigkeit, vermittelst der gewöhnlichen Thermometer genaue Messungen der atmosphärischen Temperaturzustände zu erhalten, kaum genug hervorheben. Zu wiederholten Malen habe ich eine variable Differenz zwischen den Angaben zweier Thermometer wahrgenommen, deren Gang gleichzeitig verfolgt wurde. Das Glas setzt der raschen Mittheilung der Wärmeeinwirkungen einen gewissen Widerstand entgegen, und verhindert dadurch, daß die gewöhnlichen Thermometer Veränderungen von sehr flüchtiger und vorübergehender Natur anzeigen. Das im Jahre 1817 von den Herren Breguet erfundene Metallthermometer muß in dieser Beziehung als besonders verdienstlich hervorgehoben werden.

Dieses Thermometer besteht aus einer Spiralfeder, welche dergestalt an einem metallenen Träger befestigt ist, daß sie vollkommen frei schwebt. Die Spirale entspricht vertical dem Mittelpunkte eines Kreises, auf dessen Umfange die Grade angegeben sind; an der letzten Windung der Spirale ist auf der einen Seite ein dünner Stab, und auf der anderen ein kürzerer, aber nahe gleich schwerer Stift angebracht, um dem ersteren das Gleichgewicht zu halten. Der von drei kleinen Füßen unterstützte getheilte Kreis ist ausgeschnitten, damit die Luft kein Hinderniß findet, sich rings um das Instrument zu bewegen.

Die Spiralfeder ist aus zwei Metallen von ungleichen Ausdehnungscoefficienten zusammengesetzt, welche ihrer ganzen Länge nach zusammengelöthet sind. Je nachdem nun die Temperatur in dem einen oder dem anderen Sinne variirt, muß die Feder sich offenbar zusammenziehen oder aufdrehen, und bei dieser Bewegung den dünnen Stab oder Zeiger fortführen, welcher auf diese Weise die Theilstriche des darunterliegenden Kreises durchläuft. Der Werth der Theilung wird bestimmt, entweder, indem man den Gang des neuen Apparates mit dem eines Quecksilberthermometers vergleicht, oder indem man direct die Lage zweier extremen Punkte, also etwa die Stellung des Zeigers beim Sieden und Gefrieren des Wassers bestimmt. Alsdann kann man ohne merklichen Fehler den zwischen den beiden gewonnenen festen Punkten enthaltenen Bogen in hundert gleiche Theile theilen, und jeden Theilstrich als einem Grade des hunderttheiligen Quecksilberthermometers entsprechend ansehen. Der auf dem getheilten Kreise von jedem Grade eingenommene Raum wird dem Radius des Kreises und der Anzahl der Windungen der Spirale augenscheinlich proportional.

Bei einem solchen Metallthermometer in meinem Besitze macht die Spirale 27 Windungen; ein Kreis von 27 Millimeter Halbmesser enthält die Theilung, auf welcher ein Grad etwas mehr als 3,5 Millimeter beträgt; die ganze Peripherie wird von ungefähr 48 Graden ausgefüllt, so daß in dem Intervalle zwischen Gefrier- und Siedepunkt der Zeiger das getheilte Zifferblatt etwas mehr als zweimal zurücklegt.

Streng genommen würde für die Construction der Spirale die Verbindung zweier Metalle von ungleicher Ausdehnung, wie z. B. Silber und Platina, ausreichend sein; um jedoch den Zerreißungen vorzubeugen, welche während plötzlicher und beträchtlicher Temperaturveränderungen in einem der Metallstreifen fast immer eintraten, schaltete Breguet zwischen das Platin und das Silber einen dritten Metallstreifen ein, dessen Ausdehnung ungefähr das Mittel hielt zwischen den Ausdehnungscoefficienten der beiden anderen. Diese Bedingung erfüllte reines Gold, und es haben durch diesen Kunstgriff die extremen Punkte des Thermometers eine Festigkeit bekommen, welche sie vorher nicht besaßen.

Die drei über einander gelegten Streifen von Platina, Gold und Silber, aus denen die Spirale besteht, bilden zusammen eine Schicht von einem fünfzigstel Millimeter Dicke. Das Thermometer ist daher fast ganz Oberfläche, und hat dabei eine sehr kleine Masse, so daß es die Temperaturveränderungen mit außerordentlicher Schnelligkeit wiedergibt, wie man sie von dem empfindlichsten Quecksilberthermometer und selbst von Luftthermometern vergebens erwarten würde. Die Zeit, welche bei den letzteren Instrumenten die Wärme gebraucht, um die gläserne Hülle und die darin enthaltene Flüssigkeit zu durchdringen, vornämlich wenn von Quecksilber die Rede ist, verhindert, daß die nur kurz andauernden Temperaturschwankungen mit Genauigkeit angezeigt werden. Die folgenden Resultate, welche ich einer mir von den Erfindern mitgetheilten Notiz entlehne, beziehen sich auf eine sehr interessante physikalische Frage, und scheinen mir die Vortheile des neuen Apparates besonders anschaulich zu machen.

Ein Breguet'sches Metallthermometer wurde gleichzeitig mit einem Quecksilberthermometer unter den Recipienten einer Luftpumpe gestellt, dessen Capacität 5 Liter betrug; die Temperatur war 19° C. Als darauf so rasch als möglich der luftleere Raum hergestellt wurde, wirkte die Kälte, welche bei stattfindender Luftverdünnung bekanntlich jederzeit auftritt, sofort auf die beiden Instrumente; aber das Quecksilberthermometer fiel nur um 2°, während der Zeiger der Spirale von + 19° auf — 4° ging. Ließ man die Luft unmittelbar darauf wieder zuströmen, so stieg das Metallthermometer bis auf + 50°; das Quecksilberthermometer dagegen sank noch ein wenig: so groß war die Langsamkeit, mit welcher die erkältende Wirkung der Luftverdünnung der Masse der in der gläsernen Kugel des Instrumentes enthaltenen Flüssigkeit sich mitzutheilen vermochte. Durch weitere Verminderung der Masse der Spirale, ihres Trägers und des getheilten Kreises, verbunden mit einer Volumvergrößerung des Recipienten, ohne die Dicke seiner Wände zu erhöhen, haben die Herren Breguet, bei einer Reihe von analogen Versuchen, wie die oben genannten, Wirkungen erreicht, welche viel über 50° C. gingen.

Im Jahre 1840 beschäftigte sich Hr. Breguet Sohn mit der Umwandlung seines Metallthermometers in einen selbstregistrirenden Thermometrographen. Der Apparat besteht hauptsächlich aus einem Metallthermometer, welches sich von dem gewöhnlich gebräuchlichen nur dadurch unterscheidet, daß die Nadel und das Zifferblatt den oberen Theil einnehmen. Jede Stunde wird die Spitze der Nadel mittelst eines durch ein Uhrwerk in Bewegung gesetzten Hebels gegen den Rand des Zifferblattes gedrückt, und macht daselbst ein der Temperatur dieses Zeitpunkts entsprechendes Zeichen, worauf die Nadel wieder frei wird. Inzwischen verschiebt sich die Scheibe, welche das Zifferblatt trägt, in horizontaler Richtung, und zwar dergestalt, daß nach Verlauf einer Stunde ein neuer Kreis, wie der frühere mit der Axe des Thermometers concentrisch, sich unter dem Zeigerende befindet, und auf dieselbe Weise durch die Spitze der Nadel eine Marke empfängt, welche die neue Temperatur anzeigt. Kurz, im Laufe von vierundzwanzig Stunden werden auf ebenso vielen verschiedenen Kreisen vierundzwanzig Marken gemacht, und da diese Bogen auf ein Blatt Papier gezeichnet sind, das sich jeden Tag durch ein neues ersetzen läßt, so erhält man in einer Sammlung solcher Blätter, welche mit dem jedesmaligen Datum zu versehen sind, ein vollständiges Tagebuch stündlicher Temperaturbeobachtungen.

Die gewöhnlichen Thermometer geben den Temperaturzustand der Atmosphäre in dem Augenblicke, wo die Beobachtung angestellt wird; andere Instrumente lehren die höchsten oder die niedrigsten Temperaturen kennen, welche von einem gewissen Zeitpunkte an bis zum Momente der Ablesung in der umgebenden Luft stattgefunden haben. Bis zum Jahre 1837 war noch kein Thermometer construirt worden, welches die mittlere Temperatur eines Tages, eines Monates oder eines Jahres mit Zuverlässigkeit hätte angeben können. Diese Aufgabe stellte sich Julius Jürgensen, ein sehr geschickter Uhrmacher in Kopenhagen, und gelangte folgendergestalt zu ihrer Lösung.

Die Unruhe einer gewöhnlichen Taschenuhr erfährt eine gewisse Ausdehnung, wenn die Temperatur steigt, und zieht sich dagegen bei abnehmender Temperatur zusammen. Die unausbleibliche Folge einer Vergrößerung in den Dimensionen der Unruhe ist eine Zunahme in der Dauer ihrer Schwingungen, und dadurch eine Verzögerung im Gange der Uhr; umgekehrt wird durch die Zusammenziehung des Balanciers eine Beschleunigung bedingt. Um diesen Unregelmäßigkeiten zu begegnen, haben die Künstler seit langer Zeit zur Anwendung des zusammengesetzten Balanciers, an der Stelle des einfachen, aus vier Radien und einem zusammenhängenden Ringe von einem und demselben Metalle bestehenden, ihre Zuflucht genommen. Um eine ausreichende Vorstellung von der Construction des zusammengesetzten Balanciers zu gewinnen, denke man sich zwei rechtwinklige Stäbchen von einem bestimmten Metall, an deren vier Enden sich vier getrennte Bogen anschließen, welche aus zwei an beiden Enden zusammengenieteten Metallstücken von ungleicher Ausdehnung bestehen. Sobald die Temperatur sich ändert, müssen diese aus zwei Metallen gebildeten Bogen ihre Krümmung, folglich auch ihre Lage verändern; und es ist ebenfalls klar, daß die Bewegung des freien Endes bei jedem Bogen in der Richtung des sich weniger ausdehnenden Metalles stattfindet, wenn die Temperatur zunimmt, sowie im entgegengesetzten Sinne bei abnehmender Temperatur.

Hieraus folgt, daß in demselben Momente, wo infolge der durch eine Temperaturerhöhung hervorgerufenen Ausdehnung, die Speichen oder Radien des Balanciers die mit ihnen in Verbindung stehenden Bogenenden von ihrem Kreuzungspunkte, mit anderen Worten, von der Umdrehungsaxe entfernen, die anderen freien Enden der nämlichen Bogen dagegen dem Mittelpunkte sich nähern werden, sobald das sich mehr ausdehnende Metall nach Außen liegt. Wenn das Metall mit größerem Ausdehnungscoefficienten den inneren Streifen bildet, so muß das Spiel der zusammengesetzten metallischen Bogen, statt die Wirkung der vergrößerten Radien zu schwächen oder zu compensiren, dieselbe selbstverständlich beträchtlich steigern.

Jedermann wird jetzt begreifen, daß, wenn eine für sehr kleine Temperaturvariationen empfindliche Uhr construirt werden sollte, Jürgensen die umgekehrte Anordnung der aus zwei Metallen bestehenden Bogen wählen mußte, als welche bei den gewöhnlichen Chronometern gebräuchlich ist: d. h. bei der sogenannten Thermometeruhr befindet sich das Metall von größerer Ausdehnbarkeit auf der inneren Seite der Bogen des Balanciers. Der Künstler ist noch einen Schritt weiter gegangen, und hat eine fernere Steigerung der thermischen Wirkungen dadurch herbeigeführt, daß er jeden der vier Bogen noch mit einem neuen, ganz analog zusammengesetzten Bogen in Verbindung brachte, dessen Biegung auf den Gang des Instruments in demselben Sinne influirt.

Eine von Hrn. Jürgensen nach diesen Principien construirte Thermometeruhr ist nicht größer, als eine gewöhnliche Uhr; die doppelten Bogen des Balanciers sind außen von Platin und innen von Messing. Einem Grade Zu- oder Abnahme in der Temperatur entspricht im Gange der Uhr eine Veränderung von ungefähr 32 Secunden in vierundzwanzig Stunden.

Stellt man ein solches Instrument wie ein gewöhnliches Thermometer in freier Luft auf, so wird dasselbe offenbar einen beschleunigten oder einen verzögerten Gang annehmen, je nachdem die Temperatur der Atmosphäre fällt oder steigt. Hat man also durch Versuche ermittelt, bei welchem Temperaturgrade der Gang der Uhr normal ist, d. h. wann der Secundenzeiger in 24 Stunden genau 86400 Schläge macht, so wird man aus der Differenz dieser Zahl mit der wirklichen Anzahl der von demselben Secundenzeiger an einem bestimmten Tage während 24 Stunden zurückgelegten Oscillationen die mittlere Temperatur dieses Tages berechnen können, wie verschieden auch die den einzelnen Tageszeiten entsprechenden Temperaturzustände gewesen sein mögen. Denn da vermöge der Construction des Instruments jede Temperatur nicht allein ihrer Intensität, sondern auch ihrer Dauer proportional wirkt, so muß ihr Einfluß in dem durch Schläge des Secundenzeigers ausgedrückten Gesammtresultate sich in derselben Weise äußern, wie dies bei der genauen arithmetischen Berechnung der mittleren Temperatur geschehen würde, wenn die einzelnen Elementartemperaturen bekannt wären. Der Beobachter braucht demnach alle vierundzwanzig Stunden nur zwei Vergleichungen zwischen der Thermometeruhr und einer richtig gehenden Pendeluhr oder einem Chronometer anzustellen, um die im Laufe des Tages eingetretene Beschleunigung oder Verzögerung kennen zu lernen. Jeder Astronom aber weiß, daß die Unsicherheit einer derartigen Vergleichung einen kleinen Bruchtheil einer Oscillation nicht übersteigt.

Der Künstler construirt auf experimentellem Wege die Tafel, welche die den verschiedenen Beschleunigungen und Verzögerungen seiner Uhr entsprechenden Temperaturwerthe in gewöhnlichen Thermometergraden ausgedrückt enthält.

Um seine Thermometeruhr für den Gebrauch noch geeigneter zu

machen, bringt Jürgensen, ohne dadurch ihr Volumen merklich zu vermehren, noch ein Metallthermometer damit in Verbindung, um die augenblickliche Temperatur, und zugleich vermittelst zweier verschiebbarer Zeiger die Temperaturmaxima und Minima anzuzeigen, welche im Laufe von vierundzwanzig Stunden eintreten.

Eine im Jahre 1841 mir von Herrn Jürgensen übergebene Thermometeruhr, um sie der Akademie der Wissenschaften vorzulegen, besitzt eine so große Empfindlichkeit, daß eine Temperaturänderung von 1° C. in dem Gange der Uhr eine Variation von 41 Secunden binnen vierundzwanzig Stunden hervorruft.

Aehnliche Principien wie bei den Jürgensen'schen Apparaten sind in Frankreich von Herrn Edmund Becquerel zur Construction eines Instruments für das meteorologische Observatorium des agronomischen Instituts von Versailles angewandt, und damit Resultate erzielt worden, welche sich als sehr genau herausgestellt haben. Englische Künstler haben ebenfalls sehr sinnreiche Registrirthermometer (chronomètres?) verfertigt. Endlich erhält man auch eine continuirliche photographische Darstellung der aufeinanderfolgenden Temperaturzustände an einem gegebenen Orte, wenn man ein durch die verticale Röhre eines Thermometers, worin das Quecksilber je nach dem Stande der Temperatur eine undurchsichtige Säule von größerer oder geringerer Höhe bildet, hindurchgehendes Lichtbündel auf einem gleichförmig bewegten Stücke empfindlichen Papieres sich abbilden läßt. Auf diese Weise kann die Bestimmung der mittleren Temperaturen an jedem Orte auf einfache Ablesungen an geeigneten Meßapparaten zurückgeführt werden, ohne daß irgend welche Schwierigkeiten übrig bleiben. Indeß erinnere ich schließlich daran, daß die complicirten Instrumente den einfacheren an Empfindlichkeit weit nachstehen, und wie ich bereits bei einer früheren Gelegenheit gesagt habe (S. 474), bleibt es sehr zweifelhaft, ob die Registrirapparate im Allgemeinen vor den directen Beobachtungen Vortheile voraus haben.

Einundvierzigstes Kapitel.

Von der Temperatur in den Kellern des pariser Observatoriums.

Wir kommen endlich zum Schluß der Aufgabe, die wir uns gestellt hatten. Die Discussion der in den Kellern der Sternwarte von Paris beobachteten Temperaturen soll den Schluß des vorliegenden langen Aufsatzes bilden. Aus dieser Prüfung werden sich interessante Folgerungen im Betreff der Frage ergeben, ob das mittlere Klima von Paris zu unseren Zeiten irgend welchen Veränderungen unterworfen ist.

Auf den ersten Blick scheint Nichts einfacher, als diese Frage. Die Temperatur unterirdischer Räume von einiger Tiefe ist nicht nur, wofern der äußeren Luft kein freier Zutritt verstattet wird, als unveränderlich, sondern auch als der Ausdruck der mittleren Temperatur anzusehen, welche der äußeren Atmosphäre an der Oberfläche der Erde zukommt. Unter dem Gebäude der pariser Sternwarte befinden sich dergleichen unterirdische Räume, welche bis zu 28 Meter (86 Fuß) Tiefe hinabgehen. Seit länger als anderthalb Jahrhunderten wird darin der Gang des Thermometers verfolgt, und es scheint, als brauche man weiter Nichts zu thun, als die gemachten Beobachtungen mit einander zu vergleichen. Dieser Vergleichung aber möge ein kurzer historischer Bericht über die in den genannten Souterrains angestellten thermometrischen Bestimmungen vorausgehen.

Am 24. September 1671 wurde zum ersten Male ein Thermometer in den Gewölben unter dem Observatorium aufgestellt, um während einer gewissen Zeit dort zu Versuchen zu dienen; am folgenden Tage, 25. September, wurde der Stand der Flüssigkeitssäule sorgfältig aufgezeichnet. Während der ganzen Monate October und November wiederholte man verschiedene Male die Beobachtung in den Gewölben, und fand stets dieselbe Höhe der Flüssigkeit. Am 7. Decbr. jedoch war der Stand etwas unter die frühere Marke gesunken, was zur Anbringung eines neuen Zeichens Veranlassung gab, und am 21. desselben Monats fand man die Flüssigkeit wiederum unterhalb der neuen Marke. Am 1. Januar 1672 jedoch war der Stand des

Thermometers wieder ein klein wenig in die Höhe gegangen. Nach einer in den Tagebüchern aufgefundenen Notiz von Cassini, welcher ich diese Einzelheiten entlehne, war das angewandte Thermometer vom Abbé Mariotte verfertigt. Vorstehendes sind die ältesten Beobachtungen über die Temperatur in den Kellern der Sternwarte: es ist zu bedauern, daß sie der Genauigkeit ermangeln.

Die Unveränderlichkeit der in Rede stehenden Temperatur wurde fortan als eine feststehende Thatsache angesehen; gegen das Ende des siebzehnten Jahrhunderts wählte la Hire diese Temperatur zu einem der festen Punkte seines Thermometers, und bezeichnete ihn mit 48 Graden seiner Wärmeskale.

In einer 1730 veröffentlichten Abhandlung gab Réaumur zum ersten Male eine Bestimmung für die fragliche Temperatur, welche sich mit vergleichbaren Thermometergraden in Beziehung setzen läßt.

„Ein sehr auffallendes Factum", sagt der berühmte Physiker, „welches man nicht leicht vorausgesehen hätte, ist, daß Keller von einer weder außerordentlichen Tiefe, noch von ausnehmender Länge, selbst ohne besondere Vorkehrungen um jede Verbindung mit der äußeren Luft abzuschneiden, — daß solche Keller eine Luft enthalten, deren Temperatur, so weit sich ermitteln läßt, immer dieselbe bleibt. Und dennoch sind die über diesen Punkt angestellten Untersuchungen als entscheidend anzusehen. De la Hire hat beobachtet, daß während der größten Hitze unserer Sommer, so wie bei der strengsten Kälte im Jahre 1709, die Flüssigkeit in der Thermometerröhre ziemlich (assez) genau den nämlichen Stand beibehielt: aus diesem Grunde bildet dieser in den Kellern des Observatoriums stattfindende Temperaturgrad einen der festen Punkte, die man auf den besten bis jetzt hergestellten Thermometern ausdrücklich bezeichnet hat. Die Verificirung desselben bildete eine der ersten Anwendungen, welche wir von den nach den gegebenen Vorschriften construirten Thermometern zu machen für zweckdienlich erachteten.

„Demgemäß ergab sich, daß der Wärmegrad dieser Souterrains $10^1/_4$ Grade über dem Gefrierpunkte eines Thermometers lag, in welchem das Volumen der infolge künstlichen Frostes condensirten Flüssigkeit 1000 betrug, während dasselbe Volumen, der Wärme des siedenden Wassers ausgesetzt, auf 1080 stieg; oder, was dasselbe ist, das beim Gefrieren des Wassers durch 1000 ausgedrückt Volumen der Flüssigkeit im Thermometer beläuft sich auf $1010^{1}/_{4}$ in den Kellern der Sternwarte."

Die vorstehende Bestimmung entspricht 12,81° der hunderttheiligen Skale.

Im Jahre 1741 bezeichnete Michely Ducrest auf einem Thermometer mit weiter Theilung den Stand der Temperatur in den Kellern der Sternwarte durch zwei sehr feine, auf die Röhre geklebte Fäden. Le Gentil empfing dasselbe Thermometer aus den Händen des Karthäusers Dom Germain: als es den 13. Januar 1776 in dieselben Gewölbe gebracht wurde, sank die Flüssigkeitssäule einen halben Grad unter den 1741 bezeichneten Standpunkt hinab. Im Jahre 1759 hatte Le Gentil mit einem anderen Thermometer von Michely 10,25° (12,81° Centesim.) gefunden; nach seiner Rückkehr aus Indien gab das nämliche Instrument nur $8^{5}/_{6}$° (11,04° Centes.), während gleichzeitig ein von Sigaud de Lafond verfertigtes Thermometer $9^{1}/_{6}$° (11,43° der hunderttheiligen Skale) zeigte.

Am 2. Februar 1776, zehn Uhr Vormittags, und am 16. Februar 1776 zwischen sieben und acht Uhr Abends, wurde die Temperatur in den Kellern des Observatoriums an einem Thermometer von Messier, welches vom Gefrierpunkt bis zum Siedepunkt in 85 Theile eingetheilt war, zu 11,76° Centigraden bestimmt. Messier selbst hatte dieses Thermometer mit der größten Sorgfalt verfertigt, und wenige Tage vor der Beobachtung bei Gelegenheit der außerordentlichen Kälte jenes Jahres verificirt. *)

Im Jahre 1783 construirte Lavoisier selbst ein neues Thermometer, welches durch Cassini auf der Sternwarte aufgestellt wurde. Um zu verhindern, daß etwaige Luftströmungen auf die Temperatur des Raumes Einfluß üben könnten, innerhalb dessen die Thermomebeobachtungen hinfort angestellt werden sollten, entschloß sich Cassini dazu, alle zu dem alten Thermometertische führenden Zugänge durch dicke Mauern verschließen zu lassen, mit Ausnahme eines einzigen,

*) Mémoires de l'Académie des sciences aus dem Jahre 1776, S. 44 und 45.

der eine starke Thür erhielt. Auf diese Weise wurde ein weiter unterirdischer Raum hergestellt, der aus einem Gange von 33 Meter Länge, 2 Meter Breite, und 2,66 Meter Höhe besteht, mit welchem noch drei andere in den Stein gehauene Kellernischen von ungefähr 1 Quadratmeter bei 2,66 Meter Höhe, welche zur Aufnahme von Boussolen und mehreren anderen verschiedenartigen Instrumenten dienen sollten, zusammenhängen.

Im Fond des Cabinets, dem früheren Thermometertische gegenüber, ließ Cassini einen isolirten Pfeiler für das Thermometer Lavoisier's aufführen. Dieses Instrument besteht aus einem Reservoir von ungefähr 7 Centimeter Durchmesser, nebst einer vollkommen calibrirten, fast capillaren Röhre von 0,57 Meter Länge; die Theilung wurde durch Vergleichung mit einem Normalthermometer ermittelt; jeder Grad der Réaumur'schen Skale ist 0,109 Meter lang, und es läßt sich folglich mit Leichtigkeit der zweihundertste Theil eines Grades unterscheiden und schätzen. Der Apparat steht in einem Gefäße mit sehr feinem und trockenem Sande, der die Kugel und selbst die Röhre des Thermometers bis zu 0,22 Meter Abstand von dem Punkte umgibt, wo das Quecksilber in dem Keller stehen bleibt. Das Verweilen zweier Beobachter in dem Raume während 8 bis 10 Minuten bringt keine Veränderung in dem Stande der Quecksilbersäule hervor. Die Thermometerskale ist auf einen neben der Röhre des Instruments angebrachten Glasstreifen geätzt.

Ich stelle im Folgenden die auf die hunderttheilige Skale reducirten Resultate zusammen, welche die zu wiederholten Malen mit dem Lavoisier'schen Thermometer angestellten Beobachtungen ergeben haben:

Jahr.	Temperatur in den Kellern.
1783 . . .	11,417°
1784 . . .	11,416
1785 . . .	11,556
1795 . . .	11,950
1796 . . .	11,950
1797 . . .	11,930

1806 . . .	12,050°
1811 . . .	12,090
1816 . . .	12,092
1817 . . .	12,086

Die Resultate haben ein großes Interesse erlangt, seitdem von den Geometern bewiesen worden ist, daß unter jeder Breite, bei hinlänglicher Tiefe, und abgesehen von zufälligen Einwirkungen, die Temperatur gleich dem Mittel der auf der Erdoberfläche stattfindenden Temperaturen sein muß Ein Blick auf die folgende Tabelle wird lehren, daß bei 28 Meter Tiefe unter dem Boden die täglichen und selbst die jährlichen Schwankungen des Thermometers völlig unmerklich sind. Man darf nicht vergessen, daß die Ausdehnung der Skale bei dem angewandten Instrumente ein oder zwei Tausendstel Grade zu schätzen gestattet.

	Temperatur in den Kellern des pariser Observatoriums					
in den Monaten	1811	1816	1817	1818	1819	1820
Januar	12,087°	12,093°	12,081°	12,070°	12,092°	12,074°
Februar	12,088	12,098	12,082	12,075	12,099	12,074
März	12,090	12,092	12,082	12,070	12,073	12,072
April	12,093	12,092	12,099	12,071	12,072	12,066
Mai	12,092	12,093	12,100	12,072	12,072	12,073
Juni	12,092	12,092	12,085	12,078	12,073	12,077
Juli	12,092	12,092	12,086	12,086	12,073	12,077
August	12,092	12,092	12,092	12,086	12,073	12,083
September	12,091	12,092	12,086	12,086	12,074	12,081
October	12,092	12,091	12,086	12,083	12,074	12,087
November	12,086	12,091	12,086	12,086	12,074	12,074
December	12,086	12,091	12,072	12,086	12,074	12,069
Jährliche Mittel . .	12,090	12,092	12,086	12,079	12,077	12,076

	Temperatur in den Kellern des pariser Observatoriums					
in den Monaten	1821	1822	1823	1824	1825	1826
Januar	12,070°	12,081°	12,100°	12,117°	12,150°	12,161°
Februar	12,074	12,087	12,093	12,111	12,153	12,165
März	12,077	12,100	12,073	12,112	12,153	12,170
April	12,074	12,090	12,097	12,120	12,153	12,174
Mai	12,082	12,093	12,099	12,121	12,154	12,170
Juni	12,082	12,098	12,100	12,133	12,155	12,182

Juli	12,074	12,098	12,100	12,138	12,155	12,171
August	12,076	12,099	12,103	12,135	12,165	12,171
September	12,078	12,099	12,112	12,135	12,175	12,170
October	12,086	12,101	12,111	12,132	12,171	12,170
November	12,085	12,103	12,111	12,137	12,153	12,168
December	12,085	12,104	12,123	12,139	12,158	12,171
Jährliche Mittel . .	12,079	12,096	12,103	12,127	12,158	12,170

	Temperatur in den Kellern des pariser Observatoriums					
in den Monaten	1827	1828	1829	1830	1831	1832
Januar	12,172°	12,194°	12,212°	„	12,241°	12,249°
Februar.	12,175	12,202	12,218	12,224°	12,241	12,250
März	12,175	12,230	12,213	12,223	12,247	12,251
April	12,176	12,191	12,212	12,235	12,243	12,253
Mai.	12,176	12,196	12,225	12,238	12,244	12,250
Juni	12,176	12,197	12,223	12,242	12,243	12,251
Juli.	12,166	12,193	12,225	12,236	12,243	12,250
August	12,171	12,190	12,237	12,236	12,243	12,250
September	12,181	12,210	12,225	12,239	12,243	12,250
October.	12,182	12,210	12,225	12,240	12,243	12,250
November	12,184	12,215	12,230	12,245	12,248	12,250
December	12,187	12,212	12,225	12,241	12,249	12,250
Jährliche Mittel . .	12,177	12,203	12,223	12,236	12,244	12,250

Bei Betrachtung der in vorstehender Tabelle enthaltenen Zahlen ist man zu dem Schlusse geneigt, daß die Temperatur der in einer Tiefe von 28 Meter unter dem Boden von Paris gelegenen Erdschicht eine leichte Zunahme erfahren habe. Allein seit dem Jahre 1817 habe ich mich überzeugen können, daß die Temperatur in den Souterrains der Sternwarte, wie sie aus den Angaben des Lavoisier'schen Thermometers hervorging, mit der Temperatur des Bodens und mit dem, was man damals über die mit der Tiefe zunehmende Wärme wußte, nicht in Uebereinstimmung war. Es mußte folglich untersucht werden, ob dieser Mangel an Uebereinstimmung etwa blos scheinbar war, und ob nicht das früher von Lavoisier aufgestellte Thermometer, dessen man sich fortwährend bediente, Abweichungen von dem Stande eines neuerdings construirten Thermometers zeigte.

Ich ersuchte demgemäß meinen Freund Gay-Lussac, eigenhändig ein Thermometer anzufertigen. Meinem Wunsche willfahrend theilte der gelehrte Physiker mit der größten Sorgfalt die Skale eines Thermometers, welches neben dem Instrumente Lavoisier's und mit denselben Vorsichtsmaaßregeln seinen Platz in den Kellern der Sternwarte erhielt. Alsdann ließ sich ein Fehler von + 0,380° in der Theilung des älteren Thermometers nachweisen, infolge einer Verrückung des Nullpunktes seiner Skale entstanden*), dergestalt daß die Temperatur des Jahres 1817 von 12,086° auf 11,706° herabzusetzen war, und nunmehr betrug die Differenz mit der mittleren Temperatur an der Oberfläche (10,7°) nur noch einen Grad. Dieser Ueberschuß steht aber im Einklange mit der durch die Temperaturmessungen in tiefen Brunnen nachgewiesenen Thatsache, daß einer Zunahme von ungefähr 30 Metern in der Tiefe, eine Vermehrung der Temperatur um 1 Grad entspricht.**)

Die weitere Frage würde sein, ob der Nullpunkt des Lavoisier'schen Thermometers auch später noch eine Verrückung erfahren hat, und ob der Unterschied des letzteren mit dem Instrumente von Gay-Lussac constant geblieben ist. Um die Data anzugeben, welche in Zukunft die Beantwortung dieser Fragen möglich machen können, lasse ich hier die mittleren jährlichen Temperaturen der Keller nach jedem der beiden Instrumente folgen:

Jahre.	Thermometer Lavoisier's.	Thermometer Gay-Lussac's.	Unterschied der beiderseitigen Temperaturangaben.
1817	12,086°	11,706°	0,380°
1818	12,079	11,758	0,321
1819	12,077	11,727	0,350
1820	12,076	11,734	0,342
1821	12,079	11,747	0,332
1822	12,096	11,806	0,290
1823	12,103	11,818	0,285
1824	12,127	11,836	0,291
1825	12,158	11,773	0,385
1826	12,170	11,827	0,343
1827	12,177	11,854	0,323
1828	12,203	11,887	0,316
1829	12,223	11,930	0,293
1830	12,236	11,936	0,300

*) Siehe oben S. 542.

**) Siehe den dritten Band der wissenschaftlichen Aufsätze, Bd. 6 der sämmtlichen Werke, S. 254—318.

Jahre.	Thermometer Lavoisier's.	Thermometer Gay-Lussac's.	Unterschied der beiderseitigen Temperaturangaben.
1831	12,244	11,958	0,286
1832	12,250	11,959	0,291
1833	12,244	11,953	0,291
1834	12,251	11,964	0,287
1835	12,249	11,963	0,286
1836	12,249	11,962	0,287
1837	12,263	11,976	0,287
1838	12,262	11,979	0,281 (?)
1839	12,262	11,971	0,291
1840	12,258	11,967	0,291
1841	12,249	11,956	0,293
1842	12,224	11,936	0,288
1843	12,201	11,933	0,268
1844	12,193	11,910	0,283
1845	12,178	11,914	0,264
1846	12,196	11,842	0,354
1847	12,172	11,896	0,276
1848	12,165	11,910	0,255
1849	12,172	11,920	0,252
1850	12,182	11,878	0,304
1851	12,180	11,903	0,277
1852	12,188	11,884	0,304

Ohne absolut constant zu bleiben hat die Differenz zwischen den Angaben der beiden Thermometer um höchstens 0,133° variirt.

Also ist jetzt nachgewiesen, daß auf die Länge fast alle Thermometer falsch werden: der Nullpunkt, mit anderen Worten der Punkt des schmelzenden Eises steigt an der graduirten Skale empor, wie wenn die mit Quecksilber gefüllte Kugel sich zusammenzöge. Dadurch zeigt z. B. das Thermometer +1°, während es auf Null stehen sollte, oder +2°, während die Temperatur nur +1° beträgt, u. s. w.; der Fehler kann zuweilen sogar bis auf 1½° steigen. Die zahlreichen Temperaturbeobachtungen in den Gewölben des Observatoriums, welche aus einer Zeit stammen, wo man noch nicht wußte, daß die Thermometer beständig verificirt werden müssen, sind demnach als nutzlos anzusehen. Nur zwei Beobachtungen sind unter der Reihe der früheren brauchbar geblieben, nämlich die Beobachtungen aus dem

Monat Februar 1776. Wie oben (S. 564) berichtet, stellte sie Messier mit einem unter seinen Augen construirten, und von ihm selbst wenige Tage zuvor berichtigten Thermometer an. Beide Beobachtungen stimmen unter einander völlig überein, und geben 11,8° der hunderttheiligen Skale.

Ein halbes Jahrhundert später, im Jahre 1826 wurden gleichfalls nach der Correction 11,8° Centesim. gefunden.

Wenn wir jetzt annehmen wollten, daß die Beobachtungen Messier's wegen der Kleinheit seiner Thermometerskale um den zwanzigsten Theil eines Grades unsicher sind, so würden die uns gleich scheinenden Temperaturen aus den Jahren 1776 und 1826 um eben soviel von einander abweichen. Ein Zwanzigstel auf fünfzig Jahre macht aber ein Zehntel im Jahrhundert.

Es würde sich also eine Aenderung von nicht mehr als einem Grade in tausend Jahren ergeben!

Zwischen den beiden zur Vergleichung benutzten Zeitepochen liegt eine Periode, innerhalb deren gewisse Theile von Frankreich stark entholzt worden sind; die mittlere Temperatur von Paris hat indessen keinen merklichen Einfluß dadurch erfahren.

Ich habe im Vorstehenden die Beobachtungen des Jahres 1826 zur Vergleichung gewählt, um eine runde Zahl von fünfzig Jahren zu haben. Nimmt man statt dessen das Jahr 1852, so ergibt sich eine Temperatursteigerung von ungefähr einem Zehntel Grad. Statt einer Erkältung des Klimas von Paris würden wir also zu einer leichten Erwärmung kommen. Uebrigens wird man diese Beobachtungen noch ein halbes Jahrhundert lang fortsetzen müssen, bevor sich mit Bestimmtheit behaupten läßt, daß der oben erwähnte Zehntelgrad nicht einer unregelmäßigen und zufälligen Schwankung seinen Ursprung verdankt.

Ueber das Klima von Cherbourg.

[Am 13. September 1852 legte Herr Emmanuel Liais der Akademie der Wissenschaften eine Abhandlung vor unter dem Titel: Resultate der meteorologischen Beobachtungen in Cherbourg während der Jahre 1848, 1849, 1850 und 1851. Die Akademie überwies diese Arbeit einer aus den Herren Arago, Pouillet und Babinet bestehenden Commission zur Prüfung. Kurze Zeit vor seinem Tode hat Arago, im Auftrage seiner Collegen, den hier folgenden Bericht dictirt.]

Die Abhandlung, welche uns von der Akademie zur Prüfung überwiesen worden ist, enthält die Resultate meteorologischer Beobachtungen, die ein sehr geübter Beobachter mit der größten Sorgfalt und mit Hülfe von Instrumenten angestellt hat, welche mit den Normalinstrumenten der pariser Sternwarte vollkommen vergleichbar sind.

Herr Liais hat seine Beobachtungen mit seltener Einsicht discutirt, und eine Vergleichung mit den in der Hauptstadt gemachten angestellt, so daß Alles, was im Klima von Cherbourg von der Breite dieser Stadt unabhängig ist und mit der Nachbarschaft des Meeres zusammenhängt, deutlich hervortritt.

Das erste Kapitel des vorliegenden Aufsatzes beschäftigt sich mit der Untersuchung der mittleren Temperatur des Jahres und der verschiedenen Jahreszeiten. Für das Jahresmittel findet Herr Liais 11,27°, während der Schiffskapitän Lamarche früher auf Grund der in den Jahren 1838 bis 1842 inclusive angestellten Beobachtungen diesen Werth zu 11,32° angegeben hat.

Die nahe Uebereinstimmung dieser beiden Resultate berechtigt uns zu dem Glauben, daß die mittlere Temperatur von Cherbourg gegenwärtig bis auf weniger als ein Zehntel Grad genau bekannt ist. Da indeß die mittleren Temperaturen der Tage, der Monate und der Jahre, welche zur Bildung jener allgemeinen Mittel gedient haben, als arithmetische Mittel aus den höchsten und niedrigsten Temperaturständen berechnet worden sind, und die Rechtmäßigkeit dieser Methode in den Augen eines strengen Kritikers einigen Bedenken unterliegen könnte, so wäre es wünschenswerth gewesen, wenn Herr Liais in seiner schönen Arbeit die mittlere Temperatur der in der Umgegend von Cherbourg zahlreich vorkommenden Quellen angeführt hätte. Es wird übrigens genügen, den eifrigen und geschickten Physiker auf diese Lücke aufmerksam zu machen, um gewiß zu sein, daß dieselbe nicht lange unausgefüllt bleiben wird.

Bekanntermaßen richten sich die Erscheinungen in der Vegetation an jedem Orte nicht direct nach der mittleren Temperatur des Jahres, sondern es spielen die mittleren und äußersten Temperaturen der Winter- und der Sommermonate hierbei eine sehr wesentliche Rolle. Herr Liais gibt auch von diesem Gesichtspunkte aus eine Vergleichung der Beobachtungen von Paris und von Cherbourg, und leitet aus den ausführlichen Tabellen seiner Zusammenstellung einige Resultate ab, welche den Meteorologen zwar bereits bekannt sind, aber hier mit einer gewissermaßen mathematischen Evidenz in die Augen springen.

Für die correspondirenden Zeiten findet Herr Liais, daß zu Paris und zu Cherbourg die Temperaturunterschiede im Allgemeinen um so größer sind, je niedrigere Temperaturen verglichen werden.

Die sechs Monate October, November, December, Januar, Februar und März sind in Cherbourg wärmer als in Paris, die sechs anderen dagegen kälter; doch zeigt die Temperatur der Monate April und September in den beiden genannten Städten sich merklich gleich.

In Cherbourg ist der Winter um 2,8° C. wärmer, als in Paris, während sich die Sommertemperatur um 1,7° niedriger ergibt: man kann also sagen, daß diese 1,7 Grade die Differenz bilden, durch welche die Unterschiede in der Reife der Früchte bedingt werden, die man zwischen Paris und den ungefähr unter derselben Breite an der Küste des Oceans gelegenen Orten bemerkt.

Aus allen diesen Zahlen geht hervor — wofür übrigens die Ursache leicht aufzufinden sein würde — daß der Einfluß des Meeres weit größer ist, um die Temperatur der Westküsten unseres Continents im Winter zu erhöhen, als um dieselbe im Sommer zu erniedrigen.

Es ergibt sich aus der Zusammenstellung des Herrn Liais, daß die Unterschiede in den Sommertemperaturen von Cherbourg und den entsprechenden von Paris desto größer sind, je höher der zufällige Stand der letzteren ist.

Wir wollen dem Verfasser hier nicht in seiner Untersuchung über die Modificationen folgen, welche die ausgesprochenen Resultate erleiden, je nachdem der Himmel heiter oder bedeckt ist, und je nachdem die Windrichtung sich ändert; alle diese Umstände finden die Meteorologen in der Abhandlung auf eine sehr einsichtige und zweckmäßige Weise entwickelt.

Von besonderem Interesse ist eine nähere Betrachtung der Beziehung, in welcher die verschiedenen Erscheinungen der Vegetation zu den geringen Temperaturdifferenzen stehen, die, wie eben erwähnt, bei einem an der Küste des Oceans gelegenen Orte im Vergleich mit dem Inneren des Landes stattfinden. Mehrere botanische Werke enthalten über diesen Gegenstand werthvolle und interessante Angaben, und ohne Zweifel würde das Publicum Herrn Liais dankbar sein, wenn er eine derartige Vergleichung seinen auf so genaue thermometrische Bestimmungen gestützten Untersuchungen hinzufügen wollte. Es wäre dabei z. B. hervorzuheben, daß Mainz, von einer etwas nördlicheren Breite als Cherbourg, ausgezeichneten Wein erzeugt, während in der Umgebung unseres Kriegshafens die Traube nur zuweilen, unter besonders günstigen Umständen, zur Reife gelangt. Auf der anderen Seite, und gewissermaßen als Ersatz, findet man auf der Landzunge von Cotentin im Freien Myrthen und gewaltige Feigenbäume, die ausgezeichnete

Früchte hervorbringen. Wie Herr Du Moncel bemerkt, würde z. B. auch die Erwähnung eines Erdbeerbaumes (Arbutus unedo) zu St. Vaast im Manchedepartement hierher gehören, dessen Stamm zwei Meter im Umfang hält. Wir nehmen uns die Freiheit, diesen Gegenstand der Aufmerksamkeit des Herrn Liais zu empfehlen, wenn er eine Vervollständigung seiner schönen Arbeit für angemessen erachten sollte.

Wir beeilen uns, zu dem Abschnitte über den Gang des Barometers überzugehen, wo sich noch interessantere Ergebnisse herausstellen.

Die Ueberschrift könnte dazu verleiten, in dem gedachten Abschnitte nur gewöhnliche und bekannte Dinge zu erwarten: dies ist jedoch keinesweges der Fall. Die vom Verfasser behandelten Fragen und damit zusammenhängenden Probleme sind vom höchsten Interesse für die Meteorologie und die physikalische Erdkunde. Vor längerer Zeit erschien die Frage nach dem mittleren, auf das Meeresniveau reducirten Barometerstande in unseren Klimaten der Akademie wichtig genug, um sie in das einer speciellen Commission anvertraute Programm aufzunehmen, welche indeß aus leicht begreiflichen Gründen ihren Bericht nie vollendet hat. Was die Verhältnisse von Cherbourg betrifft, so ist Herr Liais auf eine sehr logische Weise zu Werke gegangen.

Da der Barometerstand nach den Jahreszeiten sowohl, als nach den Stunden des Tages und der Nacht variirt, so legte der Verfasser seinen Vergleichungen eine bestimmte Stunde, die Mittagszeit, zu Grunde, welche übrigens einer ausführlichen Discussion zufolge zu jeder Jahreszeit dem Mittel des barometrischen Druckes innerhalb vierundzwanzig Stunden sehr nahe zu entsprechen scheint.

In richtiger Erkenntniß der Wichtigkeit, seine Resultate auf ein scharf bestimmtes und zu jeder Zeit leicht wiederherzustellendes Normalmaaß zu beziehen, begab sich Herr Liais nach Paris und ließ daselbst ein tragbares Barometer anfertigen, durch dessen Vermittelung er die Angaben seines festen Barometers in Cherbourg mit dem Instrumente vergleichen konnte, welches seit einer langen Reihe von Jahren auf der pariser Sternwarte im Gebrauch ist. Es ergab sich auf diese Weise, daß die in Cherbourg gemachten Beobachtungen um 0,19 Millimeter vergrößert werden mußten, um mit den pariser Angaben verglichen werden zu können. Mit Berücksichtigung dieser Correction findet Herr Liais für den mittleren Barometerstand zur Mittagszeit in seinem Beobachtungszimmer zu Cherbourg 761,31 Millimeter. Da nun das Cabinet des Herrn Liais in Cherbourg 17,49 Meter höher liegt als der Nullpunkt des mittleren Meeresniveaus nach Angabe des in dem Militärbassin mit so großem Luxus construirten Flutmessers, und diesem Unterschiede eine Differenz von etwa 1,70 Millimeter im Barometerstande entspricht: so findet man durch Hinzulegung dieser Zahl 763,08 Millimeter für die mittlere Höhe des Barometers in Cherbourg. Nach den hergebrachten Vorstellungen wird dieses Resultat etwas hoch erscheinen, zumal wenn man bedenkt, daß der gegebene Stand auf den Nullpunkt des hunderttheiligen Thermometers reducirt ist.

Es würde von Interesse sein, den gefundenen Werth mit den Barometerhöhen an verschiedenen anderen Stationen zu vergleichen, welche eine nördlichere oder südlichere Lage als Cherbourg besitzen. Aus den Ergebnissen einer solchen Zusammenstellung ließe sich vielleicht Aufschluß gewinnen über eine der bisher wenig beachteten Ursachen, von denen die Meeresströmungen längs der französischen Küsten abhängen. Wir werden uns ein anderes Mal mit diesen interessanten Vergleichungen beschäftigen, zu denen wir für Havre und für Boulogne-sur-mer alle Elemente besitzen; dagegen sehen wir uns, nicht ohne ein Gefühl der Beschämung, zu dem Geständniß genöthigt, daß uns für den ganzen Raum zwischen Cherbourg und der spanischen Grenze fast jederlei Angaben fehlen, obgleich längs dieses ungeheuern Küstenstriches die großen Kriegshäfen und mehrere Handelshäfen ersten Ranges liegen.

Druckfehler.

S. 195 Zeile 11 v. u. statt brittischen lies britischen.
S. 307 Zeile 11 v. u. statt Kosaken lies Kaissaken.
S. 308 Zeile 13 v. u. statt Ingloolik lies Igloolik.
S. 335 Zeile 2 v. ob. statt Kosaken lies Kaissaken.
S. 335 Zeile 13 v. u. statt Madera lies Madeira.

Druck von Otto Wigand in Leipzig.

Lightning Source UK Ltd.
Milton Keynes UK
UKHW050610160119
335176UK00023B/548/P